서양 철학의 종언과
한글 철학의 탄생

박
정
진

서양 철학의 종언과
한글 철학의 탄생

박정진

yeon
dool

"나는 어느 날 내가 철학의 신기원이라는 사실을 알고 영원한 침묵에 빠졌다."

차례

서문

 이 책을 세상에 내보내면서 만감이 교차함을 억누를 수 없다. 서양 철학이 현상학인 것을 안 것이 이미 10여 년 지났다. 서양의 기독교도 신神을 내세웠지만 결국 세계에 대한 현상학적 해석이라고 할 수 있다. 그렇다면 필자가 살고 있는 동양, 그것도 한국은 세계에 대해 어떤 독자적인 철학을 가졌던가를 묻지 않을 수 없다.

 흔히 한국 철학자들은, 특히 성리학자들은 중국 철학을 공부하는 것이 마치 자신의 철학을 하는 것처럼 착각하기도 한다. 이것은 오랜 관행이었다. 이것을 사대주의라고 흔히 말한다. 한국 지식인들은 참으로 오랫동안 사대주의 속에 젖어 살아왔다. 이는 마치 자신이 사유의 노예이면서 주인인 것으로 착각하는, 노예인 줄 모르는 노예에 비할 수 있다. 이러한 문화적 습관은 오늘날 중국 대신에 유럽과 미국을 사대하는 것으로 옮겨 갔다.

 정확한 의미에서는 한국에는 자생 철학이 없다. 굳이 있다고 하면 고대의 『천부경天符經』을 들 수밖에 없다. 그래서 어쩌면 『천부경』과 연결되지 않는 한국 철학은 한국 철학이라고 할 수 없을지 모른다. 한국 철학의 탄생을 부르짖기까지 동양과 서양, 예와 지금을 관통하는 데 수십 년이 걸렸고, 다시 자신의 철학, 한글 철학을 탄생시키는 데는 어쩌면 신의 가호가 있었는지도 모른다.

이 책에는 서양의 후기 근대 철학의 거장인 니체를 비롯해서 들뢰즈, 데리다, 하이데거를 비판하면서 넘어서고 있다. 그리고 순우리말에서 철학의 소素가 되는 단어를 찾는 고행을 아끼지 않았다.

'알-나-스스로-하나'는 필자의 한글 철학의 핵심 사상이다. 이것을 동사로 풀어쓰면 '알다-나다-살다-하나 되다'가 된다. 이것은 불교의 고집멸도苦集滅道 사성제四聖諦처럼 필자의 철학을 네 자로 푸는 진언과도 같다. 인간이 부모로부터 '생명(알)'을 타고 '나'로 태어나서 '스스로' 삶을 개척하고 끝내 삶의 완성으로서 세계와 하나가 되는 것 혹은 하나의 세계로 돌아감을 의미한다.

돌이켜 보면 『네오샤머니즘』(2018년)을 집필했을 때가 그 분수령이었던 것 같다. 그후 『신체적 존재론』(2020년)을 쓰고, 이번에 다시 『서양 철학의 종언과 한글 철학의 탄생』(2022년)을 펴내게 되었다. 이 세 권은 서로 긴밀하게 대화하고 있다. 그래서 『네오샤머니즘』을 읽어야 『신체적 존재론』을 알 수 있고, 『신체적 존재론』을 어느 정도 읽을 수 있어야 이 책의 의미도 제대로 파악할 수 있다는 생각이 든다.

신과 인간과 자연은 본래 하나였다. 인간이라는 현존재는 신과 자연을 갈라놓고(제조적 신관), 신의 말씀을 통해(빌려서) 자연(주체-대상)과 인간을 다스려 왔다. 이제 신을 자연에게 돌려줄 때가 되었다. 또한 인간도 자연적 존재임을 새삼 깨달아야 할 때가 되었다.

이 책은 앞의 여러 책과 중복되는 내용도 있지만, 또 거기에서 발전한 내용도 적지 않다. 이렇게 말하고 보니 결국 필자가 제일 먼저 세상에 내놓은 자생 철학서라고 할 수 있는 『철학의 선물, 선물의 철학』(2012년)과 『소리의 철학, 포노로지』(2012년), 그리고 『니체야 놀자』(2013년)와 『빛의 철학, 소리의 철학』(2013년), 『일반성의 철학과 포노로지』(2014년), 『니체, 동양에서 완성되다』(2015년), 『위대한 어머니는 이렇게 말했다』(2017년)를 떠올리지 않을 수 없다.

필자의 철학은 이상하게도 잠언의 형식을 빌리는 것과 산문의 형식을 빌리는 것으로 나뉘어 있다. 필자의 글쓰기 습관은 잠언을 먼저 써놓고 다시 시간을 벌어서 논리적인 산물을 쓴 경우가 대부분이다. 그래서 아직 출판되지 않고 잠자는 잠언(경구33333)이 많다.

이밖에도 통일교-가정연합과 관련되는 책들, 요컨대 『메시아는 더 이상 오지 않는다』(2014, 2016, 2019년), 『평화는 동방으로부터』(2016년), 『평화의 여정으로 본 한국 문화』(2016년), 『여성과 평화』(2017년). 『심정평화, 효정평화』(2018년)는 필자의 철학책들과 날줄씨줄의 관계를 맺는다.

이 책은 앞의 책들을 총결산하는 결정판이라고 할 수 있다. 어느 덧 필자의 저술이 백여 권을 넘었기에 필자의 철학과 문학詩을 이해하는 데 음으로 양으로 도움이 될 것이라 생각된다. 생각지도 않게 저술이라기보다는 하나의 라이브러리에 가까워졌다.

이 책이 한 권의 책으로 묶어지는 데는 필자의 철학 의미를 가장 먼저 깨닫고 공감하면서 항상 선제적으로 출판 기획 아이디어를 제공하고 물심양면으로 도운 조형국 철학 박사(하이데거학회 대외협력이사)의 도움이 컸다. 가장 최근에 필자가 소장을 맡은 'THINK TANK 2022 정책연구원'에 합류한 문병철 박사(국제정치학)에게도 감사를 드린다. 항상 옆에서 조언을 아끼지 않는 진형준 교수(전 홍익대)와 이혜경 대표(백파선역사문화아카데미)에게도 감사를 드린다. 이 책을 출판한 김유정 yeondoo 출판사 대표에게 행운이 깃들기를 빌어본다. 아무쪼록 이 책이 동서 문명이 하나가 된 시점, 지구촌의 시대에 시대정신을 이끌 책으로 회자되고, 나아가서 고전이 되기를 기대해본다.

2022년 2월 1일
경기도 가평군 설악면
THINK TANK 2022 정책연구원에서
心中 박정진

1. 서양 철학의 종언

1. 너무나 인간적인, 니체적인
― 니체, 문명의 해체와 힘에의 복귀

1. 생기존재론生起存在論: 생성론인가, 존재론인가

　서양 철학사에서 근대와 후기 근대를 가르는 차이는 무엇이고, 그것을 주도한 철학자는 누구일까. 아시다시피 근대는 계몽주의로 대표되는 칸트의 초월적 관념론이 그 중심에 있다면, 후기 근대는 칸트의 이성(오성)과 인식론(범주론)으로는 알 수 없는 존재, 즉 '물자체Thing itself'를 철학의 주제로 다룬 니체의 해체 철학이 그 중심에 있다. 칸트가 밀쳐둔 물자체에 대한 철학을 시작한 인물이 바로 니체다.

　니체는 물자체와 인식 사이에 언어가 존재하며, 그 언어의 기능 가운데서도 은유(문학의 은유가 아닌)를 발견하여 철학적 용어로서의 은유를 발견한 인물이다. 니체는 철학이 언어의 산물이며, 언어는 이미 존재 자체를 왜곡하는 혹은 존재를 거짓(가상)으로 존재케 하는 판타지(가상 존재)에 불과하다는 점을 주장한 인물이다. 그는 철학은 은유이며, 결코 물자체에 도달할 수 없다고 그 한계를 밝힌다. 그런 점에서 인식은 자연적 존재인 인간이 마치 자신이 자신을 둘러싼(자신의 근원이 되는) 자연을 기만하는(인식론적으로) 언어 활동임을 고발한 철학자가 니체다.

　칸트와 니체는 서로 근대와 후기 근대를 대표하면서 반대의 입장에 서 있는 것 같고, 불연속적인 것 같지만 실은 칸트

없는 니체를 생각하기 어렵다. 이성 철학자인 칸트도 실은 선의 의지意志를 말하였고, 도덕 철학자이긴 하지만 인간의 악의 가능성을 인정한 인물이다. 그런 점에서 연속적인 측면도 없지 않다. 그렇지만 이 두 철학자의 중심 이론은 서로 변증법적인 입장에 있다.

칸트는 구성 철학의 입장에 있고, 니체는 해체 철학의 입장에 있다. 칸트가 도덕 철학자로서 양심을 중시했다면 니체는 도덕을 주인 도덕/노예 도덕으로 나눈 인물이다. 칸트는 이성을 중시하다 보니 합리성을 최고의 덕목(목표)으로 강조한 반면, 니체는 이성보다는 감정과 욕망, 생존 본능을 존중함으로써 신체를 철학의 전면에 내세운다. 칸트가 자연의 인간화의 입장에 있다면, 니체는 인간의 자연화의 경향을 보인다. 니체는 힘에의 의지와 증대를 추구하기 때문에 기계주의에도 긍정적이다.

니체는 인간의 역사가 '힘(권력)에의 의지'임을 밝히는 데에 성공했지만, 그것을 평화에의 의지로 승화하는 데에는 이르지 못했다. 그러한 점에서 그의 철학은 인간 문화와 문명에 대한 탁월한 분석과 해체에는 성공했지만, 문명의 새로운 방향 설정에는 실패했다. 이것은 문명을 대상object으로 분석에는 성공했지만, 목적화objectify하는 데에는 실패했음을 의미한다.

인간의 자기 의식(자의식)은 저절로 대상 의식을 피할 수 없게 되고, 대상 의식은 결국 권력과 지배를 향하지 않을 수 없지만 함께 사는 공동체(마을, 국가 혹은 세계)을 유지해야 성공했다고 할 수 있다. 그의 '힘에의 의지'는 그것에 실패할 수도 있는 한계와 위험성을 지니고 있다. 인간의 대상 의식은 사물과 타인에 대한 목적과 이용은 물론이고, 궁극적으로는 목적화(삶의 새로운 방향 설정)에 성공해야 진정한 성공이라고 할 수 있다.

만약 힘에의 의지를 계속해서 증대하는 것이 지배(주인)와 피지배(노예)의 이분법의 갈등과 싸움에 그치는 것이 도덕적으로 옳다고 여긴다면 인간이라는 호모사피엔스는 불행하게도 스스로 멸종할 수밖에 없는 운명에 처하게 된다. 가공할 인간의 전쟁 무기는 결국 권력 경쟁(전쟁)을 통해 자신을 멸절하기에 충분하기 때문이다.

종합적으로 보면 칸트는 자연의 인간화=자연의 인간동형론 쪽에 속하고, 니체는 인간의 자연화=인간의 자연동형론에 속하는 경향이 있다. 칸트-헤겔/마르크스-니체의 입장을 보면 니체는 칸트의 도덕 철학을 해체하면서 주인 도덕/노예 도덕을 나누었지만, 이중에서 노예 도덕은 바로 마르크스의 프롤레타리아(인민, 민중)에 해당됨을 알 수 있다.

니체는 철학의 영역을 문화, 심리 혹은 인류사로 확대한 철학자이기 때문에 레비스트로스 이상으로 인류학적 철학의 개척자에 속한다. 니체는 문화와 제도의 발생학, 즉 기원과 목적(효율) 사이에서 더 큰 힘이 어떻게 작은 힘을 통일하고 지배하고 정돈함으로써 새로운 시대를 새로운 시대정신(에피스테메)으로 맞이하였는가를, 즉 힘이 증대되는 과정을 폭로하고 분석한 철학자다.

니체는 권력을 해부하고 고발하면서 기독교(기독교자유주의)에도 안티크리스트를 통해 반기를 들었지만 마르크스

(기독교마르크시즘)에도 기독교의 노예주의를 비판함으로써 반기를 들었다. 오늘날 서양의 후기 근대 철학은 동일성의 정반대 개념인 차이 혹은 차연, 그리고 차이의 복제 등을 가지고 갑론을박을 하고 있다. 이는 동일성의 철학의 전통에서 일어나는 가족 유사성과 같은 것이다.

니체와 니체의 추종자들에서 일어나는, 구성 철학에 반기를 든 해체주의 철학에서 일어나는 철학적 현상은 모두 자기 반어적, 자기 배반적 특성을 지닌다. 이러한 철학적 모순들은 실은 변증법에 불과한 것인데도 여러 다른 용어를 써서 마치 다른 철학인 양 선전되고 있다. 이들 '철학적 사기극' 혹은 '문명 해체극'은 어쩌면 무책임한 희소극喜笑劇이라고 할 수 있다. 동일성-차이성을 논하는 자체가 바로 동일성의 철학을 스스로 증명하는 내부 반란에 불과한 것이다.

니체는 '도덕의 계보학'을 통해 서양 문명의 도덕과 권력을 해부했지만, 니체의 삶 자체가 서양 문명의 핵심인 힘(권력)을 폭로하는 역할을 했다고 할 수 있다. '힘(권력)의 의지'로 종합 정리된 그의 철학은 결국 서양 문명의 출발과 종국을 하나의 대중적 단어로 요약한 셈이다. 니체는 헤겔의 '주인과 노예의 변증법'을 '주인의 도덕'과 '노예의 도덕'으로 변주했다고 볼 수 있다. 결국 '힘 있는 자'가 주인이 되는 역사(현상학)의 법칙, 진리를 완성한 셈이다. 따라서 주권적 개인들은 역사의 주인, 주인의 기독교가 되는 데 앞장설 수밖에 없는 운명을 타고났다.

서양의 해체 철학은 실은 동일성의 철학, 결정성의 철학을 둘러싸고 일어나는 자기 반란(변증법적 정반합, 차연, 차이와 복제)의 성격이 짙다. 서양 철학의 차이성은 어디까지나 동일성을 전제하는 차이성의 논의인 것이다. 서양 철학이 동양의 음양론과 같은, 근본적으로 차이성을 바탕으로 한 철학을 형성할 수는 없다. 근본적 차이의 철학은 '생성의 철학'이어야 가능하기 때문이다. 철학의 출발 자체가 '존재의 철학'인 서양 철학은 차이 속에 동일성을 감추고 있다. 들뢰즈의 차이의 복제는 그야말로 철학적 속임수에 지나지 않는다. 세계를 유물-기계, 기계-생성을 주장하는 들뢰즈의 철학이 어찌 근본적인 생성-차이의 철학을 논의할 수 있다는 말인가.

해체 철학자들이 가장 싫어하는 헤겔의 동일성도 실은 차이성을 인정하는 동일성의 철학이다. 해체 철학자들의 차이-연장의 연장 속에, 차이-복제 속에, 유물-기계 속에, 기계-생성 속에 동일성이 숨어 있다. 해체 철학은 발생학적으로 구성 철학일 수밖에 없다. 구성이 있어야 해체가 가능하기 때문이다. 서양의 해체 철학은 구성 철학의 이면, 그림자일 뿐이다. 구성 철학의 반대편에는 '생성 철학으로서의 존재 철학'이 있을 뿐이다.

	칸트(18~19세기)	니체(19~20세기)
시기	근대 철학	후기 근대 철학
철학적 태도	구성 철학	해체 철학
도덕에 대한 입장	도덕(제일명제=양심)	주인 도덕/노예 도덕

이성/욕망	이성주의자	욕망(감정)주의자/생존 본능
선/악	선, 선의지(악의 가능성)	선과 악, 지배욕(권력욕)
이성/의지	이성〉의지	이성〈의지, 힘에의 의지
자연과 인간의 관계	자연의 인간화 (인간동형론) (anthropomorphism) (science→conscience)	인간의 자연화 (자연동형론) (physiomorphism) (will to power, machine)
칸트-헤겔/ 마르크스-니체	초월적 관념론→절대관념론(절대이성, 절대국가)의 완성	유물론-노동→신체(욕망, 생리)-기계적 세계관 등 모든 힘을 긍정

〈서양 철학의 근대와 후기 근대〉

　니체는 '(음양으로부터의) 비극의 탄생'을 통해 일찍이 그리스인의 삶(인간의 삶)이 비극의 근본적인 성격을 피할 수 없다는 점을 지적하였지만 나중에 '힘에의 의지'를 통해서도 그것에 따른 비극의 역사를 해부하였다. 그렇지만 니체는 인간의 구원을 다시 '힘에의 증대와 운명애'에서 찾음으로써 힘을 추구한 서양 철학 본래로 돌아가고 말았다. 그런 점에서 '실패한 부처'라고 말할 수 있을 것이다.

　실패한 부처는 결코 정법안장正法眼藏을 하였다고 할 수 없다. 현상학의 현전現前에서 지견知見은 하였지만 존재론의 무無에서 앎(지식)을 결코 놓아버리지 못했다고 할 수 있다. 그

많은 지식을 놓아버리지 않았기 때문에 그는 누구보다 무거운 짐을 진 자였다. 그 결과가 바로 '힘(권력)에의 의지'다. 현상학에서는 힘과 힘의 증대가 중요하지만 존재론의 입장에서는 힘을 추구할 필요가 없다. 힘은 결국 비극을 심화할 뿐이다.

불교의 부처는 '힘의 증대'에 호소하는 것이 아니라 비극에서 자비를 끌어냄으로써 중생衆生을 사랑하는 데서 구원 혹은 열반을 찾는다는 점에서 니체와는 다르다. 그렇기 때문에 니체는 자신의 철학을 '능동적 허무주의虛無主義'라 부르면서 허무주의를 극복한 철학이라고 규정하는 반면에 불교는 '수동적 허무주의'라 비하하였다. 불교는 허무주의가 아니라 존재를 허虛와 무無임을 깨달은 자각自覺과 해탈解脫의 사상이다.

니체는 칸트가 남겨둔 물자체를 잡고 철학을 하긴 했지만 결국 '힘=현상=실체'에 굴복함으로써 서양 철학 본래로 돌아갔다. 이를 두고 하이데거는 니체를 '형이상학의 완성자'라고 부르면서도 '물자체의 의미=존재=무'를 깨달은 것에는 부정적이다.

니체는 크게 보면 생성-존재론에 기반을 두었지만 결국은 '힘의 증대'가 상징하듯이 다시 현상학으로 돌아가서 그것에서 구원을 찾은 '운명애運命愛의 철학자'다. 그 현상학의 증거가 바로 영원 회귀다. 영원 회귀는 칸트처럼 인과적 필연성(원인적 동일성)을 추구하는 것은 아니지만 관계적 필연성(결과적 동일성)을 추구함으로써 서양 철학 전통의 실체론으로 회귀하게 된다. 영원 회귀는 결국 수학과 과학의 무한대과 같은 것이다.

'니체, 동양에서 완성되다'의 회고

　인류학적 혹은 생태인류학적으로 보면 인간은 남을 속이면서 생존을 달성하는 다른 많은 동식물과는 달리, 스스로를 속이면서 생존의 힘을 획득하는 자기 기만적 생물종이다. 말하자면 인간의 도구나 언어(기호)는 자연을 왜곡하는(나름대로 해석하는) 분기점(균열, 틈)에 서 있는 것이고, 그것을 두고 우리는 문화文化라고 한다. "자연은 진화進化하지만, 인간은 문화文化한다." 이를 역으로 말하면 인간은 문화를 통해 진화라는 생물 종이다.

　그러나 이것은 '자연 자체의 진화'가 아니라 '자연의 표상의 진화'이기 때문에 필연적으로 자연 배반적이다. 자연과 자연과학은 다른 것이고, 자연과학은 결코 존재 자체에 도달할 수 없다. 인간은 자연으로부터 분리되는 언어를 사용하는 생물 종으로서 자신의 길을 개척하였지만, 결국 우주 속에서 미아迷兒가 되는 것을 막을 수 없다. 이것은 자연의 생성(생멸)에 저항하는 인간이 맞아야 할 운명이다.

　과학(물리학)은 과학적 환상에 지나지 않는다. 인간의 환상은 결국 언어의 환상이었고, 기계의 환상이었다. 예술이야말로 환상 중에서는 그나마 자연의 생성을 가장 닮은 환상이다. 그래서 예술이 인간의 구원이 되는 것이지만, 그것도 자연의 생성 그 자체는 아니다. 인간이 '존재'라고 말하는 것은 처음부터 이미 '생성'을 왜곡하는(기만하는) 징표다. 따라서 존재라는 말로써 생성을 설명하는 모든 철학자의 노력들은 실패할 것임을 천명한 것이나 다름없다.

서양 철학에서 현상과 대척점에 서 있는 존재라는 말은 이미 '존재하는 것' 혹은 '것(thing=It=that=명사=명사절)'의 편에 서 있기 때문이다. 앎이라는 것은 바로 '것'을 아는 것이다. '존재하는 것' 혹은 '것'은 이미 '존재'(생성적 존재)라기보다는 대상이고, 사물이고, 죽음이다. 자신이라는 존재를 주체라고 생각하는 인간은 이미 자신이 아닌 존재인 타자를 사물로, 대상으로 이해하고 있고, 그것에는 죽음이 내포된다. 시적 언어를 제외한 일상 언어(타자 혹은 대타자)는 실은 죽음을 의미하거나 죽여도 죄책감이 없는 존재들(먹이나 이용의 대상)이다.

여기에 서양 철학자들의 생기존재론의 묘미가 있다. 생기존재론은 제대로 설명할 수 없는 생성생멸의 자연을 설명하기 위한 전략으로써 존재를 사용하는 것이라고 말할 수 있다. 서양에서는 존재라는 말이 없으면 생성을 설명할 길이 없다.

서양 철학과 신학은 현상학이다

서양 철학은 기본적으로 현상학이다. 기독교마저 현상학이다. 그렇게 보면 서양 철학의 출발점이라고 할 수 있는 플라톤은 이데아현상학이고, 니체는 힘의 현상학이고, 하이데거는 존재현상학이라고 말할 수 있다. 진정한 생성론은 없다는 말이다. 서양 철학자의 생기존재론은 모두 존재론으

로 귀결되며, 생성을 존재로 환원하는(현상학적 환원) 자들이다. 모든 서양 철학자는 실은 현상학자다.[1]

서양 철학은 처음부터 생성을 현상으로 생각하고, 그렇게 생각하니까 변하는 현상에서 변하지 않는 고정 불변의 존재를 가상하고, 그것을 찾는 '여정으로서의 형이상학'을 하지 않을 수 없게 된다. 그런 점에서 이데아[idea]가 생각 혹은 관념이 되는 것은 순환적인 성격(순환론)을 벗어날 수 없다. 생성을 현상으로 설명하지 않고 생성은 존재로 설명하기 시작한 서양 철학은 존재론이라고 말한다. 니체는 서양 철학사에서 존재론(실존론)을 열었다고 할 만하다. 종래의 본질[essence] 찾기에서 실존[existence]을 탐구하기 시작한 인물이다. 오늘날 서양 철학의 후기 철학자들의 대부분은 니체의 철학적 세례를 받지 않은 인물이 거의 없다.

필자는 『니체, 동양에서 완성되다'(2015)』[2]라는 저술을 통해 니체 철학 전반에 대한 종합적인 비평을 결행한 바 있다. 당시 그러한 비평을 필자의 철학인 『철학의 선물, 선물의 철학』(2012) 『소리 철학, 포노로지』(2012), 『일반성의 철학과 포노로지』(2014), 그리고 이에 앞서 오래전에 저술한 필자의 『예술인류학』(1990)을 토대로 설파했다. 특히 니체의 예술생리학은 예술인류학과 견주어 설명한 바 있다.

니체는 철학을 언어의 은유와 환유의 문제로 환원하는 데 성공한 철학자이지만, 그의 언어와 철학론은 인류 문명의 원형이라고 할 수 있는 주술[呪術]에는 이르지 못했다. 알고 보면 언어의 원형이 주술이었음을 필자는 예술인류학에서 설

1 박정진, 『네오샤머니즘』, 2018, 50~54쪽, 살림.
2 박정진, 『니체, 동양에서 완성되다』, 2015, 소나무.

파한 적이 있다.[3] 니체는 예술생리학이라는 이름으로 인간이 욕망의 존재임을 설파하는 데 성공했지만 필자는 예술인류학이라는 이름으로 인류의 문화는 설명한 적이 있다.

니체는 다분히 문화심리학자, 문화정신분석학자적인 입장에 있었지만 필자는 철학인류학자, 예술인류학자의 입장에서 주술과 언어의 관계를 규명하고자 했다.[4] 이것이 가장 최근에 신체적 존재론으로 집대성되었고, 그 속에는 한국의 자생 철학으로서, 순우리말 철학으로서 〈알(알다)-나(나다)-스스로(스스로 하다, 살다)-하나('큰 나'가 되다)〉'가 처음으로 소개되었다.[5]

니체는 이성과 도덕을 주제로 펼쳐진 서양의 근대 철학에 신체와 욕망을 도입한 서양 철학의 반동이었지만 '힘(권력)에의 의지'에 철학적 구원을 요청하고 제안하였다는 점에서 역시 서양 철학의 전통, 말하자면 고정 불변의 존재를 설정하는 전통에서 완전히 벗어나지는 못했다. 서양의 철학적 전통에서는 니체를 '서양의 부처'라고 말할 여지가 적지 않다. 이는 마치 현상학의 무한대를 존재론의 무無라고 하는 것과 같다. 무를 현상학적으로 말하면 무한대고, 무한대를 존재론적으로 말하면 무다.

순전히 동양(한국)에 거주하는 한 사람으로서 필자의 해석이긴 하지만, 니체는 '실패한 부처'라는 이름을 피할 수 없다. 힘은 고정 불변의 실체를 전제하지 않고는 원천적으로 성립할 수 없는 것이기 때문이다. 힘이라는 것은 소유와 축

3 박정진, 『예술인류학』, 1990, 240~248쪽, 미래문화사.
4 박정진, 『철학의 선물, 선물의 철학』, 2012, 233~258쪽, 소나무.
5 박정진, 『신체적 존재론』, 2020, 313~342쪽, 살림; 〈박정진의 인류학토크 82〉, 마로니에 방송, YouTube.

적과 실체의 산물이다. 고정 불변의 실체가 어떤 형태로든 있다고 전제하는 것은 자연의 본래 존재에서 멀어지는 것이다. 현상학적으로 가장 가까운 것에 있는 것은 존재론적으로 가장 멀다는 하이데거의 말을 상기할 필요가 있다.

서양의 형이상학metaphysics은 그 출발이 물리학과 다른 것을 의미했지만 오늘날 형이상학은 도리어 물리학의 과학 기술 만능주의로 돌아가고 말았다. 이것이 바로 오늘날 유물론과 물신(기계) 숭배에 빠져 있는 서구 주도의 인류 문명이다. 이러한 문화 현상의 한복판에 있는 니체를 두고 하이데거는 '형이상학의 완성자'라고 말했다. 서양 철학의 해체라는 용어를 받아들일 때는 주의할 필요가 있다. 서양 철학의 해체 속에는 항상 '힘(권력)에의 의지'가 은폐되어 있기 때문이다. 그 힘에의 의지는 여전히 현상학이다. 니체의 영원 회귀는 바로 존재를 현상으로, 의지를 힘으로 환원한 현상학의 하이라이트다.

간단히 말해서 서양 철학의 '해체'와 불교의 '해탈'은 다른 것이다. 해체는 구성의 이면이라는 점에서 구성 철학을 벗어나지 못하는 것인 반면, 해탈은 구성 자체를 벗어나 있다. 이때의 벗어남은 흔히 철학에서 말하는 선험이나 초월, 지향의 차원이 아니고 본래 존재인 자연으로 돌아감의 의미다. 니체의 해체는 해탈의 의미도 있긴 하지만 그 결과는 여전히 힘을 추구하고 있다는 점에서 현상학적이다. 현상학은 바로 힘과 등식관계(현상학=힘)에 있다.

니체는 마르크스를 극복하면서 '주인의 도덕'과 '노예의 도덕'을 설파했지만, 그도 서양 철학의 눈과 언어의 연합에 의해 이루어지는 소유와 실체의 철학을 벗어날 수 없었다. 니체의 철학은 거칠게 요약하면 유물론적 불교, 유물론적 페미니즘에 가깝다. 그 유물론적 전통을 들뢰즈가 가장 잘 계승하고 있는 것이다. 말하자면 그는 고정 불변의 실체를 극복하기보다는 더욱더 긍정적으로 실체로 돌아감으로써 서양 철학과 문명의 허무주의를 극복한 인물이라는 점에서 매우 서양 철학자답다. 역으로 말하면 그는 서양의 유물-물신(기계)주의의 입장에서 불교적 세계를 번안한 '서양의 부처'라고 할만도 하다. 동양의 '도학道學'의 입장에서 보면 '실패한 부처'라고 할 수 있지만 말이다.

니체는 종래 형이상학을 극복하기 위해 새로운 형이상학을 건설하게 된다. '힘에의 의지' 철학이 그것이다. 이 철학은 '생기존재론生起存在論, Geschehensontologie'을 바탕으로 하고 있다. 그렇지만 생기존재론은 '생기'라는 단어를 형용사적으로 사용하고 있고, '존재'라는 단어를 명사로 사용하고 있다. 이때 주인은 명사다. 생기존재론은 철학의 중심을 존재론에서 생성론으로 옮긴 것이긴 하지만 여전히 생성을 존재로 환원하고 있다.

생기生起, Geschehen의 역동적 지속은 인과론이 아니고 상입相入이나 연접連接을 말한다. 여기서 '상입'이나 '연접'은 전통적인 인과론은 아니다. 그러나 이것은 어떤 지향과 연속을 가지고 있는 관계로 결국 결과적 동일성(실체론)이라고 말할 수 있다. 생기존재론은 생성에 존재의 성격을 각인하는 작업이다. 비실체적 생성을 실체적 존재로 끊어서 설명하는 방식이다. 생성(자연적 생성, 실재적 생성)을 존재들(존재자)로 이용하기 위해서는 끊지 않을 수 없고, 끊어야 잡아서 이용할 수 있기 때문이다.

니체의 생기존재론도 실은 서양 과학의 미적분적 방식을 형이상학적으로 설명한 것에 지나지 않는다. 생기존재론은 존재에서 생성으로 가는(넘어가는) 것이 아니라 생성을 존재에로 끌어들이는(쪼개서 이용하는) 방식이다. 그런 점에서 역시 니체는 서양 철학자로서 보편론자다. 니체는 물론 생성에 대한 철학적 논의를 누구보다 많이 하였지만 생성으로 넘어가는 것이 아니고, 존재의 편에서 존재에 대한 생성적 해석을 가미했다고 볼 수 있다. 그 바탕은 바로 예술생리학이고, 이것은 바로 신체의 욕망과 무의식과 통함으로써 인류 문화에 대한 광범위한 정신분석학으로 드러났다. 니체의 이러한 생生철학은 프로이트의 정신분석학에 앞서 인간의 무의식을 폭로하는 데에 앞장섰다.

니체의 생기존재론의 생기生起는 동양의 기운생동론의 생기生氣와는 다르지만 서양의 '이성'이나 '힘'의 철학 내에서는 가장 기운생동론에 접근한 철학이다. 그러나 생기生起는 기氣철학을 바탕으로 한 생기生氣가 아니다. 니체는 여전히 지배적이고 보편적인 철학의 입장에서 생성을 논하고 있을 따름이다. 결코 대상이 되거나 확실성을 가지지 않는 기氣를 바탕으로 하는 일반성의 철학에는 도달하지는 못했던 셈이다. 더욱이 기氣는 시공간론으로 잡을 수 있는 것이 아니다. 니체의 생기론은 어디까지나 시공간론 내에서의 생성론이다. 그래서 서양 철학적 한계를 완전히 벗어나지는 못한다.

니체의 위버멘쉬übermensch, 초인超人은 니체의 이상적 인간상이며 실존적 인간상이다.

 "이런 위버멘쉬는 이 지상에서 구현되어야 할 이상적 인간 유형이다. 그리고 개개인이 추구해야 하는 실존적 목적이다. 그래서 차라투스트라는 위버멘쉬를 대지가 진정으로 바라는 것으로 이해한다. 대지라는 개념은 이 세계, 생성의 법칙이 지배하는 곳 전체를 지칭한다. 따라서 자연이라는 명칭으로 대체될 수도 있다. 그러므로 위버멘쉬는 초월 세계나 신이 바라는 인간의 모습이 아니다. 달리 말하면 초월 세계나 신이 가치 척도라는 것을 인정하고 그에 합당한 가치표를 작성하는 인간이 아니다. 오히려 이 인간은 폄하되고 부정되던 이 지상을, 이 대지를 최고의 가치 척도로 생각한다. 그는 초월 세계가 아니라 바로 이 대지에 충실한 인간인 것이다."[6]

 초인은 하늘을 초월적 존재로 섬기는 종래의 성현聖賢과 달리 대지를 더 중시하는 인간이다. 일종의 '디오니소스적 메시아' 혹은 '비초월적 신', '자유분방한 춤추는 신'에 해당하는 인물이다. 초인은 인간 각자가 도달하여야 하는, '힘에의 의지'를 실현한 디오니소스적 긍정의 인간이다.

 니체가 말하는 초인의 반대 인간은 세속적 인간인 '최후의 인간der letzte Mensch'이다. 이때 초인이든, 최후의 인간이든 모두 실존적 인간 유형이다. 실존적 인간은 자신의 한계 혹은 이제까지 자신의 성취를 계속 극복하려고 노력하느냐에 달려 있다. 주권적 개인으로서 자신을 극복하려고 노력하면 초인이 되는 것이고, 그렇지 않으면 '최후의 인간'으로 전락하게 되는 것이다.

---

6 백승영, 『니체, 디오니소스적 긍정의 철학』, 232~233쪽, 2005, 책세상.

2. 쇼펜하우어 '의지와 표상의 세계'와 니체 '힘에의 의지'

  인간의 의지가 철학적으로 주요 주제가 된 것은 쇼펜하우어에 의해서다. 칸트의 이성 철학이 유럽을 풍미할 때, 쇼펜하우어의 의지 철학이 태동했지만 크게 관심을 끌지 못했다. 의지의 문제는 실은 칸트가 먼저 제기했다.

  "인간이 지닌 도덕적 인식과 행위의 능력을 칸트는 감정(쾌감과 불쾌감)에서 찾지 않고 의지에서 찾았다. 의지는 일반적으로 무엇을 의욕하고 욕구하는 능력으로 이해된다. 좀 더 칸트적인 규정에 따르자면 규칙 또는 원칙에 따라 행동할 수 있는 능력이 곧 의지다. 그런데 그 의지를 보편적으로 규정하고 조정하는 규칙을 칸트는 '실천적 원칙'이라 부른다."[7]

  칸트에서 의지는 도덕적인 존재의 기반이 되는 것이다. 그런데 니체는 이것은 '힘에의 의지'로 전환한 것이다. 니체의 '힘에의 의지' 이전에 서양 철학의 계보학상으로 쇼펜하우어의 '의지와 표상으로서의 세계'가 칸트 다음에 있었다. 쇼펜하우어는 의지가 비어 있어서 끝없는 욕망에 시달리기 때문에 염세주의에 빠질 수밖에 없지만, 과도한 경쟁을 피하고 정의, 동정, 연민 등을 통해 이기적인 생존 욕구를 극복할 것은 권고하게 된다.

  쇼펜하우어의 '의지와 표상으로서의 세계'가 칸트의 '순수이성·실천이성비판'의 이성 철학에 밀려 빛을 보지 못한 까

---

7 강영안, 『도덕은 무엇으로부터 오는가』, 29쪽, 2002, 소나무.

닭은 '자연의 원리에 종속되는'(이는 인간 이성의 자연에의 투사이다) 이성을 통해 근대적인, 합리적인 세계를 구축하기 위한 서양 철학의 노력 때문이다.

이는 대뇌를 중심으로 하는 보편성의 철학(남성적인 철학)이 이성의 형이상학적 발생 과정, 즉 현상학적 과정이라고 말할 수 있는 신체적인 의지의 존재를 무시해버렸기 때문이다. 이성 철학은 역시 지배적인 철학임을 입증한 셈이다. 이를 구조언어학적으로 표현하면 다음과 같다.

기표/기의=칸트/쇼펜하우어=이성 철학/의지 철학=보편성의 철학/존재론적 철학=남성적인 철학/여성적인 철학

칸트^{Immanuel Kant}: 1724~1804
헤겔^{Georg Wilhelm Friedrich Hegel}: 1770~1831
쇼펜하우어^{Arthur Schopenhauer}: 1788~1860
다윈^{Charles Robert Darwin}: 1809~1882
키에르케고르^{Søren Aabye Kierkegaard}: 1813~1855
마르크스^{Karl Heinrich Marx}: 1818~1883
니체^{Friedrich Wilhelm Nietzsche}: 1844~1900

쇼펜하우어는 동양의 불교 철학의 영향을 크게 받았는데 서양 철학의 이성주의 철학이나 전통적(실체적) 존재론으로 보면 의지(생성의 세계)가 드러나게 된 표상(존재)의 세계는 덧없는 것으로 간주되지 않을 수 없었고, 따라서 의지를 발견한 쇼펜하우어는 염세적이 되지 않을 수 없었다.

표상/의지=존재/생성=실체/실재:실체 증대의 역사:서양 철학

기표/기의=능기/소기=남성/여성:기표 중심의 철학:남성 중심

쇼펜하우어의 염세 철학은 서양 철학사의 '실체의 증대'의 역사로 볼 때는 일종의 '네거티브^{negative} 철학'이라고 말할 수 있다. 이는 서양 철학으로서는 일대 위기가 아닐 수 없었다. 니체 철학은 쇼펜하우어의 염세주의를 다시 서양 본래적인 것으로 돌려놓기 위해 형이상학적 반전을 꾀한 것이다.

이에 쇼펜하우어의 '의지와 표상의 철학'을 일원화하여(분모의 의지를 분자로 올려서) '표상의 의지'로 바꾸어서 '표상(기표)'을 매우 긍정적으로 해석하면서 표상을 다시 '힘(권력)'으로 바꾸고, '염세의 철학'을 '긍정의 철학'으로 바꾼 것이 니체의 '힘에의 의지'다.

쇼펜하우어=표상/의지=남성/여성:염세 철학:불교 철학:부정의 철학

니체=표상/의지:표상의 의지:힘(권력)에의 의지:표상 중심:가부장제 철학=긍정의 철학

위에서 '가부장제 철학'이라는 것은 인류 사회와 문명을 부계 이전의 모계와 부계로 나누는 것을 전제하고 있다. 철학 인류학적으로 볼 때 철학도 친족제도나 가족제도의 영향을 받는다는 것을 의미한다.[8] 가부장 사회를 가장 상징적

8   박정진, 『철학의 선물, 선물의 철학』, 366~377쪽, 2012, 소나무.

으로 말하는 것은 여자가 아이를 낳으면 남자의 성씨(이름)를 붙이는 것이다. 이는 자궁의 발생학적 과정은 무시된 채 남자가 씨(의미)를 뿌렸다는 사고방식으로 철학도(특히 서양 철학)도 인류의 삶과 문명의 발전을 좇아서 진행되었음을 의미한다.

니체 철학에서 맬더스나 다윈, 그리고 쇼펜하우어의 영향을 볼 수 있다. 이들의 영향이라는 것은 이들의 사상을 비판하고 변형하면서 새로운 이론을 조합하였다는 의미다.

살아남기 위한 싸움, 즉 생존을 위한 경쟁struggle for existence; Kampf ums Dasein이라는 말은 「인구론An Essay on the Principle of Population」의 저자 맬더스Thomas Malthus, 1966~1834로부터 유래한다. 인구는 기하급수적으로 증가하는데 생존 공간과 식량 생산은 그것을 따르지 못하기 때문에 결국 제한된 수효의 인간만을 생육할 수 있음을 의미한다. 그 때문에 인간 사이에 생존을 위한 비도덕적인 싸움이 일어나기 마련이다. 다윈 이전에는 이 생존 투쟁이 자연의 발전에 무엇을 의미하는지 터득되지 않았다. 즉 이와 같은 싸움이 생명체 진화의 중요한 메커니즘이라는 사실이 밝혀지지 않았다. 다윈의 공로는 진화의 메커니즘을 찾아내고 자연 상태에서 진화를 설명하는 데 있다.[9]

맬더스와 다윈에 비해 쇼펜하우어의 영향은 결정적이다. 자연의 의지에 대해 가장 강하게 말했기 때문이다. 쇼펜하우어Schopenhauer도 이미 살아남고자 하는 의지Wille zum Leben; Wille zum Dasein에 관하여 논한 바 있다. 의지Wille는 보편적인 것이다. 그래서 우리는 유기물, 무기물 세계의 구별 없이 도처에

---

9 鄭東湖, 『니이체 연구』, 164~165쪽, 1983, 탐구당.

서 이 의지를 보게 된다. 심지어는 인간의 신체 기관까지도 이 의지가 현상으로 나타난 것이라고 그는 보았다. 눈은 보고자 하는 의지, 귀는 듣고자 하는 의지, 두뇌는 생각하고자 하는 의지가 현상으로 나타난 것이라는 주장이다.

의지는 결핍에서 생겨난 것으로 끝이 없는 특징을 보인다. 요컨대 하나의 의지(욕구)가 충족되면 또 다른 의지가 생겨나 의지는 결코 완전히 충족되지 않는다. 여기에서 인간은 욕구 불만, 궁핍, 좌절로 시달리게 되며 나아가 산다는 것이 무가치하고 부질없는 것으로까지 여기게 된다. 산다는 것은 고통과 불행의 연속이다.

역설적이게도 산다는 것이 이처럼 부질없는 것인데도 인간에게는 생존에 대한 부단한 욕구^{Selbsterhaltungstrieb}가 있다. 많은 사람이 끝없는 고통과 불행으로부터의 도피수단으로 자살을 생각하고 있으나, 그것 역시 쇼펜하우어의 판단에 의하면 무모한 일이다. 육신의 종말은 자기 살해를 통하여 가능하겠으나 살려고 하는 영원한 의지는 그것으로 소멸하지 않고 또 다른 현상으로 나타나게 된다.[10]

쇼펜하우어는 인간의 과도한 경쟁을 피하기 위해서 정의, 동정, 연민 등을 통해 이기적인 생존 욕구를 극복할 것은 권고하고 있다. 다윈도 생존 경쟁이 확대될 때 인류가 파멸할 수 있음을 경고했다. 결국 가혹한 생존 경쟁을 피하도록 하였다.

니체는 이에 대해 반대하고 나섰다. "니체에 의하면 삶^{Leben}이 꾀하는 것은 단순한 생존이 아니라 더 많은 것을 얻고 밖으로 팽창하고자 하는 의지의 실현이다. 삶이란 극복

10 鄭東湖, 같은 책, 165쪽.

하고자 하는 의지와 다른 것을 정복하고자 하는 의지를 본질로 하고 있다. 그것은 성장이고 풍요함이며 투쟁, 즉 한 마디로 힘에의 의지Wille zur Macht다. 따라서 이와 같은 의지의 자제나 부인은 삶의 내용을 궁핍하게 만드는 행위며, 생존이라는 현상의 단순한 유지는 곧 퇴화를 의미할 뿐이다."[11]

삶은 생존과 자기 보존 이상의 것을 목적으로 갖고 끊임없이 성장하고 있다. 이와 같은 이유에서 니체는 생존 싸움이 아니라 힘에의 의지로 규정하게 되었다. 니체가 '힘에의 의지'를 최종적인 자신의 철학 지표로 결정하는 과정을 보면 당시의 자연과학적 성과들을 종합하면서도 자연과학을 넘어서고자 하는 의도가 엿보인다.

"세계에 대한 도덕적 해석을 경계하는 한편 법칙의 존재를 인정하지 않은 니체는 그 같은 설명 역시 거부할 수밖에 없었다. 그는 '여기서 중요한 것은 힘의 관계의 절대적 확정이다…. 이 같은 힘의 관계에는 자비, 화해 따위는 존재하지 않는다. 법칙이란 것에 대한 존경은 더더욱 존재하지 않는다.'고 했다."[12]

니체는 열역학 제1법칙을 발견한 물리학자 마이어Julius Robert von Mayer, 1814~1878가 제안한 '발현Auslösung'에 주목한다. "발현은 그(마이어)가 에너지 보존 법칙에 이어 1876년에 발견한 두 번째 법칙(엔트로피 증가의 법칙)이다. 그는 '실로 많은 자연의 과정은 어떤 충격이 주어질 때 발생한다. 이 경과가 오늘날 신과학에서 발현이라고 부르는 것'이라고 했다. 전체 에너지 균형에는 전혀 또는 거의 문제 될 것이 없는 관여나

11 鄭東湖, 같은 책, 166~167쪽.
12 정동호, 『니체』, 342쪽, 2014, 재인용, 책세상.

충격을 통해 잠재 에너지가 활성화되고 현실화된다는 주장이었다."[13]

그러나 니체는 끝내 발현으로는 순간 힘의 발생은 설명되지만 그 발생의 근원까지 설명되지는 않는다고 보았다.

"발현도 아니라면, 어떻게 힘의 활동을 설명할 것인가? 무엇이 힘을 활성화해 움직이게 하는가? 그것은 많은 힘을 얻어 자신을 주장하려는 힘의 지향, 곧 힘에의 의지다. 이 의지가 힘 사이에 불화를 불러오고 갈등을 일으킨다. 그러면서 힘은 활성화된다. 이것이 힘이 어떻게 현실화되는가에 대한 니체의 대답이다. 이 힘에의 의지는 존재의 본질이자 변화의 최종 근거로서, 자연과학자들의 눈길이 닿지 않는 존재 내면의 의지다. 니체는 모든 것을 힘과 힘의 활동으로 환원한 물리학자들의 업적을 기렸다. 그러면서도 물리적 힘 하나로 이 세계의 존재와 변화를 설명할 수 있다는 물리학자들의 믿음만은 받아들이지 않았다."[14]

말하자면 물리학자들은 '힘'까지였다면, 니체는 '힘에의 의지'로 철학적 해석을 가하였다. 이 힘에의 의지는 이 힘에 대한 니체의 철학적 해석이다. 여기서 물리학과 철학이 만나게 되며, 힘에의 의지는 자연철학적 원리가 된다.[15]

마이어는 자연과학자로서 표상(실체적 현상)에 치중하였다면 니체는 철학자답게 본질에서부터 힘을 탐구한 결과 '의지'를 발견한 셈이다. 그러나 실은 '의지'는 쇼펜하우어가 본질을 지칭하는 '존재적 의미'로 미리 사용한 것이다. 쇼펜

13   정동호, 같은 책, 342쪽, 2014, 재인용, 책세상.
14   정동호, 같은 책, 344쪽, 2014, 책세상.
15   정동호, 같은 책, 345쪽, 2014, 책세상.

하우어와 니체가 다른 점은 쇼펜하우어는 하이데거의 존재론적 의미에서 '의지'라는 용어를 사용한 경향이 있는 반면, 니체는 현상학적 본질의 의미에서 '의지'라는 용어를 사용했다고 볼 수 있다. 니체의 힘에의 의지는 힘의 증대에서 실체성을 갖기 때문이다. 존재론적 의미는 실체성을 가지지 않는다.

니체 철학은 흔히 칸트 철학에 반대하는, 반反칸트 철학의 선봉에 선 '반이성주의 철학'의 대명사처럼 인식되는데 이는 매우 표피적인 설명이다. 이면적으로는 '힘에의 의지'라는 말을 통해 신체를 가진 인간의 신체 내부에서 일어나는 의미의 의식적·무의식적 발생 과정을 드러내는 일을 시작한 것으로 설명할 수 있다. 다시 말하면 의지까지를 포함해서 이성에 바치는 행위를 한 것이다. 또 의지를 포함함으로서 의식, 욕망까지도 현상학적으로 논의할 계기를 만들어주었다.

그러한 점에서 니체는 초월적인 것을 추구하는 형이상학의 완성자라고 할 수 있다. 그의 '초인'은 그러한 점에서 겉으로는 초월적인 것을 매우 반대하는 것 같지만 실은 초월에 그만큼 봉사한 철학자도 드물 것이다. 생성적인 세계를 저인망으로 훑어서 깡그리 존재(실체적 존재)의 세계로 환원한 장본인이다.

쇼펜하우어의 염세주의를 허무주의로 규정한 니체가 생명력이라고 하는 것은 예컨대 자기 보존의 여성적 재생산reproduction이 아니라 '힘의 증대', 즉 실체로 현상되는 남성적 생명력을 말한다. 진정한 생명력인 여성의 생명력, 자연의 생명력은 쉽게 드러나지 않는다. 형이상학이라는 것은 처음부터 남성적인(지배적인) 것을 지향하는 것으로서, 추상과 초월의 가상(허상)을 따라가는 존재의 역사였다. 그래서 필자는 지배적이 아닌 일반성의 철학, 여성의 철학을 주장하는 것이다.

'힘에의 의지'는 다시 '포지티브positive 철학'으로의 회복이라고 말할 수 있다. 서양 철학은 그동안 실체의 확대라는 측면에서 보면 포지티브 피드백positive feedback의 철학적 전통을 세워왔다. 니체의 힘에의 의지의 '상승'과 '그 이상'은 이를 잘 말해준다.

니체의 긍정 철학은 '세계를 있는 그대로' 디오니소스적으로 긍정하기를 원하는 것이지만 그것의 실천은 자신을 해석 주체로 삼아야 한다. 또 긍정의 철학의 에너지원을 마련하기 위해서 '영원 회귀'를 설정한다. 영원 회귀란 시간의 연장 개념인 무한대를 전제하지 않으면 안 된다.

인간의 변화는 자신을 해석 주체로 긍정해야만 가능하다. 이런 긍정은 자신의 해석이 자신의 힘과 삶의 전략에 의해 수행되는 관점적 평가라는 사실에 대한 긍정이다. 이는 곧 자신의 해석이 필연적으로 오류이고 일면적일 수밖에 없음에 대한 긍정이다. 더불어 해석의 오류성에도 자신에게 절대적으로 의미 있고 필연적이며 정당한 해석이라는 사실에 대한 긍정이다. 동시에 이 의미 필연성이 실재 자체와 일치되거나 실재 자체의 진리는 보증하는 것은 아니라는 점에 대한 긍정이다. 인간이 자기 자신을 해석 주체로 인정하면 궁극적으로 존재 그 자체는 인간에게 여전히 비밀로 남아 있을 수밖에 없음을 긍정하게 된다.

"이는 곧 자신의 한계에 대한 적극적 긍정을 의미하며 자신의 이성 사용에 결코 절대적 요구를 하지 않음을 의미한다. 절대성의 포기와 상대적 진리의 유의미성 확보, 바로 여기서 니체는 궁극적인 허무주의 가능성을 본다. 그리고 이 극복의 출발점은 인간의 자의식의 변화, 즉 자신을 해석 주체로 긍정하는 것이다. 이 해석 주체는 니체에게서 위버멘쉬라는 명칭으로 불린다. 결국 인간이 자신을 위버멘쉬로 긍정하는 데서 허무주의 극복 과정이 시작된다고 할 수 있다. 이런 전략을 실현하기 위해 니체는 영원 회귀 사유와 허무주의 상황을 연결한다."[16]

---

16   백승영, 『니체, 디오니소스적 긍정의 철학』, 214~215쪽, 2005, 책세상.

3. 니체의 영원 회귀의 진정한 의미는 무엇인가

　'영원 회귀'를 처음으로 언급한 아포리즘(『즐거운 학문』 341절)의 언어는 『차라투스트라는 이렇게 말했다』(3부 2장 2절)에 나오는 대응 구절의 언어와 비슷하다. '차라투스트라'의 문체나 사상, 그 어떤 것도 니체의 저작에 나타난 일시적인 변덕이 아니다.[17]

　니체의 영원 회귀는 무엇을 말하는 것일까. 칸트의 영혼 불멸설과 어떻게 다른가. 지금까지 영원은 시간의 문제고, 영혼은 인간의 사후 문제로 따로 연구되었다. 그러나 둘은 자세히 검토하면 결국 같은 차원의 것이다. 이것은 인간이 '세계가 그렇게 있다'고 주장하는 것이 아니라 '세계에 대해 그렇게 요청하는 것'이었다.

　"최고선의 현실적 가능성을 요청할 수 있다면 그것을 가능케 하는 조건들의 현실적 가능성도 요청하지 않으면 안 된다. 이 조건들이 바로 이른바 '실천 이성의 요청'으로 알려진 영혼 불멸설, 신의 존재, 그리고 자유다."[18]

　칸트는 『실천이성비판』에서 다음과 같이 쓰고 있다.

　"도덕 법칙은 거룩하다(엄격하다). 인간이 도달할 수 있는 도덕적 완전성은 덕, 즉 법칙에 대한 존경심에서 나온 합법적인 심성에 지나지 않지만, 그럼에도 도덕 법칙은 도덕의

17　레지날드 J. 홀링데일, 『니체(그의 삶과 철학)』, 김기복·이원진 옮김, 248쪽, 2017, 북캠퍼스.
18　강영안, 『도덕은 무엇으로부터 오는가』, 126~127쪽, 2002, 소나무.

거룩함(신성함)을 요구한다. 그러므로 법칙을 계속 위반하는 성향, 아니면 적어도 법칙을 따를 때 (도덕적이 아닌) 순수하지 못한 많은 동기를 혼합하는 불순성의 성향을 의식하게 되고 겸손과 연결된 자기 존경의 감정이 일어나게 된다. 따라서 기독교의 법칙이 요구하는 거룩함(신성성)과 관계해서 도덕적 완전성은 피조물에게 무한으로의 진보를 남겨둔다. 그러므로 피조물은 무한히 진행되는 그의 존속에 대해 정당한 희망을 가질 수 있다."[19]

칸트는 최고선을 위해 영혼 불멸을 요청하였다. 다시 말하면 칸트의 영혼 불멸성은 인간이 최고선의 실현을 위해 끊임없이 나아가야 하기 때문에 요청되는 것이다. 이는 매우 인간적인 희망 사항이다. 영혼과 불멸과 영원과 회귀는 모두 시간의 문제로 귀속된다. 인간은 불멸하고자 하여 영혼을 만들었고, 회귀하고자 하여 영원을 만들었다. 이는 모두 시간의 다른 이름들이다.

서양 철학사의 궤적을 보면 인간은 '신의 존재'를 설정하고 '인간의 자유'를 요구한 다음에 죽음에 이르러 '영혼 불멸'을 원하는 것이다. 인간의 의지와 욕망은 시간의 성격을 닮아 끝이 없다. 신과 자유, 영혼 불멸은 요구되는 맥락(상황, 차원)은 다르지만, 절대성(신)과 초월성(자유)과 동일성(영혼 불멸)이 서로 말은 다르지만 동일한 개념임을 말해준다.

여기에 니체의 영원 회귀 개념이 첨가된다. 영원 회귀는 바로 영혼 불멸의 동일성을 다른 말로 표현한 것일 가능성이 높다. 영원 회귀는 단지 개인의 영혼이 아니라 당시 과학계에 알려지기 시작한 '에너지 불변의 법칙'에 크게 영향을 받

---

19 강영안, 같은 책, 130쪽.

아서 채택된 우주론적 개념이다. 동일성을 찾아가는 서양 철학의 오디세이 탐험은 니체에서도 그대로 계속된다.

칸트 철학은 종합적으로 보면 선善으로 신神을 보좌했다. 그러면서 또한 과학科學의 길을 열었다. 그래서 신과 도덕과 과학은 공존하게 된 것이다. 니체 철학은 서양 철학 내에서는 칸트의 이성주의 철학에서의 탈피고, 반이성주의라고 말하지만 서양 철학의 밖에서 보면 칸트 철학, 아니 플라톤의 이데아 철학을 그대로 잇고 있다.

이는 서양 철학의 정반합 변증법적 과정의 한 예일 뿐이다. 변증법은 실체가 있는 변화일 뿐이다. 말하자면 실체 A가 실체 B로 변하는 것이다. 그래서 변증법은 실체의 증대에 기여한다. 니체의 '힘에의 의지' 철학도 힘의 증대를 꾀하고 있다.

영원 회귀도 초인과 함께 허무주의를 극복하기 위한 '힘에의 의지' 철학을 완성하는 형이상학적 전략 개념으로 해석된다. 칸트가 최고선을 위해서 영혼 불멸을 요청했듯이 니체도 초인을 위해서 영원 회귀를 요청하는 것이다. 영혼 불멸, 영원 회귀, 시간의 구조, 죽음의 구조는 닮아 있다. 모두 무한대를 지향하면서도 그 사이에 실체를 가지고 있다.

인간의 이성적·지성적 판단에 따르면 인간이면 누구나 언젠가 죽을 것이라는 점은 확실하다. 그러나 정확하게 언제 죽을지는 모르는 매우 불확실한 것이다. 말하자면 죽음의 확실성과 불확실성의 사이에 있는 것이다.

	원인적 동일성	결과적 동일성	시간성
영혼 불멸	영혼 불멸		
영원 회귀		영원 회귀	
죽음의 구조	죽음의 불확실성	죽음의 확실성	
시간의 구조	시작	끝	시간의 무한대
차이-연장·반복 (복제)		차이-연장·반복 (복제)	

〈원인적 동일성-결과적 동일성〉

니체의 영원 회귀라는 것은 실은 결과적 동일성에 지나지 않으며, 서양의 후기 근대 철학자들이 주장하는 차이-연장, 차이-반복(복제)도 시간의 무한대를 가정한 결과적 동일성의 변형에 지나지 않는다. 따라서 서양 철학은 아직 한 번도 실체를 떠나거나 극복한 적이 없다.

이것은 서양 철학과 문명이 유대기독교적 사고의 원인적 동일성과 결과적 동일성의 이동, 그리고 그 실체적인 것의 변형과 반복에 지나지 않음을 알 수 있다.

영원 회귀=무한대(시공간의 연장)=생성(생멸)의 존재화=소유적(실체적) 존재=영혼 불멸(칸트)=이데아(플라톤)=실체

생성 변화=시공간의 없음=존재론적(비실체적) 존재=무無=기氣=비실체=실재

니체는 염세주의를 허무주의의 선先 형식Vorform으로 규정하고, 특히 쇼펜하우어의 염세주의를 '낭만적 염세주의Der romantische Pessimismus', '약자의 염세주의'[20]라고 부른다. 이에 비해 니체는 자신의 허무주의를 '완전한 허무주의Der vollkommene Nihilismus'로 지칭했다. 완전한 허무주의는 허무주의에 대적하고 허무주의를 극복하는 운동, 즉 '미래의 복음'의 탄생을 위한 논리적이고 심리적인 전제라고 말한다. 니체는 자신을 '최초의 완전한 허무주의자'라고 말한다.[21]

쇼펜하우어의 염세주의는 결국 니체에게는 패배주의 혹은 데카당스이거나 '문화적 퇴화'로밖에 볼 수 없는 것이었다. 니체는 그래서 그 반동反動으로서 '힘에의 의지'와 '디오니소스적 긍정의 철학'을 주장하게 된다. 그러나 니체의 허무주의 속에는 이미 서양 철학 본래의 존재 없음nothing에 대한 두려움이 잠복해 있으며, 그래서 무의식적으로 '고정 불변의 존재'로서의 '힘'에 매달렸다고 볼 수 있다.

니체가 미친 이유는 바로 여기에 있다. 존재의 있음과 없음의 경계선상에서 양쪽을 왕래하면서 결국 존재의 무게를 내려놓을 수 없었기 때문이다. 만약 그가 동양의 불교의 세계에 완전히 들어와서 중력의 무게, 소유의 무게, 뇌의 무게를 놓을 수 있었다면, 그리고 불교의 무억無憶, 무념無念, 막망莫妄의 경지에 들어올 수 있었다면 부처가 되었을 것이다.

니체의 영원 회귀는 '동일한 것의 반복'이다. 이때의 '동일한 것'이 서양 철학의 동일성과는 다른 것 같지만 실은 결국 같은 것이다. 니체는 서양 철학사에서 생성을 도입한 철학

20 백승영, 같은 책, 206~207쪽.
21 백승영, 같은 책, 210쪽.

자로 평가되고 있지만, 그의 생성은 동양적 생성과는 다른 것이다. 니체는 세계를 생성^{becoming}으로 본 것이 아니라 생성을 존재^{being}로 환원했다는 점에서 역시 현상학적 의미 맥락의 존재론자다. 그것의 결정적인 증거가 바로 그가 말하는 '힘에의 의지'의 힘이다.

니체의 영원 회귀의 의미는 기독교적인 입장과 하이데거의 입장, 그리고 필자의 서양 철학과 문명을 바라보는 입장과 비교하면 그 위상이 더욱 뚜렷해진다. 니체는 기독교에 대해서는 "신은 죽었다."고 선언했다. 니체에게 현재는 생기존재론(창조적 진화)의 세계고, 또한 욕망과 의지의 세계다. 니체에게 미래는 영원 회귀의 세계고, 운명애$^{Amor\ Fati}$를 가지고 대결하는, 허무주의를 극복하는 긍정적 시간이다. 미래는 또한 "창조하는 것이 신"이 되는 시간이다.

니체의 영원 회귀는 결국 현상학적 차원의 생기존재론의 결과이다. 말하자면 영원 회귀는 결과적 동일성과 같고, 수학적 무한대와 같다. 필자는 현재를 찰나 생멸의 시간, 기운 생멸의 시간이라고 보는 까닭에 니체의 '신은 죽었다'는 원인적 동일성(제1원인)에서 결과적 동일성(영원 회귀, 수학적 무한대)로 동일성의 중심을 옮겨간 현상학적인 사건으로 해석하게 된다.

이에 비해 하이데거에게 현재는 현존재의 시간이며, 현사실성의 시간이다. 하이데거의 '존재와 시간'(전기)의 시기는 아직도 과거(사유 존재)를 완전히 떨친 시간이 아니라는 점에서 전통과 연결되어 있으며, 현존재(죽을 인간)적 사유를 거친 다음에 '시간과 존재'(후기)의 시기로 들어가게 되는데 이는 미래(존재사유)를 맞이하는 열린 시간이다. 하이데거는 인간을 '현존재(죽을 인간)'로 해석하면서 존재의 끝없는 연장을 유무차연^{有無差延}으로 해석하게 된다. 비록 하이데거가 존재자가 아닌 존재를 발견했다고 하지만, 그가 위치한 곳은 현상학적 차원으로서 '현상학의 언덕에서' 존재의 세계를 바라본 성격이 강하다.

현상학적 시간과 니체의 영원 회귀

철학자/시간	과거	현재	미래
헤겔의 변증법	正	反	合
니체의 생기존재론 '힘에의 의지'	천지창조 (종말구원) "신은 죽었다."	생기존재론 욕망과 의지의 세계 (창조적 진화)	영원 회귀 운명애^{Amor Fati} "창조하는 것이 신이다"
박정진의 기운생멸론 존재존재론	원인적 동일성 (제1원인): 니체와 서양 철학에 대한 박정진의 평가	순간(찰나생멸) 기운생멸^{氣運生滅} 무유상생^{無有相生} 무상삼매^{無相三昧} 생성론^{becoming}	결과적 동일성 (수학적 무한대): 니체와 서양 철학에 대한 박정진의 평가
하이데거의 존재론 존재현상학	존재와 시간 (사유존재) denken 전통과의 연결	차이-연장·반복 (복제)	

현재는 시간이면서 시간이 아니다(시간의 이중성)

⟨현상학적 시간과 영원 회귀⟩

서양 문명은 본질적으로 힘^{force, power}을 숭상하는 관성이 있다. 뉴턴의 역학이든 아인슈타인의 상대성 원리든, 권력의 집중이든 권력의 분산이든, 모두 중력(힘)을 포함하고 있고, 그 힘은 항상 집중되고, 폭력화될 수 있는 것이다. 그래서 자유이든, 평등이든, 박애든 그 이면에는 결국 힘(권력)과 폭력을 감추고 있다고 볼 수 있다. 평화라는 것도 결국 '팍스^{Pax=peace}'라는 말에서 알 수 있듯이 패권국가가 결정되었을 때 한시적으로 얻게 되는 성격이 짙다. 이것은 동양의 패도^{覇道}에 해당한다.

서양의 도덕^{道德}에도 그 이면에 본질처럼 힘이 도사리고 있지만 동양의 도덕, 도의^{道義}에는 힘보다는 함께 살아가는 공동체의 공생^{共生}의 미덕이 있다. 이것을 크게 말하면 수도^{修道}, 수신^{修身}의 전통과 맥을 닿는 도학^{道學}의 정신이다. '힘의 도덕'과 '도학의 도덕'은 그 근본에서 다르다. 도학은 자연을 이용하기는 하되 자연과 공생하는 것을 목표로 삼는다. 힘의 도덕이 인위^{人爲}의 도덕, 유위^{有爲}의 도덕이라면 도학의 도덕은 무^無의 도덕, 무위^{無爲}의 도덕이다.

힘의 도덕이 이기^{利己}의 도덕이라면 무의 도덕은 자리이타^{自利利他}의 도덕이다. 자리이타의 도덕을 한국적 전통에서는 홍익자연^{弘益自然}이라고 말한다. 기독교의 신은 앞으로 세계 여러 문명과 화합하기 위해서 자연과 하나(하나 되다)가 되거나 적어도 자연으로 귀일되어야 한다. 이것은 신법자연^{神法自然}이라고 명명할 수 있을 것이다.

자연계에서 인간의 특이성^{singularity}은 무엇일까, 아마도 도구와 언어를 사용하는 점일 것이다. 그런데 그 도구와 언어의 사용이 근대 자연과학의 등장에 의해 너무나 막강하게 된 까닭에 도리어 인간 종을 위협하는 수준에 이르고 말았다. 자연으로부터의 소외는 인간으로 하여금 심리적으로 각종 강박관념과 도착현상에 직면케 하고 있다. 인간은 이제 자연적 존재로서의 건강을 회복하지 않으면 안 되게 되었다.

오늘날 신과 인간과 자연의 관계를 이렇게 정의할 수 있다. 인간이 말하는 신神은 세계를 설명하고 해석하기 위한 현상학적 실체이지만, 동시에 현상이 아닌 존재(본래 존재), 자연적 존재(자연)로서 이중성二重性을 갖는다. 인간이 투사投射한 초월적인 존재가 신이라면 신은 말씀을 통해 다시 인간과 대화하는 한편, 인간은 육화肉化를 통해 자연적 존재로서의 자신을 발견하는 것을 통해 세계로부터의 소외를 극복하여야 한다. 우리는 신을 자연으로 돌려줌으로써 자연과 화합하여야 한다.

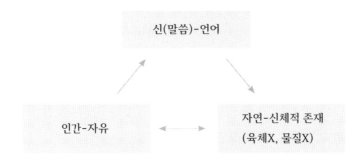

〈신-인간-자연, 그리고 투사投射와 육화肉化〉

니체의 생기존재론은 얼른 보면 생성론인 것 같지만, 요컨대 "존재는 생성되고 있다$^{Being\ is\ becoming,\ becoming\ is\ Being}$."는 입장으로 존재를 우선하고 있다. 이것은 결국 유무有無 가운데 유有를 앞세우는 것이다. 이때 무無는 없음^{nothingness}이다. 이에 비해 생성론은 유무有無 가운데 무無를 앞세운다. 이때의 무無는 없음이 아니라 보이지 않는 있음$^{invisible\ thing}$이다.

생기존재론은 생성보다는 존재에 방점을 두고 있는 존재론이다. 결국 서양 철학은 생성론^{becoming}이 아니라 존재론^{Being}인 것이다. 그래서 니체는 세계가 모두 현상이라고 한다. 단지 관점에 따라 현상을 해석하는 것이 다르다는 입장이다. 이것이 '관점의 해석학'이다.

따라서 니체의 존재론은 현상학적 존재론이면서 동시에 힘(실체)의 존재론이라고 말할 수 있다. 니체뿐 아니라 니체의 계승자들, 그리고 모든 서양 철학자는 모두 동일성을 숨기고 있는 까닭으로 현상학적 존재론자들이다.

서양 철학의 동일성同一性은 수학적 동일성으로서 동양의 항상성恒常性과는 다른 것이다. 동일성은 일자一者이지만 항상성은 일자가 아니다. 동일성은 자연과학으로 통하고, 항상성은 자연으로 통한다. 동일성은 등식等式의 세계고, 기계의 세계인 반면, 항상성은 자연의 세계고, 계절의 세계다. 이것은 서양의 방법方法과 동양의 도道가 다른 것과 같다. 동양은 방법의 의미를 방도方道라고 하기도 한다.

요컨대 니체의 가장 충실한 계승자인 들뢰즈는 니체의 '동일한 것의 반복'을 '차이의 복제'라고 말하고 있지만 그들의 차이는 이미 동일성(실체)을 내포하고 있는 차이다.

서양 철학자들의 차이는, 동양의 자연의 차이(고정 불변의 동일성이 없는)와는 다른, 동일성을 전제한 차이, 동일성이 있는 차이인 것이다. 동양의 음양 사상은 음의 동일성, 양의 동일성이 없는 '다원다층의 음양 사상'으로서, 음양 대립이 아닌 음양 상보 사상이라는 점을 주지하기 바란다.

4. 힘에의 의지는 현상학인가, 존재론인가

　힘에의 의지는 인간 사회뿐 아니라 자연계도 포함하는 보편적인 개념이다. 힘을 인간 사회에만 적용하면 권력이라도 해도 무방할 것이다. 자연계(생태계)는 서로 약육강식을 하면서도 강한 생물과 약한 생물이 균형점을 이루면서 공존하는 것을 특징으로 한다. 이에 비해 인간 사회는 생존 경쟁을 권력 경쟁으로 바꾸면서 그 힘의 균형점을 시대마다 다시 찾지 않으면 안 된다. 이것을 흔히 권력의 재편 과정이라고 말한다. 새로운 시대는 새로운 권력의 시대다.

　권력 경쟁은 생물종간의 힘의 균형과 조화를 찾는 것이 아니라 인간 사이에 위계 구조, 즉 계급이나 계층 구조의 변형을 통해서 달성된다. 니체는 '힘에의 의지'를 그의 철학의 보편성으로 간주했다. 기존의 힘을 분석하는 것은 일종의 해체 행위다. 그러나 새로운 힘을 형성하는 것은 구성 행위다. 바로 힘이라는 주제를 다룰 때는 중심-주변, 단중심-다중심, 해체-구성의 이중성을 갖고 있다.

　'힘에의 의지'를 표방하는 니체 철학은 형이상학의 완성적 측면과 해체적 측면이 동시에 있다. 니체 철학에서 '힘'과 '의지'의 성격을 구체적으로 보자. 니체는 우선 '힘'의 추구를 '인간의 원초적인 근본 충동'으로 보고 있다.

　"힘에 대한 추구는 인간 행위와 현상의 원인이다. 힘에 대한 요구, 힘을 얻으려는 소망, 힘을 간직하고 증대하려는 소망 등이 인간의 원초적인 근본 충동인 것이다."[22]

"힘에의 의지는, 1) 지배를 원하고, 더 많이 원하며, 더 강해지기를 원하는 의지 작용이다. 의지들은 따라서 외적 원인에 의해 촉발되지 작용하지 않는다. 오히려 힘에 대한 추구가 의지의 유일한 운동 원인이다. 그래서 힘에의 의지인 것이다. 모든 존재하는 것은 그러한 의지의 힘으로 충만해 있고, 이 의지의 힘은 따라서 의지를 항상 작용하는 동적인 것으로, 구성력을 지닌 것으로 만든다. 2) 이 작용이 가능하기 위해서는 한 의지에 저항하는 반대 의지들이 있어야 한다. 이 의지 간의 싸움이라는 상호작용을 통해 그때그때 승자가 되는 하나의 의지가 어떤 구체적인 현상을 만들어낸다. 따라서 힘을 추구하는 의지는 항상 다수여야만 하고, 의지의 다수성은 힘을 얻기 위한 의지 사이에 싸움에 불가결한 조건이다. 모든 존재하는 것은 생명력이 있는 것이라는 의미에서 변화하는 것이고, 이 변화의 양태를 결정하는 것은 의지 간의 긴장 관계와 그 힘의 긴장 관계에서의 승자다. 3) 이긴장 관계와 싸움의 형태는 끝이 없는 진행 과정에 있다. 왜냐하면 의지들의 힘겨루기 과정은 어떤 최종적인 이김과 저항력을 상실한 복종으로 끝이 나는 관계가 아니고, 그때그때 새로운 의지의 힘 간의 싸움에서 이김과 복종이라는 관계가 새로이 설정되는 '명령하고-저항하는 복종'의 형식을 갖기 때문이다."[23]

'의지'는 주어진 상황이 포함하는 '이상以上'을 요구하는 것이라고 한다.

22　백승영, 같은 책, 316쪽.
23　백승영, 같은 책, 340~341쪽.

"의지라는 것은 무엇인가를 목표로 하는 합목적적인 것이다. 그리고 그 무엇은 아직은 주어져 있지 않은 것이어야 한다. 그 무엇이 이미 주어진 것이라면 그것을 원할 필요는 없는 것이기 때문이다. 그리고 의지는 필연적으로 주어진 상황이 포함하고 있는 것 '이상以上 Mehr'을 정위한다. 그렇다면 의지는 실제로 무엇인가가 결여되어 있다는 것에 대한 표현이고, 그 결여를 보충할 가능성으로 돌진하는, 변화를 함의하는 개념이다. 의지는 항상 의지 작용 안에서 주어진 상태를 넘어서는 경향을 가지고 있다. 그러므로 삶에의 의지는 모순 개념에 불과하다. 오히려 삶에의 의지는 그것이 의지인 한에서 의지 작용을 하면서 '그 이상'을 원해야 한다. 그리고 의지가 역동적인 만큼 삶 의지도 역동적인 성격을 띠어야 한다."[24]

니체는 힘을 상승적인 것으로 본다.

"힘에의 의지는 '상승Steigerung'과 '그 이상以上 Mehr'을 원한다. 이것은 힘의 만족할 줄 모르는 속성 때문이다. 관계적 힘 작용은 이미 도달된 힘 상태의 보존을, 자기의 보존을 추구하지 않는다. 따라서 자기 보존은 생기 과정의 목적일 수 없다."[25]

니체는 특히 "생성의 의미는 모든 순간에 충족되고 도달되고 완성되어야 한다."[26]고 단언함으로서 생성의 의미를 존재의 의미로 완전히 환원하는 철학자가 됐다. 이는 순간순간이 충족이고, 완성이라는 의미며, 결국 순간이 영원(순간

24 백승영, 같은 책, 325쪽.
25 백승영, 같은 책, 353~354쪽.
26 백승영, 같은 책, 291쪽: KGW VIII 2 11[82], 281쪽, 재인용.

=영원)이라는 말에 다름 아니다. 그러나 생성은 엄밀하게 말하면 순간에 완성되는 것도 아니고 더더구나 순간이 아니라 생멸인 것이다.

니체의 영원 회귀는 영원을 미래에 달성하는 것이 아니라 순간의 현재에서 달성하는, 말하자면 지금까지 '시간의 연장선상의 끝에서 추구하던 영원'을 '시간의 미적분적微積分的 영원'으로 전환하는 것이다. 이러한 관점에서 보면 순간이 끝없이 계속되니까 결국 '순간=영원'이 된다. 순간도 시간의 실체고, 영원도 순간의 시간을 바탕으로 한 실체다.

영원이라는 개념은 시간의 무한대無限大 혹은 지속의 개념에서 비롯되는 것으로, 적분이든 미분이든 무한대 개념에 속한다. '영원 회귀'의 무한대성은 니체가 아직 시간(시간이라는 개념)을 벗어나지 못했음을 의미한다. 시간의 개념에서 벗어나지 못하면 세계는 여전히 인과因果의 세계에 머물게 된다. 영원 회귀는 시공간의 무한대 개념에 의해서만 성립한다.

시공간의 무한대=힘에의 의지=영원 회귀=생기존재론

서양 사람들은 실체론에 익숙하기 때문에 '무無의 존재', '존재의 무無'를 이해할 수 없다. 그래서 현상학적으로 무한대를 통해서 무를 이해할 수밖에 없다.

니체의 '힘에의 의지', '영원 회귀', '생기존재론'은 같은 차원에 속한다고 말할 수 있다. 말하자면 생기존재론에 있으면 영원 회귀를 주장할 수밖에 없다는 뜻이다. 둘은 같은 차원이기 때문이다. 나아가서 니체의 영원 회귀라는 것도 동양의 자연적 순환론이라기보다는 연장적 개념으로서의 시공간론^{時空間論} 속에 있음을 볼 수 있다. 영원 회귀는 시공간론의 다른 말이고, 결국 영원 회귀는 추상이다.

니체 철학이 겉으로는 서양 철학을 벗어난 것처럼 장광설을 늘어놓고 있지만 실은 결국 칸트 이성 철학의 '이성'의 자리에 '힘에의 의지'를 대입한 성격이 강하다. 칸트 철학의 존재를 생성론의 입장에서 바라보고 해석학적·현상학적 제스처에 불과하다. 니체는 서양 철학을 극복하는 반이성적 철학을 한 것이 아니라 서양 철학이 본래 '권력'이었음을 드러낸 철학자다.

칸트가 '절대신'의 자리에 '인간'과 '이성(도덕)'을 대입하였듯이 니체는 다시 칸트의 '이성'의 자리에 '힘'을 대입한 것이다. 니체는 또 형이상학의 중심을 머리(이성)에서 신체(감성)로 이동하는 모험을 단행했다. 따라서 칸트가 '로고스 철학'에서 잠정적으로 격리했던 감정과 신체를 '힘에의 의지' 개념에 포함한 것이다. 이것이 니체의 '파토스 철학'의 정체다.

결국 칸트의 '선의지'를 '힘에의 의지'로 변형한 것이다. 이는 어떤 점에서 칸트의 도덕보다 더 물리적으로 변한 것이다. 니체 철학이 형이상학의 완성과 해체의 이중적 의미로 우리에게 다가오는 것은 바로 이 부분에 있다. 니체의 '힘' 개념에는 물리적인 힘도 들어 있다.

'힘'의 개념에 감정의 포함은 디오니소스적 창조와 직결되는 것이다. 말하자면 칸트 철학이 아폴론적이었다면, 니체 철학은 디오니소스적인 특징을 갖는 것이다. 그러나 서양 철학이 중심 이동을 했다고 해서 서양의 존재 철학이 근본적으로 바뀌어 생성 철학이 되는 것은 아니다.

니체 철학은 종합적으로 서양의 새로운 '실체적 일원론'으로, '생성의 존재화' 혹은 '존재의 생성화'라고 말할 수 있을 것이다. 이는 존재와 생성의 이중성(이중적 성격)을 드러내는 대목이다.

니체의 생기존재론은 서양 철학의 전통적인 이분법인 '존재(본질)'나 '현상'을 거부할 뿐 아니라 '생성하는 존재'라는 개념을 통해 세계를 일원론으로 바라보는 것으로 볼 수 있고, 더구나 니체의 '힘에의 의지'와 '영원 회귀'는 서양 철학 내에서 이성과 도덕에 대한 반란이라고 할 수 있지만, 동양 철학의 입장에서 바라보면 여전히 생성론이 아니라 존재론이다. 다시 말하면 생성을 존재로 치환한 존재(존재의 존재자)와 현상의 철학이고, 생성의 존재화의 철학이다.

니체에게는 존재가 힘이다. 힘은 자연과학적으로는 물리적 힘이지만, 인문사회과학적으로는 권력이다. 니체는 평생 생성을 추구하였지만, 결국은 서양 철학 전통의 존재로 돌아간, 역설이 일상화된 인류 문화 분석의 철학자였다. 생성의 철학자인 체했지만, 결국은 서양 문명을 긍정하기 위해서 욕망과 의지를 비롯하여 인간의 모든 문화적 제도를 힘으로 본, 그래서 힘의 주인(주권적 개인)이 될 것을 요구한, 힘의 존재로 돌아간 '존재Being의 철학자'였고, '생성becoming의 철학자'는 아니었다.

젊을 때『비극의 탄생』을 쓸 때까지만 해도 쇼펜하우어의 영향을 많이 받은 니체는 표상의 이면에 있는 의지에 관심을 갖기 시작했는데 그 결과 의지의 비어 있음과 그것을 채우기 위한 고통을 부정적으로 본 쇼펜하우어와는 달리, 의지의 비어 있음과 생성적인 측면에 주목하게 된다. 바로 의지의 생성적인 측면을 끌어올려서 '힘에의 의지'로 형이상학화한 것이 니체 철학이다. 이를 기호학적으로 보면 다음과 같다.

기표/기의=표상/의지=표상/비어 있음=표상/생성:힘에의 의지:기표주의:남성주의

5. 니체는 허무주의를 극복했는가?

니체는 말한다. "자연 안에 법칙이 있다는 말을 경계하자. 오직 필요만이 있을 뿐이다. 명령하는 자도 없으며, 복종하는 자도 없고, 위반하는 자도 없다."(『즐거운 학문』 109절) 그는 심지어 이렇게 말한다. "언제쯤에나 우리는 신성으로부터 완전히 자유로운 자연을 가질 수 있을 것인가." 그는 또 "도덕들은 있지만 도덕성 자체는 없다."라고 말한다.

니체는 '존재 그 자체'에 대한 이해가 깊었으며, 이른바 존재론의 길을 개척하였다고 할 수 있다. 그러나 그는 허무주의를 극복하기 위해 '힘에의 의지', '디오니소스의 긍정의 철학'으로 돌아갔기 때문에 현상학자로 남을 수밖에 없다. '영원 회귀'라는 그의 철학의 결론도 그 결과라고 할 수 있다.

니체의 '힘(권력)에의 의지'에 의해서 서양 철학과 문명은 결국 힘이라는 것을 고백(폭로)하게 되었다. 그렇게 보면 서양의 근대의 자유는 '개인의 권력(주권적 개인)'을 의미하고, 평등은 집단(시민과 프롤레타리아의 권력)의 권력을 의미한다. 요컨대 개인과 집단이 서로 권력 경쟁을 하는 셈인데 그 게임에서 어떻게 평화라는 것이 바늘 끝 같은 균형점으로서의 평화를 성취할 것인가는 의문이다. 자유와 평등에 이어 박애(사랑)에 호소하지만, 집단적으로 사랑이 실천된 예는 드물다. 기독교의 사랑마저도 힘(권력)으로 변해버렸다. 요컨대 '제도로서의 기독교'가 사랑을 실천하였는가를 의문이다. 힘으로서는 평화는 없다. 진정한 사랑은 무엇인가?

니체는 스스로 허무주의를 극복했다고 하지만, 서양 문명을 이끈 원동력이 힘이라는 실체였음을 열심히 분석했지만 다시 힘으로 돌아갔기 때문에 그는 평화를 얻을 수 없었다. 그는 동양의 불교를 소극적(수동적) 허무주의의 극복이라고 전제하고 자신의 철학이 긍정적(적극적) 허무주의의 극복이라고 천명했지만, 그는 힘으로서는 평화와 안식이 보장되지 않는다는 사실을 모른 철학자라고 말할 수 있을 것이다.

서양 철학과 문명은 시간時間은 알지만 시時(시간성, 시간 그 자체)를 모르고 공간空間은 알지만 공空(공간성, 공간 그 자체)을 모르는, 계산할 수 없는 시공時空(시공간 그 자체)을 모르는, 그래서 결코 공空과 무無를 모르는(알 수 없는, 깨달을 수 없는) 문명이었다고 할 수 있다. 시간과 공간에 매달리면 결국 허무주의를 극복하지 못한다는 사실, 쉽게 말하면 소유적 존재로서의 존재를 극복하지 못한다는 사실을 몰랐을 것이다.

이것은 니체 개인의 탓이 아니라 서양 문명의 탓이고 특징이다. 지금도 서양은 세계를 정복하려고 하고 있다. 서양의 기독교조차 정복자의 모습이라는 사실을 그들을 모를 것이다. 정복에 무슨 평화가 있겠는가. 신을 팔고, 평화를 팔고 있을 뿐이면서 실제로는 자신의 권력(패권 경쟁)을 취하고 있을 뿐이다. 과학조차도 그런 힘을 소유하고 지배하고자 할 뿐이다. 서양 문명의 신-과학, 주체-대상, 자유(우파)-

평등(좌파)조차도 권력(힘) 경쟁을 하고 있을 뿐이다. 서양의 자연과학(천제물리학)은 우주의 어딘가에, 지구가 멸망했을 때, 인간이 살아갈 구원처가 있을 것이라고 가정하면서 기독교신화 대신에 과학적 창세기를 쓰고 있다.

진정한 허무주의의 극복은 실체론의 차원에서 허무虛無를 말할 것이 아니라 존재론(생성론)의 차원에서 허虛와 무無를 받아들이는 데에 있다. 즉 불교적 존재론으로 존재를 바라보아야 허무에서 벗어날 수 있다. 본래 존재는 무(존재=無)이기 때문에 그야말로 허무할 것이 없는 것이다. 현상학과 실체론은 결코 허무주의를 벗어날 수 없다.

니체가 서구의 형이상학을 극복했는가의 문제는 하이데거에 의해 부각되었으나 여전히 논란의 여지는 있다.

"서양의 존재사를 존재 망각의 역사로 규정하려는 전략을 가지고 있던 하이데거는 니체를 읽어내는 데에서도 동일한 전략을 선택한다. 그에 의해 니체는 서양 형이상학의 전통에서 예외가 아닌 존재가, 더군다나 마지막 플라톤주의자로서 서양 형이상학을 정점에 도달하고 종결하는 존재가 된다."[27]

하이데거는 형이상학과 허무주의 극복이라는 면에서도 니체를 실패한 철학자로 규정한다.

"'힘에의 의지'와 '같은 것의 영원 회귀'의 종합이 존재자의 기본 성격을 표현하는 한, 비록 존재자의 존재에 대해 사유하고는 있지만, 존재의 진리는 사유하지 않을 뿐 아니라 은폐해버렸던 서구 형이상학의 전통에서 예외적이지 않다."[28]

27 백승영, 같은 책, 289쪽.
28 백승영, 같은 책, 398쪽.

기표/기의=표상/의지=존재자/존재:힘에의 의지:보편자의 존재:존재의 은폐:서구 형이상학의 전통

니체의 철학은 종래의 형이상학적 도식은 거부하지만 내용면에서는 여전히 형이상학적 내용으로 채워졌다는 것이 지배적이다.

"니체 철학은 전통 형이상학의 도식은 거부하지만, 그럼에도 여전히 형이상학적 논의를 하고 있다는 견해가 이제는 전체적인 동의를 얻고 있다. (…) 그가 제시하는 형이상학 극복 프로그램은 전통 형이상학의 여러 주장에 대한 비판적 거부와 해체라는 의도를 갖고 있다. 하지만 이 프로그램이 형이상학이 갖고 있는 의미와 사유 내용, 사유 범위마저 포기하는 것은 아니다. (…) 그에게 경험되는 실재는 생성적 실재고, 그는 이 생성적 실재를 완전히 생성적 성격에 의해서만 설명하고 정당화하여 긍정할 수 있는 지반을 마련하고 싶어 한다."[29]

니체의 철학은 전반적으로 가치사상으로 출발한다고 하이데거는 말한다. 가치는 해석적 의미다.

"니체의 형이상학은 가치 사상으로부터 출발한다(『니체 II』, 271쪽 이하). 가치사상은 모든 것을 가치에 따라서 평가하고 자기 자신을 하나의 가치 평가로서 파악하며 새로운 가치 정립을 자신의 과제로 삼는 사유다(하이데거 전집 48, 106쪽)."[30]

니체는 칸트의 판단력 비판의 미美의 개념인 '무목적의 합

29 백승영, 같은 책, 290~291쪽.
30 백승영, 같은 책, 401쪽.

목적성'을 자신의 가치론의 입장에서 '반목적론적 목적론'
으로 바꾼 것으로 보이며, 데카르트의 '자아'는 니체의 '신
체'로, 데카르트의 '진리의 확실성'은 니체의 '진리로 간주
함'으로 바꾼 성격이 강하다.

　니체는 데카르트와 말만 다르지, 같은 형이상학의 내용이
다. 심지어 이성에 동물을 대체한 것이라고까지 말한다.

　"니체는 주체성의 본질을 이성성 대신에 야만성brutalitas과
야수성bestialitas으로 바꾸어서 말할 뿐이다. 따라서 주체성의
철학이 이성적 동물animal rationale이라는 인간에 대한 규정에서
이성적 우선권을 주장했다면 니체의 형이상학은 그것을 동
물성으로 전환한 것에 불과하다."[31]

　니체의 '힘에의 의지' 철학은 서양의 형이상학의 역사가 추
구해온 '기표의 역사' 혹은 '초월적 기표의 역사'를 마지막으
로 입증해주었다고 말할 수 있을 것이다. 니체의 초인 사상
은 물론 대지大地의 발언권을 중시한다는 점에서 전통적인 형
이상학과 다르다고 하지만 여전히 '초인超人을 추구함으로써
일견 초월성과 절대성을 극복한 것처럼 보이지만 실은 초인
도 또 다른 종류의 초월성 혹은 절대성이다.

　니체의 주권적 개인이라는 말은 실은 주체를 '힘에의 의
지', 즉 권력의 입장에서 새롭게 해석한 것에 지나지 않는다.
니체 초인사상의 가장 문제점은 바로 주권적 개인이 실재성
(실은 실체성이다)을 인간이 만들어낸 것이고, 그래서 인간
에게 귀속된다고 하는 점이다. 이는 주체에 대한 새로운 절
대성의 부여다. 해석학적 인식을 주장함으로써 절대성을 포
기한 니체가 다시 은근슬쩍 절대성으로 돌아가는 철학적 행

31　백승영, 같은 책, 401~402쪽.

위를 한 셈이다. 이에 따라 하이데거는 니체를 신랄하게 비판하다.

"힘에의 의지의 형이상학은 니체가 제시하는 인간 유형인 위버멘쉬에게 모든 사물에 대한 무조건적이고 유일한 척도의 역할을 허용한다. 위버멘쉬는 존재 전체를 같은 것의 영원 회귀인 것으로 아는(『니체II』, 292쪽) 새로운 주체로서, 자신의 힘에의 의지를 가지고 다른 존재자들을 자신의 힘의 상승을 위해 인간화Vermenschlichung한다. 그렇다면 형이상학은 곧 인간학이나 다름없고 힘에의 의지의 완성된 주체성은 위버멘쉬의 존재 필연성이 형이상학적 근원이다(『니체II』, 302쪽). 이 위버멘쉬 사상은 모든 실재하는 것의 실재성을 주체에 대해서, 주체를 향해서, 주체를 유지하되 실재성을 인간이 만들어낸 것이고 인간에게 속하는 것이라고 말한다(하이데거 전집 48, 161쪽). 이런 의미에서 위버멘쉬는 지상의 유일한 주인이다(하이데거 전집 48, 158쪽). 자기 자신에게 의거하는 지상에 대한 지배라는 의미에서 무조건적인 힘의 집행자인 인간 형태가 바로 위버멘쉬인 것이다(하이데거 전집 48, 18쪽;『니체II』, 308쪽)."[32]

니체는 도덕적 존재론과 과학적 존재론의 허무를 주장하고 신랄하게 비판했지만, 그의 힘에의 상승이론에 따르면 도덕적 존재론과 과학적 존재론도 니체의 '힘에의 의지'가 주장되기 이전에 이미 힘의 의지를 실천한 것으로서, 힘의 상승에 일정 부분 역할을 한 것이다. 따라서 힘에의 의지에서 도덕과 과학의 업적을 제외할 수 없는 약점이 있다. 도덕과 과학이 인간(개인과 집단)의 힘이 증대에 기여하지 않았다

32 백승영, 같은 책, 403~404쪽.

고 말할 수 없다.

그런 점에서 보면 니체의 힘에의 의지는 도리어 그 이전에 서양 철학이 성취한 도덕과 과학이 도리어 힘의 증대의 역사에 편입되는 결과를 초래한다. 도덕과 과학에서 허무주의를 발견한 니체는 그 허무주의를 극복하는 의미에서 '새로운 힘의 증대의 도구'를 찾는 셈이다. 그것이 바로 의지인 셈이다. 이는 쇼펜하우어의 염세주의에 빠질 것을 우려한 니체가 본능적으로 서양 문명사를 긍정적으로 바라보게 하기 위한 철학적 노력을 경주한 것이라는 해석이 가능하다.

실제로 니체가 도덕과 과학을 비판하였지만, 힘의 상승에서 제외한다고 선언한 적도 없다. 니체의 힘에의 의지는 단지 '힘에의 의지'라는 새로운 개념의 정립을 통해서 다시 서양의 전통적 존재론을 재구성 혹은 확대 재생산한 성격이 강하다. 니체가 주권적 개인을 중시한 점이라든가, 힘의 증대를 제안한 것은 바로 도덕적·과학적 제도의 허무주의적 성격에 실망한 서구를 다시 분발하는 의미가 강했던 것으로 보인다.

의지라는 개념도 쇼펜하우어에서 따와서 새롭게 개념 정립을 했는데 쇼펜하우어의 생성적 의미의 '의지와 표상'의 일원적인 성격을 '힘에의 의지'로 의미 전환하는 과정에서 니체는 '표상'을 '힘'으로 바꾸고 '의지'를 '기표'에 올려놓게 된다. 이는 결국 힘과 의지를 둘 다 기표적인(권력적인) 것으로 바꾼다. 이는 쇼펜하우어의 역동적인 의지와 표상의 생성적 관계를 실은 초월적·존재적·실체적으로 바꾼 것이라고 할 수 있다.

니체의 초인을 인정한다고 하더라도 그 초인이 절대 유일의 하나님이 아니라면 여러 다른 종류의 초인이 있을 수 있고, 이 가운데는 절대도덕주의자 혹은 과학광신자 혹은 절대권력자 혹은 여러 형태의 자기도취자도 있을 수 있다. 니체의 해석학적 인식을 그대로 니체 철학의 인식에 적용하더라도 반드시 니체와 같은 초인이 되어야 하는 것은 아니다.

이상의 논의를 간략히 정리해보면 칸트의 이성은 쇼펜하우어와 니체에 이르러 의지가 되고, 이성이 필요를 전제한 것이라면 의지는 결여 혹은 결핍을 전제한 성격을 강하다. 무엇이 결여 혹은 결핍되어 있기 때문에 무엇에 대한(향한) 의지意志가 있는 것이다. 필요와 결핍의 차이는 후자가 더 신체적이라는 데에 있다.

인간 문명이라는 것은 강한 육식동물에 비해 약한 신체를 타고난 인간이 신체적 결여를 보완하기 위해 직립보행으로 뇌가 발달했고(신체적 에너지가 머리 쪽으로 올라가지 않으면 안 되었기 때문에 뇌가 발달했다), 뇌와 손의 피드백작용은 인간의 두뇌를 기하급수적으로 발달시켰을 것이다. 뇌의 발달은 여러 물리적·상징적 도구를 발달시켰을 것이다.

인간이 발명한 것 중에 가장 위대한 것은 바로 상징적인 신神의 발명이다. 신의 발명은 분명히 발견이 아니라 발명이다. 인간은 신을 발명해놓고, 그것이 발견인 양(신이 본래부터 있는 양) 함으로써 자연 전체를 다스리기 시작했다. 신은 인간으로 하여금 자연 전체를 한꺼번에, 일시에, 어느 곳에서나 상대할 수 있는 길을 열어주었으며, 이는 자연을 극복할 수 있는 길을 열어주었을 것이다. 신은 그러한 점에서 가장 효율적인 개념이기도 하다.

신화와 철학과 종교와 과학이라는 것도 실은 늘어나는 인구ㅅㅁ(인간 개체군)를 부양하기 위한 생존 조건으로서의 의미가 크다고 볼 수 있다. 종교는 원인적 동일성을 추구한 성격이 강하다면, 과학은 결과적 동일성을 추구한 성격이 강하다. 종교의 '신神'의 자리에 과학은 'X(법칙)'을 대입한 것이라고 볼 수 있다.

철학이 신체를 다시 환기한다는 것은 인간이 세계를 바라볼 때, '절대성'을 가정하고 환원적으로 바라보는 존재적 입장이 아니라 '지금 살아가는' 입장에서 사물을 해석하는 생성적 입장으로의 전환이라고 볼 수 있을 것이다. 이는 바로 '앎의 철학'에서 '삶의 철학'(실존 철학)으로의 전환을 의미하며, 존재에서 생성으로 다시 나아간다는 신호다.

니체는 실지로 신체를 '큰 이성'이라고도 하고, 해석의 주체, 나아가서 힘의 주체로서 신체를 부각했다. 니체는 "나는 전적으로 신체일 뿐 그 외의 것은 아니다."라는 말을 하기도 했다. 니체는 인간이 신체를 통해서 통일적인 존재를 이룬다고 본다.

이성과 필요는 대뇌(머리)의 의식이 강한 것이라면, 의지와 결핍은 신체(몸)의 의지가 아니면 안 된다. 그래서 니체는 인간의 개체성을 강조하는 주권적 개인(초인)을 중시하는 것이다. 힘에의 의지는 이성적(합리적)인 영역을 넘어서는 '신체적 의지', '온몸의 의지', '생존의 의지', '본능의 의지'인 것이다.

니체는 확실히 신체의 문제를 서양 철학에 본격적으로 제기한 셈이다. 그러한 점에서 형이상학의 굴레에서 철학은 구한 점도 있다. 철학이 물리학物理學, physics으로서의 형이하학이 아니라 형이하학적 철학이 필요함을 제안한 것이라고 말할 수 있다. 이것이 나중에 하이데거에 의해 물학物學, physis으로 발전한다.

니체는 힘을 숭상하는 경향이 두드러진다. 니체에 이르러 인간 인식 자체도 힘의 형태론으로 편입된다. 특히 그가 인간 종種의 문제를 들먹이는 것은 분명 인간 종을 기분으로 새로운 철학을 전개해야 할 필요성에 직면한 것을 말하고 이는 인간 종의 위기와 관련이 있다.

니체는 "인식 의지의 정도는 그 종의 힘에의 의지의 성장 정도에 달려 있다."[33]고 말한다.

"니체 철학에서 존재론적 원리로 사용되는 힘에의 의지 개념은 이렇듯 인간 인식에서도 규제 원리로 사용된다. 인간 인식 역시 '힘에의 의지'의 형태론인 것이다. 힘에의 의지는 인간에게 내재하는 선이성적 선험성이라는 성격을 갖는다. 이것은 더 이상의 소급이나 분석을 허용치 않고, 자신의 선험성에 대한 논증 의무를 갖지 않는다. 힘에의 의지는 행위의 순서상으로 항상 제일 먼저 인간 인식 과정 전반과 행위 일반에 이르기까지 예외 없이 작용한다. 힘에의 의지의 작용은 단적으로 말해 명백하게 주어진 '경험적' 사실이다. 이런 힘에의 의지를 니체는 이미 '관점을 설정하는 힘'이라고 부른 바 있다. 힘에의 의지 혹은 관점을 설정하는 힘이 인식의 규제 원리로 기능하는 한, 인식은 철저히 인간 중심적-실용

---

33 백승영, 같은 책, 425쪽.

적인 측면을 가질 수밖에 없다."[34]

힘에의 의지의 선험성은 칸트의 이성에 의지를 대입한 것이라고 비난을 받을 수도 있다. 이 말은 칸트적인 것으로 칸트를 비판한, 칸트의 도덕적 존재를 비판한 것으로 해석될 수도 있다. 인식의 선험성과 의지의 선험성이 무엇이 다른가. 더욱이 칸트의 인식의 선험성은 경험론에 의해 귀납적으로 증명을 받도록 조건화되어 있음에 반해, 니체의 선험성은 논증의 의무도 없다.

만약 어떤 누가 "내가 초인이다. 나를 따르라."하고 나설 경우, 초인의 의지라는 것은 제어할 방법도 없고, 초인의 욕망을 견제할 방법도 없다. 단지 초인의 양심에 맡길 수밖에 없는 경우도 있을 것이다. 이는 새로운 절대주의고, 절대주의는 항상 전체주의로 바뀔 가능성을 가지고 있다는 점에서 매우 감행적敢行的이면서 동시에 위험한 사상이다.

니체의 힘이라는 개념은 실체적인 것과 비실체적(생성적)인 것을 모두 포용하는 개념이다. 니체의 힘에의 의지는 존재에서 생성으로 나아갔지만 결국 생성의 영역에서 존재를 넓힌 성격이 강하다. 그런 점에서 서양 형이상학의 '실체의 확장'에 기여한 인물이다. 니체는 서양 철학사에서 매우 반동적인 철학자로 평가하지만 실은 가장 서양 철학자다운 철학자인지도 모른다.

하이데거는 심지어 초인을 사물의 기계화, 인간의 사육화를 달성하는 인물로 냉소적인 해석을 하기도 한다.

"위버멘쉬는 근대의 기계적 경제에 적합한 근대 기술과 그 가능성을 스스로 통제하고 이용할 수 있는 인간 유형이

---

34 백승영, 같은 책, 425~426쪽.

다. 위버멘쉬는 지상에 대한 무조건적인 지배를 수립하기 위해 모든 가치를 정립하고 그것을 자신을 위해 작용한다. 인간이 위버멘쉬가 되게 하기 위해서는 다음의 두 가지 조건이 필요하다. 사물을 기계화하는 것과 인간을 사육^{Züchtung}하는 것(『니체II』, 308쪽). 인간의 사육은 인간을 모든 행위를 엄격하게 지배할 수 있는 자동화의 명확성으로 이끌기 위해 힘들을 저장하고 정화하는 것을 의미한다(『니체II』, 309쪽). 사물의 기계화란 사물을 기계적으로 정위시켜 통제 가능한 수단으로 이해하고 사용하는 것이다. 사물의 기계화와 인간의 사육을 통해 인간은 자신의 힘에의 의지를 가지고 모든 존재자를 단순화한다(『니체II』, 309쪽). 인간은 이제 위버멘쉬가 된다. 따라서 인간이 본질적으로 세계의 위에 서고 세계를 지배하기로 결단을 내리는 내용의(하이데거 전집 48, 171쪽) 위버멘쉬 사상은 새로운 인간 종의 사육을 단순히 생물학적인 것이 아니라 형이상학적 필연성을 띠는 것으로 말한다(『니체II』, 309쪽)."[35]

니체의 '과도한 순진함'이나 '공정성'에 대해서도 니체를 비판하는 쪽과 옹호하는 쪽의 의견이 엇갈린다. 하이데거는 물론 비난하는 쪽이다.

"인간이 자신이 바로 만물의 의미와 가치 척도임을 자각하지 못하고 가치를 자신에게 주어지는 사물의 본질로서 정립하는 것은 인간의 과도한 순진함$^{hyperbolische\ Naivität}$의 표명이다(하이데거 전집, 48, 128쪽). 따라서 과도한 순진함이란 사물의 인간화가 아니다. 오히려 과도한 순진함은 인간화 과정이 모든 세계 해석에서 유일하고 진정한 방식이라는 인식

---

35 백승영, 같은 책, 404~405쪽.

적 결여 상태를 지칭한다. 인간은 자신에 의해 정립된 것을 사물들 자체가 자신에게 가져다주는 선물로 상정하는 견해에 머무는 것이다(하이데거 전집, 48, 129쪽). 진리의 본질은 공정함^{Gerechtigkeit}으로서, 이것은 지상에 대한 무조건적 지배를 가능하게 하는 인간과 관계되는 개념이다(『니체II』, 325쪽). 공정하다는 것은 힘의 상승에 유용한 것을 의미한다(하이데거 전집, 48, 264쪽). 공정함의 규준이 되는 것은 따라서 곧 위버멘쉬의 힘에의 의지고, 여기서 모든 한계를 벗어나는 주체성의 무조건적 성격이 드러난다."[36]

기표/기의=기계/도덕, 기계/인간=사육화/인간

이에 대해 백승영은 변호적인 반론을 편다.

"특히 니체가 '과도한 순진함' 혹은 '도구와 규준의 혼동'으로 제시한 형이상학에 대한 비판은 바로 형이상학 비판이 이성 비판을 토대로 하고 있음을 말해준다. 또한 하이데거가 지적한 '공정함' 역시 니체는 하이데거의 해석과는 달리 인식방법론으로 제시하고 있다. 마지막으로 위버멘쉬 역시 하이데거의 이해와는 다른 모습을 보인다. 니체 철학에서 위버멘쉬는 공정한 해석 주체, 신체 주체와 동의어다. 공정한 해석 주체는 자신이 관점적 세계 해석의 주체임을 자각하는 자다. 즉 자신의 이성 기능의 필연적 해석성과 한계를 자각하는 자다. 그래서 반독단적 태도, 절대 요구의 포기, 공정함의 덕을 갖추는 존재며, 그래서 큰 이성이라고 니

---

36 백승영, 같은 책, 404쪽.

체가 명명한 존재인 것이다."[37]

백승영은 이어 하이데거의 니체 읽기가 핵심적 구도가 무시된 오해의 시작이라고 말한다.

"하이데거는 과도한 순진함의 내용을 인간화 과정이 유일한 세계 해석이라는 점을 인식하지 못하는 인식의 결여 상태라고 이해한다. 이것은 일견 니체 자신의 사유와 유사해 보이지만, 내용상 큰 차이가 난다. 니체가 제시하는 과도한 순진함은 인간이 자신의 이성과 이성 사용에 대해 맹목적 믿음을 갖는다는 것에 대한, 인간 이성이 곧 생기의 실재성을 모두 다 파악할 수 있다고 여기는 오만함에 대한 경고다. 존재 자체가 존재자들의 존재에 의해서 파악될 수 있다는 오만함에 대한 경고다. 이 오만함에 대한 경고와 방지책을 니체는 '과도한 순진함'뿐 아니라 '공정함' 개념을 통해서도 말하고 있다. 그러나 하이데거는 니체의 공정함을 단지 힘에의 의지를 갖는 인간 주체의 무조건성에 대한 표현으로, 따라서 진리가 곧 공정함인 것으로 협소하게 이해할 뿐이다. 오해가 진행된다."[38]

백승영은 니체의 위버멘쉬에 대해서 이렇게 말한다.

"이 위버멘쉬는 존재의 절대적 진리를 말할 권리를 갖는 근대 주체와는 전혀 다른 존재다. 물론 위버멘쉬는 자신의 본성에 따라 항상 자신을 넘어서는 존재며, 자신의 이러한 본성에 맞는 존재 양식을 위해 다른 존재자들을 철저하게 인간 중심적-실용적으로 해석하여 수단화한다. 그러나 동시에 이 위버멘쉬는 자신의 이성 사용을 통해서는 생기로서

---

37 백승영, 같은 책, 409~410쪽.
38 백승영, 같은 책, 412쪽.

의 존재 자체가, 실재하는 것들의 실재성이 드러나지 않음을 알고 있는 자다. 니체에게 존재는 하이데거가 이해하는 것과는 달리 위버멘쉬의 산출물도 아니고 위버멘쉬의 소유는 더욱 아니다. (…) 이러한 특징들은 거꾸로 된 플라톤주의로서의 니체 철학을 플라톤주의의 완성이 아닌, 형이상학과 허무주의 이후의 철학으로 규정하게 된다."[39]

니체를 반드시 하이데거식으로 읽을 필요는 없지만, 서양 철학적 전통과 존재의 프레임에서 생성 철학을 설명하는 것은 벼랑을 타는 곡예와 같다는 인상을 지울 수 없다. 얼마든지 오해할 수 있는 여지가 있을 수 있기 때문이다.

문제는 의지라는 것이 이성과 얼마나 다른 가다. 쇼펜하우어의 염세주의를 허무주의로 바라보면서 허무주의적 시각에서 서양 철학과 문명을 바라본 니체는 다시 서양을 구할 목적으로 이성 대신에 의지를 권력과 결합한 것은 아닐까.

니체는 그러기 위해서 종래의 제도적 권력 혹은 힘인 기독교의 절대신과 싸워야 했으며, 과학의 객관성에 대한 독점에 대해서도 도전하였던 것이다. 그러나 대안으로 내놓은 것이 초인과 영원 회귀다. 그런데 초인과 영원 회귀는 신과 과학과 다른 새로운 형이상학적 존재며 실체다. 힘에의 의지가 달성한 것은 결국 초인이며, 시간을 초월하는 영원 회귀다. 이는 새로운 초월적 존재론이 아닐까?

니체의 힘에의 의지에 대한 백승영의 종합적 정리를 보자.

"힘에의 의지는 (1) 매순간 '지배를 원하고, 더 많이 원하며, 더 강해지기를 원하는 의지 작용Herr-werden-, Mehr-werden-, Stärker-werdeb-Wollen'이다. 지배와 더 많은 힘, 그리고 더 강해짐

---

39 백승영, 같은 책, 413쪽.

에 대한 추구는 의지들에 내재하는 본심이다. 즉 모든 의지는 힘에의 상승의 힘 상승을 통한 지배를 추구한다. 그래서 힘에의 의지는 다른 의지를 외부에 독립적으로 존립하는 제3의 의지가 아니다. 오히려 의지들은 그것이 의지인 한에서 힘 상승을 추구하며, 그래서 모든 의지를 힘에의 의지라는 명칭으로 부를 수 있다. (2) 힘 상승 운동의 역학과 그 역학이 빚어내는 생명성이 가능하기 위해서는, 의지는 하나여서도 홀로 존립해서도 안 된다. 힘 상승과 지배를 원하는 작용으로서의 힘에의 의지는 자신의 힘을 행사하게 해주고, 힘 상승의 느낌을 얻게 해주는 적수와, 이 적수들과의 힘 경쟁의 관계를 필요로 한다. 그래서 힘에의 의지는 다수다. (3) 의지들의 힘 경쟁의 관계, 작용과 반작용 관계는 질서 없고, 법칙 없는 카오스적 혼란은 아니다. 오히려 그 사이에는 매 순간 힘의 정도에 따른 위계 질서가 성립된다. 그래서 명령과 복종의 관계가 성립된다. 하지만 매순간 힘에의 의지는 저항을 멈추지 않기에 명령과 복종은 '저항하는' 특징을 갖게 된다. 힘 싸움은 그래서 매순간 발생한다. (4) 힘에의 의지의 목적은 자기 보존이 아니다. 오히려 힘의 증대가 목적이며, 이런 목적 추구 활동을 하면서 힘에의 의지는 존립한다. 따라서 '더 많은 힘을 원함'이라는 의지의 본성이 곧 의지의 목적이기도 한 것이다. (5) 힘에의 의지의 역동적 운동은 '관계적'인 운동 원인 때문이다. 힘에의 의지는 자신의 활동을 통해서, 다른 힘에의 의지들과의 상호작용을 통해서만 존립하며, 그 작용을 통해서 자신을 표출해낸다. 세계의 '무엇'과 '어떻게'는 바로 이런 힘에의 의지들의 상호관계에 대한 표현이다. (6) 힘에의 의지는 늘 본성에 따르는 합법칙적 운동을 한다. 즉 상승적 힘에 대한 추구-저항하는 복종과 명령-매순간의 질서형성-관계 맺음이라는 본성에 따라 운동한다. (7) 힘에의 의지 운동의 지속은 힘에의 의지들이 매순간 자신의 힘을 마지막까지 최대한 방출하는 데 근거한다(힘 사용의 극대 경제). 이 최대의 방출이 매순간 가능한 것은 힘에의 의지가 매순간 자신의 본성에 맞는 운동을 하기 때문이다. 수사적 표현으로 하자면 힘에의 의지가 매순간 자신의 본성으로 되돌아오기 때문이다(영원 회귀). 그래서 힘에의 의지의 끊이지 않는, 합법칙적 운동이 가능한 것이다."[40]

백승영은 결론적으로 힘에의 의지에서는 '본성=목적=법칙'의 등식이 성립한다고 말한다.

"결국 힘에의 의지에서는 '본성=목적=법칙'의 등식이 성립한다. 힘에의 의지는 힘에의 의지인 한에서, 자신의 본성에 맞는 이런 법칙적 운동을 하지 않을 수 없다. 하지만 여기서의 법칙은 기계적 법칙이나 인과적 법칙이나 도덕적 법칙이나 신의 법칙과는 무관하다. 오로지 힘에의 의지의 작용 법칙만을 따른다."[41]

여기서 말하는 '힘에의 의지의 작용법칙'은 마치 현상학의 의미 작용과 의미 대상을 다르다고 구분하는 것처럼 들린다. 의미 작용과 의미 대상은 동시에 일어나는 것이다. 이것은 주체-대상의 이분법을 벗어나는 것과 같은 제스처를 취하지만 결국은 신이 죽은 자리에, 다시 말하면 신의 섭리攝理,

40 백승영, 『니체』, 114~115쪽, 2011, 한길사.
41 백승영, 같은 책, 115~116쪽.

providence의 자리에 과학의 함수$^{函數, function=F=ax}$를 넣은 것과 무엇이 다른가.

앞의 본성=목적=법칙은 무엇을 말하는가? 니체는 서양전체를 전복하는 '망치의 철학자'에 어울리는 수많은 말, 특히 서로 모순되는 말들을, 현상학과 존재론의 경계선상의 말들을, 주로 은유법을 써가면서 쏟아냈지만 그것은 수사학(고급스런 말놀이)에 불과하였다. 결국 이것은 서양 철학의 현상학의 기본 프레임인 주체-대상(목적)의 변형에 지나지 않았음을 말해준다. 그렇다. 서양 철학의 본성은 목적이고 끝내 법칙을 발견하는 것이었다. 바로 이것이 니체 철학이 결국은 현상학이라는 것을 말해준다.

힘의 도덕=이기^{利己}의 도덕, 도학^{道學}의 도덕=자리이타^{自利利}^{他}의 도덕=홍익자연^{弘益自然}의 도덕

니체는 결국 도덕을 힘으로 치환한 철학자였다. 그렇기 때문에 칸트의 '도덕 철학'에 반기를 들고 '힘에의 의지' 철학으로 돌아갔고, 그것을 스스로 '자기 긍정의 철학', '운명애의 철학'이라고 불렀다. 이것을 우리는 디오니소스의 긍정 철학이라고 부른다.

니체는 참으로 해석하기 어려운 철학자다. 말하자면 니체 철학은 다면체의 철학이기 때문이다. 하나의 지평 혹은 몇 개의 지평 융합으로는 결코 설명할 수 없는 철학자다. 그러나 서양 철학을 큰 그림으로 보면 플라톤의 이데아에서 출발한 서양 철학이 시^{詩}와 결별한 이후 다시 시^{詩}로 돌아온 시

철학자라고 할 수 있다. 그의 출세작인『차라투스트라는 이렇게 말했다』는 시 철학자로서의 그의 면모를 보여준 걸작이다. 그래서 그의 철학에는 역설과 은유로 가득 차 있다.

그렇지만 니체의 철학적 인생 전 궤적을 보면 '은유의 철학'에 경도되었고, 마치 동양의 선사禪師의 풍모마저 보였지만, 결국은 다시 힘(권력)으로 돌아감으로써 '환유의 철학자'로서 일생을 마쳤다고 볼 수 있다. 해석 여하에 따라서는 그가 말하는 힘이 동양의 기운생동과 통하는 개념이라고 볼 수도 있지만, 그것은 서양 철학의 편에서 해석한 것에 불과하다. 그는 서양 철학과 문명에서 도도히 흐르는 힘(지배)의 철학, 실체와 과학을 추구하는 철학으로 돌아갔다.

니체가 말하는 도덕과 동양의 도덕은 다르다. 서양의 도덕道德에는 뒤에 본질처럼 힘이 도사리고 있었지만 동양의 도덕에는 도학道學이 있다. '힘의 도덕'과 '도학의 도덕'은 그 근본에서 다르다. 도학은 자연을 이용하되 자연과 공생하는 도학이다. 힘의 도덕은 인위人爲의 도덕, 유위有爲의 도덕이라면 도학의 도덕은 무無의 도덕, 무위無爲의 도덕이다.

힘의 도덕이 이기의 도덕이라면 무의 도덕은 자리이타의 도덕이다. 자리이타의 도덕을 한국적 전통에서는 홍익자연이라고 말한다. 기독교의 신은 자연과 하나(하나 되다)가 되거나 적어도 자연으로 귀일되어야 한다. 이것은 신법자연神法自然이라고 명명할 수 있을 것이다.

우리는 이렇게 결론 내릴 수 있다. 인간이 말하는 신神은 세계를 설명하고 해석하기 위한 현상학의 실체로서 현상이지만, 동시에 현상이 아닌 존재(본래 존재), 자연적 존재(자연)로서 이중성^{重性}을 갖는다는 사실이다.

6. 존재 철학, 생성 철학: 남성 철학, 여성 철학

동양은 애초에 서양과 전혀 다른, 음양상생론을 기초로 한 상징 철학, 주역 철학, 그리고 해석학적 순환론인 천지인 사상 등으로 생성을 다루어왔다. 서양은 지금까지 존재만을 다루어왔다. 그 이유는 "존재하는 것은 되어가는 것이 아니다. 되어가는 것은 존재하는 것이 아니라^{was ist, wird nicht, was wird, ist nicht}."라는 명제 때문이다.

동양은 실체를 전제하지 않는 비실체론의 입장, 생성의 입장에서 세계를 바라본 반면, 서양은 철저하게 실체를 전제하는, 최초의 원인인 하나님의 천지창조를 전제하는 입장에서 세계를 바라보았다.

생성은 본래 자연의 '잡을 수 없는 성질(자연성)'을 말한다. 오늘날 우리가 당연하다고 여기는 모든 학문과 과학과 철학, 예컨대 생성을 시공간의 물리학 차원에서 혹은 형이상학에서 혹은 역사사회적인 레벨에서 논의하는 것은 생성을 존재에로 환원하는 것이다.

실체적 존재론의 전통, 칸트적 존재론의 전통 속에서 니체의 '힘에의 의지'가 생성을 철학에서 다루었다는 서양 철학사에서는 혁명적인 일이었다. 그러나 니체는 전통적인 존재론에서 완전한 탈출을 하지 못했다. 왜냐하면 힘에의 의지라는 철학적 개념을 새롭게 만들어서 생성을 전개했으나 결국은 다시 목적에 갖다 바쳤기 때문이다.

이 문제는 철학적으로 매우 중요하기 때문에 뒷장에서 다시 상세하게 다루겠지만, 우선 쉽게 말하면 니체는 인과론이라는 원인에 주안점이 있던 '원인적 동일성'을 결과로 옮겨서 '결과적 동일성'으로 옮겨놓은데 불과한 것이었다. 결과적 동일성이라는 것은 여전히 실체적 존재론인 것이다.

서양 철학으로는 본래 생성을 다룰 수 없는 철학적 '닫힌 체계로서의 한계'를 가지고 있다. 그래서 서양은 한정하고, 제한하고, 개념적으로 확실성을 추구하지 않으면 안 된다. 여기에는 물론 다른 것의 배제, 구분, 차별, 독점 등으로 갈등을 초래하게 된다.

그러나 니체는 '생성을 철학화'한다는 사명을 띠고, '존재의 생성화' 혹은 '생성의 존재화'에 도전한다. 니체의 철학적 노력은 '생기존재론'이라는 용어를 탄생시킨다. 니체의 이러한 노력은 무의미한 것은 상당한 의미가 있지만, 마지막에 서양 본래로 돌아가버린 것이 아쉽다. 아마도 니체가 미치지 않을 수 없었던 이유를 형이상학적으로 설명하면 바로 이 지점에 있었지 않을까 생각된다.

니체가 기독교와 형이상학에서 빠져나오려고 펼친 노력 가운데 두드러지는 것은 바로 '생성의 무죄' 입증 프로그램이다. 이 프로그램은 서양 철학자 니체로서는 눈물겨운 것이었고, 또한 동양 철학의 입장에서 보면 난센스에 속하는 것이었다.

이는 서양 문명이 얼마나 유대기독교적 사유에 억압을 받고 있느냐를 증명하는 것이면서 역설적으로 아직 니체가 기독교적 사고에서 완전히 탈출하지 못했음을 드러내는 대목이다. 죄를 뒤집어쓴 자가 자신이 죄인이 아니라는 증거를 내놓아야 하는 억울하고 억압적인 상황이다.

왜 생성의 '무죄'를 입증해야만 하는가? 이것 자체가 서양 철학적 발상이라고 하지 않을 수 없다. 이는 매우 남성적·가부장적 사고의 발단이다. 이는 마치 여자가 아이를 낳았는데 아이를 낳은 것(이것 자체가 생성적 행위다)이 왜 죄가 되지 않느냐(내가 낳은 아이가 남편의 아이라는 사실)를 증명하는 것과 같다.

서양 기독교 문명사적 입장으로 보면 '여자의 원죄'는 무죄라고 변론하는 것과 같은 어마어마한 철학적 사건이다. 여자가 낳은 아이는 하나님의 아이가 되어야 하고, 동시에 남편의 아이가 되어야 한다. 이는 하나님의 천지창조로부터 덧씌워진 서양 문명의 운명이다. 여자가 아이를 낳지 않았으면 인간 세계가 존재하지 않았을 것인데도 말이다.

서양 문명은 그래서 처음부터 정신병적 속성을 가진 문명이다. 자연에 인간의 정신을 덧씌운 것이고, 그것을 실체라고 한 것이기 때문이다. 이를 동양적 음양론으로 보면 자연의 여성에게 남성을 덧씌운 것이다. 그러한 점에서 존재는 남성이고, 생성은 여성인 것이다. 우리는 여성에게서 우주적 생성의 진면목을 볼 수 있다. 여성이야말로 우주적 상속자인 셈이다. 생성이야말로 여성의 것이다. 남자는 자신도 양성적 존재(양성생물)의 다른 한 쪽이면서 마치 자신은 생성의 밖에 초월적으로 있으면서 씨앗(의미)을 여성의 몸에 시혜한 것(씨를 뿌린 것) 같은 태도를 보인다. 이는 신체적인 것을 정신적인 것으로 바꾼 허구며 도착이다. 또 정충적인 것을 정신적인 것으로 바꾼 허구며 도착이다.

바로 이러한 남자의 태도가 보편성의 철학, 지배의 철학, 형이상학이 아니었던가? 그런 점에서 필자의 일반성의 철학, 피지배의 철학, 형이하학의 철학이 요청되는 것이다. 본래 형이하학인 물리학이 아닌 형이하학의 철학 말이다.

서양 철학의 형이상학은 본래 형이하학인 과학의 종이 되어버렸다. 이제 과학이 아닌, 진정한 형이하학의 철학이 필요하다. 그것이 바로 일반성의 철학이다. 일반성의 철학은 종래 '보편적이고 일반적인'이라는 말을 '일반적이고 보편적인'이라는 말로 바꾸어버리는 것이다.

형이하학의 철학의 조짐은 마르크스의 유물론이나 니체의 생기존재론, 하이데거의 존재론인 물학^{physis}에서 상당한 진전을 이루었지만 아직도 동양의 생성론에 이르지 못하고 있다. 존재(생성적)는 처음부터 자연이 선물한 것이지 그것에 대해 인간이 개념을 가지고 규정해서 생긴 것은 아니다.

니체는 진정한 생성론 철학자라고 할 수는 없다. 니체의 생기존재론은 생성론 같으면서도 실제로는 아닌 '사이비^{似而}^{非}생성론'이라고 말할 수 있다. 생성을 어떻게 하든지 존재에로 환원해서, 다시 말하면 존재가 생성이라는 등식을 통해서 생성을 존재의 힘으로 가공해서 힘(권력)의 상승에 보태려고 했기 때문이다. 이는 니체 철학이 남성 철학임을 반증한다.

자연을 자연이라고 말하는데 왜 다른 군더더기가 필요하겠는가. 자연의 생성은 철학이 말하지 않아도 생성인 것이다. 그런데 굳이 생성을 형이상학적으로 설명하려는 태도

자체가 이미 전통적 형이상학적이라고 하지 않을 수 없다. 형이상학은 존재만 확인할 뿐 생성은 언급할 수 없다.

진정한 생성은 다른 것으로 증명할 수는 없다. 생성은 깨달을 뿐 증명되는 것이 아니다. 진정한 생성론은 침묵할 수밖에 없다. 진정한 생성을 이해한 하이데거는 서양 철학이 지금껏 '존재'라고 여겨온 것이 실은 '존재자Seiendes, beings'였다고 고백했다. '존재Sein, Being는 무無'며, 따라서 침묵할 수밖에 없다고 말한 점을 상기할 필요가 있다.

7. 유라시아(인도유럽어) 문명의 관점에서 본 쇼펜하우어 와 니체

　쇼펜하우어가 불교의 영향을 크게 받았다는 점에서 니체의 생성 철학은 유라시아 문화 변동과 교류의 측면에서 주목되는 사건이다. 말하자면 〈부처-불교의 중동 전파-유대교의 예수 교화-기독교의 대중적 플라톤주의-쇼펜하우어(불교의 재인식)-니체의 '힘에의 의지'(서양의 생성 철학)-동양의 생성 철학(음양 철학)에 대한 서양적 이해〉라는 문명적 전개를 생각할 수 있다.

　유라시아 문화 변동과 교류의 관점에서 불교와 기독교의 관계를 보면 불교 철학이 예수에 의해 중동의 유대 지역에 접목되어 오늘의 유대기독교적 전통이 될 수밖에 없었고, 다시 기독교는 그리스 문명의 철학적 플라톤주의와 만나면서 니체가 말하는 '대중을 위한 플라톤주의'로 그리스도교가 자리매김하게 된다.

　이는 '철학의 종교화' 혹은 '종교의 철학화'라고 말할 수 있을 것이다. 신화와 종교, 종교와 철학, 철학과 과학은 서로 상호작용하는 관계에 있게 된다. 그리스도교는 유럽에 전파되면서 '대중적 플라톤주의'의 한 형태로 자리매김한 셈이다. 이는 종교의 초월과 철학의 초월이 만나서 초월론이 극단적으로 강화된 형태다.

　그리스도교에 내재하는 허무주의는 19세기 말에 유럽을

풍미하게 되는데 이는 현세적 삶의 가치를 폄하하게 되고, 온통 회개와 기도와 구원만이 삶을 지배하게 된다. 이에 반발한 인물이 니체인 것이다.

니체의 '신의 죽음' 선언은 실은 '신의 죽음에 대한 고발'의 성격이 강하다.

"신의 죽음에 대한 선언은 서양의 모든 자명성 일체가 갖던 가치에 대한 전복적 시도라고 할 수 있다. 그 다양한 내용 중에서 종교적 측면은 물론 그리스도교 신의 죽음을 의미한다. 그리스도교는 서양 문화의 토대이자 동시에 '대중을 위한 플라톤주의'다. 생성하는 '현상 세계'와 그것의 존재적·인식적·가치적 토대로 상정되었던 '이데아의 세계'라는 플라톤의 이원론이 서양인의 삶 속으로 직접적으로 파고든 것이 아니라 '인간의 나라'와 '신의 나라'를 이원적으로 구분한 그리스도교라고 니체는 생각하기 때문이다."[42]

니체의 철학은 19세기에 서구에 불어 닥친 종교적·과학적 허무주의를 바탕으로 그것을 극복하기 위해 본능적으로 일어선 '힘의 철학', '긍정의 철학'인 셈이다. 허무와 긍정은 힘의 철학의 오르내림의 양면성을 가진 셈이다.

'의지의 철학'은 처음 쇼펜하우어에 의해 비롯되는데 역설적으로 그는 높은 지성 상태를 의지로부터 벗어나는 것이라고 해석했다. 의지를 부정하는 쇼펜하우어의 도덕 철학은 역설적으로 의지의 형이상학에서 출발한다.

"그에 의하면 세계는 맹목적인 의지들의 활동의 장이다. 인간도 이러한 의지의 활동에서 예외일 수가 없다. 인간의 실천적 삶에서 쇼펜하우어는 칸트와는 달리 지성을 도덕적

42 백승영, 같은 책, 67쪽.

행위의 보증자로 인정하지 않는다. 오히려 지성은 의지의 비도덕적 수행을 조장할 수도 있다. 그런데 의지는 항상 무엇인가에 대한 의지며, 따라서 항상 결여 상태에 있다."[43]

그래서 쇼펜하우어는 고통을 초래하고, 고통의 연속을 벗어나기 위해서는 예술적 명상과 삶에의 의지의 적극적 부정을 권유한다. 쇼펜하우어는 도덕에서 삶에의 의지를 부정하는 수단을 구하게 된다. 쇼펜하우어는 개별적 삶에서 의지를 부정적인 개념으로 사용하였다. 그런데 니체는 부정적으로 사용하던 '의지' 개념을 백팔십도로 돌려서 긍정적으로 변모시켰다.

쇼펜하우어의 염세주의는 서양의 도덕적 존재론의 당연한 귀결인지도 모른다.

"쇼펜하우어는 완고한 도덕적 인간으로 등장한다. 자신의 도덕적 평가를 가지고 옳음을 인정 받기 위해 결국에는 세계-부정자가 된다."[44]

의지 철학은 서양 철학이 헤겔의 절대 정신과 마르크스의 유물론으로, 즉 유심론과 유물론이 첨예하게 대립한 가운데 서양 철학사의 정점을 달리고 있을 때에 니체에 의해 새롭게 부활하게 된다. 의지 철학은 그후에 니체 이후의 후기 근대 철학을 이끌어가는 견인차가 되었다고 해도 과언이 아니다. 특히 인간의 개별적 삶, 개인의 주권이 집단적인 도덕이나 제도에 밀려 무의미해질 때에 솟아난 것이다.

서양의 철학과 과학은 항상 평행적인 관계를 이룬 것 같다. 근대에 들어 철학과 과학의 관계를 보면 도리어 과학이

43 백승영, 『니체, 디오니소스적 긍정의 철학』, 170쪽, 2005, 책세상.
44 백승영, 같은 책, 176쪽.

앞서고 철학은 과학적 진리를 뒷받침한 성격이 강하다. 칸트의 이성 철학이 뉴턴 물리학은 지원한 것이라면, 니체의 의지 철학은 아이슈타인의 상대성 원리를 예언한 것인지도 모른다. 그런 점에서 니체 철학은 긍정의 철학이면서 동시에 '실체의 팽창 철학'이라고 말할 수 있다.

서양 철학과 문명의 정점에는 절대 유일신이 있다. 그것을 가정하면 스피노자의 범신론은 원시·고대 사회나 동양의 범신론과는 다르다. 어디까지나 유일신의 범신론이다. 스피노자의 범신론(범재신론)은 그렇기 때문에 유물론으로의 발전 가능성을 내포한다. 말하자면 기독교의 신-범신, 서양 철학의 정신-물질, 절대 정신(유심론)-절대물질(유물론)은 언표적으로는 반대인 것 같지만 실은 반대가 아니고 연장이다. 말하자면 유물론은 유심론의 산물이고, 유물론이야말로 관념론의 가장 극단적인 반영(결과)인 것이다. 유물론은 유심론의 결과(반대 급부)며, 잘못된(질투적) 여성주의와 민중주의(육체주의)의 결과다.

이상에서 볼 때 서양의 유심론이든, 유물론이든, 유신론이든 무신론이든, 신이 죽었다고 하든 살았다고 하든, 결국 양극 현상학적으로는 상호왕래하는 관계라는 것을 알 수 있다. 겉으로는 이분화되어 있지만, 그 이면에는 이중성이 내포되었음을 알 수 있다.

스피노자의 범신론이 결과적으로 신의 물질로의 연장, 즉 유물론의 시원을 이루고, 라이프니츠의 미적분학이 단자라는 개념을 통해 정신의 물질적 계량화를 이루는 길을 열었다. 이는 크게는 기독교 사상의 과학과의 평행과 통합에 해당한다. 니체의 허무주의는 19세기 말적 상황에서 '신의 죽음'을 선언하는 것과 함께 도리어 철학적 에너지 이론이라 할 수 있는 생기존재론을 통해 허무주의까지를 극복하게 함으로써 서양으로 하여금 스스로 긍정의 철학을 수립하게 한 셈이다.

니체 철학의 생기존재론은 개인적으로 볼 때는 생성을 중시하고 창조적 인간인 초인을 지향하는 생성적인 철학의 면모를 보이지만, 집단적으로 볼 때는 서양 철학의 형이상학의 연장선에서 결국 실체적 존재론을 옹호하는 양면성을 보인다. 그의 삶의 양극을 오가는 비극성은 그의 대표작인 『비극의 탄생』보다 더 비극적이고 의미심장하다고 말할 수 있다.

니체 철학은 근대와 후기 근대를 연결하는 연속과 불연속, 해체와 구성을 동시에 실현한 '이중성의 철학자'라고 할 수 있다. 그러나 그 이중성은 존재(생성)로 통하는 길목에 있지만, 존재론적인 존재는 아니다.

세계는 하나(The one)

(알(알다)—나(나다)—스스로(살다)—하나(하나 되다)

신神

데카르트(주체)   스피노자(범신론)

헤겔(절대정신)   마르크스(절대물질)

유심론   유물론

자연적 존재
(신체적 존재)

〈세계는 하나(The one): 실체(신-주체-대상)와 자연적 존재〉

1) 자기 투사의 철학: 서양 철학 내의 결여와 필요, 이성과 의지와 욕망

칸트의 이성 철학과 니체의 의지 철학의 가역 왕래성을 살펴볼 필요가 있다. 말하자면 자연의 본능(본성)이 인간의 욕망(본성)이 되고, 욕망이 의지가 되고, 의지가 의식이 되고, 의식이 이성이 된 것이다. 칸트의 이성은 그 이면에 의지, 의식, 욕망을 숨겼던 셈이다.

이성과 의지와 의식과 욕망의 공통점은 이들이 '무엇인가' 결핍 혹은 결여를 내재한다는 점이다. 이성도 어떤 결핍에 따라 필요가 발생한 것이고, 의지도 결핍으로 그 이상을 요구하고 있고, 의식도 새로운 의미의 생산을 지향하고 있고, 욕망은 항상 더욱 채워질 것은 기대하고 있다.

서양 철학을 동양의 음양 철학의 입장에서 보면 양陽의 철학이다. 양의 철학으로 보면 '결핍'은 '없는 것'이다. 그러나 음陰의 철학으로 보면 결핍은 비어 있는 것으로, 수용하려는 입장일 뿐이다. 양의 철학은 '결핍=없는 것'이기 때문에 없는 것을 스스로 채워야 한다. 그러나 음의 철학은 자신을 비워야 다른 것을 수용할 수 있기 때문에 스스로 채워야 한다고 안달하지 않는다.

서양 철학은 결국 '결핍의 철학'이다. 그 결핍은 계속 채워져야 하는 특성을 갖는다. 결국 이성과 욕망은 서로 왕래하는 것으로 이성의 입장에서 욕망을 바라볼 수도 있고, 욕망의 입장에서 이성을 바라볼 수도 있을 것이다. 욕망이 언어화된다는 것은 이를 잘 말해준다. 욕망은 신체적 이성이고, 이성은 추상적 욕망이다. 이성과 욕망은 둘 다 가상 실재라는 실체를 가진다. 인간은 가상 실재의 동물이다.

이들은 결국 용어는 다르지만 어떤 부족이나 결여, 결핍과 비어 있음으로 보충(보충 대리, 상호교대, 신진대사=代理, 交代, 代身)될 것을 기대하고 있다.[45] 이것이 언어적·기호적으로 반영된 것이 바로 기표記標다. 기표는 '비어 있기' 때문에 다른 의미로 채워질 수 있는 것이다. 서양 철학은 결국 이성 혹은 욕망의 철학이고, 동시에 '기표의 철학'이다.

이에 비하면 소리는 그 자체가 비어 있음으로써 기표(표상)와 기의(의미)의 이중적 존재다. 따라서 소리는 존재의 근본이다. 소리는 공空이라는 개념을 자연화(구체화)한 것

---

45 박정진,『소리의 철학 포노로지』, 256~291쪽, 2012, 소나무.

이다. 소리는 공空이면서 동시에 기氣다. 소리와 기는 개념이나 추상이 아니라 일반성이고 구체다. 보편성은 추상이고 개념이다.

인류의 철학이 소리에 이른 것은 철학의 근본인 일반성에 도달한 것이며, 그동안 보편성에 매달렸던 철학이 자신의 근거, 철학적 자궁에 도달한 것이다. 이는 마치 어머니로부터 태어난 아들이 어머니로 돌아가는 것에 비할 수 있다. 이는 또한 인류의 문명이 다시 본래의 자연으로 돌아가는 것을 말한다. 문명은 본래적인 것이 아니다.

쇼펜하우어(의지와 표상), 헤겔(절대 정신), 마르크스(유물론), 니체(힘에의 의지), 후설(현상학, 의식학), 라캉(욕망의 학) 등은 칸트 이후에 인간 정신의 결여를 자신의 입장에서 나름대로 드러낸 것으로 해석할 수도 있다. 의지와 의식과 욕망은 이성의 발생학적 과정을 되돌아보는 성격일 수도 있고, 결국 이성의 변형일 수도 있다.

이성을 해석학적으로 설명하는 것이 '힘에의 의지'의 의지학이다. 의지를 현상학적 차원에서 설명하는 것이 의식학이고, 의지를 무의식적 차원에서 설명하는 것이 욕망학이다. 결국 물리학과 해석학과 현상학과 욕망학은 서로 겹치는 부분이 있기 마련이다.

또 물리학을 해석학과 현상학과 존재론으로도 명할 수도 있다. 물리학적 해석학, 물리학적 현상학, 물리학적 존재론이 그것이다. 니체의 해석학은 절대성을 포기한 반면, 현상학은 절대성을 유지하고 있다. 현상학은 정신현상학의 전통을 이어받고 있다.

한편 종래의 존재론이 실체적인 존재론인 반면, 하이데거의 존재론은 비실체적이며 생성적인 특성이 있다. 하이데거에 이르러 생성을 존재라고 하고 종래의 존재는 존재자가 되어버렸다. 하이데거의 존재론은 구성론인가, 해체론인가? 기존의 구성론적 존재론에 비하면 하이데거의 존재론은 해체론인 것 같다. 그러나 하이데거의 존재론은 해체론이 아니다. 그는 단지 철학적 방법으로서 해체를 쓰고 있을 뿐이다. 자연은 해체될 수 있는 것이 아니다. 자연은 지금도 생성되고 있을 따름이다. 생성은 해체가 아니다. 해체라는 것은 현상학적인 차원에서만 이루어지는 것이다.

철학자	철학의 특징	주체와 대상과 존재	물리학
니체	해석학적 인식	생기존재론	물리학적 해석학
하이데거	존재론	존재론(존재에서 생성으로)	물리학적 존재론
후설	현상학(의식학)	절대 이념	물리학적 현상학
라캉	욕망학(무의식학)	주체의 대상으로서의 욕망	팔루스 현상학
헤겔	정신현상학(절대 관념)	정신의 현상이 물질	절대정신
쇼펜하우어	의지와 표상의 역동성	역동적 일원론	물리적 표상

〈철학과 물리학의 관계〉

칸트 이후의 학자들은 칸트가 형이상학적으로 결론 지은 것에 대해서 신체적으로 혹은 형이하학적으로 되돌아보기를 하거나 해석한 것일 수도 있다. 그 마지막이 바로 욕망학인 것이다. 세계는 욕망의 대상으로서의 주체인 것이다. '욕망의 대상으로서의 주체'는 혹은 세계는 주체도 대상도 없고, 오로지 욕망만이 존재하는 셈이다. 또 욕망에 대한 주체의 해석학이 있을 뿐이다. 그러나 이러한 주체의 해석학은 주체와 대상의 이분법이 아니라 상호작용하는 해석학이다.

니체는 칸트 이후 철학의 묘판苗板과 같은 존재다. 니체 철학은 칸트 이후 모든 철학을 내장하고 있고, 후기 근대 철학을 유도했다고 볼 수 있다. 니체가 제시한 철학의 많은 문제 제기와 의문점을 한 갈래씩 들고 나름대로 천착한 것이 '니체 이후 철학'이다.

칸트 철학은 이성 철학을 통해 대뇌의 인식, 추상의 인식을 중심으로 전개한 반면에 이들은 신체(몸)와 삶(생존)을 가진 인간임을 중시하고 철학적 논의의 중심을 신체 쪽으로 옮긴 것으로 보인다. 이성이 자궁 밖으로 나온 인간을 대상으로 한 것이라면 이들은 의지나 의식이나 욕망이라는 자궁 안에서 어떻게 의미가 발생하는지를 탐색한 것에 비유할 수 있다.

결국 인간의 이성도 '인간이라는 자연'의 본능적 산물이다. 이성적이라는 것은 인간에 이르러 자연에 붙인, 자연이라는 말의 변형이다. 문화라는 것은 인간이 자연과 교감·교통하는 방식을 체화(본능화)하는 것인지도 모른다. 철학도 인간의 삶에 기여하는 언어적 적응인지도 모른다. 이성과 자연의 만남은 자연과학이라는 아들을 낳았다.

2) 니체 '힘에의 의지': 실체의 확대 재생산

니체는 도덕적 존재론과 함께 자연과학에 대해서도 허무적 특성을 가졌음을 지적하였다. 자연과학이 세계의 객관적 해명이라는 책임을 완수하지 못함에 따라 현대의 허무주의를 촉진하는 역할을 하고 있다는 것이다.

"니체는 자연과학의 길이, 한편으로는 과학적 인식이 하나의 참된 세계를 믿는 독단론과 혼동되는 것에 의해서, 그리고 다른 한편으로는 이상-독단론을 반대하는 사람들에 의해 과학 자체가 기피당하는 것에 의해서 이중으로 차단당하고 있다고 지적한다. (…) 인과율은 객관 세계에 대한 설명일 수는 없다. 단지 하나의 해석에 불과하다. 그것도 실체적 존재와 초월 목적이라는 형이상학적 믿음을 전제한 은폐된 목적론에 불과하다. 그러므로 자연과학의 결실은 객관적 인식이라는 요구를 포기할 수밖에 없다. 자연과학적 해석의 유효성 상실은 우리가 경험하는 실재 세계에 대한 학적 해명의 유효성에 대한 회의로 이어진다. 자연과학 영역에서의 허무적 상태가 초래된다."[46]

자연과학의 인과율은 결국 실체적 존재와 초월적 목적이라는 형이상학적 믿음의 은폐라는 주장이다. 기계론은 또한 실체나 운동 개념을 전제로 한 허구에 불과한 것이 되었다고 주장한다.

니체는 그러나 자연과학의 세계마저 자신의 '힘에의 의지'

---

46 백승영, 같은 책, 243쪽.

라는 틀에서 포용하고자 한다.

"다수로서만 존재할 수 있는 힘에의 의지는, 바로 이 복수적 관계에 의해 힘에의 의지로서 존재하는 것이다. 의지만이 유일하게 협조 관계의 주체들이며, 이 주체들은 작용을 가하고 작용을 당하는 관계가 아니라 오로지 자신의 내적 운동을 통해 다른 힘 주체들의 관계를 맺는다. 그리고 그 내적 운동은 언제나 관계를 전제하고 있다. (…) 의지의 원인성이라는 것은 일종의 '힘의 논리Machtlogik'의 성격을 띠게 된다. 그런데 모든 것이 힘에의 의지 간의 힘 논리에 의거해서 발생한다면, 인간 행위와 사고에서뿐 아니라 자연 현상의 규칙성과 합법칙성까지도 이것에 의해 설명될 수 있어야 한다. 그런데 이 설명은 초월적이고도 외적인 목적론적 설명 방식을 배제해야, 그리고 행위-행위자, 작용을 가하고-작용을 당하는 도식에 의거한 인과적 설명도 배제해야 일관성을 유지할 수 있다. 니체가 '방법론의 도의'로 상정하고 있는 불필요한 설명 원리를 줄이는 일의 명분은 여기서도 유효하다."[47]

니체는 과학의 기계론적 세계 해석에 대해서도 공격한다. "기존의 인과적 설명 방식이 단지 '표현 수단'에 불과하다고 여긴 니체는 기계론적 세계 해석 또한 철저히 배제하고자 한다. 기계론적 세계 해석에 대해 그는 '불완전하고도 임시적인 가설', '모든 가능한 해석 가운데 가장 멍청한 해석', '가장 의미 없는 해석'이라는 비난을 서슴치 않는다. 기계론적 세계 해석이 생기로서의 세계를 설명하는 설명력도 갖추지 못하고, 그 자체로 입증되지 않은 단일성 개념과 운동

47 백승영, 같은 책, 355~356쪽.

개념을 토대로 구성된 해석이기 때문이다. (…) 세계에 대한 기계론은 감관의 편견과 심적 편견을 전제하고 있는 것이다."[48]

니체는 심지어 기계론을 기호론이라고 일축한다.

"기계론은 단지 생기의 역동의 지속을, 즉 '원래의 운동을 눈과 촉각에 의한 기호 언어로 번역해놓은 것에 불과하다.' 즉 감관의 편견에 기초하는 '기호론'에 불과하다."[49]

자연과학의 허무주의를 읽은 니체이지만 과학을 힘에의 의지로 새롭게 해석하여 포용하고자 한다. 그는 과학에 대한 종래 기계론적 해석에 대해 힘에의 의지라는 개념을 통해 여러 관계의 원인으로 삼고자 한다.

이는 자연과학의 강력한 문명적 세례를 받은 서양 철학자가 진정으로 과학의 세계를 부정하거나 그것을 벗어나기 어려운 때문일 것이다. 자연과학과 불교는 상호 극단적인 대척점에 있다. 그러나 불교는 같은 인도유럽어 문명권(정확하게는 동서 문명의 경계 지역이다)에서 발생한 종교로서 서양 사람들이 동양의 역동적이고 생성적인 철학으로 건너오는 다리임이 틀림없다.

니체의 눈으로 보면 불교도 허무주의로 보일 수밖에 없다. 이는 불교의 영향을 받은 쇼펜하우어가 염세주의를 표방한 것과 달리 니체는 허무주의로 불교를 해석하였던 것이다. 니체는 불교적 영양분을 받아들여서 소화한 후 다시 서양 철학자 혹은 독일 철학자의 입장에서 자신의 '힘에의 의지' 철학을 전개하면서 불교 철학과는 반대되는 입장에서 자신의

---

48 백승영, 같은 책, 358쪽.
49 백승영, 같은 책, 359쪽.

철학을 수립했다. 이것이 바로 초인사상인 것이다.

니체 철학 이해의 지름길은 바로 초인사상이 불교와는 반대되는 입장에서 인간의 고통을 해결하고, 매우 서양적인 발상법으로, 서양 철학과 문명적 입장에서 허무주의를 해결하려고 했던 것이라는 점을 파악하는 것이다.

불교를 세계와 삶에 대한 부정으로 본 니체는 비록 현실과 역사가 고통스러움에도 긍정적으로 살 수밖에 없는 이유를 서양에서 찾았다고 볼 수 있다. 그런 점에서 초인은 부처의 반대 개념이다. '초인=(-)부처, 부처=(-)초인'이 되는 것이다. 그러나 극과 극은 통한다는 원칙에 따라 순전히 서양식으로 말한다면(서양 사람들이 도달할 수 있는 이상적 인물로 말한다면) 초인은 '서양식 부처'라고 말할 수도 있을 것이다.

니체의 '힘에의 의지'는 여러 해석의 층을 내포한다. 이중에서 가장 큰 것만 보아도 형이상학의 층, 자연과학의 층, 생성 철학의 층, 그리고 이들을 모두 포용하는 초인의 층 등이 그것이다. 서양 철학의 종래 실체적 존재를 부정하는 니체이지만 어딘가 실체를 숭상하는 혐의가 없는 것은 아니다. 우선 '힘'이라는 말에서도 실은 매우 서양 철학적인 냄새가 풍긴다. '힘'이라는 말에는 존재에서 생성에 이르는 철학적 진폭을 가지고 있고, 그중에 과학의 물리력, 정치 사회의 권력 등을 배제할 수 없을 것 같다.

과학: 추상-기계의 서양 문명

필자는 자연과학과 기계론의 허무주의를 대뇌의 추상-기계적 사고의 산물로 본다. 서양의 이성 철학은 결국 기계론 철학이었다고 말할 수 있다. 추상-기계는 존재의 본질이 아니다. 결국 자연과학은 시간과 공간의 틀로 해석한 사물의 이해에 불과한 것이다. 결국 도덕과 과학은 둘 다 형이상학적·초월적 사고의 산물이다. 둘은 존재의 궁극적 모습을 해명하는 데에 실패했다.

도덕적 존재론과 과학적 존재론은, 전자는 신과 인간의 관계를 주인-노예의 틀로 본 것이며, 후자는 인간과 사물의 관계를 주인-노예의 틀로 본 일종의 주종 관계의 변형이며, 절대성이라는 허구를 추구하는 공통점을 가지고 있다. 도덕은 원인적 동일성을 추구하는 것이고, 과학은 결과적 동일성을 추구하는 것이다. 과학이란 앞에 있던 도덕의 동일성을 뒤로 이동한 것에 불과하다. 도덕과 과학은 그러한 점에서 닮은 꼴이다. 주종 관계, 주객 관계는 결국 허무주의의 본산이 되는 셈이다.

니체는 서구 철학사에서 존재론에 대해 생성론이라는 획기적인 대안을 내놓고 일대 철학적 혁명과 전환을 시도했지만, 실은 동양 철학은 근본적으로 생성론을 바탕으로 한다는 점에서 니체가 특별하지는 않다. 니체의 '힘에의 의지' 철학은 서구 철학의 연장선상에서 생성론을 접목한 시대적 의미를 갖는다.

니체의 허무주의와 디오니소스적 긍정의 철학은 결국 동양의 생성 철학을 향한 본능적인 제스처일 수도 있다. 니체는 허무의 극단에 있었기 때문에 긍정을 바라보지 않을 수 없었다. 그래서 그는 '힘에의 의지' 개념을 통해서 자신의 철학을 집대성하게 되는데 '힘에의 의지'에 대립되는 것으로 '무無에의 의지'를 설정하고 그것을 부패한 것으로 보게 된다.

'무에의 의지'에 대한 니체의 태도를 보면 니체가 매우 실체적인 존재를 추구하는 철학자임을 알 수 있다. 그에게 '무'는 '없는 것nothing'이다. '무에의 의지'는 '힘에의 의지'와 반대되는 것으로서 '힘에의 의지'가 창조적인 것인 반면, '무에의 의지'는 퇴행적인 것으로 본다. 니체의 존재가 실체론임을 확인할 수 있는 대목이다.

서양 철학은 비실체적 존재·본래적 존재의 속성을 현상학적인 레벨의 실체적·비본래적 존재의 속성으로 옮긴 것이라고 말할 수 있다. 예컨대 자유, 평등, 사랑이라는 것도 그렇다. 자연의 자유, 평등, 사랑의 속성을 실체론적 속성으로 옮겼다.

그런데 니체의 '힘에의 의지'는 이와 같은 존재와 현상의 이분법적인 실체론을 전반적으로 반박하면서도 의지에 있어서는 쇼펜하우어의 '비실체적·본래적 속성'을 주권적 개인 혹은 초인의 디오니소스적인 성취를 통해 '실체적·비본래적 속성'으로 변형시켰다. 이는 니체가 아직 형이상학을 포기하지 않은 까닭으로 보인다. 서양의 형이상학은 본질적으로 초월적이고 권력적이다.

니체의 긍정의 철학: '포지티비티positivity의 철학', '볼록렌즈凸의 철학', '가부장적 철학'

박정진의 일반성의 철학: '네거티비티negativity의 철학', '오 목렌즈ᵐ의 철학', '모성적 철학'

니체의 긍정의 철학은 여전히 '포지티비티의 철학', '볼록렌 즈의 철학', '가부장적 철학'이다. 니체 철학의 가부장-남성 주의는 여성을 시적 구원의 대상으로 삼기는 하지만 동시에 진리의 세계에서는 오류의 존재로 규정하고 이를 기독교플 라톤주의의 '참된 세계'의 연장선상에서 비판한다.

"철학적-종교적 형태를 띤 '참된 세계' 관념은 유럽 문화 전반의 정신적 토대로 작용한다. (⋯) 니체는 '참된 세계' 관 념의 변용을 '발전'으로 이해한다. 그 관념이 '더욱 정교해지 고 더욱 위험해지며 더욱 이해할 수 없게' 되기 때문이다. 플 라톤적 참된 세계가 그 존재 증명을 요구받게 되면 무너질 수밖에 없는 취약점을 갖고 있는 반면, 그리스도교의 참된 세계는 그 존재 증명이 이루어지지 않더라도 무너지지 않는 다. 이는 사후에 약속된 세계일뿐이기 때문이다. 독단론의 위험은 더 커지고, 그 내용에 대한 이성적 이해는 더 어려워 진다. '오류'로서의 그 관념의 측면에서 이것은 '발전'이다. 여기서 니체는 발전된 관념에 대해 '여자'라는 메타포metaphor 를 사용한다. 여기서 '여자'는 일종의 시물라크르simulacre다. 어떤 특정한 존재적 실체를 갖지 않고, 자신의 근거와 토대 와 진면목을 보여주지 않으며, 숨기고 은폐하는 베일 효과 만을 일으키는 존재다."⁵⁰

니체는 여자와 시물라크르를 같은 의미로 보는 동시에 실 체를 가지고 있지 않음에 대해 부정적인 태도를 취한다. 사

50 백승영, 같은 책, 188~189쪽.

실 알고 보면 생성이야말로 실체를 가지고 있지 않은 실재(존재)다. 그런 점에서 니체는 서양 철학의 형이상학으로 돌아가기 위해 남성적·이성적 세계로 돌아간 셈이다.

그렇다고 니체가 동양의 무無를 전혀 몰랐던 것은 아니다. 단지 무보다는 유有를 선호하는 서양 철학의 현상학적 전통을 따랐을 뿐이다. 니체의 힘에의 철학은 동서양 철학의 경계에 있었던 것으로 보인다.

"나는 신이 나를 초극하도록 내버려둘 수 없다. 왜냐면 오직 한량없는 무 속에서만, 비존재非存在의 영원한 공허 속에서만, 삶을 읽고 추방된 그림자들이 침침한 꿈의 암흑 속을 떠도는 유령 나라에서만, 나는 '나'를 초극할 수 있기 때문이다. 나는『차라투스트라는 이렇게 말했다』에서도 내 영혼을 괴롭히는 내면적 고뇌를 고백하면서 나는 저 그림자들에 관해 말했다."[51]

니체는 또한 무를 권력 의지의 반대로 파악하고 있다. 이것도 매우 현상학적이다. 현상학은 무한대無限大를 추구하니까 저절로 무를 파국이나 퇴락으로 보게 되는 것이다.

"내 자아숭배는 자신의 고유한 신조에 반발했고, 그 결과 그것의 무한한 가능성들은 '무'가 될 가능성으로 전락해버렸다! 그것이 바로 내가 내『권력의지』에서 세계적 폭력의 — 그리고 원초적 혼돈으로 환원되어 결국 무로 전락해버린 문화의— 파국이 임박했다고 예언한 까닭이다. '니힐리즘은 이미 문 앞에 와있다.' 파멸은 내 존재의 문을 두드리고, 나

---

51 프리드리히 니체,『니체 자서전(나의 여동생과 나)』, 김성균 옮김, 347~348쪽, 2013, 까만양.

는 지리멸렬한 무의 걸쭉한 반죽 덩어리로 환원되는 '술 취한 세계의 불쾌한 얼굴'에 내 절멸 과정을 비춰본다!"[52]

니체의 해석학적 인식이나 현상학은 대립되는 세계를 가역 왕래하는 것을 특징으로 한다. 대립되는 세계는 신-인간을 비롯해서 선-악, 진리-거짓, 절대-상대, 존재-생성…. 모든 상관적 의미가 존재한다. 이러한 양쪽의 세계를 다 포용하고 왕래하는 니체는 생성의 세계에 도달한 것 같지만 바로 힘(권력)이라는 실체를 벗어나지 못했기 때문에 곳곳에서 모순에 걸리게 된다.

예컨대 절대, 상대, 절대-상대는 모두 상관 관계의 산물이지만 생성은 아니듯이 니체가 진정한 생성의 세계를 이해했다고 말할 수 없다. 생성의 세계는 이원대립되는 것이 대립이 아니라 상생이 되어야 한다. 말하자면 음양상생陰陽相生, 유무상생有無相生이 그 좋은 예다.

니체를 두고 서양의 존재 철학에서 가장 멀리 생성 쪽으로 나왔다고 말할 수 있다. 남자 쪽에서 가장 많이 여자를 이해한 철학자라고 말할 수 있다. 힘(권력) 쪽에서 가장 무를 이해한 철학자라고 말할 수 있다. 욕망 쪽에서 가장 이성을 이해한 철학자라고 말할 수 있다.

생성의 세계는 여성의 세계고, 시뮬라크르의 세계다. 생성의 세계는 어떤 것을 새롭게 세우는 인위작위人爲作爲의 세계가 아니고 무위자연無爲自然의 세계다. 무위자연의 세계는 여성의 생산의 세계고, 니체의 말대로 '순간에 충족되고 도달되고 완성되는' 세계다. 존재와 현상으로 이분화되는 세계가 아니라 물자체의 세계다.

52　프리드리히 니체, 같은 책, 349쪽.

니체는 서양 철학의 언덕에서 허무와 생성을 동시에 바라보았다고 해석할 수 있을 것이다. 니체의 철학에 비하면 필자의 일반성의 철학, 소리 철학은 '네거티비티의 철학', '오목렌즈의 철학', '모성적 철학'이다.

허무에서 비롯된 니체의 긍정 철학은 동양의 무 철학의 현상학에 불과하다. 동양의 천지인 삼재사상이나 음양 사상은 본래 자연의 생성 변화를 바라보는 철학이다. 니체는 서양 철학의 문제점을 해결하기 위해 고심하다가 결국 생성 철학에 관심을 갖게 된 셈이다.

결국 생성적인 자연을 왜곡하지 않고 자연성을 유지하는 인간성, 즉 인간의 자연동형성을 유지 회복하기 위해서는 창조적-생성적 존재로서의 인간성을 회복하지 않으면 안 된다. 따라서 자연과학조차도 최소한의 필요에 충당하는 방향으로, 생태 환경의 훼손을 줄이는 방식으로 인간의 삶을 재정비하지 않으면 안 될 위기에 처해 있다.

인간의 문명은 결국 도덕적 존재론과 과학적 존재론의 허무주의를 피할 수 없게 되었다. 따라서 과학적 시공간을 폐지하지 않으면 자연으로부터 분노의 보복을 피할 수 없게 되었다. 절대와 독선적 지배는 결국 전체주의와 허무를 낳고 만다.

자연과학은 인간으로 하여금 자연의 지배자가 되게 하였다. 자연과학은 인간의 환원적인 사고의 결정판이다. 인간의 환원적 사고는 과학을 낳고, 인간으로 하여금 세계로 팽창하게 하겠지만, 결국 언젠가는 인간을 멸망하게 할 것이다.

자연의 최고 지배자, 가장 지배적인 종이 된 인간은 결국 멸종할 수밖에 없다. 만약 생태학적으로 최고로 적응한 생물종이 멸종하지 않는다면 자연은 결국 균형을 유지할 수 없을 것이고, 자연은 자신의 균형을 유지하기 위해서 그 최고로 성공한 종을 멸종시킬 수밖에 없을 것이다. 이것이 우주 기운생멸의 법칙이다.

지금의 인류 문명은 그대로 지속한다면 인간에게 있어 멸망이야말로 자연으로 돌아가는 궁극적 환원일 수밖에 없다. 도덕과 과학은 둘 다 인간 사고의 환원주의의 결정판이다. 환원주의는 자연의 생성적인 성격에 근본적으로 위배되는 것이다. 인간이 자연의 생물 종인 한 그러한 반역의 정도를 줄이지 않으면 안 된다.

문명 사회의 대부분은 가부장 사회다. 가부장 사회의 남성 위주의 사회는 모든 것을 도치해버렸다. 여자(자연)의 재생산reproduction이야말로 '동일한 것의 반복'의 의미의 '재再, re-생산'이 아닌 진정한 생산 '생성적 생산'이고, 남자(인간)의 공장생산production이야말로 '동일한 것의 반복'인 복제copy라는 의미의 재생산recopy에 해당하는 '존재적 생산'이다. 존재는 모상(허상, 우상)을 가지고 복제를 요구하는 것이다.

여자는 생성적 재생산을 하고 남자는 존재적 생산을 한다. 생성적 재생산은 동일한 것이 아닌, 다른 것의 생산이고, 존재적 생산은 동일한 것의 재생산이다. 남자가 여자를 왜곡한 것은 인간이 자연을 왜곡한 것과 같고, 존재가 생성을 왜곡한 것과 같다.

오늘날 철학자의 할 일은 인간의 멸종을 지연시키는 일을 할 수밖에 없는 지도 모른다. 그래서 철학은 인간의 삶과 삶의 환경에 대해 생각하지 않을 수 없다. 앎의 철학이 아니라 삶의 철학을 할 수밖에 없고, 삶의 철학이야말로 철학의 본연이다.

앎의 철학은 남자의 철학이지만, 남자의 앎의 철학이 단순히 앎(지식)을 위한 철학이 아닌 것을 물어볼 필요도 없다. 앎의 철학 이면에는 삶이 도사리고 있다. 그런 점에서 앎의 철학은 삶의 철학으로 순환되지 않으면 안 된다. 말하자면 앎의 철학도 '철학을 위한 철학'이 아닌 것이다. 이는 예술이 '예술을 위한 예술'이 아닌 것과 같다.

그런데 왜 후기 근대의 철학이 앎의 철학에서 삶의 철학을 새삼스럽게 주장하는가 하면, 그동안의 앎의 철학이 삶을 위한 한계에 부딪혔기 때문이다. 더 이상 인간의 삶을 위해서 앎의 철학이 부정적으로 작용하기 시작하였기 때문일 것이다.

삶의 철학은 결국 우주를 생명 현상·만물생명으로 바라보게 한다. 자연을 대상으로서의 물질이 아니라 함께 살아가고 있는 '상호주체적인 존재'로서, '주체로서의 삶'의 동반자로서 받아들이지 않으면 안 된다. 철학은 자연과학에 의해 야기된 생태환경의 황폐화의 속도를 더디게 지연할 수 있는 철학적 대안을 마련해야 한다. 그런 점에서 철학은 과학의 대척점에 선다. 이것이 미래 철학의 운명이다.

철학자도 자신이 소속한 생물종의 지지자가 되지 않으면 안 된다. 결국 자신의 생각을 인간 종의 번영 혹은 멸종을 지연하는 일을 위해 사용하는 것은 자연스러운 일이다. 철학자가 자연을 위하는 것도 결국 인간을 위해서인 셈이다. 인간 중심, 이성 중심을 벗어나자고 주장하는 것도 결국 인간을 위해서 그렇게 하는 것이다. 인간은 인간 중심을 벗어날 수 없다.

세계는 중심이 없지만, 개체의 삶은 중심이 없을 수가 없다. 결론적으로 세계가 중심이 없기 때문에 역설적으로 개체는 중심을 스스로 삼아서 살 수밖에 없다. 결국 중심은 있으면서 없고, 없으면서 있는 것이다. 이것이 존재와 삶의 이중성이다.

우리가 지금껏 존재라고 불러 온 것은, 어떤 형태이든 한정한 것, 폐쇄한 것, 다시 말하면 역동적인 자연을 한정한 형식(감각도 포함)이나 체계로서의 존재, 즉 비본래적 존재이다. 비본래적 존재와 달리 본래적 존재는 한없이 열려 있어서 그것을 감각적으로 확인할 수가 없다. 그래서 존재는 무이다. 무라고 해서 그것이 없는 것은 아니다. 세계는 결국 역동적인 장場의 개폐開閉에 불과하다.

오늘의 입장에서 서양 철학의 결론을 말하자면, 개념이 물질이고, 기계는 인간의 뇌 안에 있다. 정신은 물질이고, 뇌가 기계이다. 정신과 물질, 필연과 우연, 원인과 결과, 순간과 영원 등 모든 이원대립항은 현상학적 레벨에서는 서로 다른 혹은 서로 반대이지만 혹은 서로 모순이지만 존재론적으로 보면 결국 대립항은 같은 것이다. 하나의 레벨에서 대립항은 다른 레벨에서 보면 같은 것이다. 존재론적으로 보면 생멸은 같은 것이다. 그런데 현상학적 레벨에서 보면 생멸은 생사가 된다.

선악은 없다. 필요선과 필요악이 있을 뿐이다. 결국 필요가 있을 뿐이다. 필요선에서 필요를 떼어버리고, 필요악에서 필요를 떼어버린 것이 선악이다. 진리(진위)는 없다. 진리에 대한 표상이야말로 인간으로 하여금 진리로부터 소외시키는 역할을 해왔다. 도덕적 진리라는 것은 '속이지 않는 것'을 진리하고 간주하게 하고, 지속하는 것에 대한 의지(진리 의지)를 부추긴다.

진리가 아닌 진여眞如에 주목할 필요가 있다. 진여는 진리 같은 것이다. 진여의 여女자에 주목할 필요가 있다. 왜 여자女와 구멍口의 만남인가. 이는 여성적 자궁을 상징하고 있다. 남성적 진리가 진정한 진리가 아니라 여성적 진여가 진정한 진리라는 뜻이다. 이는 여자가 자연의 상속자임을 말하고 있고, 세계의 드러남은 비어 있음, 숨어 있음의 현상이라는 뜻이다. 여성이 존재라면 남성은 존재의 현상, 즉 존재의 껍데기일 뿐이다. 결국 진리는 없고 '진리 같은眞如' 것만 있을 뿐이다. 세계는 진정한 진리는 은유 혹은 은유적 진리일 뿐이다.

니체는 진리 혹은 진리 의지에 대해 삶의 논리를 통해 비판한다. 이는 결국 앎보다는 삶을 우선하는 철학적 태도다. 삶은 존재적인 것이라기보다는 생성적인 것이다. 그런데도 인류의 대부분의 문화는 삶보다는 진리의 동일성과 도덕적 당위성을 강요한다. 진리는 '삶에 적대적이고 삶을 파괴하는' 경우도 적지 않다. 니체는 진리 의지를 '은폐되어 있는 죽음에의 의지'라고 혹평하기도 한다. 죽음의 의지는 힘에의 의지와 정반대 위치에 있다.

인간은 항상 존재의 전체성, 즉 전체를 가질 수 없고, 부분만 가질 뿐이다. 진리는 항상 비진리와 이분화되고, 진리는 결국 부분 진리일 뿐이다. 아름다움(미추)은 본질적으로 시공간(시대와 지역)에 따라 바뀔 수 있는 것이다. 그런 점에서 불변의 아름다움은 없다. 아름다움은 낯선 것을 낯익게 하고, 낯익은 것을 낯설게 하는 사이(왕래)에 있을 뿐이다.

진선미를 비롯한 모든 철학적 규정은 실은 자연에 대한 인간의 규정에 불과하다. 인간의 자연에 대한 여러 규정은 가부장 사회의 남성들이 여성들을 규정하는 것이나 마찬가지다. 인류는 이제 여성적 철학으로 돌아가지 않으면 안 된다.

3) 과학적 제도: 가부장과 동일성의 존재·허상·우상

철학은 우선 시간과 공간이라는 과학적 제도를 벗어나야 한다. 과학의 시간과 공간이라는 것은 세계를 잡기 위해서, 소유하기 위해서 인간이 마련한 형이상학적 장치다. 여기서 형이상학이란 바로 대뇌의 추상이다. 시간과 공간이야말로 동일성(존재, 허상, 우상)의 주범이다.

과학은 필요를 위해 사용하더라도 가급적이면 사용을 덜 하는 방식으로 자연으로 돌아가야 하고, 우주를 물질이 아닌 심물일체의 몸으로 바라보는 습관을 들여야 할 것이다. 몸으로 돌아가는 철학은 바로 형이하학의 철학이다. 형이하학의 철학은 물리학이 아니라 물학物學이다.

물학은 바로 심물학心物學이다. 물학은 심이 물을 떠나서 스스로 철학을 구성하는 것이 아니고, 물을 심으로 보는 것이기에 심물일체가 되는 것이다. 몸에서 일어나는 현상을 현상으로 보지 않고, 그대로 존재의 본질이며 현존으로 보는 방식이다. 철학도 이제 여성 중심으로 돌아가지 않으면 안 된다.

서양 철학을 가장 대중적으로 설명하면 올림픽의 슬로건인 "더 높이, 더 멀리, 더 빨리"를 들 수 있다. 이는 리처드 바크의 소설『갈매기의 꿈』에 나오는 갈매기 조나단 리빙스턴의 꿈이기도 하다. '더 높이' '더 멀리'는 공간의 문제고, '더 빨리'는 시간의 문제다. 철학은 결국 시공간의 문제다. 철학이 낳은 아들인 과학도 역시 시공간의 문제다.

인류의 철학은 이제 아버지, 아들의 남성 철학이 아니라 어머니, 딸의 여성 철학으로 돌아가지 않으면 안 된다. 인류의 철학을 가부장제 문명권과 모성적 문명권, 시공간의 입장에서 바라보면 다음과 같이 볼 수도 있을 것이다. 지금까지 성현이나 메시아라는 존재도 실은 서구 혹은 가부장제 문명권의 산물일 가능성이 크다.

종래 인류의 성현聖賢은 시간적-천상적 우상(허상)에 해당하는 인물이라면 초인超人은 공간적-지상적 우상(허상)에 해당한다. 동서양을 막론하고 성현은 실은 가부장제-국가 사회의 산물이다. 성현은 매우 예외적인 존재다. 만약 수많은 인간을 성인이 되도록 교육하고 기대하는 것은 반드시 실패하게 되어 있고, 실효성이 없을 뿐 아니라 일종의 환상이다. 초인도 그러한 환상의 다른 예일 뿐이다.

니체는 무엇보다도 '대지의 철학자'다.

"이 대지 이상의 권위는 앞으로 있을 수 없다. 우리는 이제 천상의 세계에 대한 망상을 버리고 대지의 음성에 귀를 기울여야 한다. 니체의 차라투스트라는 '이 대지에 충실할 것이며 이 세계 저편에 대한 희망을 설파하는 자들을 믿지 말라! 그런 자들은 본인이 알고 있든 모르고 있든 독을 타는 자들'이라고 했다. 덧붙여 '지난날에는 신에 대한『불경』이 가장 큰『불경』이었다. 그러나 신은 죽었고 그와 더불어 신에게『불경』을 저지르는 자들도 모두 죽고 없다. 대지에 『불경』을 저지르는 것, 저 알 길 없는 것의 뱃속을 이 대지의 뜻보다 더 높게 평가하는 것, 이제는 그것이 가장 두려워해야 할 일'이라고 했다. 이 대지를 다른 말로 하면 자연이 된다. 자연은 말이 없다. 그러나 침묵 속에서 많은 것을 이야기해준다. 이 이야기는 우리가 경청해야 할 자연의 음성이다. 그 음성을 경청하기 위해 우리는 자연에 다가가야 하며, 귀를 열어두고 기다려야 하겠지만 그렇다고 어렵게 생각할 필요는 없다. 우리 자신이 자연의 일부, 곧 자연이기 때문이다. 우리는 자연에 대해 이런 저런 말을 한다. 그러면서 정작 우리 자신이 자연이라는 사실을 잊고 있다. 잊힌 자연, 그것이 인간이며 우리 내면의 음성이 곧 자연의 음성이다."[53]

　그러나 '자연'이 '힘에의 의지'와 동격인 것은 아니다. 힘에의 의지는 자연에 입힌 인간의 의지다. 자연의 생성은 의지가 아니며 '저절로 그렇게 된' 것이다. 인간의 의지에는 '자연의 것'도 있고, '인간의 것'도 있다. 그런데 그중에서 '인간의 것'이란 바로 남성적인 것이고, 대뇌적인 것이다. 여성적인 것, 신체적인 것이야말로 자연의 것이다. 그러한 점에서 자연의 회복은 여성성의 회복과 같은 의미가 된다.

　여성이야말로 자연의 상속자가 아닌가. 아무리 고도로 발달한 기계적 사회라고 하더라도 아이는 아직 여성의 몸으로

53　정동호,『니체』, 274~275쪽, 2014, 책세상.

태어나고 있으며, 여성은 그 때문에 자연의 감각을 지니고 있지 않을 수 없다. 여성이야말로 신체적인 인간이며, 개념보다는 사물에 대한 감각적 형상으로 세계를 인식하고 있는 시인이며, 의미조차도 육식六識이 아니라 육감肉感으로 파악하고 있지 않은가!

그런 점에서 니체는 아직 필자의 일반성의 철학, 소리 철학, 여성 철학, 자연 철학에 완전히 들어오지 않았다. 무엇보다도 '힘(권력)에의 의지'라는 말에서 남성성과 지배적 욕망을 느낄 수 있다. 그러나 니체는 남성성과 여성성의 경계에서 방황하고 있다고 말할 수 있다. 니체에게서는 '남녀 양성성'과 '남녀 이중성'을 느낄 수 있다. 이것이 때로는 니체적 성도착, 형이상학적 도착증을 일으키는 원인이다.

니체는 비록 초월 세계의 허구성을 폭로하고 신의 죽음의 선언을 통해 '대지에 충실하라'는 명령과 함께 지상에 내려오지만 권력과 힘의 의미를 종국에는 버리지 않고 있다. 니체는 철학의 여정에서는 불교의 깨달음에 가까이 가기도 하고, 진리의 여성성에 대해서도 좋은 말을 많이 하지만 그는 결국 허무주의의 극복 과정에서 서양 철학의 문법(한마디로 현상학)에 다시 충실함으로써 그의 생을 마쳤다. 이는 아직 남성적 지배나 권력을 추구하는 것이라고 말할 수 있다.

니체는 도리어 디오니소스에게서 메시아를 기대하는 셈이다. 말하자면 니체에게서는 여전히 디오니소스적 메시아 사상이나 지상 천국과 같은 천국의 환상을 버리지 않고 있다. 천국(혹은 극락)의 개념은 이제 인간의 상상계와 언어가 합작한 조작적 개념이며 환상이라는 것을 주지할 필요가 있다. 니체의 대지는 아직 완전히 대지화^{大地化}되지 않았고, 여전히 대지를 지배할 생각을 갖고 있는 것이다. 힘에의 의지가 힘의 증대를 꾀하는 것이 바로 그 증거다.

니체는 하늘 중심(관념)에서 땅 중심(신체)으로 철학의 중심 이동을 하였지만, 땅을 강조함으로써 욕망의 노예가 되었다. 욕망을 놓을 줄 몰랐던 것이다. 욕망이라는 무게(중력, 소유욕)를 놓지 않음으로서 해방되지 않았으며, 결국 인간 정신의 양극단을 왕래하던 끝에 쓰러진 것이다. 우리는 니체에게서 인간 정신의 천사성과 악마성, 그리고 도착성을 동시에 보여주는 인간 드라마와 함께 인간 정신의 끝없는 실험장을 보는 관객이 되었지만, 동시에 그의 인생의 비극을 보는 안타까움에서 자유로울 수 없다.

대지는 인간만이 사는 곳도 아니며 인간이 힘의 증대를 통해 인간의 개체 군인 인구를 무한대로 늘려가도 좋은 곳이 아니다. 지구의 인구는 지구가 부양하기 힘들 정도로 포화 상태에 있다. 인간의 인구를 위해서 과학은 자연 환경을 마구잡이로 훼손하고 있고, 자연의 순환을 방해하고 있다. 인간의 문명은 자연에 대해서 매우 폭력적인 존재로 돌변하고 있다.

이와 대조되는 것이 바로 동양 혹은 모성적 문명권의 '영원한 어머니' 상이다. 동양의 자연은 천지인을 순환적 상징으로 보고, 순환적 천지인을 통해 자연이 굴러가고 있음을 환기한다. 천지인 사상은 순환적 해석학을 넘어서 천지인 전체가 '순환적 하나'임을 자각케 한다.

필자는 자연적 존재, 제도적 존재자라는 새로운 개념을 통해 자연이야말로 존재이며, 자연 이외의 어떤 문명이나 제도도 결국 인위적으로 조작된 존재자라는 사실을 지적하고 있다. 과학도 존재자인 것이다.

	서구 혹은 가부장제 문명권			동양 혹은 모성적 문명권	
절대 유일신	시공간적 우상偶像	초인	형이상학적-지상적 우상 (허상) * 신은 죽었다.	자연: 순환적 천지인 (영원한 어머니)	가부장家父長의 '신은 죽었다'
		성현	천상적 우상 (허상) * 성현은 인류의 희생이다.		가부장의 '메시아는 더 이상 오지 않는다'

〈철학의 가부장성과 모성성〉

　필자는 시공간을 바탕으로 하는 구성 철학이 숨긴 허위에 대해 주목한다. 말하자면 메시아의 과거성과 미래성에 의존하는 오류를 지적하는 것이다. 필자는 "시간과 공간은 없다."고 주장한다. 시간과 공간은 과학을 위한 제도에 불과하다고 말한다. 메시아는 시간의 과거와 미래에 대한 종교적 해석이라고 말하는 것이다. 필자는 메시아의 과거성과 미래성에 숨은 시간의 오류와 허위를 지적하고 비판한다.
　서양 철학이든, 동양 철학이든 시간의 노예를 벗어나지 못하는 한 철학은 가상 실재인 '실체'를 벗어나지 못할 것이다. 서양 철학의 인식을 비롯하여 의식, 욕망 등 모든 철학적 개념들은 실은 시간의 틀 속에 갇혀 있는 개념이다. 다시 말하면 철학은 시간 때문에 실체를 벗어나지 못하고 있고, 자연적 존재·생성의 실재 세계를 깨닫지 못하고 있다.

'영원 회귀'와 '생기존재론'은 '우주의 닫힌계'와 동일한 차원

니체는 '힘' 개념이 시간의 선후 관계에 영향을 받지 않는다고 말했지만 시간 자체를 부정하지는 않았다. 영원 회귀와 생기존재론은 시간을 전제하고 있다. 또한 실체로서의 시간이 전제되어야 가능한 것이다.

"물리학적 힘 개념이 상정하는 외적 원인이라는 것이 인간의 심리적 요청에 불과한 것이라고 단정해버린 니체는 힘의 운동 원인을 내부로부터 찾을 수밖에 없었다. (⋯) 힘에의 의지로서의 힘은 내부로부터 작용하고 자기 안에서 나오는 내생적^{endogen}이고 역동적^{dynamisch}인 힘이다. (⋯) 내생적 운동은 항상 동시에 발생한다. 그것은 시간의 선후로 발생하는 운동이 아니다. 거기서는 무엇이 먼저 인가라는 질문은 불합리하다. 힘에의 의지가 늘 힘에의 의지들이듯이 힘에의 의지의 내생성은 늘 관계적인 내생성인 것이다. 힘에의 의지의 이런 특징을 니체는 '차례차례^{Nach-einander}'가 아니라 '상입^{Ineinander}' 하는 '협조^{Koordination}' 관계로서의 힘에의 의지의 운동으로 설명하기도 한다."[54]

니체의 '영원 회귀' 개념은 서양의 시간관을 벗어난 것으로 보이지만 실은 그렇지 않다. 그의 순간은 영원의 의미를 가지고 있다. 그러나 순간은 이미 시간의 양적 표현이다.

54 백승영, 같은 책, 352쪽.

"생기의 절대적 필연성을 확보하는 것은 곧 매 순간의 필연성 확보를 의미한다. 힘에의 의지의 필연성은 매 순간의 필연성을 논리적으로 보증하게 한다. 여기서 영원 회귀 개념은 힘에의 의지의 작용법칙에 의해 확보된 모든 '순간'의 필연성의 의미를 모든 '순간'의 영원성에 대한 것으로 설명하는 세 번째 기능을 하게 된다. (…) 영원 회귀의 내용은 '순간'의 의미에 관한 것이다."[55]

니체의 힘에의 의지와 영원 회귀는 불교의 찰나생멸 혹은 필자의 기운생멸과 다르다. 우리는 여기서 원圓에 대한 사고를 동서양이 같이하고 있지만 그 내용은 백팔십도로 다름을 알 필요가 있다. 서양의 원은 직선의 연장이다. 직선을 끝없이 나아가면 결국 원이 되는 것이다. 어떤 것이 끝없이 나아간다고 하는 것은 실체가 있고, 중심이 있어야 가능하다. 그렇지 않으면 끝없이 나아간다고 말할 수 없다.

니체는 실체를 인정하고 있고, 불교와 필자는 실체를 인정하지 않고 있다. 니체의 영원 회귀 사상은 당시에 유행하던 자연과학의 '에너지 불변의 법칙'에 크게 영향을 받았다. 니체는 특히 마이어Mayer를 통해 그 영향을 받았다. 에너지의 '무無에로의 소멸'과 '무에서부터의 생성'이 있을 수 없다는 내용이 그 핵심이다.

"에너지 보존의 법칙은 영겁 회귀를 요청하고 있다Der Satz von Bestehen der Energie fordert die ewige Wiederkehr "[56]

"모든 것은 가고, 모든 것은 되돌아온다. 존재와 같은 집이 영원히 지어진다. 모든 것은 헤어지고 다시 만나 인사를 나

---

55 백승영, 같은 책, 374~375쪽.
56 鄭東湖, 같은 책, 229쪽.

눈다. 존재의 환은 영원히 자신에게 충실하다. 매 순간 존재는 시작된다. 이곳을 중심으로 저곳의 공이 회전한다. 중심은 어디에나 있다. 영원의 길은 굽어 있다."[57]

에너지 불변의 법칙은 실은 우주를 '닫힌계'로 보는 것이다. 닫힌계로 본다는 것은 결국 우주를 실체적으로 본다는 것이고, 결국 서양 철학이 그동안 꾸준히 추구해온 실체의 세계의 연장이다.

서양의 물리적 우주론이 뉴턴의 역학에서 에너지 불변의 법칙, 나아가서 아인슈타인의 상대성 원리에 도달한다고 해서 실체적 존재론에서 벗어나는 것으로 보면 이는 착각이다. 단지 보이는 질량이 보이지 않는 에너지로 호환된다는 것밖에 달라진 것이 없다. 절대는 상대고 상대는 절대인 것이다.

니체는 생성적 우주를 말하고 있지만, 어디까지나 중심과 실체를 놓치지 않고 있다. 이는 니체의 시간과 공간론에서 비롯된다.

"니체에 의하면 영원한 회귀는 일상적인 시간의 표상 위에서 설명하고 그 시간의 길이에 관하여 논의하는 것은 타당한 일이다. 공간은 그러나 시간과 달리 그 크기에서 유한하다. 그렇기는 하나 공간이 주어진 크기를 갖고 있다는 것도 믿기 힘들다. 즉 우리는 공간에 한계가 있다면 그 위에 무엇(역시 공간)이 있어야 하지 않는가? 공간이 제한된 크기를 갖고 있다면, 그 크기를 담을 수 있는 더 큰 공간이 있어야 하지 않은가? 공간이 일정한 크기를 점유하기 위하여 역시 그것보다 더 큰 공간이 이미 그곳에 있어야 하지 않은가?

---

57 鄭東湖, 같은 책, 229쪽.

묻지 않을 수 없다. 이처럼 공간 역시 무한해야 한다는 것은 철학적 사변의 소산이다. 니체는 이와 같은 철학적 공간 개념을 받아들이지 않고 물리학적인 공간 해석을 그의 공간에 대한 이해의 바탕으로 삼았다. 이를 뒷받침하는 것으로, 비어 있는 무한한 공간은 없다는 그의 주장이 있다. 모든 것은 힘이며 그것이 공간의 내용이다. 그래서 공간과 힘은 니체에 의하면 동일한 것에 대한 두 개의 다른 표현일 뿐이다. 그는 나아가 공간이 있는 곳에는 존재가 있다고까지 했다. (…) 니체는 시간을 공간이 갖고 있는 특성Eigenschaft으로 설명하고 있다. (…) 니체는 공간의 생김새를 그 중심에서 같은 거리에 있는 원형圓形의 것으로, 시간의 흐름을 하나의 둥근 고리로 이해한다. (…) 니체에 의하면 영겁 회귀의 사상은 허무주의 가운데 가장 극단적인 형태가 된다. 오직 위버멘쉬와 같이 거짓없이 있는 것을 그대로 받아들일 수 있는 용기와 능력을 가진 자만이 이를 견디어 낼 뿐 아니라 그것을 자연의 이법으로 이해하게 된다. 이 같은 영겁 회귀의 사실에 대한 긍정은 곧 삶에 대한 긍정을 뜻한다."[58]

니체는 결국 물리학적 공간을 인정한 셈이다. 이는 실체의 공간이고, 동일성을 인정하는 공간이고, 비록 생기적生起的 의미의 생성生成이라는 경로를 거치긴 했지만, 결국 니체는 칸트적 시공간으로 돌아갔다. 단지 시공간의 해석을 미적분적微積分的으로 했을 따름이다. 서양 철학의 '니체 이후' 철학의 대부분이 결과적 동일성으로 회귀한 것은 니체의 영원 회귀와 같은 것이다. 니체의 '영원 회귀'와 '생기존재론'은 '우주의 닫힌계'와 동일한 차원이다.

58 鄭東湖, 같은 책, 231~233쪽.

니체는 '존재의 긍정'은 서양 문명에 대한 허무주의를 거친(극복한) 긍정이지만 이는 불교적 긍정과는 다른 것이다. 불교적 긍정은 영원 회귀를 통한 긍정이 아니라 찰나생멸에 대한 긍정함으로서 바로 해탈하는 것이다. 이는 『화엄경華嚴經』의 초발심시편정각初發心是便正覺: 깨달으려고 마음을 일으키는 것 자체가 이미 부처다에서도 잘 드러난다.

불교적 우주론은 '닫힌계'가 아니라 '열린계'다. 필자는 기운생멸氣運生滅, 만물생명萬物生命에 도달함으로서 불교에 대한 새로운 해석의 길을 열었다. 이것은 혼원일기混元一氣, 氣一 사상을 기초로 한 것이며, 동시에 소리로서 은유-환유되는 것이다. 이것은 존재 일반에 대한 철학이면서 과학이고, 과학이며 종교고, 종교며 또한 예술이다.

니체는 힘에의 의지라는 남성적 철학과 환유적 철학에 귀의하는 한편 동시에 '여성의 은유'(음악의 여신)에 구원을 청한 인물이다. 필자는 '자연의 은유(은유적 환유)'와 자연 그 자체, 소리의 자연에 철학적 귀의와 삶의 구원을 동시에 요청하는 입장이다. 이는 불교적 해탈에 가까운 것이다.

니체가 생기존재론의 입장이라면 필자는 생기생성론·심물존재론(기일원론)의 입장이다. 니체가 신체적 주체로서의 인간관을 주장하였다면 필자는 몸과 마음이 하나가 되는 심물일체(심물일원론)의 자연관을 가지고 있다.

니체가 비도덕적 윤리학의 입장이었다면 필자는 도덕을 천지음양으로 보는, 천도지덕天道地德의 입장이다. 니체가 '예술생리학'을 주장하였다면, 필자는 '예술인류학'을 주장하였다. 예술생리학은 인간의 '신체적 창조'를 중시하는 반면,

예술인류학은 '자연=만물=생활=예술'의 입장이다.

니체는 서양의 가부장적 전통에 따라 여성에게 구원을 요청하였지만, 필자는 동양의 자연주의적·모성주의적 전통에 따라 자연의 여성성에 희열을 느꼈다.

니체와 필자의 결정적 차이점은 니체는 '힘의 내적 필연성'(이는 시공간을 부정하지 않는다)을 주장한 반면, 필자는 '만물의 계기성繼起性, 緣起性, matrix'(이는 시공간을 부정한다)에 만족한 점이다. 이는 니체가 서양의 이성 철학적 전통의 연장선상에 있기 때문이며, 필자는 동양의 기氣 철학적 전통에 있기 때문이다.

니체는 '힘'을 '우주적 전체의 생명력'이라고 표현하지만, 역사사회적 존재, 주체로서의 인간임을 잊지 않고, '힘에의 의지'가 인간의 삶의 조건임을 말한다. 그래서 삶을 긍정하게 하고 있다. 이는 주권적 존재인 개인이 지배적·긍정적·귀족적인 위치에 서게 하는 것이다. 니체는 여전히 이성理性의 편에 있다.

필자의 만물 생명은 기운생동이라는 측면에서 힘을 인정하지만, 인간을 다른 사물과 평등한 존재로 봄으로써 인간의 자연에 대한 지배적인 의미를 배제하고 있다. 필자의 만물생명은 역사·사회적이라기보다는 자연·본질적이다.

니체가 인간의 삶을 생사生死의 이분법(이원론)에서 생生을 긍정하게 한다면 필자는 생사가 아닌 생멸生滅의 일원론에서 존재를 직관하게 하는 힘이 있다. 생사生死는 실체와 거리가 있는 현상학의 작용이지만, 생멸生滅은 실체와 거리가 없는 존재론의 유무상생이다. 만물은 생명으로서 평등한 것이다.

만물은 찰나생멸의 존재기도 하고, 기운생멸의 존재기도 하다. 찰나는 아무리 작더라도 시간이고 실체인 반면, 기운은 시공간을 초월하는 실체가 없는 존재다. 그래서 기운생멸은 시공을 넘어선 가운데 생멸을 동시적으로 바라봄으로써 기독교보다는 불교에 가깝다.

불교가 그동안 많이 사용한 찰나생멸의 의미는 실은 기운생멸의 의미다. 기운생멸을 실체론의 입장에서 설명한 방편에 지나지 않는다. 그래서 부처는 항상 무엇을 말해놓고는, "말을 하자면 그런 것이지만 그런 것이 아니다."라고 앞에 했던 말을 부정하거나 반전하는 단서를 붙인다. 그런 점에서 기독교와 불교는 인도유럽어 문명권 내에서 극과 극으로 통하는 음양 관계에 있다.

동양 『천부경天符經』의 인중천지일人中天地一 사상을 서양 기독교 사상에서 찾으면(혹은 번역하면) 바로 성령聖靈이다. 동양의 천지인은 실체가 없는 기운생동(혹은 기운생멸)이지만, 서양의 천지인은 역동적으로 움직이지만 실체가 있다. 『천부경』과 『성경』은 동서 문명권에서 음양 관계에 있다.

일반성의 철학은 생성의 철학이고, 생성의 철학은 시공간이 없다. 반대로 보편성의 철학은 존재의 철학이고, 존재의 철학은 시간과 공간이 없으면 성립하지 않기 때문에 시공간의 산물이다. 보편성의 철학은 '이理-기표적記標的' 입장이지만 일반성의 철학은 '기氣-기의적氣意的' 입장이다.

일반성의 철학은 만물이 실체가 없이 유전하고 생멸하는 것일 뿐이다. 현재(시간의 현재)에 있는 것이 아니고 지금(비시간의 지금)이 있을 뿐이다.

니체: 힘에의 의지 (보편성의 철학)	무한성 영원 회귀 (닫힌계)	능동/ 남성적	힘에의 의지 (내적 필연성) 존재의 철학	관점적 해석 학/意味의 철학	이理-기표적記標的 입장/시공간이 있다
박정진: 소리의 철학 (일반성의 철학)	무無 매트릭스 (열린계)	수동/ 여성적	소리의 일반 성 (파동의 세계) 생성의 철학	상황적 해석 학/意氣의 철학	기氣- 기의적氣意的 입장/시공간이 없다

니체 힘에의 의지 (실체적 철학)	긍정의 철학 초인超人	생기존재론生起 存在論	예술생리학 (신체적 창조)	신체적 주체 로서의 인간 관
박정진 소리의 철학 (비실체적 철학)	깨달음의 철학 신선神仙	생기일원론 生氣一元論	예술인류학 (자연=만물= 생활=예술)	심물일원론의 자연관

〈니체와 박정진의 비교〉

필자는 이렇게 말한다.

"니체 이후 서양의 후기 근대 철학은 모두 니체의 '힘에의 의지Wille zur Macht'의 각 국적 버전version 혹은 개인적 버전, 번안, 번역에 불과한 것이었다. 하이데거의 존재론은 독일적 버전이었고, 데리다의 그라마톨로지는 프랑스적 버전이었고, 화이트헤드Alfred North Whitehead, 1861 ~ 1947의 '과정 철학process of philosophy'은 영국적 버전이었다.

하이데거의 존재Sein 개념과 데리다의 에크리튀르écriture 개념, 화이트헤드의 현실적 존재actual entity 개념은 모두 니체에 의해 해석학적 혹은 현상학적 혹은 시적으로 표현된 '힘에의 의지'를 자기식으로, 산문적으로 다시 전개한 것이다.

이중에서 맏형은 역시 하이데거다. 그런데 재미있는 것은 이들 나라와 개인들은 모두 철학적 자존심이나 자국의 철학적 전통에 충실한 나머지 니체나 하이데거를 거론하지 않는다는 점이다. 이는 역설적으로 서양의 각국은 자국의 철학과 철학적 전통을 가지고 있다는 증거가 되기도 한다."

니체는 '힘에의 의지'라는 말을 통해서 동양의 '기운생동'을 표현하려고 애를 썼다. 그러나 근본적으로는 서양 철학의 이성 철학을 버릴 수는 없었다. 그의 힘은 남성적 힘이었으며, 지배적 힘이었다. 그의 힘은 주권적인 힘이었으며, 개인적인 힘이었다. 그는 매우 해체적이었지만 결국 이성적인 철학·남성인 철학을 완전히 벗어날 수는 없었다.

이에 비해 여성적인 철학·일반성의 철학은 비지배적·비권력적이다. 여성에게는 몸의 현재적 느낌만이 있다. 여성의 육감은 현재적이고 종합적이고 총체적인 것이다. 여성의 몸과 자궁은 현재의 살아 있는 매트릭스다. 일반성의 철학은 자연적이기 때문에 시공간이 없다. 자연은 도덕과 과학으로부터 본래의 자연성을 회복하는 한편 모성성과 여성성을 회복하여 인류로 하여금 평화와 평등에 도달하게 하여야 할 것이다.

인류 문명은 앞으로 겉으로는 부계, 속으로는 모성 중심으로, 즉 부계-모성적으로 운영될 것으로 보인다. 음音, 陰은 양量, 陽의 바탕이다. 권력의 철학은 '양量, 陽'을 우선하지만 비권력의 철학은 음을 우선한다. 필자의 철학은 '음音, 陰의 철학'이다.

4) 인간은 자기 투사적-자기 최면적-자기 도착적 존재

인간이 자기 투사적이고 자기 최면적이라고 앞에서 말했다. 여기에 하나를 더 추가하면 인간은 자기 도착적自己倒錯的이다. 여기서 자기 도착적이라 함은 자기 안의 것을 밖으로 투사하고(자기 투사), 자기 밖의 것을 안으로 최면하는(자기 최면) 것과 달리, 자기를 무의식화·심층화해서 결국 스스로 도착되는 것을 말한다.

인류 문명이 근본적으로 자기 도착에 빠진 것은 남성이 여성을 소유하고부터다. 남자(인간)가 여자(자연)를 소유하고부터 모든 사물 체계를 소유적 체계로 바꾸고, 소유적 체계는 자연을 전도해버렸다. 소유적 체계는 모든 사물을 실체화해버리고, '생성적 자연'을 '존재적 자연'으로 해석해버리게 된다. 그래서 본질(존재)을 현상으로 환원해버리게 된다. 인간의 모든 문명 체계는 자연을 인간으로 환원한 결과물이다.

자연의 도착은 '성性의 도착'을 의미하고, 자연의 여성 위주를 문명의 남성 위주로 바꾼 것이다. 도착은 필연적으로 가면을 씌운다. 그러한 도착 위에서 자기 투사와 자기 최면이 이루어지는 셈이다. 문명의 전반적인 억압 아래에서 여성성은 잠복해 있다가 예술과 외설로 드러난다. 그래서 예술과 외설은 경계선상을 오가는 것이다.

인간은 자연의 생성을 '존재'(실제로 존재자다)라고 말하고 거꾸로 '존재'에서 다시 '생성'(본래 존재다)을 찾는다. 존재는 시공간 안에 있는 것이어서 지각적으로 잡을 수 있는 것이지만, 생성은 아예 처음부터 시공간이 없는 것이어서 지각적으로 잡을 수가 없다. 존재와 생성, 존재자와 존재도 인간 중심으로 자연을 재배열하는 자기 도착이다.

인간은 선善한 자연을 악惡하다고 하고, 자신은 또 새로운 선善 혹은 절대 진선미眞善美를 찾아 나선다. 사실은 자연은 선하지도 악하지도 않다. 선악은 인간이 만든 것이다. 선악은 인간에서 비롯된 것으로 선악 자체가 바로 인간인 것이다. 선악은 자연과 아무런 상관도 없다.

절대도 상대도 아닌 자연을 두고, 절대라고 하거나 상대라고 하였듯이 인간의 모든 이원대립적인 분별은 결국 무의미한 것이고, 인간적인 것이다. 선하지도 악하지도 않은 자연을 악하다고 했듯이 똑같은 방법으로 자신의 선을 남에게 강요하는 것도 인간이다. 인간의 정신은 정상적일 때는 그 구조를 잘 알 수 없고, 도리어 정신병을 통해 거꾸로 그 구조를 알 수 있다. 결국 정신은 정신병이라는 뜻이다.

정신병(현상)은 정신(본질)이 잘못된 것이 아니라 그것이 바로 정신이다. 결국 세계는 드러나지 않은 것이 본질이고, 드러난 것은 현상이라는 것이다. 만약 누가 철저하게 자연의 입장에서 인간을 본다면 모든 인간은 정신병자며, 정신병 정도의 차이일 뿐이다.

헤겔의 정신현상학에 의해 정신(개념)이 물질(실체)이 되어버렸다. 그러자 마르크스는 이를 뒤집어서 물질로 정신을 만들어버렸다. 현상학적 차원에서 가역왕래는 당연한 것이다. 결국 우리가 알고 있는 것은 하나도 빠짐없이 허상(우상)이며, 가상적 존재의 왕래에 불과한 것이 되어버렸다. 실재는 알 수가 없다. 실재는 느낄 수 있을 따름이다.

그렇다면 철학에서 형이상학과 형이하학이 있는 것이 아니라 드러난 것과 드러나지 않는 것이 있을 따름이다. 이것이 유형지무형有形之無形이고, 무형지유형無形之有形이다. 왕래하고 움직이는 모든 것은 현상학의 범주고, 현상학이 아닌 것이 존재론이 되는 셈이다.

따라서 현상학은 '무한대無限大의 학'이라면 존재론은 '무無의 학'이다. 존재는 이름하여 무無라고 한다. 존재는 본래 이름이 없다. 결국 무는 이름이 아니다. 우리는 눈으로 보이는 형태가 있으면 실체가 있는 것처럼 생각하는 데에 익숙하다. 그러나 어떤 형태는 물物의 드러남일 뿐이다. 형태는 물을 떠나서 별도로 존재할 수 없다. 형태는 공백이고, 공백은 형태의 가능성이다.

인간은 생물 가운데 삶을 앎으로, 생성을 존재로 바꾼 도착적 존재다. 인간이 왜 그렇게 하였을까. 아마도 남의 삶(자연)을 이용하여야 하는 비자연적 필요에 직면했기 때문일 것이다. 이는 아마도 인구 증가와 관련이 있을 것이다. 많은 인구를 부양하기 위해서 삶을 앎으로 바꾸지 않으면 안 되었을 것이다. 그러고 보면 인간의 앎 또한 삶의 현상이다. 다시 말하면 인간은 살기 위해서 삶을 앎으로 바꾼 셈이 된다. 삶은 바로 존재다. 그런데 자신이 아는 것(대상)을 존재(대상적 존재, 존재자, 비본질적 존재)라고 함으로써 인간은 바로 자신(본질적 존재)을 찾아서 끝없는 나아가지 않으면 안 되는 역설적(모순적) 존재가 되었다. 가장 위대한 진리는 역설이고 모순이다.

인간의 악이 얼마나 지속될 것인지에 대해서 말하자면, 어쩌면 인간은 자연의 모든 것을 혹은 우주의 모든 것을 모두 인간의 것으로, 인간의 소유로 환원할(바꿀) 때까지 욕망을 확대할지도 모른다. 따라서 인간의 욕망은 스스로 폭발할 때까지 욕망하는 것이다.

그런데 인간 가운데 간혹 역설적으로 그 욕망을 극도로 자제하는 혹은 욕망으로부터 해방되는 개체가 있다. 그것을 두고 우리는 성현聖賢이라고 한다. 그러나 성현도 욕망을 바탕으로 한 것이기에 욕망의 한 변형이라고 말할 수 있을 것이다.

성현도 자연의 한 변형이다. 자연은 '스스로 그러한'을 자연이라고 했기 때문에 자연의 한 생물종인 인간의 방해로 자신을 포기할 수 없다. 그래서 결국 인간이 포기될 것이다. 그러나 인간이여! 슬퍼하지 말라. 본래 우리는 자연이지 않는가. 손해 본 것은 없다.

자연은 본래 선물이다. 선물을 경제로 바꾼 것이 또한 인간이다. 자연은 본래 존재다. 그런데도 굳이 오늘날 '자연적 존재'라는 말하지 않을 수 없는 까닭은, 인간에 의해 자연적 존재가 아닌 것이 존재가 탄생했기 때문이다. 그것을 '제도적 존재(존재자)'라고 말하지 않을 수 없다.

서양의 형이상학은 본래부터 지배적인 속성을 가지고 있었다. 보편성의 철학은 실은 지배의 철학이었다. 지배의 철학은 이제 피지배의 철학으로 전환하지 않으면 안 되고, 피지배란 바로 그동안 보편성의 바탕이 되거나 종속 변수가 되었던 일반성이다. 그런데 이 일반성은 실체가 없는 매트릭스와 같은 성격을 갖는다. 일반성은 본래 있는 것이다. 인간이 인식하고 의식하기 때문에 있는 것이 아니라 본래 있는 것이다. 본래 있는 것이 있기 때문에 인간이 그 바탕에서 다른 무엇을 할 수 있다.

만약 일반성이 실체를 가지면 종래 철학과 같이 보편성으로 돌아가고 보편성의 지배를 받게 된다. 그러면 '보편적이고 일반적인'이라고 하게 된다. '일반적이고 보편적인'이라고 할 때 우리는 본래의 자연으로 돌아갈 수 있다. 결국 철학이 형이상학인 한, 인간은 권력의 속성을 벗어날 수 없다.

니체의 '힘(권력)에의 의지'는 서양 철학의 전통으로 서양 철학을 극복하려는 철학적 제스처다. 그래서 절대적인 도덕이나 제도적 권위를 물리칠 수 있는 용맹한 초인과 주권적 개인을 중시한다. 그러나 니체는 서양 철학은 극복한다고 하면서도 도로 '힘(권력)에의 의지'로 돌아갔기 때문에 흔히 동양에서 하는 말로 '도로 아미타불'(나무아미타불을 역설적으로 풍자한 말)이 된 셈이다.

세계는 '나의 너', '너의 나'가 되어야 한다. 서로 물고 있는 것이다. 세계는 등식等式이 아니다. 세계를 등식으로 보면 등식만 보인다. 등식은 그래서 무한대를 필요로 한다. 수학이 무한대를 사용하는 것은 이 때문이다. 무한대는 미로迷路를 말한다. 무한대의 미로는 결국 돌아옴을 말한다. 무한대의 표시가 '∞'인 것은 바로 돌아옴을 예견하고 있다. 등식의 세계는 앎(밝음)의 세계인 것 같지만 실은 미로다. 삶은 결국 미로며, 더 적절한 표현으로는 미궁迷宮이다. 미궁이라는 것은 세계가 하나임을 말한다.

인간은 하나를 말하기 때문에 하나를 알지 못한다. 하나는 말해서 있는 것이 아니다. 하나는 말하지 않는, 표시하지 않는, 표시할 수 없는 하나다. 시간을 말하면 시간에 잡히고, 공간을 말하면 공간에 잡힌다. 결국 어떤 것을 말하지 말아야 그것에 잡히지 않는다. 말은 그런 점에서 구속의 시작이다. 말은 소통의 시작이 아니라 구속의 시작이다. 말을 하면 계속 말을 해야 한다. 계속 말을 해야 하는 것이 구속이 아니고 무엇인가. 말의 소통은 일시적 소통, 부분적 소통에 불과하다. 이것을 진정한 소통이라고 할 수 있겠는가.

현재 서양 철학의 정점에 있는 들뢰즈는 니체, 마르크스, 프로이트로부터 크게 영향을 받은 학자다. 그렇기 때문에 서양 철학의 특징과 문제점을 가장 복합적으로 안고 있으며 동시에 드러내는 학자라고 말할 수 있다. 니체의 힘과 영원 회귀는 들뢰즈에 의해 차이와 반복, 기계로 변형되고, 번안되었다.

여기에는 물론 마르크스의 유물론이 가세하였고, 프로이트의 오이디푸스 콤플렉스도 양념으로 작용하였다. 안티오이디푸스는 오이디푸스인 것이다. 이는 헤겔의 정반합이 결국 무한대로 나아가면서 해결이 있는 것 같지만 정작 해결이 없는, 합合이 정正이 되는 무한대의 연속인 것과 같다. 헤겔의 변증법은 실은 절대 정신의 설정에 따른 무한대의 순환에 불과한 것이다.

이렇게 보면 니체의 힘과 영원 회귀는 헤겔의 역사 철학, 즉 집단 의지를 개인의 의지로 바꾸고, 절대 정신을 힘으로, 변증법을 영원 회귀로 번안한 것에 불과하다. 니체가 마르크스를 싫어한 이유는 마르크스는 역사라는 집단 의지를 고집하였고, 초인이 아니라 평등을 주장하였기 때문이다. 서양 철학은 헤겔 이후 마르크스와 니체라는 두 가지 해결 방안을 마련한 셈이다.

서양 철학은 시대적 요구에 따라 번안의 번안을 해온 셈이다. 헤겔에 의해 그것의 작용과 반작용으로 마르크스와 니체가 탄생했고, 니체는 또한 수많은 후기 근대 해체 철학자를 만들었고, 그 가운데 들뢰즈는 니체와 마르크스와 프로이트의 충실한 복합적 제자인 셈이다. 들뢰즈에 대한 토론은 또 다른 책에서 거론하기로 하고 여기서는 간단하게 정리하고자 한다. 들뢰즈는 세계를 차이와 반복, 그리고 기계로 보았기 때문에 그것에 반대되는 추상 기계라는 용어를 만들어냈다. 그러나 들뢰즈가 본 세계야말로 바로 추상이고 기계의 세계다. 이제 서양 철학이 스스로 본 것이 추상-기계라는 것을 알아야 하고, 그렇게 되었을 때 철학이 진정으로 과학을 극복하고 본래적 존재, 자연적 존재로서의 인간에게 돌아오게 될 것이다.

본래적 존재, 자연적 존재는 바로 구체-생명의 세계다. 세계는 추상-기계가 아니라 구체-생명이다. 구체-생명이 존재다. 구체-생명은 앎의 세계가 아니라 삶의 세계다. 삶의 세계를 잡으려고 하지 말라. 잡으면 바로 삶이 아니고, 구체-생명의 세계가 아니다. 삶은 무엇을 향하는, 무엇에 관한 것이 아니라 자신을 향하는, 자신을 즐기는 것이다.

철학은 철학을 배반하지 않고는 철학적 완성에 도달할 수 없다. 기표는 기의를 알 수 없다. 기표는 단지 기의를 대신할 뿐이다. 기호는 소리를 알 수 없다. 기호는 단지 소리를 대신할 뿐이다. 세계는 대리代理의 세계(체계)가 아니라 대신代身의 세계다. 신진대사新陳代謝야말로 철학의 진수다. 그래서 철학은 몸과 마음, 심물心物이 일체가 되지 않으면 안 된다.

오늘날 철학은 디오니소스적 삶의 긍정 문제보다는 자연과의 관계 설정에 있어서 생태적 적응, 인구 조절 등의 문제로 인간의 '권력이나 힘에의 의지'가 도리어 자연과의 불협화음을 일으키거나 부조화의 상태로 몰아가는 것을 지적하지 않을 수 없다.

니체의 힘에의 의지에는 자연과학의 물리적 힘을 포함하고 있다. 니체는 생성 혹은 생성적 존재에 대한 깊이 이해하는데도 과학의 물리 세계를 포함하는 전면적인 형이상학을 추구했다. 니체는 쇼펜하우어의 '의지와 표상의 일원론'과 '칸트의 물자체와 시공간의 개념'을 통합하는 '힘에의 의지'를 표방하였다.

니체의 생기존재론은 비실체적 존재론을 전개하는 듯했으나 칸트의 인식적 존재를 포함함으로써 결국 현상학적인 레벨로 다시 환원되었다. 그 과정에서 쇼펜하우어의 의지와 칸트의 물자체를 동일한 것으로 보면서 쇼펜하우어의 '의지와 표상'의 역동적 일원론을 이원론으로 매도하면서 자신의 '힘에의 의지'만을 일원론(존재적 일원론)으로 인정하였다.

그러나 쇼펜하우어는 니체보다 앞선 의지와 표상의 '역동적 일원론자'였다. 이에 비하면 니체는 '존재적 일원론자(생기적 존재)'인 셈이다.

"쇼펜하우어는 의지의 형이상학을 가지고 형이상학적 일

원론을 지향한다. 그는 의지를 '하나이자 전부^{hen kai pen}'로, 표상으로서의 세계를 의지로서의 세계와 다른 세계가 아닌 것으로 이해한다. 표상의 '형식'과 '내용'은 모두 주체의 소관이며, 그래서 표상 세계는 전적으로 주체의 산물이다. 그런데 의지로서의 세계가 자신을 표상의 도구를 통해 보여준다. 따라서 의지로서의 세계는 곧 표상으로서의 세계와 다른 것일 수 없다. 그러나 어쨌든 쇼펜하우어에게서 의지는 심리적으로든 형이상학적으로든 제일 실재인 것이다."[59]

아무튼 니체의 '주권적 개인'의 '주권'과 '개인'은 주체일 수밖에 없고, 주체는 실체다. 그는 비실체적인 생성을 주장했지만 바로 과학을 버리지 못하는 바람에 현상학에 머물렀다. 서양 철학의 의지意志 계열의 철학도 결국 이성 철학의 변형이라는 것을 알 수 있다.

이성 철학의 변형은 의지, 의식, 욕망 등으로 그후 변형되고 확대 재생산되지만 결국 '~에 관한'이라는 지향성(의지, 의식, 욕망은 모두 방향성을 가지고 있다)을 포기하지 못함으로써 주체와 대상(목적)의 이분법을 벗어나지 못하고 있다. 그 지향성이라는 것이 실은 시간이고 공간인 것이다. 서양 철학은 결국 시공간에 잡혀 있는 것이다.

니체는 동양의 무시무종無始無終 사상이나 변화變化 사상에 도달한 듯하지만 역시 시공간의 양적量的인 사고를 벗어나지 못하는 바람에 여전히 서양 철학적 한계에 머무르고 있다.

"세계는: 엄청나게 큰 힘으로 시작도 끝도 갖지 않는다. 엄격하게 고정된 힘의 크기를 가지며, 이것은 커지거나 작아지거나 하지 않고, 소모되지는 않고 단지 변화하기만 한다. 전

59 백승영, 같은 책, 346~347쪽.

체로서는 불변하는 크기를 가지고 있고…. 성장하지도 받아들이지도 않는…. 특정한 힘으로서 특정한 공간을 점유하지만 이 공간은 '텅 비어 있지' 않고 오히려 힘으로 가득 차 있으며 힘들과 힘들의 파동 사이의 유희이고 동시에 '하나'면서 '다수'다."[60]

이는 뉴턴 역학에서 아이슈타인의 상대성이론으로 넘어가는 것과 같은 철학적 이행이다. 그러나 뉴턴의 절대성과 아인슈타이의 상대성은 일견 정반대고 다른 것 같지만 실은 질량과 에너지의 상호 교환을 나타내는 것에 불과한 것이다. 여전히 시간과 공간의 양에 머물러 있는 단계다. 이것이 서양 철학, 형이상학의 한계다.

서양의 근현대 철학을 총정리하면 결국 이러한 결론에 도달한다. "개념이 실체고 정신이 물질이다." 헤겔의 절대 정신을 거꾸로 하여 마르크스가 유물론을 주장한 것은 서양 철학의 당연한 귀결이다.

헤겔의 변증법은 독일 관념론의 완성이라고 하는데 바로 완성되었기 때문에 유물론의 공격을 받았다. 완성된 것은 그것의 정반대로부터 공격을 받게 되어 있다. 완성은 언제나 그것의 전제와 바탕이 있고, 어떠한 전제와 바탕도 실체로서 존재할 수 없기 때문이다.

헤겔이 정신을 실체로 한 것이나 마르크스가 물질을 실체로 한 것은 결국 같은 것의 왕래일 뿐이다. 헤겔은 역사라는 시간의 실체를 옮긴 것에 불과하다. 그러니까 마르크스로부터 사회라는 공간의 실체로부터 역공을 받았던 것이다. 실체는 없는 것이다.

60 백승영, 같은 책, 370쪽.

서양 철학은 유물론과 과학, 그리고 과학주의에서 철학의 정점을 찍을 수밖에 없었다. 서양 철학은 니체에 의해서 생성을 본격적으로 바라보기 시작했지만, 진정한 동양적 비실체론적 생성에 도달할 수는 없었던 실체론적 생기生起 철학이라고 말할 수 있다. 따라서 현상학적인 레벨에서 생성 혹은 생기존재론을 왕래하는 수준에 머물 수밖에 없었다. 니체의 생기生起는 동양 철학의 생기生氣가 아니라는 것을 알 수 있다.

서양 철학은 자신의 몸 혹은 주체를 가지고 있는 한, 비실체적 존재 혹은 생성의 무無에 도달할 용기가 없었던 셈이다. 실체를 완전히 버리는 불안과 공포에서는 정면승부를 할 수 없었던 것이다. 서양 철학과 종교는 결국 초월적인 대상(절대신 혹은 과학)을 두지 않고는 삶의 비어 있음, 생성의 비어 있음에 대한 불안과 공포에서 벗어날 수 없었던 것이다.

만약 서양 철학이 청각-상징 혹은 청각-기운생동(파동)에 치중하였다면 진정한 비실체적 생성적인 우주에 도달하였을 것이다. 서양 철학은 생성적인 세계를 바라볼 뿐이었다. 이것 자체가 이미 시각적인 굴레다.

이는 바로 서양 철학과 서양 문명의 시각-언어 혹은 시각-빛(입자) 연쇄적 사고 때문이다. 시각-언어는 눈과 손과 언어의 연합이라고 말할 수 있다. 손의 사용은 인간에 이르러 직립보행이 가능하게 되고, 진화에 따른 엄지손가락의 대향성으로 자유자재로 잡을 수 있었기 때문에 가능한 것이었다. 바로 눈과 언어와 손의 잡음(장악)은 소유로 연결된다.

시각과 언어의 연합은 비단 서양만이 아니라 인류 문명 전체의 특성이지만 그 강도에서는 서양 문명의 근현대가 단연으뜸이다. 서양 문명이 주도한 근현대는 그야말로 과학과 자본주의 경제로 인한 소유의 전쟁이었다고 해도 과언이 아니다. 인류는 이제 욕망을 제어하지 못하면 언젠가는 자신의 욕망에 의해 멸종될지도 모른다.

인류는 이제 청각적인 파동의 세계로 나아가서 우주의 기운생동과 하나가 되어야 한다. 이것이 죽음과 불안과 공포를 이기는 참된 길이다. 이것이 인류가 평화와 평등의 세계로, 자연과 하나가 되는 본래의 집으로 돌아가는 귀향의 길이다.

세계는 니체가 말하는 '힘에의 의지=영원 회귀'의 세계가 아니다. 세계는 '순간이 영원인 세계'도 아니고, '찰나생멸의 세계'도 아니다. 이는 아직 시간이 있는 세계다. 세계는 시간(공간)이 없다. 오직 시간이 없는 기운생동氣運生動, 기운생멸氣運生滅의 세계일뿐이다. 세계에 주체와 대상은 없다. 이는 인간이 이해하고 해석하는 세계는, 인간이 생각과 말을 하는 존재로서 지구상에 등장한 이후 만들어낸 '문법적 세계'에 불과하다는 뜻이 된다. 바로 이 문법을 세계에 투사하고 전이한 것이다.

서양 철학은 니체의 '힘에의 의지'로 도리어 남자의 철학, 기표의 철학으로 드러난 셈이다. 니체의 해석학적 의미는 결국 의미론이다. 기표(표상)와 기의(의미) 중에서 기표를 내세우는 의미론이다. 왜냐하면 기의(의미)에 속하는 의지를 기의에 두지 않고, 기표로 올려서 '힘에의 의지'라고 함으로써 기의를 배제한 셈이다. 말하자면 의미는 '비어 있는' 기표를 단지 채우는 것에 불과한 것이 되었기 때문이다.

니체의 해석학적 의미론은 신체를 중시한다는 점에서 의미가 단지 머리(대뇌) 활동의 산물이 아니라 신체 전체가 작용하는 것임을 천명하고 있다. 이는 불교의 의미론이 안이비설신의眼耳鼻舌身意에서 신체身 다음에 의미意를 배치하여 '신의身意'라고 한 것과 상응한다.[61]

신체 전체의 의미를 시각적 의미를 전환한 것이 바로 서양의 물리적 의미 혹은 현상학적 의미론이다. 이는 안이비설신의眼耳鼻舌身意의 의미를 다시 안眼으로부터 시작한 것과 같다. 니체의 신체적 의미론은 서양의 '시각적 의미'를 '신체의 의미'로 다시 전환한 철학자임을 알 수 있게 한다. 그러나 니체의 신체는 물리적 대상으로서의 육체를 의미하는 것은 아니다.

니체의 '힘에의 의지'에서 더 강한 지배를 원하는 '의지 작용'은 현상학의 '의미 작용'에 해당하는 것으로 볼 수 있고, '힘'은 의미 대상에 해당하는 것이었다. 다시 말하면 그 힘을 향하여 의지를 불태우는 것은 의지 작용이고, 의지 작용은 바로 의미 작용이었던 셈이다.

현상학을 동양 철학의 이기론理氣論으로 번안하면, 노에마noema, 즉 의미 대상은 이理가 되고, 의미 작용, 즉 노에시스noesis는 기氣가 된다. 서양에서는 대상화된 의미를 의미라고 함을 알 수 있다. 이는 시적詩的 의미인 메타포metaphor의 의미가 메타니미metonymy의 의미로 전환되는 것과 같다.

니체 철학은 남자의 철학이다. 이에 비해 필자의 철학은 여자의 철학이다. 남자의 철학이 여자의 철학을 이긴 적이 업다. 남자의 힘이 여자의 포용을 이긴 적이 없었다. 남자의 권

61   박정진, 『소리의 철학, 포노로지』, 100~106쪽, 2012, 소나무.

력이 여자의 평화를 이긴 적이 없었다. 남자의 문명이 여자의 자연을 이긴 적이 없다. 남자의 주먹이 여자의 허공을 이긴 적이 없었다. 남자의 페니스가 여자의 버저이너를 이긴 적이 없었다. 자고로 산정山頂이 계곡谿谷을 이긴 적이 없었다.

　니체: 남자의 철학: 시각-언어-페니스-존재-권력-전쟁-도덕-과학-힘
　박정진: 여자의 철학: 청각-상징-버자이너-생성-가정-평화-행복-자연

　남자의 철학은 주어와 술어가 이분된 제도의 인위 문명 철학이다. 남자는 주체와 객체의 이분의 철학이다. 남자의 철학은 '시각-언어-페니스-존재-권력-전쟁-도덕-과학-힘'의 철학이다. 이는 보편성의 철학·형이상학·초월의 철학·천리天理의 철학의 전개 양상이다. 니체는 서양의 철학적 전통에서 보편성의 철학에서 일반성의 철학으로 넘어오는 분기점에 있다. 니체의 '힘에의 의지'는 남자의 철학으로 여자의 예술에 이른 철학이다.
　여자의 철학은 주어와 술어가 이분되지 않는 상태의 무위 자연철학이다. 여자의 철학은 심물(몸·마음)일체의 철학이다. 여자의 철학은 '청각-상징-버자이너-생성-가정-평화-행복-자연'의 전개 양상이다. 이는 일반성의 철학·형이하학·자연의 철학·지기地氣의 철학이다.
　필자의 철학은 일반성의 철학을 최초로 정립한 철학이다. 필자의 철학은 삶 자체가 예술에 이른 철학이다. 그런 점에

서 예술인류학은 필자의 일반성의 철학이 미학을 토대로 출발하였음을 보여준다. 예술인류학에 대해서는 뒷장에서 다시 재론할 것이다.

이상의 토론을 요약하면 남자의 철학은 보편성의 철학·혈통의 철학·계보의 철학·존재의 철학이고, 여자의 철학은 일반성의 철학·몸의 철학·자궁의 철학·생성의 철학이다. 진정한 생성의 철학은 모든 것을 본래 있는 그대로 놓아버리는 데에 있다. 무엇이라도 자기 소유적으로 잡으면 존재의 철학이 되고 만다.

일반성의 철학은 형이상학도 아니고 형이하학의 물리학이 아니라 형이하학의 철학이다. 형이하학의 철학은 바로 물학物學이다. 물학이란 물질을 대상으로 하는 물리학과 달리, 자연을 흐르는 그대로 바라보는(놓아두는) 것을 말한다.

여자에게 진정한 진리와 계보라는 것은 없다. 도덕 속에서는 남자의 진리眞理가 있지만 타락 속에서는 여자의 진리가 있다. 여자의 진리는 진여眞如다. 남자의 가부장의 철학이 왜 원죄를 설정하고 이것을 여자에게 뒤집어씌우는지 그 이치를 아는 것이 일반성의 철학으로 나아가는 전환점이다.

모든 인간은 역설적으로 어린아이를 꿈꾼다. 이는 자궁으로 돌아가고픈 심정을 말하는 것이다. 그래서 사랑하는 상대를 무의식적으로 '베이비'라 부른다. 진리는 역설적으로 어린아이다. 이게 일반성의 철학의 최종 기착점이다. 니체는 이 점을 간파하였지만, 이는 예술가로서의 초인에 해당되는 것일 뿐이었다.

니체가 생성의 철학으로 나아가면서 왜 '생성의 무죄' 입증 프로그램을 출발점으로 삼았는지는 의미심장하다. 인간은 왜 죄의식에서 벗어날 수 없는가. 서양 기독교의 '원죄 문명'은 오늘날 세계의 지배적인 문명으로 자리 잡으면서 지구 전체 인간에게 '죄의 굴레'를 뒤집어씌우고 있다. 그렇다면 원죄 문명은 삶을 영위하는 것 자체가 죄라는 의식을 은연중에 가지도록 강요한다고 할 수밖에 없다.

삶 자체가 원천적 죄라고 한다면 철학은 잘 살고 있는 사람들에게 자신의 죽음을 요구해야 되는 셈인가? 아니면 철학을 포기하고 모두 교회로 돌아가도록 역사의 방향을 후진해야 하는가? 원죄는 삶과 철학을 무의미·무가치의 나락으로 떨어지게 한다.

서양 문명은 왜 '원죄'를 여성에게 뒤집어씌워서 여성을 구속하지 않으면 안 되었던가. 여성은 분명히 삶과 인구를 있게 한 원동력이고, 남자로 하여금 때로는 평화를 통해서, 때로는 전쟁을 통해서 자신의 가족과 국가를 보호하고 부양하게 하는 삶의 조건이기도 하다.

니체를 다 이해하고 나면 반드시 '생성의 무죄'라는 출발점으로 다시 돌아오지 않으면 '힘에의 의지' 철학의 시종始終을 일의관지一以貫之했다고 할 수 없을 것이다. 니체는 결론적으로 그의 철학의 종합이라고 할 수 있는 '힘에의 의지'에서도 볼 수 있듯이 '힘의 현상학자'였다. 그는 '힘의 현상학'을 위해서 존재론의 영역을 왕래하기는 했지만 그의 종착역은 변화무쌍한 존재(생멸하는 존재)보다는 고정 불변의 존재(힘, 실체)로 회귀한 철학자였다.

8. 니체를 넘어서, 화평부동론和平不同論의 세계

1) 일반성의 철학과 화평부동론[62]

원효의 '일심이문론一心二門論'은 그의 깨달음 경지를 요약하는 철학으로 통용되는 이론이다. '일심이문론'은 진여문眞如門과 생멸문生滅門으로 나뉜다. 진여문은 진체眞諦의 진리요, 생멸문은 속체俗諦의 진리를 말한다. 그런데 두 문은 실은 명목상(존재 방식)으로는 구별되어 있지만, 내용에 있어서는 마찬가지다.

진여문은 언어(개념)를 사용해야 하는 철학의 피할 수 없는 조건과도 같은 초월적인 측면을 가진 게 사실이다. 이는 또한 언어language가 본래적으로 가진 메타-언어적meta-language인 측면과도 관련이 된다. 그렇다면 '진여문'은 없이 '생멸문'만으로 세계를 설명할 수는 없는 것일까.

원효의 일심이문을 현대 철학으로 보면 진여문은 존재론에 해당하고, 생멸문(생사문)은 현상학에 속한다. 일심이문의 이문二門은 진여문이든 생멸문이든 모두 초월적인 성격을 내재하고 있다. 진여문은 초월의 초월을 거쳐 결국 존재 자체(본래 존재)로 돌아온 '존재론적 초월'인 반면, 생멸문은 현상학적인 출발로서의 '현상학적인 초월'이라고 말할 수 있다.

---

62 박정진, 『평화는 동방으로부터』, 행복한에너지, 2016, 555~571쪽; 〈박정진의 인류학토크 129〉, 마로니에 방송, YouTube.

자연(자연의 기운생동)에 대해 언어를 덧씌우는 것 자체, 언어를 입히는 것 자체가 이미 언어적 빙의憑依로서 초월적인 행위라고 말할 수 있다. 이것은 이미 현상학적인 언어 놀음이라고 말할 수 있다. 생멸을 하나의 연동적連動的·역동적 운동으로 보고, 하나의 세계라고 보아야 초월적 사고를 벗어날 수 있다. 다시 말하면 생멸문의 생멸生滅이 생사生死가 아닌 기운생멸氣運生滅로 보면 초월적 성격을 벗어나서 일반성으로 돌아올 수 있다.

세계를 '존재being'로 보는 것은 이미 세계를 명사화하는 것이고, 처음부터 질서cosmos의 시공간적 입장立場에서 보는 것인 반면, 세계를 '생성becoming'으로 보는 것은 세계를 동사적으로(더 정확하게는 역동적으로) 보는 것이고, 혼돈chaos, 混沌, 混元一氣의 역동적 장場에서 순간적인 질서로 나아가는 것으로 보는 것이다.

이때의 질서라는 것은 순간적인 특이점에 불과한 것이다. 인간의 탄생 자체가 바로 그러한 특이점의 순간에 속한다고 말할 수 있다. 특이점이라는 것은 시공간적 한계 속에서 일어나는 매우 제한적인 진리 현상(진여 현상)이라고 말할 수 있다. 본래 세계는 기운생동(기운생멸)의 혼돈의 세계다.

being의 세계 (시공간적立場)	질서의 세계 (cosmos 세계)	질서에서 질서로 (인간의 탄생도 특이점)	진리 진여 현상 (시공간적 한계)
becoming의 세계 (역동적場)	혼돈의 세계 (chaos 세계)	혼돈에서 혼돈으로 (순간적인 특이점의 질서)	혼돈의 혼원일기 (시공간이 없음)

⟨being-becoming 세계⟩

필자의 일반성 철학을 기준으로 보면, 원효의 일심一心만이 바로 일반성이다. 물론 일심을 거론하였으니까, 일반성 철학의 심물일체론心物一體論에 의해서 일물一物도 일반성이다. 본래 심물心物이 따로 없다. 일심(마음)일물(몸)은 '마음=몸'이고, 즉 한글의 옛글자로 'ᄆᆞᆷ'이다.

이 세계에 있는 모든 것, 즉 만물은 본래 있는 '본래 존재'지 인간이 만든(창조한) 것은 없다. 말하자면 제법무아諸法無我이다. 또 제법무아기 때문에 저절로 제행무상諸行無常이다. 여기에 어떤 보편성(보편적 진리 진여)을 주장하는 것은 이미 본래 존재를 인간이 구성(재구성)한 것이다.

진리라고 주장하는 자체가 이미 존재(본래 존재)를 지배하기 위한 언어 놀이며, 동일성을 추구하는 것이며, 존재하는 것, 즉 존재자다. 진리는 자연이 아니다. 문자식은 말할 것도 없이 존재자다. 진리 진여는 제한된 시공간(역사적·사회적 시공간) 속에서 실체實體로서의 이치理致, 理와 동일성을 찾은 것이다.

진리 진여는 혼원일기混元一氣로서의 자연적 존재, 본래 존재가 아니다. 자연의 전체는 은유로 말할 수밖에 없다. 만약 자연적 전체를 은유로 말하지 않는다면 절대의 세계, 뉴턴 물리학의 세계가 될 수밖에 없다.

진여문	존재론	보편성	초월성	보편성(동일성)
생멸문(생사문)	현상학	주체-대상	초월성	이원대립성
기운생멸氣運生滅	일반성 철학	일반성	일반성	본래 존재混元一氣

〈진여문과 생멸문〉

원효가 생존한 통일신라 전후는 아직 기氣라는 개념이 활성화되지 않았다. 그래서 원효는 일심과 진여와 생멸의 개념을 통해 세계를 설명해야 했으며, 『화엄경華嚴經』에 등장하는 '이사理事'의 개념이 있긴 했지만 이때의 '이理'라는 개념도 '기'와의 대립 개념으로 사용되지 않았다.

오늘날은 성리학性理學의 시대를 넘어 과학 시대의 한복판에 들어섰다. 원효의 심心은 오늘날 기 혹은 에너지energy로 번역되기에 이르렀다. 즉 심즉기心卽氣라는 개념이 통용되고, 아울러 물物이라는 개념도 물질物質과 다른 개념으로서 자리 잡고 있다. '물'은 또한 '기' 혹은 '에너지'로 동시에 번역되면서 존재론적으로 같은 개념인 심즉물心卽物, 물즉심物卽心으로 해석되기도 한다.

이는 '심-물'이 '정신-물질'의 현상학적 대립과는 다른, 존재론적인 차원의 해석이며, 심물일원론의 차원에 이르렀음을 말한다. 따라서 '심=물=기'이라는 등식에 이르게 된다.

기운생동이나 기운생멸이라는 용어에서 알 수 있듯이 기는 본래 생멸하는 것이다. 기의 생멸生滅은 현상학적인 대립으로서 생과 멸이 따로 있는 것이 아니라 존재론적으로 동시에 있음을 의미한다. 생멸은 역동적인 우주의 존재 방식인 것이다. 생멸은 삶이고, 진리 진여는 앎이다. 앎은 어떤 대상이나, 대상으로 설정한 것에 대한 이해일 뿐이다. 앎은 대상 그 자체가 아니다. 그 자체만이 삶이다. 앎이 삶이 될 수는 없다.

만약 철학이 '앎(지식)의 철학'이 아니라 '삶(지혜)의 철학'을 지향한다면, 오늘에 이르러 굳이 원효의 진여문이 생멸문과 별도로 존재할 필요가 있느냐 하는 의문에 이르게 된다. 생멸문, 즉 기의 생멸문만으로 존재(본래 존재)를 설명할 수 있게 되고, 진여문은 단지 생멸문을 철학적 습관과 타성에 따라 초월적인 언어, 즉 메타 언어로 표현한 것에 지나지 않는다는 결론에 도달하게 된다.

기운생멸이라는 존재적 진리는 그것을 깨닫거나 깨닫지 않거나 존재한다. 그런데 굳이 그 깨달음을 대상으로 진리 혹은 진여라고 명명하는 것 자체가 그것을 초월적으로 보여주고자 하는 것이며, 존재적 진리를 소유한 것처럼 현상으로서 드러내고자 하는 것이다.

이는 마치 절대물리학과 상대성 원리가 정반대의 세계인 것처럼 생각하지만 실은 '절대-상대'라는 하나의 세트로서, 'E=mc²'으로 호환되는 물리적 현상의 세계라는 것을 모르는 것과 같다. '절대-상대'라는 현상의 세계의 정반대가 존재의 세계인 것이다. 우리가 깨달음의 세계라고 하는 것은 마치 상대성 원리와 같은 것이라고 말할 수 있다. 진정한 본래 존재인 기운생멸은 굳이 진리나 진여라고 말할 수도 없는 것이다.

말하자면 진리나 진여의 세계에 대해서도 현상학적인 세계와 존재론적인 세계를 구분할 필요가 있는 것이다. 진리나 진여, 그리고 깨달음을 주장하는 것은 현상학적인 세계이다. 본래 존재는 기운생멸 하는 현존일 뿐이다. 그래서 진리진여는 없고, 오직 생멸문(기운생멸)만 있는 것이다. 기운생멸에 어떤 개념이나 언어를 덧씌우는 것 자체가 이미 초월이다.

진여眞如이나 진리眞理라는 말은 '현존現存, presence'을 시각적으로 대상화하여 현상現象, phenomena으로 보는 것에 따른 '대상으로서의 한계(제한)'를 넘어서기 위해 '주체의 초월성'을 설정할 필요가 있음으로 해서 단지 초월적 언어로서 가상 실재에 이르게 된다.

서양의 현상학은 극단적으로 자기조차 대상화함으로써 '주체(주인)-대상(노예)'의 지평에서 초월적인 경향을 나타낸다. 이는 모두 인간을 세상 만물의 주인인 것처럼 여기는 사고방식에서 유래한다. 하이데거는 "인간이 '존재자의 주인Herr des Seienden' 되도록 철학 사상이 그 기반을 서양 사상사에서 강화해 나갔다."고 설명한다.[63]

"중세의 신중심주의와 근세의 인간 중심주의는 중심 개념을 달리하지만 핵심적 사유의 본질에서는 신 중심과 인간 중심이 다 같은 인격 중심의 논리라는 것이다. 신은 다만 유한한 인격이 아닌 영원한 인격으로 표상된 점에서 농도의 차이만 있을 뿐이라는 것이다. 신이 우주를 창조했다는 사상은 인간이 세상의 모든 물건을 만들 수 있는 자격을 갖추었다는 것과 다르지 않다. 여기서 중세의 창조론은 근세의 제조론으로 미끄러진다. 그러므로 중세적인 신학 사상의 세속화가 근세의 과학 기술 사상이라고 볼 수 있다."[64]

현상학의 초월성에 비해 존재론은 남조차 자기화하는 내재성의 경향을 나타낸다. 존재론이 '심=물=기=내재성'의 세계와 동일한 것으로 본다면 '정신精神=물질物質=이理=초월성'의 세계와 대칭된다고 볼 수 있다. 더 정확하게는 대칭이

---

63 김형효,『원효의 대승철학』, 소나무, 2006, 17~18쪽, 재인용.
64 김형효, 같은 책, 18쪽.

라기보다는 전자는 후자의 탈근거의 근거가 된다. 기는 이理의 탈근거의 근거다. 말하자면 '기'와 '이'는 현상학적인 지평의 대립이 아니라 존재론적 관계에 있다.

기일원론氣一元論의 입장에서 보면 진여나 진리라고 하는 것이 발생하는 지평은 모두 현상학적인 차원의 일이며, 모두 '신-인간 중심'의 결과라고 여겨진다. 물론 부처와 신의 뜻이 다르고, 진여라는 말 속에는 진리와 다른 뜻도 포함되어 있지만, 어떤 초월적인(초탈적인) 존재를 상상하는 것에서는 예외가 될 수 없다.

따라서 생멸을 현상학적으로 보지 않고, 기운생멸의 존재론으로 본다면 생멸이야말로 우주의 진여가 아니고 무엇인가. 그래서 별도로 진여론이 필요 없지 않은가? 하는 것이 필자의 생각이다.

"생멸하지 않는 게 어디에 있는가. 진여는 단지 인간이 설정한 가상에 지나지 않는다."

진여나 진리는 생멸하는 만물 가운데서 인간이라는 특이한 생물종이 시간과 공간의 틀에서 존재 의미를 찾기 위해 자신의 입장에서 역사·사회적으로(시공간적으로) 삶의 가치와 의미를 부여한(해석한) 가상 실재에 지나지 않는다고 말할 수 있다. 말하자면 매우 인간적인, 인간 중심적인 사건인 것이다.

말하자면 동식물들은 인간과 같이 생멸하는 존재이지만 진여나 진리를 찾지는 않는다. 다시 말하면 진여나 진리는 인간 존재의 특이점인 것이다. 지금까지 인간이 제시한 보편성이라는 것은 인간의 특이점이면서 동시에 저마다 자신들이 살고 있는 시공간적 한계 속에서 주장한 지배 논리 혹은 정체성 확인 작업에 지나지 않음을 알 수 있다.

기일원론氣一元論, 혼원일기混元一氣의 입장에서 보면, 원효의 진여론은 현상학적으로는 존재 이유가 있지만 존재론적으로는 불필요하며, 진여론이 잠재하는 초월론적인 요소를 제거하기 위해 진여론의 무의미함을 지적하고 싶다.

인간이 만든 모든 초월론, 즉 동서고금의 초월론은 모두 세계를 현상(대상)으로 보는 것에 따라 설정된 가상 실재기 때문에 '현존=존재=기=생멸'이라는 관점에서 보면 진여와 진리는 불필요하다고 생각한다. 세계(우주)는 진여나 진리를 위해 생성되지 않았다. 세계는 지금도 생멸하고 있을 뿐이다.

그렇다면 필자의 일반성의 철학이 추구하는 것은 무엇인가? 화평부동론이다. '화평부동론'은 원효의 화쟁론和諍論을 현대적으로 재해석하여 확대 재생산한 이론이다. 즉 불교의 불일이불이不一而不二의 정신에 유교의 화이부동和而不同이론, 그리고 여기에 현대의 자유와 평등平等이론을 접목한 융합이론이다.

화평부동론은 종합적으로 화和와 평平을 지향하면서도 산술적 평등을 배제하는 이론으로서, 결국 현대 철학의 특징인 만물의 차이성을 존중하고 포괄하는 부동不同을 주장하는 이론이다.

앞장에서도 말했지만 평平을 먼저 이루려고 하면 화和를 이룰 수 없기 때문에 화를 구현하면서 점진적으로 평을 이루어가는 순서와 방법을 택했으며, 그래서 화평이다.

그러나 평등을 실현한다고 해서 모두가 산술적·평균적으로 같은 것을 추구하지는 않는다. 말하자면 평등도 차이를 존중하는 가운데 평등을 실현한다는 뜻이 포함되어 있다.

화평부동론을 달성하기 위해서는 사회적 노력은 물론이지만 개인적 성찰과 수련도 반드시 수반되어야 한다. 말하자면 개인의 수양이 뒤따르지 않으면 결코 달성할 수 없는 것이 화평부동론이다.

결국 필자가 주장하는 만물만신^{萬物萬神}의 경지, 만물생명^{萬物生命}의 경지에 도달하지 않으면 결코 달성할 수 없는 것이 화평부동론이다. 만물만신, 만물생명 사상은 종국에는 기일원론^{氣一元論}, 혼원일기^{混元一氣}의 철학을 전제하여야 하는 것이다. "삼라만상이 오로지 생명체만을 뜻하는 것도 아니다. 거대한 바위의 존재 방식도 이미 우주적 욕망의 기의 그물망에서 벗어나지 않는다. 조그만 무생물도 이미 그 자체의 기를 함의하고 있고, 기를 지난 한에서 어떤 마음의 욕망을 은근히 표현하고 있다고 봐야 하겠다. 독일의 라이프니츠^{Leibniz}는 무생물을 생물과 완전히 차단하는 것을 반대하면서, 무생물을 잠자고 있는 단자^{單子, Monad}라고 불렀다. 무생물은 지각이 없는 것이 아니라 지각이 잠자고 있을 뿐이라는 것이다. 인왕산 정상에는 거대한 바위가 솟아 있다. 그냥 인연에 의하여 그것이 거기에 있다. 그러나 그 거암^{巨巖}의 존재는 많은 기 작용을 주위에 발산하고 있다. 그 거암의 존재도 우주적 일심의 한 가족에 귀속한다. (…) 모든 것이 마치 우주적인 한 마음의 공명 체계에 다름 아닌 것 같다."[65]

생명과 무생명의 구분은 무의미한 것인지도 모른다. 생명

---

65 김형효, 같은 책, 33쪽.

과 무생명을 나누는 자체가 이미 세계에서 변하지 않는 실체를 가정한 인간의 분류법인지도 모른다. 변하지 않는 실체가 있다고 가정하기에 질서가 존재하는 것이지, 본래 우주에 질서가 있는 것은 아닌지도 모른다.

변하지 않는 실체와 질서란 인간이라는 존재가 세계를 바라보는 특이점인지도 모른다. 선형적線型的이고 평형적平衡的인 세계를 가정하고 그것을 중심으로 우주를 바라보는 자체가 이미 매우 인간적인 행위다. 복잡계複雜系 이론은 이를 예언적으로 보여주고 있다.

카오스이론에 전기를 마련한 벨기에의 물리화학자인 일리아 프리고진은 '복잡계 이론'을 창시하고 생명 현상은 바로 복잡계라고 주장했다.

"프리고진Ilya Prigogine은 비평형 상태에서 일어나는 비가역적非可逆的 irreversible . 비선형적非線型的 non-linear 변화를 수학적으로 설명한 복잡성의 과학을 체계화하고 부분적으로 논의되던 카오스이론을 통합, 복잡계이론complex system theory을 창시함으로써 카오스이론은 1970년대 후반부터 활발하게 논의되기 시작했다."[66]

프리고진은 나아가서 모든 생명체가 근본적으로 복잡계임을 밝혔다.

"모든 생명체는 근본적으로 복잡계이고 인간 사회의 제 현상 또한 복잡계의 현상이며 더욱이 21세기는 물리학에서 생명과학으로의 패러다임 전환이 예상되고 있는 만큼 생명의 복잡성에 대한 연구는 가속화될 전망이다. 인간의 정신 현상도 복잡계 의학으로 그 실체가 드러나고 있다. 정신 현상

66 최민자, 『생태정치학』, 도서출판 모시는 사람들, 2007, 367쪽.

은 '신체의 각 부분과 뇌의 각 부분이 연결된 극히 복잡한 구조가 만들어내는 복합계의 위상 전환phase transition 창발 현상의 결과인 것으로 나타난다. 이러한 위상 전환이 이루어지는 카오스의 가장자리edge of chaos, 다시 말해서 질서와 혼돈의 경계는 새로운 창조가 일어나는 임계점臨界點 critical point인 것이다. 생명 또한 카오스의 가장자리에서 생겨난다."[67]

인간이 생각하는 질서야말로 무질서에서 인간이 순간적으로 우연히 바라본 우주적 환상에 지나지 않을지도 모른다.

"그(프리고진)에 따르면 자연계에서는 비가역적·비선형적 변화가 일어나는 비평형 상태가 오히려 일반적이라는 것이다. 뉴턴 역학의 주된 연구 대상이었던 가역적可逆的 reversible인 선형계線型系 linear system는 주로 정량적定量的 quantitative인 방법에 의해 구성 요소들을 분석하여 그 특징을 파악하면 전체 행동을 예측할 수 있었다. 그러나 복잡계에서 일어나는 변화는 분기bifurcation와 같은 현상 때문에 비가역적인 것이 특징인데 바로 이 비가역성이 혼돈으로부터 질서를 가져오는 메커니즘이라는 것이다."[68]

생명계는 선형적인 세계가 아니며, 심하게 말하면 논리적인 세계가 아니며 그 생명계의 일부를 인간이 논리적으로 설명하고 있을 따름인지도 모른다.

"에너지 보존과 엔트로피 증가의 법칙을 바탕으로 한 종래의 평형열역학에서는 아무런 변화가 없는 '있음being'의 상태가 일반적이고 '됨becoming'의 과정은 예외적 현상으로 여겨진 데 비해, 프리고진은 비평형 열역학을 통해 '됨'의 과정이

67 최민자, 같은 책, 370쪽.
68 최민자, 같은 책, 374쪽.

일반적이고 '있음'의 상태는 오히려 예외적 현상인 것으로 인식했다. (…) '있음'의 불변적 상태보다 '됨'의 가변적 과정을 일반적인 것으로 인식한 그의 과학적 세계관은 실재[reality]를 변화의 과정 그 자체로 본 화이트헤드[Alfred North Whitehead]의 과정철학[precess philosophy 또는 philosophy of organism]과 같은 맥락 속에 있다. 과정철학을 체계화한 그의 저서『과정과 실재[Process and Reality]』에서 기존 철학의 실체 기념을 대치하는 화이트헤드의 '현실적 존재[actual entity]'는 과정인 동시에 유기체인 것으로 나타난다."[69]

이상에서 볼 때 결국 우주는 생성[becoming, 됨]의 과정인데 그 과정의 부분을 인간이 시각적 환상에 의해서 불변의 존재[being, 있음]로 인식하고 있을 따름이다. 질서란 무질서의 가장자리에서 일어나는 현상을 인간이 질서로 인식하고 있을 따름이다. 만물은 그것 자체가 생명이고, 그것 자체가 생명이니까 저절로 만물은 만신이 된다. 말하자면 인간이 파악하는 고정 불변의 실체[reality]는 실재, 즉 본래 존재가 아니다.

어쩌면 프리고진의 복잡계조차도 아직 진정한 본래적 우주에 도달하지 못한 인간적인 설명인지도 모른다. 아직도 합리적으로 설명하고자 하는 의지(권력에의 의지)가 포함된 것일 수도 있기 때문이다. 선형적으로 설명하는 것은 그것의 정도가 강하든 약하든 결국 변하지 않는 어떤 실체를 가정하는 것이고, 그것을 가정하기 때문에 시간을 벗어날 수 없다.

인간의 사고는 대상(현상)을 설정하기 때문에 결국 어떤 경우에라도 대상을 초월하는 '초월 철학'을 벗어날 수 없다.

69 최민자, 같은 책, 375쪽.

시공간을 초월하는 것도 시공간을 전제한 뒤에 일어나는 마찬가지의 초월 철학이다. 마찬가지로 비선형적 세계를 말하는 것도 이미 선형적 세계를 전제하고, 그것을 중심으로 해서 전개하는 초월 철학이다.

초월 철학이 가장 극단적인 모순의 형태로 들어난 것이 바로 니체의 초인超人, overman 사상이다. 초인 사상은 어린이 혹은 시인으로 돌아가는 사상이면서 동시에 '힘의 상승 증대' 철학이기 때문에 모순에 빠지게 된다. 어린이(시인)야말로 힘이 없기 때문에 어린이가 아닌가?

기독교가 천지창조와 종말구원을 제시한 이래 힘을 증대해온 서양 기독교와 서양 철학과 서양 과학은 20~21세기에 이른 시점에서 '종말사상終末思想'의 의미는 인간이 스스로의 힘에 의해 스스로 공멸할지도 모른다는 명제에 대한 자기自己 예언일 가능성을 높여주고 있다.

힘의 증대는 언젠가는 종말로 이어질 것이기에 이에 대한 집단적 불안감과 그 불안에서 벗어나기 위해 인간은 동시에 구원사상救援思想을 자기 안전 장치로, 자기 알리바이로서 만들어놓았는지도 모른다. '천지', '창조', '종말', '구원'이 네 글자를 검토해보면 결국 인간이 알 수 없는 존재의 세계를 현상의 세계로 환원하여 대처한 것임을 알 수 있다.

현상의 세계	설명할 수 있는 세계	천지창조의 세계	종말구원	실체가 있음
존재의 세계	알 수 없는 세계	무시무종의 세계	혼원일기	실체가 없음

〈현상과 존재의 세계〉

변하지 않는 실체(개체, 중심, 주권적 개인)에 대한 가정이 힘을 낳고, 그 힘이 인간의 권력을 낳은 것이라면 니체의 '힘(권력)에의 의지'는 참으로 힘을 사랑하는 인간의 매우 인간적인 고백이라고 하지 않을 수 없다. 힘을 사랑한 인간은 결국 힘으로 망할 것인가! 복잡계는 그 힘에 대한 인간 이성의 마지막 미련인지도 모른다.

동양의 기氣 철학은 그래서 필요한 것이다. 현대의 최첨단의 기氣 철학은 원시의 물활론物活論으로 돌아가는 셈이다. 현대의 이용과학 기술의 철학이 '정신精神=물질物質'의 현상학적인 차원이라면 '신神=물物=물자체'의 신물일체神物一體는 존재론적 차원이다. '심心=물物'의 심물일체心物一體의 사상이야말로 '생성적 일원론'으로 귀속하고 있다.

심물일체의 체體는 물론 불교의 본체本體을 의미한다. 심물일체는 심물합일心物合一과는 다르다. 왜냐하면 심물합일의 합일合一은 인위적으로 무엇을 통일(통합)한다는 현상학적인 의미이기 때문이다. 그렇지만 역사적으로는 그러한 통일 노력을 하지 않을 수 없는 것이 인간의 조건이다.

인간이라는 존재는 생성의 세계에 태어나서 생멸의 대법칙을 벗어날 수는 없지만, 그 속에서 최선을 다해서 자기를 중심으로 선형적 세계를 구축한 동물이다. 그러나 그 선형적 세계는 비선형적 세계의 가장자리에서 일어나는 인간적 인지(인식)의 특이 현상으로, 인간적 환상(판타지)에 불과한 환幻이었던 것이다. 어쩌면 생각이라는 초월이 아니라 그 생각을 초월하는 깨달음이라는 것도 역시 환일 수밖에 없는 것인지도 모른다.

인간은 생성의 세계, 즉 실재의 세계에서 가상 실재인 실체를 만들어서 삶의 필요에 충당하며 살아온 존재일 가능성이 높다. 필자는 일찍이 '역동적 장의 개폐이론DSCO: Dynamic Space Close & Open'을 주장하면서 생성은 개開상태고, 존재는 폐閉상태임을 밝힌 바 있다.[70]

진리진여는 말하면 이미 진리진여가 아니기 때문에 원효의 일심이문론一心二門論은 일심일문론一心一門論, 즉 생멸문生滅門만 있는 것으로 바뀌어야 한다.

우주는 항상 열린 '개開 상태'인데 인간이라는 생물종이 폐閉 상태—이것을 지각知覺 과정이라고 한다—를 잡고서(의식하고 인식한 뒤에) 그것을 '존재'라고 명명한 것일지도 모른다. 그렇게 되면 인간이라는 존재 자체가 바로 우주의 특이점特異點에 불과한 것이 되는 셈이다. 결국 인간은 자신의 시각적 환상으로 잡은 것을 우주라고 생각하는 특이한 동물일 따름이다.

이러한 해석학을 기초로 동양의 전통적인 사상인 원효의 화쟁론과 유교의 화이부동론을 시대정신이나 시대적 요구에 맞게 새롭게 재해석하고 변형한 것이 화평부동론和平不同論이다.

다시 말하면 화평부동론은 현대의 평등平等의 개념과 화쟁론과 불교의 반야심경의 사상인 '무상정등각無上正等覺과 무상주無上呪의 무상無上'과 '무등등주無等等呪의 무등등無等等'의 개념을 내재한 것임은 물론이다. 화평부동의 대우주야말로 평화平和의 세계요, 대동大同의 세계다.

화평부동 사상은 오늘날 시대정신으로서의 평화통일 철학

70 박정진,『한국 문화와 예술인류학』, 미래문화사, 1990, 94~108쪽.

으로 자리매김 되어야 할 뿐 아니라 인류의 미래의 철학과 사상이 되어야 할 것이다. 화평부동을 이룰 때에 인류는 항구적인 평화에 도달할 것이다. 화평부동의 세계는 일반성의 철학이 최종적으로 추구하는 세계다.

가부장의 '남성 중심-힘의 증대'를 추구하는 기독교가 주도하는 현대 문명을 '여성 중심-생멸의 진여'를 추구하는 불교가 주도하는 세계로 바꾸어야 인류의 평화를 달성할 수 있다. 말하자면 불교와 기독교의 융합과 통섭이 절실한 것이 오늘날이다. 동양의 주역에서 시대정신을 이해하는 괘卦를 살펴보자.

주역에서 지천地天 시대는 '통할 태泰괘'다. 땅이 하늘의 위에 있고, 여성이 남자의 위에 있는 것이 바로 세계가 회통하는 시대임을 상징하는 것이다. 그 반대는 천지天地가 막히는 '막힐 비否괘'다. 하늘이 땅의 위에 있고, 남자가 여자의 위에 있는 괘다. 말하자면 하늘과 남성이 군림하는 괘다.

말하자면 힘을 과시하고 지배하고 패권을 경쟁하는 인류의 문명 시대는 권력의 시대고, '천지의 시대'다. 이와 반대로 평화의 시대는 '지천의 시대'가 되는 셈이다.

2) 필연적 관계, 관계적 필연, 연기적 관계론[71]

서양 철학과 문명은 결국 현상학이라고 필자는 규정했지만, 그 내용은 세계를 1. 필연적 관계(인과론)로 볼 것이냐, 2. 관계적 필연(관계론)으로 볼 것이냐의 문제로 집약된다.

필연적 관계는 원인적原因的 동일성을 추구하는 것이고, 자

---

71 박정진, 〈박정진의 인류학토크 81〉, 마로니에 방송, YouTube.

연과학이 여기에 속한다. 필연적 관계는 동일성, 실체, 소유적 존재 등의 개념과 통한다. 존재를 존재자로 환원하거나 해석하는 현상학이 여기에 속한다.

관계적 필연은 결과적結果的 동일성을 추구하는 것이고, 해석학이 여기에 속한다. 진화론, 생태론 등이 여기에 속한다. 생기존재론도 여기에 포함된다.

여기에 하나 덧붙이면 연기적緣起的 관계론은 불교의 연기론을 의미한다. 이것은 비실체적 관계를 의미한다. 인드라 망과 같은 것이다. 연기론은 최초의 원인이나 최후의 결과 같은 것은 없다. 연기론은 우주에 결국 실체가 없다고 생각하는 비실체론인 셈이다.

1. 필연적 관계(인과론, atomic self, individual): 원인적 동일성: 자연과학(있다→이다: 가지고 있다: 동일성: 실체: 소유적 존재)

* 존재를 존재자(존재하는 것 = 사물 = 명사 = It = thing = what = 육하원칙)로 본다.

2. 관계적 필연(결과론): 결과적 동일성: 진화론: 생태론

* 생기존재론(생성을 존재로 설명한다)

3. 연기적 관계론(불교적 연기론): 인드라 망: 비실체적 관계

* 존재론적 존재

서양 철학과 동양 철학을 비교하면 어느 정도 평행 관계를 발견하게 된다. 이 말은 사람은 서양식으로 생각하고 살 수

도 있고, 동양식으로 생각하고 살 수도 있음을 의미한다.

동서양 문명이 역사적으로 문화 전파를 통해 서로 접촉하고 교섭하고 영향을 주고받았든, 아니면 진화적으로 인간의 본질적 속성이 둘 중에서 하나를 택할 수밖에 없었든, 아니면 문화의 구조상 그렇게 될 수밖에 없었든 수평적으로 같은 차원에 놓을 수 있는 내용들을 보이고 있다.

원인적 동일성, 결과적 동일성, 그리고 연기적 관계론은 인류 문명이 보여줄 수 있는 거대담론들이다. 동서양의 이론들, 요컨대 자연과학과 불교, 동양 철학을 비교해보면 동서양의 문화적 특징들이 일목요연하게 보이며, 이들은 서로 같은 차원에 놓을 수 있음을 확인할 수 있다.

'뉴턴-중력-칸트-주자', '아인슈타인-에너지-도덕의 계보학-노장자', '하이젠버그-파동론-하이데거존재론-불교 무아론'은 같은 차원이라고 할 수 있다.

물리학物理學	법칙	서양 철학(존재론)	동양 철학(생성론)
뉴턴時間/空間 절대역학 과학science	중력 $F=ma$ $(a:dv/dt)$	칸트 정언定言명령 순수이성理性 철학 양심conscience	주자 천명天命 성리학性理學 存天理遏人慾
아인슈타인 상대성 원리 시공간時空間	에너지 $E=mc^2$ $(c:빛 속도)$	니체:도덕의 계보학 힘(권력)에의 의지 복수(관계) 권력	노장자老莊子 무위자연無爲自然 도학道學-기 철학
하이젠버그 불확정성 원리 (uncertainty)	입자- 파동론 (비실체론)	하이데거 존재론 데리다 차연差延 들뢰즈의 差異-複製	불교 무아無我론 동양 생성生成론 차역差易(박정진)

〈동서양 문명의 평행 관계〉

동서 문명은 이제 서로 이해할 수밖에 없다. 동서양은 서로의 존재에 대한 참다운 이해를 할 필요가 있으며, 이것이 가능할 때 인류의 평화를 기대할 수 있다. 현대 과학(물리학)은 불확정성 원리로 불교 철학에 접근하고 있고, 불교 철학은 수천 년 전에 이미 수학적 방식은 아닐지라도 우주의 무자성無自性을 설파한 바 있다. 변하지 않는 고정 불변의 존재가 없는, 자성이 없는 세계에서 인간은 앞으로 어떻게 살아갈 것인가. 결국 세계에 대한 지배와 소유보다는 공생과 평화를 지향할 수밖에 없을 것이다.

9. 니체를 통해 서양 철학을 비판하다

1) 해석학적 인식과 음양(상징)해석학

서양 철학은 마치 길을 가는 사람을 불러 돌려세워 놓고 "너 누구냐."라고 부터해서 온갖 질문을 해대는 형상이다. 이때 지나가는 사람을 '생성'이라고 하면 질문과 답은 모두 '존재'다. 그러니 철학은 결국 환원적인 사건이다. 생성의 흐름에서 존재를 낚아채는 낚시라고 할까.

그 존재라는 것을 알기 쉽게 풀이하면 이른바 육하원칙: 누가^{who}, 언제^{when}, 어디서^{where}, 무엇을^{what}, 어떻게^{how}, 왜^{why}라는 것이다. 이를 줄이면 결국 시공간의 사건이다.

서양 철학은 한마디로 '존재의 철학'이다. 이 '존재'라는 말은 '칸트적 존재'(실체적 존재, 현상적 존재)로 쓰이기도 하고, '하이데거적 존재'(비실체적 존재, 본질적 존재)로 쓰이기도 한다. 니체는 바로 이 두 존재의 사이에서 '생기적 존재'를 주장한 역설의 철학자, 전복의 철학자, 망치의 철학자이다.

니체는 서양 철학사에서 플라톤에 의해 분리된 시와 철학이 다시 만난 시철詩哲, 즉 시인철학자$^{Dichter-Philosophie}$로 회복된 것을 알리는 철학자다. 시와 철학이 분리된 서양 철학에 비해 동양 철학은 고대에서부터 현대에 이르기까지 줄곧 '시철의 역사'를 유지해왔다. 이 점이 바로 서양 철학과 동양 철학의 근본적 차이점이다.

　서양 철학의 엄정한, 확실성의 '개념의 철학'에 비애 동양 철학은 시의 철학, 상징의 철학이라고 할 수 있다. 그동안 서양 철학서들은 대개 수천 페이지의 양을 자랑하는 철학서들인 반면, 동양 철학서들은 많아야 수백 페이지 시문과 같은 정도다.

　서양의 시철인 니체는 철학적 인식이라는 것이 해석이라고 주장하기에 이르렀고, 해석이라는 것은 글자 그대로 풀 해解, 풀 석釋으로 철학적 엄정성이나 확실성보다는 다양한 의미를 탐색하는 것으로 바꾸어지기 시작했다. 그렇다. 자연을 언어로 해석하는 것이 해석학이다. 어떤 형태의 언어(기호)라도 언어가 없으면 해석이 불가능하다. 해석학은 자연을 언어(텍스트) 속에 집어넣는 행위를 하는 것이다. 그런 점에서 언어 속에 자연이 있다. 언어를 사용하는 철학은 바로 해석학인 셈이다.

　서양 철학은 엄정한 개념어를 사용하는 해석학이다. 그 정점에 자연과학이 있다. 자연과학은 자연을 함수$^{y=f(x)}$로 푼 해석학이다. 종교는 함수 대신에 섭리攝理, providence로 푼 해석학이다. 이에 비해 동양의 음양론 혹은 음양학은 음과 양이라는 상징으로 세계를 해석한 음양해석학이다.

　개념에 비해 상징은 은유에 가까운 해석학이다. 그런 점에서 음양론은 시에 가깝다. 상징은 무엇보다도 언어의 확실성과 거리는 두는 탓으로 전통적 의미의 존재보다는 존재를 둘러싼 기운생동, 은유적^{metaphorical} 넘나듦을 실현하게 되었다. 이는 상징이 기氣 혹은 생기生氣와 상호 교류하고 교통함

을 의미한다. 물론 니체의 생기존재론生起存在論은 생기존재론
生氣存在論이 아니라는 점에서 서양 철학적 한계를 지니기는 하
지만 그래도 서양 철학 내에서는 생기生氣에 다가서는 의미
가 있다.

니체의 해석 철학interpretationsphilosophie은 철학적 해석학과는
다르지만 무엇보다도 해석의 지평의 다양성에 의해 절대 진
리의 포기를 비롯하여 복수존재론 등 철학에서 더 자유로
운, 다양한 해석의 길을 열어주었다고 볼 수 있다.

해석은 무엇보다도 인간의 삶과 철학이 직접적으로 관련
있는 것으로 바라보게 했다. 해석은 살아 있는 인간의 특권
이다. 해석은 해석 주체의 살아 있음을 의미하고, 니체 말대
로 주권적 개인의 생존과 더 건강을 삶을 위한 '힘에의 의지'
의 발로다. 니체에 의하면 이성이라는 것도 바로 삶의 필요
에 의한 해석의 일종이라는 의미가 된다.

니체에 의해 인간의 인식이라는 것이 실은 해석학의 일종
이라는 것으로 처음 주장됐다. 다시 말하면 인식은 해석의
한 형태라는 것이다.

"인간의 인식은 해석이다. 인식의 이런 해석의 특징은 무엇
보다도 인식 주체의 특징에 기인한다. 인식 주체는 힘에의
의지를 본성으로 하는 인간의 신체다. 그런 한에서 해석 행
위는 '관점을 설정하는 힘'의 한 작용이다. (…) 인간의 인식
과정은 힘과 삶에의 의지에서 발생하고, 그 의지에 응답하
는 방식으로 수행된다. 이런 인식을 니체는 해석이라고 부
른다."[72]

니체에게 해석은 '해석 각인적interpretationsimprägniert'이라고 말

---

72 백승영, 같은 책, 450쪽.

할 수 있다.

"대상 세계에 대한 가치 중립적 인식이 니체에게 원칙적으로 불가능한 것으로 여겨지는 이유다. 해석자는 또한 세계에 대한 이러저러한 인식은 객관적으로 옳고 이러저러한 인식을 객관적으로 옳지 않다고 판단할 수 있는, 주관성이 배제된 신의 관점은 가질 수 없다."[73]

생성에 대한 인식은 인식 주체와 주체의 의지가 있어야 한다.

"이 의지는 이미 지적했듯이 '관점을 설정하는 힘'을 갖는 의지, 항상 변화하고 운동하는 '생성의 일종'인 힘에의 의지이며, 이것이 인식 주체로 하여금 인식을 가능하게 만드는 행위를 하도록 한다. (⋯) 이 의지는 먼저 새로운 재료들을 인식 주체에게 친숙한 옛 도식들로 정리하는, 즉 같지 않은 것들을 같게 만드는 작업Gleichmachen des Ungleichen을 한다. 비교하고 도식화하고 예속하고 범주화하는 과정들은 모두 이런 행위들이며, 이 과정들은 모두 허구들을 만들어내는 행위다."[74]

니체에게 인식은 카오스에 질서를 부과하는 일이다.[75]

"인식은 아니다. 오히려 도식화하는 일이며, 우리의 실천적 욕구를 충족할 정도만큼의 규칙성과 형식들을 카오스에 부과하는 것이다."

심지어 지각 경험과 지성도 허구나 환상을 만들어내는 일이다.

---

73 백승영, 같은 책, 451쪽.
74 백승영, 같은 책, 452쪽.
75 백승영, 같은 책, 452쪽.

"지각 경험이 제공하는 상당 부분은 허구나 환상을 만들어내는 것에 불과하다. (···) 지성 역시 니체에 의하면 그 기능상 지각 경험과 같은 과정을 갖는다. 지성이 만들어내는 허구와 오류들은 같지 않은 것을 같게 만드는, 정확히 말하면 같은 것으로 '가정'하는 과정의 결과다."[76]

니체에 따르면 인식과 해석은 결국 질서와 동일성을 가정하고 찾아내는 과정이다. 해석적 인식이 만약 동일성을 찾는 과정이라면 칸트의 인식과 근본적으로 다른 게 없다. 단지 동일성을 찾는 영역이 생성의 영역이라는 것밖에 다를 게 없다.

동일성이라는 것은 실은 다른 것들을 추상화하는 과정이고, 추상화의 목적은 보편성에 도달하는 것이다. 그렇다면 니체의 철학이 결국 보편성의 철학이라는 말이 된다. 보편성은 결국 지배욕을 숨기고 있다.

니체는 또 인간의 신체를 다양한 충동이 활동하는 장으로 본다. 충동들은 지배욕의 반영이라고 본다.

"모든 충동은 일종의 지배욕Herrschsucht이며, 이 말은 곧 모든 충동이 힘에의 의지 외에 다른 것이 아니라는 것을 의미한다."

충동이 지배욕이라면 보편성과 다를 바가 없다. 결국 니체는 칸트의 이성과 다른, 의지와 충동으로 보편성에 도달하는 것이다.

니체의 해석은 의미-인식이고, 의미-인식은 곧 해석이다. 니체는 또 의미를 의미 창조 과정의 산물로 본다.

"관점적이고-가치평가적이며-질적인 인식은 의미를 창조

76 백승영, 같은 책, 453쪽

$^{Sinn-schaffen}$해내는 인식이다. 인식자의 힘에의 의지에 의해 인식자의 삶을 위해 구성되는 의미를. 따라서 인식은 단적으로 의미-인식$^{Sinn-Erkenntniß}$이며, 의미-인식은 곧 해석이다. 이러한 인식은 철저히 주관적이고 상대적인 성격을 띠게 된다. (…) 의미 창조 과정은 의미를 '집어넣는 일^{hineinlegen}'과 의미를 '끄집어내는 일^{herauslegen}'의 순환 관계에 기초하며, 순서상으로는 의미를 집어넣는 일이 먼저 진행된다. 즉 우리는 우리의 필요에 의해 우리가 사물 안에 미리 집어넣었던 ^{hineinstecken} 것만을 다시 끄집어내는 셈이다. '의미를 집어넣은 일'의 순서상의 우위는 인간 인식의 근본적인 주체 의존성이나 주관성을 다시 한번 입증해준다. 해석이 이런 의미 창조 과정이라면 세계의 의미 '자체' 혹은 세계의 '원래' 의미라는 말은 무의미하다. 인간은 자신의 관점성이라는 한계로 의미 자체나 원래 의미를 알 수 없다. 이것은 해석자로서의 인간의 넘어설 수 없는 한계다."[77]

니체는 의미의 창조적 과정을 주장하면서 '의미 자체'나 '원래 의미'라는 말은 무의미하다고 생각한다.

"우리의 가치가 사물 안으로 넣어져 해석된다. 그렇다면 사물 그 자체의 의미가 존재하는 것인가? 그것은 필연적으로 관계-의미고 관점적인 것 아닌가? 모든 의미는 힘에의 의지다(모든 관계의 의미는 힘에의 의지로 용해될 수 있다."[78]

니체의 해석적 인식은 근본적으로 '진리의 오류'는 물론이고, '세계 그 자체'에 대해 인식 불가능성을 천명한다.

---

77 백승영, 같은 책, 461~462쪽.
78 백승영, 같은 책, 462쪽: KGW VIII 1 2[77], 95쪽.

"관점적 인식, 즉 해석은 오류다. 해석의 이런 특징은 해석의 유용성 전략으로 불가피하다. 인식의 전 단계와 전 영역에서 우리의 의식적 판단은 물론이고 감각 지각에 이르기까지 예외 없이 삶을 위한 전략에 의한 '선택의 행위'가 이루어지기 때문이다. (…) 영원한 흐름 속에 있는 생성 세계를 포착해내고 파악해내고 붙잡아내어 한 가지 면으로 고정하는 것, 여러 경험 중에 특정한 것만 받아들이는 것, 비교하고 도식화하고 예속하고 범주화하고 일반화하는 것, 그래서 특수성과 개별성보다는 범주성과 일반성에 주목하는 것, 이런 모든 일이 지성뿐 아니라 감각기관을 포함한 우리 신체 전체에서 발생한다는 것이다. 한마디로 우리는 우리가 듣고 싶은 것만 듣고, 보고 싶은 것만 보고, 알고 싶은 것만 안다는 것이다. 그것도 우리에게 이미 익숙하고 친숙한 형태의 것으로 포섭해 유형화해서 말이다. 그래야 우리가 낯설고 친밀하지 않은 새로운 것들 속에서 생기는 불안감과 공포를 떨치고 삶을 유지할 수 있기 때문이다. 그렇다면 '같지 않은 것을 같게 만드는 일'은 그 자체로 삶을 위한 전략적 행위다. (…) 우리는 이런 오류들을 통해서만 세계와 소통하고, 이런 오류들을 통해서만 살아갈 수 있다. (…) 바로 그렇기 때문에 그것이 '우리와 상관하는 세계'일 수 있다. 이 해석 세계는 '세계 그 자체'는 아니다. 또 '세계 그 자체'에 대한 객관적 설명도 아니다."[79]

니체는 해석될 수 없는 생성의 세계를 도외시하였다고 볼 수 있다. 이는 칸트가 '물자체'라는 말로 인식할 수 없는 세계를 괄호 밖으로 몰아낸 것과 같다. 그러한 점에서 칸트의

---

79 백승영, 『니체』164~165쪽, 2011, 한길사.

인식과 니체의 해석은 좀 다르긴 하지만, 일맥상통하고 있다. 두 철학자는 인식(해석)할 수 없는 것에 대해 보류를 하였다고 볼 수 있다.

칸트는 도덕적 인간을 '목적 자체'라고 규정했다. 이때 목적 자체라 함은 인간은 절대적 내면적 가치인 존엄성을 가진 존재이기 때문에 다른 무엇을 위한 수단이 될 수 없다는 뜻이다. 칸트는 또한 '물자체'라는 말을 썼다. 이때 물자체라 함은 더는 대상으로서 사물이 아님을 뜻한다. 더는 다른 목적의 수단이나 대상이 될 수 없을 때 칸트는 '~ 자체'라는 말을 썼다. 바로 '~ 자체'의 영역이 생성의 고유 영역이다.

물론 물자체에 대한 논의는 하이데거에 이르러 본격화되고, 이것이 바로 하이데거의 존재론(생성론)의 영역이 된다. 하이데거의 존재론은 칸트와 니체가 버려두었던 것을 다시 철학적으로 다룬 것이다. 하이데거의 존재야말로 바로 생성을 다룬 것이다.

니체는 생성적 존재에 대한 본격적인 탐구를 회피하였다고 볼 수 있다. 아니면 생성을 존재에로 환원한 것이 '생기적 존재'일 것이다. 서양 철학사에서 동양 철학의 '기' 개념이 없는 것은 생성에 대한 철학적 논의를 한계의 벽에 부딪히게 하였을 것으로 짐작된다.

해석의 대상 가운데는 도저히 해석할 수 없는 영역, 결코 대상이 될 수 없는 영역, 즉 생성이라든가, 기의 영역이 있을 수 있다. 그래서 니체는 '약화된 실재론'의 입장을 취하고 이성의 한계와 겸손함을 인정한다.

"인간의 경험 세계, 해석된 세계와 텍스트로서의 세계의 구분, 세계의 객관적인 실재와 그것과 해석 주체의 관계 맺음, 그리고 관점성을 배제한 외재적 관점의 거부, 한 해석의 정당성이 해석의 객관성을 논리적으로 보증하지 못한다는 점—여기서 객관성이란 인식 대상과 해석의 대응을 의미한다—을 말하는 니체의 입장은 해석이란 필연적으로 생성의 세계를 있는 그대로 반영할 수 없다는 점, 그리고 해석 주체의 개별성을 뛰어넘을 수 없다는 점에 대한 긍정이다. 따라서 니체는 인간 인식의 필연적인 한계를 한계로 인정할 수밖에 없고, 또 그렇게 인정하는 이성의 겸손함을 요청한다."[80]

니체는 해석이 '생성의 세계를 있는 그대로 반영할 수 없다는 점'을 인식하고 있다. 만약 진정으로 해석할 수 없는 생성을 가정했다면 이것이 바로 생성의 세계라는 것, 도리어 해석할 수 없기 때문에 생성의 세계라는 것을 감지할 필요가 있었다. 해석하고 의미를 획득한 세계는 이미 생성의 세계가 아니다. 이성의 겸손함을 요청한다고 해서 생성에 대한 철학적 논의의 한계에 면죄부를 줄 수는 없다.

니체의 '힘에의 의지' 철학을 전개할 때는 그것이 인간만이 아닌 모든 생성되는 사물에 적용되는 것으로 말했는데 정작 의미론에 들어가면 인간 중심적임을 피할 수 없다. 의미는 이미 인간의 의미기 때문이다. 이는 니체 철학이 철학의 폭을 생성으로 넓히긴 했지만 결국 논의의 핵심은 인간에 집중됨을 어쩔 수 없다. 철학의 논의를 인간에 집중하면 결국 의미론으로 축소될 수밖에 없고, 그렇게 되면 다시 현상학적 존재론으로 환원됨을 의미한다. 니체의 '힘(권력)'이라는 개념과 더욱이 '힘의 상승'이라는 개념은 현상학이지 않으면

---

80 백승영, 『니체, 디오니소스적 긍정의 철학』, 499쪽. 2005, 책세상.

실현 불가능한 것이다.

니체가 해석의 오류성이나 유용성, 그리고 해석의 역사성을 따지는 것은 그의 철학이 결국 현상학이라는 뜻이다. 본격적인 생성론이 되려면 의미론으로 환원되어서는 안 된다. 본래적인 생성의 세계라고 할 수 있는 자연의 세계는 인간의 해석학적 창조를 통해 생산하는 의미가 무의미할 수도 있다. 인간에게 무의미하더라도 자연에게는 유의미한 것이 얼마든지 있을 수 있기 때문이다.

이에 비해 필자의 상징적 해석학은 동양의 천지인 사상이라든가, 음양 사상 등 상징을 통해 세계의 질서를 확립하는 해석학을 말한다. 상징적 해석학은 근본적으로 동일성이 아니라 차이성을 찾는 것이다.

상징적 해석학에서는 서양 철학의 어떤 차원의 이원대립항도 상호가역 가능한 관계로 변모한다. 이는 현상학에서 말하는 주체와 대상 간의 상호작용과는 다르다. 현상학의 주체와 대상은 실체 간에 서로 작용 반작용하는 관계이지만 상징적 해석학에서는 대립하는 것들이 실체가 아니며, 처음부터 순환적인 관계에 있게 된다.

말하자면 인간은 괜히 이원대립항을 만들어 사물을 이원대립한 것으로 바라보고, 또 그것을 극복하기 위해서 또 다른 이원대립항을 만들어내는 철학적·역사적 변증법적 과정을 거친다고 보는 것이 상징적 해석학이다.

서양 철학의 이러한 대립 갈등은 그 결과물로 생성을 소유로 만들거나 생성적 존재를 소유적 존재로 만듦으로써 인간의 필요에 충당하는 보충 대리적 역할을 발생한다. 이것이 바로 이성이다. 그래서 서양 철학을 이성 철학이라고 명명하는 것이다. 이는 사물과 인간을 이용의 대상이나 세계로 환원하는 결과를 초래한다.

상징적 해석은 해석의 대상으로부터 무엇을 빼앗아서 소유하려는 것이 아니라 다시 말하면 '힘의 증대'를 노리는 것이 아니라 단지 자연에 적응하면서 살기 위해서 해석하는 것이다. 그런 점에서 상징적 해석에 속하는 동양의 천지인 삼재사상이나 음양 사상, 그리고 이들의 집대성이라고 할 수 있는 역학은 자연으로부터 소유나 존재를 발생하지 않고 자연과 더불어 사는 것을 목표로 한다. 말하자면 자연은 인간이 함께 사는 공동체인 것이다.

상징적 해석은 또한 전체성을 무너트리지 않는다. 예컨대 음양 사상은 반드시 실체적으로 어떤 것에 적용되어야 하는 것은 아니다. 음양 사상은 크게는 천지에 적용되면서 작게는 파동의 굴곡 요철凹凸에도 적용된다. 말하자면 음양 사상은 고정된 의미도 없고, 적용되는 실체도 없다. 음양 사상은 도리어 자신을 비워두었다고 해도 과언이 아니다. 말하자면 상황적으로 어떤 의미가 들어와도 생성적이다. 그래서 생성적인 세계와 마찰이 없다.

상징적 해석학은 사물을 이해하는 데 있어서 존재와 현상을 이분화하지 않는다. 상징적 해석학은 같은 레벨에서의 변증법적 변화나 일관성을 추구하지 않는다. 따라서 상징적 해석학은 순환론적 해석학이다.

예컨대 동양의 천지인 사상을 보자. 천지인은 상징象徵이다. 여기서 상징이라는 말은 흔히 그것을 실체적(실재적)으로 사용하고 있지만, 실은 고정된 의미가 아니고, 얼마든지 의미의 변용^{變容}과 이전^{移轉}, 전도^{顚倒}도 가능하고, 결국 상호 겹치는 이중성을 통해 움직이는 전체로서의 세계가 순환하고 있음을 말한다. 천지인의 인^人과 인간^{人間}은 다르다. 인^人은 천지인의 상호관련성 속에서 차이로서의 존재이지만, 인간이라고 하면 벌써 천지와 독립적으로 인간이다. '간'^間자는 시간^{時間}, 공간^{空間}과 함께 인간으로 하여금 상징을 지시적-대상적으로 사용함을 내포한다.

시간을 말하면 공간은 자동적으로 있게 되고, 시간과 공간을 말하면 자동적으로 인간이 있게 된다. 결국 모든 철학적 논의라는 것도 시간과 공간, 그리고 인간을 떠나서는 말할 수 없다는 것이 된다. 만약 어떤 철학자가 시간과 공간, 그리고 인간을 인정하지 않는다고 하더라도 논의를 위해서는 일단 시간과 공간, 그리고 인간을 하나의 관점^{觀點}에서라도 최소한 전제하지 않으면 안 된다는 뜻이다.

예컨대 『존재와 시간^{Sein und Zeit}』을 쓴 하이데거는 시간을 관점으로 사용하였다. 결국 그는 '존재는 무^無'라는 결론에 도달하고, 따라서 '시간은 결국 무^無'라는 결론에 도달하였지만, 그의 철학은 시간을 축으로 전개된 철학이라고 말할 수 있다. 데리다의 『문자학^{grammatology}』도 '차이'의 철학을 주장했지만 그 이면에는 공간을 축으로 전개된 철학이라고 말할 수 있다. 결국 이들이 철학을 하는 이유도 실은 인간이란 무엇인가에 대한 답을 얻기 위해서라고 볼 때 철학적 담론에는 인간을 언표하든 하지 않든 간에 인간이라는 축을 깔고 있다.

서양 철학은 상징象徵을 지시적이고 대상적 언어로 사용해 왔다. 물론 상징이 서양의 문학에서조차 그렇게 사용되어왔다는 것은 아니다. 또한 내포적이고 비유적 의미로 상징을 철학에서도 전혀 사용되지 않았다는 말은 아니다. 인간이 사는 곳에는 언제나 같은 것이 있기 마련이다. 이에 비하면 동양 철학은 상징을 처음부터 구조적으로 사용한 경향이 두드러진다. 결국 서양의 주류 철학이 그랬다는 의미다.

　하이데거의 존재론적 의미에서 인간은 존재이면서 존재자고, 동시에 존재자면서 존재다. 인간은 현상학의 지표地表에서 솟아오르면 존재자가 된다. 지표로 도로 들어가면 존재가 된다. 이때의 지표는 존재의 지표다.

　이때의 지표는 땅이라는 실체적 의미가 아니라 '어떤 것에서 어떤 것으로' 나타난다(솟아오른다)는 의미의 경계, 분기선分岐線으로서의 지표다. 지표라고 한 또 다른 이유는 서양 철학이 하늘天이라고 하면 항상 천지창조의 제조적製造的 신神을 연상하는 존재신학적 전통을 피하기 위한 점도 있다.

　인간은 존재의 지표를 뚫고 나타나기 전에는 존재이다가 지표를 통과하면 그 통과의 틈(구멍)과 함께 존재자가 된다. 존재자가 된 인간은 상징적 작용을 통해 세계를 이원대립항으로 대칭적으로 이해하기 시작한다. 대칭적 세계는 인人이 인간人間이 된 것과 마찬가지로 시간과 공간 속에서 대립이 된다. 천지인 중에서 인간만이 간間자를 사용한다. 천간天間, 지간地間이라는 말은 없다. 천지간天地間은 있어도 말이다. 천지 중에 있는 것이 인이고, 인 중에 있는 것이 천지고, 천지간의 사이에 있는 것이 인간이다.

이성중심주의 철학은 결국 인과론의 세계다. 탈脫이성주의는 인과론의 탈피이면서 단도직입적으로 말하면 순환론의 재등장이라고 말할 수 있다. 순환론이란 결국 최초의 원인이나 동일성이나 정체성을 전제하는 것이 아니라 실재(존재, 본질)는 모르지만 결국 자연의 순환처럼 차이가 있는 것들의 연장이나 반복, 변형, 복제 등 되풀이되는 것을 말한다.

이러한 순환론은 의식적인 것이라기보다는 무의식적인 것이고, 인위적인 것이라기보다는 자연적이고 본능적인 것이다. 순환론이란 대체로 남성적이고 가부장적인 특징이라기보다는 모계적이고 모성적인 특징을 우선하는 것이기도 하다. 그런데 순환론이라는 것은 차라리 이성주의가 철학의 중심에 들어서기 전에 인류가 공통적으로 누린 사고방식 또는 철학으로서 결코 낯선 것이 아니다. 예컨대 동양의 천지인 사상이나 음양론, 불교의 윤회사상, 도가의 무위자연주의 등은 그 대표적인 것이다.

2) 유시유종有始有終과 무시무종無始無終

세계는 시작과 끝이 있을까, 시작과 끝이 없을까. 근대 문명 이후 세계는 서구 기독교[81]와 이성주의의 영향으로 시작과 끝, 원인과 결과가 있는 것으로 해석되고, 그러한 해석 속에서 사물들은 운영해왔다. 그러나 이러한 유시유종有始有終의 관점은 이제 문명과 문화의 여러 곳에서 많은 문제점을

---

81 기독교 중에서 특히 신교protestant는 구교catholic의 '마리아'(어머니)를 지워버렸다는 점(신교를 구교와의 관계에서 특화하기 위해서)에서 '하느님 아버지'를 지워버린 마르크시즘과 대척점에 선다. 마르크시즘은 오히려 물질주의 때문에 여성성을 부활시킨 공로마저 있다. 마르크시즘은 페미니즘feminism으로 가는 길목에 있다. 물질주의materialism과 어머니주의motherism는 발음상으로도 통한다.

노출하면서 위기를 맞게 하고 있다. 인류는 유시유종의 관점에서만 살아온 것은 아니다. 도리어 근대 이전 훨씬 오래 전에는 도리어 무시무종無始無終의 관점, 순환론의 관점에서 세계를 운영해왔다.

무시무종은 『천부경天符經』[82]의 사상이다. 『천부경』에 대해서는 뒷장에서 상술될 예정이지만, 우선 고대 한민족을 비롯한 북방 민족의 원시 종교였던 샤머니즘shamanism의 최고 경전이다. 샤머니즘이라고 하면 흔히 현대 과학 문명의 시각에서 미신이라고 여기지만, 실은 그것을 뒷받침하는 '고도의 과학'(오늘날 철학적 혹은 과학적 관점의 세계와 통한다)이 존재하고 있었으며, 오늘의 우리는 단지 그것을 잃어버렸을 따름이다.

중국의 도가道家와 주역周易은 샤머니즘과 통한다. 『주역·계사繫辭상』에 보면 일음지위도一陰之謂道라는 말이 나온다.

"이 말은 매우 주의 깊게 음미해야 하는데, 문장 구조상 의미의 중심은 '도'에 있지 않고 '일음일양一陰一陽'에 있다. 고대 한문법에서 '지위之謂'는 설명되는 중심어를 앞에 둔다. 즉 '일음일양'이 '지위'가 가리키는 중심적 자리를 차지한다는 것이다. '일음일양지위도'는 결국 '도'를 설명하는 문장이 아

---

82 『천부경』은 81자로 된 한민족 최고 경전이다. 단군 시대 혹은 단군 시대 이전부터 내려오는 한민족의 경전이다. 『천부경』은 일시무시일一始無始一에서 시작하여 일종무종일一終無終一로 끝난다. 이로써 무시무종無始無終을 경전의 핵심 사상으로 하고 있다. 『천부경』은 흔히 삼일심고三一神誥, 참전계경參佺誡經과 함께 천부삼경이라고 한다. 『천부경天符經』의 핵심 구절 중 하나다. "사람 안에서 하늘과 땅이 하나이다."人中天地一라는 뜻이다. 천지인의 순환 사상으로 볼 때 천중인지일(天中人地一: 하늘 안에 사람과 땅이 하나이다), 지중천인일(地中天人一: 땅 안에 하늘과 사람이 하나이다)도 가능하다. 천부삼경은 구전으로 내려오다가 배달제국의 제1세인 거발한居發桓 환웅(BC 7199)이 신하인 신지神誌 혁덕赫德에게 명하여 글로써 남기게 하였다. 배달제국(BC 3898~ BC 2333)은 제18세 거불단居弗檀 환웅까지 1천 5백 65년 지속하였다. 거불단 환웅은 웅씨족熊氏族의 웅녀熊女와 결혼하여 왕검단군王儉檀君을 낳았다. 이것이 단군신화에서 환웅천황이 곰과 결혼한 것으로 설명되었다.

니라 '일음일양'을 설명하는 문장이 된다. '일음일양'하는 존재적 형식이나 운행을 '도'라고 부르는 것이지, 본체나 실체로서 존재하는 '도'가 '일음일양'하는 방식으로 구체적으로 실현된다거나 작동한다는 뜻이 아니다. (…) 노자의 기본 사상을 『주역·계사상』의 표현법대로 기술하면 '유무상생지위도有無相生之謂道'가 될 것이다. 이래서 노자에게도 '도'는 실제로 존재하는 것은 아니다."[83]

샤머니즘의 세계는 신들로 가득 차 있고, 이 신들은 기독교의 절대신과 달리 신물神物들의 관계적인 세계관을 가지고 있다. 이는 도가들의 '기의 관계적인 세계관'과 상통한다. 그래서 샤머니즘과 도교는 통하는 것이다.

서양의 기독교적 물신 숭배자들은 저들의 시각으로 샤머니즘을 보면서 '물신 숭배物神崇拜, fetishism'라고 평했다. 그러나 실은 샤머니즘이 물신 숭배가 아니라 서양인들이 물신 숭배인 것이다. 그래서 필자는 샤머니즘의 '신물 숭배神物崇拜'를 첫 철자를 대문자로 써서 'Fetishism'으로 명명했다.[84]

샤머니즘을 미신이라고 하는 것은 서구의 '시각+이성' 문화의 편견이다. 샤머니즘을 회복하기 위해서는 동양의 '청각+감성(느낌, 이미지)'의 문화가 복원되어야 가능할 것이다. 아무튼 샤머니즘은 애니미즘animism은 물론이고 '인간의 자연동형론physiomorphism'에 기초한다. 신인동형론神人同形論은 그동안 미신처럼 버려졌다가 도리어 최첨단의 물리학 시대에 다시 관심을 불러일으키고 있다. 신인동형론은 '입자(중력)물

---

83   최진석, 『저것을 버리고 이것을』, 123~124쪽, 2014, 소나무.
84   박정진, 『굿으로 보는 백남준 비디오아트 읽기』, 274~275쪽, 2010, 한국학술정보.

리학'보다 '파동(전파전자)물리학'과 친연성을 보인다.

파동은 주체가 없는 세계다. 파동적 관점에서 보면 이른 바 접신이라는 것과 탈혼脫魂과 영혼의 이동과 바뀜, 그리고 빙의빙신憑依憑神이 가능해진다. 탈혼은 감각의 입장에서 보면 감각으로부터 멀어지거나 단절됨(이것은 순수한 언어일 수도 있다)을 이렇게 표현했을 수도 있다. 죽음이라는 한계 상황을 벗어날 수 없는 인간이 상상계와 언어의 만남을 통해 이승에 반대되는 저승을 만들어내고, 이를 통해 자신을 위로하고, 자신에게 대화를 시도한 것일 수도 있다. 초월은 상상계의 작품이다.

이것은 실은 음양의 프랙탈Fractal 85 패턴pattern일 수도 있다. 음양 사상은 결국 세계를 요철凹凸이나 파동의 세계로 보는 것이고, 파동의 세계는 소리의 세계다. 음양 사상은 반드시 실체를 가진 것이 아니라 그야말로 실체가 없는 기운생동氣運生動을 말한다.

음양 사상이 오늘날 서양 철학이나 과학의 영향으로 실체론으로 둔갑해서 전개되기도 하지만, 음양 사상은 어디까지나 논의하고자 하는 대상의 개체성이 아니라 전체성을 바탕으로 인간이나 세계를 해석하는 것이다.

니체의 '힘에의 의지'와 동양의 '기운생동'은 다르다. 힘에

---

85 프랙탈fractal은 일부 작은 조각이 전체와 비슷한 기하학적 형태를 말한다. 이런 특징을 자기 유사성이라고 하며, 다시 말해 자기 유사성을 갖는 기하학적 구조를 프랙탈 구조라고 한다. 브누아 만델브로가 처음으로 쓴 단어로, 어원은 조각났다는 뜻의 라틴어 형용사 'fractus'이다. 프랙탈 구조는 자연물에서 뿐 아니라 수학적 분석, 생태학적 계산, 위상 공간에 나타나는 운동 모형 등 곳곳에서도 발견되어 자연이 가지는 기본적인 구조다. 불규칙하며 혼란스러워 보이는 현상을 배후에서 지배하는 규칙도 찾아낼 수 있다. 복잡성의 과학은 이제까지의 과학이 이해하지 못했던 불규칙적인 자연의 복잡성을 연구하여 그 안의 숨은 질서를 찾아내는 학문으로, 복잡성의 과학을 대표하는 카오스에도 프랙탈로 표현될 수 있는 질서가 나타난다.(위키백과)

의 의지는 실체를 바탕으로 하는 반면, 기운생동은 비실체를 바탕으로 하는 일종의 '의기意氣의 세계관'이라고 말할 수 있다. 우리는 니체의 '힘에의 의지'가 근대 서양 철학의 출발이었던 자연과학적인 힘에로의 복귀로 볼 수는 없을까. 니체는 물론 힘에 포함되는 권력을 해체함으로써 도덕이 지배의 원리에 봉사했음을 밝혔으며, 이를 주인의 도덕과 노예의 도덕으로 개념화했지만, 그는 힘과 실체의 신봉자로 돌아갔음을 기억할 필요가 있다.

니체의 의지는 '힘의 증대'라는 하나의 방향을 잡고 있는 의식적·의미적이라면, 기운생동은 일정한 방향성이 없는, 사방으로 운동하는 무의식적·무의미적인 특징이 있다.

의지는 실체적이고, 의기는 비실체적이다. 의지는 인간의 신체와 현재라는 시간이 없으면 성립되지 않는다. 시간의 성립 과정을 보면 현재라는 시간을 만들고 현재를 경계로 과거와 미래를 만들고, 그러한 현재를 만드는 이분법을 모델로 하여 사물을 바라보고 정리한 것이 인간의 인식이라는 건축물이다.

그러나 의기는 우주적 기운생동의 일부로서 인간을 바라보는 세계관의 소산이다. 이때의 일부라는 것도 실체를 가진 한정적 존재로서의 인간이 아니라 부분과 전체가 하나인, 그런 유기체적인 세계에 편입되는 개체다. 의기적 인간은 거대한 우주 유기체에 편입된다.

의기는 인간의 신체에 한정되는 것이 아니라 우주 전체로 확산될 수 있으며, 시간이라는 틀을 넘을 수도 있다. 우주에도 마음이 있을 수 있으며, 그것은 살아 있는 기운으로 나타나기 때문에 시간에 구속되지도 않는다. 다시 말하면 의기는 인간이 지구상에 등장하지 않았을 때도 가능성으로 배려된다.

음양 사상은 결국 전기에 비유된다. 음양은 서로 호근互根: 서로의 뿌리가 되다 하고 있고, 만물의 운행하는 힘은 기氣, 음양이기陰陽二氣에서 비롯되며 오늘날의 개념으로 보면 전기電氣다. 운동과 작용의 궁극은 결국 전기다. 전기가 없으면 작용이 일어나지 않는다.

"만물은 자체가 생생하기 위하여 반드시 어떤 형태로든지 조직체가 있고, 그 조직체에는 반드시 운동력이 있어 그 조직체를 유지하는 것으로 본다. 천지간의 만물은 모두 지地의 형질에 뿌리를 두고, 지의 형질은 천天의 인력引力에 근거한다. 천의 인력은 기가 유행하는 것을 말하고 지의 형질은 정精이 응주凝做함을 말한다. 그러므로 천지 사이에 생생하는 만물은 모두 천의 기와 지의 정을 취하여 이루어진 것이라 할 수 있다. 『주역』, 『계사』에 '정과 기가 물이 된다.' 함은 이를 말한 것이다. 정이라 함은 만물의 형체를 조직하는 본질로서 수화水火의 정을 말하고, 기라 함은 만물의 운행하는 힘으로서 곧 전기電氣의 기를 말한다. 정은 승수承受, 포함包含, 수장收藏, 응취凝聚 등의 음성 작용을 행한다. 그리고 기는 발시發施, 유행流行, 출현出現, 고동鼓動 등 양성 작용을 행한다. 그러므로 만물을 조직한 정기精氣의 두 작용은 음양의 대대待對를 말한다."[86]

음양陰陽은 정기精氣가 되고, 기氣는 전기電氣를 말하고, 전기는 플러스+와 마이너스-가 있다. 결국 전기 작용이 운동의 원천

86 이은봉, 『중국 고대 사상의 원형을 찾아서』, 소나무, 2003, 61쪽.

이 되는 셈이다. 세계는 잠시도 움직이지 않은 적이 없다. 그래서 동動이 먼저다. 동動이 있은 후에 정靜이 있다.

천지창조와 천지개벽은 다른 말로 유시유종과 무시무종이라고 말할 수 있다. 유시유종과 무시무종도 실은 인간의 대칭적(혹은 대립적) 관점의 소산이다. 그런데 유시유종은 무시무종을 포함하지 못해도 무시무종은 유시유종을 포함할 수 있다. 유시유종은 무시무종에서 솟아난 것이다. 무시무종이기 때문에 인간이란 생물 종이 지구상에서 출현하여 스스로 인간 중심으로 유시유종을 부르짖어도 그것을 받아주는 것이다. 그러한 점에서 무無는 유有의 어머니다.

세계는 움직임, 동이 먼저고, 멈춤, 정은 그 다음이다. 세계는 열려 있음Open: 열린계이 먼저고, 닫힘Close: 닫힌계은 그 다음이다. 이는 주체(실체)가 없음이 먼저라는 뜻이다. 양자는 물론 선후 관계는 아니다. 동시적 관계다. 단지 개념의 차원에서 '동과 열림'을 우선한다는 뜻이다. '동과 열림'의 정지된 차원이 '정과 닫힘'이라는 뜻이다. 언어와 사물은 '정과 닫힘'의 것이고, 기운氣運과 생동生動은 '동과 열림'의 것이다. [87]

유시유종, 시작과 끝 사이, 대칭되는 것의 중간 경계 영역에 애매모호함이나 이중성이 숨어 있는 것은 실은 무시무종의 흔적이다. 바로 틈에서 대칭되는 것의 두 세계가 방향을 달리하면서 엇갈리는 것이다. 그러나 그 경계 영역은 태극이면서 음양이다. 이 말은 일원적이면서 이원적이라고 말할 수도 있고, 이원적이면서 일원적이라고도 말할 수 있다. 그 흔적과 틈(분열)에는 일과 이의 역동성이 존재하는 것이다. 순환하는 것 사이의 양극은 언제나 상대의 요소를 지닌다.

87 박정진,『한국 문화와 예술인류학』, 미래문화사, 1990, 91~106쪽.

이 역동성은 때로는 혼란일 수도 있고, 때로는 질서일 수도 있다. 일종의 카오스모스Chaosmos다. 앞으로 전개되는 주장들은 때로는 난삽하고 때로는 간단할 수 있지만, 실은 아래의 도식을 참고하면 큰 도움을 받을 것이다. 이 도식의 대칭 사이에 애매모호함이나 이중성이 있다. 경계 지점에서는 항상 애매모호함과 이중성이 숨어 있고, 바로 이중성 때문에 세계는 모순이 아니라 하나가 된다. 그런 점에서 모순이라는 말은 인간의 생각, 합리성을 기준으로 하는 철학이 만들어낸 것이다.

세계는 모순이 아니다. 모순이라는 것은 가역하는 세계에 대한 부정을 뜻하는 것이다. 모순은 평면적(직선적) 사고의 결과다. 세계는 미궁迷宮[88]이다. 미궁이라는 것은 미로迷路가 아니다. 미궁은 끝없는 길이며, 답이 없는 길이며, 그 끝없음이 진리의 길이다. 미궁迷宮은 자궁子宮이다. 세계는 모순이 아니라 서로 교대交代, 交差, 交換, 交配하면서 움직이는 것이다. 교대交代의 가장 극적인 것이 교배交配다. 교배는 동양의 음양론을 서양의 현대 철학적 맥락, 즉 구조주의-해체주의의 입장에서 새롭게 재해석한 것이라고 볼 수 있다.

이 책을 전개해나감에 있어서 "존재는 이중적이다."라는 말을 화두로 삼고자 한다. 하이데거의 말에 따르면 존재와 존재자는 다르다. "하이데거는 서양 철학사가 플라톤Platon 이래로 존재에 대한 물음을 망각하고, 존재자적인 사고방식에 철학이 거의 몰입되어 왔었다는 것을 지적한다."[89] 서

---

88 박정진, 『불교인류학』, 2007, 89~116쪽, 불교춘추사.

89 김형효, 「존재론적 사고방식과 老佛사상」, 『동양 철학의 재인식』(한국 동양철학회 2010 국제학술대회: 2010년 11월 5~6일, 연세대 장기원국제

양 철학이 그동안 존재자를 존재라고 생각한 것을 안 것은 하이데거가 존재자의 밖에서 존재자를 본 때문이다. 그래서 밖에서 본다는 것은 매우 중요하다.

필자는 이러한 철학적 상황에 대해 "존재는 존재의 방식으로 존재자를 말하고, 존재자는 존재자의 방식으로 존재를 말한다."라고 덧붙이고 싶다. 존재는 철학의 전개에 있어서도 이중적이지 않을 수 없다. 서양 철학에서 존재와 존재자의 혼란은 동양 철학에서도 비슷한 예가 있다. 동양 철학의 태극과 음양 사상을 보면 태극은 존재자적인 성격이 있는 반면, 음양은 존재적이다. 그러나 동양의 태극은 서양의 동일성을 나타내는 일자一者와는 다르다. 음양이 역동하지 않는 태극은 없기 때문이다.[90]

동양의 태극사상은 서양의 일자와는 다르다. 도리어 태극사상은 그 속에 역동성을 내포하기 때문에 보편성의 추상적인 일자라기보다는 일반성의 구체적인 포일성抱一性·재일성齊物性에 가깝다.

'태양계의 가족'인 인간이 태양의 아래에 살면서 음양陰陽사상을 발견하였다는 것은 놀라운 일이다. 태양을 중심으로 하였다면 양음陽陰사상이 되어야 했을 터인데 음양이라고 한 것은 놀라운 직관력이라고 하지 않을 수 없다.

음양 사상이 오늘날로 말하면 존재자의 철학이 되지 않고, 존재의 철학이 된 것은 바로 음을 앞세운 음양 사상에 그 근

회의실), 14쪽, 2010, 한국동양철학회.

90 존재감存在感이라는 말이 있다. 존재를 관념적이나 개념적으로 아는 것이 아니라 몸으로 느끼는 것을 말한다. 존재는 존재감에 가깝다. 존재자는 개념적이고 관념적인 존재의 명사형이다.

거가 있는 것이다. 음양 사상은 음에서 양이 솟아나는 것으로 보는 것이다. 이것은 빛의 사상이라고 말할 수 있는 서양에 비해 그림자의 사상이라고 말할 수 있다.

더 정확하게는 음양 사상은 빛-그림자의 차원을 벗어난, 생성(생멸)하는 존재의 진면목을 음양이라는 용어로 표현한 것이라고 할 수 있다. 자연의 입장에서 볼 때 죽음은 자연의 평등이고, 삶은 자연의 자유고, 생멸은 자연의 철학이다. 자연 이상의 것은 아무것도 없다. 인간이 말하는 모든 것은 자연의 유비일 뿐이다.

독일관념론의 완성자인 헤겔은 절대 정신^{Geist}을 주장함으로써 인간을 신의 지위에 올려놓았다. 그의 역사 철학은 역동성을 중시하였지만, 주인과 노예의 변증법에서 자연을 직접 접하면서 노동을 하는 노예에게 최종적인 주인의 자리를 내줌으로써 정신을 평가절하하는 자기 모순에 빠졌다. 마르크스의 유물론과 노동가치설은 인간의 징신 활동을 폄하하고 육체 노동을 상위에 두는 사회의 전복(혁명)에 다름 아니다. 공교롭게도 유물론은 헤겔의 유심론에서 배태된 것이라고 볼 수 있다.

니체는 인류 문명의 분석을 통해 욕망과 지배 의지, 즉 힘(권력)에의 의지를 발견하였지만 그 의지에 따른 권력 경쟁의 결과 끝없이 계속되는 전쟁과 정복과 갈등의 해결 방안을 제시하지 못하였다. 그는 '주권적 개인'을 통해 주인의 도덕과 노예의 도덕을 주장하였지만, 국가를 운명하지 않을 수 없는 인류에게 평화와 행복에 도달하는 어떤 대안도 제시하지 못하였다. 그의 주장에 따르면 결국 힘의 증대를 꾀하는 모든 권력 경쟁이 정당화되는 모순에 빠지게 된다.

서양 문명은 결국 자연의 생성을 존재로 해석한 문명적 특징을 보인다. 부연 설명하면 존재마저도 결국은 '사유-존재'로 혹은 '사유-기계'로 만든 문명이다.[91] 니체의 힘은 결국 자연과학의 힘과 다를 바가 없다. 니체의 '힘에의 의지'를 두고 '권력의 의지'로 해석할 것이냐, '힘에의 의지'로 해석할 것이냐, 양파가 갈라져 있지만, 전혀 싸울 것이 없다.

그 힘은 인문사회과학의 영역에서는 '권력의 의지'로 말하는 것이 더 적합하다고 할 수 있고, 굳이 자연과학의 물리의 세계를 함께 포함해서 말하고 싶으면 '힘에의 의지'가 더 포괄적이라는 점에서 적합할 것이다. 어느 것이 더 맞느냐고 싸울 일이 아니다.

데카르트	나는 생각한다	고로 존재한다(사유 존재)
스피노자	어떤 것에도 의존하지 않는 실체	실체의 속성을 가진 양태 (능산-소산)
칸트	개념 없는 직관은 맹목이다	직관 없는 개념은 허망하다
헤겔	이성적인 것은 현실적인 것이다	현실적인 것은 이성적인 것이다
니체	신은 죽었다 (낙타, 사자, 어린아이)	힘에의 의지 (주인의 도덕/노예의 도덕)
들뢰즈	기관 없는 신체(유물)	신체 없는 기관(기계)

* 생성을 존재로 잡고자 하는 서양 철학과 문명, 그리고 과학과 기독교

〈서양 철학사에서 니체의 위치〉

91 박정진, 〈박정진의 인류학토크 123〉, 마로니에 방송, YouTube.

니체를 종합적으로 말하면 결국 하이데거의 말대로 '서양 형이상학의 완성자(종결자)'라고 말할 수도 있겠지만, 동양의 도학의 입장에서 보면 '실패한 부처'라고 할 수 있다.

니체를 극복하기 위해서는 진정한 생성생멸에 도달하여야 한다. 다시 말하면 서양의 가짜 생성론인 생기존재론으로는 여기에 도달할 수 없다. 서양 철학으로는 결코 생성론에 도달할 수 없다. 존재는 서양 철학의 알파요, 오메가다. 존재를 넘어서 생성생멸을 마음의 불안과 공포 없이, 아무런 죄의식 없이 받아들여야 존재의 진면목인 생성에 도달할 수 있다. 생성은 어떠한 말로도 잡을 수 없고, 결코 대상으로서 분석되고 해석되고 설명될 수 없는 어떤 존재some-being다. 존재는 존재사물being-thing이 아니라 존재사건being-event이다.

니체를 극복하려면『천부경』의 무시무종無始無終에 도달하여야 한다. 무시무종을 현대 철학적으로 말하자면 무시무공無時無空이다. 서양 철학의 초월은 시간이 전제되어야 하지만 무시무공은 시간이 없는 태초의 혼돈Kaos을 의미한다. 혼돈은 질서의 반대인 무질서가 아니라 질서 이전의 무無, 공空, 허虛, 기氣, 생멸生滅을 의미한다. 이들은 진정한 '하나The one'다. 그런 점에서 환유적 하나가 아니고, 은유적 하나다. 이것은 철학적 의미 맥락의 하나가 아니고, 시적 의미의 하나다.

시적 의미를 문화적으로 말하면 예술적 하나다. 세계는 스스로 예술적 창조를 하는 하나다. 예술적 하나는 진리적 하나, 도덕의 하나와는 다른 존재 그 자체의 하나다.

2. 들뢰즈의 욕망과 도착, 기계주의
― 세계 전체를 물질과 기계로 본 대뇌적 환상의 미로

1. 들뢰즈의 현대 철학적 의미와 반성

  오늘날 한국 문학과 철학 등 지성계에서 들뢰즈^{Gilles Deleuze,} ^{1925~1925} 만큼 자주 거론되는 철학자는 없을 것이다. 말하자면 들뢰즈의 시대다. 들뢰즈만큼 철학적 폭이 넓고 깊이가 있는 철학자도 없을 것이다. 그래서 일찍이 미셸 푸코는 '들뢰즈의 시대'를 점치기도 했다. 무엇보다도 그는 서양 문명에 대한 진단을 서양 철학적 전통 위에서 수립된 용어로서 말하는 데에 탁월하다. 들뢰즈의 말처럼 철학이 사건인 이유는 누구보다 그에게서 잘 발견된다.

  들뢰즈는 한마디로 철학으로 사건을 일으킬 줄 아는 철학자다. 사르트르 이후 생전에 그만큼 철학을 문화의 유행으로까지 전염되게 한 철학자도 드물 것이다. 들뢰즈가 오늘날 서양 철학의 대변자로 군림하게 된 업적은 영국의 경험론과 대륙의 관념론을 통합한 칸트에 필적할 만하다. 칸트가 근대 서양 철학의 시작에 있는 인물이라면 들뢰즈는 종말에 있는 점이 다르다. 그렇기 때문에 만약 서양 철학에 어떤 종말적 분위기나 철학적 질병이 도사리고 있다면 들뢰즈보다 더 질병의 한복판에 있는 철학자도 없을 것이다. 그는 화려한 스포트라이트와 함께 맹렬한 비난도 동시에 받아야 마땅하다.

들뢰즈는 서양 철학의 족보로 말하면 그의 할아버지뻘 되는 스피노자나 아버지뻘 되는 니체[F. W. Nietzsche, 1844~ 1900]를 넘어서는 것은 물론이고, 철학의 성격은 다르지만 20세기를 함께 살고 시대정신을 함께 한 자크 데리다[Jacques Derrida, 1930~ 2004]를 압도할 정도로 철학을 장악한다. 그렇기 때문일까, 한국의 이른바 지성계는 들뢰즈를 거론하지 않으면 글을 쓰지 못할 정도로 평론가나 교수나 학자들은 너도나도 그를 거론하거나 인용하면서 글을 쓰고 생업을 이어간다.

사대주의-식민주의, 외래 문화 유행병, 세계의 통과 문화[passage culture]를 자처하거나 증명하고 있는 주체성 없는 한국의 문화 권력, 지식 권력 엘리트들을 나무라기에는 우리의 근대 문화적 축적과 토양이 아직 너무 얄팍하고 척박한 것을 한탄해야만 하는 것인가?

한국 문화의 이런 상황을 어떻게 표현하면 적확할까. 서양 문화의 앵무새도 아니고, 실험용 쥐도 아니고, 원숭이도 아니고, 인공지능[AI]도 아닌데 마치 꼭 그런 것 같은 분위기는 웬 말인가. 이런 것을 두고 문화적 사대주의 혹은 모방주의 혹은 기술주의라고 하면 좀 고상해지는 것 같다. 한국 문화는 서양의 철학자들이나 그들의 책들을 경전처럼 모시는 사교 집단처럼 느껴진다. 서양의 대가들은 고사하고 서양의 소가들과도 경쟁하는 대결적 사고를 하는 이도 없다. 그러니 한국의 자생 철학이 생길 수가 없다. 숫제 스스로 사유하기를 포기한 사람들 같다.

부끄러움도 없이 남의 사유를 자신의 사유처럼 대놓고 대변하면서 모창 가수처럼 행세하는 식자들을 보면 우선 절망이 앞선다. 만약 우리의 기업가들이 우리의 지식인들처럼 수입상이나 보세 가공업자처럼 살았다면 오늘날의 산업화와 경제적 부와 국민 소득은 없을 것이다. 그런 점에서 산업화를 평가절하하면서 자신의 외래종속적 지식을 팔고 다니면서 그것을 과대평가하는 사이비-사대주의적 지식인들의 자태를 보면 이 땅에서 스스로 사유하는 자들이 오갈 데 없는 신세가 되는 것은 너무도 당연한 일이다. 제 역할을 하지 않으면서 밥통, 철밥통만 사수하는 무리들을 보면 데카당스에 빠지지 않을 수 없다.

이 땅에 사는 자들이 모두 자신이 유학한 나라 혹은 자신이 섬기는 나라를 마치 자신의 나라, 고국인 양 생각하니 이를 두고 '사유의 노예'라고 말해도 틀리지 않을 것이다. 백번 양보해서 공부했다고 하더라도 공부 다 한 뒤에 철학이 저절로 형성되는 것도 아니니 변명이라고 할 수밖에 없다. 지금도 많은 문사철文史哲에 종사하는 사람들은 그들의 생각을 이 땅에서 증명하거나 그들의 추종자인 게 자랑스러운 위인들로 채워졌다. 간혹 드물게도 서양 철학에 정통한 자들마저도 제 철학은 하지 않고, 철학 공부만으로 스스로 대견한 듯 위세를 과시하고 있다.

한국 문화는 과학기술주의 시대에 전반적으로 인문기술주의에 빠져 있다. 이것은 자연과학이든 인문사회학이든 모두 기초가 부실함을 말하고, 심하게는 오리지낼리티를 가진 것이 하나도 없음을 말한다. 우리는 한번도 서양 문명, 거슬러서 중국 문명을 판단, 정지해본 적이 없으니 오리진이 될 수 없음은 물론이다. 기존의 전통을 모두 지워버리고 백지에서 철학과 역사와 문학을 건설해본 경험이 없으니, 해볼 엄두를 내지 못하고 있으니 문화적 독립은 언감생심이다. 참고로 일본은 다소 부족하기는 하지만, 이미 백 년 전에 대한제국을 강제병합(경술국치)할 때 그것을 달성했다는 사실을 알아야 할 것이다. 서론이 너무 길었다. 바로 본론에 들어가자.

들뢰즈의 철학은 오늘날 '기관 없는 신체body of without organs'라는 말에서, 그리고 '차이 그 자체와 반복'라는 말로써 그의 철학을 대변한다. 좀 더 들어가면 리좀(뿌리줄기) 혹은 욕망기계, 전쟁기계, 노마드nomad, 다양체이론, 머시니즘machinism 등으로 소개된다. 난삽하기 짝이 없는 그의 철학은 실은 서양 철학에서 인류학적 지식, 언어학 혹은 심리학적·정신분석학적 지식을 철학에 동원하고 있다. 따라서 서양 철학사 전체를 관통하지 않으면 이해할 수 없는 지식의 방대함에 놀랄 수밖에 없고, 그의 그럴 듯한 수사학에 속을 수밖에 없다. 이는 마치 정신병자가 치밀하게 전개하는 장광설과 같다.

필자가 들뢰즈의 철학적 위상을 한마디로 요약하면 다음과 같다.

"데카르트의 코기토와 스피노자의 윤리학, 그리고 뉴턴의 자연과학과 라이프니츠의 미적분학의 발견 이후 거기에 걸맞은 철학을 수립하기 위해 몸부림쳤던 서구 철학은 칸트의 도덕 철학을 거치지만, 결국 자연과학의 발전과 더불어 유물론-기계신을 숭배(물신 숭배)하는 대장정에 들어가지 않을 수 없었다. 형이상학에서 출발한 서구 철학은 자연과학적 환원의 위세(소용돌이)에 말려들어가 도로 형이하학(물리학)으로 돌아오는 것으로 끝을 맺었다(형이상학의 완성 혹은 종결). 들뢰즈의 머시니즘은 바로 자연과 인간의 평균화와 기계화를 철학적으로 수용하는 것이 다름 아니다. 그의 안티오이디푸스콤플렉스마저도 가족 안에 갇힌 콤플렉스를 사회 전반으로 확산한 것에 지나지 않는다. 그래서 정작 내용은 안티오이티푸스가 아니다. 서양 철학은 존재를 현상으로 대체한 이래 존재는 이데아가 되었고, 그 이데아는 이성으로, 이성은 오늘날 과학기술 시대를 이끌고 있다. 들뢰즈의 머시니즘은 다시 현상(물리적 현상=기계)을 존재로 착각한 철학적 일대 도착사건이다."(박정진)

근대 철학은 칸트에 의해 종합되긴 했지만, 이미 과학적 진리와 궤를 같이하는 혹은 과학적 진리를 지지하는 철학으로서 철학을 과학 세계에 맞추는 동시에 인간의 도덕(자유)을 확보한 철학이었다. 칸트의 이성의 내에서의 신은 바로 인간신 혹은 과학신 혹은 기계신을 예비했는지도 모른다. 칸트가 현상학을 위해 물자체를 철학적 논의에서 제외한 것은 이미 철학의 과학에의 종속을 의미하는 것이었다. 이는 존재(자연적 존재)를 인식(초월적 주관, 제도적 존재자) 안으로 집어넣은 첫 걸음이었다.

플라톤 이후 서양 철학의 일관된 특징은 자연의 생성becoming을 고정 불변의 이데아idea 혹은 존재being로 환원하는 것으로 나타난다. 서양 철학에서는 주체이든, 대상이든 모두 같은 존재(실체)다. 이것이 바로 서양 철학의 현상학적 특징이다. 그렇지만 자연은 실체가 없는 생성, 변화무쌍한 존재다. 자연의 같음과 다름은 서양 철학의 동일성과 차이성의 그것과는 다르다. 직관과 통찰을 위주로 하는 동양 철학의 음양론과 추론가 가설을 통해 동일성을 추구하는 서양 철학은 근본적으로 다르다.

아래 도표는 서양 철학의 이데아에서 유물-기계론까지의 철학적 여정을 요약한 것이다. 어떻게 보면 오늘의 들뢰즈의 철학을 예약했다고 볼 수 있다. 특히 들뢰즈에 결정적인 영향을 미친 스피노자, 헤겔, 마르크스, 니체는 빼놓을 수 없다. 들뢰즈는 스피노자의 범신적 유물론과 코나투스, 니체의 힘의 의지를 계승한 측면이 강하다. 들뢰즈는 니체의 계승자다.

이념 (이데아)	칸트 (이성)	헤겔 (정신)	헤겔/ 마르크스	스피노 자/ 니체	데리다/ 들뢰즈	박정진 소리 철학
영혼	주관적 무제약자	주관적 절대	유심론/ 유물론	실체- 양태/ 힘의 의지	해체주의	정령숭배
세계	객관적 무제약자	객관적 절대	절대 정신/ 유물사관	코나투스/ 복수複數의 힘	머시니즘	본래 존재
신	주객관적 무제약자	주객관적 절대	절대국가/ 무신론	범신적 유물론/ 초인	물신주의	만물만신

이데아에서 관념적 유물론- 물신적 기계주의까지

〈이데아에서 기계까지〉

현상할 수 있는 것만 토론하고자 했던 칸트는 현상과 물자체를 구분하였다. 칸트는 도덕적 영역(자유)을 확보하기 위해 이론적 영역(현상)에 제한을 가하였다. 순수이성을 주장한 칸트는 순수이성에서 미진한 선의 문제를 실천이성을 통해 실현하고자 했다. 그래서 이성주의자였지만 선의지를 주장했다. 칸트도 의지를 알고 있었던 셈이다. 의지는 현상학적이면서도 존재론적인 양가성을 지닌다. 그래서 의지는 쇼펜하우어(의지와 표상으로서의 세계)와 니체(힘에의 의지)로 계승되었다.

칸트는 현상할 수 없는 것으로 영혼(주관적 무제약자), 세계(객관적 무제약자), 신(주객관적 무제약자)을 무제약자(이념)로 규정했다. 이는 헤겔에 이르러 주제약자는 절대로 둔갑했다. 헤겔의 절대 정신을 유물론(절대물질)으로 뒤집은 마르크스는 신과 결별하고 무신론을 주장했다. 헤겔은 신의 나라 대신에 지상에서의 절대국가(법의 정신)를 주장하지만, 마르크스는 계급 투쟁을 주장하면서 국가를 부정하게 된다(이것이 나중에 코민테른이 된다).

니체, 하이데거, 들뢰즈 등 서양 철학자 가운데 현상학계열의 존재론자들은 모두 생기적-생성적 존재론을 주장하지만, 결국 현상학적인 실체가 있는 존재(존재자)로 돌아가기 마련이다. 그것은 바로 현상학적인 환원의 문제와 결부되어 있다. 현상학적인 환원(후설의 환원)을 하든, 현상학적인 회귀(니체의 영원 회귀)를 하든 이들은 모두 존재를 현상학적인 차원에서 설명하는 것으로 돌아가고 만다. 하이데거조차도 존재론에 가장 가깝게 들어선 것 같지만, 현상학의 언덕에서 존재의 세계를 바라보는 태도를 취하고 있다.

현상학 계열의 철학자가 설사 언표적으로 차이성을 주장한다고 해도 그 속에는 항상 동일성을 숨기고 있다. 요컨대 니체의 힘과 영원 회귀를 비롯해서 들뢰즈의 기계라든가, 데리다의 텍스트라는 개념은 동일성이 전제되지 않고는 불가능한 개념이다. 하이데거조차도 존재론과 현상학의 경계에 있긴 하지만 시간에 매달려 있다는 점에서 예외는 아니다.

서양 철학의 현상학은 '주체-대상(사물)'의 패러다임 때문에 자연(존재)을 사물로 본다. 자연을 사물로 볼 경우에는 항상 고정 불변의 존재idea, logos, reason를 전제하고 있다. 필자는 이를 두고 처음으로 4T로 명명한 바 있다.[92] 4T는 바로 사물thing, 시간time-space, 텍스트text, 기술technology을 의미한다. 하이데거가 존재를 존재사건Ereignis으로 주장한 까닭도 자연의 사건event을 고정 불변의 존재thing=being로 바꾸어버리는 서양 철학에 반기를 들고자 한 때문이다.

하이데거는 종래의 존재(현상학적 존재)를 존재자로 바꾸고, 자신의 존재론ontology에 생성의 의미를 집어넣는 작업을 통해 그의 특유의 '생기존재론'을 완성한다. 이것은 니체의 생기존재론과 다르긴 하지만, 역시 서양 철학의 초월론을 벗어나지 못하는 점에서는 같다.

---

92 박정진, 『평화는 동방으로부터』, 2016, 246~252쪽, 행복한에너지.

서양 철학의 현상학과 4T, 동일성				
현상학	들뢰즈	데리다	하이데거	니체
주체- 대상thing	기계주의- 기계technology	해체주의- 텍스트text	존재- 시간time	힘과 영원 회귀 (순간의 영원)

〈서양 철학과 4T〉

현상학은 항상 대립적인 것을 상정하지만, 경계 지점에 이르러서는 서로 지우는(부정하는) 관계에 있게 된다. 요컨대 대립적인 것은 시공時空, 선후先後, 상하上下, 좌우左右, 내외內外, 유무有無, 주객主客, 본질-존재 등 이루 헤아릴 수 없다. 이 개념들은 서로를 존재케 하는 것이지만, 동시에 서로를 지우는 역할도 한다. 어떤 점에서 우리가 이름 붙인 모든 것은 전부 상대적인 것이고, 상대적인 것들로 성립되어 있고, 그렇기 때문에 그 성립을 지울 수도 있는 것이다.

현상학적 세계는 이분법에 의해 구성되어 있고, 그러한 구성으로 대립된 세계는 항상 스스로 교차 왕래하지 않으면 안 된다. 요컨대 유무 관계를 예로 들면 유는 항상 무와 서로 가역하면서 무한대로 나아가지 않으면 안 된다. 유무가 아닌 다른 대립된 것들도 마찬가지다. 글쓰기를 예로 들더라도 완성은 미완성이고 미완성은 또한 완성이다. 그래서 끝없는 글쓰기를 하지 않을 수 없다. 인간의 삶 자체가 현상학적으로 보면 그렇다. 신을 예로 들더라도 신은 항상 내재해 있다가도 외재하고, 외재해 있다가도 내재한다. 안과 밖을 시시각각 왕래하는 것이다.

서양 철학사를 보면 그 시대정신을 개념으로 잡는 철학적 유행(표현형)은 바뀌는데 내용에 있어서 현상학을 추구한다는 점에서는 같다. 철학은 쉽게 말하면 진선미眞善美를 찾는 것이다. 이것을 인류 문화사의 관점에서 보면 진리眞理, 길道, 道德, 생명生命으로 바꾸어 설명할 수도 있다.

칸트가 이성을 중심으로 철학을 전개하였다면 니체는 의지를 중심으로 전개하였다. 하이데거는 시간을 중심으로 전개하였고, 들뢰즈는 공간을 중심으로 전개하였다. 철학적 유행이 바뀔 때마다 요란을 떨고 있지만, 실은 모두 현상학이다. 하이데거는 이를 존재사적으로 설명하였지만, 쉽게 말하면 모두 현상학의 범주에 있다. 그래서 하이데거가 존재사를 운운한 것은 그가 현상학의 밖에 있으면서 왕래하였기 때문이다. 현상학이란 변하는 존재 속에서 변하지 않은 고정 불변의 존재가 있다고 가정한 것 때문에 발생한 철학적 사건, 더 정확하게는 철학의 모순적 사건에 불과하다. 그렇지만 이들은 모두 뉴턴 역학, 즉 힘을 배경으로 깔고 있다.

현상학은 결국 실체實體: substance, identity, reality, 동일성를 찾는, 눈앞에 있음이라는 현전現前을 기초로 성립된 '눈目의 철학' 계열이라고 말할 수 있다.[93] 이것은 물론 과학으로 연결된다.

---

93 박정진, 〈박정진의 인류학토크 117〉, 마로니에 방송, YouTube.

현상학	눈에 보이는 것(사물)이 존재다	눈의 철학(앎의 철학)
도학	모든 존재는 각자 제 길을 가고 있다	길의 철학(삶의 철학)
존재론	모든 존재는 본래 하나다	귀의 철학(공존의 철학)

〈현상학, 도학, 존재론〉

현상학의 끝없이 나아감, 즉 정반합正反合을 비롯해서 지志向, 차연差延, 차이와 복제라는 것들은 모두 서로 다른 관점과 각도에서 전개한 현상학에 지나지 않는다. 여기에는 모두 유무의 왕래라는 문제를 내포한다. 고정 불변의 실체가 없는 존재세계를 상대로 그것을 가정해서 해석하니 결국 유무-선후-상하-좌우-내외가 서로 부정할 수밖에 없고, 엎치락뒤치락할 수밖에 없는 셈이다.

서양 철학(현상학)의 통시적·공시적 구조

진리/길/생명	진리	길道, 道德	생명生命
인간	과학적 인간 참됨	도덕적 인간 착함	존재적 인간 참함
칸트 (이성, 양심)	진眞理	선(선의지)倫理	미(취미)美惡
니체 (의지, 존재=현상)	힘에의 의지 (힘과 권력)	도덕의 계보학 주인/노예 도덕	아모르파티 (운명애)
하이데거 (존재와 시간)	과거 (공간의 시간화)	현재(현존재)/ 현재완료, 현재진행	미래 (존재가능성)

들뢰즈 (공간, 차이와 반복)	영토화/기계화 (시간의 공간화)	탈영토화/-되기	재영토화 리좀학
뉴턴(힘) (힘, 시공간=현상)	질량(중력) (f=ma)	운동	힘의 변화
박정진 (신체적 존재)	하나(큰 나) (존재≠진리)	나-스스로 길道,路	알(태양) (생명, 질료)

〈서양 철학(현상학)의 원형과 변형〉

　현상학을 동양 철학, 특히 『도덕경』의 맥락에서 보면 '요徼'에 해당하고, '요'의 왕래를 한 단어로 표현한 묘妙까지가 현상학적 차원이라면 본격적인 존재에 대칭하는 것은 현玄이다. 현이라는 존재는 알 수 없다는 점에서 현지우현玄之又玄 또는 중묘衆妙라고 한다.

존재자thing (사물/妙徼)	이理 物理/倫理	정신/물질 자연과학	초월성 절대성
존재itself (자연/玄)	기氣 生滅/氣分	기운생동氣運生動	내재성 상대성
* 존재는 초월·절대가 아니라 내재·상대다/최치원의 현묘지도玄妙之道는 고대의 존재론이다			

〈현묘지도와 존재론〉

　헤겔과 마르크스는 현상학적 왕래에 속한다. 헤겔과 마르크스를 역동적인 한 세트로 놓고, 그 세트의 이름을 라캉의 '상징'이라고 한다면 그 상징의 다른 대칭이야말로 '실재'가 된다. 라캉의 실재란 하이데거의 존재의 다름 이름이다. 하이데거는 '존재자(사물)의 존재'를 설정했지만, 라캉은 '상징(언어)의 실재'를 설정한 셈이다. 하이데거의 존재는 존재자의 일자(근원 아닌 근원)의 성격을 갖는 것이지만, 라캉의 실재는 상징의 틈새(균열)를 뚫고 드러나는 존재에 가깝다.

서양 철학자들의 일자一者, 일물一物, 일심一心은 현상학적 의미가 강하기 때문에 동양의 일기一氣 혹은 존재와는 다르다. '일기'와 '존재'는 다분히 고정 불변의 실체가 없는 그 무엇이기 때문이다. 서양 철학이 현상학적으로 유와 유위有爲의 철학이라면, 동양 도학은 무와 무위無爲의 철학이다. 들뢰즈의 기관 없는 신체 혹은 신체 없는 기관은 다분히 현상학적이다.

들뢰즈는 왜 물질과 기계를 존재라고 생각할까. 이것은 현상학적인 존재(존재자)다. 아마도 서양 철학이 처음부터 자연을 대상, 즉 사물로 보고, 사물의 현상 근저에는 고정 불변의 이데아(존재)가 있을 것이라고 상상한 것과 관련이 있을 것이다. 말하자면 처음부터 존재를 사물로 생각하고 사물의 연장선상에서 물질, 기계를 추상한 때문일 것이다. 서구의 관념론-유심론(절대관념론)이 유물론(절대물질론)으로 종결되는 것은 바로 현상학의 주체-대상 패러다임의 성질 때문이다. 유심론과 유물론은 현상학적 차원에서 서로 가역왕래할 수밖에 없는 관계에 있다.

현상학의 근본 문제들에 의문과 이의를 제기한 인물이 바로 하이데거다. 그래서 그는 종래 현상학의 존재가 존재자였음을 갈파하고, 종래와 다른 존재(존재자의 존재)와 현존재, 본래 존재라는 개념을 창출하면서 존재론을 펼쳤다. 하이데거의 존재, 본래 존재, 자연적 존재는 물질이라고 할 수 없다. 종래 현상학은 인간이 자신을 정신적 존재(주체)로 규정한 데서 비롯되는 결과를 스스로 안을 수밖에 없었다. 자신을 주체로 규정하고 나니까 눈에 보이는 자연은 저절로 대상으로 전락한 것이다. 우리는 여기서 이런 의문을 제기하게 되는 것이다.

"서양 철학은 왜 물질-기계를 존재라고 할까?" 이것은 자연(존재)을 물질과 기계로만 환원해서 이해하는 것이고, 정신적 도착이라고 하지 않을 수 없다. 자연에 대한 문화의 도착이다. 이러한 도착은 실은 플라톤에서 시작되었다. 변화무쌍한 자연의 현상 이면에 본질이 있을 것이라고 가정한 것이 서양 철학의 출발이다. 물론 그 덕분에 자연과학을 일으키긴 했지만, 이것은 동시에 자연을 자연과학으로 해석하는 인식론을 형성했다. 이것에 종지부를 찍은 인물이 바로 하이데거다.

하이데거는 플라톤의 이데아(고정 불변의 존재)를 존재(시간에 따라 변하는 존재)로 바꾸면서 현상학의 시대에서 존재론의 시대를 열었다. 하이데거의 첫 저작이 '존재와 시간'인 것은 바로 시간에 대한 탐구로부터 현상학에서의 탈출은 물론이고, 존재론의 전개를 동시에 실현하려는 의도가 있었기 때문이다.

현상학-존재론(서양 철학)		
주체	대상 (이데아, 본질, 고정 불변 존재)	현상학
주관	객관(가설의 증명)	관점의 해석학
유심론	유물론(마르크스)	현상학의 가역왕래, 종결
추상	기계론(들뢰즈)	추상 기계론
사유	존재론 (하이데거, 생성하는 존재)	현상학에서 탈출, 존재론 전개

* 서양 철학은 왜 물질-기계를 존재라고 할까?

〈현상학과 존재론〉

니체가 서양 철학사를 분석하면서 '힘과 지배'라는 주제를 끌어낸 것은 서양 철학의 특성으로 볼 때 탁월하다 못해 순진하기까지 하다. 그는 도덕과 권력에 대한 해체적 분석을 한 것은 탁월하였지만, 결국 허무주의에서 탈출하기 위해 도로 힘(힘에의 의지)으로 복귀한 셈이다. 니체가 그토록 비난한 기독교의 세속화조차도 힘의 의지의 결과라는 것을 깨닫지 못한 것은 바로 자기 모순이다. 결국 그는 자기가 비난한 것을 다시 끌어안는 셈이 되었다. 그래서 하이데거는 니체를 서구 형이상학의 완성자(종결자)로 지칭했다.

니체는 기존의 서양 철학에 대한 대역전의 해체 작업을 감행함으로써 도덕과 권력에서 힘과 지배의 의지를 발견했지만, 그것에 따르는 데카당스와 허무주의를 극복하는 적절한 처방을 하지 못함으로써 스스로 그것의 제물이 되고 말았다. 니체에 앞서 서양 철학의 진정한 허무주의는 마르크스였다.

기독교와 서양 철학과 언어와 과학의 현상학 (주체-대상: 실체론=전체론〈기운생동=그 자체)		
기독교	God唯神論	God(Reason) =Geist	세계를 유일신 속에 집어넣다
헤겔	Geist唯心論	=Ghost (결국 절대신과 절대 정신과 절대물질은 유령이었다)	세계를 정신과 역사(변증법) 속에 집어넣다
마르크스	Ghost唯物論	* 자연을 '절대'로 왜곡하다	세계를 물질 속에 집어넣다
니체	힘에의 의지 Macht Willens	생기존재론 (모든 생기에 작용하는 힘의지에 관한 이론)	생성생기, Geschehen을 힘 속에 집어넣다
하이데거	존재와 시간 (시간 자체에 대한 탐구)	존재사건Ereignis/ 존재와 시간, 시간과 존재	존재를 시간의 경계에 두다/대상(이용)과 목적(죽음)
데리다	쓰기(언어)와 텍스트이론	연장(공간=대상)과 지연(遲延, 시간=목적)	차연(생성)을 텍스트 속에 집어넣다
들뢰즈	차이와 반복/ -되기	기계주의/ 여성-되기, 동물-되기	차이(생성)를 반복(기계) 속에 집어넣다/힘=기계

촘스키	변형생성문법	변형생성문법 내에서 언어 활동(문법>삶<기운생동)	생성을 문법 속에 집어 넣다
과학	뉴턴-아인슈타인	절대-상대과학	세계를 기계 속에 집어넣다
서양 철학	유신唯神-무신無神-유물唯物-유기唯機	신=기계=AI(인공지능)=기계신(인간신)	기운(기운생동)을 기계 속에 집어넣다
박정진	일반성의 철학과 소리 철학 (존재론의 완성)	존재는 진리가 아니다/ 시간과 공간은 없다/ 無時無空의 존재	신체적 존재론(생명을 대상과 이용에서 구출해내다)

〈현상학으로서의 서양 문명〉

　주체-대상(주인-노예)을 패러다임으로 하는 서양 철학은 초월적 주체와 영원한 대상을 논의하지 않을 수 없고, 이것이야말로 바로 현상학의 요체다. 초월과 영원, 주체와 대상은 현상학의 전매특허다. 무제약적 세계인 신과 영혼과 세계를 말하는 것도 실은 현상학을 전제함으로써 현상학적으로 논의할 수 없는 것에 대한 상정을 가능하게 한 것이다. 다시 말하면 현상학이 있음으로써 존재론의 세계를 말할 수 있기도 하다. 물론 이에 앞서 눈앞에 보이는 세계가 현상이냐, 존재냐 하는 시비是非는 다른 문제이기는 하지만, 현상을 전제함으로써 존재를 거론할 수 있었던 것도 사실이다.

　존재에 대한 어렴풋한 인식은 일상의 언어 생활에서도 발견할 수 있다. 영어를 비롯한 인도유럽어에서 재귀대명사再歸代名詞가 자신을 목적어myself로 만들어서 주어I를 나타내는 것은 현상학의 주어-대상이라는 이분법의 프레임을 부정함으로서 현상의 이면에 있는 존재 자체를 스스로 드러내는 효과를 거두는 것이다. 종래 재귀대명사는 '존재로 돌아간다'는 의미의 재귀대명사의 성격을 내포하는 것이기도 하다. 존재론은 존재 그 자체를 탐구하는 철학이기 때문이다. 현상과 존재는 마치 여반장如反掌과 같은 관계에 있다.

현상학과 존재론의 관계를 가장 극명하게 드러내는 것은 수학이나 과학에서 두드러진다. 현상학적으로 끝없이 나아감은 수학적·과학적으로 무한대를 의미한다. 현상학의 세계는 결국 무한대$^\infty$와 제로^{0}와 일^{1}을 전제하지 않을 수 없다. 제로는 존재론적으로 없음이고, 일은 유를 대표한다. 그렇지만 유무는 항상 무한대 개념을 내포(무한소)·외연(무한대)하고 있다. 현상학의 시종始終이 물리적 현상학(자연과학적 해석학)이었다면 현상학의 종시終始는 존재(자연)에 대한 물질-기계론적 해석학일 가능성이 높다.

존재와 진리와의 관계는 자연과 인간 혹은 여자와 남자의 관계에 흡사하다. 남자는 자연(여자)로부터 진리를 찾으려고 하고, 여자는 존재(자연)를 감추려고 화장하거나 가면을 덮어쓴다. 존재와 진리의 관계는 숨바꼭질을 하는 것과 같다. 이것이 바로 존재의 은폐와 진리의 현현이다. 여성의 진리가 존재(신체적 존재)라면 남성의 존재는 진리(대뇌적 진리)다. 따라서 남성은 진리를 존재라고 말하고, 여성은 존재를 진리라고 말한다.

남성은 눈(시각)-대뇌(사유)-환유적 언어의 연합을 통해 진리에 도달하고 여성은 귀(청각)-신체(울림)-은유적 언어의 융합을 통해 존재를 느낀다. 니체의 말대로 만약 진리가 여자라면 다음의 태도가 중요하다. "그 사람을 사랑한다면 내게 진리인 가치를 강요하지는 않듯 진리를 사랑하는 문제에 있어서도 자신의 신념과 체계를 고집하지 않아야 한다. 내게서 진리인 것이 그 사람에게서도 진리인 것은 아닐 테니까." 이것은 철학의 해체가 아니라 철학의 대역전이다.

현상학과 존재론의 관계를 이렇게도 설명할 수도 있을 것이다. "무의 현상학이 무한대고, 무한대의 존재론이 무이다." 무는 무한대의 근거 아닌 근거고, 무한대는 무의 끝없는 현상이다. 현상학의 판단 정지는 신기원을 향하고, 신기원은 또한 다른 신기원을 기다린다. 이것을 말만 다르지 변증법과 다른 것이 없다. 차연差延이라는 것도 그렇다. 동일성을 추구하는 서양 철학에서 동일성과 다른 차이성을 주장하지만, 그 차이성은 동일성과의 상호관련성(상호주관성)에서 성립된 것이기에 변증법과 다를 바 없다. 차연은 변증법의 다른 말이다.

칸트와 헤겔의 관념론 혹은 순수이성론과 절대관념론을 맹렬하게 비난하는 후기 근대 철학자들, 특히 해체주의자들은 차이 속에 숨어 있는 동일성, 즉 힘(니체), 문자(데리다), 기계(들뢰즈)를 감추고 있는 데에 불과한지도 모른다. 그들은 모두 생성을, 생기를 존재(존재자, 기계)로 환원한 현학자들일 가능성이 높다. 아니면 기존의 구성 철학을 아무런 대안도 없이 해체한 인물에 불과한지도 모른다. 요컨대 해체주의자들은 자본주의의 모순과 문제점을 맹렬하게 비난함으로써 반사적으로 사회주의와 마르크시즘을 옹호하였지만, 실은 아무런 대안을 내놓지 못하고 있다. 이러한 철학적 유행 속에 위선과 기만이 기생하고 있는지 모른다. 그 기만의 핵심은 전체주의로의 유혹 혹은 지향일지도 모른다.

근대 서양 철학자 가운데 하이데거만이 존재와 존재자의 사이(존재의 존재자, 존재자의 존재)의 문제를 처음 거론할 수 있었다. 그렇지만 하이데거도 존재현상학자(존재론적 현상학자)에 그친다. 이와 달리 니체와 들뢰즈는 완전히 현상학의 차원에서 존재를 논의하고 있다. 이들에게는 현상만이 있다. 현상만이 존재인 셈이다(현상=존재). 즉 힘=존재=기계다.

니체의 힘(권력)과 들뢰즈의 기계는 바로 그것을 증명하고 있다. 이들의 철학적 궤적을 따라가면 또한 스피노자의 유물범신론唯物汎神論: 能産-所産으로 소급된다. 마르크스(유산자-무산자)와 니체(주인의 도덕-노예의 도덕)는 서로 다른 철학적 태도를 취하긴 했지만, 오늘날 그들의 후예들은 서로 만나서 융합하고 있다. 그것의 이름이 유물기계론이다.

힘은 물리학의 핵심이다$^{F=ma}$. 니체는 마르크스의 유물론과 무신론을 경멸하였으면서도 힘을 신봉하였다는 점에서 이들과 통한다. 니체의 힘은 주권적 개인으로서 혹은 권력으로서 혹은 초인으로서 드러나지만, 역시 물질과 기계에서 그 존재를 천명하는 것이다. 힘은 존재를 현상하는 것이고, 현상만이 존재인 니체에게는 힘이 바로 물질이고, 기계인 것이 당연하다. 니체('힘에의 의지')에게 힘은 정신과 물질의 양가적 성격이 강하다. 그래서 오늘날 유물론자 들뢰즈에게 이어져 유물-기계로 종합된 것이다. 들뢰즈의 철학은 칸트가 영국의 경험론과 대륙의 합리론을 종합한 이래 다시 스피노자-마르크스-니체를 종합한 후기 근대 철학의 종합이라고 할 수 있다. 힘은 확실히 현상학적 존재론의 꽃이다.

그러나 여기서 우리는 의문을 가져야 한다. 현상하는 것만이 존재인가? 아니다. 현상되지 않는 존재에 대해서 우리는 주의하여야 한다. 여기에 바로 물리학적 존재론, 과학적 존재론이 아닌, 철학적 존재론의 요체가 있다. 요컨대 신체는 물질이나 육체가 아닌 자연적 존재인 것이다. 신체를 통해서 우리는 자연으로 돌아갈 수 있다. 자연에서 태어난 존재인 인간은 자연으로 돌아갈 수밖에 없다. 또 자연과 연결되지 않는 인간은 결국 자연으로부터 소외되지 않을 수 없게 되고, 결국 자연으로부터 버림 받아 멸종에 이를지도 모른다. 자연은 기계가 아니다. 세계 전체, 세계 자체는 기계가 아니다.

들뢰즈는 왜 세계 전체를 '기계'로 보았을까(환원하였을까). 그의 기계주의를 칭송하는 사람 가운데는 기계주의가 우리가 흔히 일상에서 사용하는 기계가 아니라 세계 전체의 작동을 말하는 것이라 한다. 들뢰즈의 말을 그대로 따라하는 말이다. 그렇다면 기계는 단지 우리가 손으로 잡고 사용하는 것만 기계인가. 기계주의는 기계가 아니라고 하는 말은 '똥을 보고 똥이 아니라'고 말하는 것을 승인하는 것과 같다. 이것은 '큰 도둑은 도둑이 아니라'는 말과 같다. 들뢰즈는 존재를 기계로 대체한 철학자다.

들뢰즈에 의해 신체는 별안간 기계로 대체되어버렸다. 현대인은 자신의 신체(몸)을 기계로 바라보는 데에 이미 익숙하다. 우리는 여기서 기계 인간이 등장하기 전에 이미 기계가 되고자 하는 욕망에 사로잡혀 있는 인간의 모습을 볼 수 있다. 좀 더 부연하면 인간의 자연적 존재로서의 특성, 신체적 존재로서의 특성을 기계적 존재로 대체한 것이다.

들뢰즈의 두 번째 실수는 인간의 신체의 기관을 너무 한정적이고 목적적으로 받아들이는 선입견(하나의 목적)에 기초한다는 점이다. 이는 물론 종래 신체 감각 기관을 하나의 기능에 초점을 맞추어 한정하는(설명하는) 전통(관습) 탓도 있지만, 그가 신체의 감각이 본래 몸속에서 서로 교차소통하고 있을 뿐 아니라 그 기능과 의미에 있어서도 다양하다는 사실을 모르는 데서 기인한 것 같다.

그동안 신체적인 것은 물질적인 것으로 으레 선입견을 가졌는데 그보다는 신체적인 것은 지각의 대상이 아니라 존재 자체로 인정해야 될 것을 요구하고 있다. 지각은 통각^{統覺}이 됨으로써 신체적이고 실천적인 것이 되고, 통각은 통찰^{洞察}로 이어짐으로써 존재론적인 것으로 변모하게 된다. 인간은 이성보다는 전체적인 느낌과 통찰로 세상을 받아들이고 살아간다는 것이 감각에 대한 존재론적인 입장이다. 그런 점에서 감각 기관을 기계로 취급한다는 것은 총체적인 삶의 모습을 부분으로 전락하는 꼴이 되며, 의미보다는 기능을 추구하는 것이 된다.

인간의 감각 기관은 눈^眼, 귀^耳, 코^鼻, 혀^舌, 몸^身은 내부적으로 교차·소통하고 있으며, 감각중추인 뇌^腦에서 의미를 발생시킬 때에 연합·참여하고 있다. 감각 기관을 서로 소통하고 있으며 다른 감각 기관에도 영향을 미치고 있다. 요컨대 눈은 보는 것에만 귀는 듣는 것에만 관여하는 것이 아니다. 더욱이 눈과 코와 혀는 입자를 감지하는 기관이며, 귀와 몸은 파동을 감지하는 기관이지만, 입자와 파동은 서로 융합되거나 겹치는 성질을 지닌다.

우리는 입으로 음식물을 먹고 말하는 것이지만, '먹다', '말하다'라는 개념은 몸의 다른 부분과 행동에도 적용된다. 우리는 성 행위를 할 때 '먹는다'고 표현한다. 또한 말은 입(구강 구조)이 하는 것이지만, '몸이 말한다'고 하기도 한다. 이는 단지 은유적 표현만은 아닌 것이다. 신체 기관은 결코 서로 독립적으로 떨어진, 고유의 기능만을 하는 것은 아니다.

특히 성감대는 신체의 특정 부위, 성 기관에 한정되어 있는 것도 아니고 몸 전체에 퍼져 있다. 미적美的 감각은 하나의 감각 기관의 전유물이 아니고 몸 전체의 종합적인 판단인 것이다. 요컨대 취미 생활을 몸 전체의 취미 생활인 것이다. 만약 어떤 사람이 선한 행동을 하거나 악한 행동을 할 때 그것은 단지 머리에서 결정하는 것만이 아닌 몸과 습관의 결정인 것이다.

그러한 점에서 신체적 존재론으로 볼 때에는 종래에 진眞을 우선하는 진선미眞善美보다는 미美를 우선하는 미선진美善眞이 되어야 한다.[94] 참함이야말로 존재적(존재론적) 인간을 의미하고, 착함은 도덕적 인간, 참됨은 과학적 인간을 의미하게 된다. 우리말로 미선진이 참함, 착함, 참됨으로 모두 '참(차)'자가 붙는 것은 이들이 서로 내적으로 통하고 있으며 분리될 수 없음을 반영한다.

94 박정진, 『(무예자체, 신체 자체를 위한) 신체적 존재론』, 2020, 살림출판사.

유물론(관념적 유물론)과 과학 기술(과학적 유물론)의 물신 숭배에 빠져 있는 서양 철학과 문명에서는 동양의 기라는 개념이 흔히 물질이나 기계로 번역되기 일쑤다. 이는 특히 서양이 주도하는 현대 인류 문명이 모두 물신 숭배에 빠졌음을 의미한다. 유기체를 의미하는 기는 이미 기계적인 것으로 환원되었기 때문이다. 이제 유기체-생명체에 대한 신비와 신은 없어지고("신은 죽었다."), 기계적 작동만이 남은 셈이다. 인류는 이제 사물 인터넷에 열중하고 있다.

　도구적 인간으로서의 호모사피엔스는 자연스럽게도, 자신의 내재적 논리에 의해 자본(돈神)을 섬기는 데에 그치는 것이 기계(기계神)를 섬기는 데에 빠져버린 것이다. 이제 인간성 운운하는 것은 전설이 되어버렸다. 들뢰즈는 여기에 딱 들어맞는 철학자다. 그러한 점에서 우리 시대를 대표하는 철학자이기는 하지만, 인류의 미래에 대안을 내놓은 철학자는 아닌 것이다. 이제 인류에게 자유와 의미는 없어졌으며 과학 기술에 의한 과학 기술을 위한, 과학 기술의 인간이 되어버렸다.

　들뢰즈는 인간의 신체가 이미 달성하는 신체의 연합(연상)과 상호작용과 상호관련성을 새삼스럽게 들추어내면서 마치 자신의 기계론에 의해 이러한 것에 대한 설명이 가능한 것처럼 과장하고 있다. 그의 다양체이론 같은 것이 여기에 해당한다. 도리어 신체를 기계로 보는 것이야말로 하나의 결정된 기능을 수행하는 관점이다. 그런데도 신체의 상호작용을 기계의 접속인 양 해석하는 것은 은유적인 표현이라고 해도 받아들이기 어렵다. 만약 그의 기계론이 은유가 아니고 철학적(환유적) 논리라면 더더욱 받아들이기 어렵다.

오늘날 많은 문학평론가와 철학자, 지식인이 들뢰즈의 주장에 동조하면서 그를 인용하고 마치 인문학의 구세주라도 되는 듯 칭송한다. 인간은 물론이고 자연마저 기계론(기계적 작동) 혹은 기능적으로 해석함으로써 생성을 기계론의 어떤 지점에서 일어나는 아주 특별한 탈주 현상으로 취급하는 그의 기계존재론, 유물-기계론에 현대 지식인은 중독되고 있다.

표상을 싫어한 들뢰즈, 기계주의에서 출구를 발견하다

들뢰즈의 철학적 맹점(제로 포인트)은 바로 표상적 사고(사유)의 원인을 '인간 유기체'에 두는 편견으로 존재에 대한 유기체적 관점을 싫어하기 때문이다. 들뢰즈는 인간의 표상적 사고(동일성의 사고)가 인간의 유기체적 특성에 있는 것처럼 말하지만, 그렇다면 다른 유기체(동식물)는 왜 표상적 사고를 인간만큼 하지 못하는가? 표상적 사고의 원인은 유기체적 특성에 있는 것이 아니라 인간의 대뇌에 있음을 상기할 필요가 있다.

바로 그렇기 때문에 들뢰즈는 유기체의 표상적 사고의 도피처로서 추상과 기계에 매달리는 역설과 모순에 직면하게 된다. 들뢰즈가 신봉하는 기계야말로 인간 대뇌의 추상적 사유의 산물이고, 추상이야말로 구체적 세계가 아닌 표상적 세계의 절정에 있는 것이다. 들뢰즈의 사유를 뒤집으면 가장 잘 들뢰즈를 볼 수 있다. 이는 헤겔의 뒤집으면 마르크스가 보이고, 마르크스를 뒤집으면 헤겔을 볼 수 있는 것과 같다. 이것을 두고 철학의 영점零點이라고 한다. 이는 0을 중심으로 좌표의 그래프가 그려지는 것과 같다.

마찬가지로 자크 데리다의 그라마톨로지grammatology, 문자학도 이와 같은 것에서 예외힐 수 없다. 데리다는 서양 철학의 이성주의의 원인이 소리에 있는 것처럼 착각하고 말소리중심주의logo-phonocentrism를 비난하면서 그라마톨로지를 주장했다. 소리가 이성주의의 원인이라고 하는 것은 해체적 문자주의를 위한 포석이나 알리바이에 지나지 않는다. 문명의 절정에 이성주의와 문자가 있는 것이 아닌가.

해체주의를 선언한 데리다는 어쩌면 해체할 수 없는 성역에 소리(하느님의 말씀)를 두고 얼마든지 해체할 수 있는 대상으로 문자를 설정한 뒤 문자주의(해체적 문자주의)를 주장하면서 자신을 합리화하는 거대한 자가당착에 빠져 있는지도 모른다. 그는 실은 이성주의를 비난하면서 인류 문명을 하나씩 해체하는지도 모른다.

표상주의를 싫어한 들뢰즈가 기계주의에서 구원을 발견한 것과 이성주의를 싫어한 데리다가 문자주의에서 구원을 발견한 것은 참으로 철학적 아이러니라고 하지 않을 수 없다. 이것은 인간의 자기 기만적 특성이 극단적으로 발휘된 자기 기만이고 자기 배반이다. 자연적 존재인 인간은 스스로 자연을 개발하고 정복하는 강도를 높이면서 자신이 마치 자연적 존재가 아닌 것처럼, 자신이 자연에서 출발하지 않은 존재인 것처럼 자신을 기만하는 '정신 착란의 신화'를 쓰는 것이다.

철학적 정신 착란은 후기 근대 철학의 특징이다. 후기 근대의 해체주의의 원조는 바로 니체다. 니체는 인간의 문화를 해체하면서, 더 정확하게는 정신분석하면서 결국 그 핵심에 힘(권력)과 지배 이데올로기가 있다는 것을 간파했다. 그렇지만 그가 내놓은 대안은 평화를 추구하는 것이 아니라 힘의 의지, 즉 힘으로 돌아가는 것이었다. 기독교의 세속주의 혹은 세속화된 기독교를 비난하면서 힘의 의지를 주장하는 것은 세속주의가 힘의 의지의 산물이라는 것을 도외시한 것이다.

니체는 힘에서, 들뢰즈는 기계에서, 데리다는 문자에서 해체의 결실을 얻었다. 이들이 아무리 철학적 해체를 했다고 하지만, 결국 고정 불변의 실체를 찾는 현상학의 범주를 벗어나지 못했다. 더구나 근대 과학 문명의 압도적인 위세 앞에서 인간을 구원하지는 못했다. 그 원인은 실체로부터 해방되지 않았기(실체를 놓지 않았기) 때문이다. 좀 더 쉽게 말하면 불교적 해탈에 도달하지 못했기 때문이다. 근대 과학 문명에서는 이제 불교가 유일한 구원이고, 약이다.

데카르트에서 시작해서 스피노자, 그리고 자연과학의 황금기를 이루는 뉴턴과 라이프니츠를 넘어서 후기 근대의 니체, 들뢰즈, 데리다 등은 현상학적 철학의 공통성이라고 할 수 있는 힘과 기계와 문자를 신봉하는 대열에 서게 된다. 힘, 기계, 문자로 대변되는 현상학의 실체주의는 아무리 현대 문명을 해체주의로 분석한다고 해도 그 대안적 처방을 마련하는 데는 실패할 수밖에 없다. 왜냐하면 고정 불변의 실체는 없기 때문이다.

이는 결국 과학에 종속되는, 좀 심하게 말하면 과학의 종이 된 서양 철학의 인과, 즉 자초지종에 지나지 않을지도 모른다. 전지전능한 기독교의 신은 처음부터 제조신-기계신을 설정하였으면서 그동안 그것을 은폐한 것은 아닐까. 철학이 과학에 항복을 한 철학적 사건을 두고 철학적 착란이라고 하지 않을 수 없다. 서양 철학과 과학은 이제 윤리를 완전히 잃어버렸다. 세계를 기계로 환원한 것을 자랑하며 우주로의 탈출이 가능한 것을 다행으로 생각하고 지구인이 아닌 우주인으로서의 삶을 꿈꾸는지 모른다.

서양 철학을 맹목적으로 따라가면서 그들의 천재성을 신봉하고 감탄해 마지 않는 한국의 일군의 철학자들을 보노라면 한국에서 자생 철학의 탄생은 요원한 일임을 다시 한 번 확인하게 된다. 철학자의 밖에서 철학을 보는 대결적 자세를 취하지 않는 철학적 습관으로 볼 때 니체, 데리다, 들뢰즈를 거의 맹목적으로 섬기는 한국의 철학자들, 더 정확하게는 철학을 공부하는 자들의 철학하는 태도로는 결코 서양 철학과 동양 철학의 고전을 넘어서 새로운 철학을 내놓는다는 것은 기대할 수도 없다. 그런 점에서 들뢰즈의 밖에서 거리두기를 하면서 들뢰즈 철학을 볼 필요가 있다.

들뢰즈는 안이비설신의眼耳鼻舌身意가 색성향미촉법色聲香味觸法에만 한정되는 것처럼 전제·오인함으로써 역설적으로 자신의 기계론에서 마치 이들 감각 기관이 코드화에 의해 다양체로서 연결되는 것처럼 주장하고 있다. 이는 적반하장이라고 하지 않을 수 없다. 도리어 기계야말로 한정된 기능만을 수행하도록 설계된 것이다. 이것은 신체와 기계를 완전히 서로 교차하여 설명하는 것이라 할 수 있다. 들뢰즈는 인간의 신체와 감각 기관에 대해 잘못된 선입견을 가졌기 때문에 신체와 기계를 전도해서 보고 그의 철학을 전개하였다고 볼 수 있다.

그가 기계의 코드화에 사용하는 전문 용어인 요컨대 접속connection, 연결conjunction, 분리disconjunction 등은 신체와 자연의 지각 과정을 마치 기계적인 부품들의 조립처럼 접속-연결-분리를 처리했음을 볼 수 있다. 들뢰즈의 접속과 연결과 분리는 마치 불교의 연기론緣起論을 물질적으로 실현한, 물질-기계적 연기론처럼 보인다. 물질-기계의 인드라 망처럼 느껴진다. 형이상학에서 출발한 서양 철학이 다시 형이하학으로 돌아온 철학적 순환성을 들뢰즈에게서도 발견하게 된다. 들뢰즈에게 하이데거적 의미의 존재는 바로 물질이고 기계다.

자연과 인간은 기계적으로 설명할 수 있기는 하지만, 이들이 기계는 아니다. '기관 없는 신체'라는 상상은 신체가 마치 고유 기능을 가진 기관도 없이 존재하는 물질 덩어리처럼 느끼게 한다. 이것은 마치 각 기관으로 세포 분열하지 않은 줄기세포와 같은 물질 덩어리를 가정하는 듯하다. 그런 것은 생명체(우주생명론, 우주유기체론)에 없다.

들뢰즈는 그의 기계론에서 줄기세포와 같은 것을 가정하고, 그것을 '욕망기계'라고 말한다. 그는 종래 유기체적인 것을 모두 기계적인 것으로 대체(환원)하고 세계를 기계의 세계로 묘사한다. 물론 그의 기계론은 우리가 일상에서 손으로 잡을 수 있는 단일 제품의 기계가 아니라 세계 전체를 기계로 설명하는 존재론적 기계다.

그의 '기관 없는 신체'라는 말은 이러한 철학적 태도를 극적으로 표현하는 말이다. 상식적으로 '기관 없는 신체'가 어디에 있는가. 모든 신체는 기관이 동시에 있는 것이며, 기관과 더불어 신체가 만들어진 것이다. 여기에는 분명 관념적 유물론의 냄새가 물씬 풍긴다. 세계가 오로지 물질로 구성된 유물의 세계라는 관점이 들어 있다. 이는 신체에서 기관을 분리함으로써 유기체를 부정하려는 의도가 깔려 있다. 유기체에서 분리된 신체는 마치 전체적으로 뭉뚱그려서 기계처럼 취급할 수 있는 길이 열리게 된다. 그렇게 해야 기관을 기계의 접속처럼 설명할 수 있게 된다.

그의 '기관 없는 신체'는 거꾸로 '신체 없는 기관'을 역설적으로 말하고 있는 듯하다. 이 점은 들뢰즈의 추종자 슬라보예 지젝Slavoj zizek, 1949~ 이 이미 지적한 것이다. 전자에서는 기관을 신체에서 분리하고, 후자에서는 신체를 기관에서 분리하는 전략이라고 말할 수 있다. 이렇게 함으로써 기관과 신체에서 유기체적인 것을 분리하고, 마치 인간의 신체가 기계인 양 기계적인 작동을 하는 존재인 양 말할 수 있게 된다. 그의 기계론은 인간의 신체와 신체 밖에 펼쳐진 기계적 환경과 자연 환경을 기계적인 접속과 분리로 설명할 수 있는 보편성을 획득하는 것이기도 한다.

이는 과학 기술적 환경에서 살고 있는 인간이 인간의 신체와 자연 환경마저도 기계적 작동으로 설명할 수 있는 장점이 있기는 하다. 그러나 이것은 자연의 유기체적인 특성을 완전히 무시하는 기계론인 것이다. 이것은 기계적 특성을 가진 대뇌가 인간의 신체와 자연의 신체적 특성을 한꺼번에 무시하고 동시에 장악하는, 기계적 전체주의의 면모를 엿보게 하는 대목이다. 이는 과학을 통해 근대를 지배한 서양 문명이 떠올릴 수 있는 가장 최근의 막다른 골목의 철학이라고 말할 수 있다. 더욱 가관인 것은 그의 기계론은 기계와 가장 극단적 위치에 있는 생성조차도 '기계적인 생성'으로 설명한다. 니체만 하더라도 '생기적 존재'를 주장하면서 '생성'을 '존재'로 환원했다. 들뢰즈는 아예 '생성'을 '기계'로 환원했다. 존재를 현상으로 생각하면서 출발한 서양 철학은 결국 현상을 존재로 생각하는 종착점에 도달한 것이다.

　존재(사물)를 현상(대상)으로 생각한 서양 철학은 이데아에서 출발하였지만, 결국 순수이성, 절대 정신, 순수의식을 거쳤지만 대상(물질, 기계)으로 돌아오는 자기 순환론에 빠졌다고 할 수밖에 없었다. 그것이 바로 유물론이고, 과학 기술주의다. 둘은 서로 다른 것 같지만, 결국 같은 물신 숭배에 빠진 것이다. 유물론이 노동(근육 노동)의 동일성에 빠진 것이라면 자본주의는 화폐(자본)의 동일성에 빠진 이데올로기(종교, 도그마)라고 할 수 있다. 결국 이데아는 이데올로기(신화)다.

　이데아에서 출발한 서양 철학은 이데올로기에서 종말을 고했다. 그 이데올로기는 지젝의 말대로 '숭고한 대상'의 철학적 여정인 것이다. 들뢰즈는 지젝이든 바로 대상에 빠진 것이다. 들뢰즈나 지젝은 자신을 고백한 것에 지나지 않는다. 이것은 마치 니체가 서양 철학을 '힘에의 의지'라고 고백한 것과 같은 것이다. 서양 철학이 유물론에 빠진 것은 헤겔에서 비롯되었고, 헤겔의 충실한 제자였던 마르크스는 제대로 서양 철학의 결론을 내준 것이다. 절대 정신(유심론)은 절대물질(유물론)의 동전의 양면과 같은 것이다.

돌이켜 보면 앎(알다)을 추구한 서양 철학은 생명^{알, 卵}과 삶(살다)을 알 수 없었고, 생명의 표상(표면, 기표)만을 추구한 셈이 되었다. 앎의 철학은 결코 생명(존재, 본래 존재)을 알 수 없었고, 생명의 껍데기인 물질(육체)-기계를 붙잡고 신처럼 모시는 것이다.

순우리말(한글)에 '씀(쓰다)'이라는 말이 있다. 그 씀은 '이용^{using}'의 의미와 '쓰다^{writing}'의 의미가 동시에 들어 있다. 또한 '씀새(사이)'라는 말이 있다. 씀새는 무엇을 이용한다는 의미와 함께 그 이용 대상과는 거리(사이)가 있어야 한다는(객관화할 수 있는) 의미가 내포되어 있다. 한자로 인간이라는 말에도 '사이' 간 자가 들어 있다. 이것은 쉽게 시간과 공간으로 연상된다. 인간이라는 개념 규정에는 이미 이용하고 쓰는 존재라는 의미가 들어 있다. 이것을 두고 인간의 존재 방식이라고 말할 수 있을 것이다.[95] 철학자가 말하는 존재 방식은 인류학자에게는 삶의 방식이다. 존재는 흐름(생성 변화)이고 무의미기 때문에 인간은 흐름에서 무엇(포상)을 잡고 의미를 부여하는 행위를 한다.

우리는 여기서 이렇게 말할 수 있다. "존재는 존재 방식이 아니다." 서양 철학은 그동안 존재를 대상화하고, 그것을 소유하기 위한 방식의 발견(발명)의 여정이었다. 현상학을 위해 칸트가 물자체에 대한 탐구를 포기하였듯이 말이다. 서양 철학은 플라톤(고대)과 칸트(근대)에서 그 기원을 발견할 수 있다. 바로 그 기원에 모든 문제가 담겨 있다. 언어

---

95 박정진, 위의 책, 331~337쪽.

(이성, 이데아)야말로 세계고, 세계야말로 물질이고, 물질이야말로 기계라고 말이다. 이것이야말로 실체를 추구한 서양 철학의 당연한 종착역이다.

결국 현상학의 여정을 걸어온 서양 철학은 이데올로기(이데아)와 기계를 신으로 신봉할 수밖에 없는 막다른 골목에 처하였다(이것이 대중적 플라토니즘의 당연한 길인지 모른다). 아울러 칸트가 현상이 아닌 이념이라고 규정한 영혼이나 세계 자체(세계 전체)마저 물질-기계로 환원할 수밖에 없는 처지가 되었다.

서양 철학의 원죄는 존재의 대상화에 있다. 존재를 대상화하는 것은 바로 대상을 이용하는 것인데 그 이용에는 이미 대상의 죽음이 숨어 있고, 결국 대상은 죽여도 좋다는 적대감을 숨기고 있다. 과학자는 별 죄책감이 없이 생명을 실험한다. 누구나 과학자의 실험을 위한 살생을 죄라고 여기지 않는다. 과학자의 이러한 태도에는 바로 세계에 대한 기계주의의 관점이 들어 있다. 들뢰즈는 오늘날 세계 전체를 기계적 작동이라고 생각하는 데 주저하지 않는다. 생명은 기계의 들러리로서 드물게 발생하는 탈주에 지나지 않는다. 들뢰즈의 기계-생성은 서양 철학과 문명의 자기 고백에 지나지 않는다. 그 고백은 욕망의 자기 도착에 지나지 않는다.

자연을 부정적인 것으로 보는 것은 헤겔에서 본격적으로 시작되었다. 그는 자연을 부정적으로 보고 신체 밖의 자연을 내면화하는 것에서 인간의 역동적인 창조가 일어난다고 보았다. 그래서 자연을 이용하고 지배하는 것은 너무나 당연한 것이었고, 부정의 변증법이야말로 인간 정신의 핵심으로 보았다. 서양 철학과 과학은 결국 인간을 위해서 자연을 얼마든지 황폐화할 수 있음은 물론이고, 이것이 창조의 출발점으로 보았다. 자연을 그대로 받아들이지 못하고 자연을 해석하고 자연을 이용하는 것이 인간 조건이었다.

서양 철학에 따르면 인간은 자연의 해석에서 동일성(동일률)을 찾아내는 것이 인간 정신이고, 동일률은 필연적으로 모순(모순율)을 가질 수밖에 없으며, 이것은 동시에 배중률이고, 충족 이유율이다. 사물(자연)의 존재 이유를 묻고 이용하는 것에서 이분법으로 대표되는 서양 철학의 진면목이 자리 잡는 셈이다. 니체 이후 서양 철학은 사유라기보다는 자신의 문명과 문화의 모순을 폭로하는 자기 고백적 성격이 강한 편이다. 정신이 존재를 창조한다는 헤겔의 개념은 서양 철학 전반에 영향을 미쳤으며, 이때의 존재는 현상학적인 존재며 실은 이것은 '존재자(존재하는 것)'다. 이점을 지적한 철학자가 존재론 철학자인 하이데거다.

서양 후기 근대 철학은 하이데거의 존재론(존재의 존재자, 존재자의 존재)을 추종하거나 아니면 보편성을 추구하는 종래의 현상학적 철학을 고수하거나 아니면 그 보편성의 이성주의를 물질이나 기계에서 찾는 유물-기계론의 철학자군으로 나눌 수 있다. 들뢰즈는 유물-기계론의 대표 주자다. 들뢰즈는 유기체적 신체를 싫어한다. 그 이유는 유기체가 존재 인식을 표상에 머물게 하는 장본인이라고 생각하기 때문이다. 사물에 대한 표상적 지각은 인간 인식의 특징이다. 이것을 유기체의 탓으로 돌리는 것은 잘못이다. 유기체 중에도 대뇌의 발달이 미약한 유기체는 표상적 사유를 하지 못한다. 기계야말로 기표연쇄의 결과로서 표상적 사유의 최정점에 있다. 동물은 세계를 기계로 보지 않는다.

들뢰즈의 '기관 없는 신체(신체 없는 기관)'는 바로 기계적인 세계 혹은 기계적인 세계 자체, 세계 전체를 말한다. 그런 점에서 그의 기계론은 존재론적인 성격을 가진 기계론이다. 이 존재론적 기계론은 자연을 자연과학과 동일한 것으로 생각하는 서양 문명으로서는 당연한 결과인지 모른다. 이것은 사유가 존재를 거의 전횡적으로 압도해버린 결과다. 들뢰즈는 니체가 표현한 욕망과 힘을 욕망기계 혹은 기계론으로 계승·발전시키고 있다.

들뢰즈의 기계론의 철학을 필자가 잘 파악할 수 있는 이유는 필자는 세계를 유기체로 보는 유기체론(생명체론)의 철학을 갖기 때문이다. 유기체론은 세계의 발생에서 지금까지를 과정으로 파악하면서 유기체적 다양성을 그대로 동등한 존재로 인정하는 철학적 태도를 취하고 있다. 말하자면 사람에서 동식물, 그리고 무생물에 이르기까지 존재의 위치로서는 동등한, 나아가서 하나의 전체, 하나의 그 자체로 인정하는 태도다. 그런 점에서 들뢰즈와 필자는 철학적으로 대척점에 있다. 필자의 철학은 신체적 존재론으로 종합되어 있다. 물론 이것은 일반성 철학, 소리 철학을 거쳐서 최종적으로 나온 것이다.

들뢰즈	기계론	욕망기계, 전쟁기계	노마드, 리좀학
박정진	유기체론	일반성 철학, 소리 철학	신체적 존재론

〈들뢰즈와 박정진〉

현상학은 항상 대립적인 것을 설정하고 그 경계를 왕래함으로써 새로운 철학을 달성하게 하는 의식(인식) 과정을 내포한다. 이것이 판단정지^{époche}를 통해 신기원$^{\text{epoch, origin}}$을 달성하게 하는 현상학의 과정이다. 새로운 철학치고 이러한 대립(정반합)의 과정을 거치지 않는 게 없다. 그런 점에서 철학은 현상학이라고까지 말할 수 있을 것이다. 이렇게 보면 존재론은 철학적 용어로 철학 체계를 구축하기보다는 대립적인 경계 설정을 통해 현상학이 마지막으로 달성(상상)할 수 있는 혹은 가정할 수밖에 없는 존재(사물) 자체를 의미한다고 할 수 있을 것이다.

들뢰즈는 철저하게 과학화·기계화에 최적화된 기계론의 세계를 가정하는 듯하다. 그런 점에서 들뢰즈는 기계-생성론자다. 이는 니체가 생기존재론$^{\text{Theorie eines in allem Geschehen sich abspielenden Macht-Willens}}$을 통해, 하이데거가 존재사태론^{Ereignis}을 통해 생기존재론을 주장한 것과 달리 존재기계론 혹은 기계-생성론을 전개하는 셈이다. 말하자면 그는 기계적 존재론자다.

그의 기계적 존재론은 생성적 사건(기능)을 탈주선$^{\text{脫走線, line of flight}}$, 탈지층화^{déstratification}라는 말로 표현한다. 이들은 하이데거 존재론의 탈자$^{\text{脫自, Ecstasis}}$ 개념을 노마드^{nomad}와 리좀학

Rhizome에 기초해서 기계론과 지질학적으로 번역한 것에 불과하다. 초원과 땅속은 경계가 없는 지역이라는 공통성이 있다. 지상에서처럼 태양을 중심으로 나무와 숲이 형성되는 '수목樹木형의 분류학적 세계'와는 물론 다른 세상이다. 수목형의 분류 세계는 중심이 있는 반면, 땅속에서는 중심이 없다. 땅속에서는 태양이 없고, 빛과 눈에 의해 구성되는 질서가 없기 때문이다. 땅속의 세계는 중심이 없이 연결만이 있을 뿐이다.

들뢰즈의 철학적 용어들은 인류학과 지질학적인 개념들은 동원하여 철학적으로 변형시키지만 그 중심 자리에는 항상 기계론이 자리한다. 이것은 한마디로 '조립할 수 있는 기계적 세계관'을 말한다. 세계(존재)를 기계로 보고 그 알리바이(합리성)를 성립하기 위한 그의 피나는 노력은 안쓰럽기까지 하다. 그의 기계론의 기계는 어떤 의미에서는 은유적인 표현이기도 하다. 그러나 철학이 철학인 한 은유적 기표연쇄로써 설명되는 일관성은 철학이라고 할 수 없다.

그는 자연의 생성을 '기계-생성'으로 바꾸어놓았다. 여기에 또 자연과학의 미적분 용어들을 철학에 도입함으로써 과학을 싫어하는 철학도들에게 괴물로서 등장하는 데 손색이 없었다. 말하자면 과학까지를 섭렵한 철학도임을 증명했다. 실은 그가 말하는 힘의 제로(0)점, 무한소 같은 것, 힘의 강도(기울기) 등은 미적분 지식을 부연한 것에 지나지 않는다. 자연과학이란 무엇인가. 한마디로 자연을 기계(기계적 작동)로 보는 학문이다. 그렇다면 들뢰즈는 역설적으로 자연과학의 시대에, 그 시대정신에 투철한 철학자라고 칭송할

만하다. 그런데 자연의 신체는 어디로 갔는가, 인간의 신체는 어디로 갔는가. 철학은 어디로 갔는가.

들뢰즈의 철학적 사유 가운데 첫 번째 실수는 서양 철학의 동일성同一性의 원인인 표상表象, representation에 두고 그 책임을 유기체(신체)에 전가하는 점이다. 그는 이상하게도 동일성을 인간 유기체에서 비롯되는 것으로 전제하고 '유기체적 사유'를 가장 싫어하는 바람에 그의 도착적인 기계론이 형성되었다. 그렇다면 과연 동일성이 유기체에서 비롯되는 것인가. 천만의 말씀이다. 자연에는 인간 이외에 다른 유기체(생명체)가 많다. 그런데 그들은 왜 동일성의 사유를 하지 못하는 것일까. 동일성은 인간 대뇌의 산물이다. 대뇌가, 대뇌의 추상 능력이 기계를 만들어내고, 기계적 사고를 하는 기관이다.

들뢰즈의 '기관 없는 신체'는 그런 점에서 사유의 도착이다. 기관 없는 신체는 바로 유물론적 사고의 절정이고, 세계를 유물로 보는 관점을 드러낸다. 즉 신체를 정신(주체)의 대상(물질, 육체)으로 보는 현상학(헤겔의 정신현상학)에서 그것을 역전한 마르크스의 유물론의 전통을 잇는 유물-기계론인 것이다. 신체는 과연 유물이고 기계인가? 슬라보예 지젝은 들뢰즈의 '기관 없는 신체(유물)'를 '신체 없는 기관(기계)'으로 보충 설명하면서 그의 철학을 잇고 있다. 들뢰즈는 신체 없는 기계의 세계를 추구한다. 이는 미래 '기계인간The machine'의 시대와 맞아떨어지고 있다. 기계 속에 무슨 생기가 있다는 말인가.

자연의 신체는 기계가 아니다. 우리가 자연의 일부를 기계적(인과적)으로 설명하고 있기는 하지만, 자연 전체, 자연 자체가 공장 생산품인 기계는 아닌 것이며, 오랜 시간에 걸쳐 형성된 우주 생성체다. 더더구나 기계적 생성체는 아닌 것이다. 인간의 신체는 자연의 신체를 바탕으로 한다는 점에서 인간은 신체적 존재인 것이다. 단지 들뢰즈의 기계론은 자연을 기계적 작동으로 설명하는 데에 효과를 발휘할 따름이다. 기계론으로 인간을 설명했다고 해서 인간이 기계인 것은 아니지 않는가.

힘과 기계는 아무리 존재론적이라고 해도 존재론적인 존재라기보다는 현상학적인 존재론일 수밖에 없다. 실체를 가진 힘과 기계는 이미 존재가 현상화된 것의 결과기 때문이다. 더욱이 힘의 상승의 경우, 힘의 축적일 수밖에 없고, 그것은 더더욱 현상일 수밖에 없다. 니체가 서양의 철학자로서 진리의 표현에 있어서 은유적인 방법을 즐겨 쓴다(『차라투스트라는 이렇게 말했다』)고 해도 니체는 그의 철학을 '힘에의 의지'로 종합했기 때문에 현상학적 존재론자다.

기계의 경우도 마찬가지다. 기계는 가장 결정성이 있는 사물(존재)로서 실체성의 대표적인 것이다. 기계는 아무리 작은 것이라 할지라도 어떤 고정 불변의 힘과 모습을 가진 것이며, 그렇기 때문에 힘의 표현의 가장 상징적인 것이다. 기계의 이미지를 떠올리면 가장 강력한, 변하지 않는, 믿을 수 있는 힘의 상징이다. 그런 점에서 기계라는 단어는 아무리 은유적 표현으로 사용했더라도 실체로 읽을 수밖에 없다. 이 말은 세계 혹은 세계 전체 혹은 세계 자체를 기계로 해석할 경우, 세계는 부분으로 전락하고, 전체가 될 수 없다.

2. 들뢰즈의 노마드-리좀학에 대한 온정적 이해

들뢰즈는 니체의 계보학적-고고학적인 차원의 철학('도덕의 계보학')을 한 단계 더 진전해서 지질학적-인류학적인 차원으로 전개한 인물이다. 그 지질학적인 차원을 가장 잘 드러낸 것이 바로 노마드^{nomad}고, 리좀학^{Rhizome}이다. 들뢰즈는 인류학과 지질학의 성과를 철학의 영양분으로 소화한 것은 물론이고, 니체의 사유를 유물-기계적인 것에서 재해석하고 심화했다. 그런 점에서 들뢰즈는 미셸 푸코('권력의 계보학', '지식의 고고학') 못지않게 후계자다.

필자가 들뢰즈 철학에 관심을 가진 것은 세계적 비디오 아티스트 백남준에 대한 미학적 연구를 하고부터다. 특히 세계 최대 제국 몽골제국을 건국한 유목민의 황제, 칭기즈칸을 숭배한 백남준의 노마드 사상이 들뢰즈와 연결점을 지녔기 때문이다. 들뢰즈의 유물론은 역설적으로 동양의 음양사상, 특히 여성성을 중시하는 사상과 연결되었을 뿐 아니라 동양의 도학사상 등을 여러 면에서 연결한(도입한) 흔적이 많았기 때문이다. 더욱이 그의 철학은 인류학과 고고학·지질학에서 힌트를 얻는 것이 많았기 때문이다.

백남준을 평할 때 말한 존재론이라는 것은 실은 존재론적^{ontological} 존재가 아닌 존재자적^{ontic, ontisch} 존재를 의미하는 것이었다. 말하자면 존재론을 논하는 지평이 현상학적 지평이었다. 현상학적 지평이라는 것은 존재가 실체를 가지는 존재임을 말한다. 현상학은 한마디로 고정 불변의 실체가 있음을 전제하기 때문에 발생하는 이분법과 동일성(동일률, 모순율, 배중률, 총족 이유율)과 모순에 직면하게 되는 철학적 존재 상황, 즉 선험과 초월과 지향의 환원(현상학적 환원)과 회귀(현상학적 회귀)를 의미한다.

존재를 말할 때는 존재 의미가 발생하는 문맥을 잘 살피지 않으면 혼란에 빠지고 만다. 말하자면 존재론적 존재는 존재자적 존재로 오해할 여지가 많다. 그 반대의 경우도 마찬가지다. 특히 들뢰즈는 현상을 존재(현상=존재)로 여기는 철학자기 때문에 존재론과 존재자론은 뒤섞이기 마련이다. 그의 기계론이 흔히 생성적 기계론으로 불리는 경우는 가장 대표적 혼란에 속한다. 기계가 존재라면 세계는 처음부터 기계적인 세계였다고 말할 수밖에 없다. 자연은 결코 처음부터 기계가 아니었다. 기계는 인간이 자연으로부터 찾아낸(발명·발견한) 것이다.

들뢰즈는 리좀학에서 땅의 존재적 성격 혹은 상징성을 철학소素로 즐겨 이용하는 철학자다. 지상의 나무줄기와는 다른, 땅속의 뿌리줄기 식물의 성질을 철학적으로 활용하는 한편, 지표地表의 경우도 초원의 유목민과 토지를 경작하는 농경민의 경우를 대비하는 경향을 보인다. 말하자면 철학의 인류학적 혹은 풍토학적 차원을 새롭게 제시하면서 종래 하늘 혹은 형이상학 중심의, 추상과 표상중심의 철학에서 탈출하면서 땅 혹은 형이하학 중심의, 구체와 실재를 중시하는 경향을 보인다.

이런 들뢰즈의 철학적 경향은 자연스럽게 남성-하늘-지배

중심의 철학을 전개하기보다는 여성-땅-피지배 중심의 철학을 전개할 수밖에 없다. 문제는 이것이 여성-물질-기계(힘)로 수렴될 경우다. 들뢰즈의 경향이 현상학적일 수밖에 없는 것은 그가 서양 철학자기 때문이다. 그의 철학사상은 동양의 음양 사상이 비실체론인 것인 반면, 실체론이다.

인류학자인 필자에게는 들뢰즈의 이러한 경향을 단도직입적으로 느낄 수 있었다. 이를 요약하면 필자의 기氣-氣運사상과 들뢰즈의 기機-機械사상은 극과 극은 통하듯이 반대로 통했다. 들뢰즈의 입장에서 보면 필자의 기氣는 기機로 통하는 셈이다. 필자의 신체는 들뢰즈에게 육체 혹은 기계가 되는 것이다. 들뢰즈에게 있어 생성은 기계로 둘러싸인 환경 속에서 탈주하는 선과 같은 것이다.

흔히 여성성은 물질성과 동의어처럼 쓰이기도 한다. 출산을 비롯해서 음식물을 만들고, 육아를 담당하는 여성의 신체적·문화적 특성으로 볼 때 여성은 남성에 비해 대조적으로 그렇게 보였던 게 사실이다. 물질인 'Matter'는 라틴어의 'Mater^mother'에서 변화된 것임을 상기할 필요가 있다. 물질은 여성적인 특성을 공유하는 닫힌 체계(대상)라면, 여성성은 열린 체계(비어 있음, 수용, 환대)다. 서양의 후기 근대 철학자들의 모습을 보면 철학적으로 처한 입장들은 다르지만, 하나같이 동양의 음의 철학, 여성성의 철학으로 귀향하는 행렬을 보이고 있다.

한편 동양의 기는 유물론자들에 의해 흔히 물질로 번역되기도 한다. 이는 잘못된 것이다. 여성성은 유물론이 아니라 자연과 연결되어야 한다. 인류는 여성성을 위주로 삶을 영위하여야 하고, 자연으로 돌아가야 한다. 인류의 철학은 원시반본을 해야 한다. 이가 이성적인 것이라면 기는 비이성적인 것이 아니라 존재론적인 것이다.

이와 이성은 소유하는 것이다. 말하자면 눈으로 보고 손으로 잡는 것이다. 만약 눈으로만 보고 손으로 잡을 수 없는 것이라면 아직 이성적인 것으로 완성된 것이 아니다. 그런 점에서 물질이나 기계는 기질이 아니라 이성이다. 우리는 흔히 이것을 거꾸로 알고 있다. 이는 잡을 수 없는 것이고, 기는 잡을 수 있는 것이라고 말이다. 기와 기운은 결코 소유할 수 없는 것이다. 기는 결코 눈으로 볼 수도 없고 손으로 잡을 수도 없는 것이다. 기는 그런 점에서 마치 소리와 같은 것이다.

신체를 눈으로 보고 손으로 잡을 수 있는 물질이나 육체라고 여기면 착각이다. 신체는 시시각각 생멸하는 존재이기에 결코 잡을 수 없다. 우리가 잡을 수 있다고 생각하는 것은 이미 어떤 체계나 논리에 의해 물질이나 기계로, 즉 대상으로 파악한 것이다. 이는 존재자고, 기는 존재다. 신체는 존재다. 또한 존재는 신체다. 자연을 신체로, 자신의 신체와 동등하게 느끼는 것은 자연을 대상화하지 않는 태도를 가질 때에 가능하다.

기는 정신-물질 이분법에 의해 분류될 성질의 것은 아니다. 기는 정신과 물질의 존재론적 기반과 같은 것이다. 이러한 기의 특성을 주체적 사유 때문에 물질로 보는 것은 현상학의 한계자 문제점이다. 우리는 자칫 잘못하면 전통과 타성 때문에 '기=물질'로 받아들이게 된다. 신체를 두고 주체-대상의 이분법에 의해 물질 혹은 육체로 규정하는 것은 지양해야 할 과제다. 신체는 육체-물질-기계가 아니다.

필자가 2010년에 펴낸 『굿으로 본 비디오 아티스트 백남준 읽기』를 새삼스럽게 들춰보니 들뢰즈에 대해서 매우 우호적으로 쓴 많은 대목이 많음을 알 수 있었다. 위의 책 제8장 「음의 철학으로서의 음양론」에 백남준과 들뢰즈를 비교하는 내용이 집중적으로 다루었다.[96] 백남준과 들뢰즈는 동서양 문명에서 대칭 관계와 가역 관계를 동시에 지녔기 때문이다.

들뢰즈 (기계주의) 실체론의 완성	스피노자- 마르크스 : substance- modes-유물 實體-樣態-唯物	니체-들뢰즈 : 힘power-기계機械/ 기계주의machinism/ '-되기-becoming'	기계-생성론 (생기적 기계존재론)
박정진 (신체적 존재론) 존재론의 완성	신체는 존재다 (자연=존재) 심물존재心物存在 심물자연心物自然: 心物一體	기운氣運-기운氣韻/ 性氣學(DSCO: 역동적 場의 開閉 이론)/생성Becoming	자연생성론 (생성적 존재론)

신체적 존재론의 핵심은 결국 "생성은 신체에서 최종 확인할 수 있고, 존재는 기계에 이른다."는 경구다.

〈유물-기계론과 신체적 존재론〉

들뢰즈의 기계는 현상학적으로 볼 때 논리적인 사유를 주류로 하는 서양 문명이 대상에서 고정 불변의 것을 찾는 과정의 최종 산물인 반면, 백남준의 퍼포먼스는 처음부터 존재론적인 전개였다. 백남준은 분명 신체적 퍼포먼스를 하

---

96 박정진, 『(굿으로 보는) 백남준 비디오 아트 읽기』, 한국학술정보, 2010, 351~360쪽.

든, 기계장치를 이용하는 비디오 아트 작업을 하든 자유분 방함과 즉흥성을 추구하는 편이었다. 그렇지만 들뢰즈는 자연조차도 기계로 환원해서 생각하고 기계적인 작동으로 해석하는 것이었다.

필자는 들뢰즈가 플라톤 이후 이성주의의 서양 철학사에 가장 큰 역전을 시킨, 현대 철학사의 코페르니쿠스의 전환을 실현한 인물이라고 설명하고, 혁명의 강도는 칸트보다 훨씬 더 강력하다고 극찬했다.[97]

들뢰즈의 철학은 마치 동양 철학의 기氣 철학을 바라보는 듯하다고 비교하기도 했다. 무엇보다도 들뢰즈의『앙티 오이디푸스-자본주의와 분열증 1』과『천개의 고원-자본주의와 분열증 2』는 가부장 사회와 서양의 이성적 업적과 자본주의에 대해 비판하고 있다고 해석하고 있음을 볼 수 있다.

재미있는 것은 들뢰즈의 '앙티 오이디푸스'와 '천개의 고원'은 은유적으로 보면 동양의 역易의 발전 과정과 상응하는 맥락을 갖고 있다. 앙티 오이디푸스라는 것은 결국 서양 가부장제의 '천天=부父'의 지배와 이에 심리적으로 경쟁하는, 오이디푸스 콤플렉스에 대해 반하는 담론이고, 천개의 고원은 가부장제에 따라 각 분야에서 권력 경쟁에서 성공한 많은 것을 고원, 산에 비유하는 담론이다. 또 여성 되기와 탈영토화는 결국 들뢰즈의 경우 결국 모계-모성 사회를 기대함을 은유한다. 이는 결국 땅, 즉 지地를 존중하고 땅 아래에 이루어지는 '뿌리줄기' 같은 것을 추구하는 들뢰즈의 경향과 일치한다.

97 박정진, 위의 책, 352쪽.

天 (들뢰즈: 앙티 오이디푸스)	周易 (周)	乾卦 天道(天開於子) 天命之謂性	↑
人 (천개의 고원)	連山易 (夏)	艮卦 人道(人生於寅) 修道之謂敎	
地 (여성 되기, 탈영토화)	歸葬易 (殷)	坤卦 地道(地關於丑) 率性之謂道	↓

〈들뢰즈의 철학과 동양의 역易의 은유〉

　역易의 발전은 연산역連山易-인人에서 귀장역歸葬易-지地로, 그리고 주역周易-천天으로 발전하게 되는데 들뢰즈는 이와 달리 천天에서 인人으로, 그리고 지地로 발전하게 된다. 이는 당연하다. 현 사회의 문제점을 해결하기 위해서 그 필요로 철학을 하기 때문에, 철학은 현실에 답하여야 하기 때문에 그렇다. 이것은 들뢰즈의 위상적位相的 문명 보기다.

　들뢰즈의 철학은 '욕망의 기계', '기관 없는 신체', '탈영토화'의 개념을 창출하지만, 결국 서양 철학과 문명에 대한 비판과 함께 인간의 본질인 여성성에 대한 탐구로 이어진다. 들뢰즈의 철학은 전반적으로 물질에서 신체를 거쳐 기로의 미분화, 그리고 미분화된 것의 영토화와 탈영토화로 진행된다. 서양에서는 새로운 것 같지만, 실은 동양의 음양 사상으로 보면 음에 중심을 두는 것에 해당한다.

"들뢰즈의 리좀은 그러나 음양론과 많은 차이를 보인다. 무엇보다도 서양 문명의 양에서 음으로의 전이 혹은 전환에 따른 것으로 보인다. 예컨대 '양의 음'과 '음의 양'과 같은 것을 모른다. 들뢰즈는 음을 무엇보다도 양을 기표로 만들기 위한 의미 작용으로 사용하고자 한다. 이것은 서양 철학의 고질적인 병인 존재적 사고의 연장이다. 존재를 벗어나고자 하면서도 존재에 도로 휘말리는 인상이 짙다. 들뢰즈는 프로이트와 마르크스의 통합이라고 하지만, 도리어 그것을 양극단으로 확대하는 작업을 수행했다. 이것은 새로운 이분법이고 구조주의의 한 변형이고, 해체주의의 한 좋은 예다. 들뢰즈에 의해 해체된 구조는 많다."[98]

양 (페니스)- 존재론- 코스모스	페니스 (남성 되기: 자제되지 않은 욕망)	욕망의 기계	천개의 고원(하늘로 오르기)	리비도 (프로이트) 의 확대	자본주의 (영토화)
	양의 음 (여성 되기: 먹는 사냥꾼의 준비된 근육)	인간의 신체는 욕망을 자제할 수도 있다	하늘로 오른 바벨탑, 오벨리스크는 다 무너졌다	안티-오이디푸스는 얼마든지 다른 종류가 있다	영토의 주인은 항상 바뀐다

98 박정진, 위의 책, 357쪽.

음(자궁)-생성론-카오스					
	음의 양 (남성 되기: 먹히기 위해 돌출된 가슴)	기관 없는 신체는 없다. 둘은 분리될 수 없다	여자가 땅 속으로 기는 것만은 아니다. 모계사회도 있다	물질은 단순히 조직 없는 무기물로 만족하지 않는다	자연은 어떤 주인도 마다하지 않는다
	여성 되기 Becoming-woman: 분화 되지 않은 알	기관 없는 신체	리좀 땅속으로 기기	유물론 (마르크스)의 확대	자연회귀 Deterritori alisaton : 탈영토화

〈음양론으로 본 들뢰즈 철학 읽기〉

이어서 필자는 들뢰즈의 영토화와 탈영토화를 다음과 같이 설명한다.[99]

"들뢰즈의 영토화, 탈영토화는 실은 내 '역동적 장場의 개폐이론'(DSCO)의 '장場'과 통하는 의미다. 여기서 '장'은 항상 '영토화'가 되지만 그 역동성 때문에 '탈영토화'가 된다. '장'이라는 개념은 미래 인류가 존재론적으로 가지는 공간이 아니라 생성론적으로 가지는 공간개념이다. 우주 공간은 마이크로코스모스든, 매크로코스모스든 모두 운동하고 변화하고 있으며 그것은 생성의 개념으로 잘 설명할 수 있는 것이다. 생성이라는 것은 원형의 변형들이며 이들은 처음부터 원인과 결과처럼 다른 것이고 결정론적으로 연결된 것이 아니라 서로 차이가 나면서 동시에 반복의 성질을 갖는다. 여기서 반복이라는 것은 똑같은 것의 반복이 아니라 차이의 반복이다. 동시에 반복의 차이이다."

99   박정진, 위의 책, 357~358쪽.

들뢰즈의 '여성 되기'에 대해서도 필자는 매우 동조적인 전개를 한다.[100]

들뢰즈의 여러 담론, 예컨대 '여성 되기'는 현대인의 잃어버린 '신화 되찾기'의 운동과 같다. 들뢰즈의 철학은 '욕망의 기계', '기관 없는 신체', '탈영토화'의 개념을 창출하지만, 결국 서양 철학과 문명에 대한 비판과 함께 인간의 본질인 여성성에 대한 탐구로 이어진다. 들뢰즈의 철학은 전반적으로 물질에서 신체를 거쳐 기로의 미분화, 그리고 미분화된 것의 영토화와 탈영토화로 진행된다. 서양에서는 새로운 것 같지만 실은 동양의 음양 사상으로 보면 음에 중심을 두는 것에 해당한다. 신화와 종교는 역사와 과학에 비해서는 음에 중심을 두는 것이다.

당시만 해도 필자는 들뢰즈의 생성론이 동양의 음양생성론과 같은 계열인 것으로 보았다. 비록 동양의 음양론을 제대로 이해하는 것은 아니지만.

"동양의 음양 사상에서 보면 서양은 양음 사상의 세계다. 양음 사상의 세계, 즉 남근 사상 쪽에서 보면 양성이 있지만, 여성성도 남근에 배열된다. 그래서 그런지 그는 음이 공포스러운 것이다. 음양 사상의 동양에서는 음과 혼돈이라는 것이 결코 부정적인 것이 아니고 새로운 생산을 위한 바탕이고 질서다. 결코 새로운 질서를 위한 과도기와 같은 경계가 아니다. 아직도 들뢰즈는 동양의 음 사상에 대해 충분한 이해를 못하고 있다. 말하자면 양의 대상으로서의 음이 아니라 음 자체로서의 음에 대한 이해가 부족하다. 들뢰즈는 동양의 사상 체계로 보면 소음적^少^{陰的} 인식에 그친다. 소음적 인식이라는 것은 양을 기초로 음이 이루어졌

100 박정진, 위의 책, 358쪽.

다는 것을 느끼는 것이다."[101]

필자는 백남준과 들뢰즈의 비교를 다음과 같이 결론 맺었다.[102]

"백남준은 탈영토하여, 즉 자신의 영토를 옮겨서 서양의 양에서 음을 추구하는 반면, 들뢰즈는 자신의 영토에서 동양의 음을 추구한다. 둘은 음을 추구함으로써 탈영토하는 셈이다. 들뢰즈의 노마드가 서양 문명으로부터의 탈출의 노마드, '태양적 노마드'라면, 백남준의 노마드는 자기 문화의 모형을 찾는 자기 회복의 노마드, '태음적 노마드'다."

아무튼 당시까지만 해도 들뢰즈에 대한 필자의 이해는 동양의 생성론 혹은 생성적 존재론에 근접하는 철학자로 이해했다. 그러나 들뢰즈가 유물-기계를 존재로 보는 철학자임을 안 것은 그후의 일이다. 서양 철학자들은 처음부터 존재를 물질(육체)로 보는 철학적 전통 위에 서 있다. 그래서 서양 철학을 현상학이라고 한다. 서양 문명에 현상학이 있다면, 동양에는 도학이 있다. 동서양 문명을 크게 비교하면 다음과 같다. 지금은 동서양 문명의 융합을 추구할 시기다.

---

101 박정진, 위의 책, 376~377쪽.
102 박정진, 위의 책, 379쪽.

동양(도학)	도학	불교-노장철학	자유-해탈	심물학	자연
서양 (현상학)	철학	마르크시즘-해방	자유-자본	물심학	자연과학
동서양 융합	존재론	홍익인간-홍익자연	자유-창의	심물일체	생태과학

〈동양의 도학과 서양의 현상학〉

존재(자연적 존재)를 물질(사물)로 보니까 물질을 정신화한 것을 이데올로기라고 말한다(슬라보예 지젝). 그 이데올로기는 숭고한 대상이 될 수밖에 없다. 원시 고대-중세 시대에는 신이 숭고한 대상에 있었지만, 현대는 그것이 역전되어 물질과 기계가 신의 자리에서 점령하여 숭고한 대상이 되었다.

본래 인간(주체)의 대상이 된 신과 물질은 동일한 이데올로기(신화)의 성격을 가진 것으로서 전자는 숭고한 대상, 후자는 이용의 대상이었다. 그러던 것이 현대 과학 기술 시대, 즉 물질 만능의 시대에 이르러 신은 죽었고(헤겔, 니체), 물질(마르크스)이 신의 자리를 대신하게 되었다. 물질이 숭고한 대상이 된 셈이다. 유물론-무신론은 현상학의 종말을 의미하면서 물질-힘-기계의 연쇄에 문명을 맡긴 것이 서양 철학과 문명이라고 말할 수 있다. 이데올로기는 그러한 점에서 현대의 신화라고 말할 수 있다.

과연 "물질을 정신화한 것이 이데올로기일까." 동양의 생성론으로 볼 때는 정반대가 될 수 있다. "존재를 정신화한 것이 바로 물질이다." 그렇기 때문에 서양 철학의 끝에 존재(실재)가 있는 반면, 동양 철학의 처음에는 존재(생성)가 있다.

　서양 철학은 처음부터 과학(이데아, 이성)을 향한 철학이었다. 근대 자연과학의 성립과 더불어 서양 철학은 과학을 뒤따라가면서 그것에 적합한 윤리학 혹은 도덕 철학을 생산하는 것을 목표로 삼았다. 그렇지만 결국 서양의 형이상학은 자연과학(과학 기술주의)으로 돌아오고 말았다. 반면 동양(동아시아) 철학은 자연과학보다는 윤리학(성리학 및 도학)에 치중하였다. 동양에는 아직도 면면히 도학적^{道學的} 전통, 수신적^{修身的} 전통이 남아 있다.

　우리가 흔히 정반대라고 생각하는 유심론과 유물론, 유신론과 무신론은 서로 반대되는 것 같지만, 현상학적 차원에서 보면 결국 동일한 차원의 왕래에 속한다. 존재론적 차원에서 심즉물^{心卽物}이듯이 현상학적 차원에서 유심즉유물^{唯心卽唯物}인 것이다.

헤겔	마르크스	서양 철학 문명	서양 철학 존재론
정신현상학 (절대 정신- 유심론)	유물론 (무신론- 유물사관)	주체-대상 (유일신, 이데아, 이성)	하이데거의 존재론 (니체의 생기적 존재)
역사 철학 (정반합- 절대국가)	유물사관 (노동론) 계급 투쟁 (공산사회주의)	주체-대상 (물질, 자연과학)	지젝의 실재계 불교적 존재론

〈동양의 도학과 서양의 현상학〉

절대라는 것은 현상학의 산물이다. 존재론에서는 절대라는 것이 성립되지 않는다. 절대와 이데올로기는 모두 환상에 불과하다.

본래부터 인간의 사유와 상상이라는 것이 환상이고, 그 환상을 인간은 실체^{substance, reality, identity}라고 착각하는 것이다. 자연과학도 과학적 환상에 불과하다. 존재 혹은 실재는 인간이 알 수 없는 것이다. 존재는 그냥 살 수 있을 뿐이다. 존재(자연)를 무엇이라고 규정한 것은 모두 환상^{fantasy, vision}이다. '앎=환상, 삶=존재'다.

신체는 결코 육체나 물질이 아니다. 신체야말로 존재인 것이다. 신체적 존재론의 상속자로서의 여성이 유물-기계론을 바탕으로 물신 숭배에 빠지는 것은 가장 존재를 왜곡하는 것이다. 이것은 또 자연적 존재로서의 존재에 대한 인간의 배반이다.

들뢰즈의 유물-기계론을 존재-자연(자연적 존재)과 비교해서 말하면 '나쁜 여성성'에 해당하는 것이다. 남성적 권력의 좋은 것이 올바른 정치政治고, 나쁜 것이 폭력暴力이라면 여성적 비권력의 좋은 것이 희생犧牲이고, 나쁜 것이 질투嫉妬라면 말이다. 자연을 기계로 환원한 현상학(물리적 현상학)은 결국 존재-자연을 훼손하고 황폐화하는 것이기 때문이다.

서양 철학을 서양 철학의 밖에서 보면 오랜 시간을 거치면서 '생성된 존재로서의 자연'을 인간의 머리로 구성한(머리 속에서 이해한) '구성된 존재로서의 자연'으로 해석하고 규정하려 한다고 할 수 있다. 이것의 절정이 처음에는 이데아였고, 그 다음에는 이성이었고, 그 다음에는 기계였다고 할 수 있다. 그것의 핵심에는 초월, 절대, 추상이 있고, 고정 불변의 존재가 도사리고 있다. 기계는 결코 생성을 설명하는 중심 개념이 되어서는 안 된다. 기계는 추상이기 때문이다.

이에 비해 고정 불변의 존재를 인정하기 않고 변화를 자연과 만물의 본성으로 받아들이는 것이 동양의 생성 철학이고, 도학이다. 도학은 그래서 인간과 만물을 변하는 신체적 존재로 받아들이는 특성이 있다. 이때 신체적 존재의 신체는 정신(주체)의 대상으로서의 육체(실체)가 아닌 생성 변화하는 존재로서의 신체다. 이 신체는 물론 끊임없이 신진대사新進代謝하는 신체고, 자연이다.

3. 들뢰즈 철학에 대한 존재론적 반론 50항목

1. 들뢰즈의 '기관 없는 신체', '신체 없는 기관'은 유물-기계적 생성론이다. 전자의 신체는 유물적 신체고, 후자의 기관은 기계를 의미한다. 그의 차이-반복이 생성론인 것 같지만, 실은 기계-생성론에 지나지 않는다. 들뢰즈는 차이(차이 그 자체)-반복이라고 설명하지만, 이것도 실은 동일한 것(실체)의 반복이다.

차이-반복/차이-연장 자체가 동일성 문화권의 발상이다. 동일성과 차이성은 동일성의 입장에서 볼 수도 있고, 차이성의 입장에서 볼 수도 있다. 이 둘은 다른 것 같지만 실은 입장만 다를 뿐 같은 표상을 말하는 것이다. 차이 그 자체라는 말은 사물 그 자체라는 말처럼 말장난에 불과할 뿐 말할 수 없는 것이다.

2. 들뢰즈는 세계를 절대론으로 통일하는 헤겔의 표상적表象的 세계관의 원인이 인간 유기체에 있다고 생각, 유기체에 반하여 세계를 유물-기계체의 세계로 해석, 유물론 계열을 선포했다. 그가 말하는 표상적 세계의 원인은 유기체에 있는 것이 아니라 인간의 대뇌(기계=뇌공룡)에 있다. 대뇌의 추상이 기계인 것이다. 들뢰즈는 대뇌 작용의 결과를 신체에 뒤집어씌움으로써 세계를 기계주의로 해석하게 된다.

3. 들뢰즈의 존재 사건은 유물기계적 사건이며, 따라서 의미도 물질의 표면에 있게 된다. 유심론자인 헤겔의 표상은

유물론의 표면으로 대체된 셈이다. 그의 존재론(생성론)은 기계적 생성론이다. 헤겔의 표상(관념)을 중심으로 하는 동일성正-부정反의 변증법이나 들뢰즈의 이미지(인상)를 중심으로 하는 차이-반복은 전혀 다른 것처럼 생각하기 쉬운데 실은 같은 동일성 문화권의 변주에 불과하다.

4. 들뢰즈의 생성을 토대로 하는 차이-반복도 실은 기계적 차이고 반복이다. 데리다의 차이-연장이 들뢰즈의 차이-반복이 된 것도 바로 그의 기계론에 기인한다. 데리다의 텍스트에는 연장이라는 말이 적당하고, 들뢰즈의 기계에는 반복이라는 말이 적당한 것이 지나지 않는다. 그래서 들뢰즈는 세계를 기계로 보기 때문에 연결-접속-분리라는 말을 쓴다. 이들을 연결하는 것이 코드화다.

5. 들뢰즈의 전쟁 기계-추상 기계는 자연에 대한 유물기계론적 해석의 결과다. 서양의 근대는 자연과학에 의해 출발했으며, 서양의 후기 근대는 유물기계론으로 도착한 셈이다. 이것은 존재를 유물 기계로 보는 인류 문명의 정신적 도착이며, 철학적 질병이다. 서양의 근대 철학은 과학을 지지하는 철학으로서 유물-과학을 지향해왔다. 그것의 최종 결과가 들뢰즈다. 이것은 존재(자연)의 반유기체-기계론으로 세계의 기계화다.

6. 들뢰즈가 표상적(동일성) 사유의 원인을 유기체에 두는 것과, 더욱이 자연(생명)의 움직임을 기계적인 작동으로 보는 것은 자연과학의 세계관에 철학의 굴복을 의미한다. 그가 유물적 사건을 의미로 생각하는 것은 하이데거의 존재론과는 전혀 다른, 세계에 대한 유물론적 해석이다. 들뢰즈가

추상 기계를 설정한 까닭은 추상이 기계인 줄 모르고, 자연을 기계로, 대뇌를 추상 기계로 본(분리한) 때문이다.

7. 들뢰즈의 철학은 결국 자연을 기계를 환원한 정신 도착의 형이상학이다. 니체의 철학이 형이상학의 완성이었다면 들뢰즈는 무신론-유물론-기계론으로 연결되는 서양 철학의 종착점이다. 이는 자연과학의 영향 하에 출발한 서양의 근대 철학이 자연과학에 굴복하는, 과학의 종이 되는 철학의 종착역이다. 칸트가 인간의 자유(도덕적 영역의 확보)를 위해 이론적 영역(현상)을 제한한 현상학의 마지막 모습이며, 서양 철학의 자살이다.

8. 마르크스의 유물론과 데리다의 해체주의와 들뢰즈의 기계주의는 머릿속 이상과 대뇌적 폐쇄에 빠진 현대인의 정신과 문명의 질병이다. 데리다는 이성을 해체한다고 하면서 정작 문화를 해체하고 있다. 자연과 문화는 항상 긴장관계를 가지면서 새롭게 구성되어야 한다. 해체는 수단이지 목적이 아니다. 들뢰즈는 결국 자연을 기계로 환원하고 있다. 이는 마르크스가 유물무신론으로 인간의 정신을 무화한 것과 같다.

9. 이들은 자연을 인간 정신이 규정한 물질 혹은 텍스트 혹은 기계로 보고, 급기야 자연을 기계적 작동으로 환원하게 된다. 자연은 물질, 텍스트, 기계가 아니라 바로 존재(자연적 존재)다. 이들은 계급 해체, 문자 해체, 유기체 해체를 통해 종래 구성된 인간 사회 문명을 해체하려는 자들이다. 이들은 자연 파괴자들이며, 문명 파괴자들이며, 인간의 삶에 반하는 철학적 사기꾼이며, 환자들이다. 유물론-힘의 의지-

기계론은 같은 계열이다.

10. 이미지가 지각과 사물의 사이에 있는 것은 당연하지만 이미지와 기억이 사물인 것은 아니며, 단지 의식일 뿐이다. 의식은 존재가 아니다. 의식을 사물로 보는 것은 현상학적인 환상(가정)에 불과하다. 의식은 자연이 아니라 관념 아니면 기계로 이분화될 수밖에 없다. 마르크스의 유물론과 니체의 힘에의 의지와 데리다의 해체주의와 들뢰즈의 기계주의는 결국 전체주의로 귀결될 것이다.

11. 자유가 없는 평등은 물질적 평등으로써 인간이 지상에 존재하지 않아도 되는 세계를 가정하고 있거나 그것을 이상으로 여기는 종말적 이데올로기다. 어떤 형태의 사회주의도 사회 자체가 목적인 경우에는 경로가 조금씩 달라도 전체주의가 될 것이다. 공산사회주의, 국가 사회주의(군국주의), 그리고 현대의 자유자본-기계주의는 관료기술주의(=감시감독주의)의 형태를 띠면서 미래 문명에서 전체주의의 앞잡이가 될 불길한 징조에 있다.

12. 자연의 입장에서 볼 때, 인간과 인간 문명은 자연의 균형(중용, 중도)을 파괴하는 암세포와 같다. 대뇌를 기반으로 하는 도구적 인간은 적어도 최소한의 도덕적 인간의 자리마저 잃고, 결국 자연적 인간을 배반하는 존재론적 자기 모순에 빠졌다. 특히 좌파적 사유는 도덕적 이상과 정의라는 가면을 덮어쓴 도구적 이성의 최종점(단말마)에 있다. 이는 인간 대뇌의 자기 모순이며, 인류와 문명의 종말을 의미할지 모른다.

13. 철학자는 안티反하기 때문에 좌파가 되기 쉽고, 일상의

삶은 살아야 하기 때문에 우파가 되기 쉽다. 인간의 좌뇌는 논리적이어서 존재(자연과 자연적 존재로서의 인간)를 기만한다. 어쩌면 그 자기 기만의 결과가 자연의 도구화·진리화일지 모른다.

14. 서양 철학의 존재론은 모두 사이비존재론이다. 존재=有無를 가지고 생성=生滅을 설명하는 데는 한계가 있을 수밖에 없다. 서양 철학의 존재는 조금이라도 동일성을 내포하지 않을 수 없다. 따라서 서양에서 완전한 생성론(=생멸론)은 존재할 수 없다. 존재라는 말로 생성론을 추구하는 모든 생기존재론은 거짓이다. 고정 불변의 존재(이데아=이성=신)가 있다고 가정하는 서양의 생기존재론은 존재(자연적 존재)를 '절대와 힘과 기계'로 환원한다. 기독교 유일신과 자연과학, 니체의'힘(권력)의 의지'도 여기에 포함된다. 기독교의 절대신=全知全能은 절대적 힘이었다.

15. 서양 철학은 플라톤의 이데아를 비롯해서 모두 현상학이다. 이데아를 가정하는 자체가 서양 철학이 현상학적 목적에 주안점이 있음을 뜻한다. 결국 서양 철학은 생성becoming을 존재being로 해석한 현상학적 과정이었다. 생성(존재)을 존재(존재자)로 환원하는 현상학적 환원 말이다.

16. 근대 서양 철학은 유물론에 도달하기 위한 철학적 여정이었다고 할 수 있다. 서양 철학은 처음부터 실체를 추구하는 현상학이었다. 들뢰즈의 유물-기계주의는 마르크스를 넘어 그것의 최절정(최종착)에 있으며, 그가 좋아하는 강도intensity는 물질주의 양의 다른 표현에 지나지 않는다.

17. 들뢰즈는 유목주의nomadism를 통해 자본주의를 공격하

고 있지만, 인류학자가 볼 때는 서양 문명의 유목문화적 원형과 특성은 오늘날 자본주의에서 가장 잘 드러나고 있다. 자본주의야말로 유목주의의 문화적 계승자다. 유목주의는 전쟁과 폭력을 드러내는 문명적 특성을 지닌다. 들뢰즈의 유목주의는 인류학의 잘못된 적용 혹은 자의적 원용에 지나지 않는다.

서양 철학(현상학)의 유물론(실체론)으로의 여정		
플라톤	현상-이데아idea, essence	소수적 초월주의(본질주의)
기독교	창조주God-피조물creation	대중적 플라토니즘
데카르트	사유-존재(기계적 세계관)	사유가 존재를 해석함 (근대의 시작)
스피노자	능산能産-소산所産	근대적 유물론, 일자一者의 시작
뉴턴	절대과학science	자연철학이 자연과학이 됨
라이프니츠	단자론單子論, 미적분학	자연을 수학·과학적으로 계산함
칸트	절대양심conscience	절대과학에 대해 양심(도덕)을 제기
헤겔	절대 정신(유심론, 자기 의식)	관념론의 완성(관념=유물)
마르크스	절대물질(유물론)	유물적 세계로의 역전, 계급 해체
니체	힘에의 의지(주인-노예 도덕)	생기적 존재론의 등장
후설	현상학의 등장(대상 의식)	현상학(의식학)에 대한 재인식

하이데거	존재론(existence의 시작)	생기존재론(존재사태)의 강화
라캉	상상계, 상징계, 실재계	심층심리의 철학적(언어적) 해석
들뢰즈	기계주의(기계적 생성론)	차이-반복, 리좀Rhizome
데리다	해체주의(해체적 문자학)	차이-연장, 문장-문명의 해체
촘스키	능동-수동의 왕래 (변형생성문법)	변형생성문법(주어↔목적어)
하이젠버그	불확정성의 원리(입자-파동)	세계의 비실체에 이르다
박정진	신체적 존재론 (유물론을 탈출하다)	자연의 신체성(생명성)을 회복하다

〈서양 철학: 현상학에서 유물-기계론으로〉

18. 들뢰즈의 안티오이디푸스는 오이디푸스콤플렉스의 안티가 아니라 오이디푸스콤플렉스의 사회문화적 확대, 연장에 지나지 않는다. 문화인류학적으로 볼 때 진정한 안티오이디푸스는 고부姑婦콤플렉스다. 고부콤플렉스문화권에 속하는 대표적인 곳이 한국이다.

19. 자본주의에 대한 분열 분석이라는 이름으로 전개되는 문화 심리 분석은 자본주의 혹은 서양 문명 전체에 대한 철학적 폭로와 고백에 불과하다. 요컨대 분열 분석이라는 것이 그러한 정신 병리 현상을 치유하는 것은 아니다. 자본주의에 대한 일방적인 비판은 이념 논쟁에 지나지 않는다.

20. 영토화, 탈영토화, 재영토화의 개념은 헤겔의 정반합의 원리를 역사적(시간적)이 아닌 지질학적-지리학적(공간

적) 변주에 지나지 않는다. 또한 기계주의, 전쟁 기계, 추상 기계 등의 개념은 유물기계론에 빠진 서양 문명의 천장天障을 폭로하는 정신 병리학적 자기 고백이다.

21. 들뢰즈는 마르크스의 노동-유물론에 의한 전체주의가 아니라 유물-기계주의에 의한 전체주의의 도래를 예언하고 있다고 볼 수 있다. 이것은 어쩌면 기계의 노예로 전락하는 인간의 미래를 비관적으로 예언하는 것으로 볼 수 있다.

22. 근대 산업혁명을 이끈 서양 문명은 유목-전쟁-육식 문명의 연장으로서 세계를 한없는 권력 경쟁과 전쟁으로 몰아갈 것이며, 환경 파괴와 함께 평화와는 멀어지는 미래를 인류에게 안내할 공산이 크다(농업-평화-채식 문명을 이끌어온 동양 문명이 세계를 이끌어야 인류를 평화로 안내할 가능성이 높다). 절대를 추구해온 유목-육식 문명은 이제 4차 산업 혁명의 인공지능과 생명공학의 시대를 맞아 기계주의에 의한 전체주의와 인류 멸종으로 인류를 몰아갈 위험이 크다.

23. 들뢰즈는 스피노자의 실체와 마르크스의 유물과 니체의 힘과 기계를 동일시하고 있다. 물신物神 추종의 서양 근대 문명의 폭로다. 헬레니즘과 헤브라이즘의 융합으로 이루어진 서양 문명은 오늘날 유물-과학 기술주의로 그 절정을 맞고(꽃을 피우고) 있다. 이것은 기계-생성이라는 말에서 잘 증명된다.

24. 세계는 일자一者(神-物神, substance, 機械-機運, 환유적 전체, 전체주의)가 아니고 일여一如(萬物萬神, 심물존재, 氣運-氣韻, 은유적 전체, 전체성)다. 전체성으로서의 일자

^{一者}는 은유로서 말해야 한다. 전체성은 현상이 되면 이미 부분으로 전락하며, 본래 전체성을 배반하기 때문이다. 그런 점에서 세계는 전체가 아니라 세계 자체로 접근하여야 한다.

25. 유물론은 관념적 유물론이고, 진정한 유물론은 기계적 유물론이다. 현대 인류는 스스로 인정하든, 인정하지 않든 모두 유물론자다. 자유-자본주의조차도 유물론을 위한 욕망에 지나지 않는다. 그런 점에서 현대인에게 기계적 유물론, 물신 숭배는 도구적 인간의 재앙적 종말을 연상한다.

26. 인간은 도구적 인간으로 끝날 것인가. 도덕적 인간으로 복귀할 것인가. 이것이 문제다.

27. 존재는 유심도 아니고, 유물도 아니다. 존재는 주체도 아니고, 대상도 아니다. 존재는 무시무종의 기운생동이다. 존재는 명사가 아니다. 모든 명사(명사구, 명사절)는 불완전한 '것'(불완전명사)이다.

28. 신이라는 말이 나옴으로써 신은 신이 아니고 결국 물질 혹은 기계가 되어버렸다. 고대원시의 신물일체^{神物一體}는 물신일체^{物神一體}가 됨으로써 신은 자신의 본래 위치를 잃어버렸다. 본래의 신물^{神物}로 돌아가야 한다.

29. 심^心이라는 말이 나옴으로써 심은 심이 아니라 물이 되어버렸다. 따라서 심물일체^{心物一體}가 됨으로써 본래 위치로 돌아가야 한다.

30. 존재의 틈(깨어진 세계)을 뚫고 나온 세계가 상징계고, 그것의 대표가 이분법의 세계고, 동일성의 세계다.

31. 상징(언어)적인 세계는 결국 자아 분열의 세계고, 존재

로부터 소외된 세계다. 앎=언어=소외는 같은 것이다. 상징의 세계는 마치 자동 인형과 같다. 자동 인형-인공지능-기계 인간은 상징(언어), 즉 대뇌의 산물이다.

32. 인간은 문화하고, 자연은 진화한다. 그 사이에 신체가 있다. 신체야말로 존재(본래 존재)다.

33. 세계를 이분화하면 결국 죽음에서 벗어날 수 없다. 세계를 주체-대상으로 보는 것 자체가 이미 세계의 전체성(기운생동)을 훼손하는 것이다. 주체-대상, 창조-피조, 탄생-죽음은 모두 현상학적인 차원의 세계 해석이다.

34. 인간이 대상을 인식하고 의식하는 것은 이미 대상과의 거리를 두는 것을 의미한다. 존재는 모두 함께 있는 존재인데 그것을 대상화하는 것은 서로를 소외하는 일의 시작이다. 이것은 세계를 분리하는 것을 통해 대상(이용 대상)과 목적으로 전환히는 것을 말한다. 이것이 육하원칙이고, 우리는 이 속에서 살고 있다. 이것을 세계라고 말한다.

35. 세계를 대상으로 보는 것 자체에 이미 죽음이 내재해 있다. 죽음은 시간을 설정함에 따른 인간의 운명이다. 존재에 죽음이 있는 것이 아니라 주체와 대상이 있기 때문에 죽음이 있다. 더욱이 세계가 있기 때문에 죽음이 있다. 세계는 이미 인간의 눈으로 경계를 지운 세계(나-남)다. 존재에서 죽음을 바라보면 죽음은 존재의 전체성으로 복귀에 지나지 않는다.

36. 주체-대상에는 여러 경우가 존재한다. 첫째 대상에 종속되는subject to object 경우가 있다. 둘째 대상에 주체subject가 되는 반전을 들 수 있다. 셋째 대상에 눈을 떼지 않는 목적to

object과 방향성for object을 갖는 것이다. 그러나 존재를 대상으로 인식한다는 것은 인간 자체를 대상에 둠으로써 존재를 무화하는 위험에 빠져들게 할 수 있다.

37. 현상학적인 무와 존재론적인 무는 다르다. 전자는 시각적으로 없음을 의미하고, 후자는 시각적으로 보이지 않지만 어떤 있음을 의미한다. 후자는 전자기장電磁氣場과 같은 것이다. 무엇 자체, 혹은 존재 자체의 자체self는 자아ego 혹은 실체(주체-대상)가 아니다. 존재 자체는 아무런 논의를 할 수 없음을 의미한다.

38. 기독교의 창조주-피조물의 세계는 근대 철학의 대표적 유물론자인 스피노자에 이르러 능산-소산으로 변했고, 마르크스에 이르러 유산자-무산자라는 계급론으로 변했다. 마르크스의 무신-유물론은 기독교마르크시즘의 성격과 함께 경험적 유물론의 과학 기술 시대에 무신無神의 종교가 되었다.

39. 세계를 기계론으로 보는 들뢰즈의 철학은 서양 철학의 유물론과 서양 기독교의 제조적 신관의 마지막 모습이라고 할 수 있는 '기계신의 등장'을 긍정한다. 들뢰즈의 기계-생성보다 기계신을 더 잘 설명하는 철학은 없다. 오늘날 서양 철학과 신학과 문명은 실은 기계에 도달하기 위한 대장정이었음을 말해준다. 들뢰즈의 철학은 존재(생성)를 존재자(기계)로 바꾼 서양 문명의 자기 마스터베이션이었으며, 자기 운명-자기 종말 현상이다. 들뢰즈의 철학이 비판되어야 하는 이유는 인류 종말과 연결될 가능성이 높기 때문이다.

40. 세계는 기운생동이다. 동사와 기운생동은 다른 것이

다. 하이데거가 존재를 설명하기 위해 명사적 존재 대신에 동사적 존재를 말했다고 해도 그 동사는 명사가 움직이는 것이기 때문에 기운생동과는 다른 것이다. 기운생동에는 명사(실체)가 없다. 기운생동은 전자기장과 같은 실체가 없는 것이다. 존재는 '역동적 장場의 개폐開閉'의 세계다.

41. 서양의 시 철학자라고 할 수 있는 니체와 말년에 시詩에서 구원을 찾은 하이데거는 서양 철학계에서 보기 드물게 시적 은유를 지향한 철학자라고 할 수 있지만, 이들의 시적인 태도는 동양 철학의 전반적인 시적 전통으로의 회귀를 의미하는 것인지도 모른다. 니체의 변증법이라고도 할 수 있는 인생 3단계론 '낙타의 단계', '사자의 단계', '어린이의 단계'는 엄밀한 의미에서의 철학적·논리적 전개라기보다는 매우 은유적인 서술 방식이다.

42. 니체가 20세기를 전후한 시점에서 인간의 도덕과 권력을 해체하면서 '망치의 철학자'로 후세에 이름을 날렸지만, 결국 '힘에의 의지'라는 대안 아닌 대안을 내놓고 정신 질환에 걸려 숨졌다. 들뢰즈도 '차이와 반복'이라는 대안 아닌 대안을 내놓고 21세기의 문명병을 먼저 앓고 갔다.

니체의 권력 의지의 '복수 권력'은 들뢰즈에 이르러 분열분석의 '기계 접속'으로 계승되었다. 이들에게 세계는 비록 능동성과 생산성을 가지고 있기는 하지만, 비유기체적인 수학적-추상적인 기계로 환원되었다. 이들의 세계는 겉으로는 생성적인 세계관을 가진 것 같지만, 실은 자연과학의 기계적 세계관과 다를 바가 없다. 수학적 X는 무한대의 N으로 대체된 것에 불과하다.

이제 철학은 미래를 위한 대안을 내놓는 정신적 작업을 하는 것이 아니라 인류 문명의 병리 현상을 고백하는 정신병자로 전락하였는지 모른다. 이들의 생기존재론은 생성(존재)을 존재(존재자)로 환원하는 현상학적 궤적에 불과하였다. 동일성을 추구해온 서양 철학과 문명은 과학을 탄생시킨 이후에 주체-대상을 기본으로 다양한 현상학적인 실험을 전개하였지만, 끝내 과학의 시녀가 되고, 유물-기계라는 존재(존재자)와 함께 철학의 종언을 선언한 셈이다.

서양 철학과 문명은 남성(권력)-시각(기계) 연합의 문명이다. 서양 문명에서 여자는 남자의 의미(대상)다. 자연은 인간의 의미(대상)다. 남자와 인간은 의미를 생산하고 부여함으로써 기표(권력)가 된다. 인간은 자연의 기표다. 권력과 과학(기계)은 기표연쇄다.

43. 욕망 기계=욕망 이성, 이성과 욕망은 서로 교차한다. 신체적 이성은 욕망이고, 대뇌적 욕망은 이성이다. "나는 생각하기 때문에 존재한다."라는 코기토는 "나는 상상하기 때문에 욕망한다." 혹은 "나는 욕망하기 때문에 상상한다."라는 말로 바뀌어야 한다. 라캉의 '오브제 a'는 들뢰즈에 이르러 오브제 '기계 a'가 되고 말았다. 자연과학이 사유하지 않듯이 기계는 의미마저도 단절되는, '기표연쇄에서 의미 단절'로 막다른 골목으로 뛰어가는 '존재의 죽음'이다.

44. 존재는 기계가 아니다. 존재는 신체다. 신체적 존재론은 인류 구원의 철학이 되어야 한다. 기계는 인간 대뇌의 추상의 결과다. 추상도 상상에 포함되며, 추상하는 힘이야말로 소유적 존재의 출발이다.

45. 사유는 소유다. 소유가 아닌 사유 혹은 사유가 없는 것이 자연적 존재다. 이것이 불교적으로는 무억無憶, 무념無念이다. 인간 현존재는 소유를 위해서 시간과 공간을 만들고, 그것을 바탕으로 사유를 했다. 그런 점에서 현재는 시간이면서 동시에 시간이 아닌 이중성을 갖는다.

46. 존재는 인식적 존재(사유 존재), 의식적 존재(의미 존재), 존재 가능성(시간 존재)의 존재다. 인식, 의식, 존재가능성은 시간의 과거, 현재, 미래를 의미한다. 결국 인간 현존재는 시간과 공간이라는 제도를 만들어낸 제도적 존재자다. 시간과 공간은 자연(본래 존재)이 아니다. 시간과 공간은 과학을 위한 제도고, 그 끝은 기계다.

47. 서양 철학은 결코 동양의 도학이 될 수 없다. 서양 철학은 삶 자체보다는 그 삶을 대상으로 하는 현상학적 태도를 갖기 때문이다. 그 결과 자연은 주체-대상으로 이분화되고, 급기야는 자신의 신체마저도 객관적으로 봄으로써 자연은 물질 혹은 기계로 환원되는 유물기계론의 세계가 된다. 자연이라는 신체적 존재를 물질-기계적 존재 혹은 기계-생성적 존재로 본다.

48. 물신 숭배는 현상학적인 특성을 가지는 서양 철학이 피할 수 없는 것이며, 이것은 원시 고대의 신물 숭배와는 다르다. 자연은 스스로 그러한 신이며 그러한 까닭에 신물이다. 이것이 기독교의 제조적製造的 신과는 다른, 조화신造化神의 전통이다. 물신 숭배는 인간신과 통하고, 조화신은 신물 숭배와 통한다.

49. 들뢰즈의 기계-생성론은 물신 숭배-제조신-인간신人

聞神의 전통과 그 연장선상에 있다. 반면 박정진의 신체적 존재론은 신물 숭배-조화신-신인간神人間의 전통과 그 연장선상에 있다. 현대인은 이제 인간신과 신인간을 동시에 발견함으로써 자신의 정체성을 새롭게 정립하지 않으면 안 되게 되었다. 신은 신을 위해서 탄생한 것이 아니라 인간을 위해서 탄생한 존재라는 사실을 뒤늦게 확인하게 된다.

50. 들뢰즈가 서양 철학의 정점에 있다면 박정진은 동양 도학의 새로운 기원에 있게 된다. 인류 문명이 자연(자연적 존재성)을 회복하기 위해서는 필자의 네오샤머니즘과 신체적 존재론의 철학을 필요로 한다. 박정진은 『천부경』의 인중천지일人中天地一을 오늘날에 맞는 새로운 정신으로 온고지신함으로써 '인중천지일-자신론=자신自身-자신自信-자신自新-자신自神'에 도달하였다.

들뢰즈의 유물-기계주의를 박정진의 신체적 존재론과 비교하면 아래 표와 같다.

들뢰즈 실체론의 완성 현상학 (존재자론)	一者/眞理 (전체주의/ 절대성)/ 物神崇拜- 人間神	神-物神 (환유적 전체) 유기론^{唯機論} 유물-기계론	substance 實體-唯物/ 기계-생성론 차이-복제	기계^{機械}- 기운^{機運}/ -되기기^{-becoming}/ 性機學 (기계적 우주)
박정진 (신체적 존재론) 존재론의 완성 존재론 (생성론)	一如/眞如 (전체성/ 존재성)/ 神物崇拜- 神人間	萬物萬神 (은유적 전체) 卽自/卽心卽 物 유기론^{唯氣論}	심물존재 心物存在 心物自然/ 心物一體	기운^{氣運}- 기운^{氣韻}/생성 ^{Becoming}/性氣學 (DSCO: 역동적 場의 開閉이론)

* 들뢰즈의 '-되기'는 은유의 세계를 철학적으로 접근한 말에 불과하다. 철학에서 시 철학으로 향하다. -되기는 실체론이다.

〈유물-기계주의와 신체적 존재론〉

서양 철학의 전통과 문명을 동양의 도학(도법자연)과 『천부경』과 비교하면 아래 표와 같다.

도법자연道法自然/構成/천지중인간(天地中人間=사이-존재)	天	칸트(뉴턴)	순수이성(과학/도덕)	실천이성 선의지
	人	니체(스피노자/마르크스)	신체적 욕망(실체-양태/코나투스)	힘에의 의지(능산-소산/능동-수동) 초인Übermensch
	地	들뢰즈(스피노자/니체/라이프니츠 미적분)	욕망기계(유물-기계주의/기관없는 신체)	기계주의(유물론-기계신) 리좀학 욕망=힘=기계(다양체) 노마디즘nomadism
뉴턴의 자연과학 이후 유물론-기계신(물신 숭배)을 향한 서양 철학/ 존재를 현상으로 대체한 서양 철학이 다시 현상을 존재로 착각함				
自然/生成/인중천지일(人中天地一=존재 자체)	道法自然에서 自然으로	박정진 天符經·道佛 동서고금의 철학을 넘어 자생 철학 정립	도학道學/詩철학/존재론네오샤머니즘/신체적 존재론(신체=존재)	일반성의 철학/소리 철학(觀音철학=風流철학)/여성 철학/감각존재sense-being 철학/예술적 존재론(삶=존재)

〈도학-『천부경』으로 본 서양 철학과 문명〉

최종적으로 종합하면 들뢰즈로 대표되는 서양 철학과 문명은 남자(문명)의 입장에서 여자(자연)를 보는 것이고, 동양 도학은 여자(자연)의 입장에서 남자(문명)을 바라보는 것이라고 은유할 수 있다. 서양 문명은 한마디로 과학적 환원주의, 유물-기계적 환원주의에 빠져 있다. 이러한 전통은 결국 존재(생성)를 말하고 있지만, 결국 현상학적 환원에 빠진 서양 철학의 최종 주자라고 할 수 있다.

남녀 상호주관	남자-여자	머시니즘-유물론	유물환원주의
남자(문명)가 여자(자연)를 보다 남자=서양=과학 사유=기계체	여자가 자궁(신체)에서 아이를 낳는 것을 제품을 생산(공장생산)하는 것처럼 착각한다.	들뢰즈의 머시니즘은 자연을 기계적 작동으로 생각하는 환상에 빠져 있다.	서양 철학은 자연을 자연과학으로 해석하는 환원주의(현상학적)에 빠져 있다.
여자(자연)가 남자(문명)를 보다 여자=동양=자연 출산=유기체	남자가 대뇌(공장)에서 제품을 생산하는 것을 아이를 출산(자궁생산)하는 것처럼 착각한다.	마르크시즘은 물질을 여성을 같은 지평에 둔다.	여성과 물질은 유사 관계에 있다고 생각한다. 마르크시즘=페미니즘

〈남자와 여자, 서양과 동양〉

들뢰즈는 결국 서양의 유물-기계주의를 대표하는 철학자다. 그는 후기 근대의 서양을 대표하는 철학자인 동시에 철학의 질병에 걸려 있다고 역설적으로 말할 수 있을 것이다. 한 걸음 더 나아가면 서양이 주도하는 현대 과학 기술 문명과 물신 숭배에 빠져 있는 인류는 자연으로부터 멀어지면서 여러 종류의 정신적 질병에 걸려들 것이다. 세계는 유물-기계가 아닌 생명-신체다.

들뢰즈에게는 존재가 기계다. 그의 기계-생성론은 자연과학을 철학적으로 표현한 것에 불과하며, 철학을 자연과학의 미적분의 세계, 즉 기계의 강도intensity에 굴복하게 한 기계신의 추종자로 그를 남게 했다. 이것은 서양 철학과 문명의 정신질환자적 측면을 고백한다. 니체의 '힘'은 들뢰즈에 이르러 '기계'가 되어버렸다. 그는 철저하게 니체의 후예인 셈이다. 니체의 '영원 회귀'는 그에 이르러 '기계의 생성(접속)'이 되어버렸다.

들뢰즈 철학의 현란한 용어 생산과 인류학적 지식의 도입, 요컨대 자본주의를 해부한 분열 분석과 욕망 기계와 전쟁 기계 등은 그의 철학을 서양 철학과 문명의 집대성자로 받아들이게 하지만, 결국 서양 철학과 문명의 욕망과 무의식인 '오이디푸스콤플렉스'를 문화 전반으로 확대하여 보여준 것에 지나지 않는다.

들뢰즈와 니체 철학을 자연과학과 인문사회과학, 그리고 자연(존재, 자연적 존재)이라는 범주를 통해 비교하면 더 정확하게 그 위치를 알 수 있다. 이들의 철학은 '가부장(주인)-힘(지배)-기계(도구)-전쟁(패권)-남성 철학'으로 해석할 수 있다. 이들의 철학에는 짐짓 '여성과 땅(영토)'에 대한 철학적 이해와 '여성 되기'와 같은 여성 우호적인 제스처가 있기는 하지만, 정작 '팰러스(페니스)의 우상'을 무의식에 숨기고 있다.

우리는 이와 반대로 '모성-사랑-출산-평화-여성 철학'을 상정해볼 수 있다. 그런 점에서 여자(자연)는 남자(문명)에게 마지막 의미다. 여자는 자연의 상속자(미토콘드리아-이브)니까. 반대로 남자(문명)는 여자(자연)를 기계(출산 기계)로 본다. 가부장제의 하느님 아버지^{God}는 힘과 전쟁의 신이었으니까. '평화의 신'은 '여자(여신)'가 될 수밖에 없다.

생기적 존재	자연	인문사회과학	자연과학
생성과 존재 becoming/being	생성 변화의 존재 becoming-nature	존재-제도 being-mechanism	존재-기계 being-machinism
니체-들뢰즈 존재 이해	존재(생성적 존재)	니체-힘, 권력 (표상을 넘어선 힘)	들뢰즈-기계 (미적분적 기계)
니체-들뢰즈 존재 목적	고정 불변의 존재	힘(권력)의 초인 영원 회귀	기계신^{神} 기계적 접속과 강도

시공간은 과학적 제도다/인문사회과학은 시공간의 제도다.

〈서양 철학의 생기론과 과학〉

3. 데리다, 해체주의와 평론적 철학, 그리고 표절
— 남의 철학에 대한 평론이 자신의 철학은 아니다

1. 현상학: 신^{God}, 정신^{Geist}, 유령^{Ghost}

  서양의 근대 철학을 현상학의 입장에서 바라보면 칸트의 순수이성비판·실천이성비판의 철학은 자연과학(물리적 현상학)의 심각한 영향 아래에서 발생한 것으로서 물리학의 자연과 대해서 인간의 자유를 내세운 것이다. 말하자면 인간의 자유가 어떻게 도덕적으로, 양심의 소리(정언명령)와 함께 자연과의 조화 속에 살 수 있을까를 탐구한 것이라고 볼 수 있다. 칸트는 판단력 비판에서 다소 목적론적인 성향—자연과 자유의 통합—을 보이긴 했지만, 자연과학의 인과론적인 영향을 이탈하지는 않았다.
  칸트의 철학이 인간의 인식 한계를 전제한 '비판^{Kritik} 철학'이었다면 헤겔의 철학은 인간 정신의 절대지(절대진리)를 주장함으로써 결과적으로 자신의 정신이 도달한 지점의 진리를 '절대진리'로 보는 '당파성^{Parteilichkeit} 철학'이었다고 볼 수 있다. 헤겔의 뒤를 이으면서 동시에 뒤집은 청년 헤겔파인 마르크스의 유물론이 심한 당파성을 보이는 것은 헤겔에서 출발한 것이라고 볼 수 있다. 유심론이든 유물론이든 당파성을 내재한다는 측면에서는 같다. 헤겔의 철학이든 마르크스의 철학이든 매우 현상학적인 결과들이다. 기독교신의 절대성이 마음(정신)에 가면 절대 정신(유심론)이 되고, 몸

(신체, 자연)에 가면 절대물질(유물론)이 되는 것이다.

헤겔은 처음부터 목적론적인 철학의 양상을 보였다. 헤겔의 개념$^{Begriff, 청사진}$이 실현되면 현실^{Wirklichkeit}이 된다. 개념(청사진)의 실현이라는 것은 결국 개념이 현실이 된 것이라는 점에서 그 현실은 개념의 이론적 전체성(목적성)을 달성했다고 볼 수 있다. 이것은 한 개인의 의식 속에 세계의 전체성이 들어가는 사건으로서 자의식의 전체성(자의식: 자기-내-의식)이라고 말할 수 있다. 그런데 헤겔 속에 이미 전체적 목적을 달성하는 수단으로서 혁명^{revolution}이 등장하게 된다. 그런 점에서 헤겔의 철학을 '관념론의 완성'이라고 부르는 것이다. 관념이 현실이고, 상상이 미래가 되는 셈이다.

정신현상학이라는 이름 하에 전개된 그의 관념론^{idealism} 철학은 정신^{Geist}의 목적성을 드려내면서 최종적으로 절대지(신의 경지)에 이를 것을 주장했다. 헤겔의 절대지는 개인적으로는 인간이 신의 경지에 도달할 정도로 의식을 확장하여 세계의 전체성을 포괄하는 것이 되지만, 이러한 절대지를 집단이나 국가에 요구하게 되면 개인의 '유동성 전체성'은 굳어져서 전체주의로 돌변하게 되고, 전체주의는 정의의 이름으로 수많은 인명을 살상하면서도 반성하지 않는 인간 종을 만들어냈다.

집단은 어떠한 경우도 개인이 성취한 의식의 '유동적 전체성'을 확보하면서 신의 경지에 도달하는 경지를 이룰 수 없다. 공산사회주의(소비에트사회주의)와 파시즘(히틀러의 국가 사회주의)은 그 대표적 예인데 둘 다 독일적 관념론적 전통에서 발생한 까닭은 헤겔과 직간접의 영향 하에 이루어졌다고 볼 수 있을 것이다. 독일의 관념주의적 전통은 항상

관념론이 이데올로기로 변질될 위험을 안고 있었다고 할 수 있다.

헤겔 철학은 자연과학과 유리되면서 결국 관념^{Idea}이 실체를 규정하는 것으로 역전했다. 이러한 헤겔의 노정은 어쩌면 필연적으로 마르크스의 유물론의 길을 열어준 것이라고 볼 수도 있다. 자연과학적 결정론의 영향은 인문사회학에서 유물론적 결정론을 만들어냈다고 볼 수 있다. 그러한 점에서 유물론은 현상학의 자연과학이라고 말할 수 있다.

특히 유물론-공산사회주의는 생산 도구를 가진 유산자가 생산 도구를 가지지 못한 무산자를 착취한다고 하고 계급 투쟁을 선동하면서도 정작 자신의 이념의 성취를 위해 다른 모든 존재를 도구로 환원하는 자기 모순에 빠져 있다. 세계를 도구화한다는 점에서는 자연과학이나 자본주의나 공산주의가 같은 입장에 있다. 그런 점에서 현상학의 마지막 뒤집기인 유물론-무신론은 도구적 인간의 '마지막 모습'이라고 하지 않을 수 없다. 이러한 도구적 체계(기계)에 마지막으로 저항할 수 있는 존재는 신체(신체적 존재)밖에 없다. 신체는 아직도 자연으로서 본래 존재의 모습을 지니기 때문이다.

서양 철학사에서 유심론이 유신론의 편에 서듯이 자연스럽게 유물론은 무신론의 편에 섰다. 유심론-유물론의 현상학적 이분법은 그 어느 것도 존재론에 도달할 수 없다. 더구나 현대 과학 기술 문명은 '신'의 자리에 '과학과 물질'을 대체하였다는 개연성을 피할 수 없다. 그러한 점에서 과학 기술 문명에 미래를 전적으로 맡긴 자유자본주의와 사회적 평등에 맹목적인 공산사회주의는 둘 다 인류의 '구원의 철학'이 될 수 없다.

오늘날 자유-자본주의와 공산-사회주의는 기독교 전통의 이름으로 기독교자본주의, 기독교사회주의라고 해도 무방할 것 같다. 여기에 과학 기술만능주의가 참가하는 인류 문명을 보면, 결코 안심할 수가 없다. 인간이 과학 기술만능주의에 빠진다면 과학종교를 믿는 것이나 유물론을 믿는 것이나 다를 바가 없고, 유물론은 도리어 자연과학주의와 걸맞는 사상으로 보이고, 자본주의는 이러한 물신 숭배를 잘 운반하는 영혼 없는 도구로서 화폐(돈) 경제를 의미하는 것인지도 모른다. 이러한 전반적인 물신 숭배의 현상은 무신론과 다를 바가 무엇인가, 의심케 하기에 충분하다.

과학에 대한 종교의 종속과 종교에 대한 과학의 종속은 둘 다 바람직한 것은 아니라는 점에서 과학과 종교의 상보적인 관계 형성에 관심을 보이고 있지만, 과학보다는 종교에 대해 거는 기대가 크다. 이는 과학의 수단적·도구적 성격 때문이다.

"종교가 아직도 평화와 행복을 향한 비타협적인 갈망을 보존하기 때문에 종교의 환상은 평화와 행복을 제거하기 위하여 활동을 하는 과학보다는 아직도 높은 진리가치를 지니고 있다."[103]

필자가 물신 숭배에서 신물 숭배로, 인간신에서 신인간으로, 이러한 '말 바꿈(전도)의 방식'으로 현대 문명을 진단하고 처방하는 까닭은 바로 정반대로 역전하지 않으면 본래 자연을 회복할 수 없는, 인류 문명에 대한 위기 의식 때문이

---

103   마르쿠제, 『에로스와 문명』, 김인환 옮김, 나남, 1989, 71쪽.

다. 말하자면 현대 문명은 이제 뒤집지 않으면 안 되는 한 극단에 서 있다. 그래서 인류 문명의 균형 잡기를 위해서는 이러한 극약처방만이 인류에게 유의미한 것이라는 나름대로의 소신을 가지게 된 것이다.

스피노자는 흔히 범신론자로서 종래 기독교 신앙과 다른 자연신自然神에 가까운 것처럼 말하지만, 유일신substance을 포기하지 않는 그의 범신론汎神論은 도리어 유물론의 출발이다.[104] 스피노자의 범신론은 데카르트의 심리적 현상학(의식학)의 은밀한 기독교적 확대로서 신을 실체substance로 변형한 것에 지나지 않는다. 따라서 스피노자와 데카르트는 한 통속이다. 서양 철학의 유물론자들이 후에 스피노자를 신봉하는 것을 보면 이는 잘 증명되고 있다.

스피노자의 신의 양태modes로서의 자연은 자연의 물질성을 인정하는 것이었다. 이는 데카르트의 순수정신(=神)과 순수물질(=양태)의 기독교적 변주에 지나지 않는다. 여기에 라이프니츠의 단자론單子論을 보태면 서양 철학은 자연과학의 실체론을 위한 합창에 지나지 않는다. 칸트마저도 절대적인 시공간을 부정했다고 하지만, 자연과학의 모델에 맞는 심리적 현상학(합리적 심리학)으로서의 순수이성을 주장한 것에 지나지 않는다. 칸트의 순수이성은 초월적 자아의 초월적 자유를 말하는 것이다. 초월적 자유가 있기 때문에 실천이성으로서의 양심이 있을 수 있다.

헤겔의 절대 정신은 그야말로 '사유에 대한 존재의 절대 복종'(사유-존재)이다. 헤겔의 절대 정신, 유심론은 존재에 대한 사유의 절대 지배나 절대적 지위를 의미하는 것이다.

104　박정진, 『위대한 어머니는 이렇게 말했다』, 살림, 2017, 115~116쪽.

인간이 자연을 배반하고 지배한다는 것은 자신을 낳아준 어머니를 배반하는 것과 같다. 그런 점에서 철학과 과학의 현상학은 남성적 권력의 표출이라고 할 수 있다. 만약 이것이 옳다면 철학의 존재론은 여성적 철학이라고 말할 수 있을 것이다.

플라톤의 이데아나 칸트의 순수이성이나 헤겔의 절대 정신이나 후설을 순수의식 등은 모두 절대(실체)를 추구하는 개념이라는 공통점을 갖는다. 이는 기독교의 절대 유일신과 뉴턴의 절대 물리학과도 통한다는 점에서 서양 철학과 문명의 알파와 오메가라고 할 수 있다. 니체는 기독교를 대중적 플라토니즘이라고 간파함으로써 서양 철학 전체를 일이관지一以貫之한 바 있다. 결국 서양 문명은 눈에 보이고 손에 잡을 수 있는 실체를 추구하는 문명이라고 할 수 있다. 그런데 서양의 기독교 유신론은 마르크스의 무신론으로 종결되었다는 점에서 자기 모순에 빠졌다고 할 수 있다. 마르크시즘이 기독교마르크시즘이라고 불리는 까닭은 여기에 있다.

인간이 신을 정복함으로써 만약 신이 무의미해진다(없어진다)면 이러한 현상은 과연 인간에게 유리할 것인가, 불리할 것인가? 철학도 결국 인간에게 유익한 것이 되지 않으면 안 되기 때문이다. 인간이 신을 섬기는 까닭은 신을 위해서가 아니라 실은 인간을 위해서인데 과연 신을 잃어버린 인간은 궁극적으로 누구와 대화를 할 것이며, 누구로부터 세계의 평화나 행복을 이끌어낼 것인가, 궁금해진다. 물론 오늘날 공산주의는 '무신론의 종교'라고 역설적인 말을 하지만, 기계 문명이라는 황야에 버려진 인간은 '군림하는 신'이 아니라 함께 대화하는 여성적인 신, 어머니 같은 신을 요청하게 된다.

모든 어머니에게 있어서 "우리는 세계다We are the world."[105], "우리는 미래다We are the future."라고 할 수 있다. 이 말 속에는 평화를 염원하는 마음이 있다. 그런 점에서 철학도 이제 가부장-국가사회의 철학이 아니라 명령하는 아버지 같은 철학이 아니라 가슴에 품어주는 어머니 같은 철학을 요구하게된다. 어머니 같은 철학은 권력적인 철학이 아니라 비권력적인 철학으로서 평화를 지향하는 철학이다.

가부장-국가사회의 철학은 정도의 차이는 있지만, 대체로 파시즘의 속성을 내재한다. 오늘날 고도로 발달한 금융자

105 마이클 잭슨, 라이오넬 리치 작사 작곡의 노래. 1985년 1월 28일 로스앤젤레스의 A&M 레코딩 스튜디오에서 미국의 팝스타 45명이 모여 'USA For Africa'라는 단체를 결성한 후에 아프리카 난민 자선기금 마련을 위해 10여 시간 강행한 철야 녹음 작품이다. 1985년 4월 3일부터 4주간 정상을 지켰으며, 그 결과 2억 달러를 모금해 인류애를 전 세계에 보여준 역사적인 작품이다. 가사 내용을 보면 다음과 같다. "어떤 부름에 귀를 기울일 때가 왔습니다./세계가 하나가 되어야 할 때가 온 것입니다./사람들이 죽어가고 있습니다./지금은 하늘이 준 생명에 구원의 손길을 뻗어야 할 때입니다./우리는 언제까지나 모른 척할 수 없습니다./누군가 어디선가 변화를 주어야 합니다./우리는 하나님의 대가족 중의 일부라는 사실을 당신은 알고 있죠?/사랑은 우리가 필요로 하는 전부예요./당신의 마음을 그들에게 보내면/그들은 누군가의 관심을 받고 있다는 사실을 알게 됩니다./그러면 그들의 삶은 강해져서 자유롭게 될 거예요./하나님은 돌을 빵으로 바꾸는 것을 보여주었으니/이번에는 우리 모두 구원의 손길을 보냅시다./당신이 지치고 외로울 때는 희망이 없어 보이지만,/그러나 만일 당신이 믿음만 가지면/위험한 지경에 빠지지 않아요./우리가 하나가 될 때 변화를 일으킬 수 있다는 것을 깨달아요./우리는 세계,/우리는 어린이,/우리는 밝은 날을 만들어야 합니다./그러니 이제 베푸는 일을 시작합시다./우리는 선택했습니다./우리는 인생을 구원하고 있습니다./너와 나,/우리는 더 좋은 시절을 만들 수 있습니다.

본주의도, 빅 데이터 시대의 정보 사회도 정보의 공유와 신속이라는 미명 하에 파시즘의 요소를 숨기고 있다. 어쩌면 우리가 보편성이라고 믿는 것 자체가 이미 파시즘의 속성인지도 모른다.

헤겔 이후 등장한 니체는 신체-심리적 현상학의 모습을 보이면서 후기 근대 철학을 선도했다고 볼 수 있는데 니체의 '권력에의 의지'는 헤겔과 마르크스(헤겔 좌파)의 관념-유물론의 입장을 벗어나서 자연과학적 결과라고 할 수 있는 '힘(권력)'을 도입함으로써 철학의 새로운 통일을 시도했다고 볼 수 있다. 그런 점에서 니체는 헤겔 우파에 가깝다고 할 수 있다. 독일에서 히틀러 파시즘의 탄생은 니체의 '권력에의 의지' 철학을 탄생시킨 분위기나 풍토와 전혀 관련이 없다고 할 수 없다. 철학의 특성으로 볼 때 하이데거에게 파시즘의 연루 혐의를 따지기보다는 니체와 연관하는 것이 더욱 적실성이 있다고 할 것이다.

흔히 현상학은 후설에 의해 창안된 것처럼 말하는데 실은 '앎(지식)'의 철학적 전통으로 볼 때 현상학은 소크라테스나 플라톤에서부터 시작하였고,[106] 그것이 헤겔의 정신현상학에서 집대성되었고, 후설에 의해 다시 제 분야로 분파되었다고 볼 수 있다. 헤겔에게 정신은 신이고, 국가였다고 볼 수 있다. 신과 국가는 모두 절대적이었다.

국가라는 새로운 유령이 등장함으로써 유령이 바로 정신 혹은 신과 같은 정체였음을 폭로한 것이 근대라는 이름의 시대정신이다. 헤겔은 유령이야말로 신과 정신의 가장 근원

---

106 플라톤이 쓴 소크라테스의 4대 복음서는 「소크라테스의 변명」, 「크리톤」, 「파이돈」, 「향연」 등이다.

으로서의 길을 연 인물이다. 자연의 입장에서 보면 자연 이외의 모든 것은 유령에 속한다. 신도 유령이고, 국가도 유령이고, 따라서 인간은 각종 형태의 유령을 만드는 존재고 인간이 만든 문화는 유령의 다른 변이라고 할 수 있다.

인류는 근대에 들어 자유-자본주의국가 혹은 공산-사회주의국가라는 양대 유령(자본과 노동이라는 거대 유령)을 만들어 패권 경쟁을 하는 것이다. 헤겔의 정신은 국가-신을 만들기 위해 과학 기술과 연합하여 전쟁을 일으켰고, 제국을 만드는 데는 성공했지만, 인류에게 평화를 제공하는 데는 실패했다. 헤겔 좌파이든 우파이든 국가 이기주의와 제국 이기주의로 인류의 평화를 달성하는 데에 이르지는 못했다. 도대체 인류의 평화는 어떻게 올 것인가?

인류의 평화는 자식이 부모의 입장에서 자신을 되돌아보는 것으로 시작되는 것인지 모른다. 자식을 바라보는 부모의 입장에서 세상을 바라본다면 평화를 이루지 못할 것도 없다. 그런데 문제는 그것이 어렵다는 데에 있다. 자식의 입장에만 있으면 '인류 역사는 형제들의 투쟁의 역사'라는 한계를 벗어나지 못하기 때문이다.

효를 생물학적으로 보면 부모가 자식을 사랑하는 내림 사랑과 반대가 되지만, 인류의 문화는 역으로 부모를 공경하는데서 도리어 평화를 찾을 수 있게 된다. 효는 충과 더불어 이데올로기라고 비판하기도 하지만, 가정의 평화가 없으면 인류의 평화가 달성되지 않는다는 점에서 인류는 일종의 가정주의로 복귀하지 않으면 평화를 달성하기 어려운 구조에 있다. 그런데 그 가정주의는 족벌주의로 돌아가는 것이 아니라 지구촌가족주의로 새롭게 중심을 잡아야 한다. 이는 가정주의와 세계일가정신의 역동적 왕래라고 할 수 있다.

가정주의-지구촌가족주의 이외의 '어떤 집단주의'도 평화를 달성되지 못한다. 인류의 패권주의로는 평화가 달성되지 못한다는 것이 오랜 동서양의 역사와 최근의 양차 세계대전이 증명하였다.[107] 패권주의는 가부장제-국가 사회의 연장선상에 있다. 물론 개인주의로도 평화를 달성하지 못한다는 것이 현대 자본주의 사회의 부익부 빈익빈이 증명한다. 개인주의를 중심으로 자유와 평등, 박애와 평화를 추구한 근대는 인간의 문화적 용량을 확대하기는 했지만, 지금 다시 수렴을 요구 받고 있다. 가족의 해체 등 현대 사회의 여러 문제는 다시 가족-가정의 부활과 함께 동양 사상의 최대 덕목인 효 사상에 대한 새로운 해석, 그리고 인류 공동체의 공생공영공의를 위한 실철적 노력을 요구한다.

니체의 철학은 이성에 대해 욕망을 제시하면서 여기에 자연과학의 성과를 종합하면서 결국 과학 기술주의에 욕망이 편승하는 노정을 보였다. 그가 제안한 '초인über-mensch'은 욕망과 과학 기술주의의 통합으로서 영원 회귀(현상학적인 무한대)를 지향하는 인물로 끝을 맺는다. 니체를 '서양의 부처'라고 하는 것은 말하자면 존재론적 차원의 '부처'를 현상학적 차원으로 환원해서 해석하는 것과 마찬가지다.

니체의 '초인'은 헤겔의 '절대지에 도달한 인물'과 관련이 없을까. 헤겔과 마르크스와 니체의 공통점은 '신을 부정하

107　근대화 이후 19, 20세기의 영국은 러시아의 남진 정책을 막으면서 유라시아대륙에서 패권을 유지하려고 했고, 20, 21세기의 미국은 중국의 일대일로一帶一路, One belt, One road 정책을 막기 위해서 인도태평양라인Indo-Pacific Strategy을 구축했다.

거나 도전하는 태도'라고 할 수 있다. 예컨대 헤겔은 신을 긍정하였지만 신의 절대지에 도전하였으며, 마르크스는 아예 무신론을 주장하였으며, 니체는 신이 죽었다고 공언하였다. 이러한 태도는 정도의 차이는 있지만, 결국 절대유일신을 믿던 중세와 비교하면 결국 무신론으로 다가가는 혹은 인간신人間神을 추구하는 모습이라고 하지 않을 수 없다.

헤겔은 현상학의 방법 가운데 정신(절대 정신, 이성의 간계)의 방법으로 새로운 신을 요청했으며, 그것이 절대지絶對知였다. 마르크스는 물질(유물론, 육체의 노동)의 방법으로 새로운 신을 요청했으며, 그것이 종래의 신을 부정하는 무신론無神論이었다. 한편 니체는 권력(주권적 개인)의 방법으로 신을 부정하는 초인론超人論을 전개하였다. 세 철학자 모두 중세 기독교의 신을 부정하면서 새로운 신을 요청하였으며, 그 방법이 달랐을 뿐이다. 이들은 또 오늘의 입장에서 보면(필자의 입장에서 보면) 모두 자신自神에 도달한 철학자들이다. 그러나 천재적 개인이 주장한 철학이 어떻게 변형될지, 역사적·사회적 과정에서 어떻게 구체적으로 전개될지는 집단의 몫이다.

이 세 철학자의 개인적 존재사의 결과물이 집단의 역사 속에서는 그들의 뜻과는 다르게 혹은 정반대로 전개되었다. 바로 헤겔의 절대지가 국가주의로 드러났으며, 이는 중세의 종교 국가에서 근대의 국가 종교(국가신)의 등장을 의미하는 것이었다. 마르크스의 무신론이 공산사회 전체주의로, 니체의 초인론이 국가 사회주의 전체주의로 드러났다.

헤겔은 철학으로서 신과 역사에 도전한 첫 철학자다. 그는 자신의 역사 철학에 대한 질문에 "역사 철학은 철학의 역사다."라고 답했다고 한다. 역사 철학자다운 답변이다. 인류의 문명은 오늘날 자연과학 기술과 역사 철학으로 대변된다고 해도 과언이 아니다. 전자가 사물 대상과 공간에 대한 과학의 성취라면 후자는 의식 대상과 시간에 대한 인문학의 성취다.

헤겔의 역사 철학은 종래의 형이상학의 공간 중심을 시간 중심으로 바꾸어놓은 결정적인 전환점을 마련하였다고 볼 수 있다. 사물을 대상으로 보는 자체가 이미 서양 철학의 초월론의 시작이었지만, 후설의 현상학에 이르러 그러한 초월론 혹은 현상학적인 환원주의는 다양한 현상학적인 연구 대상을 향하여 분화되었다고 볼 수 있다. 이러한 현상학에 근본적·회의적 물음과 함께 서양 철학 전반에 대해 현상학적인 환원주의의 방법으로 메스를 가한 인물이 하이데거다. 그리고 그는 현상학과의 결별을 선언하고 '존재론'이라는 낯선 길을 개척했다.

돌이켜 생각해보면 인간의 생각은 필연적으로 환원적일 수밖에 없는 것이다. 왜냐하면 현재를 기준으로 과거를 생각할 수밖에 없기 때문이다. 과거에 살아보지 않은 '현재의 우리'로서는 현재를 기준으로 과거를 회상할 수밖에 없고, 다른 도리가 없기 때문이다. 따라서 현상학이 되려면 '시간적 현재'에 대한 확고한 인식이나 신념이 없이는 불가능하다. 말하자면 현상학은 '현재의 학'인 것이다. 만약 '현재'라는 개념이 무너진다면 현상학은 사상누각이나 마찬가지다.

현상학에서 환원이라는 것과 현상학적 회귀라는 것이 얼

른 보면 정반대의 것으로 보이지만, 그 뿌리는 역시 환원적 사고에 있다. 왜냐하면 미래 또한 과거를 통해서 성립되며, 미래는 과거의 상상적 재구성으로서 그 자료는 결국 과거에 대한 현상학적 사고의 결과물을 다시 재구성(재조립)하는 것에 불과하기 때문이다. 이렇게 보면 인간의 사유라는 것도 '시간의 현재'라는 토대(지평) 위에서 전개되는 파노라마(환영, 영상)에 지나지 않는 것이 된다. 그런 점에서 니체의 '영원 회귀'라는 것이 무슨 대단한 것의 발견이라고 보는 것은 어불성설이다. 현상학적 환원이나 영원 회귀는 같은 현상(현상학적 현상)을 두고 정반대의 입장에서 표현하는 수사학에 지나지 않는다.

현상학의 요체는 이원대립적인 것으로 설정된 항들이 시간의 간격을 두고 혹은 동시에(순간적으로) 왕래하는 것을 말한다. 현상학은 또한 방법론적인 면에서도 환원적이면서도 동시에 회귀적이다. 왜냐하면 계속적인 환원 작업을 수행하기 위해서는 회귀하지 않을 수 없고, 환원-회귀를 왕래하여야 주체-대상의 왕래를 계속해서 할 수 있기 때문이다. 서양 철학사에서 하이데거처럼 현상학과 결별한다는 것은 일종의 영웅적인 행위라고 말할 수 있다. 말하자면 자신의 자아를 던져버려야(놓아버려야) 가능한 일이기 때문이다. 이것은 그들에게는 자포자기처럼 느껴질 것이다. 그래서 하이데거는 존재론을 주장하면서도 최후의 안전 장치로 신(기독교의 신)을 붙잡았다고 말할 수 있다.

그렇다면 서양의 현상학은 어디쯤 왔는가? 서양 철학의 종합 메뉴 혹은 종합 백화점으로 불리는 헤겔 철학은 '정신'

이라는 개념을 가지고 종래의 서양 기독교의 신을 새롭게 해석한 것이라고 볼 수 있다. 그래서 헤겔의 정신은 '신-정신'의 이중성을 갖는다. 서양 철학과 기독교는 본래 인간을 투사한 것으로서 '이데아'와 '신'을 초월적인 존재로 설정하고 있지만, 결국 '신'은 '대중적 플라토니즘'임이 니체에 의해서 폭로됨으로써 결국 '인간-신(인간이 신을 증명함)'이 '신-인간(신이 인간을 보증함)'으로 왕래하다가 헤겔에 이르러 '신-정신(절대 정신으로 신을 설명함)'의 이중성으로 변천하는 추이를 보였다.

헤겔의 '정신'은 여러 의미의 층위^{mind, spiritual, soul}를 보임에 따라 애매모호함과 함께 해석의 혼란을 야기하기도 한다. 심지어 '정신'은 '신성한 유령'의 의미마저 있다. 헤겔이 유령을 들먹인 것은 서양 철학사에서 매우 중대한 자기 성찰(자기-내-성찰)이라고 하지 않을 수 없다. 그 까닭은 그 이전의 신과 정신이 유령일 수도 있다는 길을 열었기 때문이다. 신-정신-유령은 서로 이중성의 관계에 있다.

신, 정신, 유령은 서양 문명권 안에서 보면 서로 다른 것 같지만 밖에서 보면 이 셋은 같은 동일성의 변형들이다. 처음에 인간은 신을 상상할 수 없어서 결국 자신을 닮은 '인격신'(원시 고대의 범신과 유일신)을 상상할 수밖에 없었고, 인지가 발달하면서 그 인격신은 로고스의 신으로 가정됨으로써 보편성(법칙성)을 갖춘 신으로 변모하게 된다. 그래서 인간이 신을 증명하고(중세 스콜라신학), 신이 인간을 보증하는(근대 이성신) 형태로 자리를 갖추게 된다. 결국 신이 인간의 정신을 보증하고, 인간은 후기 근대에 이르러 다시 유령을 탄생시켰다고 볼 수 있다.

유령의 탄생이라는 것은 실은 신의 본래 성격을 드러내는 측면이 없지 않다. 신과 정신과 유령은 같은 '동일성의 존재'로서 서로 순환 관계에 있으면서 동시에 매개 혹은 이중성의 관계에 있음을 볼 수 있다. 그런데도 이들은 새로운 경계를 지음으로써 존재에 대한 새로운 사유의 태도를 피력했다고 말할 수 있다. 인간은 상상한 것을 다시 언어로 붙잡고, 언어로 잡은 것을 다시 물질로 소유하려는 존재(현존재)다.

인간이라는 말속에는 이미 '사이間-존재'로서의 의미가 들어 있다. 인간은 하늘과 땅 사이에 있는 존재일 뿐 아니라 흐르는 시간성時을 시간時間으로, 비어 있는 공간성空을 공간空間으로 인식하는 '사이-존재'를 드러내고 있다. 사이-존재는 필연적으로 사이를 계산하는 존재가 될 수밖에 없다. 무엇을 계산한다는 것은 대상을 손에 잡을 수 있는 실체로 받아들이는 것을 의미한다.

헤겔에 의해 유령 혹은 '신성한 유령'의 등장은 신과 정신과 유령의 상관 관계를 더욱 느끼게 하였다고 볼 수 있다. 유령의 등장은 서양 철학사로 볼 때는 매우 '자기 고백적인 철학 행위'다. 그 고백은 신이 본래 인간이 설정한 유령이었구나 하는 것을 깨닫게 되고 자신도 모르게 실토하게 되는 사정을 말한다.

문화	동일성/실체성/현상성	신	천	동일성/자연과학/기계성/존재자/환유
		정신	인	
		유령	지	
자연	차이성/비실체성/존재성	기운생동(기운생멸)	천지인의 순환	순환성/이중성/상징성/존재/은유

〈신, 정신, 유령〉

신, 정신, 유령은 실은 서양 철학의 동일성을 나타내는 변형들이다. 이 사이에는 어떤 필연성 같은 것을 느끼게 되고, 이들이 바로 인류 문화의 변천 과정으로서 특히 서양 문화를 상징적으로 드러내는 말이라고 할 수 있다. 이들을 동양의 천지인 순환 사상에 방편적으로 대입해볼 수도 있다.

천지인 사상에 신/정신/유령을 대입하면 천=신, 지=유령, 인=정신이 된다. 천지인 사상에 문화 장르를 대입하면 천=종교, 지=예술, 인=철학이 된다. 천지인 사상에 현대의 세 가지 유령을 대입하면 천=과학 기술(기술 경제), 지=공산 혁명(정치 경제), 인=자유 자본(자본 경제)이 된다. 이를 경제를 중심으로 보면 천=기술(추상), 지=노동(신체), 인=자본(상징)이 된다.

유령이라는 말은 오늘날 이제 낯선 언어가 아니다. 신/정신/유령은 인간의 상상하는 힘, 즉 출발부터가 상상계와 관련이 있으며 상상계가 없으면 상징계든, 현실계든 존재할 수 없다. 도리어 상상계가 있음으로써 상징계와 현실계가 드러나고 차별화된다고 볼 수 있다. 그런 점에서 인간의 가장 근본적 힘은 이성이라기보다는 상상력이라고 할 수 있을 것이다. 실재가 있기 때문에 가상 실재가 있기는 하지만, 가상 실재가 있기 때문에 실재가 드러난다고 할 수 있을 것이다.

천지인 사상	신/정신/유령	문화 장르	현대의 세 가지 유령	경제
천/정/성	신	종교	과학 기술 (기술 경제)	기술(추상)
인/신/정	정신	철학	자유자본 (자본 경제)	자본(상징)
지/기/명	유령	예술	공산혁명 (정치 경제)	노동(신체)

〈천지인 사상의 문화적 변형〉

동양의 천지인 사상의 경우, 동일성(실체)을 보장·보증하지 않고 있기 때문에 이 항목들이 확실하게 대입된다고는 할 수는 없다. 천지인 사상은 동일성을 가지고 있지 않은 대신 이 사이의 순환성과 이중성과 상징성을 동시에 내포한다. 역으로 말하면 서양 문명은 천지인 사상의 순환성을 동일성으로 바꾼 문명이다. 서양 문명의 특징과 문제점, 강점과 약점은 바로 동일성에 있다. 서양 문명이 오늘날 지배 문명이 되게 한 것도 동일성이지만, 동시에 인류 문명을 공멸하게 할 확률이 높은 것도 동일성이다.

기독교의 절대유일신 사상(헤브라이즘)과 그리스의 고정불변의 실재인 이데아 사상(헬레니즘)의 결합으로 이루어진 서양 문명은 오늘날 결국 과학 기술이라는 힘과 지배의 유령이라는 종착역에 이르렀다. 결국 신은 가장 힘 있는 기계가 된 셈이다. 이것은 과학적 환상이며 실체다. 따라서 기독교의 종말은 기계에 의해 이루어질 전망이다. 본래 존재인 신체를 잃어버린 인간은 노동 운동으로 저항하면서 스스로 발명한 기계에 의해 종말을 고하게 될 위기에 처하게 된 셈이다. 인간 집단 전체가 변하지 않은 한 누구도 피할 수 없다. 그래서 자연과 더불어 공생하는 순환 사상인 고래의 천지인 사상의 부활이 요구되는 것이다.

　서양 문명의 궤적을 보면 이데아가 신이 되고, 신이 정신이 되고, 정신이 물질이 되고, 물질이 과학이 된 것이라고 말할 수 있다. 정신은 자유를, 물질은 평등을 과학은 기계를 염원한다. 이들의 정체는 실은 모두 절대(동일성, 실체)고, 절대는 유령Ghost이다. 여기서 적은 악vice, evil, bad이 되고, 친구는 선virtue, good이 된다. 선악은 입장에 따라 다를 수 있다. 인간은 자기 기만으로 나(내 악)를 절대선이라고 생각하고, 남(남의 선)을 절대악이라고 생각하면서 인류 종말의 전쟁을 벌일 가능성이 높다.

　자연은 항상 인간이 파악한 세계를 넘어서 알 수 없는 환경으로서 존재한다. 이것을 현상학적으로 받아들이면 무한대 혹은 영원이지만, 그보다 자연은 현상의 근본 혹은 바탕으로서 무 혹은 무위다. 자연은 영원한 신비고 신비한 것이 바로 신이다. 생각해보라. 신비한 것이 없다면 어떻게 신이 존재할 수 있겠는가. 이것은 역설적으로 미신이 없다면 신비도 없다는 뜻이 된다. 미신이라고 하는 것은 과학을 기준으로 볼 때 미신이지만, 신앙을 기준으로 볼 때는 신비에 대한 참여고 경외일 뿐이다.

신과 귀신의 관계도 과학과 미신의 관계와 마찬가지다. 미신은 '잘못된 신앙'이 아니라 신비와 혼미昏迷, 混沌를 믿는 신앙이다. 어떤 점에서는 신비와 혼미야말로 실은 존재다. 그것은 인간의 현상학적인 지평地平, 해석학적인 지평, 관점의 지평에 매이지 않기 때문이다. 그렇게 따지면 어떤 종교(예컨대 기독교)에도 미신적 요소가 있다.

신도 어떻게 규정하느냐에 따라 자연과 마찬가지일 수 있다. 서양의 범신론자 스피노자처럼 기독교의 유일신을 자연에 덮어씌울 수도 있고, 원시 부족 사회의 애니미즘이나 동양의 범신론이나 도법자연道法自然의 도학처럼 자연을 기독교 유일신에 덮어씌울 수도 있다. 기독교의 절대유일신과 범신론과 애니미즘과 도는 서로 통할 수 있다. 상대방의 입장이 되어보는 공감으로 역지사지하면 말이다. 공감을 쉽게 표현하면 정情이다. '정'은 남을 걱정하는 마음이다.

문화는 자연과 다른, 문자를 통해 비로소 드러나는 존재자(동일성)다. 서양 철학의 신, 정신, 유령은 얼른 보면 서로 다른 것 같지만, 자세히 보면 동일성이라는 공통성을 가진다. 신은 정신으로 변형되고, 정신은 다시 유령으로 변형되면서 전혀 다른 담론을 펼치는 것 같지만, 실은 담론의 중심 이동 혹은 새로운 유행 혹은 새로운 변신이라고 할 수 있다.

서양 철학에서 서로 다른 것처럼 논의되는 유신론과 유심론(유정신론), 그리고 유심론과 유물론(유물질론)은 하나다. 말하자면 하나의 사유 방식인 사유(언어)-존재(사물)의 산물이라는 뜻이다. 유심론과 유물론이 현상학적 왕래를 하면서 경계를 넘어서면 그 중간 지점에서 하나가 되고, 유신론은 무신론과 마찬가지다. 극과 극은 통한다는 말이 있지만, 어떤 것을 주체로 하든, 대상으로 하든 유무를 논하는 것은 결국 현상학적인 차원이 돌 수밖에 없다. '무엇$^{\text{what, thing}}$'이 있다고 하는 것이나 없다고 하는 것은 '무엇(실체, 동일성)'이라는 것이 없이는 설명이 불가능하기 때문이다. 예컨대 '신'이라는 개념이 없이는 무신론을 말할 수 없다. 유신론도 신을 과학적으로 설명할 수 있는 길은 없다.

유무론은 현상학적 차원과 존재론적 차원이 다르다. 현상학적 차원의 '유무론'은 '유'와 '무'가 이분법에 의해 갈리지만, 존재론적 '유무론'은 말(언어)은 다르지만, 결국 같은 것이다. 왜냐하면 존재론적으로 있다는 것은 '없이 있는'^{nothingless}이고, 존재론적으로 없다고 하는 것은 '진공묘유^{眞空妙有}'기 때문이다. 존재론적으로 '있다'^{有}고 하는 것은 '없다'^{無}고 하는 것이나 마찬가지다.

신이 유령이 될 수 있는 것은 존재론적으로 가능하고(막을 수 없고), 나아가서 신과 유령은 현상학적으로 상호 가역·왕래할 수밖에 없는 존재(상대)들이다. 현상학적 대립 항들은 상호가역적인 대상이 될 수밖에 없다. 이들은 모두 동일성이라는 실체를 가진다. 따라서 동일성은 모든 존재를 현상학적으로 드러내는 현상에 불과한 것이다. 특히 유령은 종래의 신 혹은 정신과는 달리 색다른 것처럼 보이지만, 실은 신이나 정신 속에 이미 실체로서 들어 있었던 존재자다.

　마르크스와 데리다의 유령론은 다분히 목적론적이고, 헤겔의 아류라고 할 수 있다. 해석 여하에 따라서는 결국 헤겔의 정신은 실체고 실체는 동시에 유령이 된다. 서양의 유령은 결국 '실체가 있는 유령'이 됨으로써 '실체가 유령'이 되고, '유령이 실체'가 되는 난센스에 봉착하게 된다. 서양의 신과 정신과 물질은 실체로서 처음부터 유령(가상 실재)이었다는 알리바이가 성립한다. 결국 '신=정신=유령=실체'가 되는 셈이다. 이들은 모두 서양적 사유 방식의 산물이다.

　동일성의 치명적인 문제점은 바로 처음부터 동일성을 주장하면 세계가 고정 불변의 실체가 되어 근본적 변화를 하지 못하는 자기 모순(모순율)에 빠지는 된다는 데에 있다. 그 모순은 영원히 해결될 수 없는 '지속의 모순'이다. 동일성의 문명권은 세계를 이분화(배중률)해서 동일성(실체)을 추구하지 않을 수 없다. 데카르트의 코기토는 바로 그런 것의 대표적인 것이고, 대부분의 서양 철학자는 코기토의 자손이다. 동일성의 문명권은 세계를 필연적으로 이분화하지 않을 수 없다. 세계를 이분화하면 결국 서로 경쟁하고 싸우는 것을 피할 수 없게 된다.

　동일성의 최종적 문제점은 나중에 심리적으로 혈연적 동일성이라고 할 수 있는 근친상간의 유혹에 빠지게 된다는 데에 있다. 레비스트로스의 말대로 근친상간 금기는 문명과 야만의 문지방과 같은 것이지만, 동시에 그것을 오히려 넘고(범하고) 싶은 유혹에 빠지도록 하는 것도 심리적 콤플렉스의 특성이다. 동일성의 문명이 가장 금기해야 할 것이 근친상간 금기다. 문명적으로 근친상간 금기는 철학적으로 동일성의 철학이다. 그래서 서양 문명은 오이디푸스콤플렉스 문명권이다. 가장 상징적 문화 형태인 신화가 철학과 역사를 지배한다.

헤겔은 역사변증법으로 동일성의 모순을 극복하는 방식을 만들어냈지만 같은 동일성의 방식에 의해 마르크스에게 유물사관(유물론적 변증법)으로 역전되고 만다. 이것이 서양 철학의 길고 긴 드라마의 시종이다. 헤겔이 서양 철학을 역사 철학으로 옮겨놓은 것은 사실이지만, 결국 헤겔의 절대정신(유심론)은 마르크스의 뒤집기에 의해 유물론(절대 물질)을 낳은 것이 사실이고, 결국 정신이 물질이 되게 하는 데에 결정적 역할을 했다.

결국 가장 이상적(관념적)인 것이 가장 현실적(실체적)인 것이 되었을 뿐 아니라 물질이 정신이 되는 적반하장을 초래하게 한 것도 사실이다. 인간의 '정신'이 '물질'이라고 규정한 것은 '물질'이 아니라 본래 '물物, 존재'이지만, 정신의 개념 규정에 의해 '물질'이 되었다. '물질'은 '정신'이 규정한 것이다. 결국 정신精神=물질物質이다. 오늘날 서양이 주도하는 인류 문명이 과학 기술 문명과 혼음混淫과 근친상간에 빠진 것은 동일성의 폭력의 '장렬한(황홀한) 드라마'라고 할 수 있을 것이다.

현상학적으로 대립되는 이원 대립항들은 무한대로 계속되어도 그 모순이 해결되지 않음(해결 불가능, 해체 불가능)을 의미하고, 이를 현상학적인 관계에 있다고 말한다. 현상학적인 차원은 한 점(한 순간)에서는 대립되는 의미가 이중성을 보이게 된다. 마찬가지로 우리의 '눈에 보는 것(현존)' 은 '눈에 보이지 않는 것(부재)'와 대립적이면서도 이중적인 관계에 있다. 결국 역사적(시간적: 정반합변증법상) 대립과 순간적(공간적: 경계선상에서) 이중성은 말은 다르지만, 서로 같은 내용이라는 결론에 도달하게 된다. 서양 문명의 특징은 현상학에 있고, 현상학은 무한대의 이원 대립과 의미의 이중성에 있다.

요컨대 데리다의 '해체deconstruction'라는 것도 서양의 이성주의나 구성주의를 벗어나는 것 같지만 이러한 현상학적인 범주를 벗어나지 못한다. 철학의 방법론으로서의 '해체'는 의미가 있지만, 철학의 목적으로서의 해체란 서양 철학이 그동안 서양 철학과 문명이 자연을 구성적으로 보았다는 것을 반증하는 것에 지나지 않는다.

서양 철학은 기본적으로 시각-언어(개념)의 연쇄에 따른 구성주의다. 해체란 구성했기 때문에 해체하여야 하는 일종의 작용, 반작용과 같은 작동인 것이다. 해체주의는 구성주의의 그림자이거나 주변 현상에 지나지 않는다. 해체주의가 소수자minority를 두둔하거나 지지하는 것은 바로 그림자 혹은 어둠에 지나지 않는다는 것을 함의한다.

서양 철학의 구성주의는 또한 도구주의를 숨긴다. 결국 자연으로부터 도구를 끌어내어 사용하기 위해서 스스로 구성해보는 것이다. 서양의 형이상학을 비판하면서 '도구적 형이상학'이라는 말을 하지만 형이상학 자체가 바로 도구적인 것을 저들은 잘 모른다. 그런 점에서 서양 철학 자체가 도구적이라고 말할 수 있고, 하이데거의 말대로 과학 기술주의가 형이상학의 완성이 되는 것은 당연한 귀결이다.

동양의 불교나 노장 철학 등 도학을 배운 서양 철학자들이 해체주의를 운운하는 것은 그들의 문화문법에 따른 현상학적 궤도의 순환에 지나지 않는다. 자연은 해체할 수 없는 것이다. 서양의 후기 근대 철학자들은 자연을 마치 해체된 어떤 것으로 바라보면 저들의 구성주의를 벗어나는 것처럼 착각하는데 이것은 일종의 자기 기만으로서 이미 해체를 목적으로 바라보는 심리가 깔려 있다.

서양 철학자들에게는 목적은 동시에 수단이다. 사물에 대한 대상적 인식 그 자체에 이미 수단과 목적의 이중성이 내재해 있다. 자연은 지금도 생멸하고 있다. 생멸은 한 순간일지라도 잡을 수 없는 것이다. 자연의 생멸을 해체로 보는 것은 구성주의의 고백성사에 지나지 않는다(고백성사를 하고 다시 죄를 저지른다).

서양의 철학과 기독교와 과학은 그러한 점에서 실체론의 세쌍둥이와 같다. 데리다의 '해체'나 '차연différance'이나 '환대to come'나 '유령specter'은 전반적으로 자연의 생성과 사건을 '결정 불가능의 문제' 혹은 '해결 불가능의 문제unsolvable problem'로 보는, 매우 현상학적인 지향성intentionality의 관점이고, 종합적으로는 프랑스적 텍스트이론의 변형에 불과한 것이다. 서양 철학의 '차연' 혹은 '차이'는 실은 동양 철학의 음양론의 차이와는 다른 것이다. 동양의 음양론은 실체가 없는 것의 차이이지만, 서양 철학의 차이는 실체(동일성)가 있는 것의 차이로서 무한대로 연장(공간)되거나 지연(시간)되는 것이다.

하이데거와 데리다의 차이는 바로 현상학적인 차이다. 현상학적인 차이라는 것은 결국 수학의 미적분과 다를 바가 없는 것이다. 미적분이야말로 차이의 무한대의 연장을 전제한 것인데 철학에서는 뒤늦게 차이(차연)이라고 호들갑을 떨면서 마치 새로운 개념이라도 발견한 양 떠들어대는 것이다. 서양의 차이 철학은 실체론적 전통에서 구조언어학이나 구조주의, 동양의 음양론과 불교의 공空 사상을 수용하면서 유행하기 시작했는데 실은 동양에 대한 잘못된 해석이라고 할 수 있다.

데리다의 해체론은 결국 종래 철학이 해오던 모든 결정성을 '해체론적 문자학grammatology'을 통해 비결정성undecidability으로 해체하는 동시에 미래에 '다가오는to come' 것에 대해서는 해체 불가능으로 간주하는, 이중 결박Double-Bind('필요'와 '불가능')을 통해 해체론을 주장하지만, 그는 결국 서양 철학의 법(『법의 힘』)과 기독교의 메시아이론으로 귀향하는 자기 모순에 빠졌다.

메시아 사상도 '시간의 함정' 혹은 '시간의 놀이'에 빠진 것이라고 할 수 있다. 이는 '현상학적 함정'이라고 말할 수 있다. 데리다의 '이중 결박'이야말로 겉으로는 '해체'라는 이름으로 종래 서양 철학의 결정성을 해체(해방)하는 것 같지만, 실은 바로 자기 구속으로서 현상학적 결박이다.

데리다의 해체론의 허구성(사상누각)은 그가 로고스의 원인을 소리에서 찾은 '말소리중심주의logo-phonocentrism'에서 비롯된다.[108] 즉 자기가 말한(입으로) 소리를 자기가(귀로) 들을 수 있는 '소리의 자기 환원성'은 얼른 보면 자기 동일성처

108 박정진, 『소리의 철학, 포노로지』, 소나무, 2012, 16~215쪽.

럼 느껴지지만 이것은 '자기 최면'에 불과하다. 소리의 자기 최면성이 로고스의 원인이 되었다는 주장은 어불성설이다.

서양 철학자들은 왜 자기 최면적인 소리를 자기-투사적 혹은 자기-환원적인 것으로 보면서 소리를 이성의 원인으로 생각하는 것일까? 왜 근대 서양 문명에 이르러서 수학적 물리의 세계가 현상되었을까. 여기서 '순환의 자연'과 '인과의 세계'가 갈림길을 만나게 된다. 빛도 사물을 보게 함으로써 이성이 발달할 수 있는 환경은 되지만 소리와 마찬가지로 직접적인 로고스의 원인이 될 수는 없다. 소리와 빛은 파동일 뿐이다. 인간은 빛이라는 파동(태양계) 안에서 살면서 고정 불변의 입자(실체)를 발견하려는 로고스의 존재다. 로고스의 원인은 어디까지나 시각과 언어의 연합 작전의 산물이다.

데리다가 이러한 철학적 함정에 빠진 것은 하이데거의 '철학적 방법론'으로서의 해체destruction를 '목적으로서의 해체'로 전용한 때문이다. 그의 '해체론deconstruction'의 잘못된 전용이나 문화 번역상 오류라고 말할 수 있다. 이는 독일 관념론적 성격의 하이데거의 존재론을 프랑스 현상학의 문맥으로 이해하고 번안한 결과다. 결국 그의 해체론이 '해체론적 유령론'을 통해 서양 철학의 본래의 '법' 사상과 기독교의 '메시아 사상'으로 돌아가는 '현상학적 회귀'를 보이는 것은 이미 예상된 결과였다. 그의 해체론이 진정한 해체였다면 왜 '법'과 '메시아'로 다시 회귀했을까? 그의 해체론은 일종의 반-이성 철학의 이성적 속임수다.

데리다의 페미니즘의 풍김이나 니체식 해체적 글쓰기는 실은 그 속에 지독한 남성주의를 숨긴 비결정주의로서 일종의 '무언가 있는 듯이 보이는' 철학적 선전술에 불과한 것이다. 데리다는 헤겔의, 니체의, 하이데거의 잘못된 아류로서 독일 철학에 압도된 프랑스 철학의 잘못된 '존재론 이해'이면서 그러한 추종을 숨긴 표절이다. 데리다는 하이데거의 해체라는 방법론을 자기식으로 잘못 해석·적용하고, 종래에는 헤겔의 법 철학을 재현하는 쪽으로 나아갔다. 그는 하이데거의 존재론으로 나아가지 못했다.

데리다의 그라마톨로지는 전반적으로 '말장난(거짓말)의 탑'과 같다. 마치 '발가벗은 임금님'의 동화에 나오는 투명 옷을 입은 임금님과 같다. 이성 철학의 원인이 서양 철학의 음성주의 전통에서 기인하는 것이라고 생각하는 그의 대전제는 틀린 것이다. 구문이나 문법grammar에 내재하는 연접·접합articulation의 성격을 해체론으로 연결하는 그의 해체론 철학은 이성이야말로 언어와 기호의 결합의 결과라는 것을 망각한 태도다. 이성은 존재(본래 존재)가 아니라 인간에 의해 구성된 존재자(존재하는 것)이다. 데리다의 착각은 해체론을 주장하면서도 결국 새로운 텍스트를 생산해야 하는 자가당착에 빠지도록 했다.

그의 "텍스트 밖에는 아무것도 없다."(『그라마톨로지』)라는 말은 "해체는 '구성된 것'의 해체 밖에 없다."라는 말로 대체되어야 한다. 텍스트야말로 구성된 것이 아닌가? 데리다의 텍스트이론은 데카르트나 헤겔의 변주에 불과하다. 텍스트라는 것은 실체(절대)의 다른 이름이기 때문이다. "기억 앞의 무한한 책임"(『법의 힘』)을 주장하는 것도 그의

'텍스트이론'과 함께 그가 철저한 현상학자임을 증명하는 말이다.

인간 현존재는 현재라는 시간을 만들었고, 기억이라는 것 때문에 시간의 과거와 실체(가상 실재)를 만들었고, 과거를 만들었기 때문에 미래를 만들었고, 미래를 만들었기 때문에 현재에서 불안과 공포에 떨어야 하는 실존적 존재가 되었다. 그래서 현세에서는 계속해서 다른 '법'을 만들고, 내세를 위해 메시아를 만들지 않으면 안 되는 '창조-종말적 존재'다. 이러한 인간을 두고 현상학적 존재, 기독교적 존재라고 말하지 않을 수 없다. 이것이 유대기독교 문명의 특징이자 한계다. 세계가 유대기독교 문명권에 의해 좌지우지될 경우에는 결국 스스로 종말을 맞을 수밖에 다른 도리가 없다. 겉으로는 해체라고 말하지만, 정작 해체의 핵심 내용은 결국 '법과 메시아'였던 것이다.

데리다는 또한 레비나스의 메시아론의 차용을 통해 기독교로 복귀함으로써 두루뭉수리가 되어버렸다. 결국 그의 해체론 철학은 헤겔 철학과 레비나스의 메시아론의 혼합에 지나지 않는 것이 되어버렸다. 데리다의 '해체론'은 니체가 '신은 죽었다'고 한 것만큼이나 서양 문명의 허무주의를 반영하고 있다. 데리다가 니체의 후계자를 자처하는 것은 그런 의미에서 맞는 말이다. 해체론은 구성주의에 반대되는 것 같지만 본질적으로는 구성주의에 반대되는 것이 아니라 구성주의와 같은 현상학적 지평의 반대쪽에 있는 것이며, 현상학적인 허무주의다. 해체론은 실체론을 부정하는 것 같지만, 여전히 실체론의 유령(귀신)을 붙잡는 것과 같다.

데리다의 결정적인 실수는 '결정할 수 있는 것'과 '해체할 수 있는 것'이 같은 차원의 것인데 마치 다른 차원의 것처럼 설명했다는 점이다. 결정할 수 있기 때문에 동시에 해체할 수 있는 것이다. 해체란 결정한 것에서만 통용되는 것이다. 그런데 데리다는 결정할 수 없는 것을 문자학(해체적 문자학)이라고 하고, 해체할 수 없는 것을 유령학(해체적 유령학)이라고 하였다. 인간의 인위적 구성을 통해 결정된 것만이 해체할 수 있는 것이고, 해체할 수 있다는 것은 그 이전에 이미 결정되었다는 말에 다름 아니다. 요컨대 '결정 불가능'을 해체라고 하였고, 유령을 '해체 불가능'으로 지목하였다는 점이다. 결정 불가능과 해체 불가능은 생성되는 자연에만 해당되는 것인데 텍스트와 유령에게 그것을 적용하는 도착倒錯을 범했다.

데리다의 철학은 전반적으로 성도착적 상황의 후기 근대 서양 문명의 모습을 자신도 모르게 철학적으로 표출한 '철학적 포르노그래피', '현상학의 현상학'이라고 해석할 수 있다. 요컨대 자연은 구성되지 않았기 때문에 결코 해체할 수도 없는데 자연을 '현상'으로 보고, 다시 그 현상을 현상하는 철학이라는 말이다. '현상학의 현상학'은 그것의 '초월의 초월성' 때문에 자칫 존재론으로 오해할 수 있다. 이는 마치 서양 철학이 보편성의 초월을 일반성으로 보는 것과 같다. 초자연의 자연은 없다.

데리다의 그라마톨로지는 구조언어학構造言語學의 파롤parole/랑그langue를 계승하면서도 역전해서 '소리phone'를 이성주의의 원인으로 보는, 말소리중심주의logophonocentrism/그라마톨로지를 통해 서양의 이성주의에 대해 반이성주의를 부르짖었지만, 결국 실패하고 철학적 포르노그래피에 직면하고 말았다. 철학의 현학적 용어들은 짐짓 고상한 체하지만, 실은 자연의 생식인 파종seminaton을 문명의 산종dissemination으로 바꾼 것에 지나지 않는다(산종에는 인간의 다른 종에 대한 육종育種이나 인간에 대한 임신 중절의 과학적 기술과 유전공학과 정보 기술 등의 경과를 함의한다).

철학이 의미를 무의미화하는 것은 철학의 종언을 의미한다. 철학의 종언은 자연을 자연과학적으로 해석한 결과 자연과학의 감옥으로 자연을 몰아넣게 되었으며, 이에 대해 인간의 자연적인 생식 본능은 '생식을 회피한 끝없는 욕망'으로 변질됨으로써 전반적으로 문명의 포르노그래피의 상황을 초래한다. 포르노그래피가 가장 왕성한 곳이 감옥이라는 점은 현대 문명의 감옥적 상황을 상상케 하기에 충분하다. 자연(여성)의 임신conceive은 철학(남성)에서 개념concept으로 변형되어 결국 자연과학을 만들어냈지만, 이제 그 한계 상황에 직면한 셈이다.

데리다의 해체주의 철학은 바로 서양 철학의 종언을 내포하고 있고, 서양 문명의 데카당스 상황을 고상하게 혹은 품위 유지를 하면서 현학적으로 실토하고 있다고 볼 수 있다. 그는 철학자라기보다는 기존의 철학을 비판하고 해체하는 철학적 평론을 통해 서양 철학을 근본에서부터 부정하고 무너트리는 선봉장 역할을 하고 있다. 한마디로 그는 철학 평론가다.

그의 철학적 평론은 자신의 철학을 구축하기보다는 남의

철학을 효과적으로 분쇄하기 위해 반대 상황을 예로 들거나 반대 주제나 반대 개념의 설정을 통해 전시적으로 해체하고 있다. 그렇다고 해서 그가 자신의 독자적인 철학 체계를 수립한다든가, 자신만의 논리적 일관성을 적극적으로 추구하는 것도 아니다.

물론 철학적 평론에도 창의성이 전혀 없는 것은 아니다. 때로는 상당히 설득력 있는 개념 설정이나 사례 분석을 통해 반대 논리 전개를 곧잘 전개하지만, 그렇다고 그의 철학 체계나 전모를 보여주는 것도 아니다. 그는 기존 유명 철학자들의 철학 체계의 모순과 불합리를 얼마나 잘 해체(파괴)하는가를 과시하는 것 같다.

그는 종종 파괴는 건설보다 쉽다는 것을 깨닫게 한다. 문학 평론가가 아무리 평론을 잘해도 소설가나 시인이 되는 것은 아닌 것처럼 그는 남의 철학을 두고 이러쿵저러쿵하는 평론을 일삼지만, 철학자가 되기에는 부족하다. 그는 종종 문학과 철학을 혼동하기도 한다. 심지어 그는 그의 해체 철학이 동양의 무위자연 철학이나 도학道學과 통하는 새로운 철학으로서의 지평을 열고 있다고 자평하기도 한다.

데리다의 루소 비판, 특히 언어기원론이나 대리 보충이나 에밀에 대한 비판은 현학적인 전개를 하지만, 주효한 것이 없는 탁상공론처럼 느껴진다.[109] 쉽게 말하면 반대 주제를 하나 설정해놓고 그것에 따라 자의적으로 상대방을 비판하는 데 지나지 않는다. 그는 비판을 위한 비판 혹은 논리를 위한 논리를 일삼는 철학 평론가 부류로서 느껴진다.

때로는 그는 마치 암체어 인류학자처럼 보이게 한다. 문

109 박정진, 『일반성의 철학과 포노로지』, 소나무, 2014, 189~209쪽.

화의 현장은 모르면서 마음대로 상상하면서 다른 문화^{other} culture들을 자기의 관점에서 함부로 해부하고 농단하는 그런 인류학자 말이다. 흔히 관념론은 철학자들의 특성이기도 하지만 지구적으로 펼쳐진 인류 문화의 여러 사례나 경우를 무시하는 철학자들은 오늘날 살아남을 수 없다.

지구촌 시대의 철학은 인류학적 지식이나 비교론을 도입하지 않고서는 철학 자체를 수행할 수도 없다. 남의 나라 혹은 다른 문화권의 예를 들거나 비교하지 않고서는 설득력을 얻기 어렵기 때문이다. 철학은 새로운 시대정신에 걸맞은 새로운 개념을 요구한다. 그렇다고 기존의 서양 철학과 문명을 해체하는 것만이 미래를 열어가는 철학인 것처럼 생각하는 것은 착각이다. 무엇보다도 과학 기술 문명이 주도하는 인류의 전체주의적 성향에 대해 경고하거나 저항하지 않으면 철학의 쓸모는 없다.

철학은 이제 철학적 원시반본을 요구한다. 말하자면 개념 철학이 아닌 소리 철학^{phonology}, 순수(절대)이성(칸트의 초월 철학)·순수의식(후설의 현상학)이 아닌 양성兩性의 자연 철학, 생명 철학을 회복할 것을 강력하게 요구한다. 이는 인간 종의 생사와 관련이 있는 문제로 떠오른다. 철학은 자연(여성)의 생식 능력(재생산)의 의미를 새롭게 강조하지 않으면 안 된다. 인구 생산^{population}이야말로 다른 공장생산과 달리 인간 종의 지속의 근본 바탕이라는 점을 상기케 하지 않으면 안 된다.

마르크스의 '유물론'(노동-노예-계급 투쟁 철학)과 니체의 '권력의 의지'(주권적 개인-주인-초인 철학)는 인간 정신과 문명의 허무주의를 극단적으로 표출한 것에 지나지 않는다. 이들은 방법은 다르지만, 결국 인간의 욕망의 극대화에 지나지 않으며, 역설적으로 인간의 패권주의와 전체주의(파시즘)를 암시하기에 충분하다. 개체성(존재의 각자성, 실존성)은 사라졌으며 따라서 '유동적 전체성'이 아닌 일종의 '기계적 전체성'인 전체주의(전체주의적 패권주의)만이 활개를 친다.

만약 이것이 인간성이라면 인간은 종국에는 멸망되어 마땅하다. 자연에 대한 기술적 조작의 극대화는 결국 자연과 인간을 황폐화하는 것은 물론이고, 인간으로 하여금 '죽음에 대한 불안'이 아니라 '삶의 공포'로 몰아넣고 있다. 겉으로는 극단적인 개인주의를 구가하는 것 같지만, 실은 개인의 자유가 사라진 지 오래다. 개인은 이미 정보나 기계처럼 데이터나 부품으로 조작되고 있으며, 인간 종은 각자가 신체적 존재로서의 자기 기만에 빠져 있다.

	구조언어학 構造言語學	데리다의 해체 철학 disconstruction	포르노로지 pornology	박정진 포노로지 phonology
이성주의	랑그langue	말소리중심주의logo- phonocentrism	산종dissemination 에크리튀르	철학의 원시반본
반이성주의	파롤parole	그라마톨로지 Grammatology	ecriture	네오샤머니즘 neoshamanism

* 네오샤머니즘은 신체적 존재론으로 승화된다. 신체는 신과 존재를 동시에 포함한다.

〈그라마톨로지와 포노로지의 차이〉

철학의 원시반본이 필요하다. 이것이야말로 인간을 자연적 존재, 본래 존재로 돌려놓은 유일한 방법이다. 원시반본의 핵심은 인간과 자연의 신체성을 회복하는 것이다. 자연과 인간은 인간의 정신의 대상으로서의 물질이나 육체가 아니라 신체身이며, 인간 존재(주체, 영혼)는 무제약적이고, 신神과 존재를 동시에 포함하는 존재다. 만물도 신으로서 만물만신이다. 역설적으로 인간은 생식함으로써, 스킨십을 함으로써 신체를 회복하고 신이 될 수 있다.

인간과 만물의 신체성을 회복하지 않으면 인류 문명은 이제 기계에 굴복하고 말 것이다. 정신의 추상-기계에 저항하는 유일한 길은 신체의 구체-생명을 회복하는 것이다. 인간은 이제 그 옛날 원시 부족사회의 자연적 일상, 신체적으로 맞부딪히며 살아가는 축제적 삶으로 돌아가지 않으면 안 된다. 샤머니즘의 신올림ecstasy-trance과 신내림possession의 입장에서 인류의 철학-종교-문명적 특징을 회고해보면 다음과 같다.

샤머니즘shamanism	신올림	양-남성적-시각적-페니스	자아적	정신적-귀족적
	신내림	음-여성적-청각적-버자이너	무아적	신체적-대중적

샤머니즘shamanism	가부장	내세-하늘 구원	게임적	권력-폭력-포르노로지 pornology
	모계적	현세-땅 구원	축제적	비권력-평화-포노로지 phonology

〈샤머니즘의 입장에서 본 인류 문명〉

　니체는 기독교를 '대중적 플라토니즘'이라고 하였다. 필자는 기독교뿐 아니라 모든 종교를 '여성적 플라토니즘'이라고 말할 수 있다고 생각한다. 또한 모든 종교는 철학과 과학의 '정신적-귀족적-남성적 게임주의'에 비해 '신체적-대중적-여성적 축제주의'라고 말할 수 있을 것이다. 대중과 여성은 텍스트(성경) 읽기보다는 의례(예배)를 좋아한다. 남성이 이끌어가는 문명은 '추상적-기계적'인 반면, 여성은 '상징적-신체적'이다. 여성과 대중은 신체와 의례적 상징으로 세상을 살아가는 특징이 있다.

　최종적으로 남성은 '권력-패권(폭력)-포르노로지pornology'의 특성을 보이는 반면, 여성은 '비권력-평화(평등)-포노로지phonology'의 특성을 보인다. 여성과 대중은 종합적으로 볼 때, '신체적-축제적-평화적'이라고 말할 수 있다. 인류가 평화와 평등에 도달하려면 바로 후자에 문명의 중심을 두어야 한다.

　니체는 '능동적(적극적) 허무주의'를 통해 허무주의를 극복하려 했지만, 그의 과잉 제스처를 닮기라도 하듯이 세계는 마치 그의 '권력에의 의지'에 부합하려는 듯 패권 경쟁으로 치달았고, 니체가 숨진 뒤 1, 2차 세계대전이라는 홍역을 치렀다. 히틀러의 파시즘과 스탈린의 소비에트전체주의가 생겨났다. 지금도 정도는 다르지만, 패권주의는 여전하다. 패권주의는 마치 '영원에 대한 숭배'처럼 인간의 치유할 수 없는 병인지도 모른다. 니체의 영원 회귀 사상이 불교의 해탈에 비유되기도 하지만 어불성설이다. 영원은 현상학적으로 순간의 목적지일 뿐이다. 따라서 서양적 사유 방식에 있어서 참으로 있는 것은 순간이고, 계속되는 영원에 대한 숭배다.

지금은 공산사회주의든, 국가 사회주의든 사회주의는 모두 망했다. 사회주의가 아닌 '사회'를 형용사로 붙인 사회민주주의가 희망을 주고 있지만, 인간에 내장된 이성과 욕망의 프로그램이 이를 그냥 내버려둘지는 의문이다. 이제 인류는 자제와 겸손과 감사를 배우지 않으면 안 된다. 인간의 적은 다른 동식물이 아니라 인간 자신이 되었다. 인간은 이제 자신과 싸우면서 공멸의 여부를 가리게 되었다.

돌이켜 보면 데리다가 현상학적 함정에 빠진 원천은 서양철학의 이성중심주의가 '눈앞에 있음=현존^{presence}' 때문이라는 가정으로 거슬러 올라간다. 그는 또한 말소리중심주의^{logophonocentrism}와 이성중심주의^{logocentrism}가 같은 것이라고 봄으로써 '목소리를 이성주의의 원인'으로 보았다. 어떻게 소리가 이성인가? 이는 단지 아리스토텔레스 이후 '목소리의 환원성'(이것은 환원이 아니라 일종의 최면이다)을 통해 '목소리를 이성으로 본' 서양 철학의 전통 때문이다. 하느님의 '말씀(소리)=로고스^{logos}'로 보는 서양 철학과 기독교의 전통, 즉 서양 문화권의 타성의 결과라고 하지 않을 수 없다.

서양 철학은 이로써 '빛과 소리'가 이성중심주의의 원인이라고 하는 감옥 속에 빠져버렸다. 빛과 소리는 이성의 근거가 되는 것이 아니라 단지 파동일 뿐이다. 빛은 이성이 드러나는 환경일 뿐이고, 빛 자체는 이성이 아니다. 빛과 인간의 눈이 만나고 여기에 동시에 인간의 대뇌의 언어 활동을 통해서 이성이 성립되는 것이다. 소리는 더더욱 이성이 아니라 음파일 뿐이다. 소리를 이성의 원인이라고 생각하는 것은 인간이 자신이 한 말을 자신의 귀로 듣는 현상을 환원이라고 잘못 생각한 데서 비롯된 억측이다. 인간은 자신이 한 말을 글자 그대로 고정 불변의 것(동일성)으로 다시 듣는 것이 아니라 이미 변형된 소리를 듣는다.

더구나 소리의 파동은 아무런 의미가 없다. 소리에, 특히 인간의 목소리에 어떤 의미가 내재해 있다고 가정하는 것은 인간의 사유와 의식의 환원적 특성을 드러내는 데에 불과하다. 인간 혹은 신이 내는 목소리는 이미 소리에 어떤 의미를 부여한, 때로는 이성적 의미(개념)를 부여한 환원적 결과며 일종의 피드백feedback이다. 말하자면 인간이나 신의 목소리가 이성이 되는 것은 인간이 이미 자신의 목소리에 자신의 이성을 투사한 결과라는 말이다. 말하자면 자신이 의미를 투사해놓고 투사한 곳에 의미가 있다고 하는 일종의 학문적 순환론(야바위)이다.

사물을 보는 것see it과 사물의 소리를 듣는 것hear it은 근본적으로 다르다. 보는 것은 사물을 대상화한 것이고, 듣는 것은 사물을 대상화한 것이라기보다는 사물이 내는 소리를 듣는 것이다. 말하자면 사물을 대상화^{objectify}하는 것이 아니라 도리어 사물에 종속되는^{subject to object} 것이다. 이는 인간이 사물과의 관계에서 본래의 수동적인 자리로 돌아가는 것이다. 여기에 수동적인 자리로 돌아간다는 것은 자연에 순응하는, 본래 자연으로 돌아가는 것을 의미한다. '귀-소리-들음'은 '눈-사물-봄'에 비해서는 존재론적인 상태로 더 가까이 다가가는 것(돌아가는 것)을 의미한다. 따라서 필자의 일반성의 철학이 소리의 철학인 것은 내적 필연성이 있는 것이다.

칸트는 인식 주체를 '무제약자'라고 하면서 무제약자의 예로 '광원'과 '눈'을 들었고, 무제약자가 인식 활동(인식 형식)을 하는 것을 제약하는 행위로 보면서 예로서 '빛'과 '안경'을 들었다. 말하자면 인간은 빛과 안경을 통해 제약된 것을 인식하는 셈이다. 그런데 여기서 무제약자로서 '광원'과 '눈'을 예로 든 것은 그것 자체가 바로 현상학적인 태도라고 하지 않을 수 없다. 예컨대 현상 안 되는 '어둠'과 '눈으로 볼 수 없는 세계^{invisible world}'에 대한 고려를 하지 않았음을 지적하지 않을 수 없다.

또한 인간의 눈이 바로 사물을 바라볼 때 안경의 역할을 하는데 '눈'을 무제약자라 하는 것은 어불성설이다. 인간의 눈이 바라본 자연과 세계는 그것 자체가 매우 제약된 한계의 것이다. 그런데 '눈'을 무제약자로서 보는 것은 인식 주체인 인간의 초월적인 입장을 전제하는 것이다. 그래서 칸트의 철학이 선험 철학 혹은 초월 철학의 출발점이 되는 것이라고 볼 수 있다. 결국 칸트의 '존재(있음)' 규정은 보이는 것만 보인다는 '빛과 눈'의 연합 작전과 개념의 환원성을 처음부터 안고 있었음을 알 수 있다.

철학의 초월적인 성격은 철학의 이념화(철학이 이념에 봉사할 수 있음)를 내재하고 있었다고 볼 수 있다. 이것이 헤겔에 이르러 철학이 역사와 만나 역사 철학(국가 철학)이 되면서 이념화의 길을 열었고, 마르크스에 의해 아예 과학사회학(유물사관)의 이름을 앞세우고 이데올로기의 본색을 드러내고 말았다. 돌이켜 보면 플라톤의 이데아Idea라는 것이 이데올로기Ideology의 연원이다. 철학의 치명적인 위험은 한 시대의 어떤 철학이 전 시대를 관통하는 결정론적인 이념이 된다는 데에 있다.

철학의 이념화는, 마치 어떤 하나의 텍스트(고전, 성경)의 진리(정의)를 증명하기 위해 거꾸로 철학이 존재하는 양 강요하는 것이다. 이것은 철학의 종교화(도그마화)고, 이것은 자신의 철학만 옳다는 맹목에 빠짐을 의미한다. 무엇보다도 철학의 이념화는 기운생동하는 세계를 하나의 진리라는 텍스트에 가두려는 음모를 가진다는 점에서 인류 문화의 적이다. 종교가 종교인 것은 나름대로 기능이 있지만, 철학이 종교화되면 철학으로서의 빛을 잃고 만다. 철학과 역사는 계속해서 새롭게 쓰이지 않으면 제 역할을 제대로 수행한 것이 못된다.

서양 철학은 출발부터가 '시각-언어' 연합의 철학임을 알 수 있다. '시각-언어' 연합은 세계를 인식 대상의 사물로 보는 것을 뜻한다. 서양 사람들은 "천천히 둘러보는 것"을 "take your time"라고 말한다. 시각과 시간의 소유적 성격을 고스란히 드러내는 일상어다. 그래서 서양의 근대 철학은 뉴턴 역학(절대물리학)을 철학적으로 뒷받침하는 현상학으로 출발하였지만 그것의 종착역에서도 여전히 자연과학 기술을 자랑으로 삼고 있다.

가부장-국가사회의 문명은 어머니와 자식이라는 재생산의 관계, 즉 생성적 관계를 '눈의 방^{tube}', '시간의 방^{room}'에 가두어놓고, 가상 실재를 실재라고 가르치고 믿게 한 호모사피엔스의 하나의 역사인지 모른다. 그런 점에서 철저히 '자기-내-존재'다. 우리가 '세계'라고 하는 것은 실은 자기-내-존재의 서로 다른 종류들인지 모른다. 인간은 자기-내-존재로 존재(자연적 존재)하고, 세계-내-존재로서 살아가는 존재(역운적 존재)다.

여기서 말하는 자기-내-존재는 필자가 인간 현존재의 분석의 틀로서 제안한 것으로서, 하이데거의 세계-내-존재에 대응되는 말이다. 앞으로 여러 경우의 설명에서 자기-내-존재라는 말이 많이 언급되면서 그러한 개념을 사용한 의미가 드러나겠지만, 쉽게 설명해버릴 수 있는 용어는 아니다.

그렇지만 우선 독자를 위해서 편의상 간단하게 설명하자면 세계-내-존재가 세계(존재)를 '대상$^{object, 인식-의식대상}$'으로 보는 요소를 가진 것이라면(이 속에는 주체-대상의 이분법이 있다), 자기-내-존재는 존재(세계)를 '자기^{self}'라고 보는 입장을 가진다(이 속에는 주체-대상의 이분법이 없다). 이를 하이데거에 빗대어 말하면 하이데거의 '세계-내-존재'는 필자의 '자기-내-존재'의 '자기'의 자리에 '세계'를 대입한 것이라고 볼 수 있다.

다시 말하면 하이데거의 '존재 일반'이 세계-내-존재로 연결되지만 이를 '일반 존재 ＝萬物萬神'로 확장하기 위해서는 자기-내-존재라는 개념의 창출이 필요하다, 즉 필자의 '자기-내-존재'가 훨씬 일반화의 길을 열어주는 것이라고 여겨진다. 세계-내-존재가 아직 '보편성의 편'이라면 자기-내-존재는 '일반성의 편'으로 전환한 것을 의미한다. 따라서 자기-내-존재는 필자의 일반성의 철학 체계에 정합적coherent인 말이다. 세계-내-존재라는 말에는 이미 초월적인 시각(시선)이 내재해 있고, 아직도 존재를 도구화하는 것에서 완전히 탈피하지 못한 존재론이라면 자기-내-존재는 존재를 완전히 본래 존재로 돌려놓은 것을 의미한다.

모든 존재는 '타자他人의 도구'가 되려고 존재하는 것이 아니라 '존재 자체'를 목적으로 존재한다. 이것은 바로 존재 자체를 목적으로 하는 것조차도 의식하지 않는 경지를 말한다. 목적을 의식하면 그것이 바로 이미 수단(다음 목적의 수단)이 된 것이기 때문이다. 따라서 의식이라는 것 자체가 이미 존재 그 자체를 배반한 것이라고 말할 수 있다. 존재론이 '사물 그 자체Thing itself'를 포괄하여 설명하고자 하면 자기-내-존재가 더 적합한 말이다.

철학에서 '주체화'와 '타자화'라는 것은 표리表裏 관계 혹은 원환圓環 관계에 있다. 그렇지만 자기를 주체화-타자화하는 것은 항상 한계가 있다. 주체의 타자화는 자기를 마주보는 (거울을 통해서 보는) 것을 의미하는데 이것은 주체 자체의 모습이 아니다. 본다는 것은 이미 좌우가 바뀌어 있는 모습으로 서로 교차되기 때문이다. 그래서 주체의 모습을 보려고 하면 다시 교차해야 한다. 말하자면 '자기'와 '세계'를 교차해야 한다. 현상학적으로 유심론이 유물론으로, 유신론이 무신론으로 둔갑하는 것도 불행하게도 이 때문이다.

필자의 일반성의 철학은 '일반성인 기氣를 완전히 이화理化'한 철학이다. 이 철학은 '기'를 철저히 타자화하는 주체적 노력 끝에 얻는 철학이라는 뜻이다. 그런 점에서 한국 철학에서 기화氣化나 실화實化라고 하는 것은 '철학적 이화理化', 즉 철학을 할 수 없는 입장의 고백이나 폭로에 지나지 않는다. '기화'나 '실화'는 철학을 제대로 하지 못한 콤플렉스의 발설하는 것에 지나지 않는다. '기화'는 결코 철학이 될 수 없으며, '실화'는 제대로 이화를 하지 못한 것의 변명에 지나지 않는다. 철학은 어떤 철학이라도 '삶의 이화理化' 작업이다.

따라서 세계가 '이理냐, 기氣냐' 혹은 이理가 '성性이냐, 심心이냐'라고 하는 것은 무의미한 것이다. 어떠한 것도 이화理化하지 않으면 철학이 되지 않기 때문이다. 철학은 삶이나 심정心情, '심心', '물物', '기氣', 즉 생멸하는 것을 시대마다 독특한 개념으로 잡아내는 힘, 즉 시대정신이나 분위기를 개념화하는 힘, '이화'하는 능력을 말한다. 철학은 '신神'이나 '물자체'가 아니다. 이성적 힘으로 이들을 '이화'함으로써 제약된(제한된) 형태로 잡게 하는 힘이다. 헤겔이 '이성의 간계奸計'라고 한 것은 바로 이런 것을 두고 한 말이다.

필자의 일반성의 철학도 그러한 노력의 일환이다. 일반성의 철학의 '이화理化의 노력'은 한국 철학의 전통이라고 할 수 있는 '홍익인간弘益人間 이화세계理化世界'의 '이화'를 실천하고 있는 것이라고 말할 수 있다. 일반성의 철학은 '특수성-보편성'의 철학을 넘어서고, 다시 개별성(개체성)에서 일반성으로 돌아온, 좌표의 '제로 포인트(중심)'에서 저절로 발생한 철학이라고 말할 수 있다. 이를 이기理氣 철학으로 말하자면 '물物의 리理', '성性의 리理', '심心의 리理'를 넘어서서 '기氣의 리理'에 도달한 철학이다.

인간은 삶을 통해서 항상 일상성과 결단성에 직면하게 된다. 결단성에 직면하는 것이 일종의 기투企投고, 기투를 통해서 자신의 실존적 입장에 들어가게 된다. 바로 실존적 상황은 일상의 현상학과 존재의 존재론을 왕래하는 입장이 되고, 때로는 중간적인(이중적인) 입장에서 양자의 화해를 시도하게 된다. '존재론적 현상학'의 입장에서 '존재론적 존재'에 이르게 되는 것도 이 언저리에서 발생하게 된다.

과학 기술 문명에 속박 당한 현대인은 자신의 본래 존재를 잃어버렸을지도 모른다. 현대인은 자신의 밖에서 자신이 생각하는 환상illusion인 기계를 찾느라고 분주하기 때문에 진정한 심신일체를 느낄 수 없다. 자신의 밖에 있는 기계는 정도의 차이는 있지만, 결국에는 자신이 편안하게 제어할 수 있는 것이 아니다. 인간의 손과 더불어 일하는 도구인 농기구와 달리 스스로 돌아가는 오토메이션automation 기계, 인공지능, 기계 인간은 인간의 제어밖에 있을 수밖에 없다. 근대적 인간은 기계를 만드는 순간, 그것에 적응하기 위해 인간 기계가 되어버렸다.

결국 인간의 문명이라는 것은 가부장-국가사회의 산물이기 때문에 극단적으로는 전쟁 기계 등 기계적 환경의 몰아세움에 시달리면서 제 정신을 잃어버렸을지도 모른다. 여기에 여성적 생명성과 부드러움을 필요로 하고, 또한 갈구하는 현대인의 사정이 있다. 인간의 온전한^{normal} 정신이라는 것은 실재를 기준으로 볼 때는 실재를 대상으로 바라보는 것 자체가 이미 비정상^{abnormal}으로 진입한 것인지도 모른다. 그러는 사이 망각되거나 무시된 것은 바로 생명을 주고받는 모자母子 관계다.

모자를 있게 한 아버지는 모자를 권력으로 지배한 '납치범의 폭군'인지도 모른다. 그러는 사이 '생성生成의 신'은 자취를 감추어버리고, '존재存在의 신'이 횡포를 부렸다. 우리가 '존재'라고 하는 것은 '생성'을 죽인 흔적(텍스트)에 불과하다. '아버지father'라고 불리는 신, 정신, 유령이라는 것은 모두 '어머니mother'를 강간한 여신폐위女神廢位의 찬탈자인지 모른다. 겉으로는 사랑과 용서를 말하지만, 그들의 속마음은 지배하고자 하는 권력욕뿐이다. 절대(실체)라는 것은 모두 거짓이다. 절대(권력)라는 것은 죽음으로서 그 허망한 본색을 드러낼 뿐이다. 진정한 생성의 신은 여신女神이다.

이데아Idea, what를 눈으로 찾던 형이상학은 형이하학(물리학, 과학 기술 문명)으로 돌아갔고, 시간(역사)을 따라가던 현상학은 목적과 대상의 끝없는 반복(무한대)에 그쳐버렸다. 신神은 사물을 대상화하면서 칸트에 의해 순수이성純粹理性이 되었고, 순수이성은 헤겔에 의해 절대 정신絶對精神이 되었고, 절대 정신은 마르크스에 의해 대상에게 그 자리를 역전당하면서 절대물질絶對物質이 되어버렸다. 근대 서양 철학의 사유-존재(언어-사물)의 사유(인식) 과정에서 정신은 절대 정신이 되었고, 물질은 절대물질, 즉 유물唯物-무신無神이 되어버렸다.

자연적 존재가 물질이 되어버린 것이 서양 현상학의 결론이다. 이러한 결론은 과학의 이름으로 심판한 인간의 정신에 대한 '허무주의'라는 최후 통첩(최종 심판)이었다. 마르크시즘이라는 허무주의는 오로지 계급 투쟁으로 인간의 위계 사회를 바꾸어 원시 공산사회와 같은 평등한 이상 사회를 만들 수 있다고 거짓으로 선전하여 인간 정신을 투쟁의 도구로 전락시켰다. 마르크스의 정치경제학과 사회경제학은 노동과 유령을 중심으로 사회 구조와 역사를 설명함으로써 과학사회학의 이름으로 인간에게서 신을 빼앗아버렸다. 신은 과연 신을 위해서 존재했던가, 인간의 필요에 의해서 존재했던가, 묻지 않을 수 없다.

돌이켜 보면 유물론은 스피노자로부터 시작하였다. 스피노자는 기독교의 유신론을 유물론으로 전이하게 하는 출발점에 서 있다.[110] 절대유일신인 실체substance가 자연에 양태modes로 존재한다고 함으로써 절대는 자연으로 옮겨가 자연은 절대물질이 됨으로써 유물론의 길을 열어주었던 것이다. 라이프니츠의 단자론은 유심론을 유물론으로 옮겨가게 한 수학자다. 자연과학으로 돌아간 서양의 형이상학은 서양 철학자들이 가장 싫어하는 순환론, 즉 현상학적 순환론(원환 궤도)에 빠져버렸다.

헤겔의 절대 정신은 절대물질, 즉 유물론의 길을 안내했다는 점에서 마르크스는 헤겔의 수제자인 셈이다. 또한 현대의 과학 기계 문명은 실은 데카르트로부터 시작되었던 것이다. 데카르트의 기계적 세계관은 바로 그의 시계에서 출발하였던 것이다. 오늘의 기계 문명은 바로 그러한 추상 혹은

110 박정진, 『위대한 어머니는 이렇게 말했다』, 살림, 2017, 115~116쪽.

기하학에서 출발하였던 셈이다. 그리스 철학과 기독교와 과학은 하나의 연속선상에 있다.

서양의 근대 과학 문명을 출발시킨 인물은 물론 뉴턴이라고 할 수 있지만, 이에 앞서 데카르트가 있었고, 데카르트에 이어 스피노자가 있었고, 그리고 뉴턴이 있었고, 뉴턴에 이어 라이프니츠가 있었다. 라이프니츠는 서양의 과학(물질의 운동)을 미적분으로 계산할 수 있는 길을 열었다. 그런데 라이프니츠는 동양의 주역의 음양론을 이진법(0, 1)의 수학 체계로 전환함으로써 서양 과학의 실체론을 가능하게 한 장본인이다. 서양 근대의 도상에 동양의 주역이 있었다는 것은 참으로 아이러니라고 할 수 있다.

	유심론唯心論-유신론有神論	유물론唯物論-기계론機械論
스피노자	절대유일신(실체, substance)	자연에 유일신의 부여는 유물론의 시작
칸트	절대도덕(양심, conscience)	자연과학 시대에 부응하는 철학의 정립
헤겔	절대 정신(유심론, Geist)	절대 정신은 절대물질(유물론)을 가능하게 함
마르크스	절대 정신을 절대물질로 뒤집음	유물론materialism과 유물사관
데카르트	코기토cogito	기계적 우주관의 시작
현상학	현상학의 기표연쇄	과학 기술 만능 시대의 전개

〈근대 철학의 유심-유신론과 유물-기계론〉

현상학은 정신을 의식으로 대체하고, 의식은 대상noema, 의미 대상 이전에 의미 작용noesis의 산물임을 깨달았지만, 의미 작용과 의미 대상의 끝없는 반복(일종의 영원 회귀, 무한대)을 인정하지 않을 수 없었다. 이는 돌이켜 보면 라이프니츠의 미적분과 다를 바가 없는 것이다. 근대 서양 철학은 처음부터 과학을 증명하기 위한 정신과 의식의 과정을 역으로 추적한 환원적 사유에 불과하였다. 말하자면 자연과학을 정신과 의식으로 사후적으로 증명한 것에 불과하였다. 그렇다면 서양 철학의 새로운 출구, 살 길은 어디인가?

서양의 철학과 종교와 과학은 결국 실체substance의 사유와 결과였고, 이러한 실체(동일성)를 해체하지 않고는 서양이 당면한 문제를 해결할 수 없게 되었다. 그래서 데리다는 결정 불가능과 해체 불가능이라는 '불가능의 두 기둥'인 이중 결박이라는 더블바인드Double-Bind에 갇히는 결과를 초래했다. 이러한 이중 결박을 벗어나려면 현상학적인 노력으로는 불가능하다. 현상학적인 노력이라는 것은 시간의 계속된 다가옴 혹은 연장(지연)을 맞을 수밖에 없기 때문이다.

현상학의 이중 결박에서 벗어나기 위해서는 현상학적인 노력으로는 불가능하고, '이중 결박'에서 '이중 의미ambiguity, 애매성'로, 이중 의미에서 '다중 의미polysemy, 다의성'로 넘어가지 않으면 안 된다. 말하자면 동양의 음양학 혹은 음양상징학으로 넘어가지 않으면 안 된다. 이것이 존재론이 길이다. 존재론의 길은 언어적으로는 시詩와 은유隱喩, metaphor를 회복하는 길이다. 그래서 하이데거의 후기는 '횔덜린의 시'에 매달렸던 것이다. 이것은 또한 동양의 도학道學으로 가는 길이다.

동양의 음양학, 혹은 도학道學이라는 것에 포함되는 무無 사상, 무위자연無爲自然 사상에 가장 눈을 먼저 뜬 서양 철학자가 바로 하이데거인 것이다. 그래서 하이데거는 동양 철학에 크게 영향을 받아서 '존재론'이라는 철학적 대전환을 이룬다. 그렇지만 여러 곳에 서양 철학의 실체론적 사유, 즉 존재Being에 남아 있는 이데아의 성격, 그리고 기독교의 절대유일신 사상 등이 남아 있기 때문에 완전하지는 못했다. 인간의 사유는 궁극적으로 사물 그 자체, 존재 그 자체, 자연 그 자체가 될 수 없다.

　데리다의 해체 철학은 한마디로 규정한다면 하이데거의 존재론을 프랑스의 현상학으로 재해석한 결과다. 말하자면 존재를 현상으로 해석한 것이다. 프랑스 철학자들은 하이데거의 존재론의 관념적 특성을 두고, "누가 현존재인가?Who is Dasein?"라고 묻는다. 구체적인 신체가 없는 현존재(인간)를 두고 문제 제기를 한 것이다. 이는 존재와 존재자의 사이에 있는 현존재의 유령적인 성격을 지적한 것과 같다. 프랑스 철학자들은 독일의 관념론을 공격하면서도 자신들은 스스로 '텍스트의 유령' 속에 빠져든다.

　정작 데리다의 메시아론은 신체를 가진 메시아의 등장을 지연하면서, 즉 메시아를 계속해서 다가오는to come 존재로 해석하면서 텍스트에 매달린다. 텍스트의 유령도 신체가 없는 유령이기는 마찬가지다. 이제 인류는 메시아를 더는 지연할 수 없을 정도로 공멸의 위기에 봉착해 있다. 메시아는 시간 속의 존재도 아니고, 더는 기다려야 하는 미래적 존재도 아니다. 더구나 기억 속의 과거적 존재도 아니다. 지금 살아 있는 인간 각자가 메시아가 되지 않으면 메시아는 없는 존재다. 세계는 신체적 존재이고 신체적 존재야말로 실재다.

데리다는 하이데거의 해체^{destruction}라는 용어를 차용하는 과정에서 자신의 해체^{deconstruction}라는 개념을 정립하는 데서부터 현상학적인 오류를 범한다. 이를 데리다식의 해체론으로 설명하면 'deconstruction'은 'de-construction'이고, 이 속에는 이미 구성^{construction}의 의미가 숨어 있다. 그래서 데리다는 해체론적 유령론 속에서 구성을 시도하고 있다. 데리다의 현상학적 노력, 해체론적 노력은 결국 존재의 진면목에 도달하지 못하고, 다가오는 메시아를 기다릴 수밖에 없는 처지가 된다.

데리다의 해체론에 있어서 텍스트야말로 유령(텍스트=유령)이다. 이는 일종의 현상학적 자가당착이다. 이것이 바로 이중 결박이고, 헤겔의 변증법(정반합)의 변형인 '차이의 변증법'이다. 데리다는 해체적 문자학을 통해 문자의 결정 불가능, 비결정성을 주장하였지만, 다른 한편 해체적 유령론에서 '법의 힘'을 쓰고, 심지어 메시아를 다가오는$^{to\ come}$ 존재로 설정하고 있다. 문자학에서 텍스트를 없애고(부정하고), 유령론에서 텍스트를 찾고(쓰고) 있는 형국이다. 이는 서양 철학과 기독교 문명이 결코 이탈할 수 없는 궤도다.

데리다에게 있어서 처음부터 텍스트와 메시아는 유령이었던 것이다. 텍스트는 계속 해체되면서 결정 불가능한 것이어야 하고, 메시아는 언제나 기다리는 존재로서 해체 불가능한 것이어야 했다. 메시아가 유령이 되지 않고, 진정한 메시아가 되기 위해서는 신체를 가져야 한다(신체를 가진 메시

아: 예수). 왜냐하면 신체야말로 진정한 존재기 때문이다. 신체를 떠난 것은 존재가 아니라 존재자다. 말하자면 가짜 존재(가상 실재)다.

신체를 육체와 같은 뜻으로 사용하는 프랑스의 신체 현상학은 필자의 신체적 존재론으로 나아감으로써 세계의 신체성(신체적 존재성)을 회복하는 계기를 맞을 수 있다. 필자의 신체적 존재론은 자연을 정신-육체(물질)로 이분화한 서양 철학과 문명을 넘어서는 제3의 철학으로서 '존재'에서 '신체'로 왕래함으로써 존재를 추상이 아닌 구체로 돌아가게 하는 계기가 되는, '존재=신체'의 길을 탐색해가는 철학적 작업이 될 것이다.

신체적 존재론이야말로 바로 프랑스의 현상학과 독일의 존재론의 화해의 길이다. 물질과 육체를 규정한 것도 인간의 정신이고, 세계를 창조한 신을 규정한 것도 인간의 정신이다. '창조'라는 말 속에 이미 소유적 존재로서의 인간성이 다 들어 있다. 기독교의 창조주 하나님 아버지를 비롯해서 베르그송의 창조적 진화, 화이트헤드의 창조적 이성 등의 말 속에 소유적 개념이 들어 있다. 창조한다는 것은 '창조한 자가 주인'이라는 의식이 깔려 있으며, 창조라는 말 자체에 이미 세계의 이분법적 사고와 제조-기계적 사고가 들어 있다. 창조는 절대와 초월과 동의어다.

우리가 무심코 말하는 '세계'라는 말 자체도 소유적 존재로서의 인간을 말해주는 것인 동시에 이미 '소유적 존재의 화신'이다. '세계'라는 말은 이미 경계가 전제되어 있고, 그 경계는 끊임없이 경계를 세우고, 경계를 허무는 작업을 업보로 맡은 것이나 다름없다. 그렇다면 인간 이전의 존재에 대해서는 무엇으로 규정하는 것이 가장 바람직할 것인가. 주체-대상을 벗어난 존재로서는 결국 본래 존재로서의 신체밖에 없다. 신체적 존재론은 인간의 신체나 자연이 정신이 규정한 '육체'와 '물질'이 아니라 존재의 태초부터 지금까지 함께 한 본래 존재라는 뜻의 의미가 있다. 본래 존재가 바로 신체라는 의미 맥락에서 신체의 신비성과 고유성을 담고 있는 개념이다.

자연은 따라서 신체적 존재다(이것에 대해서는 6장 「인간이란 무엇인가」에서 상술할 예정이다). 따라서 신체를 벗어나는 의미의 데리다의 '탈자연화脫自然化'야말로 자연의 실재를 왜곡하는 철학의 자가당착이라고 말할 수 있다. 이상하게도 프랑스 철학은 신체에 대해 관심이 많으면서도 그것이 현상학(현상학적 신체론)에 머무는 한계를 보이고 있다. 심지어 실존주의의 대명사인 샤르트르는 자연의 신체성을 즉자적 존재로 비하하면서 구토嘔吐를 하는, 현상학의 막다른 골목에 처하면서 도리어 유물론에 빠지는 결과를 보여주었다. 거꾸로 말하면 유물론은 서양 철학의 절정이자 역설적 한계인 것이다. 이것을 두고 필자는 '유물론의 감옥'이라고 말하고 싶다.

그런 점에서 필자의 신체적 존재론은 프랑스의 '현상학적 신체론'을 더 본래 존재로 이끌어가는 일종의 '즉자적 존재론'이다. 즉자적 존재라는 것은 가장 쉽게 말하면 자연을 의미하는데, 인간의 눈을 통해 2차적으로 보인 자연이 아니라 사물 그 자체(존재 그 자체)를 의미하는 것이다. 신체적 존재는 살아 있는 신체를 의미하기도 하지만, 동시에 신체를 낳아준 신神의 의미가 될 수도 있다. 왜냐하면 신체와 신이 본래부터 둘=이라면 세계는 결국 하나가 아니라는 뜻이 되기 때문이다.

신체적 존재는 무엇보다도 존재 이해에서 전통적으로 생각하던 무생물과 생물, 식물과 동물로 분류하지 않고 도리어 생물의 뿌리는 무생물이고, 동물의 뿌리는 식물이라는 태도를 갖는다. 이것은 존재의 차이는 인정하되 위계는 인정하지 않는다는 뜻이 된다. 이 때문에 도리어 신체와 신이 하나라면 만물은 그동안 서로 다른 화생만물化生萬物의 경로를 거쳐서 지금 공동 존재하고 있다는 뜻이 된다.

좀 비약해서 말하면 신체야말로 신神이라는 의미를 내재한다. 아울러 인간도 자연처럼(혹은 자연도 인간처럼) 스스로 존재하는 본래 존재라는 뜻이 담겨 있다. 이런 존재야말로 바로 신-자연, 자연-신의 존재다. 즉자적 존재는 또한 결국 자기-내-존재다. 자기-내-존재는 쉽게 말하면 세계가 이미 자기 안에 들어와 있는 까닭으로 해서 세계가 자기 내에 있는 존재를 말한다. 필자의 자기-내-존재는 개체성 속에 들어 있는 일반성을 지목한 것으로서 그 일반성은 생명음양, 氣과 연결된다.

자연과 우주를 생명체로 보는 생명체적 관점 혹은 유기체적 관점의 자연관과 우주론은 생물학자와 기독교 신학자, 종교학자 사이에 종종 있어 왔다. 그렇지만 철학적 관점의 생명학은 그리 많지 않았던 것 같다. 요컨대 철학적 관점의 생명학은 생물과 무생물을 나누고, 생물에서 다시 동물과

식물을 나누는 그런 분류학적 방식이나 존재 이해가 아니라 존재 자체를 생명으로 보는 것을 말한다. 생명에 참여하는 모든 존재자는 바로 생명체다. 말하자면 철학적 생명학은 모든 존재를 생물적 전체 혹은 부분으로 바라보는 것을 의미한다.

철학적 관점의 생명학에서는 모든 존재는 생명을 이루기 위해 존재 가치와 의미를 지니며 '생명체의 유동적 전체성'으로 존재를 이해한다. 이것은 서양 철학의 이분법을 비롯해서 모든 분류와 분별을 무시하는 것으로서 바로 존재론적 관점의 정점이다. 이를 '존재생명학'이라고 명명할 수 있을 것이다. 존재생명학은 존재를 생멸적 전체로 바라보는 것을 의미한다. 여기에 이르면 철학은 생명에 대해 어떤 작용과 영향을 미치는 것이 아니라 단지 무심한 마음으로 바라볼 따름이다. 부분이 전체고, 전체가 또한 부분인 자기-내-존재의 세계다.

자연이야말로 자기-내-존재임은 물론이고, 자연적 존재로서의 인간도 자기-내-존재다. 자기-내-존재는 자연의 다른 말이다. 그런 점에서 '탈자연화'라는 것은 자연의 의미가 이미 왜곡된 자연의 탈자연화라고 할 수 있다. 모든 존재는 자연을 이탈할 수 없다. 자연은 본래 있는 것으로 '내(주체)-남(대상)'이 없는 것이고, '내'가 있고 그것의 상대로서 '남'이 있으면 이미 본래 있는 '본래 존재'가 아니다.

데리다의 용어 중에 '탈자연화'라는 말은 그의 해체론 내홍內訌을 드러내는 것이다. 자연적인 것은 왜why를 묻지 않기 때문에 '탈자연화'해야 한다는 데리다의 주장은 그의 그라마톨로지가 현상학적인 지평에 있음을 결정적으로 폭로하는 말이다. 자연은 본래 이탈할 수 있는 것이 아니다. 이는 자연을 잘못 이해하고 있거나 자연과학을 자연이라고 하는 것과 같다. 자연은 구성된 것이 아니기 때문에 탈할 수도 없고, 해체할 수도 없다. 따라서 그의 해체는 구성된(결정된) 것에만 해당되고, 아직 구성되지 않은 것에 대해서는 해체 불가능일 수밖에 없다. 그래서 데리다는 유령을 해체 불가능한 것이라고 했다. 결정 불가능한 것이나 해체 불가능한 것은 결국 같은 말이다.

데리다의 '유령'은 결정 불가능한 '텍스트'를 기다리고, 역으로 텍스트는 또한 해체 불가능한 유령을 기다리는 것이다. 데리다의 그라마톨로지는 결정 불가능한 것과 해체 불가능한 것, 즉 텍스트와 유령 사이에 있다. 그렇기 때문에 역설적으로 데리다는 자연을 구성된 것(텍스트, 자연과학)으로 읽는 서양 문명의 궤도 속에 여전히 있다. 그가 말년에 '환대의 존재'로서 메시아론에 빠진 것은 매우 서양적이라고 말할 수 있다. 그는 다른 기독교인들과 마찬가지로 여전히 메시아를 기다리는 것이다. 그렇지만 기독교의 기다리는 메시아, 즉 현상학적 메시아, 타자의 메시아는 결코 오지 않는다.

메시아는 어떤 인간(개인)이 자기가('자기-내-존재' 속에서) 메시아적 사명을 가진 존재임을 스스로 인식(의식)하는 경우(천명을 받은 자)에만 드러날 수 있는 것이다. 이를 '현상학적 메시아'라고 할 수 있다. 신체를 가진 메시아가 드러나기 위해서는 우선 메시아적 카리스마를 겸비한 인물이 등장하여야 하고, 동시에 그의 제자나 후세들에 의해 인간 각자가 그 나름대로 메시아가 되지 않으면 메시아는 없는 것이다.[111]

인간은 메시아가 되기 위해 끊임없이 시대적 고통과 아픔을 안고 참사랑을 통해 묻고 또 물어야 한다. 서양 철학과 문명의 메시아는 신^{God}이나 정신^{Geist}, 그리고 유령^{Ghost}에 이르기까지 광범위하게 전개되었다고 말할 수 있다. 드디어 헤겔과 데리다에 의해 유령으로까지 확대되었다고 말할 수 있다. '유령'은 결국 가상 실재를 실재^{reality}로 착각한다는 점에서 신이나 정신과 공통성을 가진다. 가상 실재가 실체인 것이다. 그 덕분에 서양 문명은 자연과학이라는 도구를 얻었다고 할 수 있다.

신=정신=유령=가상 실재=실체=서양 철학=기독교(메시아)=천상천국=자연과학=물리적 시공간

신, 정신, 유령은 자크 라캉$^{Jacques\ Lacan,\ 1901~1981}$의 실재계^{Reality}, 상징계^{Symbol}, 상상계^{Imagine}와 서로 통함을 볼 수 있다. 이 말은 이미 헤겔에서 라캉의 철학적 프레임의 단초를 엿볼 수 있음을 의미한다. 이를 거꾸로 말하면 라캉에 이르러 헤겔이 완전히 해석되었다고 볼 수 있다. 결국 인간이 세계로부터 아는 것은 언어(대타자: A, a, a')뿐이라는 것을 알 수 있다. 언어가 없으면 인간은 세계를 알지(의식하지) 못

---

111 박정진, 『메시아는 더 이상 오지 않는다』, 행복한에너지, 2016, 57~78쪽,

한다.[112]

더욱이 하이데거의 존재[Sein]는 라캉의 실재계[Reality]와 같은 영역임을 알 수 있다. 다시 말하면 서양 철학과 문명은 존재론적으로 존재의 세계를 현상학적인 실체의 세계로 받아들이는(바라보는) 관점을 가진 것이라고 말할 수 있다. '존재'를 '실체'로 받아들였음을 알 수 있다. 이러한 철학적 전통을 하이데거는 "존재자[seiendes]를 존재[Sein]로 본 역사"라고 해명한 바 있다.

하이데거가 "언어는 존재의 집"이라고 할 때의 '존재'는 라캉의 '실재'고, 둘은 모두 언어를 바탕으로 한다. 라캉은 '언어'를 통해서 현상학의 안에서 존재론을 구성하려고 애쓴 인물이고, 하이데거는 현상학은 뛰쳐나와서 존재론을 구성한 인물이라고 평할 수 있다. 라캉의 주체 없음은 욕망이 바로 이성임을 주장하는 측면도 있지만, 그보다는 주체 없음을 통해서 본래 존재(실재)로 돌아가는 '현상학적 출구'를 주체와 대상의 왕래(이중성)에서 발견한 인물이라고 할 수 있다.

다만 라캉이든, 하이데거든 언어(A)를 중시하는데 상상계가 없으면 상징계(언어계)가 불가능하며, 상징계는 또한 실재계가 없으면 불가능하다는 사실에 주목할 필요가 있다. 이 말은 존재론의 입장에서 보면 실재계가 가장 근본적 세계며, 그 다음이 상상계, 상징계의 순임을 말하는 것이다. 그런 점에서 "존재는 언어의 집"이다. 현상을 중시한 서양 철학과 문명은 언어를 중심으로 세계를 거꾸로 환원적으로 이해하였음을 알 수 있다.

112 박정진, 『철학의 선물, 선물의 철학』, 소나무, 2012, 206~207쪽.

흔히 '주체-대상'은 '주체-객체'라는 말로 대체하여 쓰기도 하는데 이는 다소 차이가 있는 말이다. 정확하게 말하면 객체는 확인할 수가 없다(객관은 확률일 뿐이다). 반면 주체의 대상은 시각적으로 그렇게 대상화(목적화)한 것을 의미하기 때문에 처음부터 주체-대상의 상호 주관적 이해가 전제되어 있다. 그래서 주체-객체보다는 주체-대상으로 현상학을 규정하는 것이 합리적이다. 주체와 객체는 처음부터 초월적 관념으로 설정된 양극이다. 그런 점에서 주체와 객체는 무제약적이다. 이렇게 보면 주체의 대상은 주체-객체 사이에 있는 수많은 점(실체) 혹은 '주체-객체 사이의 도정 道程에 있는 대상'이다.

라캉이 주체를 '욕망'으로 대체했다면(욕망의 대상으로서의 주체) 하이데거는 주체를 '존재'로 대체했다고 볼 수 있다. 라캉의 욕망과 하이데거의 존재는 실은 더 깊은 이면에서는 기독교의 유일신을 대체한 것으로 볼 수도 있고, 아니면 욕망과 존재를 신과 더불어 이중적으로 존재하게 한 것으로 해석할 수도 있다. 따라서 라캉의 실재계와 하이데거의 존재는 같은 영역과 주제를 다룬 것이라고 볼 수 있다. 라캉(1901~1981)이 하이데거(1889~1976)의 후배라는 점에서 라캉은 하이데거로부터 영향을 받은 것으로 볼 수 있다. 말하자면 하이데거의 독일적 관념론의 존재론을 프랑스의 현상학으로 재해석한 것으로 볼 수 있다.

하이데거의 경우, 끊임없이 신을 붙들고 있는 이유도 바로 신의 실재에 대한 어떤 믿음이나 영감 같은 '성령적聖靈的 체험'이 있었을 가능성이 높고, 그러한 유추가 가능하다. 신은 무엇이고, 유령은 무엇인가. 신이 정신과 유령과 상통하지 않는다면 신은 언어를 통한 인간의 이해로 다가올 수 없다. 결국 신, 정신, 유령, 즉 삼자는 서로 왕래할 수밖에 없다. 왕래하는 것에는 물론 경계의 이중성이 내재한다. 유령이라는 것은 앞에서도 말했지만, 신과 정신의 가상 실재성을 폭로하는 것이 된다. 인간은 상상계가 있음으로써 욕망할 수 있는 시공간(영역)을 확보하게 되는 셈이다. 상징계와 실재계와 상상계는 모두 언어의 매트릭스에 의해 구축되어 있으며 서로 반사(침투)하고 있을 따름이다.

우리가 그동안 생각해왔던 '주체, 대상, 욕망(a)'은 '욕망의 대상으로서의 주체'로서 같은 것(동일성)을 서로 다른 말로 표현한 것에 불과한 것이 되고, 이들은 모두 결국 '언어(A)'로 표현되지 않으면 알 수 없는 것이며, 이들이 작동되는 장場은 상상계(a')였음을 알 수 있다. 이성은 욕망일 뿐이었고, 욕망은 이성일 뿐이었다. 자연과학의 무한대와 현상학의 욕망과 이성은 같은 것(동일성)이었다. 단지 자연과학은 무한대를 설정함으로써 세계를 수학(미적분학)으로 환원할 수 있었으며, 현상학의 욕망과 이성을 과학 기술적으로 실현하는 도구(대상이자 목적)가 될 수 있었을 뿐이다.

만약 언어인 대타자(A)를 제외하고도 남는 존재가 있다면 그것은 라캉의 '주체가 없는 현실계' 혹은 '욕망의 대상으로서의 현실계'의 영역에 있는 '신체적 존재'일 뿐이다. 인간과 만물의 신체만이 언어가 아닌, 언어 이전의 존재기 때문이다. 결국 우리는 시간과 공간이라는 상상과 추상의 시공간에 속한 것이 아니라 서로 다른 신체 속에 겹겹이 둘러싸인 셈이다. 생물이든 무생물이든, 만물은 신체로서 서로 하나로 연결되어 있는 존재다. 신체를 육체(물질)로 얕잡아 보는 것은 인간 정신의 자기 기만에 따르는 가상 실재(환상)일 뿐이다.

여기서 서양 인도유럽어문화권의 라캉의 언어[verbal]—상징[symbol]과 동양 한자문화권의 음양[nonverbal, 氣]—상징[symbol]의 차이를 인식할 필요가 있다. 라캉의 상징은 의식과 무의식을 모두 의식의 차원으로 통합(환원)하는 특징이 있다. 반면 동양의 상징은 무의식과 의식을 통합하기보다는 무의식의 상징을 기반으로 하면서도 의식의 상징도 겸할 수 있는 것이 특징이다. 다시 말하면 라캉은 결국 서양 철학의 초월적—존재의 특징을 계승하고 있는 반면, 필자는 동양 도학의 상징적—존재의 특징을 계승하고 있다는 점이 다르다. 상징적—존재의 특징을 잇고 있는 필자가 '존재의 육체성(물질성)'이 아닌, '존재의 신체성'에 도달하는 것은 당연한 이치다.

동양의 상징은 만물에 은유될 수 있는 시적 특성을 가진 것은 물론이고, 나아가서 자연의 육체성(물질성) 이전의 신체적 존재로서의 '기[氣]—존재'에 이를 수 있는 가능성을 열어두고 있다. 필자의 신체적 존재론의 탄생은 이러한 언어 문화권적인 특혜를 누리고 있다고 해도 과언이 아니다. 사실 하나의 창조적 자생 철학이 탄생하는 데는 철학자가 소속된 문화와 풍토의 영향을 무시할 수 없다. 그런 점에서 지구상의 어떤 철학도 '대뇌(정신)의 산물'이 아니라 삶을 전체적으로 이끌어가고 감당하는 '신체적 산물', '시대(정신)를 읽어가는 신체의 산물'임은 물론이다.

"존재는 몸속에 있는 몸일 뿐이다." 이것은 신체적 존재론의 성구聖句가 되지 않으면 안 된다. 언어와 기계에 저항(대항)할 수 있는 마지막 존재는 신체, 즉 몸이다. 이것은 근대 서양 철학에서 더욱더 구체화되었던 '사유-존재'의 프레임에서 '존재-사유'를 거쳐 완전한 '존재(존재 사태, 본래 존재)'에 이르는(돌아가는) 진정한 존재론의 철학적 노정인 셈이다. 존재 사태(존재 사건)야말로 진정한 '생성론의 존재'에 이른 것이다.

이렇게 되면 내 몸(신체)이야말로 현상학적으로 살아 있는 태초-종말이고, 신-메시아로서 유시유종有始有終의 성체聖體, 聖諦며, 동시에 존재론적으로도 무시무종無始無終의 성체인 셈이다. 자연은 신체적 존재로서 무궁무진한 것이며 제행무상-제법무아 하는 존재며, 심물일체-신물일체-만물만신의 존재다. 기독교『성경』에서 말하는 "나 이외의 다른 신을 섬기지 말라."의 '나'는 바로 '자기 자신'인 것이다.

우리가 그동안 철학적으로 말했던 이데아를 비롯한 모든 것은 가상 실재에 불과한 것이었고(가상의 가상의 가상…), 가상 실재가 아닌 실재(세계)는 오로지 몸(신체)뿐이다. 그런 점에서 세계(존재)는 신체적 존재이며, 신체적 존재야말로 세계인 것이다. 이렇게 되면 "네 이웃을 네 몸과 같이 사랑하라."라는 예수의 말은 단지 종교적으로 행한 성스러운 말에 그치는 것이 아니라 일상의 존재(신체적 존재)에 대한 깊은 이해에서 우러나온 철학적 메시지로서 신체적 존재론의 입장에서 새롭게 조명되어야 마땅한 것이다.

예수가 몸(신체)과 관련하여 기독교 정신을 설파한 내용은 적지 않다. '최후의 만찬'이 그 대표적 내용이다.

예수께서 빵을 들어 감사 기도를 올리고, 그것을 떼어 제자들에게 주시며 말씀했다. "이것을 받아먹어라. 이것은 내 몸이다." 또한 예수께서는 잔을 들어 마신 후 그것을 제자들에게 주시며 말씀했다. "너희는 모두 이것을 마셔라. 이것은 죄를 용서하기 위하여 많은 사람을 위해 붓는 내 피, 곧 언약의 피다. 내가 너희에게 말한다. 내가 아버지의 나라에서 너희와 함께 새롭게 마시는 그날까지, 지금부터는 포도 열매로 빚은 것을 마시지 않을 것이다." 그들은 찬송을 부르고 올리브산으로 올라갔다(마태복음 26:26~30)

"이것은 내가 너희에게 주는 내 몸이다. 이것을 행하여 나를 기념하여라."(누가복음 22:19)

"이것은 너희를 위한 내 몸이다. 나를 기억하면서 이것을 행하여라.", "이 잔은 내 피로 세우는 새 언약이다. 이 잔을 마실 때마다 나를 기억하면서 이것을 행하여라"(고린도전서 12:24~25)

인간의 몸을 교회라고 하는 대목도 마찬가지다. 이것이야말로 전반적으로 『성경』의 기독교 현상학적인 내용 속에서도 간간히 드러나는 것이기는 하지만, 존재론적인 내용을 담고 있는 구절이라고 할 수 있다.

"너희가 하나님의 성전인 것과 하나님의 성령이 너희 안에 거하시는 것을 알지 못하느냐. 누구든지 하나님의 성전을 더럽히면 하나님이 그 사람을 멸하리라. 하나님의 성전은 거룩하니 너희도 그러하니라."(고린도전서 3:13~17)

예수가 몸과 더불어 설파한 복음은 '신체적 존재'로서의 세계 이해와 맞닿아 있다. 이러한 내용은 정신과 육체의 분리라는 기독교의 이원론을 무시하고 있다고 해도 과언이 아니다. 신체는 하나님을 보존하고 있을 뿐 아니라 우주의 시작과 끝을 은거하게 하고 있으며, 무엇보다 '살아 있는 우주 그 자체'다.

"나는 길이요, 진리요, 생명이다."(요한복음 14:6)

여기서 길은 도학을, 진리는 철학을, 생명은 신학을 말하는 것이다. 신체적 존재론은 물론 생명과 직결되는 것이다. 신체적 존재론으로 보면 신체를 가진 인간은 '스스로 신自神'이 되는 성스러움과 신비를 자각하게 되는 것이다. '대상으로서의 신'을 섬기던 종교적 인간은 다른 제물을 신에게 바치던 제의祭義에서 벗어나서 자신의 신체를 신에게 바치는 희생제를 통해 스스로(주체적으로) '성인이 되는 길', '신이 되는 길'을 열었다고 볼 수 있다. 이것은 고대 그리스 스포츠 제의인 올림픽이 승자를 제물로 바침으로써 공동체의 평화를 이룩하던 것과 일맥상통하는 것이다.[113]

만물萬物을 생명으로 느낄 때 만신萬神에 도달하는 것이다. 만물만신에 도달하면 자력 신앙과 타력 신앙의 구별이 무의

---

113 박정진, 『굿으로 보는 서울올림픽의 의례성』, 영남대학교 대학원 박사 학위 논문 참조. 2018.

미하게 되는 것이다. 예수부처, 부처예수를 느끼게 된다.

	정신精神: 철학/과학	신神, 神氣: 종교	유령幽靈, 精氣: 예술
헤겔	Geist	God	Ghost
라캉	Symbol(상징계): 언어, 대타자(A)	Reality(실재계): 주체 없음(a), 욕망	Imagine(상상계): (a')
	현상학 (심리적, 물리적)	실재=몸= 신체적 존재	현상학과 존재론의 화해
정기신	정신적精神的 차원	신기적神氣的 차원	정기적精氣的 차원

〈헤겔과 라캉의 프레임 비교〉

우리는 여기서 인간의 언어에 대해 다시 고민하게 된다. 결국 욕망이 이성이라면, 무의식이 의식이라면 은유metaphor와 환유metonymy 혹은 상징(내포적 언어)과 언어(지시적 언어)의 관계가 어떻게 설정되어야 하는지, 요컨대 상호 침투할 수 있는지, 서로 변전(바꿈)이 가능한지에 대해서 검토하지 않으면 안 된다. 철학자들은 열심히 자신의 철학적 프레임(패러다임)을 만들기 위해 노력하고 있지만, 실은 그것은 어떤 철학적 원형(시스템)의 변주 혹은 원형 시스템(프레임)의 변형에 불과하다는 가설도 성립될 수 있다. 그렇다면 철학적 환유는 보기 좋게 시인의 은유가 되어버리는 것이다. 철학적 환유가 현상학이라면 시인의 은유는 철학적 존재론이 되어버린다.

철학자들이 자신의 철학을 시적 은유로 간단하게 설명하고자 하는 욕구를 가지게 되는 것도 이를 뒷받침하고 있다. 만약 언어가 이렇게 된다면 환유와 은유는 물론이고, 의식과 무의식도 상호 왕래하게 될 수밖에 없는 것이 된다. 서양철학이 그동안 현상학적으로 나누어놓았던 것들을 우리는 다시 존재론적으로 순환하게 하지 않으면 안 된다. 여기에 『천부경』의 천지인·정기신 패러다임의 부활이 요구되는 것이다.

헤겔이나 라캉의 패러다임은 동양의 천지인·정기신 순환 사상의 패러다임에 대입해볼 수도 있을 것이다. 예컨대 신기적神氣的 차원＝실재계, 정신적精神的 차원＝상징계, 정기적精氣的 차원＝상상계에 대응된다고 볼 수도 있다. 이것을 좀 더 쉽게 설명하면 신기적 차원이 철학적 존재론과 문화 장르로서의 종교에 속한다면 정신적 차원은 철학적(심리적, 물리적) 현상학과 문화 장르로서의 과학에 속하고, 정기적 차원은 현상학과 존재론의 화해와 문화 장르로서의 예술(축제)에 속한다고 할 수도 있을 것이다.

신기적 차원, 신령적 차원은 인간의 마음에 있는 세계로서 결국 내유신령內有神靈이라고 명명할 수 있을 것이다. 신령적 차원이 정신적 차원으로 변형되면 절대적絶對的이 되지 않을 수 없다. 정기적 차원은 인간의 마음 밖에 있는 세계로서 외유기화外有氣化라고 말할 수 있을 것이다. 인간의 정신은 절대적인 세계를 지향하게 되어 있다. 정신적 차원이야말로 현상학의 세계인 것이다.

지금까지 철학적 합리성이라는 것은 하나의 지평 위에서

논리적 인과 혹은 변증법적 지양을 검증하거나 변증하는 것을 위주로 하였다. 합리성이라는 것은 항상 조건적이다. 따라서 조건에 맞지 않는 것은 잘라버리고 배제하는 경향이 있다. 그런 점에서 합리성은 항상 포괄하지 못하는 틈과 예외를 발생시키는 것이다. 합리성이야말로 '합리성의 동굴'이라고 말할 수 있다. 이것은 플라톤의 '동굴의 우화'의 역전이다. 동굴 밖은 또 하나의 '햇빛의 동굴', '시간과 공간의 동굴'이었던 셈이다. 그래서 서양 철학은 플라톤의 동굴에서부터 계속해서 이데아의 현상학이었고, 과학은 '과학의 이데아'의 실현이었다.

이러한 합리성은 현상학적인 원환 궤도에 불과하다는 것이 드러나고 있다. 철학은 하는 수 없이 과학의 인과론에서 순환론으로 나가가지 않으면 안 되게 되었고, 『천부경』의 천지인·정기신 순환론은 존재론의 길을 열어주는 역할을 할 것으로 기대된다. '존재론적 순환'이라는 것은 현상학적인 지평(시간적·역사적 지평)에서 인간(현존재)이 끊임없이 (무한대로) 현상을 생산해내는 원환 궤도를 벗어나서 본래 하나였던 천지인의 상태로 돌아가서 서로 침투하는 것을 말한다.

말하자면 『천부경』의 인중천지일人中天地一(인간 속에서 천지가 하나 되는 현상)의 상태를 말한다. 인중천지일 사상은 쉽게 말하면 "천지가 나다(존재-사유)", "내가 천지다(사유-존재)" 혹은 "신이 나다(존재-사유)", "내가 신이다(사유-존재)"라고 말할 수 있다. 여기에서 천지가 되었든, '내(나)'가 되었든, 신이 되었든 절대성은 없다. 만약 절대성이 있다면 상대성의 상대로서, 절대-상대의 절대가 있는 것이다.

우리 조상들은 인중천지일의 상태를 역사적으로 여러 말로 표현해왔다. 신라 풍류도風流道에서는 현묘지도玄妙之道, 조선 성리학性理學에서는 이기지묘理氣之妙 등으로 표현해왔다. '이기지묘'는 이理가 기氣가 되고(보편적이고 일반적인), '기'가 '이'가 되는(일반적이고 보편적인) 이기理氣의 왕래를 의미한다. 이는 『화엄경』에서 말하는 이사무분별理事冥然無分別 · 진공묘유眞空妙有와 같은 것이다. 한국 불교에서 또한 원효元曉, 617~686는 화쟁和諍으로, 지눌智訥, 1158~1210은 교선일치敎禪一致로 존재적 진리에 다가갔다.

이밖에도 동아시아의 안목으로 보면 승조僧肇, 384~414의 조론肇論의 물불천론物不遷論, 부진공론不眞空論, 반야무지론般若無智論, 열반무명론涅槃無名論 등도 이러한 진리의 묘妙함을 설명해왔다. 이러한 존재적 진리는 『천부경』에서 말하는 '존재론적 순환론'의 진리라고 말할 수 있다.

앞에서 말한 정기적 차원이라는 것은 인간의 정精으로 기氣를 포박하는 일이고, 정신적 차원이라는 것은 인간의 정精으로 신神을 포박하는 일이고, 신기적 차원이라는 것은 인간의 신神으로 기氣를 해방하는 일이다. 기를 해방하면 기氣는 본래의 기氣가 된다. 이것이 바로 '기의 존재성', '기의 일반성'에 도달하는 것이며, 기일원론氣一元論의 경지에 이르는 것이다. '기일원론'에 도달하여야 '이기지묘'의 경지에 이르게 되고, 시대정신에 부응하는 철학, 시대정신이 반영된 철학을 탄생시킬 수 있게 되는 것이다.

신기적 차원에서 '기'를 해방한 '신'은 도리어 세계 그 자체와 전면적인 접촉을 하게 되고, '세계의 유동적 전체성一氣'에 도달함으로써 아무런 거리낌이 없는, 아무런 장애가 없는 '무애無礙의 자유'를 누리게 된다. 이것은 세계에 대한 '신적神的인 이해'라고 말할 수 있을 것이다. 말하자면 여기서 세계적인 목적이 개인의 자아에서 완성되는 셈이다. 신기적 차원의 유동적 전체성에 도달하는 경지는 헤겔의 절대지絶對知 혹은 주자의 절대리絶對理와는 다른 것이다. 그렇지만 이성적인 표현으로는 그렇게밖에 달리 표현할 길이 없다. 유동적 전체성을 현상학에서 보면 '통일적 기운氣運'이라고 말할 수 있을 것이다. 천리天理는 지기적地氣的 존재의 환원-회귀인 동시에 이상이다.

철학한다는 자체는 철학자 개인의 기운생동의 소산인 철학 체계를 텍스트화하는 것이기도 하지만, 동시에 새로 태어난 철학 체계는 한시적인 운명을 맞을 수밖에 없다. 그것의 생명 주기는 오래일 수 없다. 왜냐하면 기운생동의 세계는 다시 새로운 철학 체계를 만들어주어야 일반에게 이해될 수 있기 때문이다. 하나의 철학 체계와 뒤따르는 철학 체계의 사이인 생명 주기는 경우에 따라서는 몇 백 년이 되기도 하지만 대체로 한 세기를 넘지 못한다. 짧은 경우는 정말 몇십 년으로 단명할 수도 있다.

그런 점에서 하나의 철학에 혹은 남의 철학에 혹은 외래의 철학에, 나아가서 그 옛날의 철학(혹은 사상)에 수천 년간 매인다는 것은 실은 그 사이에 뛰어난 철학자가 태어나지 못했음을 증명하는 것이기도 하지만, 그보다는 원천적으로 철학을 생산할 수 없는 지역이라고 봄이 타당하다. 모든 문화권이 철학을 하는 것은 아니고, 또 철학을 하여야만 살 수 있는 것도 아니다. 철학 없이 사는 민족도 적지 않다. 철학을 하는 민족이나 국가는 바로 선진국이나 중심국(세계 지도국), 문화 중심지에만 해당되는 일이다.

철학이라는 것은 '애지愛知의 학문'으로 지식 자체를 축적하는 것이 아니라 지식을 사랑하는 것으로서, 사랑한다는 것은 이미 형성된 지식 체계를 배우고 자랑하는 것이 아니라 일종의 창조적 활동(기운생동)으로 철학하는 것을 말한다. 이렇게 현재적 철학 행위를 하여야 철학적 활동성이 새로운 철학 체계를 수립하는 성과로 옮겨갈 수 있다. 이것은 '기氣의 이화理化' 혹은 '일반성의 보편성화'라고 할 수 있다.

철학이라는 것은 또한 분과 학문 간의 학제적 연구를 도모하는 것과는 달리 여러 분과 학문을 하나의 벼리綱로 꿰는 것을 의미한다. 다시 말하자면 분과 학문의 성과나 교양의 성과를 하나의 보편적 지점에서 통하게 함으로써 시대정신을 공유하고 미래를 준비하는 인문학의 종합적 요약으로 작용한다. 이러한 요약에는 물론 경계적境界的 인간이라고 할 수 있는 철학자로 하여금 때로는 예언자적 기질을 발휘하게도 하고, 선지자의 역할을 하게 하기도 한다. 이러한 예언이나 선지는 반드시 인간-신적인 능력의 발휘와 함께 신기적神氣的 차원과 접하는 순간을 맞게 하는 것 같다. 이른바 "신바람이 난다", "신명 난다", "신난다", "기氣 산다" 등이 이런 상태를 말하는 것이다.

한국인의 신神은 '동사적인 신'이라고 할 수 있다. 정확하게 말하면 동사적이면서 명사적이라고 할 수 있는데 이중에서 동사적인 신이 우선인 것 같다. 동사적인 신은 기운생동의 신, 즉 비실체적인 신이고, 명사적인 신은 실체적인 신으로서 주어가 되거나 목적어가 되는 신이다. 우리는 명사적인 신을 현상학적인 신이라고 말할 수 있고, 동사적인 신을 존재론적인 신이라고 말할 수 있다. 물론 인간의 삶에서 무엇을 지칭하고 불러야 하기 때문에 명사적인 신을 사용하지 않을 수 없지만 말이다. 동사적인 신은 쉽게 만물만신萬物萬神에 이르게 한다.[114]

　한국인이 일상적으로 잘 사용하는 말 가운데 '신神' 혹은 기氣와 관련된 말들도 축제의 존재론적 의미를 결정적으로 되새기게 하는 말이다. 우리는 흔히 "신 내린다(신내림)", "신 오른다(신오름)", "신바람 난다(신난다)"라는 말을 즐겨 쓴다. '신'이라는 말과 함께 '기氣'라는 말도 잘 사용한다. "기(풀) 죽는다", "기 오른다", "기 난다(기 산다)" 등의 말을 생활 주변에서 잘 들을 수 있다. '신'이라는 말과 '기'라는 말은 거의 동의어로 사용하다시피 하는 것을 볼 수 있다. 이 말들은 주격(혹은 목적격)을 나타내는 조사도 없이 사용된다

114　하이데거는 처음에 '존재sein'라는 단어를 소문자(s)로 썼다가 다시 대문자(S)의 '존재Sein'로 바꾸었다. 또 존재의 동사적인 면을 나타내기 위해 'Sein'를 'Syen'으로 바꾸어 썼으며, 결국 이것도 나중에는 '존재'의 '없음無'을 나타내기 위해 단어 전체를 가위표(x)로 지우기도 했다. 하이데거는 이상하게도 '생성Becoming'이라는 말을 사용하지 않고 '존재Sein'라는 말을 고집하기 위해 여러 말을 만들어내는데 그렇지만 '존재Sein'의 명사(실체)적 특성에서 빠져나오지 못한다. 이것은 아마도 플라톤의 이데아Idea의 설정 이후 서구 철학의 실체론적 전통 때문인 것으로 보인다. 대뇌에서 이루어지는 주관적 관념(관념적 초월, 초월적 자아, 순수의식)과 법칙의 실체성을 포기하지 못한 때문이다. 오늘날 과학도 고정 불변의 무엇(실체)이 있다고 생각하는 이데아의 산물이다.

(물론 조사를 붙일 수도 있다). 때로는 주격인지, 목적격인지도 불분명하다.

한국의 신들은 주객主客과 상하내외上下內外가 없는 것 같다. 한국의 신은 기독교의 유일신처럼 초월적이고 절대적인 신이 아님을 알 수 있다. 신들은 초탈적超脫的이고, 탈근거적脫根據的이며, 일상 생활의 차원에 흩어져 있으며, 신들은 삶과 더불어 존재하는 평범한 존재들이다. 그래서 신을 신바람이라고 하는지도 모른다. 신들은 또 신체와 더불어 존재하며 신체 자체이기도 하다. 한국인에게 신은 '자연 그 자체(사물 그 자체)'이며, 신과 자연은 하나다. 따라서 '만물만신'의 신이다.

'신'과 '기'는 신체와 더불어 있는, 어떤 보이지 않는 원초적인(본질적인) '힘'을 나타내는 것 같다. '신'과 '기'에 나타난 존재론적인 성격은 어디서 연유하는 것일까. 이는 예부터 내려온 천지인 사상과 순환론적인 우주관에 따른 현상이며 나아가서 존재론적 성격을 갖는 것이라고 볼 수 있다. 천지인 사상은 한국인의 삼태극三太極·삼일三一 사상의 원천으로서 자칫 태극음양太極陰陽 사상을 정태적으로 해석하여 음양 대립으로 바라보는 것을 막는, 역동적 음양론을 표상한다. 천지인 사상을 문양으로 나타낸 것이 삼태극이다. 천지天地 자연을 내 몸人에 받아들이는 것이 바로 존재론적 성격을 드러내는 것이다.

한국인은 천지인의 순환론적 사유 때문에 신을 인과론적으로 보는 기독교의 신과 근본적으로 다른 신관을 가진다. 신은 '어떤 실체'를 가진 것이 아니라 실체가 없는 천지의 '기운생동'을 말하는 것 같다. 이러한 한국인의 신관을 우리는 '존재론적 신관'이라고 말할 수 있을 것이다. 따라서 한국인에게 신은 일상이고, 일상은 또한 축제이며, '굿'은 그것을 표현하는 말이다. 한국인에게 신은 고정된 실체가 아니다. 한국인의 의례성 핵심은 '신바람'이라고 할 수 있다. 신바람은 '굿의 존재론'을 열어준다.

천지인 사상에 따르면 존재론적 순환은 신기적 차원이 된다. 그리고 정신적 차원은 현상학적 차원이 되고, 정기적 차원은 존재-현상학적 차원이 된다. 여기서 주목할 것은 인간의 현상학적인 차원이야말로 천지인의 순환을 막는 장벽이 된다는 점이다. 인간은 신-인간의 이중적 존재다. 어느 쪽에 더 무게가 실리느냐에 따라 신 중심적인 신인간적神人間的이 되기도 하고, 인간 중심적인 인간신적人間神的이 되기도 한다. 현대인은 후자인 인간신Homo Deus이 되기 위해 줄달음치고 있다.

인간이 미래에 어떠한 신으로 나타날 것인가 혹은 어떠한 신을 선택할 것인가는 호모사피엔스의 운명에 결정적인 열쇠가 될 것이다. 인간이 신인간적인 신, 즉 생성적인 신을 택한다면 자연은 인간과 함께할 것이고, 반대로 인간신적인 기계의 신을 택한다면 인간은 기계 인간의 전쟁으로 종말을 구할지도 모른다. 생성becoming의 신, 존재론적인 신은 '말씀의 실체(사유-존재)'가 아니라 '신체의 말씀(존재-사유)'의 신이다. 생성적인 신은 참으로 겸손한 신이며, 희생적인 신이다. 생성적인 신은 결코 권력자로서 군림하는 인간신적人間神的 신과는 다른, 신인간적神人間的 신이다.

천	氣	신기적 차원	존재론적 차원	주체 없음/ 신-인간 이중성
인	神	정신적 차원	현상학적 차원	인간신적人間神的 차원
지	精	정기적 차원	존재-현상학적 차원	신인간적神人間的 차원

〈신기적, 정신적, 정기적 차원〉

'인간신人間神'이야말로 유령Ghost, specter이고, 유령은 대중적인 말로 괴물怪物, monster이다. 인간의 가상 실재는 실은 괴물이고, 인간이 만든 문명이라는 것도 괴물 덩어리인지 모른다. 괴물을 괴물로 보려면 괴물의 바깥에 있어야 하는데 그 자리가 바로 일반성의 철학의 자리고, 제로베이스zero-base고, 바탕 자리고, 자연Nature이다. 자연을 잃어버린 인간은 스스로 괴물이 되어버린 셈이다. 호모사피엔스에게는 '뇌 공룡'이 괴물의 이름으로 가장 적절할지 모른다.

철학인류학자로서의 필자는 결국 다섯 단어, 즉 'God, Geist, Ghost' 이외에 'Culture, Nature'라는 단어로 인류의 철학과 문화를 요약하고자 한다. 'God, Geist, Ghost'는 결국 'Culture'를 대변하고, 'Culture'의 바탕으로서 'Nature'가 존재한다. 진정한 존재는 'Nature'뿐이다.

'culture'와 'nature'에서 하나의 'ture(틀)'을 의미하는 것으로 치면 컬처는 '가르다(칼)=갈다耕, 磨=나누다'의 의미가 숨어 있고, 네이처는 '나다出=태어나다生=생기다'의 의미가 숨어 있다. 그러면서 문화와 자연은 상반된 입장에 서게 된다. 문화는 사물(대상)을 가르는 것(틈을 발생시키는 것)

이고, 이것은 남성성을 나타낸다. 자연은 틈(갈라짐)에서 태어나는 것이다. 이것은 여성성을 나타낸다. 이들은 각각 문화의 특성인 분별(판별)과 자연의 특성인 생성(생멸)을 드러낸다. 컬처와 네이처의 한글 발음과 영어 발음이 유사성을 보이는 것은 유의미해 보인다.

culture(컬처) cul(컬)+ture(틀)	가르다 (칼)=갈다 =나누다	사물(대상)을 가르다(틈) 남성성	문화의 특성	분별 (판별)
nature(네이처) na(나)+ture(틀)	나다=태어 나다=생기 다	틈(갈라짐)에 서 태어나다 여성성	자연의 특성	생성 (생멸)

〈문화와 자연의 한글 발음과 영어 발음〉

서양 철학의 시공간의 연장과 지연의 문제는 이른바 서양 후기 근대 철학에서 불거진 '차연'의 문제가 아니라 서양 철학과 기독교 문명의 궁극적인 문제, 해결할 수 없는 문제, 자기 모순의 문제다. '차연의 철학'은 말만 바꾼 것이지 결국 '차연의 변증법'에 불과하고, 변증법의 현상학은 다시 초월성을 전제하는 형이상학으로 거슬러 올라간다. 서양 철학과 기독교 문명은 결국 '초월성의 문제'에 봉착하게 된다.

이러한 초월성의 문제는 결국 다시 서양 문명의 '나(I)'의 문제로 환원된다. 이것은 결국 '실체reality의 있음'의 문제고, 무한대를 가정한 운동의 수량화(계산할 수 있는)라고 할 수 있는 물리학의 미적분의 문제와 같은 것이다. 이렇게 보면 서양 철학은 서양물리학(형이하학)의 문제를 심리적인 차원(형이상학과 현상학)에서 논의한 반복에 지나지 않는다. 그래서 과학 기술 만능 시대(이는 기독교신의 전지전능함에 견줄 수 있다)에 철학의 무용론이 나오는 것이다.

철학이 유용해지려면(이것은 '무용의 유용'이다) 이제 초월성을 배제하는 철학으로 신개척지를 마련하지 않으면 안 된다. '초월성'과 대립되는 용어는 '본래성'(본래 존재, 본래 자연)일 것이다. 필자는 초월성을 보편성과 같은 의미(초월성=보편성)로 사용하면서, 본래성을 일반성과 같은 의미(본래성=일반성)로 사용하고 있다. 그래서 필자의 철학을 '일반성의 철학'이라고 말하기도 한다. 일반성의 철학은 모든 존재를 담은 철학이다.

그런데 일반성의 철학은 동양의 도학道學에 힘입은 바가 크다. 다시 말하면 동양의 도학을 서양 철학의 입장에서 다시 해석하고, 서양 철학의 연장선상에서 논의함으로써 상호 소통과 이해의 지평을 함께 한다면 동서 철학의 융합에 도달했다고 할 수 있을 것이다. 동양의 도학은 유교든, 불교든, 노장 철학이든, 선도仙道든 모두 '도道'를 추구하는 경향성이 있다. 동양에서는 유교는 유도로, 불교는 불도로 불린다. 이는 도道에 대한 공통적 관심을 반영한다.

물리학(물리적 현상학)은 어떤 지점(순간의 시공간의 지점)에서 계산하는 것이고, 현상학은 어떤 지점에서 만족하지(정지하지) 않고 계속 지향하는 것이 다를 뿐이다. 현상학은 계산하는 대신에 이원 대립항의 사이에서 계속 지향하거나 아니면 어느 지점에서 대립항의 의미의 이중성(애매모호함)을 인정하며 언어의 상징이나 은유로 도피하는 수밖에 없다. 이것이 서양 현상학의 한계다. 서양 철학이 존재론으로 넘어가지 않을 수 없는 이유가 여기에 있다.

그렇지만 존재론을 주장한 하이데거가 종래의 '존재'(현상학적인 존재)에 대해 '존재자'라는 이름을 붙이고, '생성'에 대해 '존재^{Being}'라는 이름을 붙인 것과 데리다가 '(결정-해체) 불가능'이라고 이름 붙인 것은 바로 '생성'에 대한 현상학적 이름 붙이기로서 철학적으로 이중적인 몸짓에 불과하다. 말하자면 아직 한 발은 현상학에, 다른 발은 존재론에 발을 딛는 모습이다. 하이데거의 '존재론'과 데리다의 '그라마톨로지(혹은 텍스트)'는 완전히 동양적 생성에 들어오지 못하고 있는 서양 철학의 '현상학적 고백성사'에 속한다.

서양 철학은 결국 '나^I=주체=대자=타자=너^{You}'의 문제다. 그렇기 때문에 '나'와 철저히 분리된(소외된) '너^{You}(타자=대상)'가 있게 되는 것이다. 결국 분리에 따른 대립과 소외의 문제가 서양 철학의 전부이다. 신^{God}도 철저한 주체가 되거나 타자가 되어야 한다. 이것이 이분법이다. 그런 점에서 하이데거가 '존재의 사유^{Seinsdenken}'를 주장했지만, 사유^{denken} 그 속에 이미 '나$^{I, Ich}$'가 들어 있기 때문에 '생성^{Becoming}의 의미'로서의 '존재^{Being}'에 이르지 못하는 한계에 봉착하게 된다.

모든 서양 철학적 혹은 과학적 노력이라는 것이 생멸하는 우주에 대한 도전, 즉 그것을 실체(실재의 실체)로서 잡으려는 이성과 욕망과 광기의 산물이다(이성=욕망=광기). 이성이 광기가 되는 이유는 이성의 목적이라는 것은 항상 수단이 될 수 있기 때문이다. 어떤 '고상한 목적적 이성'도 가장 '처참한 도구적 이성'이 될 수 있고, 인간성을 파멸로 이끌 수 있다. 그러한 역사적 사건들을 우리는 전체주의로 변모한 공산사회주의(소비에트 전체주의)와 국가 사회주의(히틀러의 파시즘)에서 보았다.

그러한 점에서 이성은 대뇌의 욕망이고, 욕망은 신체적 이성이다. 광기 또한 이성이고 욕망이다. 이성의 근원이라고 하는 '봄(시각)'은 이미 욕망이다. 이성과 욕망이 바로 '나^ㅏ ego, subject'이고, 자연의 무無, 無我를 망각한 데서 오는 아집我執의 결과다. 자연의 입장에서 보면 자연과학도 이성이고 욕망이고 광기다. 이를 남성과 여성의 특징으로 말하면 남성의 성性 -눈-언어는 결국 이理-추상(기계)을 추구하고, 여성의 성性- 귀-자궁은 기氣-신체(생명)를 추구한다고 말할 수 있다. 남성의 성과 머리는 처음부터 도구적-폭력적이고, 여성의 성과 자궁은 처음부터 생산적-비폭력적이라고 말할 수 있다.

성리학性理學은 같은 발음의 성리학性利學이 되기 쉽고 성기학性氣學은 같은 발음의 성기학性器學이 되기 쉽다. 대뇌의 세뇌洗腦는 욕망의 유혹誘惑과 같다. 그렇지만 그 실체에 대한 아집이나 진리에 대한 오류 때문에 도구의 발명이나 과학이라는 것이 이룩되었음을 생각하면 이것이 인간이라고 말할 수밖에 없다. 광기는 또한 이성과 욕망의 표출이다. 광기가 없었으면 이성은 역사적으로 절대 정신을 창출하지 못했을 것이며, 욕망은 무한대에 이르는 동력을 얻지 못했을 것이다. 그런 점에서 이성은 절대를 향한 광기로서의 정신이며, 유령은 새로운 신을 향한 광기며, 신은 인간의 태초의 엑스터시로서의 광기였다.

오늘의 현대 과학 기술 문명에서는 단지 그 이성과 욕망과 광기의 수위 조절과 균형이 필요할 따름이다. 원자 기술, 생명 공학 기술, 나노 기술 등을 어떻게 쓸까를 결정하는 것은 인간이다. 왜냐하면 이런 상태로 과학 기술 문명이 발달하다 보면 결국 기계의 세상이 될 것이 뻔하기 때문이다. 기계의 주인이던 인간은 기계의 노예로 전락할 가능성이 높다. 이러한 주인-노예의 법칙은 이미 신과 인간의 사이에서 그 전도가 벌어졌던 경험이 있는 매우 인간적인 현상이다.

지금까지 기술은 스스로 결정하지 않고, 인간의 결정을 기다려왔다. 그러나 어느 날 갑자기 기술이 인간의 운명을 결정할지도 모른다. 자연은 결코 인간의 대상으로, 노리개로 존재하지 않으며, 실은 인간이 모르는(결코 알 수 없는) 세계적 음모(보복)를 기획하는지도 모른다. 더욱이 인간성 안에 이미 인간의 멸종 프로그램이 내장되는지도 모른다. 그것이 이성과 욕망이라면 우리는 어떻게 할 것인가?

서양 철학의 관념론은 결국 '정신=물질'을 도출했으며, 다른 한 줄기인 경험론은 과학 기술주의(논리 철학, 분석 철학)를 도출했다. 이 둘의 공통점은 물신 숭배物神崇拜에 있다. 자유-자본주의든, 공산-사회주의든 물신 숭배에 빠져 있다. 서양 철학의 '신-정신-물질(유신론-유심론-유물론)'은 정확하게 서양 문명의 '종교-철학-과학'과 대칭을 이루는데 서양 철학이 중심이 된 물신 숭배와 현대 과학 기술 문명을 극복하기 위해서는 이들과 대립 관계에 있는 동양의 자연주의, 혹은 도학道學의 회복이 절실하다. 그 자연주의 철학의 대표적인 것이 바로 샤머니즘shamanism인 것이다.

종교	철학	과학	
유신론有神論	유심론唯心論	유물론唯物論/ 자연과학	모두 동일성을 추구하는 공통성을 가진다
신/유일신唯一神	정신/절대 정신	무신론無神論/물질	

〈서양의 종교-철학-과학은 일란성 세쌍둥이〉

　하이데거의 존재론은 서양 철학사 전체에 반기를 든 철학으로서 보편성의 기반이 되는 개별성(개체성)을 각자성各自性: 개개의 실존으로 바꾼 실존 철학이다. 각자성은 존재 이해에 대한 초월적인 태도를 완전히 버린 것은 아니지만, 적어도 집단적·역사적·보편적 이해 태도를 벗어나서 인간 존재(현존재)의 각자성에 기초한 존재사적 회고라는 태도를 보임으로써 철학적 사건을 이룬다. 각자성은 보편성(이름)에 봉사하는 개별성(개체)을 박차고 일어나서 존재 일반(일반 존재)으로 향하는 몸짓을 보임으로써 필자의 '일반성의 철학'을 향하고 있다고 말할 수 있다.

　그러나 하이데거는 존재 일반에서 다시 존재 이해의 초월, 즉 '실존론적 초월'로 향하는 바람에 일반성에 도달하지 못했던 셈이다. 뒷장에서 자세히 말하겠지만, 이것은 칸트의 '범주적 초월'과는 다르지만, 역시 초월이라는 점에서 한계를 보이고 있다. 실은 실존론적 초월 그것도 넘어서야 모든 사물 그 자체를 존재로 보는 일반성에 도달할 수 있는 것이다. 필자의 일반성의 철학이야말로 존재론의 완성이면서 서양 철학의 종언이다.

칸트는 "직관 없는 개념은 공허하고, 개념 없는 직관은 맹목이다."고 말했다. 필자는 "개념 없는 직관(시공간)은 맹목이고(눈이 없고), 직관 없는 개념이 무無이다."라고 말하고 싶다. 개념과 실체(사물)를 추구하는 서양 사람들은 동양 사람들의 '무無'를 '공허'라고 생각한다. 필자는 나아가서 "직관 없는 개념은 소리波動, 氣波고, 소리는 사물thing이 아니라 존재event다."라고 말하고 싶다. 소리는 궁극적 존재이다. 소리는 만드는 것이 아니라 드러날 뿐이다. 동양 사람들에게 세계는 '시간과 공간의 장소(입자)'가 아니라 '파동이 흘러가는 장場'일 뿐이다.

이데인idein, 보이다을 명사화한 이데아Idea를 '사물Thing'의 본질로 전제한 서양 철학의 뿌리를 통째로 바꾸어서 '본질Wesen'을 '존재Sein'로 바꾸면 새로운 존재론이 전개가 된다. 그러면 '사물'은 '존재'로 변모한다. 고정 불변의 실체(이데아)를 가진 '사물'은 이제 생성 소멸하는 '존재'로 탈바꿈하게 된다. 그러한 점에서 하이데거는 칸트가 논의에서 제외하였던 '신'과 '물자체'를 다시 철학적 사유의 대상으로 회복한 셈이다.

칸트의 철학적 행위가 물리학(물리적 현상학)을 뒷받침하는 심리학적 현상학으로서의 현상학의 근대적 출발이었다면, 현상학이라는 철학을 출발하고 집대성한 후설을 거쳐 하이데거는 니체의 형이상학의 완성과 함께 현상학의 종지부를 찍은 철학자라도 말할 수 있을 것이다. 이는 하이데거로 하여금 서양의 철학과 동양의 도학을 연결하는 교량 역할을 하도록 유도했다. 이 과정에서 하이데거는 동양의 도학을 많이 참조한 것으로 보인다. 동양의 선禪불교나 음양陰陽 사상, 천지인天地人 사상 같은 것 말이다.

이데아/현상	현존재	사물/존재	형이상학/존재론	사물/사건
Ding (Thing)	형이하학	사물	공간적 (형이상학)	thing
seiendes (beings)	현존재Dasein	존재자	시공간적 (현상학)	thing-event
Sein (Being)		존재	시간적 (존재론)	nothingness
Wesen (Idea)	형이상학	본질	불교적(자연적) 존재론	nothingness

〈형이상학과 현상학과 존재론의 위상학〉

　서양의 근대-후기 근대 철학의 형성 과정에서 동양 철학의 영향이나 피드백 과정을 살펴볼 수 있는 측면이 적지 않다. 형이상학과 물리학은 결국 현상학이었으며, 현상학은 이제 존재론과 새로운 대응 관계에 있게 된다. 그런데 이 대응은 대립이라기보다는 상호 보완적인 성격을 가지면서 마치 동양의 음양 사상과 같은 관계에 있게 됨을 볼 수 있다. 현상은 존재와의 대립이 아니라 상호 보완 혹은 상생 관계에 있어야 하는데 이는 동양의 노장 철학에서 말하는 무유無有상생 관계와 같다. 따라서 서양의 형이상학과 물리학은 앞으로 유형지학有形之學으로, 존재론은 무형지학無形之學으로 새롭게 분류되어야 할지도 모르겠다.[115]

115　박정진, 『일반성의 철학과 포노로지』, 소나무, 2014, 555~569쪽.

무형지학은 존재론의 영역이고, 유형지학은 현상학의 영역이다. 음-양(무-유) 상생 관계는 존재론의 영역이고, 양-음(유-무) 관계는 현상학의 영역이다. 현상학은 음양 관계를 양음 관계로 해석하는 것이다. 아래 표의 '없이 있는'nothingless은 서양 존재론의 미래적 달성 목표로서 승조僧肇, 384~414의 '부진공론不眞空論'과 같은 의미다.

승조의 조론肇論, 예컨대 물불천론物不遷論과 부진공론不眞空論과 반야무지론般若無知論과 열반무명론涅槃無名論은 참으로 불교의 진리를 역설적으로 드러내는 역설의 진리다. 조론은 특히 인도유럽어문명권의 진리를 한자문명권에서 소화한 백미라고 할 수 있다.

철학	무/유, 음/양	없음에 대하여
형이상학形而上學, 形而下學	형이상학, 물리학	thing/nothing
현상학(주체-대상)	양-음(유-무) 관계	nothingness
존재론無形之學, 有形之學	음-양(무-유) 관계	nothingless不眞空論

〈형이상학, 현상학, 존재론과 동양의 음양 사상〉

'시각-언어(개념)-사물'의 패러다임을 주축으로 하는 남성 철학, 즉 서양 철학은 사물의 직선적 인과를 찾는 것을 중요하게 생각한다. 반면 '청각-상징(의미)-파동'의 패러다임을 주축으로 하는 동양 철학, 즉 여성 철학은 사물을 둘러싸는 느낌이나 분위기를 중요하게 생각한다. 자연은 개념화되기 이전에 본래 존재로서 '유동적 전체성'으로 존재했다. 인간이 인식하거나 의식한 것은 모두 본래 존재가 아니라 존재자(존재하는 것, 실체)에 해당한다.

사물Thing에 대한 대상 인식을 중심으로 한 서양 철학은 주체와 대상(원인-결과)에서 모두 실체를 전제하거나 요구하게 되고, 이것은 존재라는 바탕에서 형성된(현상된) 이분법의 대표적 예라고 할 수 있다. 그렇지만 주체나 대상은 어떤 경우에도 궁극적 실재(실체)가 되지 못한다. 서양의 기독교와 이성 철학과 자연과학은 같은 사유 계열에 속한다. 말하자면 기독교와 철학과 과학은 다른 결과물을 만들었지만, 그 뿌리에서는 같은 것이다. 그런 점에서 기독교과 철학, 철학과 과학은 일종의 문화적 제국주의의 표본이라고 할 수 있다.

시각으로 '본다'라는 행위는 빛의 본질을 사유함이 없이 으레 실체를 전제하는 것으로서 존재의 근원에서 사유하는 것은 아니다. 말하자면 빛을 전제하지만, 사유하고 있지는 않다. 이때의 사유는 생각과는 다른 것이다. 서양 문명에서는 '봄'이 '있음'이고 또한 '이해'다. 빛에 대한 인간의 신앙은 태양계의 일원으로서 존재적으로 당연한 것이다. 사유는 '보는' 행위의 결과고, 존재는 눈앞에 '지속적으로 있는 대상'인 것이다. 이것이 바로 '시각+언어'의 연합이다. 이는 정도의 차이는 있지만, 기독교 문명에서뿐 아니라 불교 문명, 그리고 그밖의 문명에서도 마찬가지다. 시각이라는 관점에서는 인간은 소유적 존재다.

서양 철학과 문명에서 '보는 것'은 이미 '사유'고 사유는 이미 '소유'다. 보는 것은 이미 사물을 손으로 장악하는 것이다. 그래서 사물의 소리를 듣는 철학으로 전환하지 않으면 현대 문명은 '소유의 사회'를 극복할 수 없다. 말하자면 '눈의 철학'에서 '귀의 철학'으로 문명 전환을 꾀하지 않으면 인류는 권력 경쟁으로 공멸할지도 모른다. '귀의 철학'은 세계를 파동으로 보는 철학이다. 청각이라는 관점에서는 인간은 비소유적 존재다. 빛은 '채워짐-소유-앎(지식)'이고, 소리는 '빈 것-존재-삶(신체)'의 본래 모습이다.

동서양 철학은 어디에서 가장 극명하게 갈라질까. '살아 있음'과 '있음'은 다른 것이다. 동양 철학이 '삶의 철학'이라면 서양 철학은 '앎의 철학'인 것 같다. 물론 삶은 앎을 포함하고, 앎은 삶에 수단을 제공하는 측면이 있기 때문에 둘은 양분되는 것은 아니지만, 그런 특징은 무시할 수 없는 게 사실이다. 앎은 권력을 획득해가는 과정이고, 삶은 존재의 표현이다. 앎이 소유와 도구에의 길이라면, 깨달음은 삶과 존재 그 자체에 대한 귀향이고 대긍정이다.

서양 철학이 '현상-인식'의 철학이라면, 동양 철학은 '존재-관계'의 철학이다. 현상의 철학이 주체-대상(존재자) 혹은 언어-사물의 이분법(이원론)을 중시하는 철학이라면, 존재의 철학은 생성(생명)의 일원론을 따르는 철학이다. 이원론의 철학은 항상 대상과 목표를 설정함으로써 통일이나 통합unification을 꾀하는 반면, 일원론의 철학은 상보적 관계를 맺는 이원 대립항으로 역동성dynamism을 꾀한다.

현상학이 '눈의 철학'적 특징을 갖는다면, 존재론은 '귀의 철학'적 특징을 보인다. 현상의 철학이 고정 불변의 '실체의 유무'에 관심이 많다면, 삶의 철학은 인간과 자연의 '비실체적 관계'에 관심이 크다. 삶의 철학은 존재의 생성과 변화에 관심이 많으며 어떤 목적보다는 과정이나 길道에 관심이 많은 반면, 앎의 철학은 인식의 방식, 지식과 권력에 관심이 많다. 결국 서양 철학은 자연과학에서 그 절정을 이루고 인과기계론因果機械論에 치중한다면, 동양 철학은 자연 철학에서 그 특징을 이루고, 무위자연에 충실하고자한다.

물론 서양 철학과 문명에도 도道가 없는 것은 아니고 동양 철학과 문명에도 과학이 없는 것은 아니지만, 양자는 자신의 방식에서 삶과 앎을 영위한다고 말할 수 있다. 최종적으로는 서양은 유시유종有始有終의 방식으로 삶과 자연을 대한다면, 동양은 무시무종無始無終의 방식으로 삶과 자연을 대한다고 말할 수 있다. 서양 철학은 존재의 본질Idea에 관심이 많지만, 동양 철학은 신체적 존재, 수신修身과 도道에 관심이 크다.

철학/도학	현상/존재	앎/삶	권력/수신	과학/자연	유시/무시
서양 철학 (이원론)	현상-인식의 철학 주체-대상(존재자)	앎의 철학 유무	지식/권력 '눈'의 철학	자연과학 인과기계론	유시유종
동양 철학 (일원론)	존재-관계의 철학 존재 (생성, 생멸)	삶의 철학 음양	수신/도道 '귀'의 철학	자연철학 무위자연	무시무종

〈동서양 철학과 문명의 차이와 특성〉

존재(자연적 존재)는 저마다 자신의 고유한 신체성을 갖는다. 이 신체성을 타자의 시각(시선)에서 보면 육체(물질)가 된다. 반면 정신의 인식은 항상 주체의 시각을 대상에 투사한다. 그래서 정신의 현상인 진리(절대 진리)는 존재가 아니다. 존재는 따라서 철학哲學이 추구하는 보편성이 아니라 존재가 본래 지니고 있는 일반성(본래 존재)이 되지 않으면 안 된다. 존재의 본래를 찾는 것이 도학道學이다. '알 수 없는 것'을 인정하는 것이 도학이다. 그런 점에서 소크라테스는 서양의 철학자라기보다는 서양의 도학자다.

고대는 소크라테스를 통해서, 근대는 하이데거를 통해서 동서양 철학이 만나게 된다. 이는 마치 종교에서 부처를 통해서 예수를 만나거나 예수를 통해서 공자를 만나는 것과 같다. 같은 호모사피엔스로서 지구촌에서 만나지 못하고, 통하지 못할 것은 없다. 유불선기독교의 유기적 통합과 신불도선神佛道仙의 일체화가 그것이다.

인간은 '신'이라는 개념을 발견(발명)함으로써 자연(피조물)을 스스로 지배하는 권능을 얻었다. 그 신은 힘(권력)의 출발이었지만, 현대의 자연과학 문명에 이르러 기계(기계적인 세계, 기계 인간, 인공지능)에 다가가고 있다. 인간이 신을 가상한 것은 일종의 투사이며, 그 투사(초월화)는 신에게서 말씀(언어=기호=공식)이 되어 인간에게 육화(내재화)되는, 투사의 반대 과정을 겪어야 제자리로 돌아온다고 볼 수 있다. 신의 말씀(정령)은 인간의 신체를 통해 육화肉化됨으로써 본래 존재의 자리인 자연으로 귀환하게 된다. 이때의 육화는 객관적인 육체화나 물질화가 아니라 존재론적인 신체화(신체적 존재화)라고 볼 수 있다.

신의 유무를 가지고 극단적 논쟁을 벌이는 유신론과 무신론, 신의 생사를 가지고 논쟁을 벌이는 생사론은 모두 현상학적인 말싸움과 불과하다. 신은 유무, 생사론으로 해결될 존재가 아닌, 현상학을 벗어난 존재다. 신은 신 자체의 문제가 아니라 인간과 자연의 존재론적 존재(자연적 존재)의 위상을 되찾는 데 결정적으로 필요한 존재다. 인간에서 투사된 신은 '종의 기독교(인간)'에서 '주인의 기독교'가 되는 길을 열어주게 된다.

2. 현상학을 벗어나는 신체적 존재론

　인간은 지금까지 신^{god}과 정신^{geist}과 유령^{ghost}으로 사유하기를 즐겨왔다. 오늘날 신은 자본주의, 정신은 과학주의, 유령은 사회주의의 형태로 자라나 있다. 서양의 기독교자본주의(자유자본주의)는 공산사회주의(평등전체주의)라는 사생아를 낳았고, 이들은 둘 다 과학 기술주의(기계)라는 물리력(무력)을 동원해서 패권 전쟁을 벌이고 있다. 가부장-국가사회는 결국 역사의 어떤 시점부터 진행된 남성적-권력적-대뇌적 패권주의(예: Pax-America, Pax-Sinica)의 연장일 뿐이다. 진정한 평화는 여성적-비권력적-신체적 평화주의로 달성되어야 한다. 여기에도 신체적 존재론의 철학이 효과적일 수밖에 없다.

　신-정신-유령의 서구 근대 문명 체계는 남성적 패권주의로 결국 광기에 빠질 수밖에 없다. 신은 신-악마, 이성은 이성-도구적 이성, 유령은 유령-광기의 이중성(종적 이중성)을 띠고 있다. 그러면서 신-이성, 이성-유령, 유령-신도 이중성(횡적 이중성)을 띠고 있다. 말하자면 이들은 종횡으로 이중성을 띠는 셈이다. 이들이 현상학적(역사적)으로 이중적이라는 것은 구조적(언어적)으로 이원대립적이기 때문이다. 구조적으로 이원대립적인 것은 그것의 중간으로서 제3의 삼각 구조^{triangle}를 요구한다. 역사변증법적으로 정반합은 구조언어학적으로 삼각 구조와 대응한다.

현상학의 선험, 초월, 지향도 과거, 현재, 미래처럼 서로 이중성을 띠고 있다. 선험이 없으면 초월할 수도 없고, 초월이 없으면 지향할 수도 없다. 선험은 이미 초월이고, 초월은 이미 지향이다. 신-정신-유령, 선험-초월-지향은 서로 피드백하는 관계에 있다. 서로 확연하게 구분할 수 없다. 사물(존재)을 설명한다는 것은 이미 사물을 분석적으로 바라본 것(분열한 것)이고, 분열된 것은 결국 통합될 수밖에 없다.

철학에 있어서 경험론의 귀납법이나 합리론의 연역법도 말로는 구분(이분)되지만 정작 우리가 사물(존재)을 보고 귀납적으로 사유했는지, 연역적으로 사유했는지 알 수 없다. 우리가 아는 것은 둘 중에 어느 쪽에서 사유했든 가정 hypothesis을 함으로써 사유의 길을 갈 수 있다는 사실이다. 가정이야말로 본격적인 사유의 출발이며, 사유는 존재를 가상존재로 탈바꿈(해석)하는 행위다. 연역이나 귀납이라는 것은 결국 가정하기 위한 철학적 사전 조치에 불과하다.

인간의 가정 중에서 가장 시원적인 것은 신에 대한 가정일 것이다. "태초에 신이 세계를 창조했다."는 천지창조설은 그 대표적인 것이다. 이런 생각은 미안하지만 역사 시대의 인간에 의해서 발상된 것이 아니라 대체로 구舊 인류인 네안데르탈인에서부터 시작됐다. 그런 점에서 모든 인간은 '종교적 인간Homo religiosus'이다. 그러한 점에서 신은 인간이 실행한 최초의 증명이기도 하다. 신은 인간의 이상형이다. 일신론이니 이신론이니 다신론이라는 것은 신이 등장하고부터 발전한 것이다.

그 다음에 등장한 정신이라는 것은 신으로부터 보증된 것이다. "나는 생각한다. 고로 존재한다."라고 선언하면서 근대의 정신을 연 데카르트도 결국 신의 보증을 받는 형식을 거쳐서 신으로부터 독립하는 의식의 경로를 밟았다. 결국 신으로부터 권력을 계승한 셈이다. 그렇지만 정신, 즉 이성을 처음 떠올린 인간도 근대인이 아니라 "태초에 로고스^{logos}가 있었다."라는 『성경』의 기록이나 그리스 고전 철학을 보더라도 역사 시대를 전후한 무렵이다.

유령이라는 것은 서양 철학에서 보더라도 근대 이후의 일이다. 유령이라는 것은 도리어 신과 정신의 본래적 성질을 폭로한 측면이 있다. 유령이란 가상 실재를 부르는 다른 이름이기 때문이다. 유령의 입장에서 보면 인간은 존재로부터 유령^{phantom}을 만들어내는 현존재(존재자)다. 유령은 끝없이 미래적으로 다가오는 열린 존재다. 현대 철학에서 마르크스는 공산사회주의를 유령이라고 명명했고, 데리다는 유령론으로 메시아를 등장시키기도 했고, 이에 앞서 레비나스는 '타자의 얼굴'을 메시아로 해석하기도 했다.

아무튼 신, 정신, 유령이라는 것은 세계 자체에 대한 인간의 가상 실재라는 공통성을 갖는다. 이를 거꾸로 말하면 인간은 이들을 통해 세계를 이해했다고 볼 수 있다. 이를 칸트 철학에서 찾으면 신, 영혼(정신), 세계 전체(유령)라고 할 수 있다. 그러나 이 모두는 세계 자체에 대한 이해 방식은 아니다. 그렇다면 세계 자체란 구체적으로 무엇을 말하는 것인가.

인간의 대뇌가 생각이라는 활동을 하기 전에 존재한 것은 무엇일까. 나아가서 대뇌를 생성한 존재는 무엇인가. 내 몸이 수정체受精體로부터 시작해서 피부를 형성하고 나중에 뇌를 형성하게 되는 것은 발생학적 진리다. 그렇다면 내 몸은 신체의 외피, 즉 신체로부터 시작된 것임이 틀림없다.

그런데도 우리는 왜 몸으로부터의 사유를 회피해왔는가. 몸이 동물과 혹은 식물과 혹은 무기물과 공유하는 존재라서 회피한 것일까. 그러한 몸을 생각하면 인간의 자존심, 더 정확하게는 만물의 영장Homo Sapiens sapiens이라는 분류학적 자존심을 상하게 하는 것에 무의식적으로 저항한 것일까. 생각해보면 무엇보다도 몸은 존재 자체기 때문에 그런 것일 것이다. 존재 자체라는 것은 말하지 않더라도 태초의 성질을 가지고 있기 때문에 으레 전제되는 것이고, 그렇기 때문에 사유(논의)에서 빼버린 것일 가능성이 높다. 요컨대 좋은 사례가 있다. 여자(어머니)는 아이를 낳고 자신의 성씨를 붙이려고 강박관념을 갖지 않는다. 왜 그럴까. 반면 남자(아버지)는 자신의 씨가 아닌 경우에도 자신의 성씨를 붙이려고 한다. 왜 그럴까.

아마도 여자는 자신의 몸으로부터 생산했기 때문에 당연히 자신의 것(분신)이고, 그것을 굳이 인위적(의식적·역사적)으로 자신의 성씨를 붙일 욕망을 느끼지 않았기 때문일 것이다. 여자의 출계出系는 몸에서 몸으로 이어진다. 이보다 확실한, 거짓이 끼어들 여지가 없는 혈통은 없을 것이다(미토콘드리아 이브). 반면 남자의 출계는 항상 단절과 거짓(가짜, 양자)이 끼어들 여지가 있다. 그래서 남자들은 혹시라도 여자가 다른 남자의 씨를 품은 것이 아닌가, 감시하고 감독한다(의처증은 그 대표적인 것이다).

남자에게는 혈통의 계승에 대한 근본적인 불안이 있다. 이 것이 나중에 정치 사회적으로 확대되면 자신의 권력에 대한 불안으로 확장된다. 더 정확하게 말하면 권력이란 탄생부터 불안에서 시작된 것이다. 그래서 남자들은 권력 본능을 가졌을 가능성이 높다. 말하자면 암컷의 자궁에 자신의 정자를 뿌리는 젖먹이 동물들의 수컷의 생식 방식에서 권력과 권력의 불안이 파생된 셈이다.

인간은 종種 사이의 생존 경쟁에서 패자가 된 후 본격적인 종 내부의 권력 경쟁으로 들어가면서 국가를 만들고, 제정일치祭政一致, 제정분리祭政分離사회를 거치게 된다. 제祭는 신과의 문제를 해결하는 장치로, 정政은 정치 권력을 해결하는 장치로 활용하게 된다. 인구의 증가와 더불어 불가피하게 선택한 가부장제는 무엇보다도 전쟁의 무사武士를 안정적으로 공급 받기 위한 조치였다고 할 수 있다. 이는 여성(모계사회) 에게도 불가피하게 선택할 수밖에 없는 카드였다.

가족 제도, 국가 제도가 철학에 끼친 영향은 무엇일까. 놀랍게도 우리는 가부장제가 인류의 남성신-보편성의 철학을, 여성신-일반성의 철학(이것은 필자가 명명한 철학이다)[116]보다 높게 자리매김했음을 알 수 있다.

여성과 신체는 떼래야 뗄 수 없는 관계에 있다. 여성은 신체의 요구에 따라 살아갈 수밖에 없는 존재였다. 지금은 남녀가 동등하게 교육을 받고, 사회에 진출하고, 직장 생활을 하고, 보통선거에서 투표하지만 그렇게 된 것은 실로 백년

---

116   박정진,『철학의 선물, 선물의 철학』, 소나무, 2012,『소리의 철학, 포노로지』, 소나무, 2012,『일반성의 철학과 포노로지』, 소나무, 2014에서 자세하게 토론했음.

정도밖에 되지 않았다. 인류 역사의 대부분은 여성이 인구를 어떻게 증가시키고 그러한 인구를 남성들이 어떻게 성공적으로 부양하고 보호하느냐에 성패가 달려 있었다.

여성의 삶은 항상 신체와 결부된 것이 대종을 이루었다. 옛 여성들은 출산과 더불어 의식주를 거의 책임지는 가사 노동에 시달렸다. 그러면서도 가사 노동의 생산성은 특별히 생산이라고 여겨지지도 않았다. 가사 노동이 생산성에 포함된 것도 역설적으로 여성이 가사 노동(전업주부)에서 더욱 해방되고, 직장을 가지기 시작한 최근에 이르러서다. 그렇다. 바로 어떤 철학이라는 것은 그것의 결핍(필요)이 심각할 때에 발견되는 것일까.

인류 문명은 이제 신체로부터 기계로 많은 부분을 넘겨주었다. 기계를 필요로 할 때는 기계(서양의 근대 철학은 결국 기계적 세계관을 가지기 위한 여정이었다)를 생산하기 위한 사유 방향을 택했지만, 사방에 기계가 넘쳐나는 세상에서는 거꾸로 신체에 대한 사유를 시작해야 하는 처지에 놓이게 된 것이다. 바로 작금에 이르러서야 역설적으로 신체가 본래 존재라는 것을 깨닫게 된 것이다.

기계로 향하던 사유 시기를 '사유 존재의 시기'였다고 한다면 신체로 향한 사유를 '존재 사유의 시기'라고 할 수 있을 것이다. 몸으로부터의 사유는 그래서 시대적 당위성을 갖게 된다. 생각해보면 몸에 대한 철학은 '대상적 사유', '세계-내-사유'보다는 자신을 성찰하는 '내관적 사유', '자기-내-사유'를 종용하게 되고, 그렇게 되면 존재는 '자기-내 존재'가 된다. '자기-내-존재'는 자신의 내부에서 들려오는 소리를 듣게 한다. 이때의 자기는 바로 '타자로서의 육체나 물질'이 아니라 '자기로서의 신체'가 되는 것이다.

신체는 우리에게 태초의 소리를 들려준다. 만약 신체에 태초가 없다면 그 태초는 신체와 분리된 것이기 때문에 진정한 태초라고 할 수 없다. 신체는 내 모든 조상이 있는 곳일 뿐 아니라(이것은 기억이 아니다) 태초와 더불어 한 존재라는 점에서 '태초 그 자체', '세계 그 자체', '사물 그 자체'라고 할 수 있다. 그런 점에서 신체는 신神이라고 해도 과언이 아니다身=神. 아울러 다른 사물(존재) 모두가 신체가 되지 않으면 안 된다. 만약 다른 모든 존재가 신체가 되지 않으면 내 신체는 다른 신체와 분리된 것이기 때문에 진정한 본래 존재로의 신체라고 할 수 없다.

신체는 '지금, 여기'에서 생멸하는 '태초이자 종말인 존재'다. 신체야말로 우리에게 '신의 살아 있는 존재성'을 느끼게 하는 존재다. 신체는 기억이 아니고, 계속해서 새로운 생각을 구성(구상)하기 때문에 살아 있는 '생성적 존재'다. 신체를 육체나 물질로부터 해방시키는 것은 신체를 동시에 생각이나 소유로부터 해방시키는 것이 된다. 신체적 존재론이 종래 육체에 흔히 부여된 욕망과 달리 역설적으로 깨달음에 이르게 하는 것은 관념과 가정으로부터 우리를 자유롭게 하기 때문이다.

신체적 존재론은 기존의 철학적 선험과 초월과 지향을 넘어서는 존재 자체로의 귀향이다. 동시에 신과 정신과 유령으로부터 벗어나는 경계다. 관념에서 신체로, 생각에서 무념으로, 욕망에서 무욕으로 나아가는 길은 역설적으로 그동안 죄악과 욕망의 근원으로 비난 받아온 신체다. 신체 그 자체를 바라봄으로써(끌어안음으로써) 우리는 자기가 있는 자리에서 그대로 죽어도 안심입명할 수 있다. 왜냐하면 모든 존재는 신체이니까, 죽음은 단지 신체의 변용에 지나지 않는 것이 되기 때문이다.[117]

　죽음이 두려운 이유는 의식 때문이다. 인간에게는 기억과 생각과 의식이 있기 때문에 죽음이 두렵다. 현상학의 차원에서 죽음을 벗어나기 위해서는 끝없이 죽음을 초월하지 않으면 안 된다. 의식이 개인에서 집단으로 옮겨가고, 집단 무의식에 이르면 죽음은 개인의 것에서 탈피하게 될 뿐 아니라 집단 혹은 종의 것이 되기 때문에 두려움에서 벗어나게 된다. 이것이 다름 아닌 존재의 일반성이고, 신체적 존재에 이름이다. 신체적 존재에서는 만물은 동일한 존재일 뿐이다. 여기서는 존재의 초월과 내재가 하나가 되어 순환 혹은 원융의 상태가 된다. 자아 혹은 주체(개인 의식)의 차원에서는 결코 죽음을 극복할 수가 없다.

　신체적 존재론은 인간의 자아(주체)를 넘어서는, 그럼으로써 존재를 대상으로 보는 대상적 사유(주체-대상)를 넘어서는 존재론이 된다. 이것은 현상학을 완전히 넘어서는 존재론의 완성이라고 할 수 있다. 니체의 생기존재론(예술가-형이상학)이나 하이데거의 존재사태론(존재사유론)은 존재론의 완성이라는 측면에서는 부족한 것이었다. 그들의 존재론이 부족한 이유는 아직도 현상학의 언덕에서 건너편의 존재(본래 존재)를 바라봄으로써 존재 그 자체에 이르지 못하기 때문이다. 그러한 조망에는 아직도 현상학의 잔영이

117　박정진, 〈박정진 인류학토크 82〉, 마로니에방송, YouTube.

남아 있다.

여기서 현상학적인 잔영이란 신, 정신, 유령 등 3G와 함께 앞장에서 말한 사물, 시간-공간, 텍스트, 테크놀로지 등 4G를 의미한다. 3G와 4T는 가상 존재를 설정하는 인간의 대뇌적 속성과 가상 존재의 순환성을 설명하는 필자의 모델이다. 이는 모두 이분법의 세계, 이원대립적인 세계에서 출발한다.

모든 이원대립적인 세계에서 벗어나려면 신체 그 자체, 존재 그 자체를 받아들이면서 크게 긍정할 수밖에 없다. 그런 점에서 신체적 존재론은 만물만신, 심물일체의 또 다른 표현일 수밖에 없다.

3. 베르그송의 시간은 의식의 생성

베르그송Henri Bergson, 1859~1941은 '직관l'intuition의 철학자'다. 그에게 있어 직관은 지능intelligence과는 다른 개념이다. 직관은 무엇보다도 의식의 지속을 의미하며, 순수지속la durée pure은 결론적으로 시간이다.

지능은 외부의 대상을 추상적(관념적)으로 분석하여 결국 수학이나 자연과학의 세계에 이르는 반면, 의식의 세계는 생성적인 지속을 의미한다. 따라서 베르그송의의 시간은 의식의 생성이다.

베르그송은 '순수지속으로서의 시간'을 말함으로써 이른바 '공간화된 시간'이 아닌, '시간 그 자체'를 논한 최초의 철학자다. 그는 '시간 그 자체'를 통해서 '존재의 그 자체'를 찾는 존재론의 길을 열었다고 해도 과언이 아니다. 칸트는 시간과 공간을 '감성적 직관'의 산물이라고 말했다.

그렇다면 '감성적 직관'의 산물인 칸트의 시간과 베르그송의 '순수지속으로서의 시간'은 무엇이 다른가? 칸트의 시간은 감성을 끌어들였으니까 이미 계산할 수 있는 시간의 입장에 섰다고 할 수 있는 반면, 베르그송의 순수지속은 계산할 수 없는 시간을 말하고 있다. 베르그송의 시간은 칸트의 물자체에 해당하는 시간이다. 이 말은 현상학을 추구한 칸트가 '물자체'라고 명명하면서 철학적 비판에서 제외했던 시간을 베르그송은 철학에 끌어들인 셈이다. 이것은 후일 '존

재와 시간'을 쓴 하이데거의 존재론적 시간의 길을 열었다
고 볼 수 있다. 그런 점에서 베르그송은 현상학과 존재론의
경계에 선 인물이라고 할 수 있을 것이다.

시간 그 자체는 무엇을 말하는 것인가. 쉽게 말하면 시간의
흐름 그 자체로서 우리가 계산할 수 없는(잡을 수 없는) 근
본적인 시간을 의미한다. 베르그송의 시간은 현상학적으로
말할 수 있는 시간이 아니다. 그렇지만 베르그송은 종래 철
학에서 말하는 생각을 기억으로, 지각 과정에서 중간에 존
재하는 이미지를 물질과 연결함으로써 현상학과 존재론을
하나의 과정으로 통일하고자 한 철학자다.

베르그송에게 의식은 결국 '세계와 존재의 순환 과정'에서
어쩌면 가장 많은 부분을 차지하는 존재자가 되는 것이고,
세계는 더욱 풍부한 존재자의 세계가 되는 셈이다. 결국 시
간은 이러한 창조와 진화, 창조적 진화 과정에 결정적인 역
할을 하는, 생성을 있게 하는 존재(존재-존재자)인 것이다.
이를 역으로 말해서 만약 시간이 없으면 창조도 없고, 진화
도 없게 된다.

베르그송은 직관과 의식을 통해 기억과 물질에 도달한 철
학자다. 그에게 있어 순수 기억은 영혼이며, 의식의 지속을
통해 기억은 물질과 관련을 맺는다. 영혼(정신)과 신체(뇌
세포)의 관계는 생명과 물질의 관계와 같다. "생명은 물질
이 아니고, 물질은 생명의 비약을 방해하지만, 또 다른 한편
으로 생명이 그 물질의 저항을 이용한다."[118]

생성하는 존재로서의 기억은 단순히 기억 창고에 그치는
것이 아니라 물질 세계와 관계를 맺음으로써 충만한 존재

118 김형효, 『베르그송의 철학』, 민음사, 1991, 22쪽.

가 된다. 이는 의식에 치중하기는 하지만 의식을 존재 전체에로 확장하는 개방성을 갖는다. 그래서 그는 닫힌 도덕, 닫힌 종교 대신에 열린 도덕, 열린 종교, 그리고 이를 위해 열린 교육을 주장한다.

베르그송에 있어서도 신체는 육체(물질)의 개념으로 사용하고 있음을 보게 된다. 이는 아직도 물질이라는 것이 정신이 규정한 개념이라는 사실을 모르는 소치다. 직관이라는 개념을 통해 지능을 벗어나고자 하면서도 여전히 신체를 대상으로 보는 '육체의 선입관'은 벗어나지 못하고 있다.

"베르그송 철학의 원리는 철학의 탐구 대상인 실재實在가 지적 개념에 의하여 인식되는 고정된 존재가 아니라 직관만이 그 실재의 생생한 본질을 꿰뚫어볼 수 있다고 주장하며, 그런 실재의 본질은 언제나 간단없이 변하고 흐르는 '순수 생성' 자체라는 데에 있다. 베르그송의 철학은 이 우주의 모든 것, 인간의 모든 것이 끊임없이 흐르고 변하는 생성生成 자체임을 말하기 위한 과정이라고 봐도 무리가 없다."[119]

의식이 생성이라는 것을 알면서도 신체가 생성 그 자체라는 사실을 알기 어려운 까닭은 역시 서양 철학의 고질적인 '대상적 사유'의 탓이다. 바로 세계에 대한 대상적 사유의 태도를 버리는 순간 세계는 신체 그 자체로 다가온다. 신체는 존재이지만, 인간이 그것을 파악하려고 하는 순간 현상(대상)으로 변해버리고 만다. 그런 점에서 신체는 존재이면서 현상이다. 신체는 존재가 현상으로 현현하는 바탕이다.

필자의 신체적 존재론[120]에서의 '신체'는 마치 베르그송의

119 김형효, 같은 책, 11쪽.
120 박정진, 『무예자체, 신체 자체를 위한 신체적 존재론』, 살림출판사, 2020, 86~104쪽.

생성 철학에서 '직관'이 물질(이미지, 신체)과 기억(순수 기억, 이미지 기억)의 중간 지대에 있는 것과 유비적 입장에 있다. 신체적 존재론의 신체, 존재론의 현존재, 생성 철학의 직관은 생성(생멸)에 접근하는 철학으로서 공통점이 있다. 그러나 필자의 신체적 존재론은 하이데거나 베르그송과 같은 초월적 시각이 없다는 점이 다르다. 의식은 초월적이라는 점에서 이미 존재가 아니다.

후일 샤르트르가 베르그송과는 다른, 의식을 결국 무無로 보는 실존주의 철학을 연 것은 이에 대한 반발이라고 할 수 있을 것이다. 베르그송에게는 의식을 포함해서 세계가 모두 '있음有의 세계'인 반면, 샤르트르에게는 세계가 모두 '없음無의 세계'가 된다. 샤르트르에게 세계는 오직 '대자적 세계'고, 따라서 타자고, 결국 "타자는 지옥이다."에 이르게 된다. 베르그송과 샤르트르는 프랑스 현상학이 낳은 양극이라고 할 수 있다.

결론적으로 베르그송의 시간은 의식의 생성이다. 그렇다면 의식이 없는 존재, 시간이 없는 존재는 어떻게 해야 할까. 의식이 없어도 존재는 존재라는 점에서 그는 존재 그 자체에 도달한 것은 아니다. 의식적 존재인 인간에게는 시간이 매우 중요하고, 시간은 존재 그 자체처럼 느껴진다. 더욱이 순수 지속으로서의 시간은 계산할 수 없는 흐름으로서 존재론적인 존재성을 지니고 있다. 하지만 '순수지속'이라는 말을 사용한다고 하더라도 존재 그 자체는 아니다.

우리는 여기서 칸트의 순수이성, 헤겔의 절대 정신, 후설의 순수의식을 떠올리게 된다. 베르그송의 순수지속(순수 기억)으로서의 시간은 같은 '순수(절대)'의 대열에 서 있다. 후설과 베르그송은 같은 연도(1859년)에 태어나서 죽은 해도 3년 차이(1938년, 1941년)밖에 나지 않는다. 거의 같은 시기에 일생을 보냈다. 시간과 의식과 인식의 기저基底에 무엇이 있을까. 그 기저에서 생멸하는 것을 무엇이라고 불러야 할까. 결국 생명? 우주(자연)를 생명이라고 하면 순환론에 빠지는 것일까. 마치 여호와가 모세에게 말했다는 "나는 나다."라는 말이나 데카르트가 '신 존재 증명'에서 말한 "나는 신을 생각한다. 고로 신은 존재한다."라는 것처럼.

베르그송은 의식을 통해서 생명 현상 혹은 생명의 약동을 바라본다는 점에서 생명의 철학자이지만, 생멸하는 우주 자체에 대한 이해라고 하기에는 다소 부족하다. 의식보다 근본적인 생명 현상은 신체다. 베르그송이 신체를 통해 생명 현상을 보지 못하는 이유는 신체를 육체나 물질로 보는 서양 기독교와 철학 사상의 훈습에서 완전히 벗어나지는 못한 까닭이다. 기억(생각)-의식-이미지-물질-자연에 이르는 지각(감각) 과정은 연속적으로 볼 수도 있고, 불연속적으로 볼 수도 있는 것이다.

서양 철학은 아리스토텔레스 때부터 이미 신체는 '의식의 결여'라고 전제하고, 악은 '선의 결여'라는 편견을 가져왔다. 그래서 그는 어쩔 수 없이 정신주의 혹은 신비한 정신주의로 에둘러 의식의 생명 현상을 탐색한 것이다. 생명 현상을 의식이 아니라 신체와 관련해서 보기 위해서는 메를로퐁티를 기다려야 했다. 현상학은 그런 점에서 양극(정신-육체, 주체-대상)의 사이에서 끊임없이 대상(목적)을 향하는 지향

志向의 학임이 분명하다. 서양 철학이 몸과 마음이 하나인 심물일체心物一切에 도달하는 것은 거의 불가능하다. 서양 철학과 문명은 이분법에서 출발했기 때문이다.

베르그송은 비록 '심리적 물리학'을 벗어났다고 하지만 물질과 신체를 같은 것으로 분류하고, 물질의 반대편에 순수기억과 이미지 기억으로 구성되는 정신을 두고 양자를 연결하는 접점에 직관을 둠으로써 양자의 통일을 의도했다. 이것이 그의 정신주의의 한계다. 순수라는 것은 가상 실재다. 칸트의 순수이성이든, 베르그송의 순수지속이든, 후설의 순수의식이든 모두 초월적 사유의 산물이다. '순수'라는 말은 모두 신체적 존재론으로 나아가는 것을 막았다고 볼 수 있다.

베르그송은 '의식의 지속의 흐름'을 질과 양으로서 설명하기도 했다.

"그는 지속의 의미를 구체적으로 해명하기 위하여 '질la qualité'과 '양la quantité'의 개념의 구분이 중요함을 가르치고 있다. (…) 양적으로 A가 B보다 크다고 할 때, 우리는 그 양적인 크기의 객관적 기준을 정확히 계산할 수 있다. 그러면 우리가 무거운 물건을 들어올릴 때나 또는 밀 때 우리가 체내 감각으로 느끼는 힘의 강도는 수량으로 양화量化될 수 있는 것일까? 재래의 전통적인 심리학에서는 이 체내 감각적 강도의 문제가 위에서 거론된 크기의 양적 측정과는 좀 다르다는 것을 인정하였다. 즉 크기의 양적 측정은 객관적으로 측정 가능하고 따라서 팽창 가능한 것이지만, 느끼는 체내의 강도는 측정할 수 없더라도 두 강도 사이의 크기와 작기를 비교할 수는 있다고 주장하였다. 베르그송의 의식 탐구는 바로 이 채내 감각이나 감정을 양화^{量化}하려고 하는 심리학에 대한 비판으로부터 시작하고 있다."[121]

베르그송은 의식의 질적인 문제에 관심을 보이고 있다. "정신적 노력이나 주의 집중을 신체 근육의 긴장과 혼동해서는 안 된다. 정신적인 노력이나 긴장은 사실상 사랑과 증오의 격렬한 감정과 다르지 않다. 사랑과 증오의 격렬한 감정도 신체의 수축 현상을 동반한다. 그렇다고 사랑과 증오가 양화될 수 있는 신체 운동이 아니다. '질^質의 차이가 자발적으로 양^量의 차이로서 번역된다는 것을 덧붙여야 한다. 그 까닭은 우리의 신체가 주어진 무게를 들어올릴 때 다소간 제공하게 되는 확장된 노력 때문에 그러하다. (…) 당신이 크기의 개념을 느낌에 도입하지 않는다면 그런 느낌은 단지 하나의 질^質이다.'"[122]

베르그송의 의식철학이든, 하이데거의 존재론이든 둘 다 아직 신체적 존재론에 도달하지 못했다. 왜냐하면 하이데거의 존재 이해나 베르그송의 의식의 지속으로서의 기억도 본래 존재가 아닌 가상 실재성을 완전히 벗어나지는 못했기 때문이다. 인간의 정신과 기억과 의식이야말로 대뇌적 작용에 의한 가상인 반면, 신체야말로 우주의 모든 생성(생멸)의 비밀을 간직하는 실재다.

121 김형효, 같은 책, 84~85쪽.
122 김형효, 같은 책, 86~87쪽.

4. 데리다의 해체주의는 불임의 철학
― 대뇌는 거짓말을 좋아한다

철학의 발전과 시대적 부응을 위해서는 종래의 철학에 대한 해체^{destruction}가 반드시 필요하다. 데카르트의 '회의', 칸트의 '비판', 헤겔의 '변증법', 하이데거의 '해체' 등 서양 철학의 부정의 정신은 바로 그 대표적인 것이다. 이것은 철학에 있어서만이 아닌, 모든 '구성된 문화'의 운명이기도 하다.

데리다^{Jacques Derrida, 1930~2204}의 해체주의는 그러나 해체를 목적으로, '도저히 도달할 수 없는 목적'을 목적으로 설정한 까닭에 철학적 잉태가 불가능하다. 해체주의는 극단적인 이상주의로 때로는 그들이 주장하는 것과 정반대의 상황에 처하게 된다.

마르크스주의는 계급 투쟁을 통해 '계급 없는 이상사회'를 실현한다고 선언함으로써 역사적 투쟁 과정이 있는 '역사적 해체주의'라면, 해체주의는 서양 철학 전체를 해체하는 것을 목표로 한 '철학적 해체주의'인 까닭에 문명적 데카당스라고 할 수 있다. 마르크스주의가 인간의 성분 분석을 통해 더 심각하고 복잡한 '계급 분류'에 빠져든 것처럼 해체주의는 가장 이상적 윤리인 '정의'를 실현한다는 목적으로 자가당착에 빠졌다. 해체주의는 생물의 기본적 소여인 성^性의 구별조차 무시하는 비윤리 속에 빠져들었다. 해체주의는 해체를 위한 해체라는 비판에서 결코 자유롭지 않다.

데카르트 이후 근대 인간은 자신의 신체를 잃어버렸다. 인간의 근대 문명은 과학을 얻은 대신 신체를 버리고 육체와 물질을 얻었을 뿐이다. 아니 인간의 문명 전체가 자연의 신체를 왜곡하기 시작했으며, 근대에 이르러서는 신체를 정신과 육체로 분리했을 뿐이다. 신체는 근대화·과학화라는 이름 하에 '주체-대상', '정신-육체'의 이분화, 즉 심신이원론心身二元論으로 기계적인 물질·육체로 변해버렸고, 정신의 대상으로 전락해버렸다. 신체는 육체가 되기 이전의 본래 존재에 대한 명칭이다.

칸트의 이성주의에 반기를 든 후기 근대 철학자 니체, 화이트헤드, 하이데거, 데리다, 지젝에 이르기까지 누구도 생성적 존재, 즉 신체적 존재에 도달하는 데 실패하고, 서양 철학의 에피스테메episteme의 의미 맥락의 존재Being로 돌아가 버렸다. 이는 모두 생성을 주제로 삼았지만, 생성을 존재로 환원하는 데에 활용했을 따름이다. 이것을 두고 '생성의 존재화'라고 말할 수 있을 것이다.

하이데거는 플라톤의 이데아idea를 존재Sein로 환원함으로써 존재론의 길을 열었다. 하이데거 전기의 '존재와 시간'은 현상학적 차원의 존재론이었고, 하이데거 후기의 '시간과 존재'는 생성론에 접근하는 존재론이었다. 이에 반해 데리다는 하이데거의 존재론에서 아이디어를 가져와서는 현상학적 차원에서 절대적(결정론적) 합리성을 해체하는 것을 목적으로 하는 해체주의 철학을 만들었다.

데리다의 해체주의는 어떠한 텍스트도 해체할 수 있다는 점에서 해체를 위한 해체의 의미가 내재해 있다. 데리다는 기존의 텍스트에서 아포리아^{aporia}, 즉 교착과 혼돈, 모순의 지점 혹은 경계 영역을 발견하고, 저자의 반대편에서 비평과 비판을 시작해간다. 그러면 어떠한 텍스트도 글쓰기의 시대적 한계 혹은 시대 정신으로 해체되지 않을 수 없다. 그렇게 한 후 그는 자연스럽게 초월적 지위를 누린다. 마치 문학 평론가처럼 말이다. 그는 '존재를 텍스트'로 치환한 철학자다. 그의 '차연^{différance}'은 차연이라는 이름을 붙인 '차연의 변증법', '차연의 현상학'에 불과하다.

데리다의 해체 철학은 마치 시인이나 소설가가 되지 못한 문학 평론가가 자신의 지극히 임의적인 가정이나 전제, 잣대에 의해서 작품을 난도질하는 것과 같다. 이는 매우 그럴듯해 보이지만, 자신의 일관성 있는 철학의 구성과는 거리가 멀다. 그는 해체라는 방법을 통해 자신의 철학을 구성하는 것이 아니라 남의 철학을 비판하거나 동조함으로써 같은 지위를 누리는 무임 승차꾼이거나 은밀한 표절의 기술자처럼 보인다.

해체주의는 해체라는 철학적 방법을 철학적 목적으로 전도함으로써 끝없는 해체를 목적으로 할 뿐 아무것도 생산하지 못한 채로 기존의 것만 해체하는 무질서와 혼란을 부채질했다. 현학적인 해체주의는 역사변증법의 과정에서 스스로 현실적 대안을 구성하지 못한다. 구성 철학에 몰두한 철학자들은 해체주의 철학이 구성 철학의 반대인 것처럼 오해하기 쉬운데 해체주의는 구성 철학의 이면일 뿐이다.[123]

---

123 해체주의자들은 구성 철학을 해체하면 마치 생성 철학이 되는 것처럼 오인하는데 이는 자연과학을 해체하면 자연이 되는 것처럼 생각하는 것과 같다. 철학을 비롯한 모든 문화 혹은 제도는 구성^{構成}된 것이지만 자연은 생성

生成된 것이다. 해체주의자들은 해체가 마치 존재인 것처럼 착각한다. 그러나 해체는 존재(생성의 의미로서의)가 아니며, 자연은 해체할 수 없는 생성된 존재다. 데리다의 현상학적 해체주의는 결국 철학적 말장난에 그치는 것으로서 서양 철학을 관통하는 대상적 사유, 즉 타자론의 계승일 뿐이었다. 그 좋은 예가 '타자로서의 유령론'이다. 돌이켜 보면 해체주의 혹은 해체론의 신호탄은 마르크스가 쏘아 올렸다고 해도 과언이 아니다. 마르크스의 공산당 선언과 유물론과 사적 유물론은 기존의 자유민주주의와 유심론(유신론)과 다양한 크고 작은 국가들의 해체를 도모함으로써 인류 문명에 대한 극단적 허무주의와 함께 무정부주의를 드러냈다. 더욱이 마르크스의 계급 투쟁론이야말로 해체주의의 극단적 예다. 계급 투쟁론은 본래 차이의 세계를 산술적 평등의 세계로 환원하려고 시도한 사회혁명론이자 사회이상론이다. 마르크스는 공산사회주의가 무신론적 종교(마르크시즘 기독교)의 유령 역할을 수행하도록 했다. 데리다의 초법적인 정의와 무조건적인 환대 등도 신과 정신에 이어 자유주의의 유령 역할을 하고 있다. 그래서 좌파-마르크시즘과 자유(PC 좌파)-해체주의는 서구 주도의 현대 문명을 해체했다. 데리다의 해체론적 유령론은 해체할 수 없는 것을 의미하는 까닭에 현대 철학의 이상주의의 한 극단이면서 지독한 데카당스라고 할 수 있다. 마르크스의 계급 투쟁론(공산주의 국가의 경우, 공산당 귀족을 중심으로 성분에 따라 더욱 철두철미한 복잡한 계급을 창출하는 모순을 보였다)이 종래의 국가나 사회를 해체함으로서 한 사회를 공산전체주의로 빠뜨린 것과 같이 해체론도 실현 불가능의 정의론으로 자유주의 국가를 또 다른 전체주의의 모습으로 변모하게 할지도 모른다. 해체론은 자유우파의 전체주의가 될 위험이 있다. 해체론은 현상학의 마지막 언설인지도 모른다. 이는 철학의 종언과도 밀접한 관계를 맺고 있으며, 독일 관념론의 완성자라고 불리는 헤겔의 절대 정신(유심론)-역사 철학이 마르크스에 의해 유물론(절대물질)-사적 유물론으로 뒤바뀌면서 처음으로 그 일단을 드러냈고, 니체와 마르크스의 뒤를 이었다고 스스로 자평하는 데리다에 의해 더욱 확실하게 정착된 것이라고 볼 수도 있다. 새로운 철학을 구성하기 위한 것이 아니라 해체 자체가 목적이 될 수밖에 없으니 그의 해체는 데카당스다.

해체론의 기원을 따지자면 데카르트와 칸트에게까지 올라갈 수도 있다. 데카르트의 회의는 회의할 수 없는 것을 회의했다는 점에서 해체할 수 없는 것을 해체하고자 한 데리다의 해체론의 원조라고 할 수 있다. 칸트의 비판 철학도 마찬가지다. 예컨대 판단력 비판을 쓰면서 합리적인 미학이나 예술론을 구성하기 위해 '무목적의 합목적성'을 주장했다. 무목적의 합목적성을 인위적으로 추구한다면 해체가 목적인 해체주의에 빠질 수 있다.

서양 철학의 현상학적 특징은 과정의 현재적 순간에서 합리성(합리적인 실체)을 취하는 끝없는 연장 혹은 차연差延을 떠올리게 한다. 칸트는 당시 '차연'이라는 말을 사용하지는 않았지만, 분명히 그가 판단력 비판에서 말한 '무목적의 합목적성'에는 현대 철학의 '차연'의 요소가 들어 있다. 특히 칸트의 '영구평화론'은 해체론으로도 해석할 수 있다. 영구평화론은 근대 국가(객관적이고 합리적인 정신과 제도의 결정체)를 전제하지만, 국가연합UN과 국제법을 통해 국가 체계의 결정성을 점진적으로 약화시키는 것을 통해 세계 평화(세계 국가, 세계 시민)를 실현하려는 평화론으로 해석할 수 있다.

이성주의理性主義가 만들어내는 이상주의理想主義 속에는 항상 실현 불가능한(결정 불가능한, 해체 불가능한) 끝없는(무한대의) 무목적의 합목적성 혹은 차연과 같은 성질이 숨어 있다. 헤겔의 변증법과 역사 철학은 정반합 과정을 통해 계속해서 종래의 것을 해체함으로써 절대 국가(법의 정신)에 도달한 바 있다. 데리다의 헤체론은 열린 미래, 미래의 가능성을 열어놓고 있지만 현상학적 차원에서 존재(본래 존재, 자연적 존재)의 세계를 결정 불가능 혹은 해체 불가능의 세계(어떤 문제도 해결하지 못한 상태에서)로 바라보는 위선성과 데카당스가 들어 있다. 해체 철학의 결정 불가능과 해체 불가능은 같은 말이다.

데리다의 해체론은 동양의 음양론이나 불교사상을 서양의 현상학적 차원에서 번안한 측면이 많다. 그래서 데리다의 해체주의를 동양 철학과 비교하는 학자들도 늘어났고, 문맥에 따라서는 그러한 번역이 완전히 틀린다고 말할 수도 없다. 그러나 그의 해체주의는 동양의 자연주의와는 다르다. 자연은 결코 해체될 수 없는 것이기 때문이다.

데리다의 해체주의는 하이데거의 존재론을 역사현상학적인 차원으로 옮겨놓은 철학에 불과하다. 더욱이 데리다의 해체론은 헤겔적이라기보다는 마르크스에 가깝다고 할 수 있다. 데리다가 '법의 힘'에서 주장하는 '정의와 공정'은 마르크스의 '평등'에 가깝기 때문이다. 그래서 데리다의 추종자들을 'PC^political correctness 좌파'라고 한다.

좌파 이데올로기가 현대인에게 전염성이 강한(호소력이 있는) 까닭은 대뇌에게는 새로운 합리성을 창조적으로 추구하는 것보다는 기존의 도그마에 적응하는 위선僞善과 합리화가 더 쉽기 때문이다. 또한 대뇌적 인간은 세계를 인과因果로 설명하는 기계적인 대답(정답)을 우선하는 관계로 신체에 의해 달성되는 존재적·실존적인 해석에 비중을 두는 것을 멀리하게 된다. 대뇌는 기계적인 것을 좋아하는 반면, 자유를 추구하는 신체는 존재적이기 때문에 스스로 새로운 해답을 찾을 것을 요구한다. 그러한 점에서 절대적 도덕주의는 자유를 추구하는 존재에 배치된다. 대뇌의 세계가 존재자의 세계라면 신체는 존재(본래 존재)다.

공산사회주의와 자유자본주의의 PC 좌파(PC 전체주의)는 인간의 이성이 욕망을 속인 끝에 권력 경쟁의 정점에서 인간이 스스로 자연의 양성 번식(종의 번식)을 비롯한 존재 기반(기초 존재)인 생존 경쟁을 무시하기에 이른 자기 기만(존재 기만) 혹은 문명 도착이라고 하지 않을 수 없다. 이것은 종합적으로 위선적이고 기만적인 인간 종의 자기 배반이라고 하지 않을 수 없다. 삶의 환경이라는 측면에서 볼 때 총체적으로 자연을 기계로 환원한 인간이 심리적 혹은 철학적으로 자신의 신체(존재)를 망각하기에 이른 것이다. 신체 망각은 존재 망각인 셈이다.

성소수자의 보호와 권리를 주장하는 동성애자와 동성결혼의 합법화는 문명적으로 인공지능artificial intelligence의 등장과 안팎 관계를 이룬다. 여기에는 생물학적으로 번식을 달성하는 인간의 가치를 무의미화하고 최소한의 인간 윤리를 파괴하는 문명적 데카당스 혹은 음모 그리고 인간의 자기 기만이 도사리고 있다. 인간은 폐쇄된 공간(제도) 속에서도 본능을 유지하기 위해 스스로 왜곡된다. 나보다 더 남성적인 남성 앞에서 여성이 되고, 나보다 더 여성적인 여성 앞에서 남성이 되는 것은 부자유한 공간 속에서 '왜곡된 성'이다. 이것은 성적 본능의 자기 기만이다. 이는 철학적으로 자기 기만에 빠진 마르크시즘과 같다.

마르크시즘과 잘못된 페미니즘은 가부장-국가사회의 억

압에 반발한 문화 현상이긴 하지만, 둘 다 인간의 허위 의식(자연에서 볼 때는 허위의 허위의식이다)에서 출발했다는 공통점을 가진다. 삶의 방식 혹은 존재 이유에서 생물 일반의 생존 경쟁에서 권력 경쟁으로 넘어간 인간 종은 결코 권력을 버릴 수 없는데도 공산주의는 계급을 계급 투쟁으로 없애겠다고 공언했고, 페미니즘은 가부장-국가사회의 출범 이후 결코 가부장제를 버리고 살아갈 수 없음에도 생식 없는 동성애와 동성결혼을 마치 성 평등인 양 선전하기 때문이다. 이에 따라 진정한 페미니즘 철학과 진정한 평등 평화 철학이 요구되는 시점이다.

동성애라는 것도 심리적으로 바라보면 이성애적 요소를 가졌다고 볼 수 있다. 동성애 사이에서도 항상 누가 남자의 위치고, 누가 여자의 위치인가가 대체로 정해져 있기 때문이다. 육체적 성으로 볼 때는 동성애지만, 심리적으로는 이성애를 지향한다고 볼 수도 있다. 철학적으로 볼 때 현대 사회에서의 동성애 문제는 결국 인구 문제에 봉착하지 않을 수 없다(우스운 소리 같지만 "여자가 아이를 낳지 않으면 세상은 망한다"). 동성애로서는 인구를 재생산할 수 없기 때문이다. 결국 논리적으로는 어디선가 인구를 보충해야 한다. 예컨대 인간 생산 공장이라도 있어서 인구를 보충하지 않으면 종이 멸종될 수도 있기 때문이다(물론 이성애와 건전한 가정을 인류가 포기하지 않겠지만).

아무튼 마르크시즘과 동성애적 페미니즘은 생성적인 우주와 암수의 교접을 통한 종의 번식을 위배하는 사건이라고 할 수 있다. 마르크시즘이 계급 투쟁을 통해 사회 파괴를 하는 것이라면 PC 좌파는 자연의 성性과 함께 성 정체성의 파괴를 통해 가정 파괴를 하는 것이라 볼 수 있다. 이것이 가장 극면하게 드러나는 부분은 인권을 주장하면서 동성애와 동성결혼, 동성가족을 주장하는 것이다.

서양 철학의 이분법二分法(이원 대립, 동일성, 절대론, 실체론, 입자론)은 이론(앎, 지식)과 실천(삶, 신체)을 분리한 전통으로 마르크시즘에 이르러 극단적으로 실천을 강조하는 혁명론과 유물론에서 철학의 정점에 이른다. 서양 철학과 과학이 상대성이론(절대-상대론)이나 불확정성 원리(입자-파동론)에 이르러서 종래의 동일성(실체론)을 수정하기는 했지만, 여전히 그 중심에는 이분법의 전통이 남아 있다. 서양 철학과 문명은 '이원론의 현상학'이다. 기독교가 원인적 동일성의 종교라면, 과학은 결과적 동일성의 종교다. 과학은 자연으로부터 기계를 뽑아낸 예술(주술)이라고 할 수 있다.

반면 동양의 음양론은 이분법이 아닌 대대법待對法(음양상보, 태극론, 비실체론, 관계론, 기운론)으로 앎과 실천을 서로 보완하고 역동하는 관계로 파악함에 따라 수양修養이나 수도修道를 중시함으로써 극단적인 유물론이나 유심론을 주장하지 않고, 심물心物이든 신물神物이든 일체로 파악하게 된다. 동양 철학과 문명은 '일원론의 존재론'이다. 노장 철학과 유교는 도학의 철학이면서 음양관계론과 반구저신返求諸身의 종교다.

데리다의 문자학은 서양 철학 전체를 해체한다고 선언했지만, 실은 세계를 텍스트로 본 까닭에 텍스트를 해체하는 것에 머무를 수밖에 없었고, 텍스트해체는 아무런 대안 없이 서양 문명을 해체하는 결과를 초래하게 되었다. 심지어 그는 남녀의 성조차도 대립적으로 본 까닭에 그것을 해체하는 페미니즘 운동을 통해 동성애 등을 인정하라는 주문을 하기에 이른다. 마르크시즘과 해체론의 원류에는 이분법이 도사리고 있다. 마르크스가 국가 해체를 시도했다면 데리다는 성 해체-가족 해체를 시도한 것이라고 볼 수 있다.

이는 인간의 존재 기만이면서 자연에 대한 문명의 자기 배반이라고 규정할 수 있다. 인류의 문명은 자기(존재) 기만과 함께 자연을 개발하는 정도가 넘쳐서 이제 자연의 배반에 이르렀고, 이는 인류의 종말을 예고하는 지표(징조)로 받아들일 수도 있다. 그러한 점에서 서구 문명이 주도하는 인류 문명은 이제 과학 기술의 기계주의(기계적 패권주의)와 함께 어떤 한 극점을 찍는다는 점에서 문명의 해체를 지향하고 있다고 해도 과언이 아니다.

마치 해체하는 것이 새로운 건축이나 구원이라도 되는 듯 선전하는 해체주의는 겉으로는 자유와 민주, 인권이나 평등을 주장하고 있지만, 실은 인류의 문명이라는 거대한 건축물, 지구라트를 스스로 파괴하는 '자기 배반의 공작' 혹은 '철학적 사기'라고 볼 수 있다. 공산주의자가 평등을 팔아서 욕망을 채우는 자들이라면 해체주의자들은 정의를 팔아서 욕망을 채우는 자들이라고 할 수 있다. 이는 이상理想을 추구하는 인간의 분노와 탐욕을 이용한 인간 이성의 자기 파괴적 어리석음의 노출이라고 할 수 있다.

서양 철학은 기본적으로 말소리 중심주의 혹은 인간 중심주의 때문에 자연을 텍스트 혹은 기계로 보는 경향이 있다. 근대 자연과학의 탄생은 그러한 전통의 귀결이라고 말할 수 있다. 다시 말하면 서양의 문화적 전통에 훈습된 사람들은 지극히 자연적인 것을 두고 기계적이라고 하거나 텍스트로 짜인 세계라고 보는 자기 기만에 빠진다. 그래서 자연을 두고 "텍스트 밖은 없다."라는 말을 한다. 또 구성된 세계를 해체하는 것을 두고 역설적으로 문자학(해체적 문자학)이라고 부르는 것이다.

데리다의 텍스트는 일종의 '텍스트의 기계론'으로서 정신과 대립된 물질, 영혼과 대립된 기계를 의미하는 것은 아니지만, 은밀하게 자연을 왜곡하고 배반하고 있다. 텍스트와 기계의 차이는 전자가 맥락에 따라 수많은 의미를 가지는 것인 반면, 후자는 다른 의미를 부정하면서 동일성(등식)을 위한 하나의 의미 연쇄, 즉 기표 연쇄를 추구한다는 점에서 차이는 있지만, 기계로 실은 텍스트에 속한다고 볼 수 있다. 그러나 기계는 그 조직성(공학적인 성격)으로 해체할 수 없는 결정성으로 가득 찬 '폐쇄된 체계'처럼 선입견이 있는 반면, 텍스트는 분절^{articulation}로 이루어진 것 같다. 구문^{構文, syntax}은 그 대표적인 것이다. 그렇지만 기계도 분절이라는 점에서는 텍스트와 다를 바 없다.

데리다는 텍스트와 문자를 가지고 해체론을 전개한다. 기계와 텍스트와 문자는 약간의 차이가 있긴 하지만, 근본적으로는 구성^{構成, construction}이라는 공통점을 가진다. 자연을 텍스트라고 하면서 텍스트를 해체하는 것을 목적으로 하는 해체론(해체를 위한 해체를 함)은 자연의 기계성에 빠져 있는 서양 철학이 그것을 은폐하는 말장난에 지나지 않는다. 이것은 일종의 철학적 이중성이며 자기 모반이다. 데리다는 자연의 기계와 텍스트를 인정하면서 동시에 부정하는 이중적 몸짓을 해체론에서 수행한다. 해체론은 서양 철학 전반을 해체한다고 하면서 실은 자연(자연성, 본능)을 해체하고 왜곡하는 것이다. 지금도 생성되는 자연은 철학이 감히 해체하고 왜곡할 수 있는 대상이 아니다.

존재는 텍스트^{text}가 아니다. 그래서 존재는 해체할 수 없다. 인간은 구성된 철학, 텍스트를 해체할 뿐이다. 우리가 해체하는 것은 기표 연쇄라고 할 수 있는 텍스트일 뿐이다. 존재의 의미(기의)는 텍스트현상학으로 해체할 수 없다. 헤겔의 '정반正反의 변증법'은 데리다에 이르러 '차연差延의 변증법' 혹은 '의미意味의 생사生死의 변증법'으로 바뀌었지만, 존재 그 자체에는 이르지 못하고 있다. 존재는 의미가 아니기 때문이다.

모든 의미는 인간이 자신의 맥락에서 붙인 의미, 즉 '명명命名의 의미기 때문이다. 일상의 의미든, 시인의 의미든, 랍비(율법학자)의 의미이든 모두 붙인 의미다. 물론 시인이나 랍비는 텍스트의 죽은 의미를 살아 있는 의미로 되살려낼 의무가 있긴 하다. 그런 점에서 모든 의미는 시시각각 혹은 경우에 따라 해체되어야 하지만 존재(존재 그 자체), 즉 자연적 존재는 해체될 수 없다. "존재는 텍스트 속에 있지 않다." 이 말을 자연과학을 포함해서 말하면 "자연은 자연과학 속에 있지 않다."라고 말할 수 있다.

해체주의는 자연을 왜곡한 인간 중심주의의 고백성사(자

기도 모르게 자기 죄를 고백하는)에 해당하는 매우 서양 문명의 정신 병리학적(언어심리학적) 증상(자기 모순)에 해당한다. 철학의 문자적 구성성構成性을 약점으로 삼아 해체주의를 주장하는 것은 철학의 종언을 선언하는 것이나 마찬가지다. 이는 계급 투쟁을 통해 계급 해체를 시도한 마르크스의 혁명과 마찬가지로 데리다의 혁명은 인류 문화와 문명을 그 근본에서부터 부정하고 해체하는 것이나 마찬가지다.

서양 철학에서 철학의 종언은 자연으로 돌아가는 것이 아니라 자연과학의 세계를 자연이라고 생각하는 데서 빚어진 자기 모순이다. 말하자면 현상학 내의 자기 왕래 혹은 자기 순환과 같은 것이다. 자연은 서양 철학이 말하는 유무有無대립과 이원대립二元對立의 대상이 아니라 그것의 기저에 있는 근본과 같은 것이다. 그러한 점에서 철학이 종언되어야 하는 것이 아니라 서양 철학이 종언되어야 하는 것이다.

철학과 문화의 발전을 위해서는 기존의 것에 대한 해체는 필요하지만, 해체주의는 일종의 또 다른 결정론으로서 인간을 구속하는 이데올로기다. 사회는 필요하지만 사회주의는 곤란하고, 국가는 중요하지만 국가주의는 곤란하고, 여성은 존중되어야 하지만 여성주의는 곤란하다. 이렇게 보면 모든 '주의-ism'는 일종의 대뇌의 폐쇄성을 의미하는 징표다. 폐쇄성과 적대감과 적반하장은 대뇌의 질병이다. 나아가서 인간의 언어(문화)는 다분히 존재를 폐쇄하려는 의도를 지닌 존재자가 된다. 철학의 관념론이 계속적으로 경험을 필요로 하는 것은 이 때문이다. 삶은 관념과 경험의 긴장관계 속에서만 새로운 가설(가정)을 정립할 수 있다.

인간은 존재(자연, 본래 존재)를 언어(이름, 문화)로 바꾸고, 언어를 통해 존재를 다루기(다스리다, 지배하다) 시작한 생물 종이다. 여기서부터 존재에 대한 기만과 배반이 이루어졌지만, 이것은 동시에 인간 존재의 특성이면서 오늘날까지 인간 종을 살아남게 한 결정적인 요인이기도 하다. 남자는 여자를 소유하고 여자와 아이들에게 자신의 이름(성씨)을 붙여주었다는 점에서 남자는 언어의 편에, 여자는 존재의 편에 선다. 마찬가지로 남자는 대뇌의 편에, 여자는 신체의 편에 선다. 필자의 신체적 존재론은 겉으로 보면 마르크시즘과 페미니즘의 편에 서는 것 같지만, 실은 '존재의 편'에 서는 것이다.

마르크시즘과 페미니즘은 인류 문명의 억압에 따라 발생한 질병과도 같은 것이다. 그러한 점에서 신체적 존재론은 신체를 통해 존재의 진면목을 되찾자는 철학 운동이라고 말할 수 있다. 신체야말로 살아 있는 존재며, 생성적 존재다. 신체가 없는 것은 모두 추상이며 기계며 언어며 궁극적으로 존재가 아니다. 신체를 더는 물질이나 육체로 보지 말아야 한다. 신체를 물질이나 육체로 보는 것은 정신의 존재 기만이며, 존재 배반이다. 이러한 존재 기만과 존재 배반에 인간의 위선僞善과 음모陰謀와 악惡이 깃든다.

마르크시즘의 원시 공산사회는 인류학적으로 보면 모계사회를 바탕으로 하는 것으로 보인다. 모계사회는 남성중심의 가부장사회에 의해 구성된 소유적 존재(여성은 남성에 종속됨, 사유 재산 제도 인정) 이전에 공유적 존재(여성을 남성들이 공유하고 자손들은 사회가 양육함)를 환기한다는 점에서 공산사회주의와 통하고 있다. 오늘날 여성 해방과 여권을 주장하는 페미니즘은 마르크시즘과 사상적으로 공통의 뿌리를 가지고 있다. 특히 자유주의에서 발생한 해체주의는 가부장-국가사회의 근본을 흔드는 파괴주의(기존의 문명 질서를 해체함)의 성격을 지닌다는 점에서 자유주의와 사회주의의 연합으로 주목된다. 이것이 바로 PC 좌파의 정체다.

마르크시즘과 해체주의는 논리적 허위와 유혹과 비생산을 정의와 평등으로 호도하고 특히 주인과 노예를 뒤바꾸어 설명한다는 점에서 반문명적이라고까지 말할 수 있다. 특히 노예를 주인으로 만들어준다고 속이고, 방종을 자유라고 속이고, 생식이 없는 가족을 건전한 가정이라고 속이는 것을 통해 '천사의 얼굴을 한 악마'의 모습을 하고 있다. 해체주의 철학을 중심으로 하는 PC 좌파들의 위선은 인류 문명에 대한 배반으로 귀착될 가능성이 높다. 말로는 평등이나 정의를 내세우는 철학이 평화를 달성하기는커녕 결과적으로 인류 문명을 전체주의로 나아가게 한다면 이는 기만과 위선에 의한 사기 철학으로 전락할 위험성이 높다. 사기 철학은 결국 인류 문명을 황폐화하고 배반하고 말 것이다.

이상을 종합하면 해체주의의 원조인 마르크스는 평등과 계급 투쟁이라는 이데올로기로 공산사회주의를 주창했지만, 인간 사회 자체를 해체함으로써 전체주의사회를 초래했다. 데리다는 정의와 해체주의라는 이데올로기로 문명 자체에 대한 해체를 시도함으로써 인권을 주장하면서도 인간의 성과 생식(본능)을 배반하는 성소수자(동성애자)전체주의를 초래했다. 가장 최근의 유물론자인 들뢰즈는 리좀-머시니즘^{Rhizome-machinism}을 통해 차이와 복제를 주장했지만, '신체 없는 기관(기계)' 혹은 '기관 없는 신체(관념, 추상)'를 주장하는 것을 통해 결국 '살아 있는 존재'로서의 신체를 배반하고 추상 기계를 주장함으로써 기계전체주의를 정당화하는 데에 기여했다.

마르크스	마르크시즘	평등/ 계급 투쟁	공산사회주의	사회전체주의
데리다	해체주의	정의/해체주의	인권- (성)소수자 보호	소수자전체주의
들뢰즈	리좀- 머시니즘	차이/복제	신체(기관) 없는 기관(신체)	기계전체주의

〈마르크스, 데리다, 들뢰즈〉

PC 좌파는 공산사회주의가 계급 투쟁과 평등으로 다수의 인민(민중)을 속이고 오도한 것과 마찬가지로 자유민주주의가 성소수자를 비롯하여 소수자^{minority group}를 보호한다는 명목과 함께 그동안 가부장사회에서 불가피하게 억압된 측면이 있는 여성의 성과 권익을 보호한다는 명목으로 페미니즘^{feminism} 운동을 펼치고 있는, 그럼으로써 기존의 국가나 사회를 해체하려고 하는 신종 사회주의 운동이다. 공산주의^{communism} 운동이 무신론적 종교라면 PC 좌파들의 운동은 마치 무신론적 종교의 성찬식^{communion}과 같은 것이라고 말할 수 있다.

마르크시즘은 어리석은 민중(인민)을 속이는 이데올로기이고, 페미니즘은 원한의 여성을 속이는 이데올로기다. 마르크시즘과 페미니즘은 '나쁜(잘못된) 여성성'에 속하며 이를 '좋은(잘된) 여성성'으로 바꾸는 노력이 필요하다. 좋은 여성성은 모성성에 기초한 것이며, 나쁜 여성성은 질투에 기초한 것이다. 물론 이런 나쁜 여성성은 나쁜 남성성인 폭력에 의해 배태되었다고 할 수 있다. 좋은 여성성을 위해서는 좋은 남성성인 비폭력적 권력, 평화를 향하는 권력을 창출해야 한다. 이러한 문명적 위기의 이면에는 세계를 현상으로 보다가 드디어 물질로 보는 결정론에 빠진 유물론과 자연을 자연과학과 동일시하는 서양 문명의 종말적 상황이 자리하고 있다. 이것은 인간 지성의 정신 병리현상으로 자연과 본능에 가한 인간의 자기 배반과 자기 폭력으로 기록될 만하다. 이것은 대뇌의 자기 기만이면서 존재 기만이다. 역설적으로 인간의 대뇌는 전체주의를 지향하고, 인간의 신체는 자유를 지향한다.

과학이 물리적 인과의 법칙을 밝히는 학문이라면 철학은 심리적 주인과 노예를 찾는 학문이라고 말할 수 있을 것이다. 과학이 물리적으로 공간의 연장(창조, 팽창)을 말하는 것이라면 철학은 심리적으로 시간의 지연(목적, 종말)을 말하는 학문이라고 말할 수 있을 것이다. 세계는 드디어 신^{God}에서 정신^{Geist}를 거쳐 유령^{Ghost}의 천지가 되어버렸다. 이것은 인간이 동굴의 우상, 종족의 우상, 시장의 우상, 극장의 우상에 이어 대뇌의 우상에 빠진 것을 의미한다. 대뇌야말로 인간이 궁극적으로 피할 수 없는 동굴이었던 셈이다.

데리다는 자유주의에서 출발하고 있지만, 해체할 수 없는 이상인 정의와 공정을 목표로 하기 때문에 평등을 주장하는 마르크스주의자들과 결과적으로 비슷한 양상을 보인다. 결국 정의와 공정은 평등만큼이나 해체할 수 없는 성질을 지니고 있다. 해체주의는 언뜻 보면 윤리적이고 이상적이지만 성리학의 '위선적 도덕주의자'들과 유사해진다. 해체주의는 어떤 사회라도 해체할 수 있는 빌미를 제공한다는 점에서 마르크스의 계급 투쟁에 흡사하다. 데리다의 '유령론'과 '법의 힘'은 헤겔의 '절대 정신Geist'과 '법의 정신(법철학)'에 대응된다. 데리다는 헤겔과 마르크스와 삼각관계를 이룬다. 해체주의는 헤겔과 마르크스 철학의 짝퉁이다.

오늘날 해체주의는 페미니즘과 결부되어 동성애와 동성 결혼까지 주장하고 있는 마당이다. 생물의 속성인 생식마저 무의미한 것으로 해체하는 실정이다. 마르크시즘의 평등과 해체주의의 동성애 윤리는 인간 사회 자체를 해체하는 문명의 데카당스라고 할 수 있다. 해체론은 서양 철학의 데카당스지만, 불교적 존재론의 목표는 해탈이다. 해체는 해탈이 아니다. 해체는 구성된 것의 해체이고 해탈은 구성되지 않는 것이다.

현상학적인 해체론(구성론)	불교적 존재론(생멸론)
데리다의 해체론	불교와 음양론
해체론적 문자학文字學	불립문자不立文字/교외별전敎外別傳
텍스트text, 텍스타일textile	태극음양론太極陰陽論/역易사상
초법적인 정의正義/ 무조건적인 선물·환대	팔정도八正道/육바라밀六波羅密
초역사적인 평등平等(마르크스)	무상정등각無上正等覺
영구평화론(칸트)	초종교초국가사상(박정진)
인류 문명의 종말(해체)	개인의 해탈(깨달음)
해체론적 민주주의 (전체주의와 야합)	제행무상諸行無常/제법무아諸法無我
기독교 문명의 절대론의 종말終末사상	불교적 문명의 상대론의 연기緣起사상
나쁜 여성성(동성애, 동성결혼)	좋은 여성성(평화,大慈大悲)
해체론은 서양 철학의 데카당스다	불교적 존재론의 목표는 해탈이다

〈현상학적 해체론과 불교적 존재론〉

동양의 도학이나 불교의 해탈이 인간의 기쁨과 행복의 원천이 되고, 서양이 주도한 과학 기술 문명과 기독교의 폐해를 줄이고 인간에게 새로운 희망을 줄 수 있는가는 오늘의 인류에게 매우 중요한 메시지로 떠오른다. 과학 기술 문명의 패권주의와 지배력은 팽배하다 못해 거의 폭력에 가깝기 때문에 문명의 균형 잡기가 필요한 시점이다. 동양 문명은 서양 문명에 비해 아직 '상징적 신화'를 보존한다는 점에서 위안이 된다.

　　인류 문명이라는 것은 항상 미토스와 로고스의 상호 왕래(로고스↔미토스) 속에서 전진하기 때문이다. 도구적 이성으로 신이 죽어버린 세계에서 다시 미토스로 돌아가서 자연의 정령과 생명력을 회복해야 한다는 뜻이다. 그러한 시대적 요구가 필자로 하여금 '새로운 정신성의 출현'으로 신체적 존재론을 주장하게 하였을 것이다.

　　새로운 정신은 스포츠나 무예, 그리고 각종 예술을 통해 평화의 증진에 노력할 것을 촉구하고 있다. 새로운 정신은 예술 속에서 철학과 종교와 과학이 새롭게 태어날 것을 요구하고 있다. 미래 문화는 무엇보다도 '반ᴿ도그마-반ᴿ기계적인 흐름' 속에서 '친ᴾ자연주의-친ᴾ생명주의'의 특성을 보일 것이다. 모든 인류에게 '선물(은혜)로서의 자연'을 환기하고 보호해야 할 것이다. 초월적으로 이해되는 신보다 내재적으로 발견되는 신에 대한 이해를 통해 세계 평화주의에 도달하여야 한다.

　　현재 첨예하게 대립하는 종교 사이의 반목을 극복하고 모든 존재의 평화와 사랑(자비)을 실천하는 방안의 하나로 종교 사이의 각종 교차축복cross-blessing 행사를 활발하게 전개하는 것도 인류 평화에 기여함은 물론이다.[124] 이를 위해 필자는 오늘날 고등종교의 뿌리가 되는 원시종교인 샤머니즘에 대한 새로운 이해를 통해 인류의 종교적 공통성을 회복하는 운동도 필요하다고 여겨진다. 필자는 존재론의 미래적 형태로 네오샤머니즘을 제창하기도 했다.[125]

해체주의는 결국 결코 달성할 수 없는 목적을 내건, 쓸데없는 공허한 담론을 마치 거대담론이라도 되는 양 떠들어대는, 철학의 사기, 철학의 야바위, 철학의 해프닝에 불과한 것이라고 말할 수 있다. "대뇌는 거짓말을 좋아한다."라고 하지 않을 수 없다. 해체주의는 '불임不姙의 철학'을 '가임可姙의 철학'인 양 떠들어대는, 과학 기술 시대가 낳은 철학의 변태며 말장난이다. 해체주의는 결국 비생산성으로 사라지고 말 것이다.

해체주의를 동양의 음양 사상의 관점에서 보면 '잘못된 음양학'이라고 말할 수 있다. 해체론이 물론 이원대립二元對立보다는 상호 보완을 주장함으로써 음양 사상이나 음양상보陰陽相補를 지향하는 것 같지만, 실은 '끝없는 타자'를 지향한

---

124 새로운 정신은 자연의 회복과 함께 평화의 증진에 초점을 맞추지 않으면 안 된다. 이에 필자는 칸트의 영구평화론 대신에 초종교초국가사상과 여성의 심정주의와 화평부동론을 통해 인류 평화를 달성할 것을 제창한 바 있다. 특히 초종교사회가 되려면 유불선기독교 간에 서로의 교리 체계를 이해는 운동과 함께 교차축복 의식이 요청된다. 기독교의 입장에서 불교, 유교, 샤머니즘을 이해하는 것을 비롯해서 각 종교 사이에 상호주관적 이해가 필요하다. 교차축복 또한 제의적 상징을 통해 상호주관적 상징교환을 하는 계기가 된다는 점에서 제고해볼 필요가 있다.

125 박정진,『네오샤머니즘-생명과 평화의 철학』, 살림, 2018, 참조.

다. 그런 점에서 해체론은 서양 철학 전체를 해체한다고 호언하고 있지만, 더욱 '타자의 철학'인 서양 철학에 매여 있다고 볼 수 있다.

"해체론은 유와 무, 색色: 현상 혹은 일체과 공의 논리적 모순과 그 긴장관계에 의해 설정되는 순수한 미래에로 오늘의 현실을 개방하려는 프로젝트다."[126]

해체주의가 '포스트모던의 개인적 윤리학과 미학을 미래를 향한 미완성과 타자에 대한 무한책임의 윤리학'[127]을 표방했는데도 역사적 현실로서는 최악의 경우에는 문명 파괴 혹은 인류 공멸의 어두운 메시지를 담고 있다. 해체주의가 극단적으로 가면 기존 체계의 도착이나 전도를 꾀하게 되고, 심하게는 전체주의가 될 위험성도 있다. 해체를 급진적으로 몰고 가면 마치 마르크시즘과 같은 혁명을 꾀하게 된다. 그런 점에서 해체주의는 '그라마톨로지(문자학)의 마르크시즘'이 될 가능성마저 있다.

더욱이 해체주의는 마치 철학의 가상 임신과 같은 것이다. 해체주의는 스스로 철학을 구성하지 않았으면서도 남의 철학으로 가지고 자신이 구성한 것처럼 착각하는, 즉 철학 평론을 하였으면서 스스로 새로운 철학을 한 것 같은 착각에 빠지기도 한다. 해체주의자는 현대 철학의 소피스트다. 해체주의는 해체를 존재론의 존재(자연적 존재, 본래 존재)로 착각하는 프랑스 현상학의 미로迷路다.

철학의 순수라는 말은 참으로 철학적인 용어일 뿐이다. 순수는 선험, 절대, 초월, 지향, 타자, 이상理想의 다른 말이다.

---

126 조규형, 『해체론』, 살림, 2008, 77쪽.
127 조규형, 같은 책, 81쪽.

순수이성이나 순수의식, 순수타자는 서로 다른 말 같지만, 실은 다 같은 말이다. 서양 철학은 모두 이 속에 있다. 서양 철학의 이론theory이라는 말의 의미 속에는 '신+이성+광기 God+Geist+Ghost'가 동시에 포함되어 있다. 이것은 인중천지일人中天地一과 천지중인간天地中人間의 융합이며, 존재론과 현상학의 화해다.[128]

바로 이러한 철학적 분위기에서 종래의 신체적 현상학은 신체적 존재론으로 새롭게 태어나지 않으면 안 된다. 신체적 존재론이 신체적 현상학과 다른 것은 타자(타자의 긍정이든, 부정이든)가 아닌 자기 존재의 깊이에서 새로운 기원origin을 모색하는 데에 있다. 신체적 존재론이 인류의 공멸을 염려하면서 존재의 공동존재성 혹은 공동신체성을 깨닫게 하는 최고 경지인 만물만신萬物萬神에서 인류 평화, 만물 평등의 의미를 새롭게 길러내는 것은 존재론적 해결의 대표적인 예다.

이것을 전통적인 메시아론에 비교한다면 메시아를 기다리는 것이 아니라 스스로 메시아가 되는, 자신의 몸(신체)에서 메시아를 발견하고(깨닫고) 실천하는 살신성인殺身成仁에 해당한다. 세계는 결국 자기self의 문제며, 자기-내-존재의 문제다. 신체적 존재론은 자기존재론(자기-내-존재론)이다. 그런 점에서 신체야말로 신성을 가진 것이며, 신이고, 신 자체다. 신체적 존재로서의 자연은 해체될 수 없는 것이다.

인간은 신을 설정하고 신으로 하여금 말(말씀)하게 함으

---

128 '인중천지일'과 '천지중인간'에 대해서는 필자의 『철학의 선물, 선물의 철학』, 소나무, 2012, 327~348쪽: 『네오샤머니즘』, 살림, 2018, 347~380쪽 등 여러 책에서 소개한 바 있다.

로써 신을 돌려받았는지도 모른다. 신의 말은 파롤^{parole}이지만 그것을 문자^{langue}로 기록하면 말씀으로 전해진다. 말씀과 기록 사이에는 간격이 존재한다. 그 간격은 새로운 해석을 요구하지만, 그해석은 항상 열려 있어야 한다. 만약 하나의 해석이 말씀의 의미를 독점한다면 이것은 소유주에 의해 폭력이 된다. 창조적이지 못한 사람은 텍스트를 죽은 텍스트로 만들고, 그 죽은 텍스트는 바로 이단을 만들어낸다. 그래서 종교의 역사는 배반의 역사고 이단의 역사기도 하다. 말씀을 돌려받는 인간은 결국 신을 설정하기는 했지만, 스스로 자문자답하는 형국이 된다.

인간과 신의 대화는 형식적으로는 다이아로그^{dialogue} 같지만, 실은 모노로그^{monologue}인 것이다. 신은 인간이 잡으려고 하면 달아나거나 부재하고 만다. 그래서 인간은 현존재^{Dasein}, 스스로 '거기 있음의 존재'가 될 수밖에 없다. 그런 점에서 신은 인간의 자기 독백(자기 현존)이면서 동시에 자기 부재(자기 죽음)이다. 이것은 자연의 생성(생멸)을 존재로 설명하는 서구-기독교 전통의 방식이다. 동양-도학 전통에서는 존재가 생사인 것이 아니라 생멸이고 이것이 바로 존재다. 생멸은 이분화되지 않는다. 생멸을 동시적인 것이다. 동시적이라는 말에는 자연의 흐름에서 시간을 별도로 빼내어 시간을 독립적인 존재로 보지 않고, 즉 계량하는 시간으로 보지 않고 그냥 흘러가는 것으로 내버려 둠을 의미한다.

동양인에게 현상(서양이 말하는)은 없다. 이를 뒤집어 말하면 현상을 바로 존재로 보거나 존재를 현상으로 본다. 자연에는 존재가 있을 따름이다. 자연을 세계라고 하는 자체가 바로 존재를 존재자로 전환하는 것을 의미한다. 그런 점에서 동양인에게는 세계-내-존재는 없다. 존재-내-세계가 있을 따름이다. 서양인이 세계를 이분화하는 것과 이분화하였기 때문에 통일해야 하는 것과 세계를 처음부터 하나로 보는 동양인은 다르다. 자연에는 타자(절대 타자)가 없다. 그러나 세계에는 타자가 있다. 타자(주체-대상)가 있기 때문에 세계기도 하다.

서양-기독교 문명에서 하나(하나의 세계)를 추구하는 것은 동양인의 본래부터 하나(하나의 존재)인 것과는 다르다. 겉으로 보기에는 비슷한 것 같지만, 근본에서는 정반대다. 그래서 동양에서 서양을 보고, 서양에서 동양을 보는 것이 가능한지도 모른다.

5. 소리에서 포노로지^{Phonology 129}의 탄생

1) 말-소리중심주의^{logo-phonocentrism}의 착오

서양 철학의 정신^{Geist}을 천지인^{天地人}-정기신^{精氣神} 사상의 맥락에서 해석하니까 정신이 된 것이지만, 어쨌든 정신이 기를 잃어버리고 나니까 기^氣도 정신에서 독립(대립)하여 물질이 되지 않을 수 없었다. 결국 정신과 물질은 대립하게 되었고, 그 대립은 영원히 이상과 조화를 향하지 않을 수 없게 되었다. 이것이 바로 정반합^{正反合}이라는 변증법^{辨證法}의 논리로 결론되었다.

이런 정반합의 논리를 극복하기 위해서 역동성^{dynamism}이 필요했고, 역동성을 보장 받고 전개하기 위해서 전통적인 기 철학의 도움과 부활이 필요했다. 역동성은 변증법이 아니다. 동양의 음양 사상은 바로 역동성의 대표 모델이다.

천지^{天地}와 이기^{理氣}는 음양적이다. 서양의 해체 철학자들이 개발한 교차배어^{交叉配語: chiasmus}라는 말은 동양의 음양론에 대한 서양 철학적 번안이며 해석이다. 그런 점에서 천지음양은 교차배어적이라고 말할 수 있다. 바로 교차됨으로써 자연에서 문명이 발생하고, 다시 이것이 피드백하고 순환하게 한다. 인간은 '기의 동물'이면서 동시에 '이^理의 동물'이다.

---

129 박정진, 『소리의 철학, 포노로지』, 소나무, 2012. 이 책을 참조하면 상세한 진술이 있다. 많은 도움이 될 것으로 생각되기에 독자들에게 권하는 바다.

이와 기도 실은 교차하는 것이다. 이것은 동일성의 철학, 보편성의 철학이 아니고 동시성의 철학이면서 일반성의 철학을 향하고 있다. 일반성의 철학은 이성중심주의 철학의 무화無化를 지향하는 물심일체物心一體의 철학이다.

天	氣	정신精神	이理		기氣
人	神	인간天/地	이/기	×	기/이
地	精	물질物質	기氣		이理

〈천지인의 교차배어〉

결국 서양의 역사는 이성을 중심으로 전개하였기 때문에, 시간과 공간을 중심으로 전개하였기 때문에, 역사 사회를 중심으로 전개하였기 때문에 변증법적으로 정반합을 거듭할 수밖에 없게 되었다. 칸트에 이르러 이성을 만나 '정신=절대신=이성'이 되어 오늘의 과학에 이르렀다. 이는 그 이면에 '정신=절대신'의 등식을 감추고 있다.

여기서 소리phone는 로고스logos에 포함되어 매개 변수가 되고, 의미가 되고(이것은 所記 혹은 記意라고 말한다), 능기로서의 존재의 의미를 상실하고, 있으나마나 한 것이 되어 버렸다. 서양 철학의 '사물=언어'를 극복하거나 벗어나기 위해서는, 세계(존재)의 진면목을 보기 위해서는 그 사라져 버린 '소리'를 찾지 않으면 안 된다. 서양 문명은 소리에 로고스를 투사하여 삼켜버린 오류다. 그 오류의 대가로 과학을 얻었다. 그러나 이제 그 과학이 자연의 생태 환경에 근본 문제를 일으키고 있다. 과학은 존재의 근원을 보지 않게 하고, 이용 대상이 되는 것으로 전락해버렸다.

과학은 결국 역동적인 자연(우주)의 사물을 정지해서 실체 substance를 확인하고 그것의 운동과 관계를 시공간의 좌표(액자, 프레임)상에 정립하는 것이다. 그런데 자연은 실체가 없다. 자연을 두고 시공간에서 실체가 있는 것만 바라보고 실체가 있다고 말하는 사람도 있지만 실체는 없다. 결국 실체가 있기도 하고 실체가 없기도 하다.

결국 서양 문명은 정신(주체)과 물질(대상, 객체)이 서로 대립(비대칭)하고, 여기서 보편성으로서의 이理를 찾는 것이 목적이 되었다. 이에 비해 동양의 이기理氣 철학은 서로 대칭(대립이 아닌)을 이루면서 기氣를 완전히 물질화(대상화)시키지 않았다. 그래서 기 혹은 기질氣質이라는 용어가 남아 있는 것이다.

동양의 이는 서양의 이성과 다르게 물리학(과학) 단계의 이가 아니라 현상학(의식학) 단계의 윤리학에 머물렀다. 그래서 동양의 '이-기'는 성리학性理學에서 만족할 수밖에 없었다. 서양은 '정신-물질'의 이분법에 따라 과학이 발전했지만, 동양은 서양을 뒤따라가야 했다. 그러나 동양은 오늘날 '이-기'의 기 철학 사상을 통해 오늘날 반이성주의 철학을 열 기회를 가지게 되었다.

기는 기파氣波라고 할 수 있고, 소리도 음파音波라고 할 수 있다는 점에서 같은 파동波動으로 통합될 수 있다. 그 기 혹은 기질, 잃어버린 소리, 자연의 소리를 되찾는 것이 바로 소리 철학, 포노로지phonology다. 무엇보다도 사물의 전체는 시각적으로 볼 수 없다. 다시 말하면 우주의 전체를 결코 볼 수 없다. 그러나 전체를 상징하는 소리는 들을 수 있다. 소리는 사물과 우주를 상징하는 메타포다.

결국 기의 상실에서 비롯되는 일련의 '철학적 오디세이의 모험'이 서양 철학사가 된 것이다. 서양의 이성중심주의 철학은 처음부터 유물론을 배태했다고 해도 과언이 아니다. 그런데 이 같은 상황은 절묘하게도 서양 알파벳 문명권의 '말-소리중심주의'에서 소리가 빠지면서 초래되는 '말-소리중심주의'='말중심주의'가 되는 것과 상응하고 있다.[130] 정신과 물질의 대립은 그 입장을 바꾸어도 얼마든지 설명이 가능하기 때문이다.

동양의 이기론理氣論은 흔히 이기불상리理氣不相離, 이기불상잡理氣不相雜으로 설명된다. '이기불상리'는 "이와 기는 서로 떨어지지 않는다.", '이기불상잡'은 "이와 기는 서로 섞이지 않는다."는 뜻이다. 전자의 뜻은 이와 기는 함께 따라다니는 동봉同封 관계에 있다는 것을 말하고, 후자는 이와 기는 자신의 성질을 잃고 통합되어서는 안 된다는 뜻이다.

이것은 동양의 음양론으로 설명하는 것이 더 적절할 듯하다. 음양은 대립이 아니라 상호 보완의 관계다. 상호 보완의 관계라는 것은 항상 함께 있으면서 동시에 서로의 역동성(동태성)을 잃어버리고 정태적인 하나가 되어서는 안 되는 것이다. 남녀는 흔히 대립 관계처럼 설명된다. 그러나 남녀는 보완 관계다.

음양론은 서양이론으로 보면 전기電氣의 이론에 흡사하다.

130   박정진, 『철학의 선물, 선물의 철학』, 29~30쪽, 2004, 소나무.

전기의 플러스$^+$와 마이너스$^-$는 개념이 아니라 작용이다. 말하자면 전기는 작용하기 전에는 전기가 있는 줄 모른다. 이것을 두고 동시적이라고 말할 수 있다. 전기는 플러스, 마이너스, 즉 음양이 함께, 그리고 동시에 있는 것이다. 함께, 동시에 있지 않으면 존재할 수 없다. 전기에 비유하면 과학이라는 것은 전선電線과 같은 것이다. 전기를 사용하기 위해서 전선을 만든 것이 과학이다.

그러나 음양론을 전기이론으로 환원하면 음양론이 축소되는 것이다. 음양론은 일종의 일반론으로 전기이론을 상징적으로 확대한 이론으로 보면 된다. 음양론은 인과론이 아니라 상징론으로 우주를 상징적 상호작용으로 보는 것이다. 이런 이론을 바탕으로 동양의 음양(오행)이론이나 천지인 사상, 주역周易, 한의학이론 등이 있는 것이다.

서양의 이성 중심의 대립적 세계관은 동양의 음양의 대칭적 세계관과 크게 다른 것인데 이는 기라는 개념 아닌 개념의 존재 유무와 상관을 맺는다. 그래서 소리 철학은 종래의 인간(이성) 중심의 보편성의 철학 대신에 물物: physis 중심의 일반성의 철학이며, 기 철학을 토대로 하는 철학이다. 소리와 기는 밀접한 관계에 있다.

기는 논의의 차원level에 따라 기운생동氣運生動, 기운생동機運生動, 기운생동氣韻生動으로 설명될 수 있다. 기운생동氣運生動은 생명체의 레벨, 기운생동機運生動은 기계적 레벨, 기운생동氣韻生動은 음운론 레벨에서 이루어진다. 이들 레벨은 서로 밀접密接한 관계에 있으면서 동시에 순환의 관계에 있다.

서양 알파벳 문명권의 '말-소리중심주의'에서 소리가 빠지면서 '말-소리중심주의'='말중심주의'가 되는 것은 바로 서양 문명이 이성중심주의를 토대로 구축됐음을 전제하고 있다고 해도 과언이 아니다. 소리야말로 우주적 전체성(총체성)으로, 우주적 존재로 돌아갈 수 있는 길이다.

한국이 세계 철학계에 독자적인 철학, 오리지낼리티가 있는 철학인 '포노로지'를 낸 것은 유사 이래 처음이다. 철학은 언어를 사용하는 체계기 때문에 언어를 해체하지 않고는 (탈언어화하지 않고는) 이성중심주의를 벗어날 길이 없다.

따라서 현대 철학이 기댈 곳은 소리밖에 없다. 언어는 소리(음성 언어)에서 출발하였기 때문이다. 결국 소리에서 존재를 찾을 수밖에 없다. 이렇게 볼 때 과학의 물질이라는 개념에 대해서는 '기'라는 개념을 통해 피난처로 마련하고, 철학의 언어에 대해서는 소리를 내놓음으로써 구원을 달성하는 셈이다.

포노로지는 마치 한글, 훈민정음 창제와 맞먹는 문화적 성취다. 훈민정음은 아마도 포노로지의 탄생을 오래전부터 배태하고 기약했는지도 모른다. 포노로지는 세계에서 가장 자연에 가까운 철학일 것이다. 포노로지는 소리 글자인 한글을 가진 한글 문화권의 일원이기에 가능한 것이었다. 따라서 포노로지는 한글의 철학적 금자탑이라고 말할 수 있다.

프랑스 철학자 데리다[Jacques Derrida: 1930~2004]는 서양 철학사가 알파벳 소리 글자의 조건으로 문자 기록을 폄하하고 '말-소리 중심주의'를 진정한 것으로 여기는 철학적 전통에 빠졌다고 비판한다. 말은 자연적이고 진정한 것인 반면, 글은 일종의 필요악으로서 방편으로 사용하는 것에 불과하다고 주장한다. 이러한 서양 철학의 경향을 그는 '현존présence의 형이상학'이라고 부른다. 급기야 그는 '말-소리 중심주의'가 이성중심주의의 원인이라고 지목한다.

"바로 이 같은 로고스 속에서 소리와의 근원적이며 본질적인 관계는 결코 단절된 적이 없다. 그 점을 보여주는 것은 쉬운 일이며 나는 그것을 시도할 것이다. 소리를 어느 정도 암묵적으로 규정한 바 대로라면, 소리의 본질은 로고스로서의 '사유' 속에서 '의미'와 관계를 맺고, 그것을 산출하고, 수용하고, 발화하고, '재결집하는' 것과 직접적으로 근접해 있다. 가령 아리스토텔레스가 "목소리가 발송한 소리는 정신의 상징이며 문자로 적힌 낱말들은 목소리가 발송한 낱말들의 상징이다."라고 적은 이유는 그 최초의 상징을 산출하는 목소리가 정신과 본질적이면서 직접적인 근접성의 관계를 맺고 있기 때문이다. 최초의 기표를 산출하는 목소리는 단지 다른 기표들 속에 있는 일개 기표가 아니다. 그것은 자연적 유사성을 통해 사물을 반영하거나 반사하는 '정신-상태 état-d'âme'를 의미한다."[131]

과연 '소리'가 이성중심주의의 원인일까. 아리스토텔레스마저 그랬으니 데리다가 '소리=이성'이라는 것은 당연한 것 같다. 서양 철학자들은 모두 여기에 동의할 수도 있을 것이다. 그런데 동양 사람의 입장에서 볼 때는 소리는 이성이 아니다. 소리는 의미도 없을 뿐 아니라 의미도 없으니 더구나 이성이 될 수 없다. 아마도 서양 사람들은 자신의 머릿속에 있는 이성을 소리 속에 투사하였을 것이다. 생각 자체가 자신을 대상에 투사하는 것이 아니던가? 서양 사람들은 이런

131   자크 데리다, 『그라마톨로지』, 김성도 옮김, 49~50쪽, 2010, 민음사.

자신의 투사에 속고 있다. 의미도 없는 것이 어떻게 이성이 되고, 이것은 서양 사람들이 모두 그렇게 생각할 뿐이다.

'소리=현존=이성'은 다분히 기독교의 '하나님의 말씀'의 '말씀'에 대한 반작용이라고 할 수 있다. 말씀에는 분명히 구조언어학적 분석에 따르면 파롤parole도 있고 랑그langue도 있다. 그런데 왜 랑그에 초점을 맞추고 말씀을 이성과 연결했을까. 이는 다분히 프랑스의 합리주의와 텍스트적 전통의 영향이거나 프랑스식 철학의 전개를 하다 보니 그렇게 되었을 것이다. 그러한 점에서 데리다는 서양 철학적 전통에 충실한 편이다.

그러나 현존은 하이데거식으로 보면 결코 이성이 될 수 없다. 현존은 숨어 있던 존재의 현현이다. 데리다가 현존을 '부재'absence로 본 것은 목소리의 말씀을 이성의 원인으로 본 때문이다. 물론 데리다는 후기에 목소리도 차이라는 것을 알고 에크리튀르와 다를 바가 없다고 하였지만 분명히 처음에는 그렇지 않았다.

결과론이지만 하이데거는 이데아의 이면에서 존재를 보고 존재론으로 나아간 반면, 데리다는 현존에서 이성을 보고 그것의 반대인 에크리튀르와 그라마톨로지로 나아갔다. 데리다가 나아간 방향은 다분히 현상학적 레벨의 전개다. 데리다는 『목소리와 현상학』을 쓰기도 했다.

하이데거는 현상학을 창시한 후설의 제자이면서도 존재론을 나아간 반면, 데리다는 후설에게 직접 배우지 않았으면서도 후설의 후계자를 자처하면서 현상학적 레벨에서(설사 현상학에서 문자학으로 이동했을지라도) 자신의 그라마톨로지 이론을 전개해나갔다.

하이데거와 데리다는 똑같이 차연差延을 주장하면서 자신의 철학을 전개해나갔지만, 하이데거의 '차연'은 존재론의 레벨이었다면, 데리다는 현상학의 레벨이었다. 존재론의 레벨이라는 것은 '드러남'과 '숨음'의 숨바꼭질과 같은 것이라면 현상학의 레벨이라는 것은 대립된 것의 왕래와 같은 것이다. 존재론은 차원이 다른 것의 숨바꼭질이라면, 현상학은 차원이 같은 것의 왕래다.

개별성에서 시간과 공간이 발생하고, 시공간의 발생에 따라 눈에 보이는 세계는 특수성의 세계가 되고, 특수성은 인간의 대뇌와 언어의 추상의 정신으로 보편성을 향하였다. 이것이 보편성이라는 것의 정체다.

하이데거의 존재론이나 데리다의 그라마톨로지는 일반성에서 보편성으로의 철학적 여정을 보편성에서 일반성으로 향하게 하기 위해서 역순으로 나아간 것인데 이때 특수성을 차이로 보았지만, 여전히 시간과 공간의 장애를 뚫지 못하고, 차이에 연장의 개념을 둠으로써 결과적 동일성에 머물렀다.

데리다는 공간에 걸렸고, 하이데거는 시간에 걸렸다. 시간에 걸린 하이데거는 그래도 일반성의 철학의 경계에 도달하였기 때문에 존재론을 주장하였던 셈이다.

데리다의 그라마톨로지는 해체주의이지만, 하이데거의 존재론은 엄밀한 의미에서 해체주의라고 할 수 없다. 해체는 축조된 것을 해체하는 것이지만, 존재론은 본래 그러한 것을 깨닫는 것일 뿐이다. 그래서 데리다의 해체주의는 필연적으로 '유有의 무無'일 수밖에 없다. 존재론은 종래의 '존재라는 것이 존재자'였음을 밝혔을 뿐이다. 존재론은 무엇을 다시 세우지 않는다.

하이데거와 데리다의 생몰연대를 보면 하이데거가 빠르기 때문에 데리다가 하이데거를 배운(카피한) 것이지만, 결국 자신의 프랑스 철학적 전통과 철학적 입장에 따라 데리다는 현상학적 입장으로 퇴행하였다. 데리다는 해체주의를 통해 존재론(존재론적 존재)에 도달하려는 제스처를 취한 것으로 보인다.

존재론의 입장에서 보면 존재는 자연(존재=자연)이고, 자연의 소리도 존재(소리=존재)다. 존재와 이성은 다르다. 데리다는 하이데거의 '존재'를 자신의 입장에 따라 '생각하는 (이성적) 존재' 혹은 '존재자'로 오독하거나 일부러 오해하면서 하이데거를 공격하기도 한다.

데리다는 '현존現存, présence' 대신에 '부재不在, absence'를 착안하고 '없음'nothing라고 생각한다. 데리다의 부재는 '현재의 철학'이다. 현재에 매인 철학은 시간을 벗어날 수가 없다. 그러나 하이데거는 '현존'을 '존재Sein'로 번안하면서 '존재'를 '무nothingless'라고 생각한다. 이것이 바로 데리다의 현상학과 하이데거의 존재론의 차이다.

결국 하이데거는 '무의 레벨 존재론'을 전개하였고, 데리다는 '유의 레벨 존재론'을 전개하였다. 하이데거의 '존재와 무'의 '무'는 불교의 '진공묘유眞空妙有의 존재론', '부진공론不眞空論의 존재론'을 전개한 반면, 데리다는 서양의 이성중심주의의 레벨에서 '없음nothing의 존재론'을 전개한 셈이다.

진공은 단멸공斷滅空이 아닌데 데리다식으로 말하면 '없음'이
된다.

하이데거는 존재론을 전개하면서 목소리의 현존을 존재로
인정한 반면, 데리다는 '목소리의 현존' 대신에 '에크리튀르
의 부재'를 제안하면서 '부재不在의 철학'을 전개한다. 결국
하이데거는 존재론存在論을, 데리다는 부재론不在論을 전개한
셈인데 데리다는 이성중심주의를 벗어난다고 하면서도 전
통적 의미의 존재(하이데거의 존재자)의 레벨에서 부재론
을 전개하였고, 하이데거는 새로운 차원의 존재론을 전개하
였던 것이다.

데리다의 에크리튀르는 구조언어학의 기표와 기의의 문제
를 현상학적 레벨에서 재연한 것뿐인데 그것은 소리를 의
미(기의)로 전환하는 알파벳 문명권의 타성에 따른 것이다.
그것은 소쉬르에 비해 전혀 새로운 것도 없다. 소리의 표현
적 성격과 문자(표지)의 표기적 성격을 서로 다른 것으로 보
고, 소리를 자기 환원적인 것으로 규정한데 따른 것이다. 소
리는 결코 자기 환원적이지 않다. 도리어 문자야말로 그것의
기록성으로 말미암아 환원적이 된다.

데리다의 에크리튀르와 문자학은 문자가 범한 범죄를 도
리어 소리에 전가한 책임 전가 혹은 뒤집어씌우기에 해당한
다. 그래서 그의 주장은 자주 궤변적이 될 수밖에 없었고,
자기 모순에 빠지게 되면서 프랑스적 문체주의의 장막에 숨
어 자기 모순을 은폐하게 된다. 한마디로 데리다는 하이데
거의 존재론을 잘못 해석한 나머지 현상학으로 후퇴하게 되
는 철학적 후퇴에 범하게 된다.

이는 실존주의자인 샤르트르가 존재론자인 하이데거를 오해한 것과 다를 바가 없는, 같은 현상학적 레벨의 프랑스적 오해다. 프랑스의 철학자들은 하나같이 후설의 훌륭한 제자들이다. 다시 말하면 후설의 현상학은 프랑스에서 꽃을 피우게 된 셈이다. 그러나 현상학은 존재론이 아니고 의식학일 따름이다.

샤르트르는 세계를 온통 의식 속으로 집어넣어버리고 초월적인 순수 주체를 설정한다. 따라서 의식 주체는 '대자pour-soi'가 되고, '대자'는 즉자로서의 '자기le soi'를 다시 설정하게 된다. 의식 주체는 '미래를 향한 주체sujet-au-futur'가 된다. '자기'는 자기 동일성과 자기 통일성을 기하는 '샤르트르의 자신의 통일된 즉자le soi unifié de Sartre même'가 되지만, 항상 부정과 초월과 무화의 대상이 된다.

결국 이는 코기토('나는 생각한다. 고로 존재한다')를 '존재하는 나를 생각한다'로 봄으로써 주체는 자기 일치를 이룰 수 없는 '대자로서의 의식'에 불과한 것이 된다. 샤르트르는 '미래를 향한 존재의 표면'으로서 의식을 설정하지만, 표면이라는 것은 이미 공간의 2차원이고, 존재는 항상 1차원의 시간을 따라 무한대(샤르트르식의 무한 퇴행)로 나아가지 않으면 안 된다.

후설의 현상학의 충실한 제자인 샤르트르와 데리다의 프랑스적 공통점은 항상 시각과 함께 공간 의식이 따른다는 점이다. 이때 공간 의식은 표면이라는 것인데 샤르트르는 '미래를 향한 존재의 표면(두께 제로)'이 의식인 반면, 데리다는 '에크리튀르 하는 대상으로서의 표면'이다. 둘 다 공간에 매달려 있기 때문에 시간의 축을 따라서 무한대로 나아 가지 않으면 안 된다. 무한대는 하이데거식 '무의 현상학'인 것이다.

하이데거는 공간에서 사유를 시작하지 않고 시간에서 시 작하였기 때문에 샤르트르와 데리다처럼 공간(공간의 표 면)에 매달리지 않고 시간을 벗어나서 역사로부터 자유롭게 된 셈이다. 그래서 현상학을 벗어나서 존재론을 구축할 수 있었던 셈이다.

하이데거에 존재론에 따르면 '존재=기=nothingless不眞空 論'가 된다. 이에 반해 데리다의 부재不在, absence는 현상학적 현 재의 레벨에서 전개된 '글 쓴 자'의 '자아自我=자가自家=동일 성'의 은폐로 귀착된다. 아시다시피 현상학은 현재라는 시 간을 전제하지 않으면 성립하지 않는 것이다.

현재라는 시간은 자신의 비시간성의 틈을 메우기 위해 우 상을 만들고, 그것을 매개로 하여 과거와 미래를 연결된다. 그 우상 가운데 하나가 바로 시간이다. 시공간은 기운생동 의 존재인 인간이 자신에게 하나의 정체성을 부여하고, 장 기적으로 하나의 틀에 매기 위한 장치다.

데리다에게 있어 현존現存, présence은 현재의 입장에서 '부재' 가 되었고, 부재는 '말한 자가 없다'는 의미도 되지만, 동시 에 '부재가 이성'이라는 이중적 의미가 있다. 이성은 텍스트 에 의해 연결된다. 하이데거의 현존은 존재와 동봉 관계에 있다. 데리다의 '부재'는 물론 불교의 '공空'이 아니지만, 하 이데거의 '존재'는 '공 혹은 '무'와 동봉 관계에 있다. 여기서 동봉 관계라는 것은 하이데거의 존재도 불교적 무에 완전히 도달한 것은 아니라는 뜻이다.

데리다의 '부재'와 하이데거의 '존재'에는 아직도 '자아'가 숨어 있다. 부재는 공간적 자아, 존재는 시간적 자아에 잡혀 있다. 두 학자는 이성중심주의를 벗어나려고 노력하지만, 여전히 서양 철학사의 이성중심주의에 갇혀서 그 창 너머로 동양의 불교 철학이나 도가 철학을 바라보는 것이다.

두 학자는 역설의 철학을 혹은 이중성의 철학을 구사하고 있지만, 역설과 이중성이라는 것은 여전히 그것을 가능하게 한 상대의 흔적을 가지고 있는 것이다. 온전한 하나는 언어言語를 넘어야 도달하는 것이다. 아니 언어를 넘는다기보다는 언어를 포기하는 것에 있다. 언어로는 결코 본래의 세계에 도달하지 못한다.

이에 비해 소리는 처음부터 동일성이 없고, 목소리도 동일성으로 환원되는 것은 아니다. 서양 철학은 소리를 의미로 잘못 해석하는 바람에 동양의 법음法音에 도달하지 못했다. 이성주의의 범인은 소리가 아니라 문자다. 문자가 있어야 문장이 되는 것이고, 문장이 있어야 이성의 존재할 수 있는 것이다.

인간의 생각의 근본적인 약점은 주어를 설정하지 않으면 안 된다는 데에 있다. 결국 은연중에 주어를 가정하고 있지 않으면 어떤 말도 할 수가 없다. 예컨대 "무엇이 없다."고 한다 해도 없다는 것의 주어를 가정하지 않으면 안 된다. 주어를 설정하는 데는 있고, 없음, 즉 유무의 차이가 없다.

바로 생각하는 주체가 곧 주어고, 그것이 자아다. 그래서 '생각하는 나를 존재'라고 했고, 후기 근대에 와서 '존재하니까 생각한다.'라고 그것을 뒤바꾸었을 따름이다. 생각과 존재를 왕래하였을 따름이다. 생각이 존재를 규정하다가 이제 존재가 생각을 규정하게 되었을 따름이다. 그렇다면 철학이 결국 인과를 따지는 논리였지만, 결국 논리학이 제일 싫어하는 순환론에 빠져버린 셈이다.

논리는 원인으로 돌아가는 환원주의의 산물이지만, 존재는 존재의 근본으로 돌아가고자 한다. 그것을 존재의 고향이라고 말할 수 있다. 둘의 차이는 전자는 원인으로 돌아가는 것이고, 후자는 고향으로 돌아가는 것이다. 원인과 고향의 차이는 무엇인가. 고향은 감성적 양식을 가지고 있는 것이다. 감성적 양식 가운데 상징적인 것이 소리다. 그래서 시인들은 사물의 소리를 듣는다. 소리는 사물의 고향이다.

감성적 양식이라는 것은 원인이 아니라 원형이라고 말할 수 있다. 감성적 양식이란 인간이 발견한 것이 아니라 처음부터 주어진 것이다. 감성적 양식이란 그래서 보편성을 운운하는 것이 아니라 만물이 가지고 있는 일반성이다. 보편성이란 인간이 찾아낸 양식이지만, 일반성은 찾아낸 양식이 아니라 주어진 양식이다. 예컨대 느끼는 세계, 감성의 세계는 그것을 대상화하지 않으면 결코 감각적 대상이 되지 않는다. 인간은 그것을 스스로 대상화해놓고 그것을 대상이라고 규정하는 것이다. 결국 느끼는 세계, 교감의 세계를 대상이라고 규정하는 것은 인간의 관념이고 생각이다.

결국 생각하니까 존재하든, 존재하니까 생각하든 결국 인간은 생각의 동물이라는 것이다. 생각의 동물이 생각의 결과를 지칭한 것이 바로 철학이다. 결국 철학은 인간이 살아가는 데는 필요하지만, 인간 이외의 다른 만물(자연)이 존재하는 데는 반드시 필요한 것은 아니다. 결국 철학도 인간이 살아가기 위해 만들어 놓은 삶의 장치다. 인간은 자연이라는 하나의 덩어리를 그 어디엔가에서 깨트리고 소유하면서 살아가는 존재다. 그런데 그 깨트린 것에는 절편이 있기 마련이다.

인간은 그 절편(단절된 면)을 어떤 방법으로든 연결하려고 노력하지 않을 수 없다. 그것이 어떻게 연결된 것이든 땜질을 해야 하는 것이다. 땜질에는 땜질의 흔적이 있다. 그러나 땜질하는 것조차 인간의 생각의 쳇바퀴의 일(가상, 상상, 망상)이다. 자연은 인간이 생각하는 것처럼 결코 연속성을 깨트린 적이 없다.

데리다의 논의의 레벨은 현상학적인 레벨에 있었음이 확실하다. 데리다는 서양 철학의 이성중심주의를 벗어난다고 공언하면서도 도리어 이성중심주의의 근원이 되는 현상학(의식학)의 레벨에서 이성을 공격한 셈이다. 하이데거의 존재론은 데리다에 의해 오해되었거나 후퇴한 셈이다. 현상학적 레벨이라는 것은 아시다시피 의식학의 레벨이다. 의식이라는 것은 지향성志向性이기 때문에 현재가 없으면 존재할 수 없다. 따라서 데리다는 현재론이라고 할 수 있다(현재는 시간이다). 데리다는 현상학적 레벨에서 '현존'과 '표현'을 공격한 셈이다.

데리다는 현재(시간)라는 정지된 시점(지평: 공간)에서 현존을 바라봄으로써 현존을 부재不在로 바라보았다. 이는 현존을 현상으로 바라보는 현상학적 레벨이다. 따라서 데리다는 현재에서 이원대립적인 것의 이중성과 왕래를 말했다면, 하이데거는 존재와 존재자(현존재) 사이를 왕래하는 존재론적 레벨에서 존재를 바라본 셈이다.

데리다의 현상학적 왕래는 시간과 공간(시간과 공간은 둘 다 존재자다)의 차이를 왕래하는 것이다. 그래서 데리다의 왕래를 '수평적 왕래'(존재자적 왕래)하고 한다면 하이데거의 왕래는 '수직적 왕래'(존재론적 왕래)라고 말할 수 있을 것이다.

데리다의 왕래는 헤겔이나 마르크스의 정반합이 이루어지는 레벨에서의 왕래다. 이것은 단지 역사학(시간)이나 물리학(공간)으로 넘어가지 않았다는 점만 다르다. 데리다가 이들과 다른 점은 헤겔이나 마르크스가 정반합의 일직선상의 발전(→)을 말하였다면 데리다는 대립적인 것의 일직선상의 발전이 아니라 왕래(↔)를 말하였다는 것뿐이다. 데리다는 존재론으로 들어가지 못했다. 데리다는 존재를 언뜻언뜻 바라보았을 뿐이다.

그런데 데리다의 시각은 비록 해체주의의 문자학이긴 하지만 여전히 남성적 시각이다. 이에 비해 하이데거는 존재론의 여성적 시각이다. 데리다의 진리는 남성적 진리라면, 하이데거의 진리는 여성적 진리다. 데리다의 진리는 텍스트의 진리라면, 하이데거의 진리는 자연의 진리다. 데리다의 진리는 산문적 진리라면, 하이데거의 진리는 시적 진리다.

데리다: 남성적 시각	하이데거: 여성적 시각
남성적 진리	여성적 진리
텍스트의 진리	자연의 진리
산문적 진리	시적 진리
수평적(시공간적) 왕래	수직적(존재론적) 왕래

〈데리다와 하이데거〉

앞에서도 언급했지만 '차연'이라는 개념을 처음 사용한 하이데거^{Martin Heidegger, 1889~1976}의 독일어 차연은 'Unter-Schied'이고 그의 뒤를 이은 데리다^{Jacques Derrida: 1930~2004}의 프랑스어 차연은 'différance'이다.

그런데 '차연'이라는 말을 만들어가는 방식, 예컨대 기존의 단어에 조금의 변화를 가하는 모습은 비슷하지만, 하이데거의 'Unter-Schied'의 'Unter'는 '아래^{under}'와 '안에^{inter}'를 동시에 나타내는 의미가 있지만, 데리다의 'différence→différance(e→a)'는 수평적(표면적) 이동의 의미가 있다.

다시 말하면 하이데거는 수직성의 뉘앙스가 큰 것이라면, 데리다는 수평성의 뉘앙스를 지닌다. 수평적 차이는 단순한 자리의 이동을 의미하지만, 수직적 차이는 등급이나 차원의 다름을 의미한다. 하이데거의 존재론은 종래 후설의 현상학과는 전혀 다른 차원의 철학이다.

데리다	차연^différance: e→a	différence	수평적 차이와 왕래
하이데거	차연^Unter-Schied: –	Unterschied	수직적 차이와 왕래

데리다 (프랑스의 합리주의적 전통)	현상학적 레벨 차이: 수평적 왕래·이중성/메토니미적 존재론	현존→ 부재: 그라마톨로지/ 현재(존재자)라는 시점에서 존재를 바라봄	유의 존재론/ 유의 무^nothing 부재론^不在論 현재론^現在論
하이데거 (독일의 관념주의적 전통)	존재론적 레벨 차이: 수직적 왕래·이중성/메타포적 존재론	현존→ 존재: 존재와 무/ 존재와 존재자 (현존재)를 왕래함	무의 존재론/ 무^nothingless / 존재론 * 존재자: 무의 유

〈데리다와 하이데거의 차이와 현존〉

　데리다는 '현존/부재'의 논의를 다시 '표현表現/표기表記'의 영역으로 넘겨 실지로 이중성과 애매호모함의 관계에 있는 양자를 철저하게 분리하면서 현존을 공격했던 것처럼 표현의 환원주의를 공격하는데 이는 '음성/문자'를 구분하여 루소[Jean-Jacques Rousseau, 1712~1778]의 음성주의를 공격하고, 문자주의를 내세웠던 방식과 똑같은 방식이다.

　데리다는 레비스트로스[Claude Lévi-Strauss, 1908~ 2009]의 구조주의의 이원 대립항[binary opposition]에 대해서도 관념주의 혹은 역동성의 부재라고 비판했는데 이것도 비판을 위한 비판의 수준을 벗어나지 못했다. 역동성을 설명하기 위한 구조를 두고 역동성이 부족하다고 하는 것은 레비스트로스가 남미의 원주민 사회를 참여 관찰하며 찾아낸 집단 무의식의 심층 구조를 땀 한 방울 흘리지 않고 민족지를 통해 접하는 책상 물림의 철학자가 그의 자료를 분석하면서 관념적이라고 하는 것에 불과하다. 이는 현학을 위한 현학 혹은 비판을 위한 비판에 지나지 않는다.

데리다는 확실히 '평면(공간)의 자아'를 가진 인물이다. 그렇지 않았으면 그가 결코 현존 대신에 부재라는 개념을 만들어낼 필요가 없었다. 그가 부재라는 개념을 만들어낸 데는 아마도 '현존'을 '현재'로 해석하였을 가능성이 높다. 현재가 전제되어야 부재가 성립할 수 있기 때문이다. 그는 현재라는 구멍을 통해 '무'를 바라보고자 노력한 인물이다. 현재라는 시간을 전제한 것은 그것(현재라는 점)이 놓이는 평면을 전제한 것 같다. 기록과 텍스트는 평면에서 이루어지는 직선적 시간의 흔적(궤적)이다.

표현과 표기는 둘 다 현존의 작업으로서 아무런 차이가 없다. 단지 표기는 물리학적 시공간에 흔적을 남기기 때문에 환원적이 된다. 표현과 표기는 목소리와 문자와 마찬가지로 현상학적으로 볼 때 이중성의 동봉 관계에 있다. 말하자면 목소리에는 문자적 성격이 겹쳐져 있고, 문자에는 목소리적 성격이 겹쳐져 있다. 표현에는 표기적 성격이 겹쳐져 있고, 표기에는 표현적 성격이 겹쳐져 있다.

그런데 적반하장으로 데리다는 둘을 극명하게 갈라놓고, 목소리와 표현을 현상학적 환원주의로 보고, 문자와 표기는 마치 그것을 벗어나는 것처럼 묘사한다. 문자와 표기가 환원주의와 관계가 없다고 생각하는 데리다의 착각과 착시는 어디서 연원하는 것일까. 가깝게는 프랑스적 이성주의가 작용한 것 같고, 멀리는 유대기독교주의의 신학적 콤플렉스로 말씀(목소리)를 철저하게 이성중심주의의 원인으로 생각하였기 때문이다.

그런데 역설적으로 '현존'이 아니라 '부재'야말로 이성중심주의를 있게 한 장본인이다. 말하거나 글을 쓴 사람이 '부재'해도 이어지는 것이 바로 이성이다. 만약 사람이 부재해도 이어지지 않는다면 이성의 발전은 없었을 것이다. 그런 점에서 합리성(합리적 이해나 동의)은 도리어 부재를 통해서 실현된다고 하여야 할 것이다. 그래서 모든 현존은 환원주의가 아니다. 현존이 합리성이 아니고 부재야말로 합리성인 것이다.

하이데거가 '메타포적 존재론'이었다면, 데리다는 '메토니미적 존재론'이라고 말할 수 있다. 또 하이데거가 '시적 존재론'이었다면, 데리다는 '산문적 존재론'이었다고 말할 수 있다. 하이데거가 '콘텍스트적^{contextual} 존재론'이었다면, 데리다는 '텍스트적^{textual} 존재론'이었다고 말할 수 있다.

이성이란 다름 아닌 텍스트이다. 텍스트는 항상 어떤 콘텍스트에서 일어나는(드러나는, 떠오르는) 것이다. 더구나 텍스트는 항상 읽는 사람의 콘텍스트에서 읽게 된다. 그런 점에서 텍스트는 콘텍스트와 콘텍스트의 사이에 있는 셈이다. 콘텍스트가 존재인 것이다. 콘텍스트를 다른 말로 표현하면 바로 기氣다. 텍스트는 기분에 따라 쓰이고, 기분에 따라 읽히는 것이다.

이성이라는 것은 존재가 아니다. 글쓴이가 '부재'하더라도 그 글의 바통(연속성)을 이어갈 수 있으니까 이성중심주의가 가능한 것이다. 이성은 그런 점에서 매우 시간적인 작업이고, 직선적인 작업이다. 이성은 '살아 있는 사람의 부재'다. 도리어 '부재'를 통해서 실현해나가는 것이 이성이다.

서양 철학은 그동안 본질이 있다고 생각하고 현상을 과소평가해왔다. 그래서 본질이 어떤 것인가를 추구해온 것이 서양 철학사다. 그런데 본질은 없고, 보편성이라는 것도 없고, 그것은 단지 인간이 구축한(구성한) 것이라는 것이 밝혀졌다. 또 본질과 보편성을 추구하게 한 원동력이 이성이라고 했는데 이성조차도 결국 '위人爲, 僞'라는 것이 밝혀졌다. 그런 점에서 칸트의 이성은 해체될 수밖에 없는 지경에 처하게 된 것이다. 이성은 과학을 낳고 자신을 해체하지 않으면 안 되게 된 것이다.

'위'라는 것은 그렇게 있는 것처럼 '체하는僞善' 것이다. '체하는'의 '체'는 결국 '체體' 혹은 '문체文體'인 셈이다. 문학의 문체뿐 아니라 철학도 체고, 문화도 체다. 인간의 철학은 어느 나라의 철학이든, 누구의 철학이든 자연이 마치 그렇게 있는 것처럼 체하는 것이다. 철학은 자연에 빗대어 말하는 '체'하는 방식이다. 만약 체하는 것이 없다면 인간은 결코 철학을 할 수 없었을 것이다. 그런 점에서 한국 사람은 한국식으로 체하는 것을 구성하지 않으면 결코 자신의 철학을 하였다고 할 수 없다. 바로 이 점 때문에 철학도 자연 환경과 문화 환경을 포함한 '풍토학의 산물'이라는 한계를 벗어날 수 없다.

철학적 풍토학의 입장에서 보면 하이데거는 독일의 관념주의적 전통에 충실하여 이데아의 이면에 있는(동봉되어 있는) 존재성을 간파하고 곧장 뒤로 돌아서서 '존재론'에 진입(직입)하였다고 할 수 있다. 말하자면 플라톤의 이데아가 칸트의 이성으로 옮겨갔다가 뒤돌아서서 다시 이데아의 자리에 존재가 들어선 셈이다.

이데아와 존재의 사이는 존재와 존재자의 사이와 마찬가지로 이중성과 왕래의 동봉 관계인 셈이다. 이데아야말로 존재에 투사된 존재자였던 것이다. 현상과 본질은 처음부터 이원화된 것이 아닌데 인간의 시각적 도착이 사물에서 정지된(실체의, 불변의) 어떤 것을 가정하고 그렇게 본 셈이다.

이때의 뒤돌아섬은 어떤 방향을 가지고 계속 나아가는 것이 아니라 그냥 그 자리에서 돌아선 일종의 비약이다. 말하자면 점진적으로 나아가는 이성적 활동이라기보다는 사물에 깊이 침잠함으로써 얻을 수 있는, 직관적·본능적 깨달음이라고 말할 수 있다. 이 지점은 철학적으로 시간과 비시간의 경계 지점이라고 할 수 있다.

잡을 수 있는 시간은 과거라는 시간뿐이다. 그래서 현재라는 시간은 시간의 주인이면도 정작 셀 수 없으며, 과거만이 셀 수 있고, 미래도 또한 과거의 재구성에 지나지 않음으로 셀 수 있다. 셀 수 있는 것은 구체 철학, 나아가서 생명 철학이 아니다.

서양 철학은 항상 플라톤의 주위를 맴돌고 있다. 그렇다면 플라톤의 주장과 입장은 무엇인가. 플라톤은 무상한 것이야말로 존재의 세계인 것을 처음부터 부정하고 그것에 이데아를 덧붙여서(상정하여) 시작하였다. 왜 플라톤은 사물의 이면에 본질인 이데아가 있다고 한 것일까.

플라톤의 사상은 아시다시피 두 가지로 요약된다. "그는 (플라톤) 절대적 지식을 인식하기 위한 조건으로 두 가지를 요청하였는데 이런 요청은 우리가 앞장에서 보았던 것처럼 지식이 곧 의무가 되는$^{savoir=devoir}$의 측면을 연상시킨다. ① 절대적 지식이 되기 위해서는 인식이 무상한 감각 세계에 종속되어서는 안 된다. 그래서 그는 감각 세계를 초월한 이데아의 세계를 상정해야 논리적으로 지식이 가능하다고 여겼다. ② 절대 지식의 인식은 최고의 절대성을 누려야 한다. 즉 절대성은 모든 감각적 제약으로부터 독립되어 관념의 자유로운 해방을 누리는 곳에서만 가능하다. 상기의 두 가지 요청을 합하면 플라톤의 철학은 감각적 방해가 사라진 곳에서만 진리의 추구가 완성될 수 있다는 그런 기조 위에 서 있는 셈이다."[132]

오늘의 반이성주의의 입장에서 보면 플라톤의 '무상한 감각 세계'가 도리어 사실의 세계고, 그것의 '무상'이야말로 존재의 근거고, 감각 또한 결코 대상(감각=대상)이 될 수 없다. 느낌의 세계, 교감의 세계는 감각의 주체와 대상을 확연하게 구별할 수 없고, 둘은 상관적 관계에 있을 수밖에 없는 상관적 존재다.

플라톤은 이렇게 말한다.

"플라톤은 존재^{being}의 이데아는 운동과 정지의 이데아보다 더 상위의 위치에서 운동과 정지의 이데아들을 다스린다. 그래서 존재의 이데아가 최고의 이데아임이 틀림없다.

132 김형효, 『철학적 진리와 사유에 대하여 2』, 401쪽, 2004, 청계.

말하자면 모든 이데아는 운동과 정지라는 매개를 통해 존재에 관여한다. 그런데 운동과 정지의 이데아와 같은 수준에 있는 다른 종류의 이데아들의 범주를 생각할 수 있다. 그것은 곧 같음(동일성)과 다름(타자성)의 이데아들이다."[133]

"긍정적으로 보면 모든 이데아는 다른 존재의 이데아에 포섭되어 있고, 부정적으로 보면 모든 이데아는 서로 자기 자신과 다르다는 입장에서 비존재에 관여한다고 말할 수 있다. 그러나 존재의 이데아는 아데아들을 통일하는 이데아고, 비존재의 이데아는 모든 이데아를 다양하게 분산하는 이데아에 해당한다. 그러므로 플라톤의 이데아들의 세계는 서로 다양성을 지니는 동시에 서로 통일되어 있는 그런 관계의 관여가 성립하는 세계라고 부를 수 있으리라. 플라톤은 『소피스트Le sophite』에서 이런 비존재의 이데아의 실재 때문에 현실적으로 오류의 가능성이 설명된다고 여겼다. 즉 이데아는 부정의 이데아들을 실재적으로 배척하면서 타자를 논리적으로 잉태하고 있다. 그래서 비존재의 실존이 없으면 오류를 담고 있는 판단은 실존할 수 없으리라."[134]

우리가 주목하는 것은 바로 비존재의 이데아와 오류다. 플라톤은 이데아를 주장하였지만, 이데아가 모든 것을 설명할 수 있다고는 생각하지 않았다. 그래서 이데아의 이면을 남겨두었다. 하이데거는 그 남겨둔 곳으로 철학적 원시반본原始返本을 시도하였던 것이다. 그곳에서 하이데거는 플라톤이 그토록 싫어한 무상無常의 감각 세계 자체를 대상이 아닌 보고 '존재의 세계'라 부르게 되었다.

---

133 김형효, 같은 책, 403쪽.
134 김형효, 같은 책, 404~405쪽.

서양 철학은 서양 기독교와 마찬가지로 "시작이 끝이요" "알파요 오메가"였던 것이다. 그래서 시작으로 돌아가지(환원하지) 않으면 결코 끝을 볼 수 없다. 즉 철학이 시작되기도 전으로 돌아가서 그곳에서 철학의 구원을 찾을 수밖에 없게 되었던 것이다. 서양 철학과 서양 기독교는 처음부터 오류의 시작이었고 오류를 안고 시작하였던 것이다. 그 결과 '축복/재앙'의 이중성을 지니고 태어난 과학이라는 선물을 받았다. 자연은 오류의 끝에 진리가 있음을 끈질기게 기다려주었고, 그 진리는 결국 모순을 안고 있는 모순의 진리임을 가르쳐주었다.

결국 오늘의 존재론이나 해체주의 철학에서 보면 플라톤 철학은 비존재의 희생 위에 건축된 철학이었다. 플라톤의 비존재가 오늘날 존재고, 모순이 진리가 된 셈이다. 존재와 비존재, 이데아와 시뮬라크르simulacres의 동봉과 공존이 세계의 진면목이었다.

서양 철학사의 발전 과정을 보면 물론 소크라테스와 플라톤이 등장하고, 플라톤은 이데아와 시뮬라크(이데아/시뮬라크르)[135] 중에서 이데아를 선택했다. 플라톤도 시뮬라크

---

135 원래 플라톤이 정의한 개념으로 "이 세계를 원형(이데아), 복제물(현실), 복제의 복제물(시뮬라크르)"로 정의하였다. 우리의 삶 자체가 이데아의 복제물인데 복제는 언제나 원형을 그대로 담을 수는 없는 것이므로 복제할수록 원형과는 멀어지게 되는 것이다. 따라서 플라톤은 시뮬라크르를 실재하지 않는 가치 없는 것으로 여겼다. 프랑스 철학자 들뢰즈는 이를 새롭게 부활시켜서 "단순한 복제의 복제물이 아닌 독립성을 가진 개체"로 보았다. 즉 원형을 단순히 흉내 낸 가짜가 아니라 원형과는 다른 정체성을 가진 역동적인 존재로 여긴 것이다. 프랑스 철학자이자 사회학자인 보드리야르의 책 『시뮬라르크와 시뮬라시옹Simulacres et Simulation』에서 나오는데 주로 대중과 미디어, 소비 사회에 대한 개념으로 쓰였다. 현대 사회에서는 모사된 이미지가

르와 파르마콘pharmakon 세계가 있음을 인정하였다.

플라톤은 세계 원형인 이데아의 복제물을 현실이라고 하고, 현실의 복제, 다시 말해 복제의 복제물을 시뮬라크르라고 했다. 그래서 플라톤은 시뮬라크르를 실재하지 않는 가치 없는 것으로 여겼다. 그러나 이것은 역전되어 반이성주의의 맥락에서는 이데아 자체가 시뮬라크르의 일종이 된다. 나아가 이성과 신도 시뮬라크르의 일종으로 볼 수 있다.

데리다도 플라톤을 뒤집는 곳에 이성중심주의의 피난처가 있음을 알았던 듯하다. 데리다는 로고스의 반대편에 파르마콘과 코라가 있음을 주장한 플라톤을 상기하고, 아이러니컬하게도 이성주의의 탈출도 플라톤에서 아이디어를 얻었음을 말한다.

"세계의 근원은 '그릇'이나 '자궁'과 같은 공간 속에 구도나 형태를 기록하는 것에 비유된다고 플라톤은 생각하였다고 한다. (…) 그런 빈 공간은 결코 플라톤이 그전에 주장하던 '현존의 형태'나 '형태의 현존'과는 다르다. 왜냐하면 그 빈 공간에 다양한 차이가 나는 것이 기록되기 때문이다. 빈 공간은 스스로 말하는 것을 듣는 영혼의 목소리와 듣기의 그런 현존적 차원이 아니다. 장소, 공간, 모든 것이 나타나는 그릇, 그 위의 만물이 스스로 나타내 보이는 그런 곳, 소굴巢窟이며, 자궁이고, 어머니고, 유모 등과 같은 모든 표현은 우

현실을 대체한다는 것이다. 시뮬라크르는 모든 실재의 인위적 대체물을 뜻하는 것으로 존재하지 않지만, 존재하는 것처럼 혹은 아주 생생히 인식된다. 또한 시뮬라시옹Simulation은 실재가 파생 실재로 전환되는 작업을 뜻한다. 현대인들은 주로 대중 매체 등에서 만들어지는 가상 실재인 시뮬라크르 속에서 살아가게 되어 재현과 실재의 관계가 역전되었다.

리로 하여금 만물을 딛고 있는 공간을 생각하게 한다."[136]

그러나 데리다는 그의 합리주의적 접근 방식 때문에 존재론의 영역에 하이데거처럼 바로 돌아서서 들어가지 못했다. 합리주의는 앞으로 나아가야 하는 타성 때문에 돌아설 수 없기 때문이다. 정확하게는 데리다의 합리주의는 공간주의(공간적 자아)다.

반면 하이데거의 철학적 이성은 시간주의(시간적 자아)라고 할 수 있다. 하이데거가 『존재와 시간』이라는 책을 썼음을 상기할 필요가 있다. 데리다는 에크리튀르를 주장했고, 『그라마톨로지』라는 책을 썼다. 에크리튀르는 언제나 평면(공간)을 필요로 한다는 사실을 상기하기 바란다.

루소는 고대의 시뮬라크르 개념을 근대적 의미로 해석해 '재현', '모방' 혹은 '보충 대리', '대리보충'이라고 명명하였다. 이 재현을 시뮬라크르라고 할 수 있다. 전반적(총체적)으로 문명은 자연의 재현이다. 이데아는 존재의 시뮬라크르, 이는 기의, 이성은 감정의, 시니피앙은 시니피에의, 문자는 소리의, 역사는 신화의, 과학은 종교의, 예술은 자연의, 언어는 사물의, 사물은 존재의, 남자는 여자의, 1은 0의, 2는 1의, 보편성은 일반성의, 신은 자연의 시뮬라크르다.

동양의 태극음양 사상은 시뮬라크르 사상의 전형이다. 시뮬라크르의 개념은 시공간에도 적용할 수 있다. 시간은 흐름의 시뮬라크르다. 공간은 시간의 시뮬라크르다.

시간은 직선(1차원)인 반면, 공간은 입체(3차원)이다. 시간le temps은 시간성la temporalité과의 경계에서 곧장 시간성(0차

---

136   J. Derrida 『La Dissémination』, pp. 184~185 ; 김형효, 『데리다의 해체주의』, 114~115쪽, 재인용, 1993, 민음사.

원, 무차원, 시간 그 자체)으로 갈 수 있지만, 공간은 현재의 시간(1차원)을 거쳐야 비시간(시간성)으로 갈 수 있다. 이것은 하이데거의 존재론의 시간보다는 물론 현상학적 후퇴이다. 그래서 데리다는 '현재의 비시간'을 통해서 시간(과거와 미래)을 구성할 수밖에 없었다.

현재의 시간은 잡을 수 없기에 그 시간을 잡으려면 공간화하지 않으면 안 된다. 공간화된 시간이 바로 1차원(직선)의 시간이다. 시간을 공간화해야지만 시간을 재단할 수 있다. 공간화 된 시간은 '틈(균열)의 시간'이고 '두께가 있는 시간(현재)'이고, 이것이 바로 '깨어진 세계'다. 시공간이라는 것은 인간의 탄생과 더불어 탄생한 것이고, 깨어진 세계는 인간과 더불어 시작된 셈이다.

시간은 존재와 소유의 분기점(경계)에 있다. 시간은 실체고, 시간은 소유고, 시간은 기계다. 이를 거꾸로 말하면 시간이 없으면 실체가 없고, 시간이 없으면 소유가 없고, 시간이 없으면 기계가 없다는 말과 같다. 시간과 실체와 소유와 기계는 인간이 만든 제도다. 그런 점에서 과학이라는 것도 시간과 공간의 추상이고 제도다.

시간의 과거와 미래라는 것은 시간이라고 하지만, 실은 기억이고 상상이다. 기억과 상상은 뇌와 상상계에서 이루어지는 구성된 시간이라서 구성된 시간은 일종의 구조적 시간 혹은 공간이라고 말할 수 있다. 그래서 과거와 미래는 움직이지 않는 시공간이다. 그래서 현재는 항상 지나가버리지만 과거와 미래는 항상 정지된 공간처럼 그곳there에 있어야 하는 것이다. 이를 통해 우리는 시간과 공간이라는 것이 인간에 의해 구성된 것임을 알게 된다.

현재는 시간의 두께(거리)가 있다. 현재가 있음으로써 과거와 미래가 존재하게 된다. 그러나 시시각각 생멸에는 시간과 공간이 없다. '찰나'라는 용어도 시간의 길이(시간의 최소 단위)를 나타내는 용어이긴 하지만, 편의상 시간성 자체의 의미로 '찰나'라는 용어를 사용하고, 시간이 없는 생멸을 '찰나생멸'이라도 해두자. 시간의 현재는 찰나생멸이 아니다. 시간은 '찰나생멸'을 '현재'로 규정한 것에 따르는 후속조치의 결과다. 현재의 비시간성에 의해 과거와 미래가 생긴 일련의 제도에 지나지 않는다는 뜻이다. 과학이라는 것도 실은 시간과 공간이라는 제도의 현상학이다.

찰나생멸의 시간과 공간이 없는 세계가 바로 기의 세계고, 기의 세계는 자연의 세계다. 자연에는 연장(연기, 보류)이 없다. 시간이 존재하면 분명히 시작과 끝이 있어야 한다. 시간時間의 시時는 시작始作의 시始이고, 시간時間의 간間은 종말終末의 종終 의미를 내포한다. 하지만 동시에 시간은 그것의 시간성으로 시작과 끝이 있어서는 안 된다.

그래서 시간은 유시유종有始有終이지만, 동시에 무시무종無始無終이다. 양쪽에서 어느 쪽을 택하는 가는 택하는 자에 달려 있다.

시간은 현재가 있어야 분명히 존재하는 것이지만, 현재는 지나가는 시간의 흐름(시간성)이기 때문에 구성할 수 있는 것이 아니다. 따라서 시간을 이성적으로 구성하기 위해서는 현재의 비시간성이 필요한 셈이다. 결국 현재의 비시간성 때문에 시간의 과거와 미래가 존재하게 된다. 결국 존재로서의 '지속성'이나 '흐름'으로서의 시간성^{die zeitlichheit}은 있지만, 존재자로서의 시간^{die zeit}은 없는 것이라는 결론에 도달한다.

시간은 몸에 의해서 현재가 된다. 시간은 결국 몸의 현상학이다. 시간은 현재가 되는 동시에 드러나지 존재로서 비시간이 되지 않으면 안 된다. 비시간이 되지 않으면 과거와 미래의 시간은 존재할 수 없기 때문이다. 그렇기 때문에 시간은 실재하지 않는 추상의 대표적인 것이다.

시간이라는 추상이 만들어낸 것은 공간은 물론이지만, 자유, 평등, 박애, 이상, 영원, 희망, 무한대, 메시아 등 부지기수다. 문명의 모든 제도는 실은 시간이 만들어낸 추상 작품이다.

반면 자연은 시공간의 틀을 벗어나 있다. 자연은 시공간의 텍스트가 아니라 텍스트 밖에 있는 콘텍스트일 뿐이다. 만약 추상이 대뇌의 정신 활동의 결과라면 정신이야말로 추상이고, 정신의 산물인 문명이라는 것은 실은 제도 추상, 기계 추상이다.

시간의 과거는 결국 기억(기록)이고 미래는 기억의 재구성이다. 그 구성과 재구성에 뇌^腦와 상상계가 개입한다. 시각과 언어는 실은 뇌의 활동이고, 여기에 상상계(상상의 시공간)가 개입하는 것이다. 따라서 객관적 시간과 공간은 없는 것이다.

결국 시간과 공간이 있는 곳에서 인간이 탄생한 것이 아니라 생물의 진화와 인간의 탄생 과정이 바로 시간과 공간의 탄생과 같은 것임을 알 수 있다. 거꾸로 말하면 인간이 없으면 시간과 공간이 없는 것이다. 그런 점에서 세계는 시간과 공간이 아니라 찰나생멸이며, 우주 저 멀리서 빅뱅과 블랙홀이 있는 것이 아니라 우리 몸의 어느 한 지점에 빅뱅과 블랙홀이 있음을 알 수 있다.

인간은 직관적으로 우리 몸에 빅뱅과 블랙홀이 있음을 알았으며, 그것을 두고 신 혹은 정령精靈이라고 말하였을 가능성이 높다. 동양의 천지인정기신天地人精氣神은 처음부터 서로 다른 것이 아니라 세계를 순환적으로 바라보는 상징象徵으로 사용되었으며, 서양처럼 서로 구별되는 것이 아니었다. 정신과 물질이 이분되는 바람에 일반성의 철학이 되살리고자 하는 기는 보편성을 찾는 서양 철학에서 사라졌다. 기는 자연 그 자체로서 본래 일반성이다.

서양 철학은 우리 몸 안의 신을 밖으로 객관화하고 대상화해서 신이라고 하였을 것이다. 그런 점에서 우리 몸을 신(우리 몸=신)이라고 해도 전혀 잘못이 없는 셈이다. 성현들은 바로 이것을 깨달은 자들이다. 인간이 인위적·작위적으로 만든 것 이외에는 그것의 이름이 신이든, 불佛이든, 심心이든, 물物이든, 기든, 무엇이든 모두 같은 것이다.

우리가 어떤 신격을 대상으로 설정하고, 기도하고 발원하거나 메시아를 기다리는 것은 우리 몸에 있는 신과 대화하는 것이고, 언젠가 우리 몸의 발현으로서 등장하게 될 메시아를 기다리는 것이다. 역사적 메시아를 기다리는 것은 이미 몸속에 숨어 있는 은적의 신들이 현현할 것을 기다리는 존재론적 기도다.

시간의 과거와 미래는 결국 이성의 구성적인 작업이다. 미래는 과거의 재구성에 불과하다. 역사는 결국 구성된 것이다. 따라서 카E. H. Carr가 말한 "역사는 과거와 현재와의 대화다."라는 말은 성립이 되지 않는다. 현재와 시간은 비시간이기 때문이다. 또 역사학이 흔히 말하는 "과거는 미래의 거울이다."라는 매우 현상학적인 레벨의 말임이 드러난다.

시간은 결국 이성이다. 데리다는 결국 '현존présence'을 '현재(현존=현재présent)'로 봄으로써 '부재'를 설정하지 않을 수 없었다. '부재'를 설정한 자체가 자신이 현상학적 레벨에 있음을 증명한 셈이다.

반면 하이데거는 '현존'에서 '존재Sein'로 나아갔기 때문에 자연이 인간에게 주어진 선물임을 알았다. 하이데거는 이런 말을 한다. "존재는 있지 않다. 현전Anwesen의 탈은적Entbergen으로서 그것이 존재를 준다Sein ist nicht, Sein gibt Es als das Entbergen von Anwesen."

위 문장에서 "Sein gibt Es"는 바로 '자연=주어진 것=선물'임을 드러내는 것이다. 존재는 선물present이다. 그런데 선물과 현존과 현재는 모두 라틴어의 즉 '눈앞에 제시해주는'의 뜻인 'praesens'(현재분사, 형용사) 혹은 'présenter'(동사)에 어원137을 두고 있다. 프랑스어가 'cadeau'라는 명사로 선물을 대신한 것은 혼란을 막기 위해서 새 단어를 만든 것이었다.

137   프랑스 어원 사전 『LE ROBERT』, 1620쪽.

현존	présence	현존→현재present	데리다
현재	présent	현재→부재absent	
선물(존재)	cadeau(present): Sein gibt Es	현존→존재Sein	하이데거

〈현존과 선물〉

프랑스어에서 'être'는 동사와 명사를 다 가리키지만, 독일어에서 'Sein'은 동사만 가리키지 명사형을 거의 뜻하지 않는다. 반면 영어에서는 'being'은 프랑스어의 'être'처럼 구체적 개체들을 가리키는 명사가 될 수 있지만, 그러나 동사의 기능이 전혀 없다. 결국 프랑스어가 가장 존재자와 존재의 관계를 내포하는 셈이다.

être	동사, 명사	존재(*esse*)/ 존재자(*ens*)	존재–존재자적
Sein	동사	존재	존재론적
being	명사	존재자	존재자적

〈있음의 동사〉

하이데거와 데리다를 칸트와 비교하면 다음과 같다. 칸트는 사물 그 자체를 설정함으로써 시간과 공간의 프레임(물리적 시공간)을 도출하였다면, 하이데거는 시간 그 차제(시간성)를 설정함으로써 존재와 시간의 관계(존재론적 공간)를 사유하였다고 볼 수 있고, 데리다는 공간 그 자체(공간성, 무한대)를 설정함으로써 에크리튀르의 평면(현상학적 공간)을 확보하였다고 볼 수 있다.

시간과 공간 중에서 공간을 먼저 가정하는 것과 시간을 먼저 가정하는 것은 철학적으로 다른 경로에 해당한다. 하이데거는 전기에 '존재와 시간' 중에서 존재를 먼저 가정했기 때문에 공간(존재자)의 편에서 존재의 생성 변화(시간)를 다루었고, 후기에 들어 '시간과 존재'를 사유함으로써 존재 그 자체에 대한 사유를 심화했다고 볼 수 있다. 서양 철학자들은 변화하는 것을 현상이라고 가정하고, 그 변화의 본질로서 고정 불변의 존재를 가정하는 전제가 있다. 그래서 그들은 현상을 결코 존재(존재 그 자체, 존재 사건)라고 볼 수 없게 되고, 존재를 찾기 위해 길고 긴 철학적 우회를 하지 않으면 안 되게 되었다.

서양 철학의 긴 여정의 끝에서 하이데거가 존재를 발견하기에 이른다. 그러나 하이데거의 존재도 존재 그 자체는 아니다. 결국 시간과 공간을 전제하는 한 현상학의 범주에 머물게 되고, 존재 그 자체에 도달할 수 없게 된다. 시공간을 벗어난다는(초월한다는) 것조차도 실은 현상학적 초월로 돌아가는 것이다. 세계에 대해 어떠한 말도 하지 않을 때에 존재는 그 자체를 드러내게 된다. 말한 존재는 이미 항상적인 존재가 아니다存在可道 非常存在. 존재는 주체도 아니고 대상도 아니고 원인도 아니고 결과·목적도 아니다.

하이데거	시간 그 자체 (시간성, 현존재)	존재와 시간 (존재와 무)	시간의 자아 (존재론적 공간)
데리다	공간 그 자체 (공간성: ∞)	에크리튀르의 평면 (현재의 비시간성)	공간의 자아 (현상학적 공간)
칸트	사물 그 자체 (Thing itself)	(존재와 무)	시간과 공간의 자아 (물리적 공간)

이상의 시간과 공간론은 인과론과 인과응보론, 그리고 시공간을 벗어나는 시공 초월, 해탈로 설명할 수도 있다. 물론 이들 3차원은 서로 겹쳐지는 영역이 있다.

인과론因果論은 물론 과학적 세계고, 시공간론의 세계고, 시간과 공간의 차이(만물에 실체가 있다)가 있고, 생멸生滅의 거리가 있고, 자아의 현재성이 있는 곳이며, 동일성同一性을 근거로 한다.

인과응보론因果應報論은 물론 순환적 세계고, 시간론의 세계고, 시간의 차이가 있고, 생멸의 동시성(순간은 영원이다)이 있고, 동시성同時性을 근거로 한다.

부처론은 물론 해탈적 세계고, 시공 초월의 세계고, 시간의 차이가 없으며, 생멸을 떠난 진여의 세계(무아의 영원불멸)이고, 기물성氣物性을 근거로 한다. '기물성'의 세계는 기氣일원론의 세계며, 물物의 세계다. 이를 동질성同質性이라고 말하기도 한다.

그러나 이때의 동질同質이라는 것은 동일同一이나 물질物質의 의미가 아니라 그냥 물物의 세계다.

인과론 과학적 세계 物理論	시공간론	시간과 공간의 차이(만물에 실체가 있다)	생멸生滅의 거리 (자아의 현재성)	동일성同一性
인과응보론 순환적 세계 緣起論	시간론	시간의 차이 (만물에 불성이 있다)	생멸의 동시성 (순간은 영원이다)	동시성同時性
부처론 해탈적 세계 解脫論	시공초월	시간의 차이가 없음(만물은 부처이다)	생멸의 진여론 (무아의 영원불멸)	기물성氣物性 동질성同質性

〈시공간론과 해체와 해탈〉

독일의 관념주의는 시간처럼 1차원에서(2차원을 토대로) 흐르는 반면, 프랑스의 합리주의는 공간처럼 2차원(3차원을 토대로)으로 구성된다. 하이데거는 시간die zeit에서 시간성die zeitlichheit으로 들어가서 곧장 이데아의 이면에 있는 존재를 발견할 수 있었다.

반면 데리다는 프랑스 합리주의적 전통에 충실해 합리주의rationalism로 합리주의를 극복하느라 '부재론'을 전개한 셈이다. 합리주의는 시각-언어의 연쇄이면서 동시에 공간주의다. 데리다의 눈에는 '현존'은 잡을 수 없는 것, '부재'였다.

그래서 그는 현상학을 비판하면서도 현상학(의식학)의 수준에 머물렀기 때문에 글쓴이가 없는 '부재'가 도리어 이성중심주의의 원인이 되는 줄 몰랐던 것이다.

데리다는 존재론에 들어가는 데에 하이데거보다 불리한

입장에 있었던 것도 사실이지만, 그보다는 그가 주로 현상학적 논의의 수준에 있었기 때문에 하이데거의 존재론을 완전히 해독하지 못했다고 할 수 있다. 그래서 데리다는 목소리의 현존을 '현재=부재'로 읽고, 목소리와 함께 또 다른 '부재'인 에크리튀르를 창안했던 것이다. 그의 문자학은 그래서 '반反문자학'이다. 이는 하이데거의 존재가 종래의 존재의 '반反존재'인 것과 같다.

데리다는 목소리에 이성중심주의의 원인이 있다고 전제하는 바람에 결국 이성중심주의를 벗어나기 위해서는 문자에로 달아나지 않을 수 없었다. 목소리의 '현존'을 '현재=부재'로 읽는 그 자체가 바로 서구 문명의 자기 투사, 자기 모순의 폭로다. 데리다의 철학적 공로는 그의 철학을 통해 철저히 서양 문명과 서양 철학의 모순과 내홍과 맹점을 자신도 모르게 폭로해준 점에 있다.

현상학의 수준에서 보면 대화와 독백도 '대화/독백'의 이중성의 관계에 있다. 둘은 의식의 차원에서 겹쳐진 것이다. 대화하는 당사자들은 상대방을 보면서 말하고 있지만, 실은 독백하는 것과 같다. 즉 자신이 알아듣는 인식(의식)의 범위 내에서 상대방의 말을 받아들이기 때문이다. 반대로 독백은 혼자서 말하는 것 같지만, 독백하는 자는 반드시 가상의 상대를 정해놓고 말한다. 그렇기 때문에 대화와 같은 것이 된다.

말소리중심주의logo-phonocentrism를 이성 중심의 원인(원죄)으로 지목하는 서양 문명권에 태어난 데리다는 자연스럽게 문명적 피난을 표음문자表音文字가 아닌(소리가 없는) 표의문자

表意文字에로 갈 수밖에 없었다. 목소리에 대한 콤플렉스를 가진 데리다는 목소리를 의미로 숨긴 시니피에所記로 달아난 뒤 중국의 표의문자에 구원을 요청할 수밖에 없었던 것이다.

데리다는 기본적으로 프랑스 언어 철학 혹은 담론 철학의 전통 위에서 자신의 탈이성중심주의 철학을 구성했는데 이는 결국 '능기能記의 철학'이 아니라 '소기所記의 철학'을 한 것이다. 그의 철학이 소기인 것은 '에크리튀르 한 자'보다 '에크리튀르 된 것'을 추구하기 때문이다. '에크리튀르 한 사람'은 부재하고, '에크리튀르 된 것'만 남아 있어 그것은 결국 '쓰인 것'이다. 쓰임을 당한 것은 결국 바탕이고 바탕은 여백이다. 그래서 그의 문자학은 '여백의 문자학'인 셈이다.

하이데거의 존재론과 데리다의 그라마톨로지를 능기와 소기의 관점에서 보면 둘 다 서양 철학의 '능기에서 소기'로의 중심 이동이라고 말할 수 있다. 서양의 이성중심주의 철학은 '주체와 객체'의 세트(이원 대립항)에서 '능기와 소기'의 세트로 이동한 뒤 다시 '능기에서 소기로의 중심 이동'을 함으로써 해체 철학에 들어선 셈이다.

하이데거의 존재론은 독일의 이데아·관념주의idealism의 전통 위에 있고, 데리다의 그라마톨로지는 이성·합리주의rationalism의 전통 위에 있다. 합리주의는 텍스트와 담론을 중시할 수밖에 없다.

하이데거보다 1.5세대(41년) 늦게 태어난 데리다는 하이데거의 존재론을 다 이해한 뒤에 그것을 그대로 추종한 것이 아니라 프랑스의 철학적 전통에 따라 그라마톨로지를 다시 구성한 셈이다. 다시 말하면 그라마톨로지는 하이데거의 존재론의 프랑스적 번역 혹은 변주였던 셈이다. 이는 순전히 독창적인 것이라고는 말할 수 없다. 일종의 문화 사이의 번역인 셈이다.

그러나 존재론은 이성주의의 레벨 혹은 현상학적 레벨에서는 도달할 수 없는 지점이다. 데리다는 그러나 후설을 그대로 따라가는 것이 아니라 현상학자를 사로잡는 무의식의 욕망을 드러내는, 해체의 방식을 취한 것으로 평가된다.

"데리다는 후설의 전제들을 후설보다 더 일관적으로 지켜 나감으로써 후설 자신의 결론과는 모순되는 귀결들을 끌어내고, 그리하여 이 현상학자를 사로잡는 무의식의 욕망을 드러내는 수순을 밟는다. 데리다가 출발점으로 삼는 현상학적 언어이론—순수논리적 문법—의 기본 전제이자 혁신적인 통찰은, 말뜻(의미)은 이념적이라는 것, 그리고 한 표현에 말뜻을 부여하는 작용(의미 지향)과 이 표현의 대상을 직관함으로써 의미를 충족하는 작용(지향 충족)은 서로 엄밀히 구분된다는 것이다. 이러한 지향과 직관의 구별은 대상 직관에 대한 이념적 말뜻의 독립성과 자율성을 함축한다."[138]

데리다가 목소리—초월적 자기 의식—를 해체하는 논증은 크게 두 가지로 나눌 수 있다.

"첫째로 데리다는 자기 의식이 순수 시간성의 차원에서 자기 촉발을 통해 확보하는 이른바 절대적 내면성에 외부로 통하는 공간이 자리 잡고 있음을 보인다. 순수 내면성이란 자기 목소리를 듣는 주체가 '같은 순간에' 이 목소리에 의해

---

138   자크 데리다,『목소리와 현상』, 김상록 옮김, 224~225쪽, 2006, 인간사랑.

표현되는 자신의 생각을 체험한다는 자기 의식의 순간성에 부여될 수 있는 속성이다. 그러나 우리가 조금 전에 보았던 것처럼 현재의 순간이 지금과 비지금의 차이에 의해 산출되는 사이라면, 자기 음성을 듣는 주체가 자기 생각을 알아듣기 위해서는 '지금'과 '비지금' 사이에 벌어진 간격을 거쳐야만, 비지금이라는 바깥으로 나가야만, 세계로 외출해야만 한다. 시간이란 파지에 의한 표시적 우회가 만나는 사이 두기, 즉 공간화임을 밝힘으로써 데리다는 시간과 공간의 구별, 안과 밖의 구별을 무너트린다. 이를 통해 내재(안)과 초재(밖)를 가르는 현상학적 환원, 이 환원을 통해 확보되는 구성적 의식 혹은 절대적 주관성 등 현상학의 주요 개념들이 폐기될 운명을 맞는다."[139]

"데리다의 두 번째 논증은 독백 속의 초월적 의식이 누리는 자기 현전의 핵심에서 실은 초개인적인 언어, 상호주관적 언어에 의한 자기 소외가 일어나는 장면을 연출하는 것이다. 이는 인칭대명사를 사례로 목소리의 순수 자기 촉발적 삶에 찍힌 죽음의 낙인을 읽어내는 것으로 이루어진다."[140]

데리다는 이어 "어떤 대상에게 이름을 붙이는 것은 그 대상의 현존을 절멸함으로써 하나의 관념으로 이념화하는 행위다. 헤겔적으로 말하면 지칭 대상을 제거해버리는 이 살해적인 힘, 현상학적으로 말하면 사실성을 중립하는 이 환원의 능력이야말로 언어의 본질적 구조다. 후설이 언어의 완성으로 간주할 완전한(충만한) 표현은 언어의 죽음과 다르

---

139 자크 데리다, 같은 책, 223~224쪽.
140 자크 데리다, 같은 책, 224쪽.

지 않다."[141]

데리다의 논의는 어디까지나 현상학적인 레벨의 갑론을박이고 해체다. 현상학적인 논박이라는 것은 역시 시간과 공간의 전제 위에서 이루어지는 것들이다. 데리다는 특히 공간을 기조로 목소리의 시간적인 특성을 비판하는 것이 대부분이다. 시간과 공간은 뒤섞일 수밖에 없다. 시간과 공간이 구별된다면 시간이야말로 공간의 1차원이다.

시간과 공간은 처음부터 뒤섞이는 것이다. 시간이 없으면 공간도 없고 공간이 없다면 시간도 없다. 시간과 공간을 분리해서 사고하는 것은 입자적^{atomic}·실체적^{substantial} 사고다. 자기 독백, 대상에 이름 붙이기 등은 개체, 사물 등을 둘러싸고 이루어지는 주체-객체의 이분법적인 입자적 사고의 주제들이다.

그런데 소리는 입자가 아니고 파동^{wave}이다. 목소리는 인간의 소리지만 '존재의 소리'다. 데리다는 목소리를 현상학적 레벨에서 들었을 뿐이다. 존재는 시간과 공간을 초월하는 영역이다. 존재는 파동처럼 흐르는 것이고, 소리는 그것을 대표한다. 만물은 소리에 이르러 평등하게 된다. 이것이 바로 무상정등각^{無上正等覺}이다.

결국 데리다의 에크리튀르가 현상학을 벗어나는 것은 아니었다. 말하는 것과 쓰는 것은 둘 다 행위가 일어나는 현존이다. 에크리튀르라고 현존을 벗어나는 것은 아니다. 다만 에크리튀르는 나중에 흔적과 기록이 남을 뿐이다.

데리다의 에크리튀르는 도리어 '문자^{letter} 시대'에서 '소리^{phone} 시대'로 넘어가는 인류 문명의 과도기에서 발생하는,

141 자크 데리다, 같은 책, 225쪽.

'소리 시대'의 전개에 반발하는 '문자로 후퇴' 혹은 '소리의 문자로의 이해'에 해당하는 것과 같은 철학적 현상이라고 말할 수 있다. 이것도 철학적으로 음양의 극적인 반전을 의미하는 것일 가능성이 높다.

해체 철학자들은 으레 시간의 문제에서 출발하는 공통점을 가진다. 이들은 의식에서 철학을 출발하기 때문이다. 의식에 있어 양적인 구분=공간적 구분=물리적 구분은 대상의 특수성을 없애버린다. 이와 반대로 질적인 구분=시간적 구분=심리적 구분은 베르그송 철학에서 심리적 지속으로 논의된다.[142]

"이 시간의 개념은 베르그송의 철학에서 두 가지 뜻으로 나뉜다. 즉 심리적 지속과 물리적 시간이다. (…) 이 시간적 구분이 가장 구체적으로 체험되는 지대가 음악이다. (…) (모차르트의) 혼horn 협주곡을 듣는 이는 이것이 하나의 멜로디로 이어져간다는 것을 또한 느낀다. 많은 이질적인 변화인데도 그 이질적인 변화들을 꿰뚫는 한 줄기의 연속적인 흐름이 선율로서 나타나 있음을 또한 안다. '질적인 구분은 역동적dynamique이다. 그 구분은 다양성을 하나의 유기체로서, 즉 각각의 계기에 언제나 현존한 전체성으로서 생각한다. 각 계기는 총체적으로, 다시 말하자면 자기 안에서 자기의 뉘앙스를 지니고서 그러나 또한 전체성과의 관계 속에서 파악된다.'"[143]

베르그송에 의해서 양적 구분과 질적 구분에 이어 '동질적同質的 연속連續'과 '이질적異質的 연속連續'으로 넘어가게 된다.

142 김형효, 『베르그송 철학』, 93쪽, 1991, 민음사.
143 김형효, 같은 책, 93~94쪽.

"전자(동질적 연속)는 공간 속에서 직선이 계속 이어지듯이, 그 직선은 선분으로 쪼개지듯이 그런 성질을 지니지만, 후자(이질적 연속)는 음악의 선율처럼 우리의 의식이 흐르되 그 흐름은 선분에서 선분으로 선이 이어지듯이 그렇게 연결되는 것이 아니라 각각의 이질적 경험들이 변화를 일으키면서도 음악의 선율처럼 그렇게 시간의 지속 속에서 흘러간다. (…) 지속의 질적 경험은 개념으로 번역하기가 쉽지 않다. 그러나 그것이 양적인 구분을 짜깁기하거나 병렬한 동질의 연결을 오히려 근거 짓고 있다고 보아야 한다. 이것이 베르그송의 입장이다. 즉 베르그송에 의하면 우리의 의식이 지속하기 때문에 공간적이고 수학적인 연결을 인식할 수 있다는 것이다. 그런 점에서 '양적인 구분'은 '질적인 구분' 때문에 가능해진다. 예컨대 공간적이고 수적인 병렬이나 병치倂置가 가능하기 위하여 병렬되어야 할 요소들이 서로 우리의 의식에서 상호 침투하여야 하고, 그 요소들의 합계가 질적으로 하나의 진보나 전진으로 먼저 파악되어야 한다. 그래서 베르그송은 '의식의 흐름le flux de la conscience, le courant de la conscience'이 '양적인 누계累計'보다 인식론적으로 선행한다고 본다."[144]

존재와 시간과 직관의 문제는 베르그송에서 제기되었다. 베르그송은 등질적 시간을 넘어서게 하였고, '본능은 닫힌 직관이고, 직관은 열린 본능'이라고 말했다.

"그는(베르그송은) 칸트적인 사유가 철학의 모든 방면을 지배하는 과학기술주의 시대를 비판하면서 인간의 정신은 과학적인 이성의 영역으로 환원되지 않는 순수 직관

144 김형효, 같은 책, 94~95쪽.

l'intuition pure의 영역이라고 선포하였다. 그는 인간의 능력에 세 가지가 있다고 분류하였다. 즉 본능l'instinct의 영역과 지능 l'intelligence의 영역, 그리고 직관l'intuition의 영역이다. 지능과 직관의 두 영역은 서로 상반된 기능을 가진다. 지능은 실용적이고 계산적인 이해관계의 전략에서 살아남기 위한 추리의 지성을 뜻하고, 직관은 간접적인 추리가 아니라 단 한번으로 시대의 본질을 꿰뚫어보는 통찰력을 말한다. 그러므로 직관은 오성적 계산과 논리를 동원해 문제를 풀어보는 능력과 달리 정신적인 본능으로서 정신 세계의 중심에 도달하는 인간의 특이한 능력을 말한다. 본능은 이 지능과 직관의 두 능력을 약간씩 겸비한 이중성을 함의한다. (…) 본능은 닫힌 직관이고, 직관은 열린 본능과 같아서 닫힘의 폐쇄성과 열림의 개방성이 두 사이를 갈라놓은 큰 차이라 할 것이다."[145]

베르그송은 직관을 '공평무사한 본능l'instinct désinéressé'이라고 불렀다. 베르그송은 정신주의 혹은 신비적 정신주의 계열에 속하면서도 정신의 대칭관계에 있는 물질을 대립적으로 파악하지 않고 생명과 물질의 숨바꼭질로 봄으로써 생명의 불꽃 같은 비약을 설명하였다.

"불꽃은 그 중심부에서 폭발하여 공기 중으로 산개散開한다. 불꽃이 어디로 어느 방향으로 치솟게 될지 아무도 미리 예측하지 못한다. 그 불꽃이 용출될 때, 지구의 중력과 공기 저항 등에 따라 튀어 오르는 방향이 달라질 수 있다. 바로 이 중력과 공기 저항이 곧 자연계에 있어서 생명에 대한 물질의 저항과 같다. 생명은 비약을 원하나 물질이 그 비약을

---

145 김형효,『철학적 사유와 진리에 대하여 2』, 418~419쪽, 2004, 청계출판사.

밑으로 잡아당긴다. 그렇게 보면 자연계는 생명과 물질의 숨바꼭질과 같은 놀이의 생기는 지대다. 그러나 식물, 동물, 인간이 자연계에서 탄생하였다는 것은 생명이 물질의 방해와 저항을 뚫고 무기력의 상자 속에 갇히기를 거부한 것의 결과다. 물론 생명의 영역마다 특성상의 차이는 있다. (…) 생성의 끝없는 흐름 안에서 의식과 자연이 생명이 서로 손을 잡고 있다. 생명을 통하여 의식은 자연세계에까지 연장되고 있고, 생명은 인간의 정신 세계에까지 들어와 있다. 의식과 생명 사이에는 이질적인 장벽이 존재하지 않는다."[146]

베르그송의 장점은 '정신과 물질' 사이에 '의식과 생명'이 존재하고 있음을 상기한 점이다. 그후 의식의 철학인 현상학이 전개되고, 동시에 정신과 물질의 이분법에서 벗어나는 무의식의 철학인 존재론 철학이나 해체론의 철학이 등장할 공간을 마련하였다고 할 수 있다.

데리다는 현상학의 초월적(절대적) 이념성의 문제를 해체하면서 의식(의미 작용)과 직관(직관 대상)의 만남(상호작용)에서 이루는 초월은 끝없이 차이를 이루면서 재생산되는 것이라고 말한다. 이념성이 비이념성을, 객관성이 비객관성을 대체하는 일은 무한히 이루어진다고 말한다.

이는 멀리는 플라톤의 존재[being]와 비존재[not-being], 동일성[같음, homogeneity=the same]과 비동일성[다름, heterogeneity=the other]의 설정에서 그 뿌리를 볼 수 있다. 초월과 절대라는 것은 실은 의식(의식의 지향)과 직관(직관의 열림)이 만나서 이루는 현상학적 허구다. 초월적 이념의 끝없는 재생산은 의식과 직관의 덕분이다.

146 김형효,『베르그송의 철학』, 18~19쪽, 1991, 민음사.

데리다의 현상학은 결국 역설적으로 초월과 절대가 없음을 목소리와 표현의 현상학적 환원을 폭로함으로써 드러냈는데 문자와 표기는 객관적이라는 이유로 여기서 제외했다. 결국 그는 문자와 표기에 손을 들어줌으로써 객관적인 이성주의로 돌아간다. 이는 현재의 의식학인 현상학에서 존재론으로 들어가지 못하게 되는 결과를 초래한다.

차연과 이중성 등 그가 사용하는 여러 개념은 하이데거와 비슷한 것 같지만, 항상 의식의 차원에서 전개되는 관계로 근본적으로 다른 것이다. 데리다는 현상학적인 반면, 하이데거는 존재론적이다. 따라서 데리다는 이성주의를 해체한 것 같지만, 그러한 제스처만 취하고 도로 이성으로 돌아간 셈이다.

존재론의 무의 경지, 물의 경지에 오르면 인간과 물은 서로 긴장하지 않고 저항하지 않는다. 물심일체의 경지에서 서로 소통하고 교감하면서 하나로 느낀다. 그래서 깨달은 자는 부자연스럽게(강제적으로) 일을 할 수 없다. 이것을 무위 혹은 무위자연無爲自然이라고 말한다. '무위', '무위자연'은 아무 일도 하지 않는다는 것이 아니라 자연스럽게 일을 하는 것을 말하고, 아무 일도 하지 않을 때에도 기쁨에 차 있을 수 있음을 말한다.

또 어떤 행위를 하든, 어떤 방향으로 가던 자신에게 만족한다. 만물은 스스로(저절로) 연기緣起되어 있고(連結되어 있는 것은 아니다)서로 매개일 뿐 자아(주인, 중심)를 주장하지 않는다. 그래서 그에게는 앞으로 죽을 자아도 없기 때문에 죽음이 안중에 없다(죽음을 초월하는 것이 아니라).

그에게는 시간도 공간도 없다. 그래서 존재신학적인 초월적인 신도 없다. 깨달은 자는 이미 만물과 통해 있고, 만물만신萬物萬神이 의기투합意氣投合하고 있으며, 시공간이 없는 곳에 존재하기 때문이다. 존재론에 도달한 철학자는 검소와 겸손과 침묵으로 일관할 수밖에 없다. 경제적 검소는 도덕적 겸손이고 검소와 겸손은 존재적 침묵으로 통한다.

부처와 예수는 이미 존재하지 않는 인물이다. 따라서 부처와 예수를 부활하기 위해서는 '살아 있는 내'가 될 수밖에 없다. 과거와 미래의 부처와 예수는 없기 때문이다. 인간은 역사 속에서 항상 예수를 죽여 놓고는 다른 곳에서 예수를 찾는다. 마찬가지로 인간은 세계 속에서 부처를 죽이지 못해 부처가 되지 모한다. 사람들은 시간과 공간의 포로이기 때문이다.

인간은 그동안 신 혹은 인신人神이 되기 위해 기도를 하는 등 백방으로 염원한 나머지 신을 육화肉化: incarnation하고 신인神人이 되고자 하였다. 이때의 육화는 실은 체화체득體化體得: embodied을 의미한다. 신이 되었다고 해서 종래와 신체적으로 달라지는 것이 아니라 '자신의 몸에 존재하는 신'을 깨닫는 것을 말한다.

육화와 체화는 정신적인 것이 신체적인 옷을 입는, 신체적인 것으로 변하는 것을 말한다. 메시아나 미륵불은 미래의 시간에 강림을 기다리는 존재가 아니라 스스로 달성하여야 하는 존재임을 알게 되기에 이른다. 인간의 문명은 살아 있는 성인을 죽이고, 시간의 과거와 미래를 얻었다. 이는 성인과 시간을 치환한 것이다. 성인을 희생한 뒤에 성인을 찾는 것이 인간의 역사다.

지금까지의 서양 철학을 일별하면 시공간을 만들고서는 시공간을 벗어나기 위해서 노력을 한 자승자박의 노동이었던 셈이다. 시간과 공간은 인간으로 하여금 노동을 하게 만들다. 시공간은 노동이고 기계인 셈이다. 자연은 이미 갖추어진 소여所與고 최초의 원인을 모르는(알 수 없는) 재생산 reproduction이다.

그런데 소여와 재생산을 생산生産, production으로 바꾼 것이 서양의 역사, 인류의 역사다. 애초에 플라톤이 현상의 이면에 이데아가 있다고 가정하는 것 자체가 이미 초월적 사고를 시작한 셈이다. 그러한 점에서 현상학은 플라톤의 초월적 사고를 의식의 영역에서 뒤에 인증認證한 것이다. 그러한 점에서 현상학은 의식학意識學인 것이다.

서양 철학은 결국 시간과 공간이라는 초월적 차원을 사물에 덧씌워놓고 다시 시간과 공간을 초월한다고 야단법석을 떠는 것이라고 말할 수 있다. 이것이 현상학적 환원의 정체이다.

하이데거는 스승인 후설의 현상학을 벗어나서 존재론을 전개하였는데 데리다는 다시 후설의 현상학을 추종하면서 마치 자신이 후설의 현상학의 적자인 것처럼 행세하였다. 그래서『목소리와 현상』의 저술 발표를 통해 현상학적 전개를 내보이면서 그의 에크리튀르와 그라마톨로지의 개념을 강화했다.

이성중심주의로부터 데리다의 피신 작전은 결국 현상학의 (이성의) 덫에 걸려 하이데거처럼 완수되지는 못했다. 이것이 그의(프랑스)의 현란한 문체주의^{文體主義}인 것이다. 오늘날 프랑스 철학이 언어의 말장난 혹은 언어의 마술 혹은 문학적 문채의 성격을 같게 되는 것은 이러한 전통 때문이다.

프랑스의 이성주의 철학적 전통은 반이성주의나 해체주의를 추구하면서도 결국은 의식학으로 환원되고, 이성적으로 전개된다. 그렇기 때문에 때로는 자가당착에 빠지기도 하고, 자신의 출발점으로 돌아오는 자기순환론에 빠지기도 한다. 또한 그렇기 때문에 난해하면서도 여러 갈래로 전개되고 복잡다단하다.

2) 하이데거와 데리다 이해의 혼선과 비판
― 데리다의 시간론과 현상학적 존재론의 모순

앞장에서도 말했지만 '차이와 연장'의 '연장'이라는 개념은 동일성이 완전히 배제된 것은 아니다. 동일성이 있을 수도 있고 없을 수도 있는 중간이라고 할 수 있다. 연장이라는 개념이 시간과 공간상의 연장인지, 아니면 시간과 공간이 없는(혹은 초월한) '무의 상태'의 연장인지에 따라 나뉜다고 할 수 있다. 후자의 경우는 동일성이 완전히 배제된 것이지만, 전자의 경우는 적어도 원인적 동일성은 아닐지라도 결과적(목적적) 동일성을 가지게 된다.

'차이와 연장'의 '연장'은 물론 물리학적인 연장의 개념과는 다른 것이지만, 변화를 반영하지 않은 관계로 동일성의 혐의에서 완전히 해방된 것은 아니다. 예컨대 동양의 음양 개념은 차이를 나타내면서도 동시에 변화를 나타내지만,

하이데거와 데리다의 차이는 변화를 나타내지는 않는다.[147]

칸트 철학과 하이데거·데리다의 철학은 물리학과의 평행선을 이룬다. 하이데거와 데리다는 둘 다 라이프니츠의 모나드를 모방한 것이 된다. 라이프니츠의 수학의 세계가 결국 뉴턴의 물리학의 세계와 다를 바 없듯이 궁극적으로는 하이데거와 데리다의 철학은 완전히 실체론을 넘어선 것은 아니다.

물론 나중에 더 상세하게 토론하겠지만, 하이데거의 존재론의 경우는 시공간의 개념을 넘어선 부분도 적지 않다. 그러나 데리다의 경우는 종합적으로 보면 존재론에 다가선 제스처를 취하지만, 결국 현상학적 차원에서 해체 철학을 전개한 것으로 보인다. 해체 철학은 언뜻 보면 존재론으로 보이기 일쑤다. 시공간의 해체는 현상학적으로 시공간이 본래 없었던 것처럼 오해될 수 있기 때문이다.

---

147 만약 하이데거가 진정으로 불교적 세계로 들어왔다면 '차연'의 한자가 '연기緣起'라는 불교적 의미가 들어간 '차연差緣'이었다면 어떨까 생각해본다. "차이나는 것이 연기적으로 계속해서 일어난다."는 의미의 차연 말이다. 그러나 하이데거가 완전히 불교의 세계에 들어오지 못했다는 흔적이 발견된다. 그를 불교적 세계에 들어가지 못하게 마지막으로 잡은 것은 언어인 것 같다. "언어는 존재의 집"이라는 말은 "언어가 존재의 감옥"이 될 수 있음을 간과한 것이다. 언어는 근본적으로 존재를 느끼게 하는 도구지만, 결정적으로 존재를 배반하는 도구다. 단지 언어를 메타포로 사용할 경우, 존재의 집이 된다. 하이데거는 말년에 언어를 시적으로 쓰는 것에 매달린 것 같다.

뉴턴 (물리학)	칸트 철학	사물(실체)의 운동(운동, 속도)	서양 철학과 과학의 실체와 연장
라이프니츠 (미적분학)	하이데거, 데리다 철학	모나드(실체)의 연속(차이와 연속)	

〈물리학과 철학의 상관 관계〉

차연은 데리다에게는 백색신화[la mythologie blanche]의 일종이다. "형이상학적 사고가 철학사를 지배해왔기 때문에 존재의 현존을 진리로, 부재를 비진리로 간주해왔다. 흔적의 차이와 흔적의 흔적의 차이를 무시해온 철학은 존재를 현존으로 나타내기 위하여 차연을 지우지 않으면 안 되었다. 그리하여 '차이가 존재 자체보다 더 나이가 먹었음'을 서양 철학사는 오랫동안 망각해왔다고 데리다는 지적한다. 그런 망각이 백색신화의 한 예다."[148]

그러나 데리다의 백색신화라는 것은 지극히 서양적인 발상을 하는 좋은 예다. 목소리의 현존이 왜 형이상학인가? 이는 시각중심주의 탓으로 눈에 보이지 않는 것을 형이상학으로 생각했기 때문이다. 현존은 목소리(소리)처럼 아무것도 남기지 않고 지나가는 '지나가는 차이'에 불과한데 왜 그것이 형이상학인가. 도리어 형이상학이야말로 무엇을 쓰고, 남기는 데서 시작하는 것이 아닌가! 도대체 쓰지 않고, 텍스트가 없는 형이상학을 어떻게 생각할 수 있다는 말인가.

데리다의 에크리튀르와 그라마톨로지와 백색신화는 마치 남 모르게 똥을 싼 사람이 휴지가 없어 하얀 벽에 엉덩이를 문지르고는 "나는 똥 안 쌌다."라고 떠드는 것과 같다.

148 김형효, 『데리다의 해체 철학』, 286쪽, 1993, 민음사.

데리다의 착각이야말로 서양 문명의 존재신학적 착각이다. 데리다는 철저히 '현재적 사고'를 하고 있다. 그래서 현재를 무화해야만 시간이 존재한다고 생각한다. 도리어 현재라는 것이 있기 때문에 현재의 연장으로서 과거와 미래가 존재하는 것인데도 말이다. 이는 서양 철학의 착각 혹은 데리다의 도착이라고 하지 않을 수 없다. 이는 모두 '현존'을 '현재'라고 생각한 데서 기인한다.

"현재의 무화에서부터 과거나 미래라는 관념이 존재하게 된다. 즉 과거와 미래의 시간은 자기 부정이고, 무화인 현재 때문에 존재한다고 볼 수 있다. 그래서 시간은 현재의 성격 부여(현재를 존재로 보느냐, 비존재로 보느냐에 따라)에 따라 비존재가 되기도 하고, 존재가 되기도 한다. 현재의 본질이 시간의 성질을 규정한다. 현재는 매우 이상한 개념이다. 그것은 존재이기도 하고 비존재이기도 하고, 시간이기도 하고, 비시간이기도 하다. 이런 상반된 것이 동거하고 있는 공범주소la syncatégorème인 현재는 풀기 어려운 난제가 아닐 수 없다."[149]

위의 주장을 보면 시간의 현재(의식)에 살고 있는 인간은 현재의 무화無化와 함께 '비시간'을 설정함으로써 도리어 '현재의 비시간성' 때문에 과거와 미래가 존재하는 것처럼 인식한다. 한마디로 어불성설이다. 과거와 미래라는 시간은 그것을 인식할 수 있든 없든 현재(현재의 한 점)가 있기 때문에 존재하는 것이고, 현재 때문에 서로 연결되는 것이다.

역설적으로 데리다는 현재의 시간성을 실체로 생각했기 때문에 현재의 비시간성(비실체)을 설정하고, 그것을 통해 과

149 김형효, 같은 책, 280~281쪽, 재인용.

거와 미래의 시간성을 합리화하는 모순에 빠진 셈이다. 예컨대 만약 현재라는 것이 실체라면 시간은 계속적으로 이어지는 '실체적 현재'만 있게 된다. 그렇게 되면 과거와 미래는 존재할 수가 없다. 그렇게 되면(과거와 미래가 없기 때문에) 또다시 시간은 시간이 없게 되는 논리적 난관에 봉착하게 된다. 현재만 있는 시간이 무슨 시간(소용)이겠느냐는 것이다.

그런데 만약 시간이 실체가 아니라면 그것이 실체가 아니기 때문에 굳이 현재의 비시간성을 설정하여(현재가 장애가 되지도 않는데) 과거와 미래를 설정할 필요도 없게 된다. 그래서 시간은 실체여서도 안 되고, 실체가 아니어서도 안 되는 모순에 빠지게 된다. 말하자면 시간은 처음부터 모순적 존재인 셈이다. 시간이라는 존재자는 애초부터 시간의 밖에 있는 존재를 잴 수가 없다.

시간이라는 자체가 시작과 끝이 있는 유시유종^{有始有終}이고, 원인과 결과가 있는 것이고, 실체적 존재다. 동시에 시간은 무시무종^{無始無終}으로 흘러야 하는 관계로 현재라는 시간은 비시간성을 설정하여 과거와 미래를 통하게 해야 하는 이중적 몸짓을 하지 않을 수 없게 된다. 현재라는 시간의 이중적 몸짓은 바로 인간의 모든 개념이 안으로든, 밖으로든 이중성과 모순성을 가지지 않을 수 없음을 의미한다.

인간이 시간을 가지는(전제하는) 한 시간으로부터 벗어날 수 없고, 시간의 무한대를 갈 수밖에 없다. 무한대로 간다는 것은 시간을 실체적으로 본다는 것을 의미하는 것이다. 말하자면 끝없는 과거와 끝없는 미래 사이에서 인간은 비시간성의 현재 한 지점에 있게 되는 것이다. 현재의 시간성과 비시간성은 모순 관계에 있다. 이는 현재의 무화를 통해 과거와 미래를 실체화 하는, 실체적 사고의 맹점이다.

이러한 시간론은 현재의 비시간성을 통해 시간이라는 실체를 과거와 미래로 옮기는, 그럼으로써 과거와 미래를 실체화 하는(실제로 있는 것처럼 착각하게 하는), 전반적으로 시간의 비실체적 성격을 감추는 일종의 속임수에 지나지 않는다. 현재라는 시간의 '없음(비시간성)'을 통해 과거와 미래의 시간을 '있음(시간성)'으로 바꾸는, 의식이 시간을 가지고 노는 야바위다.

차라리 시간은 의식의 산물이고, 무의식에 비시간을 설정함으로써 그 비시간 때문에 과거와 미래가 영원으로 통하는 것으로 설명하는 것이 옳을 것이다. 현재의 무화가 과거와 미래를 존재하게 한다고 생각하는 관념보다는 말이다. 무의식과 초의식은 어차피 비시간적이거나 시간을 초월하는 개념이기 때문이다.

이는 현재라는 시간에 철저히 매여서 시간을 설명하다 보니 '현재=순간'이고 '비시간=과거=미래=영원'이라고 설명한 망발이다. 이는 결국 시간은 없는 것이고 의식의 산물이라는 것을 증명하는 것이 다름 아니다.

그래서 인간의 역사는 항상 과거를 황금 시대 혹은 낙원 시대로 설정하고 미래를 천국이나 극락 혹은 복락원의 시대로 설정하는 반면, 현재는 항상 고통과 연속 속에 있는 것으로 설정한다. 현재라는 시간은 없어서도 안 되지만, 항상 부담스럽고 고통스러운 시간이다.

시간의 연속성extension은 시간의 영원eternity으로 이어지고, 그야말로 영원은 '영원한 대상'eternal object이 된다. 시간은 인간으로 하여금 영원한 대상을 만나기 위해서 영원히 가지 않으면 안 되게 만든다. 그래서 시간은 바로 이성이다. 그런데 시간적 존재인 인간은 영원히 가지 못하고 언젠가 죽게 된다. 그래서 미완의 인간은 영원으로 비약하지 않으면 안 되고 이를 인도하기 위해서 메시아(미륵불)가 필요하게 되는 셈이다.

인간은 순간(찰나)이 영원이라는 것을 모른다. 순간이라는 말이 있기 때문에 영원이 일종의 동봉 관계로 존재하게 된다는 사실을 모른다. 종교적 초월이나 신비가 무의식과 초의식이 만나면서 이루어지는 것은 이 때문이다. 예컨대 과거의 예수(기독교)와 부처(불교)가 미래의 재림예수, 미륵불로 환생하는 신화의 구조는 바로 무의식이나 초의식에서 이루어지는 것을 의식의 장(시간의 장)으로 살짝 바꾼 것에 지나지 않는다. 이것이 종교의 비밀이다.

이러한 시간의 모순 구조는 재림예수와 미륵불이 결코 현재(역사)에 나타나서는 안 되는 구조다. 말하자면 두 성인은 '영원히 기다리는 대상'으로 남아 있어야 하고, 그렇게 되어야 '영원한 신앙의 대상'이 된다. 인간은 이러한 모순 구조 속에 있다. 이 모두 시간과 공간을 설정한 인간의 자기 모순 혹은 정신의 도착이다. 순간의 끝에 영원이 기다리고 있어야 하는, 결국 순간은 영원이 되지 못하는 '직선적' 구조다.

기독교는 무의식(무아)을 초의식(초자아)에 넣어버린 것이고, 불교는 초의식을 무의식에 넣어버린 것이다. 보편성의 철학은 무의식을 초의식에 넣어버린 것이고, 일반성의 철학은 초의식을 무의식에 넣어버린 것이다. 일반성의 철학이 불교 철학과 만나게 되는 것을 알 수 있다. 물론 불교 철학도 그것이 종교화되면서 우상화된 것을 제외한 진정한 불교 철학을 말하는 것이다.

흔히 서양의 신화학자들은 제자리로 돌아오는 하나의 원운동 혹은 순환 구조를 신화의 영원 회귀라고 말한다. 이는 지극히 서양적인 발상이다. 이러한 원운동이야말로 실은 직선운동이다. 이것은 일종의 동일성의 구조다.

반면 동양의 '음양적' 구조는 하나의 원운동 혹은 하나의 순환 구조가 아니다. 하나의 원운동이 아니라 나선적 운동을 하면서 다원다층적으로 순환한다. 나선적 운동은 무한대∞와는 다른, 태극운동이다. 태극운동은 무시무종無始無終의 운동이면서 처음부터 직선(직선운동)이 아니다. 자연은 처음부터 음양이 서로 역동하면서 운동하는 태극이다. 태극은 나선운동이기 때문에 큰 것도 없고, 작은 것도 없는 무대무소無大無小, 무시무공無時無空의 운동이다.

서양은 시간의 모순 구조 때문에 역사에서 '왕중왕', '재림주'를 주장한 예수는 십자가에서 죽어야 했던 것이다(예수가 십자가에 못 박힌 사건은 서양 철학이나 기독교 신학의 이성적 논리 혹은 시간론으로 볼 때, 일어날 수밖에 없는 필연적인 사건이다). 예수는 특히 로마제국의 총독 앞에서 자신을 '왕중왕'이라고 주장하면서 현실적 권력과 맞섰기 때문에 죽음을 자초하였다.

석가모니가 죽지 않은 것은 인도 북부(현 네팔 지역)의 카피라 왕국의 태자로 태어났음에도 권력을 버리고, 구도의 길을 갔을 뿐 아니라 나중에는 자신이 설한 말마저 모두 부정하고(지우고) 철저히 권력을 추구하지 않은 때문이다.

의식(시간=자아)	과거	현재 (하이데거: 인간=현존재)	미래
무의식 (초의식=초자아=무아)	예수/ 석가	비시간 (데리다의 주장)	재림예수/ 미륵불

〈의식과 무의식, 예수와 석가〉

데리다는 현재의 한 시점(시간과 공간의)에서 비시간성이나 무無를 바라보고 있다. 현재라는 시간을 결코 버릴 수 없다. 그래서 그의 차연은 하이데거의 '피안彼岸 therein'에서의 차연이 아니라 '차안此岸'(에크리튀르가 일어나는 곳)에서의 차연이다. 데리다는 '현존=현재'라고 보았기 때문에 현존을 대신해서 굳이 부재를 설정하지 않으면 안 되었던 것이다. '부재'는 역설적으로 데리다의 사유의 전부를 바라볼 수 있는 개념이다.

우리는 데리다를 통해 서양의 이성중심주의와 과학주의, 그리고 기독교신학의 메시아론(불교의 미륵불도 마찬가지다)의 정체까지 바라볼 수 있게 된 셈이다. 과학이라는 것은 생성적 우주 혹은 '과정(존재)로서의 우주'를 무시한 채 원인과 결과를 관찰하는 것이라는 것을 알 수 있다. 또 서양의 기독교 신학에서 메시아는 현재에 존재해서는 안 되는 인물임을 알 수 있다.

'현재'는 분명히 시간인데도 그것의 잡을 수 없음(찰나생멸)을 기화機化로 '비시간'이라고 규정하고, 그러한 역설을 바탕으로 과거와 미래를 만들고, 결국 현존인 현재를 뛰어넘어 과거와 미래의 대화로 시간을 이분화二分化했다. 이러한 이원 대립 구조는 시공간에서는 물론이고 신학, 과학, 쓰기-읽기에 이르기까지 같은 구조를 보인다. 결국 오늘의 서양 문명은 합리적으로 시공간을 만든 데에 따른 결과다.

서양 문명은 시공간·신학(종교)·과학·텍스트에 걸쳐서 동형을 보이고 있다. 이것이 이성 중심문화의 종합적인 양상이다.

	과거	현재(현존)	미래
시간론		시간성 (실체적 시간)	
	과거	비시간성: 과정으로서의 시간 (데리다의 현재- 현존-부재)	미래
메시아-부처	예수(기독교)	메시아는 현재에 존재해서는 안 됨	재림예수
	부처(불교)	대승보살의 현재적 실천 정신	미륵부처
과학(인과론)	원인/기억/기록	과정(존재)으로서 의 우주 생략	결과/예상/희망
쓰기-읽기	쓰인 것	글 쓴 자의 부재	쓰인 것 읽기

* 서양 문명에 있어서 시공간과 과학과 신학은 일치를 보인다

〈시간의 비시간성〉

데리다의 시간론은 현재(현재라는 실체)에서의 논리 전개이기 때문에 어딘가에는 동일성의 그림자를 감추고 있다. 그것이 바로 연장extension의 개념이다. 현재의 시간성과 비시간성의 이중성은 결국 시간의 과거와 미래 어느 한 쪽의 동일성을 인정하는 것이 된다. 정확하게 말하면 동일성이 존재하게 되는 곳은 차이가 아닌 연장 쪽이다. 데리다의 현재와 시간에 대한 토론은 매우 의미심장하다. 그러나 이것은 어디까지나 시간이 있다는 것을 전제한 서술이다. 시간이 있다는 것은 공간이 있다는 것을 말하는 것이고, 시간과 공간이 있다는 것은 실은 이성의 존재를 전제하는 것이다. 이성의 존재를 전제하는 것은 결국 초자아가 있다는 것을 말하는 것이다.

기독교의 유일절대신이 '신학적(종교적) 동일성', '원인적 동일성'이라면, 절대시공간은 '과학적 동일성', '결과적 동일성'이다. 신학적 동일성은 결국 시간을 기초로 하는 것이고, 과학적 동일성은 공간을 기초로 하는 것이다.

이들 동일성은 결국 자아를 기초로 한 초자아며, 둘은 이름만 달리할 뿐 같은 것이다. 그런 점에서 종교와 과학은 같은 동일성의 패러다임의 것이며, 세계를 예술로 보는 것만이 진정한 동일성으로부터의 탈출이라는 것을 깨닫게 한다. 예술은 표현의 현존으로 존재의 은적을 현현하는 과정일 뿐 동일성은 없다. 예술 작품은 존재의 현상학이다.

원인적 동일성	신학적 동일성	기독교 (유일절대신)	메시아 사상	시간
결과적 동일성	과학적 동일성	자연과학 (절대시공간)	사물의 연장	공간

〈원인적 동일성과 결과적 동일성〉

서양 문명은 철저히 자아의 문명이라는 것을 알 수 있다. 우리는 이렇게 반문할 수 있다.

"내가 없는데 어찌 내 죄가 있고, 내가 없는데 어찌 내 연장이 있고, 내가 없는데 어디로 왕래할 수 있다는 말인가?"

자아와 이성과 이상이라는 것은 인간의 특성이다. 이성적 인간은 결코 실현될 수 없는 이상일지라도 그것을 설정(가설)하여야만 살아가는 존재적 특성을 가지고 있다. 이상은 일종의 정신적 무한대의 개념과 같은 것이다. 무한대는 실체가 있는 것의 연장 개념이기 때문에 그것의 점진성漸進性은 인간으로 하여금 대오각성大悟覺醒하게 하지는 못한다.

그래서 이성을 뛰어넘기 위해서는 깨달음이 필요하다. 깨달음이라는 것은 이성적 작업이기도 하지만 동시에 이성을 뛰어넘는 것이다. 인간의 모든 문제는 이성에 있고, 문제의 해결도 이성에 있지만, 이성으로는 결코 해결하지 못하는 것도 있다. 바로 인간으로 하여금 자연성에 도달하게 하는 안심입명安心立命의 경지다.

여기서 자연성이란 '마음 현상으로서의 몸'이나 '몸 현상으로서의 말'을 의미한다. 네이티브 언어야말로 그것은 몸과 다른 언어지만, 언어가 몸과 하나가 된 자연과 같은 것이다. 모든 예술의 최종 목표는 이 자연성에 도달하는 것이다.

이상은 항상 이 자연성에 도달하지 못한다. 역설적으로 자연성에 도달하지 못하기 때문에 이성이다. 일반성의 철학은 저절로 자연성에 도달하여 현재(현존)에서 존재의 선물과도 같은 존재적 기쁨과 행복과 열락을 느끼는 것을 목표한다. 이것은 목표 아닌 목표다.

일반성 철학과 그것에 따르는 열락의 경지는 아마도 『반야심경般若心經』의 "반야바라밀다는 가장 신비하고 밝은 주문이며 위없는 주문이며 무엇과도 견줄 수 없는 주문이니, 온갖 괴로움을 없애고 진실하여 허망하지 않음을 알지니라. 이제 반야바라밀다주를 말하리라故知般若波羅蜜多, 是大神呪, 是大明呪, 是無上呪, 是无等等呪, 能除一切苦, 眞實不虛, 故說般若波羅蜜多呪."와 통하는 경지일 것이다.

그런 점에서 진정한 해체(해방)가 되려면 시간과 공간을 버려야 한다. 시간과 공간은 사회적 제도가 있듯이 과학을 위해 만들어낸 과학적 제도다. 본래 자연은 해체해야 할 대상도 아니고, 해체할 것도 없는 존재다. 그냥 있는 그대로가 자연이다. 인간이 만든 시간과 공간이라는 프레임 속에 자연을 집어넣어 바라보는 철학적 방식을 버려야 한다.

데리다의 현상학적 노력은 실은 목소리 혹은 소리에 대한 서양 철학적 전통·유대그리스도주의의 콤플렉스(자기 모순)에서 시작된 것이며, 결국 목소리(말하기)와 쓰기가 모두 결국 인간이 자신을 드러내는 현존적인 행위라는 것을 모르고 '현존=부재'라는 가정 하에 행한 시도였다.

데리다가 그의 후반기에 목소리도 결국 자기동일성에 기초한 현상학적 환원이 아니라 '차이의 존재'라는 것을 인정하였지만 그것은 그야말로 그의 현상학적 환원(의식학)의 끝에서 출발점으로 돌아온 환원의 결과였다.

처음부터 목소리가 '차이의 존재'라는 것을 알았으면 굳이 '부재'라는 개념을 만들어내지 않았을 것이다. 현존이라는 것은 '드러난 존재' '현현顯現된 존재'의 의미다. 이것은 하이데거의 존재론에 의해 존재로 승격된다. 현존은 존재자가 아니라 바로 존재인 것이다. 현존은 시간의 연속선상에 위치하는 것이 아니다.

데리다 이해의 혼선과 어려움은 쉽게 말하면 시간(현재)과 공간의 차원에서 존재 혹은 무를 설명하려고 하기 때문이다. 이는 의식의 차원에서 무의식을 설명하려는 노력과 같다. 그래서 때로는 현란하게 설명하지만, 자기 모순에 빠지고 역설적인 상황과 부딪히게 된다. 무의식은 의식의 아래에 있는 것이 아니라 의식이라는 섬을 떠오르게 하는 의식의 바탕(매트릭스)이 되는 바다와 같은 것이다.

데리다 (현상학)	시간과 공간의 뒤섞임/ 의식의 차원	부재	차연	직물 짜기
하이데거 (존재론)	존재伴在와 무無/ 무의식의 차원	존재	차연	隱迹/顯現

〈데리다의 현상학과 하이데거의 존재론〉

하이데거와 데리다를 굳이 구분한다면 데리다의 '차연'은 '차연差延'이고, 하이데거의 '차연'은 '차연差緣'이라고 할 것을 적극적으로 검토할 필요가 있을 것 같다. 비록 데리다는 공간을, 하이데거는 시간을 벗어나지 못한 게 사실이지만, 하이데거의 후기, 즉 '시간과 존재'의 시기에는 시간을 벗어난 것 같은 느낌을 강하게 풍기기 때문이다.

데리다가 창안한 여러 개념을 보면 의식의 차원에서 무의식을 설명하는 것이 얼마나 어려운 일인가를 알게 된다. 데리다의 사상을 순차적으로 질서정연하게 설명한다는 것은 불가능하다. 왜냐하면 모든 것이 '직물 짜기'처럼 얽혀 있기 때문이다.

데리다의 차연은 흔히 '시간의 공간되기', '공간의 시간되기'라고 말한다. 이는 그가 시간(현재)과 공간의 차원에서 논리를 전개한다는 증거가 된다. 그러나 이에 비해 하이데거는 무의 상태에 있는 존재를 바탕으로 시간과 공간상의 존재자를 논한다. 데리다가 시공간 상에서 차연을 논하는 대목을 보자.

"차연의 시간상의 축에서 연기나 대기의 개념들이 등장했다. 위의 두 개념에는 뉘앙스의 차이가 있다. 즉 전자는 능동적인 의미를 지니고 있고, 후자는 때를 기다린다는 수동적 의미를 지니고 있다. 능동적 시간과 수동적 시간이 차연의 시간적 날실에 공존해 있다. 그뿐 아니다. 공간의 간격이나 차이도 차이화la différentiation를 생산하는 능동성과 구성된 구조로서의 차이라는 수동성도 동시에 깃들어 있다. 그러면 차연의 성격은 무엇일까? 데리다는 차연은 능동태도 수동

태도 아니고 하나의 '중간태'라고 규정한다. (…) 그것은 중간태로서 생각되어야 하기에 작용이 아닌 작용이고 대상에 대한 주체의 능동이나 수동으로서 생각되어질 수 없고 행위자나 수동자 또는 양측면의 어느 한쪽에서부터 출발하거나, 어느 한쪽을 겨냥하여 생각될 수 없는 작용이다. 그런데 (…) 중간태는 철학이 그것을 억압함으로써 자신을 구성해 왔기에 능동태와 수동태로서 나눴던 것이다."[150]

그런데 데리다는 현존을 자기 동일적이라고 생각하는데 이는 잘못된 것이다. 목소리의 현존은 에크리튀르와 마찬가지로 차이다. 그는 목소리는 분절되어야 언어 활동이 가능하다고 하면서 기억을 '차이의 골'이라고 생각한다.

"내가 말을 하는 경우에 거기에는 앞말의 흔적이 지금의 말에 이미 새겨져 있고, 또 음운론상으로 발음을 또박또박 분절하여 공간적 간격을 만들게 된다. 이처럼 시간적 흔적의 연기와 공간적 간격의 분절 없이 언어 활동도 불가능하다. (…) 흔적으로서의 보존이 곧 기억이다. 기억은 차이의 골과 다른 것이 아니라고 데리다는 생각한다. 데리다에 의하면 자기 동일적인 현존만이 있는 경우에 기억은 생기지 않는다는 것이다."[151]

현존은 현재라는 정지된 어떤 시점도 아니고, 자기 동일적인 것도 아니고 도리어 차이다. 음운은 분절되어 공간적 간격을 가져야 언어 활동이 가능하지만, 소리는 분절되지 않고 공명한다. 데리다는 기억을 차이의 '골'과 다른 것이 아니라고 하지만, 소리는 파동의 '골-마루[凹凸]'를 연결한 것이다. 존

150 　김형효, 『데리다의 해체 철학』, 213~214쪽, 1993, 재인용, 민음사.
151 　김형효, 같은 책, 214쪽.

재의 틈(균열)이라는 것은 실은 파동의 골^凹이다. 이러한 요철^{凹凸}과 음양^{陰陽}과 율동^{律動}을 직선화·입자화한 것이 시간과 공간이라는 것이고, 과학이라는 것이다.

그러나 데리다가 차연을 자기 독립성을 가질 수 없다고 한 점은 해체 철학의 진면목을 보여주는 대목이다.

"대기로서의 차연은 시간적으로 차연이 흔적들의 연쇄성에 의하여 이해되어야 함을 말한다. 즉 대기로서의 차연은 텍스트의 세계에서 이른바 의미라는 것이 그 자체에서 절대적으로 성립할 수도 없고, 그 자체에서 자기 영역을 통괄하고 통어할 수 있는 독립성을 가질 수가 없음을 가르쳐준다. (…) 시간적 차이의 다발 속에서 모든 이의 인생에서 그 어떤 요소도 원자론적일 수가 없다."[152]

하이데거와 데리다의 '현존과 차연'의 차이를 종합적으로 비교하면 다음과 같다.

하이데거는 현존은 존재의 현현^{顯現}으로서 현재완료적이며, 차연은 '존재'의 연기적^{緣起的} 특성을 보인다. 또 매우 관념적·음악적·시간적이어서 한편의 교향악을 듣는 느낌이다. 반면 데리다의 현존은 현재^{現在}의 부재로서 과거완료적이며, 차연은 '흔적^{痕迹}'의 연장적^{延長的} 속성을 가지고 있다. 또 매우 시각적·미술적·공간적이어서 한편의 문자추상을 보는 느낌이다. 하이데거는 존재론의 레벨인 반면, 데리다는 현상학적 레벨이다.

하이데거는 시간(존재와 시간)에서 시작하여 시간을 초월한 반면, 데리다는 공간(에크리튀르)에서 시작하여 시간이라는 현재에 예속된다. 여기에서 독일의 관념적-존재론적

---

152 김형효, 같은 책, 215쪽.

전통과 프랑스의 구체적-실존주의적 전통이 극명하게 갈리
게 된다.

하이데거 (존재론적 레벨)	존재의 현현	현재완료적 (시간 초월)	존재의 연기緣起	관념적· 음악적· 시간적	교향 악
데리다 (현상학적 레벨)	현재의 부재	과거완료적 (시간 예속)	흔적의 연장延長	시각적· 미술적· 공간적	문자 추상

〈현상학과 존재론의 특징〉

데리다의 차원은 물리학에서 보면 시간과 공간을 뒤섞임
으로 보는 특수상대성이론의 차원과 같다. 이것이 일반상대
성 이론에 들어가면 시간과 공간의 구별이 무의미해진다. 세
계는 에너지로 일반화되기 때문이다. 특수상대성이론은 마
치 현상학에서의 초자아와 무아의 결합처럼 보인다. 데리다
의 차연이 신의 모습을 전혀 풍기지 않는 것도 아니다.

"물론 차연은 어떤 경우에도 기독교적 신이나 신성일 수
는 없다. 그런데도 차연은 파스칼B. Pascal이 말한 '숨은 신Deus
absconditus'의 뉘앙스를 다소간에 풍기는 것도 사실이다. 왜냐
하면 데리다의 주장처럼 자연은 자신의 모습을 지니지 않고
나타내지도 않지만, 모든 의미와 나타남의 가능 근거기 때
문이다. (…) 이런 차연의 성격은 에카르트가 말한 신, 스스
로 나타나지도 낳고, 말할 수 없고 그러나 그가 창조한 세
계의 뒤안길에 있는 숨은 신을 연상케 하다. 그런 신에 대하

여 우리가 아는 듯하면서도 모르기에 에카르트는 일종의 현명한 무지docta ignorantia와 같은 것으로 생각하였다. 어쨌든 에카르트의 부정신학은 이성신학이 추구하는 본질과 존재로서의 신은 아닐지언정 신의 현존 자체를 부정하는 것은 아니다. 그런 점에서 신을 말로써 표현할 길이 없다는 부정신학의 입장과 '차연은 낱말도 개념도 아니다'라는 데리다의 생각이 반드시 일치하지는 않는다. (⋯) 명명불가라는 것은 예컨대 신처럼 어떤 이름도 접근할 수 없는 말할 수 없는 존재라는 것이 아니다. 이 명명불가는 명명의 효과를 만들고, 명사라고 하는 원자적이고 상대적으로 단위적인 구조를 만드는 (⋯) 놀이다."[153]

데리다는 신보다는 놀이에 초점을 맞춘다.

"명명할 수 없는 차연은 차이화와 연기의 보충 대리 속에서 자신의 유일의미의 고정화와 절대화를 거부하는 '웃음'이요, '춤'이다. 이 점은 카프라가 현대 물리학과 동양 사상에서 언급한 힌두교 사상에서 시바의 춤과 같다. 시바Shiva는 우주의 율동을 표현하는 춤을 추면서 창조와 파괴의 두 면을 동시에 보여준다. 이상에서 논급된 생각들을 정리해본다면 차연의 명명불가命名不可나 무명無名은 말할 수 없는 진리의 존재를 표현한 것이 아니고, 모든 유명有名을 생산하는, 모든 유명의 결과를 잉태하는, 하나의 '변별성의 자궁'과 같다고 보아야 한다. 그래서 차연은 무한히 유명의 대리에 의하여 미끄러지고 연쇄화된다."[154]

철학이 과학이 말하지 못하는 '보이지 않는invisible 세계'에

---

153 김형효, 같은 책, 217~218쪽.
154 김형효, 같은 책, 218쪽.

대한 발언을 하지 못한다면 아무런 의미가 없다. 이는 철학이 철학이기를 포기하는 것과 같다. 과학은 시간과 공간의 학이다. 그런 점에서 데리다의 시간과 공간의 뒤섞임의 차원은 아직 과학을 뛰어넘은 철학이라고 하기 어렵다. 그런 점에서 과학의 특수상대성 이론에 대응할 뿐이다. 철학의 일반상대성이론과 같은 소리 철학이 필요한 게 사실이다.

"세계는 입자가 아니라 파동이다."라는 것에 대응하는 철학이 바로 일반성 철학이고, 소리 철학이다. 그러나 일반상대성이론처럼 예컨대 "세계는 에너지다."라고 말하는 데에 머문다면 과학으로 족하지, 무슨 철학이 필요하겠는가.

그래서 '차이불이'差易不移의 철학이 필요하다. '차역差易의 의미로서의 차이差易'는 서양에서 차이差異 혹은 차연差延의 철학을 주장하는 일련의 철학자들에게 동양의 역易사상을 포함하는, '같은 발음의 다른 뜻'을 전달하는 묘미가 있다.[155]

'차이差易'라는 단어에는 서양의 차이差異·차연差延·차이差移론을 극복하고, 동양의 전통적인 역사상을 계승하는 측면이 있고, '불이不移'라는 개념은 '실체가 있는 것의 이동이 아니다' 혹은 '실체가 아닌 기氣는 이동하지 않는다'는 뜻으로 한국의 동학東學사상을 계승하는 측면이 있다.

동학東學의 교조 최제우崔濟愚, 1824~1864는 각지불이各知不移라는 말을 통해 기운생동氣運生動하는 세계, 자신의 깨달음의 세계를 표현했다. '불이不移'야말로 '변화하지만 이동하지 않는 기氣의 세계'를 가장 잘 설명하는 개념인 것이다. 기는 '차이'와

---

155 '차이'差易라는 말은 북경대 출신의 손병철係炳哲 철학 박사와 함께 서양 철학사의 문맥에서의 차이差異와는 다른, 동양의 역易 사상을 포함하는 '다른 뜻의 같은 발음의 차이'를 찾다가 만들어낸 용어다.

'불이'의 양면성과 이중성을 동시에 가지고 있다.

필자는 구한말의 동학 사상 대신에 중학 사상을 제안하였고, 중학 사상을 실천하는 것을 '중도中道'라고 명명하였다. 결국 '차이불이'라는 개념은 필자의 중학 사상의 구체적인 실현이면서 동시에 그것을 실천하는 중도를 목표로 하고 있는 철학의 진수다.

'차이불이'는 필자가 동서고금의 철학과 한국 사상을 회통시키는 철학으로서 서양과 동양, 그리고 한국의 전통 사상·철학에서 그 요체를 뽑아 만든 한국 철학의 신조어新造語다. 말하자면 지금껏 거론해온 일반성 철학, 소리 철학, 여성 철학에 이어 필자의 철학의 구체성을 달성하기 위해 제안한 새로운 철학적 용어다.

뒷장에서 상술하겠지만, 차이불이는 "세계(자연)는 변화하지만 동시에 변하지(이동하지) 않는 것이다."라는 뜻이 내포되어 있다.

차이差異	불이不移
이理: 주체主體	기氣
용用, 以: 대상對象	체體: 본체本體

〈차이와 불이〉

'차이差易'는 용用, 以ㆍ대상對象이고 '불이不移'는 체體ㆍ본체本體라고 말할 수도 있다. '파동=기=소리'는 일종의 '본체'라고 말할 수 있다. 이들은 스스로 움직이지 않으면서 다른 것(남)을 이동한다. 이때의 '본체'는 물론 '실체'實體, substance의 '체'가 아니라 근본이라는 의미에서의 '체'다.

이理는 용用, 以을 가능하게 하는 표상이다. 이理는 기氣의 현상학이고, 기표다. 서양 철학이나 동양의 성리학은 바로 기를 가지고 이理로 전도한 것에 불과하다. 인간은 왜 이것을 전도했을까? 이는 자연을 이용할 생태학적 필요 때문일 것이다. 결국 인간은 살기 위해서 자연을, 자연적 존재를 제도적 존재자로 전도한 셈이다. 제도적 존재자는 주어(주체) 행사를 해왔다.

그러한 점에서 주자朱子, 1130~1200의 성리학性理學 체계라는 것은 본체本體인 기氣를 이理로 전도한 것이다. 이는 서양 철학이 본체인 자연自然을 이성理性으로 전도해 자연과학의 대상으로 만든 것과 같은 맥락이다. 이는 모두 인간이 자신을 자연에 투사한 인간 중심주의의 결과다.

성리학은 본체를 전도해서 삼강오륜의 윤리倫理를 만들었고, 서양 철학은 본체를 전도해서 자연과학自然科學을 만들었다. 따라서 서양 철학이 자연과학을 넘어서고, 성리학이 윤리학을 넘어서려면 기氣일원론을 기초로 하는 철학의 탄생이 필요하다.

	체體	용用,以	학문과 과학	보편성	일반성
서양 철학	자연自然	이성理性	자연과학	자연적	소리 철학
성리학	기氣	이理	삼강오륜三綱五倫	도덕적	

〈서양 철학과 성리학의 비교〉

주자朱子의 이발이기수지理發而氣隨之하고, 기발이이승지氣發而理乘之 한다는 것이나 퇴계退溪 이황李滉, 1501~1570의 이발기발理發氣發의 이기호발설理氣互發說은 그래서 틀린 것이다. 이발理發, 즉 이理가 발發한다는 것은 어불성설이다. 이理는 스스로 발할 수 없다.

이승理乘, 즉 이理가 승乘한다는 것도 어불성설이다. 이理는 무엇을 타는乘 주체가 될 수 없다. 이理는 용用,以일 뿐이다. 이理는 체體인 양 하지만, 체體가 아니다. 우주의 체體는 기氣이다. 그래서 율곡栗谷 이이李珥, 1536~1584의 기발이승氣發理乘도 틀린 것이다. 이理는 기氣의 표현으로서 기표氣表고, 기표記標로서 드러남이다. 이理는 기氣의 현상학이다.

이통理通도 완벽한 것은 아니다. 이理는 통通하게 하기도 하지만 불통의 원인이 되기도 한다. 세계에서 오직 통하는 것은 기일 뿐이다. 그래서 기통일원氣通一元, 氣通一圓의 세계가 진정한 세계다. 이것이 혼원일기混元一氣, 渾圓一氣의 세계다.

현상학과 존재론을 불교 철학에 비교하면 현상학은 유식학唯識學에 가깝고, 존재론은 반야공般若空에 가깝다. 그런 점에서 데리다는 유식학의 차원이라면, 하이데거는 반야공사상의 차원이다. 그러나 둘 다 불교의 완전한 진리, 즉 진여眞如에 도달하였는가는 의문이다. 이는 서양 철학의 이성의 작용과 시공간 의식의 관여 때문이다. 이성은 어딘가에는 실체substance를 감추기 때문이다.

하이데거는 '시간적 자아'(이것은 물론 공간적 자아이기도 하다)를 벗어나지 못했고, 데리다는 '공간적 자아'(이것은 물론 시간적 자아기이도 하다)를 벗어나지 못했다고 말할 수 있을지도 모른다. 이것은 서양 문명의 근본적인 한계자 특징이다.

돌이켜 보면 '차연'이라는 개념이 서양 철학의 대상적 동일성, 물질적 동일성, 실체적 동일성, 최초의 원인적 동일성(신학적 동일성)을 벗어났지만, '자아적 동일성', '결과적 동일성'을 완전히 벗어났는가에 대해서는 의문이다. 차연의 '연장extension'이라는 개념은 서양 사람들이 수학과 과학에서 개발한 미분과 적분의 무한대無限大의 개념과 같은 것이다. 어떤 것이 일정한 방향성과 시퀀스sequence를 가지고 있다면 그것은 적어도 원인적 동일성은 아닐지라도 결과적 동일성은 내포하는 것이다.

라이프니츠의 모나드론은 관념론이지만, 그래도 그 관념에 활동성과 무한성의 의미를 부여함으로써 '자연自然'으로 연결되는 여지를 남겨두고 있다. 물론 라이프니츠도 자연을 무기적으로 보기는 하지만, 무기적 자연에서 신에 이르는 물物과 심心의 차差를 연속적으로 만들어낸다고 보는 입장에서 주목된다.

라이프니츠의 미분학은 실은 차연의 논리의 선구자였던 셈이다. 그는 무한대의 개념을 통해 모든 사물과 사건을 양화量化할 수 있었다. 그런데 양화할 수 있는 세계가 있는 데 반면, 그렇게 하지 못하는 세계도 있다. 여기에 대해서는 다른 철학이 필요했던 셈인데 이러한 서양 철학의 욕구가 어느 정도 결실을 맺은 것이 바로 하이데거의 존재론과 데리다의 해체 철학이라고 말할 수 있다.

무한대는 동양과 불교에서 말하는 무無가 아니다. 무한대는 어디까지나 '유有의 관점에서 보는 무無'다. 서양의 과학적 사고는 결코 무無 혹은 무아無我를 받아들일 수 없는 문화적 맥락context 위에 있다. 특히 서양의 근대 과학 문명은 그렇다. '유有'의 관점에서 보면 '무無'란 있을 수 없는 것이며, 무한대無限大일 뿐이다.

무한대無限大는 서양의 '유有의 철학'이 무無와 만나는 지점이다. 초월 의식은 바로 의식이 무를 만나면서 무엇인가 말할 수 없는 존재를 느껴 이것에 대해 붙인 이름이다. 그러한 존재에 대한 반응의 예로, 서양은 그것을 신이라고 말하고, 동양은 그것을 자연이라고 말한다.

따라서 자연이라는 말에도 따라서 신이라는 의미가 들어 있고, 신이라는 말에도 자연이라는 말이 들어 있다. 서양은 유일신을 통해 자연에 이르고, 동양은 자연을 통해 유일신에 이른다. 인류가 만들어낸 모든 이름은 추상이고, 추상적인 이름은 바로 '흐름流'에 있다.

무나 공空이나 중中의 진정한 개념은 바로 '흐름'에 있다. 흔히 중용의 중中이나 중도의 중中은 어떤 사이의 가운데 지점

point, 고정된 지점을 의미하는 것으로 생각하기 쉽다. 그런데 역동하는 우주 속에서 그러한 중은 결코 실현되지 않는다.

'중'은 흔히 이성적으로 말하는 이상이 아니다. '중'은 가변적 기준일 뿐이다. 인간은 이상을 설정해놓고 그것을 기준으로 살아가는 생물 종이지만, 실질적인 우주는 그 '중'을 끝없이 왕래하는 우주다. 그런 점에서 실질적인 세계는 언제나 양극단을 오가는 기운생동氣運生動의 혼돈混沌이다.

이러한 정황을 만물의 각자(총체)의 입장에서 생각하면 총체적인 흐름 속에 있기에 '중'은 항상 실현되고 있다고 말할 수 있을 것이다. 그러나 이것은 객관적인 것은 아니다. 무, 공, 중은 결국 같은 개념이다.

이러한 정황을 소리 철학의 입장에서 보면, 기 혹은 소리도 '무, 공, 중'과 함께 같은 개념으로 포함하려는 것이 소리 철학, 포노로지Phonology라고 말할 수 있을 것이다. 그런데 '기'와 '소리'는 '무, 공, 중'과 같은 개념이나 추상이 아닌, 구체이고 실질이라는 점에서 다르다. '기와 소리(파동)'는 일종의 시니피에가 아니라 시니피앙이다.

아무튼 이념적인 '중'은 단 한 순간도 실현된 적이 없으며 동시에 실질적인 '중'도 그것의 소재所在를 잡을 수 없다. 역으로 잡을 수 없기에 흐름이기도 하다. 중용中庸, 중도中道, 무위無爲도 쉽게 잡을 수 있는 것이 아니다. 서양의 근대 철학의 형평衡平이라는 개념도 그것의 소재 파악과 잡기를 할 수 없다는 점에서 마찬가지다.

잡을 수 있는 것은 이미 이體이고 용用, 以이다. 잡을 수 없는 것은 이體가 아니다. 흔히 이상이라는 말은 낭만적인 것으로 받아들이기 쉬운데 적어도 막연하지만 대상과 목표가 있어야 이상이 된다. 대상이라는 말은 이미 대상의 주체가 존재한다는 말이다.

우리는 흔히 인간의 행위를 두고 선악으로 판단을 한다. 하지만 지구상의 모든 문화에 적용되는 선과 악은 없다. 선과 악은 인위적이고 유위적인 구분이다. 권선징악勸善懲惡은 인류의 모든 문화의 보편성이지만, 그것의 기준은 다르다.

지금까지 인간의 선악을 논한 것은 대체로 근거가 빈약하다. 선과 악이 따로 있는 것이 아니라 본성이 미발未發된 것을 선이라고 하고, 기발旣發된 것을 악이라고 하였다. 따라서 권선징악 사상은 일종의 지배논리에 불과하다. 지구상의 제왕학帝王學이나 통치학統治學의 대부분이 최고 통치자는 권선징악의 범주에서 벗어나게 한 것에서 이를 확인할 수 있다.

선악은 같은 뿌리를 가지고 있다. 그래서 선악의 문제는 궁극적으로 해결될 수 없는 것이다. 선악은 이중적이고 양가적이다. 선과 악은 어떤 문화권이나 개인에서도 왕래할 뿐이다. 악은 위선爲善, 僞善에 있고, 선은 위악爲惡, 僞惡에 있을 수도 있다.

선과 악은 물론이고 정의正義와 불의不義도 보편적인 기준이 없기는 마찬가지다. 문화권마다, 시대마다 다른 것이 특징이다. 따라서 궁극적으로 선악과 의불의義不義를 따지는 인문학도 자연과학의 상대적 불확정성이론처럼 양극의 확률론으로 설명할 수밖에 없다. 확률론이란 100퍼센트를 근거로 일어날 가능성을 설명하는 것이다.

인간이 만든 모든 기준은 한시적이고 제한적이다. 일반적인 것은 자연뿐이다. 그런데 그 자연은 '흐르는 것'을 특징으로 한다. 흐르는 중에 가장 큰 것은 풍風이다. 그러한 점에서 우리 민족의 풍류라는 개념은 참으로 자연주의자들의 관점이다. 자연은 바람이나 물의 흐름처럼 저절로 일어나는 것이고, 아무도 제어할 수 없는 것이기도 하다.

자연은 신이고, 진정한 신은 자연이다. 범신凡神, 汎神이라는 말은 자연을 신과 결부해서 말하는 개념이다. 그런데 그 '범신'은 각자의 '자신自神: 自身 自信 自新, 自神'에 대한 이름일지 모른다. 이 서로 다른 '자신'들은 이중성과 왕래성의 관계로 중첩되어 있다. '자신'은 인간이 자신을 포함하여 '흐르는 것'에 대해 붙인 이름이다. 내 몸이 있고, 내 믿음이 있고, 나의 새로움이 있다면 바로 '지금 여기'에 흐르는 것은 신에 이르는 것이 아니고 무엇이겠는가? 신은 결코 객관적 대상이 아니다. 지금 나를 둘러싼 기운, 기운생동이다.

세계를 기운생동의 관점에서 보면 하이데거의 경우도 '존재의 관점에서 존재자'를 바라봄으로써 '무의 관점에서 유'를 바라보는 것 같지만, 그것도 완전하지는 않다. '연장'이라는 개념은 실은 실체substance가 있는 것을 전제하는 개념이다. 서양 문명으로서는 '차이'가 계속되는 것을 '연장'이라는 개념으로 표현할 수밖에 없었겠지만, '연장'이라는 개념의 속성은 그 안에 이미 실체 혹은 입자의 개념이 포함되어 있으며 무한대의 철학적 표현이다. 그래서 '연장'에는 동일성(결과적 동일성)의 개념이 남아 있는 것이다.

하이데거야말로 동서양의 경계에 있다. 하이데거의 존재론과 데리다의 해체 철학이 표방하는 '차연'이라는 것도 겉으로 보기에는 이성중심주의를 벗어난 것 같지만, 그것은 대상으로부터의 탈출은 되었지만, 아직도 자아로부터의 완전한 탈출(이것을 불교적 해탈이라고 하면 좋을 듯하다)은 수행하지 못하는 듯하다.

이는 여전히 압도적인 이성중심주의와 과학적 사고에 물들어 있기 때문이다. 이는 암암리에 어떤 '동일성', '자아의 흔적'을 감추는 것이다. '연장'이라는 용어와 마찬가지로 서양의 후기 근대 철학이 여전히 '실체' 혹은 '자아'를 버리지 못하고 있음을 드러내는 용어가 역시 '사물' 혹은 '물자체'라는 말이다.

'사물'이라는 말에서도 드러나지만 '사물'이라는 말에는 어딘지 세계를 '실체', '도구' 혹은 '도구 체계'로 바라보는 시선이 남아 있다. '사물'이라는 말에는 어딘지 세계를 무생물로 바라보는 시선이 드러난다.

왜 하이데거에게 사물은 '그것It'인가? '사물'을 그것이라고 하는 것은 실은 사물이 그렇게 있는 것이 아니라 인간이 사물을 그렇게 보는 것이다. 이것은 언어의 영향이다. 언어는 사물을 정지된 물체로 규정하는 타성이 있다.

하이데거의 '그것' 속에는 존재와 존재자가 동시에 있다. 존재자의 '자者'라는 것은 바로 구체성이 없는, 추상적인 사물의 명칭인 '사물thing=불완전명사'를 의미하고, 하이데거가 완전히 자연적 존재 혹은 불교적 공空의 세계로 들어가지는 못했다는 증거가 된다. 하이데거의 한계는 서양 이성 철학의 한계다.

언어는 하이데거의 말대로 '존재의 집'이 아니라 '존재의 감옥'이 될 수도 있다. 언어가 존재의 감옥이 된 것이 바로 '사방에 창이 없는 방'으로서의 단자^{monad}며, 역으로 그 단자가 바로 사물이라는 것을 알 수 있다. '단자'는 사물을 계량화할 수 있는 근거고, 결국 세계를 물질의 꽉 막힌 세계로 상상하게 하는 단초가 된다. 이것이 오늘날 자연과학의 세계, 물리학의 세계다.

언어는 항상 '존재의 집'에서 '존재의 감옥', '사물의 단자'로 돌변할 수 있는 것이다. 결국 인간이 사물(물질)의 감옥으로부터 벗어나려면 사물을 놓을 수밖에 없다. 사물을 잡고서 사물을 벗어날 수 없다. 사물을 놓고 안 놓고는 인간 자신에게 달렸다.

어쩌면 철학적 반이성중심주의를 끌고 가는 존재론, 해체주의 철학은 언어가 집이 아니라 감옥으로 변신하고 있음에 대한 본능적 반발이라고 할 수 있을 것이다. 사물은 본래 역동적인 '물'인데 그것이 언어의 옷을 입으면서 '정태적 사물'이 되었다.

서양 철학은 언어로 인간을 자연으로부터 추방해버린 감이 없지 않다. 오늘날 인간은 자연성을 잃어버렸다. 이는 기독교의 유일신에 의한 '낙원 추방'이 아니라 역설적으로 기독교가 도구적으로 생각했던 자연에 의한 '자연 추방'이다. 낙원에서 추방된 것은 별 일이 아닐 수 있으나 자연에서 추방된 것은 인간 존재를 잃어버리는 위험이 될 수도 있다. 자연 추방은 상상이 아니라 현실이다. 자연 추방은 인간의 죄의식의 문제가 아니라 인류의 생존과 직결되는 문제다.

하이데거의 '언어는 존재의 집'이라는 구절에서도 최종적인 자아가 남아 있다. 그것은 사람의 생각 여하에 따라 '언어는 존재의 감옥'이 될 수도 있기 때문이다. 바로 언어의 이중성이 인간의 문제를 철학적으로 해결할 수 없다는 것을 말하는지도 모른다. 언어가 없으면 철학을 할 수 없는데 철학은 언어를 버려야 하는 존재론적 상황에 이르렀다. 이것이 '현존재'인 인간의 막다른 골목이다.

서양 문명은 자아를 버리고 무아로 들어가기가 본질적으로 어려운 문명이다. 서양 문명에는 자아와 초자아가 늘 붙어 있으며, 그것을 통사구조統辭構造로 만들려고 하고 있다. 그 이유는 저들이 근대에 이룩한 문명은 '과학 문명', '텍스트text 문명'이기 때문이다. 저들은 바로 과학적 텍스트를 버리지 못하기 때문이다.

서양 사람들이 자연으로부터 구원 받는 길은 원시 미개사회의 '신물 숭배神物崇拜'를 배우는 데에 있다. 만물을 신으로 보는 저들의 삶의 관점과 태도를 배우지 않으면 안 된다. 세계는 지식의 공동체이기 이전에 교감의 공동체다. 자연은 교감 공동체다. 자연은 굴곡이 있는 흐름이고 파동이다.

존재론은 철학이지만 존재는 논리로 느낄 수 없다. 존재는 기분이나 분위기 혹은 그것의 바탕(배경)으로서 기운생동이다. 결국 논리로 설명할 수 없는 것을 논리적으로 설명하려고 하는 것이 존재론이다. 따라서 존재론은 논리적으로만 이해하는 것이 아니라 존재를 느껴야 이해가 되는 철학이다. 논리와 느낌 사이에 간극이 있다.

데리다는 '현존'이라는 것을 이성중심주의의 원흉(괴물)으로 보고 그것으로부터 도망가기 위해서 '부재'라는 개념을 만들어내고, 에크리튀르를 기초로 그라마톨로지를 구성했다. 데리다의 '부재'의 철학은 바로 '현재'의 철학이다. 그의 노력은 대단한 것인데도 현재라는 시간을 버리지 못했고, 그렇기 때문에 도리어 에크리튀르에서 구원을 받으려고 했다.

이는 하이데거가 '존재와 시간'을 탐구하면서 시간의 흘러감의 속성인 무에서 구원 받기 위해 인간을 '세상에 존재함das in-der-Welt-sein'이라는 의미의 '현존재Dasein=therebeing'로 규정했다. 현존재의 뜻은 '본래 자리' 혹은 '있어야 할 자리'다. 이것은 동양 철학의 '자연', '자연적 존재'에 가장 가까운 말이다.

그러한 점에서 하이데거와 데리다는 구원이라는 관점에서 논리 전개상 시간과 공간의 교차 관계에 있다. 데리다는 겉으로는 공간에서 시간으로 갔지만, 이면에서는 시간에서 공간으로 갔고, 하이데거는 겉으로는 시간에서 공간으로 갔지만, 이면에서는 공간에서 시간으로 갔다. 시간과 공간의 문제는 결국 같은 것이기에 결국 서양 문명의 피할 수 없는 자장磁場=context이라고 할 수 있다.

현존은 현재가 아니다. 현존은 현재로서의 'present'가 아니라 선물로서의 'Present'이다. 현존은 시간을 넘는다. 현존은 시간에 예속된 현재가 아니다. 목소리와 쓰기가 다른 것은 둘 다 현존적인 것인데도 쓰기는 그것이 기록으로서 남는다는 데에 있다.

"현존이야말로 존재의 현상학이고 또한 존재는 선물이다."

흔히 "현재는 선물이다present is the Present"라고 하는 말에도 실은 현존의 의미가 들어 있다. 현재라는 시간을 존재자적으로 사용하지 않는다면 말이다. 현재는 존재로 들어가는 틈이다. 현재는 존재와 존재자가 왕래하는 틈이고 문門이다. 인간이 은연중에 쓰는 말에도 이미 존재론적 존재에 대한 인식이 들어 있는 셈이다. 존재론적인 것과 존재자적인 것은 뒤섞여 있고 혼동되어 있다. 그것은 자연적 존재이면서 동시에 이성적 존재인 인간의 이중성에서 비롯된다.

한국인의 입장에서는 '기'의 철학이야말로 '존재'의 철학이고 '현존'의 철학이다. 현존이 서양 철학의 이성중심주의의 원인이 아니라 이성주의는 바로 '무엇이 기록됨'에 있다. 기록하자면 주어가 필요하다. 흔히 자아와 주체와 관련하여 인칭대명사의 문제를 거론하는데 이는 인칭대명사의 문제가 아니라 더욱 폭넓게 주어의 문제로 격상되어 논의되지 않으면 안 된다.

주어가 되는 것은 사람(인칭대명사)과 사물(지시대명사)뿐 아니라 관념(개념)과 의식, 추상명사, 귀신, 분위기, 기운, 느낌 등 어떤 의식, 무의식의 것도 주어가 될 수 있다. 다시 말하면 모든 언어는 주어가 될 수 있다. 그래서 주어의 문제는 철학 전반에서 다루어야 할 주제가 되기에 충분하다. 주어가 통사 구조를 만들고 그 통사 구조는 사물과 물에 대해서 자신도 모르게 초월적 위치를 점유하는 것이다.

주어에 의해 이끌어지는 문장(텍스트)은 기록의 바탕이 되고, 기록은 시간과 공간의 개념을 필요로 한다. 이성이 문장을 만드는 것이 아니라 문장이 이성을 만들었다고 하는 편이 옳다. 문장이 없는 이성이라는 것은 실은 허구다. 문장은 시간과 공간, 그리고 결국 과학을 만들어냈던 것이다. 주어, 즉 이름이 사물의 정체성을 만들고 움직이는 사물을 정지하는 환상과 환각을 만든다.

주어와 이름과 과학(실체를 토대로 하는)이야말로 가상이고, 추상이고, 인간이 만들어낸 것이다. 결국 기록이 과학이고 등식이다. 그런 점에서 에크리튀르야말로 이성주의의 원인이다. 에크리튀르로 이성주의를 극복한다는 것은 애초에 서양 철학이 '말-소리 중심주의'의 자기 모순에 빠진 것에 지나지 않는 것이다.

데리다의 그라마톨로지는 에크리튀르라는 개념의 창안을 통해 만들어낸 '하이데거 존재론의 프랑스적 짝퉁'인 것이다. 그런데 그것이 현존을 철학적 공격의 대상으로 삼음으로써 철학적 환원주의에 빠진 것이다. 결국 서양 철학적 순환에 빠진 셈이다. 서양 철학적인 논리로 볼 때는 순환주의에 빠지면 철학적으로 실패한 것이 된다. 이러한 순환주의는 동양의 천지인 사상이나 음양 사상의 순환론과는 차원이 다르다.

서양 철학에서 논의되는 여러 개념은 각자의 전통을 가지고 차이를 드러내고 있다. 그 철학적 차이는 다른 차이와 마찬가지로 무한대로 나아가지 않으면 안 된다. 그래서 차이의 연장으로서 차연이라는 개념이 성립되었을 것이다. 차이의 연장에서 공간은 연장이라는 말이 적합하지만, 시간은 연장이 아니라 지연이라는 말이 더 적합하였을 것이다. 영원은 아직 오지 않았기 때문이다.

인간은 시간을 설정하였기 때문에 영원을 설정하지 않을

수 없었고, 공간을 설정하였기 때문에 부피가 있는 것을 중심으로 세계를 다루게 되었다. 그런데 이 연장의 개념이 아직 서양 철학으로 하여금 동일성에서 완전한 탈출을 하지 못하게 하는 족쇄다. 세계를 어디에선가 끊었기 때문에 연장의 개념이 나오고 접속의 개념이 나오는 것이다. 연장과 접속은 이미 생각의 끊음과 관련이 있다. 자연은 한 번도 끊어진 적이 없는데 인간을 그것을 끊어서 생각하는 것이다.

생각이야말로 자연(우주)을 끊는 가장 미세한 칼이다. 생각보다 무서운 칼을 없고, 생각보다 끊어진 것을 붙이는 풀은 없고, 생각보다 빠른 물체는 없고, 생각보다 느린 물체도 없다. 철학이 생각의 산물이라면 철학은 자신에게 반란을 일으키지 않으면 철학의 완성을 기할 수 없다. 철학은 철학을 포기하는 것이 철학의 완성이다. 철학은 철학의 포기를 철학하여야 한다.

하이데거와 데리다는 결국 '차이-연장'을 주장하고, 들뢰즈는 '접속-기계'를 주장한다. 이들이 차연을 주장하고 접속을 주장하는 이유는 결국 세계를 문장(언어)으로 나누었거나 물질(사물)의 구획으로 나누었기 때문에 필연적으로 세계를 연결하지 않으면 안 되기 때문이다. 결국 여기에는 서양 문명의 이성중심주의가 내재해 있다. 이것은 결국 서양 철학의 언어의 문제다. 다시 말하면 언어를 메타포(은유)로 사용하지 않고 메토니미(환유)로 사용하려고 하기 때문이다.

서양의 절대신과 절대 정신과 절대 시공간(뉴턴 역학)은 같은 계열의 것이다. 이들 삼자는 서로 이성중심주의 철학의 공모자들인 셈이다. 여기에는 물론 자본주의도 들어가고 사회주의도 들어가고 심지어 과학주의도 들어간다. 인류는 새로운 문명의 패러다임을 요구 받고 있다.

이에 서양 철학의 폐쇄성은 과학에서 다시 상대성 원리와 불확정성이론이 나오고 이것이 '상대적 불확정성이론'으로 종합됨에 따라 철학에 영향을 미쳐서 해체 철학을 불러오게 된다. 그러나 해체 철학들은 아직도 서양 철학의 이성중심주의를 완전히 벗어난 것이 아니다. 그렇게 보면 '정신의 물질(대상이 되는 물질)'이 아니라 '물질(대상이 되지 않는 물질)의 정신'이 필요한 셈이다. 이것이 바로 물질이 아닌 물이고, 물자체다.

철학이 과학의 '상대성 원리의 세계'를 극복하기 위해서는 '상관적인 세계interrelation-world'에 눈을 떠야 한다. 상대성은 절대성의 또 다른 절대성이기 때문이다. 이는 철학이 상대성 원리의 에너지이론$E=mc^2$을 넘어서야 함을 말한다. 상관적인 세계란 동양의 음양론의 세계를 말한다. 동양의 음양과 기의 세계는 에너지를 포함하지만 그 이상의 세계다. 정확하게 말하면 에너지를 옮기는 파동의 세계다. 상관적인 세계야말로 자연의 세계다.

철학이 과학의 감옥에 갇혔다. 유기체에 대한 생각도 바뀌어야 한다. 유기체는 생명체이긴 하지만 생명 속에 메커니즘이 들어간 것이다. 다시 말하면 생명체가 기계화 쪽으로 나아간 것이다. 유기체는 생명-기계의 복합물이다. 사람이라는 유기체가 추상-기계를 만들어내는 것은 이미 추상이라는 기계적인 대뇌 작용이 개입하였기 때문이다.

반면 자연은 내재성이고 순환성이고 재생성이고 반복성이고 진화성이고 본능성이다. 자연은 생명으로 가득 찬 혼원일기混元一氣의 세계고, 교감의 세계고 소통하는 세계다. 자연과학의 대상이 되는 자연이 아닌 자연은 저절로 돌아가는 세계다. 여기서는 자연이 주어가 되는 것이 아니라 동사고 유동하는 세계다.

인간은 항상 자연의 인간이다. 문명은 항상 자연의 문명이다. 그런데 항상 인간은 자신의 근본을 잊어버리고 더욱이 자신이 이 세상에 '던져졌다'고 생각한다. 이때 '던져졌다'고 생각하는 자체가 인간으로 하여금 던져진 존재로 만드는 셈이다. 던져졌다고 생각하는 자체가 자연을 잃어버린 것의 반영이다. 이는 자신을 낳아준 어머니를 잊어버린 사고다.

자신을 낳아준 어머니, 자연을 잊어버리고 그 탄생의 사건을 까마득히 잊어버린 채 자아를 찾아 나선다. 그 자아는 바로 가공의 아버지(제3자)를 찾아 나선다. 자신의 몸 안에 천지와 부모가 다 들어 있는데 그것을 망각하고 자신의 몸 밖에서 원인과 구원을 찾는다. 대부분의 인간은 자신에게 속고 있다. 자신에게 속기 때문에 문제를 삼을 수는 없지만, 그런 근본적인 속임은 언어와 사물이 일체가 아닌 데서 온다.

자연은 '스스로 그러한'이기 때문에 자신을 지칭하지 않는다. 자연을 지칭하는 존재는 인간이다. 다시 말하면 생각하는 동물인 호모사피엔스는 자연을 지칭하는 존재로서 살아가기 시작한 셈이다. 그런데 그 지칭하는 행위에서 이미 인간은 자연으로부터 자신을 분리하고 이원화하고, 대상화하지 않을 수 없는 지경에 빠졌다. 이때 '빠졌다'(이는 하이데 거 존재론의 '던져졌다'라는 말과 통한다)라는 동사는 매우 운명적인, 항거 불능의 의미를 내포한다.

무엇을 지칭한다는 것은 인간의 삶의 조건이지만, 그것이 처음부터 애매모호하다는 데에 문제가 있다. 무엇을 지칭하기 위해선 주어, 즉 명사(명사형)가 필요하다. 명사는 동사를 필요로 한다. 또 동사는 자동사와 타동사를 필요로 한다. 자연의 '스스로 그러한'의 '스스로'는 주어도 될 수 있고, 부사도 될 수 있다. '그러한'도 동사도 될 수 있고, 부사 혹은 형용사도 될 수 있다.

이렇게 '자연'이라는 지칭어는 처음부터 애매모호하다. 그런데 인간은 그 애매모호한 것을 분명하게 잘라야(끊어야) 하는 사명에 처하게 된다. 그것(대상, 사물)을 자르기 위해서 그것을 딱딱한 것, 알갱이가 있는 입자로 만들지 않으면 안 된다. 그런데 과연 인간이 자른 자연은 잘라졌던가. 심지어 나^{I}와 너^{You}, 나^{I}와 사물^{It}, 나^{I}와 우리^{We}는 분명히 구분되었던가.

이런 '잘라야 하는 행위'는 자연이라는 물物을 향하여 '칼로 물水을 베는 것'과 같다. 그런 점에서 물物은 물水이다. 인간의 생각은 모든 사물을 대상화한다. 실은 나라는 용어도 이미 자신을 대상화한 것이다. 생각은 지칭을 전제하지 않고는 시작도 할 수 없다. 바로 지칭하는 것에서부터 인간은 모순에 빠진 것이다.

나는 너가 되고, 너는 나가 되고, 너와 나는 거리가 멀어지면서 그가 되고, 그것이 된다. 또 그것을 한데 묶기 위해 우리가 된다. 나 이외의 것은 모두 사물이 되어 타자가 되기도 한다. 여기서 서로 왕래 관계(가역 관계)가 성립한다.

여기서 주목할 것은 서양 문명권은 '물자체'를 'Thing Itself'로 본다는 점이다. 물은 서양 철학에서 물질로부터 벗어나는 개념의 출발이기는 하지만, 여전히 타자로서의 물질의 흔적(냄새)을 풍기고 있다. 이것이 완전히 '우리'가 되어야 자연으로 돌아가게 된다. 'We'는 어딘가 자연의 'Web網'의 성격을 내포하고(숨기고) 있는 것 같다. 또 'W' 자 속에 '여성Wo-man'이 숨어 있다.

만물이 하나가 되기 위해서는 '우리'의 관념을 사물 전체로 확산하지 않으면 안 된다. 우리는 자연이고 자연은 우리이다(자연=우리). 자연은 그것이 아니다. '그것'에는 타자의 관념이 숨어 있다. 그래서 '그것' 뒤에 굳이 '자신'을 붙여서 '그것 자체'라고 하는 것이다. '그것 자체'의 'self'가 'ego', 즉 정신이 되면 사물 자체는 물질이 되어 정신과 물질이 이분화된다. 그래서 사물은 자연과의 관계에서 이중성과 애매모호함의 위치에 있다.

자연과 사물의 애매모호함은 감각동사에서도 두드러진다. 감각동사들은 감각하는 대상을 향하여 '~감각한다'이기에 타동사적으로 사용되어야 하지만 자동사로 쓰인다. 또 '~을 가진다'라는 타동사는 '~이 있다'라는 자동사로 사용된다. 심지어 자연은 가주어假主語, It가 된다. 말하자면 진짜 주어가 아닌 가짜(임시) 주어라는 말이다.

지칭되는 것과 지칭하는 것의 운동을 나타내는 동사는 처음부터 애매모호함 속에서 출발한다. 그런데도 서양의 이성

중심주의 철학은 결국 지칭하는 자와 지칭을 받는 자 사이에 경계와 구별을 두고, 정신과 물질의 이원화를 통해 과학을 이룬, '주체-대상으로서의 세계'를 구축한 철학이 된다.

반면 동양 철학은 지칭을 사용하기는 하지만, 그렇게 명확함의 추구를 통해 자연을 이원화하지 않는 경향을 보인다. 이를 두고 '자연주의'라고 일단 말해두자. 동양의 자연주의 철학은 서양 철학의 '정신-물질(육체)', '주체-대상'과 달리 몸과 마음의 일원화를 통해 '생명의 유동을 노래(호흡)하는 철학'의 특징을 보인다. 동양의 음양 사상과 그 이전의 천지인 사상은 그것을 대표하는 사상이다.

서양 철학의 이성과 동양 철학의 이의 차이, 그리고 물질과 기의 차이를 현상학적으로 살펴볼 필요가 있다. 이는 기의 현상학이다. 이때의 실체는 기다. 여기서 실체는 서양 철학이 말하는 실체가 아니라 존재 의미의 실체다. 반면 물질은 정신인 이성의 현상학이다. 이와 이성, 기와 물질은 같은 것이 아니라 현상학적으로 정반대의 위치에 있다.

현상학적으로 말하면 이성은 또한 이의 현상학이라고 말할 수 있다. 무한대는 무의 현상학이고, 색^色은 공^空의 현상학이다. 일반적 일^一의 현상학이 일체고, 일체의 현상학이 보편적 일이다. 동양의 이기론^{理氣論}은 근대에 들어 서양 철학을 만나서 좀 더 현상학적으로 나아간 것이라고 말할 수 있다. 이때 현상학적으로 나아갔다고 하는 것은 바로 과학적으로 나아갔다고 말할 수 있다.

이理, 理性=선험성=초월성=시공간=추상성(관념성)=환원성=연장성=창조성=종교·과학 기술=언어·기계=언어보편성·추상-기계(정신과 물질의 이원화=주체 대상으로서의 세계).

자연自然, 性=내재성=순환성=재생성=구체성(실질성)=반복성=진화성=본능성=생명성氣=혼원일기混元一氣=교감성·소통성(몸과 마음의 일원화=자기로서의 세계).

〈이성과 자연〉

인간은 '자연의 성'을 '이성의 성'으로 환치하고 자연을 본능으로 격하하면서 본성의 자리를 이성이 차지하는 전도(절도)를 실현한 존재다. 본성은 본능이 되면서 남성적 욕망의 대상이 되어버렸다. 남성은 본성적 존재가 되고, 여성은 본능적 존재로 요시찰 인물이나 감시의 대상이 되어버렸다.

감각은 본래 대상이 아니라 느낌과 교감이었다. 감각은 안팎이 없다. 느낌이라는 것은 감각기관을 매개로 몸과 사물이 하나의 교감체가 되는 것이다. 그런데 이성이 등장하고부터 느끼는 것이 으레 감각은 대상이 되었을 뿐이다. 말하자면 '감각적 대상'이라고 하는 것이다.

감각은 대상이 아니라 느낌이다. 감각은 머리를 통해 교감하는 것이기는 하지만, 대상에 머무는 것이 아니라 서로 하나가 되는 소통이다. 감각은 이데아나 이성이 아니라 느낌이고, 느낌의 공유다. 감각의 세계는 끊어진 적이 없다. 자연의 세계는 끊어진 적이 없다. 즉 '칼로 물 베기'의 세계다.

앞에서 '자른다(끊는다)'는 개념을 사용했는데 바로 그렇기 때문에 결코 '자를 수 없는 사물'로서의 개념이 필요하다. 그것이 동양의 기라는 개념 아닌 개념이다. 기는 특히 보이지 않는 것이 느껴질 때 존재를 느끼게 된다. 기라는 개념을 설명하기 위해 여러 토론이 동원되었지만, 결국 '자를 수 없는 사물'로 전제하는 것이 끊임없이 미세한 세계를 쪼개서 분석하는 현대 입자물리학의 진전에 대응이 될 것이다.

중국 위진남북조 시대에 『조론肇論』을 쓴 승조僧肇의 물불천론物不遷論은 흔히 영화 필름에 비유되기도 한다. 영화의 필름은 실지로 정지되어 있는데(정지된 스틸 사진의 연속) 이것을 영사기로 돌리니까 움직이는 활동 사진으로 보이는 메커니즘이다. 그래서 사물은 실지로 정지해 있다는 말이다.

그러나 물불천론을 영화 필름으로 설명하는 것은 하나의 비유다. 결국 영화는 스틸 필름의 연속이지만, 그것이 활동 사진이 되기 위해서는 영사기와 영사기를 돌리는 제3자(이것은 신이나 초월자를 연상시킨다)가 필요하다.

이는 라이프니츠의 '예정조화의 신'과 같다. 또한 스틸 필름은 단자單子: 단순실체가 아닌 것이다. 결국 다른 기계와 기계를 돌리는 사람이 필요한 셈이다. 이는 자연 그 자체를 설명하는 것에 부족하다. 자연에는 스틸 필름이라는 고정된(움직이지 않는) 단자가 없을 뿐 아니라 그것을 아무리 순간적으로 미세하게 잘라도(그렇게 자를 칼도 없지만) 더는 자를 수 없는 경지에 이르게 된다.

즉 자연에 영화 필름은 존재하지 않는 것이다. 영화 필름은 기계며 인위다. 물불천론이 물불천론이 되려면 '더는 자를 수 없는 물'의 개념이 필요하다. 그것이 기다. 이 말은 더는 대상이 되지 않는 존재가 필요하다는 말이며, 그 존재는 결코 개념이 아니어야 한다. 사물을 대상화하는 것이 아니라 그 대상을 하나의 징조로 바꾸는 상징이 필요하다.

기야말로 찰나생멸의 다른 이름이고, 실체가 아니다. '기'를 실체로 보는 것은 아직 제대로 '기'를 모르는 사람이다. 기는 실체가 아닌 실재고, 차라리 상징이다. 그래서 우리는 상징을 통해서 '기'를 확인하는 것이다. 그런 점에서 상징은 기를 부르는 의미의 '기호記號가 아닌 기호氣號'다.

상징의 징徵 혹은 징조야말로 존재를 대상화하여 증명하는 것이 아니라 존재를 부르는 것이다. 사물의 징조는 존재를 부르는 소리다. 동양의 역학易學이라는 것은 바로 징조를 말하는 '징조의 학'으로서 '차연의 연장(시공간)'이 아니라 '차연의 틈(시공간 초월)'에서 솟아나는 초월이다. 그래서 역학은 시공간을 초월하여 예언하는 것이다.

영화 필름은 해체 철학의 차연, 즉 차이와 연장의 개념을 잘 설명하는 비유다. 해체 철학자들은 사물을 물질이 아니라 차이 나는 것의 끝없는 연장으로 봄으로써 이성중심주의 철학을 극복하려고 하지만, 아직도 그 개념에서는 시각적인 관점을 벗어나지 못하고 있다. 그 속에는 서양 철학의 맹점인 동일성의 개념을 잔존하고 있다.

'시각과 연장'이 아닌 개념으로 세계를 설명할 수는 없을까? 그것은 기분이나 느낌으로 세계를 설명하는 일일 것이다. 앞에서 생각을 남성성으로 보았기 때문에 기분이나 느낌은 여성성의 관점이라고 할 수 있을 것이다.

생각 이전에 우리 몸이 세계와 소통하고 교감하는, 우리 몸에 들어 있는 기분, 느낌, 도저히 설명할 수 없는 정체불명의 이것이야말로 존재의 근원이다. 이것이 기이고, 또한 소리다. 기는 파동이고 소리도 파동이다. 파동으로서의 코드가 맞는 것이다.

인간은 자연의 기, 기운생동氣運生動을 이, 이성으로 해석하는 존재다. 바로 이성으로 해석하기 위해 개념과 정의가 필요하고 세계를 칸막이나 감옥에 가두는 일을 해왔다. 그래서 서양 철학의 궁극에서는 '단자單子'가 필요했던 셈이다.

서양 철학의 차연과 접속은 서양 과학의 미적분과 같은 레벨의 사고며 결국 입자적 사고의 마지막이라고 할 수 있을 것이다. 위의 '연장과 접속'의 개념은 아직도 시공간적 사고를 벗어나지 못했다는 것을 증명하는 것이다.

존재는 설명하거나 해석하거나 그리고자 하면 존재를 벗어나게 된다. 존재를 언어로 설명하는 것을 철학이라고 한다면 이를 수數로 환원해 해석하는 것을 수학의 대수代數라고 할 수 있을 것이다. 또 이를 그리고자 하는 것을 수학의 기하幾何: 도형의 길이, 넓이, 각도 등의 양을 측정하거나 공간의 수학적 특성을 따지는 분야라고 한다면 이들의 특성은 다음과 같다. 현대의 자연과학이란 이들의 종합이라고 말할 수 있다.

생각生覺 -추상抽象				
	철학	주어	주어, 동사, 목적어	사물과 사건을 말과 문장으로 환원
	대수	등식	수, 방정식	운동을 정지, 직선으로 해석
	기하	중심	점, 선, 면	운동을 면적과 원, 타원으로 해석

자연은 결코 개념이나 추상이 될 수 없다. 인간의 시각-언어적 특성이 자연을 그렇게 보게 한 것이다.

〈철학과 수학의 상관 관계〉

문장에서 목적이라는 말은 눈目이 표적한 것이라는 점에 유의할 필요가 있다. 문장의 주어는 기하의 중심과 같은 것이다. 이는 결국 세계로부터 등식을 추출하게 된다. 등식은 결국 수를 통해 정지와 직선을 실현하는 것이며, 원과 타원도 직선의 연장이 된다. 그러나 이들은 모두 개념이고 추상이다.

물질에 대한 입자적 사고가 파동적 사고로 전환되지 않으면 존재의 진면목에 도달할 수가 없다. 파동적 관점은 입자(실체)가 없는 것이다. 파동(전기, 전자, 전파), 즉 리듬(에너지의 흐름)만이 있다. 기는 리듬이고, 리듬은 기다. 바로 파동적 사고로 들어가는 입구가 '소리 철학'이다. 파동적 세계에 대한 과학적 이해가 '상대적 불확정성이론'이라면 이에 대한 철학적 대안이 소리 철학이다. 소리 철학은 자연에 대한 은유의 철학이다.

그런 점에서 과학이야말로 자연의 은유에 대한 환유고, 시는 역설적으로 절대자연이라는 환유에 대한 은유다. 시와 철학과 과학은 은유와 환유를 교대하는 관계에 있다. 인류는 고대의 시적詩的 사고에서 여러 과정을 거쳐서 과학적科學的 사고에 도달하였고, 다시 시적 사고로 원시반본하는 시점에 있다. 소리 철학은 이에 부응해서 나온 철학이다.

소리는 로고스를 감싼다. 소리는 존재론적으로 '보이지 않는다'는 점에서 네거티브다. 그러나 보이지 않기 때문에 사람들에게 거부감 없이 매우 포지티브하게 받아들여질 수 있다. 로고스는 항상 긍정과 부정이 동시에 대립할 수 있는 반면, 소리는 마치 생명(존재)처럼 받아들여진다.

철학의 존재이유는 이제 그 답에 있지 않고, 끝없는 그 물음에 있다. 물음은 이제 내재해 있는 답이다. 이는 마치 육화된 것 속에 신이 내재해 있는 것과 같다. 신은 사람이 되고자 하는 것이다. 사람이 되고자 하지 않는 신은 없는 신이다. 신은 고정 불변의 절대적인 것이 아니다. 육화되지 않는 신은 없다. 지금까지 인간이 신, 즉 인신ᵞ神을 필요로 했지만, 이제 신이 인간, 즉 신인神ᵞ을 필요로 하게 된 셈이다.

답은 항상 부정될 위기에 있고(고정되어 있지 않고), 물음은 항상 기다린다. 물음은 음⁻이고, 그 답은 양⁺이다. 물음의 차원에 따라 답이 결정되며, 물음의 콘텍스트에서 답의 텍스트가 떠오르는 것이다. 물음의 콘텍스트가 음⁻이고, 그 답의 텍스트가 양⁺이다.

철학은 그 답이 아니고 그 물음이다. 물음과 답은 동전의 양면이다. 물음이야말로 존재 그 자체다. 인간은 이제 '물음의 존재'다. 인간이 묻는 순간, 세계는 그 '묻는 수준'에서 펼쳐진다. 인간은 세계를 규정할 수 있는 것이 아니라 해석할 수밖에 없다.

서양 철학의 주체-객체, 능기-소기, 존재자-존재, 에크리튀르-그라마톨로지의 변천사

주체 정신 남성성	능동 능기	존재자 * 장소적이다	에크리튀르	보편적 일자성 * 삶의 관리 감독 * 삶의 도덕 강요 * 삶의 진리성
객체 물질 여성성	수동 소기= 의미 * 소리의 의미화	존재 * idea의 전통 * 소장적이다	그라마톨로지 * 담론의 전통	일반적 포일성 * 진정한 일 * 삶의 본능 음탕성 * 삶의 생멸성 (진여성)

〈서양 철학의 주체-대상, 능동-수동, 능기-소기〉

　데리다의 그라마톨로지는 서양 철학이 '대상'과 '주체'의 대립에서 출발하여 '능기'와 '소기'로 전환한 뒤에 거둔 '소기의 철학'의 큰 성과라고 하지 않을 수 없다. 데리다는 프랑스 철학의 전통인 담론의 문맥 위에 있다는 점에서 프랑스 철학의 발전임은 분명하다. 그러나 아무리 표의문자라고 하더라도 발음이 없는 문자는 없다. 표의문자라고 하더라도 일상의 언어 생활을 하기 위해서는 발화하여야 하는 것이고, 발화는 현존이다.

　목소리와 쓰기에는 이미 인간적(인간 중심적인, 이성적인)인 것이 숨어 있다. 말하자면 초월적 이념 같은 것이 숨어 있는 것이다. 표현(목소리)과 표시(쓰기)의 차이는 그것의 의미생성 과정에 있는 것이 아니라 그 결과에 있다. 목소리는 분산되지만, 쓰기는 평면에 기록으로 남는다. 이성중심주의

의 원인은 '현존'에 있는 것이 아니라 바로 '쓰인 것'에 있는 것이다.

그래서 쓰기는 부재를 낳는 연속이고 부재(과거)와 부재(미래)의 사이에서 쓰인 것(기록)을 읽는 현존의 인간은 그때마다 부재를 현존의 의미로 부활시키면서 동시에 그 의미를 부정하는 쓰기를 계속해야 하는 것이다. 이렇게 보면 쓰기야말로 시각적인 것이고, 이성중심주의의 원인이다.

현재라는 말 속에는 이미 현존과 현존재와 존재론이 들어 있다. 과거라는 말 속에는 기록(기억)된 것이 들어 있고, 기록자의 부재와 기록된 것이 지워진다는 의미가 들어 있다. 그래서 과거에는 미래가 들어 있다.

"나는 존재한다."라는 말 속에는 현재가 들어 있지만, "나는 죽을 자로 존재한다."라는 말 속에는 과거와 미래가 들어 있다. 결국 존재론이든 문자학이든 시간과 공간의 자아를 벗어날 수 없다. 이러한 논의가 말로써 이루어지는 것을 보면 언어의 자아를 생각할 수 있고 혹은 언어 자체가 자아라는 것을 알 수 있다. 자아는 인간과 시간과 공간과 언어의 산물이다.

사전적 의미에서 과거완료는 과거의 어느 때에 이미 있었거나 행해졌던 동작을 나타내는 시제다. 현재완료는 과거에 시작하였던 동작이 현재에 끝났음을 나타내는 시제다. 우리말에는 없는 시제다. 우리말에는 과거와 현재가 혼합되지 않는데 영어에서는 두 가지 시제의 혼합이 가능하다.

자연은 자신을 시간과 공간으로 인식하지 않는다. 과거, 현재, 미래라는 시간은 따라서 인위다. 다시 말하면 인간이 만들어낸 변화(운동)를 측정하는 단위가 시간이라는 것이다. 자연은 단지 자신을 느낄 따름이다. 자연은 어떤 것을 (자신을) 대상화하여 인식하지 않는다. 자연에서 시간은 과거, 현재, 미래로 구분되는 것이 아니라 하나의 변화나 운동의 흐름일 따름이다.

서양의 알파벳은 왜 완료시제를 사용하는 것일까. 과거완료시제는 과거+대과거(과거의 과거, 과거 이전 시기)이고, 현재완료시제는 현재+과거다. 철학적인 의미에서 과거완료와 현재완료는 의미가 좀 달라진다. 현재완료는 현재를 표시하면서 동시에 현재를 벗어나기 위한 전략이다.

현재완료는 현재(시간)를 벗어날 수 있는데 과거완료는 과거보다 앞서 있기 때문에 현재(시간)를 벗어날 수 없다. 그래서 과거완료는 시간에 예속된다. 이에 비해 현재완료는 현재라는 시간에서 증발해버릴 수 있다. 현재가 생기는 바로 그 지점에서 모든 문명의 기준과 법이 생겨난다. 현재 때문에 시공간에 예속되고, 기록과 소유가 시작되는 것이 곧 문명이다.

현재는 완료되어야 시간에 예속되지 않는다. 바로 현재가 완료되는 지점에 본질이 숨어 있다. 이것이 존재이다. 존재와 본질은 서양 철학에서는 지금까지 이데아의 껍질 속에 숨어 있었던 셈이다. 따라서 본질과 존재는 이성의 시간과 공간상에서 정의될 수 없는 것이다. 이데아와 이성의 관계를 보면, 이데아가 시공간상에 투사된 것이 이성이다. 하이데거가 현재완료를 설정한 것은 그 이유다.

사실 엄격하게 말하면 현재는 없다. 현재는 잡을 수 없기 때문이다. 현재가 없다는 것은 시간이 없다는 뜻이다. 현재완료는 현재를 사용하면서도 동시에 현재를 완료했다고 함으로써 현재를 벗어나는 이중적 전략인 셈이다. 시간의 초월이라는 것도 실은 시간을 전제하기 때문에 발생하는 것이다. 시간이 없다면 시간의 초월도 필요 없는 것이다.

인간은 자신을 시간에 예속해놓고 다시 시간으로부터 탈출하는 일종의 자작극을 벌인 셈이다. 이는 비단 시간만의 문제도 아니고 신의 문제도 마찬가지다. 자연은 자신을 초월할 필요도 없기에 초자연이라는 것도 없다. 초자연이라는 것은 자연을 대상화한 인간이 스스로 만들어낸 자작극이다.

현재완료가 철학적으로 새롭게 의미 부여된 것은 하이데거에 의해서다. 하이데거는 현재완료에서 과거로부터 끊어지지 않는 어떤 분위기, 습기 같은 것이 현재적으로 작동하는 것을 상정한 것이고, 이는 동양의 기의 세계, 기운생동의 세계에 접할 수 있는 단초를 열게 된다. 물론 그의 철학이 동양의 기 철학에 이른 것은 아니지만, 적어도 서양의 이성 철학을 이성적으로 벗어날 수 있는 길을 연 셈이다.

하이데거의 존재론은 현재완료(현존하는 소리)의 철학이지만, 에크리튀르(쓰인 것)를 주장하는 데리다는 과거 혹은 과거완료의 철학이다. 하이데거는 현재완료로서 현재의 시간을 무한대로 잘라서 기운생동과 찰나생멸을 볼 수 있는 기회, 기분을 느낄 수 있지만, 데리다의 과거완료는 그러한 기운생동을 접할 기회조차 없다. 말하자면 '쓰인 것'은 그것을 읽는 독자가 자신의 기운생동을 접어 넣음으로써 기운생동을 부활시킬 수밖에 없다. 마치 대본을 읽고 연기를 하는 배우와 같은 것이다.

결국 하이데거는 현재완료로써 시간을 벗어나는 제스처를 취하고, 데리다는 과거완료로써 공간을 벗어나는 제스처를 취한다. 그러나 이들은 시공간을 벗어나는 데에 실패하고 있다. 이는 서양의 이성 철학의 숙명적인 한계다. 결국 이성은 자연이 아니라는 결론에 도달한다.

시간의 현재는 시간의 한 점으로 설정되어 있지만, 실은 그것을 잡을 수 없고, 잡을 수 있는 것은 이미 요지부동의 과거와 끊임없이 다가오는 미래가 있을 뿐이다. 과거는 지나간 동일성이고, 미래는 다가오는 동일성이다. 이것이 시간이라는 것이고, 인과라는 것이다. 결국 시공간과 인과의 세계는 자연이 아니라 인간이 설정한 일종의 제도라는 것에 도달한다. 인간은 시공간이라는 환상을 지금 보는 것이다. 그 환상은 인간 내부(머리, 정신)로부터 발생한 신기루다.

현재가 있으면 그것을 통해서 과거와 미래가 있게 된다. 과거에 매달려 살면 귀신과 함께 사는 것이고, 미래에 현혹되어 살면 신과 더불어 사는 것이다. 귀신과 신은 같은 것이다. 과거가 미래로 이전된 것이다. 인간은 찰나생멸 하는 시간(현재)을 극복하는 방법으로 종교(과거 중심)와 과학(미래 중심)을 만들어낸 것이다. 과거와 미래는 겉모양은 다른 것 같지만, 실은 미래는 인간의 상상계가 신기루처럼 발생시킨 과거의 재구성에 지나지 않는다.

시간을 벗어나서 존재에 이르기 위해서는 시간을 따라가서는 안 되고, 시간을 놓을 수밖에 없다. 시간을 놓고 세계를 바라보라. 시간은 없다. 시간에서 도망가는 길은 현재를 놓아버리는 현재완료밖에 없다. 그런 점에서 하이데거는 서양 철학자로서는 거의 유일하게 찰나생멸^{利那生滅} 하는 존재를 엿볼 기회를 가졌던 셈이다.

　하이데거가 스승인 후설의 현상학을 넘어선 것은 찰나의 기회였다. 인간은 근본적으로 현상학을 넘어설 수 없다. 왜냐하면 존재(존재론적 존재)에서 혹은 무에서 이미 현상(현현)되어 있기 때문이다. 인간은 자신이 현상된 것을 가지고 순수의식이나, 순수이성이니 말하고 있다. 세계의 모든 것을 다 버릴 수 있어야 찰나적으로 찰나생멸에 들어가게 된다.

　시간에 예속된 것은 이미 존재가 아니다. 인간은 자신이 만든 시간의 노예가 되는 바람에 존재를 존재자로 인식하게 되었다. 바로 인식 자체가 존재자다. 과거, 현재, 미래의 시간을 사용하는 것은 시간의 연속성을 말하는 것 같지만, 실은 철학적으로는 시간의 연속성 대신에 시간의 단속성과 단속된 시간을 연결하는 것이다. 그래서 과거시제를 사용하면 결국 과거에 일어났지만 내가 모르는 일에 대해서 추측하고 재구성할 수밖에 없다. 과거나 과거완료는 존재자적이다.

　현재완료를 사용하는 것은 과거에 일어난 일이 현재에도 영향을 미치는 것을 말하는 것 같지만, 실은 철학적으로는 그것보다는, 순간이 영원이라는 것을 말하는 것이다. 시간이 이미 완료된 것을 말함으로써 시간을 부정하는 것이다. 현재완료는 존재론적이다.

하이데거 (존재, 무의 차원)	현재완료	존재/ 무	시간(공간)적 자아	존재는 내재적인 것이다
데리다 (시간, 현재 의 차원)	과거완료 현재, 현재분사	쓰인 것	공간(시간)적 자아	시간은 텍스트다

〈하이데거와 데리다의 존재와 시간〉

하이데거는 현재완료의 차원이고, 따라서 시간을 벗어날 수 있는 경계 지점에 있고, '존재/무의 차원으로 나아간다. 그러나 아직도 시간(공간)적 자아, 즉 시간 속에 내포된 공간적 자아를 가진 차원에 해당한다. 그래서 존재는 내재적 therein이다. 반면 데리다는 시간의 차원, 현재의 차원에서 공간적 자아, 즉 공간 속에 내포된 시간과 비시간을 바라보는 차원에 있다. 그래서 시간은 텍스트textile이다.

하이데거의 현재완료는 현재라는 시간을 부정할 수 있지만, 데리다의 과거완료는 과거를 부정할 수 없다. 과거완료 이전에 과거가 이미 기억이나 기록으로 요지부동으로 버티기 때문이다. 과거완료는 과거라는 시간을 인정하는 것이고, 현재완료는 현재라는 시간을 부정하는 것이다. 따라서 데리다는 시간을 초월할 수 없다.

존재는 이미(현재완료적으로) 부여된, 주어진, 선물과도 같은 것이다. 이것에 무슨 금을 긋고 흔적을 남기는(과거완료적으로) 것은 존재(자연)가 아니다. 흔적은 스스로 완전하지 않기 때문에(스스로 완전한 존재가 아니기에) 아직 빈

곳의 소리를 기다린다(원한다). 소리가 없는 곳은 없다. 파동은 소리기 때문이다. 그러나 흔적은 소리가 아니다. 비록 소리가 잠시 동안의 흔적은 될 수 있을지언정 말이다.

문학, 역사, 철학, 과학, 종교 등 생각하는 모든 것이 환원주의의 산물이다. 이런 것에 종사하면서 환원주의에 빠지지 않기 위해서는 부단히 현재완료형으로, 창조적으로 임해야 한다. 그렇기 때문에 신도 생성적이지 않으면 귀신이나 마찬가지다. 이름만 바뀌었을 따름이다.

여기서 창조적으로 임하는 것은 임기응변과 다르다. 말하자면 임운자재任運自在에 가깝다. 예컨대 철학은 현재완료적으로 순간마다 진행하는 존재를 과거완료적으로 기록하는 것이다. 과거완료적 기록은 이미 존재가 아니고 존재자다.

현재완료는 시간을 벗어나는 전략이고, 과거완료는 시간에 예속되는 것이다. 현재완료는 '살아 있는 신'이고, 과거완료는 '죽은 신'이다. 인간은 살아 있는 신을 섬기는 것 같지만, 실은 죽은 신을 섬기고 있다. 신앙의 대상이 되는 신은 이미 죽은 신이다. 따라서 살아 있는 신을 섬기려면 부단히 기도하지 않으면 안 된다. 기도는 현재완료적이기 때문이다.

과거	현재	미래	시간
과거완료	현재완료	미래완료	시간 초월
	현존 (소리, 목소리)		상징주의의 원인 (음악적 이미지)
부재	글 쓰는 행위 그림 그리는 행위	부재	이성주의의 원인 (미술적 이미지)
	나는 존재한다		주어가 없어야 존재(존재론적)가 된다
나는 죽을 자로 존재한다		나는 죽을 자로 존재한다	

* 인간(현존재)은 시간과 공간의 현상학적 존재며, 의미의 존재다.

〈과거, 현재, 미래의 철학적 의미〉

데리다가 크게 영향을 받고 구원의 아이디어와 힌트를 얻은 대표적인 상형문자(표의문자) 체계인 한자 문명의 중국은 발음으로 서로 다른 뜻을 전달하기 위해서, 언어 생활에서 소리(파롤)로 의미의 차이를 빨리(제대로) 전달해야 하는 필요에 직면해서 사성四聲 체계를 발달시키지 않을 수 없다는 점을 상기할 필요가 있다. 소리야말로 문자보다 차이를 잘 나타낼 수 있는 기호다.

소리는 이성중심주의의 원인이 아니라 차이를 나타내는 기호며, 문자가 그것의 원인이다. 알파벳 표음문자의 문자가 이성주의의 원인인 것이다. 글은 쓴 자가 부재일지라도 다른 사람과 후세에 전달되고, 시각적 객관성을 담보하기 때문에 이성주의와 과학의 원천이 된다. 소리(목소리)는 객관성을 담보하기 어렵기 때문에 이성주의보다는 상징주의의 원천이 된다.

그런데 문자와 문명은 서로 교차 관계에 있다. 표음문자 체계인 알파벳 문명권은 '사라지는 소리를 잡기(기록하기) 위해서' 시각 중심 문명을 형성하고, 표의문자 체계인 한자 문명권은 도리어 '소리로(소리를 일으켜) 의미를 전달하기 위해서' 청각 중심 문명을 형성했다.

시각 중심 문명은 결국 '능기能記 중심의 과학 문명'을 일으켰고, 청각 중심 문명은 결국 '소기所記 중심의 시가詩歌 문명'을 일으켰다. 시각 중심 문명권의 데리다가 피난 온 중국은 도리어 청각 중심 문명권이다. 소리를 의미라고 생각한 서양 알파벳 문명권과 상형을 의미라고 생각한 동양 한자 문명권은 의미를 두고 서로 교차하는 셈이다.

소리는 이성으로 발달하는 것이 아니라 우주적 메타포에 불과하며, 감성을 자극하는 우주적 시에 불과하다. 한자를 사용하는 중국이 역설적으로 '시의 나라'가 되는 것은 소리로 의미의 차이를 내지 않으면 안 되었기 때문이다. 시와 예술은 기본적으로 '차이의 문명'이다. 서양의 하이데거나 데리다가 발견한 차이라는 것은 동양 문명권에서는 일상적인 것이고, 일반적인 것이다. 이것을 서양의 철학자들은 뒤늦게 깨닫고, 호들갑을 떠는 것이다.

이는 마치 동양의 철학자들이 서양의 근대 자연과학 정신을 알기 위해서, 이성을 알기 위해서 온갖 노력을 하는 것과 대척점에 있는 현상이다. 근대에 들어가기 위해서 동양의 철학자들이 19~20세기에 당황했던 것처럼 후기 근대인 21세기를 앞두고 일군의 서양의 해체 철학자들은 동양 철학에 경도傾倒했던 것이다. 단지 이들의 해체 철학이라는 것이 동양 철학에서 아이디어를 가져온 것이며, 그것을 서양 철학의 전통 위에 재해석한 것이라는 점을 제대로 고백하지 않았을 뿐이다.

서양의 해체 철학자들은 동양에 고마움과 감사를 표해야 한다. 더는 그들의 해체 철학을 가지고 군림하려 해서는 안 된다. 그들은 군림할수록 아직 동양 철학의 진수에 도달하지 못했다는 사실을 선전할 뿐이다. 그래서 필자가 일반성 철학, 소리 철학을 서구에 제시하고 선물하는 것이다.

서양의 이성주의 철학이 자연을 개척하고 자연으로부터 무엇을 빼앗았다면, 동양의 자연주의 철학은 자연으로 돌아가는 마음을 가진다. 자연은 인간에게 한없는 선물을 한다. 자연은 선물하는 마음이다. 이것을 서양 철학자들은 깨달아야 한다.

데리다는 서양의 이성중심주의가 알파벳 '소리 글자'의 '소리'에 원인이 있는 것이 아니고 '글자'에 있는 사실을 몰랐다. 에크리튀르든, 문자이든 결국 기록되는 것 때문에 이성과 과학이 이루어진다는 것을 간과했던 것이다. 데리다의 이 같은 모름(착각)은 아마도 서양 문명권의 '(알파벳 표음문자) 언어=사물'이라는 문명권(문화권)의 자장磁場에 의해 비롯된 것일지도 모른다.

우리가 정신이라고 하는 것은 결국 인간으로 하여금 사물을 소유하게 하는 것이고, 동시에 세계를 물질적 대상(대상적 물질)로 환원하는 것이 된다. 정신과 물질이라는 것은 본래 확연하게 구분(이분)되는 것이 아니고, 애매모호하고, 이중적이다. 그런데 서구 문명은 둘을 대립적으로 사용하면서 확연하게 구분한다. 그래서 서구인에게 세계는 정신과 물질 사이에 있게 된다. 정신과 물질의 이분법으로 주체와 객체, 주관과 객관 등이 성립하고, 이른바 동양의 기는 배제되게 된다. 기가 회복되는 것은 에너지이론과 아인슈타인의 상대성이론이 등장한 뒤다.

　서양의 이성과 동양의 이는 같은 점이 있기도 하고, 다른 점이 있기도 하다. 이성은 사물을 대상으로 보면서 대립 관계로 보지만, 이는 기와 대칭 관계에 있다. 여기서 대칭 관계에 있다는 것은 서로 동봉 관계이거나 이중성 혹은 가역 관계에 있음을 말한다.

　서양의 이성은 그것의 사물로부터의 독립대립성으로 과학의 물리와 의학을 만들 수 있지만, 동양의 이는 대립성의 결여로 인간의 윤리와 한의학에 머문다. 전자는 필요와 도구를 잘 생산할 수 있지만, 결국 '살아 있는 생'에 도달하지 못하고 '죽은 사물'만을 다룬다. 반면 동양은 살아 있는 변화와 역동을 다룬다. 이것이 동양의 역易이다.

　다시 말하면 기는 이성도 될 수 있고, 이도 될 수 있는 근본과 같은 것이다. 이성중심주의로 문명을 운영한 서양은 급기야 유심론과 유물론이 대립되어 있다가 드디어 구조주의와 해체주의의 등장으로 그들의 철학적 구조물에 대한 해체를 시작하고 동양의 '무' 혹은 '무위' 혹은 '도'를 향하고 있다.

　인간은 한편에서는 신화를 만들면서 다른 한편에서는 신화를 해체하고 탈신화화하는 동물이다. 이것은 크게 보면 인간이 종교와 과학을 동시에 소유하는 까닭이기도 하지만, 바로 이러한 동시성과 이중성이 역사를 이끌어가는, 사건(기록된 역사가 아닌)으로서의 역사가 발생하는 이유기도 하다. 이제 인간은 신화의 근본에 대해 물어야 할 차례다. 신화는 왜 생겨나고 반복되어야 하느냐고? 신화의 원천은 무엇이냐고?

신화는 무의식의 언어로 문화권마다 다르며, 직관적·본능적 언어라고 말할 수 있다. 각 민족 신화 집단은 공동체의 위기 때에 신화를 불러 위기를 극복하고자 한다. 물론 신화에는 궁극적으로 벗어나지 못하는 문화적·심리적 콤플렉스로 작용하기도 한다. 신화는 문제와 문제 해결을 동시에 가지는 모순·순환 구조이기도 하다.

소리 신화의 복원은 실은 인류의 모든 신화, 모태신화의 회복이기도 하다. 소리는 만물의 정령이면서 원초적인 신의 원형이기 때문이다. 소리는 기 철학의 완성이면서, 심물 철학의 완성이다. 소리는 또한 자연과학은 자연과학 밖에서 봄으로서 역설적으로 자연과학의 완성이기도 하다. 소리의 복원을 통해 인류는 이제 종교와 과학을 넘어서 예술로의 길을 갈 것이다.

종교와 과학이 동일성을 추구하는 것이라면, 예술은 차이를 추구하면서도 결코 동일성을 용납하지 않는다. 종교와 과학은 존재에서 출발하지만, 결국 존재자에 머물지만, 예술이야말로 바로 존재론의 실현하는 현대적 신화다. 세계는 종교와 과학이 아니라 예술을 통해 살아 있는 신화를 보게 된다. 살아 있는 것은 여성과 감정과 예술뿐이다. 종교와 과학은 살아 있는 것이 아니다. 예술은 은적되어 있던 시·신화를 끄집어내어 현전함으로써 실질적으로 신의 역사적 부활을 실천하는, 살아 있는 신화적 본능의 현상학이다.

소리는 자연의 원초적 신화다. 철학적으로 소리의 복원인 포노로지는 그러한 점에서 새로운 철학의 모색이면서 동시에 철학과 신화의 원시반본이다. 정기신精氣神에서 기가 빠지는 것과 말소리중심주의에서 소리가 빠진 것이 결국 이성중심주의를 초래하게 된 것이다.

그런데도 왜 서양 철학자들은 소리의 현존이 이성중심주의의 원인이라고 생각하는 것일까. 아마도 이것은 서양 문명의 기독교 존재 신학의 전통과 음성의 현존에 대한 편견에서 비롯된다. 서양 알파벳 문명은 음성을 기표와 기의로, 문자를 기표로 설정하였기 때문에 상대적으로 문자는 기표를, 음성은 기의를 상징하는 것으로 고착되기 쉽다. 알파벳 표음문자의 음성이 이성중심주의의 원인이라면, 표의문자의 파롤parole은 같은 음성인데도 왜 이성중심주의의 원인이 되지 않는가.

서양 철학자들이 대체로 이성중심주의의 원인을 음성에 둔 것은 일종의 문화적 관성(타성)이거나 선입견, 아니면 착각이라고 할 수 있다. 그 착각의 원인은 소리의 울림이 공간에 '가득 참(영혼)', 그리고 '스스로 들을 수 있음(자기 환원)'에서 기인하는 것 같다. 이것이 이성의 자기 완결성(원리나 법칙)과 닮은 것으로 느껴졌기 때문일 것이다. 음성의 의미는 존재 신학과 만나면서 절대성과 결합하게 되고, 의미는 결정적인 개념으로 둔갑한다. 그러나 본래 소리는 고정된 의미도 아니고, 결정적 개념은 더더구나 아니다. 소리에 결정적 의미를 부여하는 것은 어떤 종류의 것이든 권력의 작용이다.

서구 문명은 '자연의 소리'를 '말씀'이라고 하면서부터 자연을 왜곡하기 시작했다. '말씀'이라는 말에는 이미 인간의 생각(이성)이 들어가 있다. 따라서 '말씀'은 이미 순수한 소리가 아니다. 소리는 아무런 의미도 없고, 더욱이 소리에 의해 개념이나 이성이 발달할 수가 없다. 만약 소리가 이성의 원인이라면 소리를 지르는 동물들은 왜 이성이 발달하지 않는가? 이성중심주의의 원인은 바로 에크리튀르, 즉 쓰인 것, 그려진 것에 있다.

그런데 데리다는 적반하장으로 소리를 이성중심주의의 원인으로 생각한다. 소리는 이성도 아니고 아무런 의미도 없다. 이성중심주의의 원인은 소리가 아니라 무언가 쓰고, 그리기를 통한 쓰인 것, 그려진 것, 즉 에크리튀르다. 쓰이고, 그려진 것은 당사자의 부재에서도 유지되기 때문에 과학과 이성이 가능하게 된다. 표지 혹은 표기는, 그것이 완전한 소리의 보충 대리가 아니라 그것이 바로 이성이다.

이성은 그것 자체가 인간이 구성한 불완전한 것이기 때문에 시대와 장소에 따라 다른 이성이 필요할 뿐이다. 그것은 소리를 보충 대리하는 것이 아니라 이성 자체의 보충 대리며, 이성의 불완전성에 기인하는 보충 대리다. 이성은 스스로 보충 대리되지 않으면 안 된다. 소리는 완전한 것도 아니고, 그것을 추구하지도 않는다. 에크리튀르의 부재가 바로 존재자다. 소리의 현존은 바로 존재다.

서구 문명이 파롤을 무시하고 랑그를 중시한 것은 가부장 사회가 어머니의 존재를 무시한 것과 같고, 서구 문명이 소리에 이성중심주의의 원인을 찾고 뒤집어씌운 것은 기독교가 원죄를 여자(이브)에게 뒤집어씌운 것과 같다. 이런 남자의 반란은 문자의 등장과 때를 같이한다. 데리다의 문자학은 이성중심주의의 범인인 문자를 마치 인류 문명의 구원자인 양 도치한 철학의 장본인이다. 이는 서구 문명권의 일원으로 있는, 그럼으로써 공범자인(공범 의식이 있는) 본인이 범인을 다른 사람으로 유도하거나 은폐한 꼴과 같다.

예컨대 그가 공격하는 후설의 "목소리의 말은 '스스로 말하는 것을 듣는le-s'entendre-parler=hearing-oneself-speak' 현존적 진리, 순수의식의 내면적 자가성의 현존적 진리로 인식한다."는 것은 역시 서구 문명권의 이성중심주의의 원인을 소리에서 찾는 잘못된 것에 대한 공격일 뿐이다. 소리는 자아도 없고, 의식도 없고, 의미도 없고, 소유도 없다. 따라서 범인이 될 수도 없다. 소리는 마치 여자, 이브, 어머니의 신세와 같다. 아마도 서구 문명은 모계사회라든가, 가부장사회가 아닌 다른 사회에 대해서 모르기 때문에 문자의 차이에 대해서 말할 수밖에 없을지도 모른다.

소리야말로 차이의 원본이다. 문자야말로 소리의 차이를 베낀 이차적인 것이다. 이는 음성 언어가 문자 언어보다 먼저 생긴 것에서도 알 수 있다. 음성 언어는 동물에서부터 시작한 것이다. '소리의 현존성'에서 일점주의一點主義가 생기는 것처럼 데리다는 주장하지만, 실은 그것은 일점주의의 환원주의가 아니라 마치 고향으로 돌아가는, 존재의 본질에 돌아가는 자연주의다. 도리어 데리다의 '문자의 부재성'에서 일점주의가 생긴다.

루소나 레비스트로스가 추구한 '문자가 없는 순수 말의 사회=자연적 유토피아' 혹은 '순수 자연의 소리로서 공동의 삶을 영위한 공동체'는 이성중심주의의 맥락에서 일점주의와 같은 것이 아니라 '자연 그 자체' 혹은 '자연의 건강성', '자연의 야성'을 말함이다.

　　인간이 체온을 유지하고 식량을 구하기에 어려움이 없었던 지구 남쪽 열대 문명의 순수한 자연에 대한 설명을 통해서 추운 지방에서 어떤 인위적인 필요를 일으켜야 살아갈 수 있었던 북쪽 문명과의 언어적 차이를 설명하면서 자연 상태를 동경하는 것을 '일점주의'라고 매도하는 것 자체가 이미 자신의 일점주의 시각을 투사한 것이다. 자연으로 돌아가는 것은 이성에 의해 원점으로 돌아가는 환원주의와는 다르다.

　　데리다는 루소와 레비스트로스를 이렇게 공격한다.

　　"유럽 민족이 아닌 민족들은 단지 잃어버린 좋은 천성의 지도, 순수하게 남은 토양의 지표로서, 또 유럽 사회의 문화 구조 생성, 특히 타락을 보여주는 영도零度의 지표로 연구될 것이다. 늘 그렇듯이 이러한 계보 파악은 일종의 목적론이자 종말론이다."[156]

　　루소나 레비스트로스의 자연주의는 이성주의적 환원이 아니라 자연주의적 순환이면서 원시반본이다. 데리다는 루소와 레비스트로스의 일반성 혹은 자연주의 전통을 오해하여 도리어 일점주의라고 비판하였던 것이다. 일반성과 자연의 소리는 환원이 아니다. 언어(의미)가 환원을 만드는 장본인이다.

　　현지 조사를 중심으로 하는 인류학자인 레비스트로스와

156　자크 데리다, 『그라마톨로지』, 김성도 옮김, 303쪽, 2012, 민음사.

인류학자는 아니지만, 현장성을 중시하는 루소의 글쓰기는 자연스럽게 사실을 토대로 글쓰기를 하고, 그것을 분석하기 마련이다. 분석한다는 것은 구조를 밝혀내고 분석하는 일이다. 반면 철학자 데리다는 그러한 현지 조사의 자료를 토대로 다시 2차적인 가공을 하는 것이다. 데리다가 레비스트로스와 루소를 정태적이라고 비판하는 것은 입장의 차이인 것 같다.

철학자 데리다는 개념을 통해 역으로 살아 있는 삶을 복원하여야 하는 관계로 삶의 에너지와 역동성을 포함하는 동태적 설명을 하여야 하고, 레비스트로스와 루소는 현장에 항상 에너지와 역동성이 있는 관계로 정태적인 구조 분석을 할 수밖에 없다. 구조주의에는 당연히 주장하지 않더라도 역동성이 내재해 있고 해체가 전제되어 있다. 구조주의의 구조는 결정성이 있는 것이 아니다. 그 구조 분석은 종래의 관념론과는 다른 것이다.

책상에 앉아서 책이라는 평면을 대하는 데리다는 결국 평면에서 살아 있는 동태적 설명을 하여야 하는 관계로 '책^{le livre=book}'이 아닌 교차배어^{chiasmus}의 '텍스트' 개념을 만들어낼 수밖에 없었다. 데리다의 텍스트이론은 종래의 텍스트^{text} 읽기, 즉 담론^{discourse} 분석의 콘텍스트^{context}를 다원다층의 음양(날줄씨줄) 분석으로 대체한 것이다. 그래서 결국 종래의 텍스트를 음양의 이중성으로 해체한 것이라고 할 수 있다.

결국 그의 그라마톨로지는 종래의 텍스트를 무화하는 행위를 하는 셈이다. 다시 말하면 텍스트의 숨어 있는 이면에는 여러 층의 음양(날줄씨줄)이 있는 교직물^{textile}이 되는 셈이다. 이는 텍스트의 어원을 거슬러 올라가서 텍스트를 음양의 구조로 해체하는 셈이 된다. 데리다는 레비스트로스가 한 구조조의를 텍스트 읽기, 담론 분석에 적용한 것이 된다.

그러나 그의 텍스트의 음양적 해체는 완전한 해체가 아니라 어떤 텍스트의 평면을 가지지 않을 수 없다. 결국 텍스트의 평면에서 인간의 삶의 입체성이나 역동성을 설명하여야 하는 셈이 된다. 이는 마치 문장을 읽으면서 언간言間을 읽어야 한다는 것과 같다. 그 언간에서 읽는 것이 바로 교차배어라는 주장이다. 이는 동양의 『주역周易』의 괘卦에서 볼 수 있는 음양의 여러 층위를 연상케 한다. 다시 말하면 '텍스트의 주역 읽기'라고 할 수 있다.

데리다는 이성중심주의를 벗어난다고 하면서, 말소리중심과 이성 중심의 연결에서 오는 콤플렉스 때문에 도리어 문자로서 문자를 벗어난다고 하는 문자학을 만들어낸 셈이다. 이는 종래의 텍스트 읽기나 담론 분석의 입장에서 보면, 옷을 입고서 옷을 입지 않았다고 하는 것이나 옷을 입지 않고서 옷을 입었다고 하는 것이나 다름없다. 텍스트를 음양의 이중성으로 환원한 셈이 된다. 음양(날줄씨줄)의 이중성은 결국 텍스트의 상징적 읽기에 속한다.

인간의 특징은 역시 자연에서 텍스트의 층을 만들어내는 존재다(그래서 현존재다). 텍스트 층이야말로 바로 시간과 공간이 있어야 가능하기 때문에 시간과 공간의 층이다 텍스트를 만들어낸다는 것은 바로 시간과 공간의 콘텍스트를 전제하는 것이 된다. 인간이 만든 텍스트가 갑자기 하늘에서 떨어진 것이 아니다. 텍스트를 만든 사람은 결국 독자의 입장에서는 부재라고 해도 결국 그 텍스트를 만든 사람의 역사적 콘텍스트는 있었을 것이다.

그래서 텍스트이론은 결국 저자의 콘텍스트를 무시하거나 도외시하는 해석학이 될 뿐이다. 동시에 독자의 텍스트 읽기의 자유로움은 결국 독자의 콘텍스트에 따라 텍스트를 읽는 것이 된다. 그래서 텍스트 이론은 이래저래 불완전한 이론이고, 저자의 콘텍스트와 독자의 콘텍스트 사이에 있는 이론일 뿐이다. 독자의 콘텍스트를 텍스트 읽기의 자유로움이라고 이름을 붙였을 뿐이다. 결국 텍스트는 언어의 산물이고 언어적 자아다.

자연의 본능은 텍스트와 콘텍스트가 하나인 셈이다. 자연은 인간에게 하나의 조건^{condition}이 됨으로써 텍스트를 만들어내고, 인간은 텍스트를 만들어냄으로서 해석학적 존재가 된다. 인간이 해석학적 존재가 된다고 해서 본능이 없어지는 것은 아니다. 결국 그 본능이 여러 층위의 콘텍스트로 나뉘고, 그 콘텍스트의 여러 층위에서 텍스트가 만들어지는 셈이다. 그러니까 결국 텍스트는 결정성이 없는 것이고, 필연적으로 해체되지 않으면 안 되는 것이 된다. 그러한 해체를 데리다는 음양의 날줄씨줄이라고 한 셈이다.

하이데거는 동양의 불교의 무, 공 혹은 노장의 무위자연無爲自然의 개념의 영향을 받아 존재론을 만들었고, 데리다는 동양의 음양론의 영향을 입어 그라마톨로지를 만들었다고 볼 수 있다.

하이데거는 종래의 이데아 혹은 본질^{essence, Wesen}의 개념에 존재^{Being, Sein}를 대입하고, 현상에 존재자^{beings, Seienden}를 대입

하는 한편, 이들의 관계를 종래의 이성주의철학처럼 대립적으로 설정하지 않고 대칭적으로 혹은 이중성의 관계로 전환함으로써 결정성 혹은 결정적인 의미를 해체한다.

따라서 하이데거의 본질은 정태적인 대상 존재가 아니고, 실존도 정태적 존재 양식이 아니라 연출해야 할 가능 존재의 양식이다.[157] 그래서 "현존재의 본질은 그의 실존 속에 있다."[158]는 명제를 내놓는다.

하이데거는 특히 이른바 전회轉回, Kehre 이후 후기에 이르면, 현존재로부터 출발하여 현존재의 존재를 분석함으로써 존재의 의미를 탐구하던 전기와 달리, 존재 자체의 계시를 통해서 존재의 의미를 인간에게 알려준다. 전기는 '세상에 던져진 존재'das Geworfensein를, 후기에는 '기도하는 존재'das entwerfende Sein를 탐색했다고 볼 수 있다.

반면 데리다는 텍스트의 층에서 여러 층위의 텍스타일, 즉 교직성chiasmus을 드러냄으로써 텍스트의 결정성 혹은 결정적 의미를 해체한다. 말하자면 하이데거의 존재와 존재자의 층에 걸쳐서 데리다의 교직성이 있는 셈이다.

결국 하이데거는 독일 관념론의 전통에 충실한 셈이고, 데리다는 프랑스 담론 분석의 전통에 충실한 셈이다. 말하자면 저들의 문화철학적 전통 위에서 저마다의 후기 근대적 해체를 달성한 셈이다.

데리다의 그라마톨로지는 결론적으로 서양 시각-언어 문명권의 전형적인 특성을 보이면서 발로 현장을 가서 참여 관

157   김형효,『하이데거와 마음의 철학』, 67쪽, 2000, 청계.
158   M. Heidegger, ≪Sein und Zeit≫, 42쪽 ; 김형효,『하이데거와 마음의 철학』, 67쪽, 재인용, 2000, 청계.

찰을 하는 인류학자 혹은 인류학자적 입장과는 달리 암체어^{armchair} 철학자가 남의 문서를 보고 문서를 읽는(읽는 자, 독해자), 문서적(문자적) 입장에서(이것은 현상학적 입장이다), '쓰인 것'(이것이야말로 '에크리튀르'다)을 토대로 뒤집기를 하는 자기 변명적 히스테리에 속한다.

이러한 뒤집기는 카피^{copy}를 하고 카피한 사실을 숨기는 속임수로서 일종의 철학적 시뮬라크르에 속한다. 이는 모든 철학적 주장 혹은 진리에는 반대 주장이 성립할 수 있다는 것을 안 지혜로운 철학자가 그 이전의(자신에 앞서 간) 유명한 철학자를 상대로 계속해서 반대 주장을 펼치면서 자신의 입지를 굳혀간 일종의 철학적 정치 행위인 것이다.

데리다의 그라마톨로지는 한마디로 당시에 최고 프랑스 지성이었던 루소를 물고 늘어지면서 루소의 열렬한 추종자인 레비스트로스, 그리고 하이데거의 스승인 후설을 차례로 자신의 카운터파트로 상대하면서 철학적 타이틀 매치를 한 '철학적 줄타기 심리'(혹은 반대 심리)를 드러낸 심리적 고백과 같은 것이다. 그래서 그의 철학은 후설을 공격하면서도 후설의 현상학에 머무를 수밖에 없었던 것이다.

"다시 말하면 데리다는 후설이나 루소, 레비스트로스의 읽기를 통해 상대의 말을 먼저 배우고, 그 말의 이면(혹은 이중성)을 끄집어내어 정반대로 해석하는 재치로 상대를 넘어트리는 것이다. 심지어 텍스트와 차이(혹은 차연)라는 말조차도 실은 루소가 아이디어를 암암리에 표출하고, 표지한 것이다.

물론 데리다의 이러한 성과의 이면에는 언어에 항상 반대가 되는 의미가 그늘(그림자)처럼 존재하는, 이중적 의미가 함께 도사린다는 것을 미리 알고 있는 그의 능력에 힘입은 바 크지만, 전통적인 학문 구축 방법에 비하면 구축하는 노력을 하지 않는다는 평가를 받을 수밖에 없다. 데리다는 도리어 구축하려하지 않는, 그래서 해체 철학자가 된 철학자라고 볼 수 있다. 그래서 구축하지 않은 그에게 문책을 할 수는 없다. 단지 구성적인 철학의 조종 소리를 들을 따름이다.

해체주의는 필연적으로 해체적이고, 해체를 하기 때문에 구축하는 것을 제대로 하지 못하거나 싫어할 수밖에 없다. 그런 점에서 해체주의는 어떤 것을 그대로 모방하는 것이 아니라 반대(마이너스)의 모방이라고 할 수 있다. 해체주의 철학은 구축하는 의미가 전제되는 '보편성 철학'과 달리, 구축 이전으로 돌아가려는 '일반성 철학'을 향하는 제스처가 있는 게 사실이다. 그러나 결국 구축하는(구성하는) 철학이 있기 때문에 해체가 가능한 것이고, 따라서 해체주의는 구축하는 철학의 성과, 즉 장애물(경계선)을 계속 건너는 장애물 경기자의 성격을 가질 수밖에 없다.

스스로 자료를 구하고 그것을 정리하고, 가설을 세우는 등을 통해 자신의 학문을 세워가는 전통적인 구축에 비하면 그러한 인상을 지울 수 없다. 특히 그가 레비스트로스를 공격한 부분은 참으로 원시 미개사회에서, 남아메리카 사반나의 열대의 환경에서, 더위와 모기와 싸우면서 현지 조사를 하고, 목숨을 잃을 뻔한 위기도 당하면서 구한 자료들은 단지 해석을 정반대로 하면서 자신의 이론을 정립해가는 모습은 그가 세운 이론의 정합성을 떠나서 얄미운 점이 있다.

이러한 관점에서 과연 해체주의가 구조주의에 대해서도 해체적인가에 대해서 심사숙고해볼 필요가 있다. 해체주의는 모든 구성주의와 현상학에 대해서는 해체적인 것이 확실하다. 그러나 구조주의에 이르면 그것은 해체적이라기보다는 전도주의顚倒主義에 가깝다. 왜냐하면 그해체라는 것이 대체로 기존의 이항 대립이나 방향성에 대해서 다른 이항 대립을 제시하거나 아니면 같은 이항 대립의 경우, 정반대의 방향을 제시하기 때문이고, 나아가서 결국 이항 대립의 대립적 성격을 문화하기 때문이다.

같은 이항 대립의 전도는 실은 해체라기보다는 대립항의 자리바꿈에 지나지 않아서 이것을 밖에서 보면 해체라기보다는 일종의 변형 혹은 변이에 불과한 것으로 보이기 때문이다. 이것은 결국 순열에서는 다르지만, 조합에서는 같은 것이다. 구조주의는 실은 해체주의가 주장하는 것을 모두 잠재했다고 해도 과언이 아니다. 데리다는 그것을 좀 더 분명하게 지상으로 떠올렸을 뿐이다. 따라서 해체주의는 독창적인 것이라기보다는 구조주의의 변형이라고 말해도 크게 항변할 게 없다. 말하자면 데리다는 루소와 레비스트로스의 연구 결과를 재료로 하면서 그 재료를 해석하다가 에크리튀르, 문자학, 보충 대리를 확대 재생산하는 아이디어를 얻은 셈이다."[159]

이는 프랑스 철학의 문학화를 드러내는 철학적 문체주의 계열의 철학의 정점이라고 할 수 있다. 샤르트르 이후 문학이 되고 만 프랑스 철학은 철학자의 심리적 고백과 같은 것

159 박정진, 『철학의 선물, 선물의 철학』, 790~791쪽, 2004, 소나무.

이고, 그렇기 때문에 프랑스 철학의 대부분이 현상학적 레벨에 머물렀던 것이고, 그 마지막 주자가 데리다인 셈이다.

"그라마톨로지는 서양 철학(서양 문명)의 정신병력과 같은 기록이다."

데리다는 처음부터 잘못된 가정 즉, '서양 철학=현존의 철학'이라고 규정한, 그 가정을 합리화하느라고 평생 진땀을 뺀 자기 모순의 철학자다. 그러나 그 잘못된 가정을 통해 서양 철학의 본래 모습을 드러낸 것이다. 이는 정신병자가 자신의 말 속에서 정신병을 드러내는 것과 같다.

"서양 철학은 처음에는 항상 '현존(음성)의 철학' 같았지만(그러한 제스처를 취했지만), 금세 '문자의 철학'으로 돌아선 철학이다."

그래서 이성주의가 가능했던 것이다. 결국 데리다의 공격은 이성주의를 공격한 것이 아니라 자신을 공격한 셈이고, 이성주의에 의해서 자신(서양 철학의 진면목)을 드러낸 셈이다.

독일은 문화적·혈통적으로 인도아리안-게르만과 연결되고, 프랑스는 그리스-로마와 연결된다. 그런 점에서 독일인인 하이데거는 불교적 마인드에 쉽게 접근할 수 있었지만, 데리다는 지나친 이성주의로 불교를 쉽게 이해할 수 없었을지도 모른다. 또 같은 그리스-로마의 문명적 세례를 받았다고 하더라도 독일은 그리스적 특성을 더 보이고, 프랑스는 로마적 특성을 더 보인다.

이집트의 석상은 모두 눈동자가 멍하니 죽어 있다. 이집트 문명은 사후의 세계를 바라보기 때문이다. 그 대신 신은 흔히 눈동자로 상징되기도 한다. 반면 그리스의 석상은 모두 눈동자가 살아 있다. 그래서 그리스는 서양의 시각-언어 문명의 원류를 이룬다. 이는 결국 사후 세계를 관장하는 신중심주의에서 인간중심주의로 전환한 것을 의미한다.

흔히 서양 문명을 헬레니즘과 헤브라이즘의 결합이라고 본다. 이는 헬레니즘의 인간 중심주의와 헤브라이즘의 신중심이 문화적 융합을 이룬 것을 의미한다. 그런데 이를 더 정확하게 말하면 신을 융합하기는 했지만, 그것의 중심에 인간을 두고, 결국 인간의 이성을 중심으로 문명의 발전 방향을 잡은 것을 말한다. 그래서 결국 서양의 유일절대신은 인간 중심으로 가기 위한 전단계적 조처라고 말할 수 있다.

서양의 시각-언어중심주의는 그것의 분석을 통해 절대를 낳았고, 절대 종교에서 절대 과학으로 문명을 이끌었다고 볼 수 있다. 그런데 그 절대는 현대 물리학에 이르러 커다란 저항에 부딪혔다. 상대주의의 등장이 그것이다. 상대주의는 물리학에서는 물론이고 문화연구에서도 각광을 받았다. 물론 상대주의는 절대주의의 산물이다. 그런 점에서 상대주의는 절대주의와 결별한 것은 아니다.

절대든 상대이든 양자의 상호관계에 의해 성립된다. 이것을 우리는 상관 관계성interrelation이라고 말한다. 상관 관계성은 서양 철학의 존재론이나 해체주의에 의해 이원 대립적인 것의 이중성이나 왕래성으로 표현된다. 이중성이나 왕래성은 흔히 과학에서 말하는 확실성과는 정반대의 것으로 이원 대립적인 것의 동봉성이라고도 말한다.

이는 이원 대립적인 것을 추구하는 이성의 세계에 정면으로 배치되는 것이다. 그러한 점에서 하이데거의 존재론이나 데리다의 해체주의가 반이성주의를 표명하지만, 과연 이성 중심주의를 극복하였는지는 의문이다.

도대체 이성주의로 불교의 '무', '공'을 어떻게 이해할 수 있을까. 이성주의란 보이지 않고 확인할 수 없는 것은 '없는 것'으로 취급하는데도 말이다. 그래서 서양의 차연 실체는 동양의 음양 비실체로 넘어오지 않으면 안 된다.

동양의 속담에 "궁窮하면 통通한다."는 말이 있다. 서양 문명은 심각한 미로에 빠졌다. 그 미로는 어떤 상황을 바로 미로라고 하는 그 자체다. 그러나 본래 우주는 미궁이다. 미로와 미궁은 언뜻 보면 같은 말인 것 같지만, 근본적으로 다르다. 미로는 미로라고 하여 미로를 벗어나야 하는 것이고, 미궁은 우주가 본래 미궁이라고 하여 미궁을 벗어날 필요가 없는 것이다.

서양 문명의 미로는 바로 '정신-물질'의 이분법이다. 서양은 바로 그 이분법 때문에 끊임없이 무한대로 나아가야 하고, 시간은 과거와 미래이며, 공간은 확장되는 것일 수밖에 없다. 이것은 이성의 장난이다.

동양 문명의 미궁은 바로 '심물일체'다. 심과 물은 한 몸이다. 한 몸의 떨어질 수 없다는 뜻이다. 화엄일승법계도華嚴一乘法界圖는 바로 법에서 시작하여 불佛로 끝난다. 여기서 법은 물物이고 불佛은 심心이다.

독일 전체주의의 히틀러 치하를 전후로 해서 하이데거의 존재론이 나왔고, 전후 프랑스 자유주의의 만개 속에서 데리다의 해체주의가 나온 것은 참으로 인류 문명의 역설이고, 진리의 역설적 전개를 드러내는 대목이다. 하이데거의 존재론은 존재의 깊이를 찌른 것이고, 데리다의 해체주의는 존재의 표면을 핥은 것이다. 하이데거의 존재론은 권력 추구(권력의 의지)의 서양 문명이 막다른 골목에서 어쩔 수 없이 택한 권력의 자포자기고, 데리다의 해체론은 서양 문명의 불모지를 예상한 철학적 포르노그라피다. 둘 다 동양 문명의 무 혹은 무위, 무위자연에 이르지 못한 것이다.

4. 하이데거, 존재론과 서양 철학의 한계
— 세계-내-존재에서 존재-내-세계로

1. 서양 철학에 대한 근본적 반성

인류 평화와 세계 통일은 인류의 영원한 지상 과제인지도 모른다. 그런데 그 평화는 항상 전쟁을 수반하고 있으며, 통일은 또한 패권주의에 시달리는 이중성을 보여왔다. 지구촌의 평화와 통일이 그 어느 때보다 절실한 이때에 우리는 이렇게 질문할 수 있다. 전쟁은 인간의 역사가 도저히 피할 수 없는 것인가?

"전쟁은 때때로 인간의 공동선을 확장·실현하기 위하여 필요할 때가 있다는 그런 기분을 갖게 한다. 그런 기분은 헤겔이나 니체의 철학과 그 철학의 후계자들에게 무의식적으로 침투됐을 뿐 아니라 실제적으로 마오쩌둥과 같은 정치가에 의해 '정치는 무혈의 전쟁이요, 전쟁은 유혈의 정치라는 슬로건으로 조작되어 있다."[160]

맬더스의 『인구론』(1798)에 의하면 전쟁은 산술급수로 늘어나는 식량 생산에 비해 기하급수로 늘어나는 인구 조절의 기능이 있는 것으로도 설명되기도 했다. 무엇보다도 끊이지 않았던 크고 작은 인류사의 여러 전쟁, 패권 경쟁의 역사라고 말할 수도 있는 인간의 역사를 통해 전쟁은 운명처럼 느껴지고도 한다.

160 김형효, 『평화를 위한 철학(김형효 철학전작 1)』, 소나무, 2015, 14쪽.

그러나 오늘날 전쟁은 과거의 전쟁과 달리, 핵무기·생화학무기 등 가공할 무기들의 개발과 등장, 그리고 계속되는 무기 경쟁으로 인류의 공멸을 걱정할 만큼 위험한 것으로 대두되고 있다. 평화 철학은 이제 인류 공멸을 막을 수 있는 마지막 수단으로 주장될 정도다.

철학이 시대정신의 발로라면 평화 철학은 바로 이러한 인류 공멸의 위기에서 출발하고 있다. 오늘의 인류 사회는 분명히 '인간의 공멸'을 걱정하지 않으면 안 되는 심각한 단계에 와 있다. 최소한 인간의 공멸을 지연하지 않으면 안 되는 상황이다.

필자의 철학은 그러한 점에서 솔직히 '평화의 철학'이라기보다는 인간의 공멸을 지연하기 위한 철학이다. 공멸을 지연하기 위한 방법으로서 평화가 가장 효과적이기 때문에 평화 철학을 주장하기에 이른 것이다. 평화 철학은 그 어느 때보다 절실한 것이다.

고정 불변의 신, 절대유일신은 죽었으며 인간은 그 대안을 찾지 못하고 있다. 반면 인간의 힘은 과학 기술의 발달로 넘쳐 있다. 바로 이 '넘쳐 있음'이 문제인 것이다. '인간 종의 종언'을 선포하지 않기 위해서라도 평화 철학은 반드시 실현되어야 하는 시대적 사명이다. 전대미문의 공포 앞에서 인류는 이제 인간 종의 생존을 위해서 평화를 확보하지 않으면 안 되는 절체절명의 위기에 직면해 있다.

평화주의 철학자 김형효는 "본질적으로 철학과 악의는 공존할 수가 없다."고 주장한다.

"평화의 철학은 선의의 철학에서 자라는 것이라고 하지

않을 수 없다. 그러한 선의의 철학과는 다른 악의의 철학 philosophie de mauvaise volonté이 도대체 있다는 것인가? 내 철학의 수련 속에서 도대체 악의의 철학이 역사적으로 있었는지 없었는지를 심판할 능력을 갖추지 못했다. 그러나 내가 거의 확실성에 가까운 마음으로 말할 수 있는 것은 본질적으로 철학과 악의는 조금도 공존할 수가 없다는 것이다. 만약에 그렇지가 않다면 예지를 사랑하는 정신으로서의 철학 philosophia은 프랑스 철학자 장 기통의 표현처럼 예지를 미워함misosophie의 사이비 학원學具으로 탈바꿈되어야 하는 것이다. 그런 한에서 철학이란 이름 아래에서의 악의는 낱말의 엄밀한 뜻에서 공생할 수가 없다고 보아야겠다."[161]

그러나 철학에는 악의가 없어도 인간에게는 악의가 있음이 확실하다. 자연에는 선악이 없을지라도 인간에 이르러 '적enemy과 친구friend' 등 여러 종류의 이분법이 탄생했고, 선과 악도 그 가운데 하나다. 인간의 절대 정신은 악으로 돌변할 수도 있는 것이다.

자연으로서의 인간은 선하지만, 인간으로서의 인간은 선악이 왕래한다. 선은 본래 존재이지만 악은 역사적으로 필요에 의해 구성된 것이다. 동물을 악으로 규정한 것은 인간의 정신적 도착의 원형이며, 여성을 원죄의 주인공으로 지목한 것도 일종의 가부장-국가사회의 전략적 음모라고 말할 수 있다.

가부장-국가사회의 아버지주의fatherism는 파시즘fascism을 생산했다. 인간이 20세기에 겪는 1, 2차 세계대전은 파시즘을 생산했으며, 그 파시즘이라는 것이 우발적으로, 재수 없이

161 김형효, 같은 책, 15쪽.

발생한 사고였다고 말할 수 없는 여러 정황이 있다. 악의가 없다면 인류의 모든 고통과 고민과 원죄는 지워져도 좋을 것이다.

악의는 근대 서양 철학의 아버지 칸트^{Immanuel Kant, 1724~ 1804}조차도 부정하지 못한다. 인간의 이성에서조차도 선과 악이 이중성·애매성으로 공존하는 것이다.

칸트는 '사악한 이성'을 조심스럽게 제안한다.

"만약 이성이 악의 주체적 근거라면 그 이성은 도덕 법칙에 얽매이지 않는 이성, 즉 '사악한 이성(단적으로 악한 의지)'일 것이고 행위 주체는 악마적 존재가 되어 버린다. 만약 감성이 악의 주체적 근거라면 자유가 제거되고 인간은 단순한 동물적 존재로 전락한다. 따라서 칸트는 동물과 악마의 중간에서 인간의 도덕적 '악의 성향'의 뿌리, 그것의 제1근거가 어디에 있는가, 찾고 있다."[162]

칸트는 감성이 아니라 이성에서, '사악한 이성'의 가능성을 제기했다. 인간의 이성은 최고선으로 가게 하기도 하지만 사악한 이성이 되기도 한다는 뜻이다. 인류의 모든 문명은 악과 전쟁을 피할 수 없었다. 특히 기독교『성경』은 선과 악의 대결사로 구성되어 있다.

선에서 출발하는 평화 철학도 중요하겠지만, 그것은 악에서 출발하는 평화 철학으로 상호 보완될 때 온전한 평화 철학으로 자리매김할 것이다. 악은 자연에서 비롯된 것이 아니라 인간에서 비롯됐다. 인간이 존재하기 전에는 악과 악마라는 개념이 없었다. 분명한 것은 인간 이후에 악과 악마라는 개념이 생겨났으며, 또한 선과 천사라는 개념도 더불어

162　강영안,『도덕은 무엇으로부터 오는가』, 소나무, 2002, 180쪽.

생겨났다.

니체가 '신은 죽었다' 혹은 '선악을 넘어서'를 부르짖는 것은 그런 점에서 서양의 기독교와 근대 문명에 대한 처절한 저항이기도 하다. 창조적인 것에는 악이 개재된 경우가 많고, 문명의 악을 말하지 않을 수 없지만, 즉 문명의 발달은 악의 요소가 개입되기 일쑤이지만, 동시에 창조적인지 않으면 또한 남을 받아들일 수 있는 여유와 풍요성의 결여로 악이 되기 쉽다. 그래서 선을 주장하면서 창조적이지 않은 것은 결국 악의 확대 재생산에 기여하기 쉽다.

인간이 반드시 악마가 되는 것은 아니지만, 인간성 자체에 악이 도사리고 있는 것은 분명하다. 인간은 자신을 선이라고 보고 남을 악이라고 규정하는 자기 도착의 투쟁적 동물인지 모른다. 인간만큼 악을 되뇌는 동물은 없을지 모른다. 어떤 개념에 사로잡힌다는 것은 자신이 그렇다는 것을 증명하는 것에 다름 아니다. 악의 신화, 악의 동일성은 인간 존재의 특징이다.

악마의 형상을 사나운 동물에 비유하는 것은 참으로 인간중심주의의 산물이다. 악마는 단지 인간의 가상의 적이었을 뿐이고, 그 적을 악마라고 불렀을 가능성이 높다. 이때 물론 인간은 자신을 선과 정의의 편에 두게 된다. 역설적으로 말하면 인간이 악의 요소를 가졌기 때문에 권선징악 사상이 인류의 보편적 철학과 사상, 도덕의 근간이 되었을 것이다.

그런데 철학인류학적인 입장에서 동서 문명을 비교해보면 근대에 들어 자민족(문화)중심주의 혹은 이성주의에 의해서 자신의 문화적 동일성을 다른 문화권에 강요해온 서양 철학이 더 갈등과 분쟁을 야기했다는 잠정적 선입견을 저버릴 수 없다.

말하자면 '기독교-이성 철학-욕망 철학-자본주의 경제-자연과학'으로 연쇄되는 근대 서양 문명과 철학이 보편성이라는 이름 하에 패권적 지배와 권력을 도모한 것으로 보임을 어쩔 수 없다. 이러한 서양 문명의 특징을 한마디로 말하면 '동일성의 철학과 문명' 지역이라고 말할 수 있다.

"서양인들이 자행하는 환원적 이해 방식은 폭력적이다. 왜냐하면 그것은 낯선 것을 자립적인 것으로 인정해서 발언권을 주지 않기 때문이다. 그것은 나쁜 해석학에 의해서 만들어진다. '환원적 해석학'을 우리는 다음과 같이 특징 지을 수 있다. 그 해석학은 첫째 하나의 특정한 철학사를, 하나의 특정한 목적론을, 하나의 특정한 사유 유형을 앞에다 정립하고, 둘째 이것을 절대화하고, 셋째 그것을 실체화하고, 넷째 그로써 해석학적 이해의 절차를 자신의 단편적인 이해의 구조로써 낯선 것(타인)에 옮겨 씌우는 것과 혼동한다."[163]

서양 철학의 동일성은 '절대성(존재자성)-추상성-보편성-기술성-화폐성(교환가치)'으로 가상 실재(실체)를 강화하면서 인간으로 하여금 '상대성(존재성)-구체성-일반성-자연성-실천성(사용가치)'과 멀어지게 한다. 동시에 사회적·기술적 환경으로부터 인간을 소외하게 되는데 이러한 동일성의 이면에는 권력(폭력)과 지배가 도사리는 것이다. 동일성의 길고 긴 여정의 끝에 기계 문명이라는 괴물을 만난 것이다.

163　이기상, 『지구촌 시대와 문화콘텐츠』, 한국외국어대학교출판부, 2009, 104쪽. 재인용.

서양 문명은 기독교의 동일성, 과학의 동일성, 그리고 자본 (화폐)의 동일성을 통해 힘(권력)을 추구하고 있으며, 그 동일성이라는 실은 상상이고 추상이면서 동시에 실재가 아닌 가상 실재의 유령인 것이다. 동일성은 변하지 않는 유령으로서의 괴물인 것이다.

절대와 상대는 모든 현상학적 이원론의 중추이며 근간이다. 절대도 동일성이고, 상대도 절대를 뒤집은 동일성인 것이다. 따라서 동일성을 벗어나려면 절대와 상대를 벗어나야 한다. 동일성의 철학과 문명을 벗어나고 극복하기 위해서는 서양 철학과 문명을 그것의 밖에서 바라볼 수 있는 힘이 있어야 한다. 서양 철학과 문명의 힘은 동일성에서 연유한다. 니체는 '힘(권력)에의 의지'에서 그것을 잘 천명했다.

니체의 영원 회귀는 동양의 불교의 무無나 노장철학의 무위자연을 현상학적으로 모방한 실패작이다. 영원 회귀라는 것은 현상학을 두 개의 중심을 가진 타원의 궤도로 설명할 경우, 즉 '원인적 동일성'과 '결과적 동일성'으로 나눌 경우, 결과적 동일성의 표현에 지나지 않는다. [164]

영원 회귀라는 말은 '순간'의 '무한대'에 대한 말로서 시간의 현상학적 위로이며, 속임수다. 영원이라는 말로서 마치 생멸하지 않을 것 같은 환상에 빠지게 하는 말장난이다. 순간적 존재, 즉 현존재인 인간이 자신을 위로하기 위해 마련한 시간의 환상이며 시간의 이상이다.

기독교와 기독교의 세속화를 신랄하게 비판한 이단아인 니체가 착상한 '초인'과 함께 '힘(권력)에의 의지' 그리고

---

164 박정진, 『일반성의 철학과 포노로지』, 소나무, 2014, 69~74쪽; 『니체, 동양에서 완성되다』, 소나무, 2016, 166~173쪽.

'영원 회귀'는 결국 같은 말이다. 영원 회귀는 마치 문학에서 '영원한 여인상'과 같은 것이다. 현상을 너머서는, 현상 저 너머에 존재하는 여인을 지극히 남성적 철학자인 니체가 구원救援, 久遠을 요청하는 것일 가능성이 높다.

초월의 철학, 남성의 철학은 현상되는 것에만 말할 뿐 현상 저 너머는 결국 말하지 못한다. 그것은 여성성과 연결되는(여성성에서 상속되는) 자연적 존재, 본래 존재를 말하지 못하는 것이다. 일상의 여인은 소유하지만, 영원한 여인은 처음부터 소유해서는 안 되는 여인이다. 니체는 단지 저 너머를 바라본 것을 초인overman이라고 명명했을 뿐이다. '저 너머'는 철학이 수행할 수 있는 곳이 아닐지도 모른다.

니체가 소속한 서양 문명은 기마-유목-육식의 전통으로 욕망과 정복과 힘(권력)의 의지, 절대적 세계의 추구에서 자유로울 수 없다. 이는 필자가 소속한 동양 문명은, 즉 농경-정주-채식의 전통으로 욕망보다는 자족과 공동체 생활과 상호 관계, 상대적 세계를 배우는 데에 익숙하다. 서양 문명의 이성과 욕망이라는 것이 육식의 전통과 무관하지 않은 것 같다. 인간은 자신도 알지 못하는 환경이라는 매트릭스로부터 조정調整되는 것이다.

초인, 힘(권력)에의 의지, 영원 회귀 등 니체 철학의 키워드는 니체가 은연중에 드러낸 '동일성의 영원한 반복'에 지나지 않는다. 동일성의 영원한 반복은 '동일성이라는 실체가 있는 반복'이다. 니체의 후예들이라고 자처하는 후기 근대 철학자들의 '차이의 철학'들도 동일성이라는 실체가 있는 것의 '차이의 반복'일 뿐이다. 그런 점에서 서양 철학은 한마디로 '동일성의 철학'이며 헤겔식으로 말하면 '차이의 변증법'일 뿐이다.

그런 점에서 니체의 '영원 회귀'는 필자의 '자기회귀^{自己回歸}'가 되어야 한다. '자기회귀'란 우주가 '본래자기'라는 뜻이다. 무한대로 나아가는 것 같지만, 본래 자기 자리에 있는 것이다. 이것을 동양 철학의 동학^{東學}에서는 '각지불이^{各知不移}'라고 말하고, 불교에서는 '물불천론^{物不遷論}'이라고 말한다.

필자는 '자기회귀'의 좋은 예로 한글로 '자신'으로 발음되는 '자신자신자신자신^{自身自信自新自神}'을 제안한 바 있다.[165] 만물은 모두 '자기 자신'일 뿐이다. 이를 남이 보면서 객관적·주관적이라고 하거나 기타 여러 관점에서 이러쿵저러쿵 하는 것은 모두 부질없는 짓이다. 존재의 본래(본래 존재)에 도달하지 못하는 오류다. 물론 이 오류를 통해서 과학이라는 것이 만들어졌지만 말이다.

자연을 자연과학의 실체로 잘못 해석한 서양은 위험하기 짝이 없는 문명이다. 이를 한마디로 요약하면 "무를 무한대로 해석한 오류다."라고 말할 수 있다. 영원 회귀는 무한대와 같고, 자기 회귀는 무와 같다. 자기 회귀로 보면 자연은 저절로 만물만신^{萬物萬神}이고 만물생명^{萬物生命}이다.

서양의 '힘에의 의지'에서 추구하는 '힘의 상승과 증대'에 대한 욕망을 제어하거나 끊을 수 있어야 동일성과 전쟁, 그리고 문명의 전반적인 패권주의에서 벗어나게 된다. 서양 사람들이 자신이 획득한 힘을 포기하는 것은 참으로 어려울 것이다. 이미 오랫동안 힘, 즉 기독교, 자연과학, 자본주의 경

---

[165] 박정진, 『철학의 선물, 선물의 철학』, 소나무, 2012, 188쪽, 912쪽; 『일반성의 철학과 포노로지』, 소나무, 2014, 793쪽.

제에 길들여졌기 때문이다.

　신화의 정체성, 종교의 절대성, 철학의 동일성, 과학의 실체성에 의존해온 서양 문명의 시퀀스를 바라보면 욕망의 끝없는 전개를 보게 된다. 이들을 관통하는 정신은 동일성이다. 이 동일성으로부터 벗어나야 인간은 멸망하지 않을 수 있다. 동일성은 소유적 존재임을 말한다.

　따라서 인류의 평화를 말할 때 힘을 가진 서양 문명과 그것의 담당자인 서양인들이 현상학적이 아닌 존재론적인 차원에서 평화를 생각하고, 자신의 문명의 패권주의에 대한 반성을 해야 하고, 그것이 초래할 공포와 위험에 대해서 각성하지 않으면 평화는 결코 오지 않을 것이다. 존재론적인 경지에 이르면 만물은 그것 자체가 만신이고, 평등이고, 생명이다.

　서양 문명과 대비되는 동양 문명 혹은 기타 인류의 원시 고대 문명에 대한 폭넓은 이해와 함께 인류 문명 전체를 회고하고 그것에 내재한 폭력성을 반성하는 기회를 갖지 않으면 인류의 평화를 기대하기 힘들 것이다. 그동안 인간은 죽음과 고통 등 한계 상황을 만났을 때마다 스스로 힘을 얻고 구원을 부탁하기 위해 기도하고 신을 찾았지만, 이제 자신에게 힘(권력)이 생겼다고 생각한 인간은 오만방자해져서 세계(자연)를 소유하고 지배하고, 횡포를 부리기를 서슴지 않고 있다.

　자연이야말로 선이다. 인류 문명은 자연에 대해 특히 악인 것 같다. 자연과 영적 교류를 하며, 자연을 내 몸처럼 생각하던 북미 인디언들은 거의 멸종되었고, 세계에서 자연친화적 삶을 살던 종족들은 모두 사라졌다. 자연을 약탈과 개발의 대상으로 삼은 문명들만 살아남았다. 그러나 이제 말없는 자연의 보복 차례가 된 것 같다. 문명인들은 대 반성을 하지 않으면 멸종될 것이다. 삶의 평화적 환경을 폭넓게 건설하면서 멸종을 지연하는 길만이 살길이다.

내 절대가 상대방에게는 상대인 것이다. 절대와 상대는 서로 현상학적인 평형 관계에 있다. 여기서 평형 관계라는 것은 평행관계로 영원히 대립하는 것은 아니라는 뜻이다. 그런데 절대 정신을 추구하면 직선적 사고로 영원한 모순에 빠지게 된다. 말하자면 평화를 위해서 영원히 전쟁을 하여야 하는 것과 같다. 자아-개체-주체-소유적 사고는 절대에 빠지게 된다.

역사는 이러한 소유적 사고를 요구한다. 그렇다면 인류 평화를 이루기 위해서는 어떤 사고가 필요한가. '상대를 위하여 사는 사고'가 필요하다. 상대를 위하면 내 절대가 상대의 자아와 균형을 잡게 된다. 이것이 인류가 넘어야 하는 깨달음의 세계다. 이제 인류가 깨닫지 못하면 공멸할 처지에 있게 되었다. 이제 인류는 지구촌이라는 작은 마을에서 공동체를 이루면서 살아야 하는 사피엔스가 되었다.

서양의 기독교와 철학의 절대적 사유는 인간에게 힘을 부여하는 역할을 하였으며, 이제 인간은 '무소부재無所不在한 신神' 대신에 등장한 '무소불위無所不爲의 존재'가 되었다. 인간은 신에게 무엇을 비는 약한 존재가 아니라 이제 신을 업신여기고 자연에 횡포를 부리는 존재로 둔갑하였다.

서양의 기독교가 절대유일신을 섬기면서도 전체주의로 흐

르지 않은 까닭은 인간에게 자유와 사랑을 부여하였기 때문인데 이와 달리 과학적 절대주의는 궁극적으로 인간에게서 자유를 빼앗고 기계를 요구하기 때문에 과학 기술을 기반으로 하는 현대 문명은 전반적으로 전체주의적 패권주의로 치닫는 것이다.

'동일성의 철학과 문명'에 노출되는 것은 인간으로 하여금 보이지 않는 거대한 권력으로부터 대상화되는 것을 의미하고, 그러한 권력은 항상 다른 권력과 패권 경쟁의 결과로 형성된다는 점에서 전쟁은 이미 내정되어(약속되어) 있는 것과 같다.

더욱이 1, 2차 세계대전과 그후의 미소냉전과 중동전 등은 이데올로기에 의해 수행된 특징을 보인다는 점에서 심각성을 더하고 있다. 서양 철학은 헤겔과 마르크스의 등장으로 철학이라기보다는 이데올로기화되었으며, 여기에 과학이 동일성을 견인함으로써 서양 철학은 동일성의 경쟁으로 전락하고 만다.

자유자본주의와 공산사회주의, 그리고 과학주의는 현대가 마련한 새로운 종교가 되어버렸다. 여기에 국가가 또한 국가 종교로서 가세한다면 세계가 '권력(힘)에의 의지'를 실현하는 장소가 되기에 충분하였다. 이 가운데서 가장 강력한 동일성의 추구는 물론 과학이다. 이데올로기는 동일성이 초래하는 인간 정신의 최대 질병인 것이다. 이에 더하여 종교와 과학이 동시에 이데올로기적 특성을 보이는 것은 그러한 질병이 복합적 난치병이 되기에 충분하였다.

"지난 3백 년은 흔히 인류의 역사에서 종교가 중요성을 잃어가며 세속화가 진행된 시기로 묘사된다. 유신론적 종교에 대해서라면 대체로 옳은 말이다. 하지만 자연법의 종교를 고려한다면 사정이 전혀 다르다. 근대는 강력한 종교의 열정의 시대, 전대미문의 포교 노력과 역사상 가장 피비린내 나는 종교전쟁의 시대였다. 공산주의, 자본주의, 민족주의, 국가 사회주의가 그런 예다. 이들은 종교라 불리는 것을 좋아하지 않으며 자신을 이데올로기라고 칭한다. 하지만 이는 단순히 용어상의 문제일 뿐이다. 만일 종교를 초자연적인 질서에 대한 믿음을 기조로 한 인간의 규범과 가치 시스템이라고 정의한다면, 공산주의는 이슬람교에 비교해도 조금도 손색이 없는 종교다."[166]

여러 이데올로기가 공존하는 국가도 실은 국가 종교라고 해도 틀리지 않는다. 헤겔과 마르크스에 의해 절대 정신(유심론)과 유물론은 크게 대립하면서 세계는 자유 진영과 공산 진영으로 나뉘었으며, 이는 한때 지구적으로 전파되었다. 이에 더하여 서구 기독교 세력과 중동 이슬람 세력은 전쟁의 이데올로기화를 증폭했다고 해도 과언이 아니다. 특정 종교의 근본주의fundamentalism는 종교적 도그마를 이데올로기화함으로써 전쟁을 더욱 잔인하고 추악하게 만들고 있는 실정이다.

가브리엘 마르셀Gabriel Marcel, 1889~1973은 철학과 이데올로기를 구분하고 후자를 추상의 정신l'esprit d'abstraction이라고 말한 바 있다.

김형효는 "공산주의에서 주장하는 계급 의식과 계급 투쟁은 이른바 추상의 정신이 정치화된 대표적 표본이다. 그러

---

166   유발 하라리, 『사피엔스』, 조현욱 옮김, 김영사, 2015, 323~ 324쪽.

한 공산주의적 계급이념에 의하면 인간에게는 단지 계급적 도식에 의해서 자본가냐 아니면 무산대중이나 하는 두 가지의 본질밖에 없는 것이다. 그러한 전제 아래서 모든 구체적인 인간은 두 가지의 카테고리로 분류되고, 적대적 행위와 전쟁이 정당화되어 간다."[167]고 말한다.

이 때문에 김형효는 사회주의의 '평등의 철학'보다는 기독교의 '형제애의 철학'이 인간으로 하여금 평화에로 더 이끈다고 주장하고 있다.

"모든 인간은 평등해서는 안 된다고 내가 주장하는 것이 아니다. 내가 말하고자 하는 것은 평등의 원리와 원칙이 평화의 세계를 창조하는 데 제일 중요한 사상이 될 수 없다는 것이다. 어떤 점에서 평등이 그 사회의 이념이 되어버리면 진실로 그 사회에서 창조의 풍토를 쓸어버리는 계기가 될 수 있다. 하여튼 평화를 위하여 바람직스러운 것은 각 존재가 타인에 대하여 적어도 어떤 점에서 하나의 우수성을 가지고 있다고 믿는 사회 질서의 확립이다. 그런데 여기서는 아직도 적대적인 비교의 개념이 생길 가능성이 짙은 것이다. 비교의 개념이란 갑은 을에 비해 어떤 점이 우수하고 또 반대로 을은 갑에 대하여 다른 어떤 점이 모자란다고 하는 개념이다. 그런데 비교의 논리가 자주 사회에 등장하는 한에서 그 만큼 그 사회는 평화의 질서에서 더욱 멀어진다. 비교는 아직도 자기 주장과 평등의식의 원한이 저변에 깔렸기 때문에 가능하다. 무엇보다도 평화를 심기 위한 철학은 형제애 fraternité의 철학인 것이다."[168]

167 김형효, 같은 책, 16쪽.
168 김형효, 같은 책, 17쪽.

근대 서양 철학의 하이라이트는 헤겔의 절대 정신과 마르크스의 유물론이라고 말할 수 있다. 바로 절대 정신과 유물론이 냉전 체제를 만들었고, 가장 최근에까지 세계를 양분했다는 점을 생각하면 세계의 전쟁은 서구 문명 대 비서구 문명이 아니라 서구 내의 권력 경쟁에 따른 것이었음을 알 수 있다. 가장 최근까지도 서구 문명은 동서 양극 체제의 줄서기를 강요했다.

동서 양극 체제를 이끈 핵심은 바로 과학 기술과 경제다. 가브리엘 마르셀이 지적한 추상의 정신은 오늘날 존재의 근본(기반)을 흔들면서 기계에서 만용과 횡포를 부리고 있다. 서양이 이끈 근현대는 바로 기계의 세계로 인류를 인도한 것이었다. 기계는 동일성의 철학의 압도적인 상징이다.

데카르트의 철학이 더는 회의할 수 없는 실체를 찾는 과정이었고, 그 실체는 시계로 상징되는 기계적 세계였음은 우연이 아니다. 기계는 서양 근대 철학의 알파요, 오메가다. 현상학은 흔히 관념론자라고 평하는 플라톤에서 시작했지만 데카르트에 의해서 근대적으로 해석되는 전기를 마련했고, 헤겔에 의해 큰 진전을 이룬 뒤 니체에 의해 현상학이 결국 해석학이라는 것을 알게 되었다.

현상학은 후설Edmund Husserl, 1859~1938에 의해 완성되었다. 현상학은 판단정지epoché를 통해 의식의 절대적 환원주의에 이르는 게 목표라고 할 수 있는데 하이데거Martin Heidegger, 1889~1976는 스승인 후설과 결별하고 '죽을 인간'을 인간의 최종 결과라고 설정하는 것을 통해 그 반대편의 원인으로서 신기원epoch을 거론하게 된다.

현상학	원인 (원인적 동일성)	결과 (결과적 동일성)	특징
후설	의식의 절대적 환원	판단정지epoché	의식의 지향성 指向性
하이데거	신기원epoch	죽을 사람	관심觀心, Sorge
데리다	해체적 문자학	해체적 유령론	글쓰기écriture
기독교 현상학	천지창조 (하느님 아버지)	종말구원 (메시아론)	성경의 담론

〈현상학의 원인적 동일성과 결과적 동일성〉

　현상학은 본래 존재를 원인과 결과(여기에 원인과 결과의 왕래 혹은 이중성 혹은 뒤섞임이 있다)로 해석하는 학문인데 하이데거는 현상학을 벗어나는 제스처는 취했지만, '신기원epoch'이라는 시간성(시간 자체)에서 벗어나지는 못했다. 하이데거의 철학적 일생을 보면 공간(물리적 공간)에서 벗어나기 위해서 시간의 탐구에 들어갔으며, 시간의 해체를 통해 존재(본질)가 무라는 사실을 깨닫게 된다. 이것이 바로 그의 존재론의 결론이다.

　하이데거는 헤겔과 니체의 요소를 동시에 지닌다. 헤겔의 현상학적 태도, 즉 회고적 태도와 니체의 운명적 태도를 동시에 보인다. 하이데거는 '역사적geschichtlich'인 것과 '역사운명적geschicktlich'인 것을 구분한다. 전자는 다분히 헤겔의 영향이고, 후자는 니체의 영향이다. 여기서 역사운명적이라는 말은 니체의 개인적 운명애運命愛를 역사적으로 재해석한 것이다. 개인과 집단은 구분할 수 없게 된다. 집단에 소속된 개인 중 누군가는 역사운명적인 입장에 서지 않을 수 없는 셈이다.

하이데거는 독일의 관념론적 전통에 따라 의식을 탐구하는 종래의 현상학에서 시간을 해체함으로써—시간이 실체로서 존재하면 의식은 회상을 통해 환원적인 성격의 신기원을 주장할 수 없게 된다. 이렇게 보면 역사적 변증법 자체가 회상을 통해 시간을 소급하는 행위로서 시간을 부정하는 철학적 행위가 된다. 소급할 수 있는 시간은 이미 시간이 아니기 때문이다. 발전론이나 진화론이라는 것은 시간에 의해 구성되는 것으로서 모두 부정되어야 한다— 근본적 존재인 본래 존재를 탐구하게 되는데 최종적으로 '무'를 발견하게 된다.

하이데거는 시간과 비시간의 경계에서 존재론을 구성했다. 하이데거는 '존재(존재론적 존재)'로서 '존재(현상학적 존재)'를 지운 셈이다. 하이데거가 존재론을 개척하게 되자 역설적으로(도리어) 헤겔, 니체, 후설 등으로 이어지는 독일의 현상학적 전통은 프랑스에서 더 각광받게 된다.

하이데거와 달리, 데리다[Jacques Derrida, 1930~2004]는 프랑스 현상학의 전통에 따라 공간을 벗어나기 위해 글쓰기[écriture]의 탐구에 들어갔으며, 글쓰기의 해체를 통해 텍스트(진리)의 결정 불가능성을 파악하고 '해체적 문자학'(문자의 접합적 성격을 반대로 적용하는)이라고 할 수 있는 그라마톨로지(문자학)를 전개한다. 데리다는 '문자(해체적 문자)'로서 '문자(구성적 문자)'를 지운 셈이다.

글쓰기는 공간의 존재를 확인하게 되는 것으로(글쓰기를 통해 도리어 공간의 존재를 지각하게 된다) 데리다는 자기모순에 빠진다. 텍스트는 바로 공간에서 현상되는 시간이기 때문이다. 데리다의 현상학에서 '텍스트 밖'은 없으며(모두가 텍스트며), 동시에 텍스트는 결국 결정 불가능한 것으로 해체된다.

여기서 우리는 서양의 후기 근대 철학, 특히 데리다의 해체론에 대해 전반적 반성을 해볼 필요가 있다. 해체^{deconstuction}라는 행위를 방법론으로 택한 하이데거는 해체를 통해 새로운 '신기원'을 달성하지만 이와 달리, 해체를 목적으로 택한 데리다의 해체론은 해체를 위해서는 미리(과거에) 구성된 것을 인정하지 않으면 안 되는 이중왕래적 자기 모순에 빠지게 되는 사실을 발견하게 된다. 구성되지 않은 것은 해체할 수 없기 때문이다.

데리다는 필연적으로 미래에 해체할 수 없는 것을 설정하지 않을 수 없게 된다. '해체적 문자학'과 함께 테리다는 '해체적 유령론'을 전개하게 되는데 유령은 해체 불가능한 것이 된다. 해체적 유령론에는 '법^{text}의 힘'과 '유령으로서의 메시아론'이 포함된다. 이는 서양 철학적 전통의 두 갈래, 즉 소크라테스의 법의 정신(그리스의 헬레니즘)과 기독교의 메시아론(유대교의 헤브라이즘)에 다름 아니다.

여기서 우리는 서양 문명에 도도하게 흐르는 '율법주의'와 '메시아론'의 재등장과 평행을 바라보게 된다. 데리다가 유령론을 전개한 것은 그것 자체가 서양 철학의 실체론—가상 실재를 실체로 파악하는—을 반증하는 것이면서(실체-유령은 하나의 세트다) 실체로 파악할 수 없는 것에 필연적으로 유령이라는 이름을 붙이지 않을 수 없었음을 알게 된다.

데리다가 유령이라고 이름 붙인 것은 유령이 아니라 인간이 어떠한 방법으로도 존재를 파악할 수 없는 우주의 기운생동이며 본질(이것은 idea가 아니다. idea 자체가 본질에 붙인 이름에 불과한 현상이기 때문이다)이며 본래 존재인 것이다. 현상학의 차원에 있는 데리다는 본질을 유령이라고 말할 수밖에 없었다. 그 이유는 가상 실재를 실체라고 하였으니 도리어 실재를 두고는 유령이라고 이름 붙이지 않을 수 없는 자기 모순에 빠졌던 것이다.

서양 철학은 마르크스와 데리다에 이르러 난데없는 철학적 유령론에 빠졌다. 서양 철학이 유령론에 빠진 이유는 결국 '정신-물질', '실체-유령'의 현상학적 차원의 철학적 특성에 머물러 있기 때문이다. 유물론자인 마르크스는 당연히 자본주의의 화폐를 유령이라고 본 반면, 데리다는 법과 메시아를 유령이라고 하는 자기 모순·자가당착에 빠진 것이다. 유령은 실체의 다른 면이다. 이 둘은 손바닥과 손등의 관계에 있는 것이다.

유령과 실체의 관계를 동적으로 보면 현상학적 상호왕래라고 말할 수 있고, 의미론으로 보면 의미의 이중성·애매모호라고 말할 수 있다. 이것을 서양 철학사 전체의 맥락에서 자초지종을 따져보면 가상 실재를 실체라고 규정한, 이데아를 본질이라고 규정한 서양 철학의 출발 자체가 유령을 실체라고 규정하였으니 서양 철학의 마지막에 이르러 거꾸로 실체를 유령이라고 하게 되는 것이라고 말할 수 있다.

데리다도 시간과 비시간의 경계에서 '그라마톨로지'와 '유령론'을 구성했다. 그렇지만 결국 '글쓰기'에 잡혀 처음에 시도했던 공간(현상학적 공간)에서의 탈출에 성공하지 못한다. 데리다는 하이데거의 존재론을 배우고 카피했는데도 서양 철학적 전통의 현존을 이성주의의 원인으로 보고— 이는 결과적으로 현존을 현상으로 보는 행위다— 아울러 프랑스의 철학적 전통인 글쓰기와 텍스트의 집착을 떨치지 못하는 바람에 현상학에서 탈출하지 못했다고 볼 수 있다.

하이데거나 데리다의 예를 통해 볼 때, 물리학적으로 실체로서(실재하는 것으로) 인정되는(그 실체가 의심되지 않는) 시간과 공간이라는 것이 인간이 만들어낸 시간성과 공간성에 불과한 것임을 알 수 있다. 결국 실재로서의 시간과 공간이 없음을 유추할 수 있다. 시간과 공간은 가상 실재로서의 실체다.

데카르트의 전통 아래 있던 프랑스에서 현상학적 사고는 더 맞았으며, 관념론적 전통의 독일은 존재론으로 돌아가게 된다. 물리적 현상학(자연과학)은 영국에서, 의식의 현상학은 프랑스에서, 존재론은 독일에서 자리 잡게 된다. 독일의 존재론은 칸트적 존재론(소유적 사유)에서 하이데거의 존재론(존재적 사유)로서 새로운 차원을 열게 된다. 철학에서도 지적 전통을 무시할 수 없으며 이는 환경풍토와 관련이 있을 수밖에 없다.

2. 서양 문명의 절대성과 실체성에 대한 반성

이상에서 전개한 하이데거와 데리다를 둘러싼 현상학과 서양 문명에 대한 반성보다 더 큰 범위의 회상과 반성을 해 보자. 도대체 서양 문명에서 '절대성' 혹은 '실체성'은 무엇을 의미하는가에 대한 근본적 반성 말이다.

서양 문명에는 세 가지 고정 불변의 실체가 있다. 처음에는 이데아가 고정 불변의 존재였지만, 기독교가 로마에 의해 국교가 되고, 중세를 거치면서 기독교의 유일신(고정 불변의 실체)이 그 자리를 이었다. 근대에 들어 인간의 이성이 신의 자리에 들어가면서 주체(인간)와 대상(사물, 타자)이 고정 불변의 실체가 되었다. 그래서 신과 주체와 타자라는 세 실체가 생겼다. 서양 철학을 흔히 주체의 철학에서 타자의 철학으로 옮겨갔다고 말하는 것도 이 때문이다. 그런데 신-주체(정신)가 연합해서 유심론을, 신-사물(타자)이 연합해서 유물론을 만들어낸 것이 서양의 근대 철학이라는 것이다.

여기서 소외된 것은 무엇일까? 바로 자연이다. 서양 문명에는 지금 신과 자연과학이 있을 뿐이다. 자연은 없다. 서양 문명은 자연과학을 자연이라고 생각하고 있다. 신-자연과학 사이에 주체-대상이 있는 사각형의 구조다. 이것은 기독교『성경』의 창세기 말씀 구조와 같다.

"하나님의 모습대로 사람을 지어내셨다."(창세기, 1: 27) 이에 더하여 "다른 피조물을 다스리고 네 양식으로 삼으라."(창세기, 1: 28, 29)고 특권을 부여하였다. 이것은 이른바 인간을 '창조의 꽃'이라고 하는 구절이다.

이것은 신-인간-자연(피조물)의 위계 구조를 갖게 한다. 동시에 신과 인간의 위계 구조는 그대로 인간과 자연의 위계구조로 전이된다. 인간은 신에게는 종의 위치에 있지만, 동시에 자연에게는 주인의 위치에 있게 된다. 그렇게 보면 인간은 주인과 종을 왕래하는 존재적 성격을 갖게 된다. 이것은 근대에 헤겔에 의해 '주인과 종의 변증법'으로 해석되었다.

창세기 이야기는 인간이 신을 투사하고(섬기고), 신은 말씀으로 다시 인간에게 보응하는, 그래서 인간과 신은 서로 대화(기도)하는 특별한 관계가 되면서 인간이 다른 자연을 다스리는 위치에 서는, 신과 인간의 권력적 천모天謀: 이성의 奸智 같은 것을 떠올리게 하지만 실은 자연이야말로 본래 신이 아닌가? 신과 인간의 관계는 인간의 본성이 신에게 투사되었는지, 아니면 신의 본성이 인간에게 육화되었는지 알 수가 없다.

신과 인간의 관계는 양자 관계라기보다는 인간 이외의 자연이 관계하는 삼자 관계로 보는 것이 더 안정적이다. 왜냐하면 신에게는 자연 전체를 포괄하거나 명명하는 특성이 있기 때문이다. 어쩌면 신-인간-자연은 본래 하나인데 도리어 인간 때문에 신과 자연이 갈라진 것 같은 생각이 든다. 자연의 생존 경쟁에서 승리한 인간은 처음부터 권력적 인간이었던 것 같다. 그래서 갈등과 질투와 전쟁은 인간사의 대종을 이룬다.

신과 인간, 인간과 자연, 자연과 신 등 모든 대립에는 이중성의 영역이 있다. 기독교의 원죄는 모계사회에서 가부장-국가사회로 전환하는 과정에서 여성의 권력을 빼앗기 위한 신화 조작(이브와 사탄)의 흔적(낌새)을 느낄 수 있다. 또한 가부장사회가 되면서 발생한 성적 혼란이라는 결과를 원인으로 뒤바꾼 혐의가 있다. 이브의 원죄라는 신화 조작을 위해서 신과 대립 관계에 있는 사탄(천사장: 루시엘)을 필요로 했다. 그런데 그 사탄은 현실적으로 볼 때 이브(아내)를 유혹하는 다른 남자(인간)이었을 것이다.

기독교의 구조는 그것 자체가 바로 현상학적 구조로서 기독교현상학이라고 할 수 있다. 기독교의 절대(유일신)와 서양 문명의 실체(동일성)는 같은 현상학적 구조이면서 자연과학조차도 실은 물리현상학이라고 말할 수 있다. 서양 문명은 한마디로 '동일성의 문명'이다. 차이를 말하는 것조차도 동일성이 있기 때문에 차이를 말하는, '동일성의 전제'를 피할 수 없다. 이는 불교가 그것 자체로 존재론적 구조를 갖는 것과 대조를 이룬다.

철학적 절대와 실체는 관계론의 세계, 즉 연기緣起의 세계를 절단함으로써 세계를 고정 불변의 실체가 운동하는 세계로 해석하는 것이다. 절대라는 세계는 시공간의 어느 지점을 끊은 것이고, 그 끊은 지점은 바로 에포케époche, 끝, 판단정지고 동시에 에포크epoch, 시작, 신기원가 된다. 이것은 시작과 종말이 함께 있다는 뜻이다. 그렇게 보면 기독교의 천지창조와 종말 구원은 바로 가장 오래된 현상학이면서 가장 큰 규모의, 가장 큰 세계를 포괄하는 현상학이 되는 셈이다.

기독교의 절대유일신의 신화(담론, 이야기)를 구성한 기자記者들은 알 수 없는 '존재의 세계'(혼돈의 세계: 성경의 창세기는 천지창조 이전에는 혼돈이었다고 기록하고 있다)에서 무엇을 알 수 있는(어떤 실체를 잡은 것 같은 착각 혹은 환상을 가진) 미지의 현상학에 최초로 발을 들여놓은 셈이 된다. 마치 루이 암스트롱이 달의 표면을 최초로 밟았듯이 말이다.

우리는 여기서 중요한 사실을 발견하게 된다. 기독교『성경』의 절대유일신 사상은 바로 철학의 현상학으로 사유의 패턴이 연결되는 것이고(이것이 현상학적 사유다), 그러한 현상학적 사유는 자연과학의 물리학적 사고, 즉 실체론적(서양 사람이 말하는 실재론적) 사고로 연결됨을 볼 수 있다. 즉 기독교와 현상학과 물리학이 하나로 연결됨을 볼 수 있다.

물리학이 어떤 사물(대상)을 분석하는 것은(원자가속기도 결국 물질을 끊어서 보는 것이다) 바로 기독교 절대유일신의 사유 패턴의 연장선상에 있다. 우리는 감히 서양 문명을 절대를 추구하는 문명, 즉 '절대문명'이라고 규정할 수 있고, 동시에 '현상학의 문명'이라고 규정할 수 있다. 이는 서양 문명을 그것의 밖에서 바라볼 수 있는 자만이 규정할 수 있는 것이다.

우리는 어떤 끔찍한 생각을 떠올리게 된다. 절대는 실체를 추구하는 것이고, 실체를 힘을 추구하는 것이고, 힘을 추구하는 문명은 스스로 종말을 예언하는 셈이다. 그래서 서양의 기독교는 종말구원이라는 가짜(가상의) 안전장치를 마련하고 있음을 볼 수 있다. 가상의 실재, 가상 실재를 실체라고 생각한 서양 문명은 오늘날 힘의 문명, 과학 문명을 이루었지만, 이미 기독교『성경』을 통해 그들의 문명이 종말에 이르게 됨을 예언하는 것이다. 이는 일종의 자기 예언적인 완성이다.

서양 문명은 기독교 안에 있다. 오늘날 빅뱅과 블랙홀은 기독교의 천지창조와 종말사상의 과학적 버전에 불과한 것이다. 서양 문명은 시간과 공간의 틀(튜브, 감옥) 안에 있다. 세계는 시간과 공간 안에 있는 것이 아니라 시작과 끝은 상상함으로써 시간과 공간을 만들어내고, 자신이 만들어낸 시간과 공간에 살고 있는 것이 인간이다.

오늘날 서양 문명은 인류의 문명을 주도하고 있으니 인류는 결국 그 속에 함께 있는 것이다. 무릇 담론(신화, 종교, 철학, 과학의 모든 담론)은 그런 점에서 자기 완결적인 것이다. 서양 문명은 니체의 말대로 '힘(권력)에의 의지'의 문명, 즉 힘의 문명이다. 우리는 불현듯 "절대 권력은 절대 망한다."는 정치적 테제를 떠올리게 된다. 이것을 인류 문명에 적용하면 "절대문명은 절대 망한다."는 불안한 테제를 떠올리게 된다.

서양이 주도하는 문명으로부터 벗어나지(극복하지) 않으면 인류는 망하게 되어 있다. 무엇이 구원이라는 말인가. 인간은 스스로 구원되지 않으면 안 된다(망한다). 인간이 '세계'라는 말을 사용하는 것은 이미 어떤 지경에서의 경계境界를 설정하는 존재라는 것을 암시한다.

"인간은 경계의 존재다. 경계의 존재에는 이미 소유의 존재가 숨어 있다.”

세계라는 말을 사용하는 그곳에(세계라는 말 자체에) 시작과 끝이 함께(동시에) 있음을 발견하게 된다. 세계라는 말을 사용하는 순간, 세계 밖을 상상하지 않을 수 없는 모순에 빠지게 된다. 그렇다면 세계라는 말 자체가 이미 절대성(실체)이다.

서양 문명, 동일성의 철학

서양의 근대 철학은 처음부터 뉴턴에 의해 새롭게 발견된 과학의 절대적 세계, 즉 물리적 세계를 자연어(일상어)로 설명하기 위한 철학으로 출발하여 과학적 결정론을 철학에 적용한 것이었다고 볼 수 있다.

근대 문명을 주도한 서양은 중세의 기독교를 중심한 '종교적 이성'에서 '과학적 이성'으로 비약한(이는 진화론적으로 보면 일종의 자연선택에 해당하는 문명 선택이다) 후 칸트에 의해 '도덕적 이성'을 수립하게 된다. 도덕적 이성의 수립은 인간이 이성이라는 지평地坪을 마련함으로써 설명하기 어려운 신과 자연을 격리한 후 세계를 현상으로서만 바라보는 일대 문명의 혁명이었다.

칸트의 도덕적 이성은 인간에 의해 세계를 재구성하는 이성적 욕망의 금자탑이었지만, 동시에 신을 잃어버리고 자연을 잃어버리는 것의 출발이었다고 볼 수 있다. 이는 기독교 신을 상왕上王으로 모시면서도 실은 신의 자리에 도덕을 왕으로 모시는 정치·도덕적 혁명이었으며, 자연의 자리에 자연과학이 들어감으로써 신과 자연이 영원히 이별하는 문명의 '동일성同一性의 의례'였다.

칸트의 도덕 철학은 자연과학의 영향을 입어 수립된 것이라면 동양의 유교적 도덕 철학은 자연과학과 별도로 인본주의에 의해 수립된 것이다. 이 말을 왜 하느냐 하면 서양의 도덕 철학은 그만큼 절대성을 바탕으로 수립된 것이라면 동양의 도덕 철학은 인간의 상호성을 바탕으로 수립된 것을 강조하기 위해서다.

동서양의 철학은 그 기원에 있어서 매우 다른 양상을 보이고 있다. 물론 서양 철학의 기원을 거슬러 올라가면 그리스 소크라테스와 플라톤이 있고, 소크라테스의 법의 정신과 플라톤의 이데아는 실은 과학의 맹아였다고 볼 수 있다.

이에 앞서 파르메니데스Parmenides, BC 510~BC 450와 헤라클레이토스Herakleitos, BC 540~BC 480?를 들 수 있겠지만, 서양 철학에서는 파르메니데스 쪽이 승리한 철학이었다. 서양 철학은 세계를 '변화'와 '불변'의 대립으로 본다. 전자는 헤라클레이토스의 세계고, 후자는 파르메니데스의 세계다. 이것 자체가 대립하는 양상을 띤다. 그런데 문제는 변화하는 것에도 실체가 있을 수가 있고, 실체가 없을 수도 있다.

파르메니데스는 "있는 것은 있고, 없는 것은 없다."라는 말로 영원한 실재(존재)를 말했다. 소크라테스 이전 그리스에서 엘레아 학파를 세운 파르메니데스는 존재하는 다수의 사물과 그들의 형태 변화와 운동이란 단 하나의 영원한 실재의 현상일 뿐이라고 주장했다.

그는 비존재를 주장하는 것은 비논리적이라고 말했다. 논리적 존재 개념을 바탕으로 현상에 대한 주장을 펼쳤다는 점 때문에 그는 형이상학의 창시자 중 한 사람으로 여겨진다. 파르메니데스를 계승한 플라톤은 본질인 이데아^{idea}와 현상을 이분화했으며, 현상을 가상의 세계로 보았다. 이는 생성의 세계로 볼 때는 가상의 역전을 말한다. 존재(본질)의 세계야말로 가상의 세계고, 가상의 세계는 개념의 세계고, 개념의 세계는 실체의 세계다. 그래서 서양의 철학과 문명은 '실체의 증대'의 세계에 속한다.

근대에 들어 불교를 가장 먼저 이해한 서양 철학자는 쇼펜하우어다. 쇼펜하우어를 존경한 니체도 불교를 일찍부터 이해한 철학자 군에 속한다. 서양의 이성주의 철학의 전통으로 볼 때 불교는 염세주의로 보기 쉽다. 쇼펜하우어의 염세주의를 극복하려 했던 니체는 불교를 일종의 네거티브 철학, 즉 허무주의로 보고 이를 벗어나기 위해 포지티브 철학, 긍정의 철학의 길을 갔는데 이것이 '힘(권력)에의 의지'다. '힘에의 의지' 철학은 그래서 실체의 증대를 추구하는 철학이다.

니체는 서양 철학의 허무주의의 분위기 속에서 '힘의 상승과 증대'를 통해, 즉 디오니소스적 긍정의 철학을 통해 허무주의를 극복할 것을 촉구한 철학자다. 힘의 상승과 증대는 서양 문명의 진면목이다. 서양 문명 자체 내의 이원대립적인 항들은 서로 왕래할 수 있는 것들이다.

존재는 긍정할 수밖에 없다. 그런데 철학은 부정을 하고 시작한다. 니체의 철학적 긍정은 철학적 긍정에 속하는 것이지만, 존재의 긍정과는 다르다. '힘(권력)의 의지' 철학은 힘의 상승과 증대를 긍정하는 철학이기 때문이다.

니체의 적은 니체다. 인간에게 있어 자신의 적은 항상 자신이다. 왜냐하면 이 세계는 결국 자신이기 때문이다. 마찬가지 이유로 인간에게 있어 자신의 천사는 자신이다. 마찬가지 이유로 인간에게 있어 자신의 신은 자신이다. 결국 자신을 적으로 만들 것이냐, 천사로 만들 것이냐 신으로 만들 것이냐는 자신에게 달렸다.

마르크스는 흔히 자본주의의 모순인 부익부 빈익빈을 비판하면서 해결책으로 공산사회주의를 주장했다고 생각하는데 사회주의의 계급 투쟁 방식도 프롤레타리아의 지배를 도모한 권력 투쟁이었다는 점에서는 예외가 아니다.

뉴턴의 절대역학과 아인슈타인의 상대성 원리는 흔히 정반대인 것처럼 생각하는데 실은 질량과 에너지는 서로 변형 관계에 있다는 점에서 결국 힘(에너지)을 이용할 수 있는 방식이었다는 점에서는 같은 것이다. 반면 동양의 기는 이용할 수 없는 에너지라는 점에서 다르다.

현대물리학의 에너지와 동양의 기는 피상적으로 보면 같은 것 같지만, 에너지는 수학적으로 계량 가능한 것인 반면, 기는 계산할 수 없는 무량無量한 것이다.

'자본주의-공산주의', '뉴턴 역학-상대성 원리'는 현상학적인 차원에서는 서로 대립하는 것 같지만, 존재론적인 차원에서 보면 둘은 같은 것의 양극 현상일 뿐이다. 인간은 현상 위에 존재하는 초월적(종교적) 세계와 현상의 이면에 숨어 있는(살아 숨 쉬고 있는) 역동적(자연적) 존재의 신비를 잃어버렸다.

니체 철학이 불교를 허무주의로 해석한 것은 그의 '힘(권력)에의 의지'가 종래의 서양 철학을 신랄하게 비판하고 있지만, 실은 그 자신도 그토록 비판한 다른 서양 철학들과 크게 다르지 않다는 것을 말해준다. 힘의 철학은 결국 실체의 철학과 동의어기 때문이다.

쇼펜하우어나 니체가 자연의 존재(자연적 존재)를 '의지'로 해석한 것은—쇼펜하우어는 '의지와 표상으로서의 세계'를 말했고, 니체는 '힘(권력)에의 의지'를 말했다— 그것 자체가 서양 철학적인 발상이라고 하지 않을 수 없다. 의지는 방향이 있는 의식에 다름 아니고, 의지의 철학은 결국 현상학이기 때문이다.

쇼펜하우어는 결국 칸트 철학 계열이라고 말할 수 있다. 그는 칸트의 현상에 표상을 대입하고, 물자체에 의지로 대입하였지만, 나중에는 의지를 부정하고, 도덕에 귀의하게 된다. 쇼펜하우어의 추종자였던 니체는 그의 의지를 계승하는 한편 표상을 권력으로 해석한다.[169]

니체의 '힘의 상승'의 철학은 '실체의 증대'와 궤도를 같이한다. 니체는 욕망과 신체의 발견을 통해 '의지'로서 '이성'을 비판했지만, 욕망조차도 실은 이성과 같은 것임을 눈치채지 못했던 것이다. 힘의 철학은 결국 패권 경쟁 때문에 '평화 철학'이 될 수 없는 태생적 한계를 지닌다.

라캉에 따르면 욕망은 언어이고, 상상력(a') 또한 언어다. 언어는 바로 대상(a)이고, 대상은 결국 대타자(A)인 언어에 이른다. 언어symbol는 바로 현상학을 있게 하는 수단이다. 언어가 없으면 현상은 없는 셈이다. 결국 이를 현상학적으로

169 박정진,『니체, 동양에서 완성되다』, 소나무, 2015, 32쪽.

종합하면 욕망은 신체적 이성이고, 이성은 대뇌적 욕망이라는 결론에 도달한다.

서양 철학사의 주요 주제인 자유, 평등, 박애를 욕망의 관점에서 설명하면 자유는 욕망의 '주체(개인)-대상적 실현'이고, 평등은 '자유의 집단적 실현'이다. 박애는 욕망의 '개인·집단적 실현의 모순'을 해결하려는 무한대적 노력이다.[170]

결국 서양 철학의 현상학은 시대에 따라 말(언어)은 다르게 했지만, 결국 동일성을 추구하는 철학에 다름 아니다. 동일성을 끝까지 추구하면 결국 전쟁할 수밖에 없다. 존재 자체, 일반 존재를 인정하지 않으면 안 된다. 결국 욕망과 이성으로서는 평화에 도달할 수 없다는 결론에 도달하게 된다.

서양 철학에서 보편성이라고 하는 것은 실은 추상이며, 추상은 결국 동일성을 기초로 하는 것이고, 동일성을 추구하는 것이다. 동일성은 결국 언어(개념)이고, 궁극적으로 기계이다. 서양 철학은 물론이고, 과학조차도 '시공간의 프레임' 속에서 인간이 잡을 수 있는 실체, 즉 동일성을 무한대로 추구하는 것에 불과하다.

파르메니데스의 계승자인 플라톤은 '동굴의 비유simile of cave'에서 세상 만물은 동굴에 비친 그림자에 불과하고, 만물의 실체는 동굴밖에 있다고 생각했다. 이러한 플라톤의 이데아론은 오늘날 자연과학에 이르렀지만, 만물의 실재를 간과하였다. 시공간의 프레임은 플라톤의 동굴의 비유의 연장으로서 인간은 '시공간의 튜브' 속에 갇힌 것을 의미한다.

플라톤의 그림자는 오늘날 철학과 과학에서 현상이라는

---

170   박정진, 『일반성의 철학과 포노로지』, 소나무, 2014, 588~589쪽.

부르는 것이고, 동굴의 불빛은 우주의 빛이라는 것이고, 나아가서는 우주의 빅뱅Big bang: 태초의 가장 큰 소리를 은유한다과 블랙홀Black hole: 우주의 거울 坙을 은유한다이라는 것도 오늘날의 플라톤의 동굴적 상황을 말하는 것이다. 플라톤의 이데아론(관념론)의 출발과 함께 서양 철학의 경험론이라는 관념론에 맞장구를 친 것이다.

실제로 관념(개념)적 체계를 가지고 있지 않은 경험은 결코 과학이 될 수 없다. 결국 과학의 물질은 정신의 개념인 것이며, 그러한 점에서 헤겔 철학을 관념론의 완성이라고 말하는 것이다. 과학은 실재에 대한 경험(현존적 경험)이 아니라 이미 대상적(지각대상화된) 경험(현상학적 경험)을 말하는 것으로서 결국 관념과 경험의 안팎의 이중주가 서양 철학의 '가상 실재(실체)'를 찾아가는 현상학'이라는 것이다.

칸트가 대륙의 합리론과 영국의 경험론을 합쳐서 근대 철학의 시조가 된 것은 서양 철학의 현상학적 성격을 종합한 철학적 대사건인 셈이다. 서양 철학의 현상학은 그 옛날 파르메니데스와 플라톤에 의해서 이미 출발한 것이며, 따라서 서양 철학은 한마디로 현상학인 것이다.

현상학적 도착의 절정이 바로 서양 철학의 마지막 주자인 데리다의 '현존'을 '이성중심주의의 원인'이라고 하는 전제와 그에 따른 그라마톨로지 전체의 모순적 해체와 도착적 상황, 들뢰즈의 '세계'를 '기계'로 환원하는 '접속connection의 철학'이다.

데리다의 그라마톨로지는 문자를 '초월적인 문자학'으로 상정함으로써 서양 철학의 근본적인 모순이 '문자'에 있음을 자신도 모르게 노정했다. 문자야말로 서양 철학의 저류를 관통하는 동일성의 철학의 원죄다. 세계를 기계로 환원시킨 들뢰즈는 '추상 기계'라는 개념을 설정함으로서 서양 철학의 근본이 '추상'이었음을 폭로하기에 이르렀다. 추상은 문자와 더불어 동일성의 철학의 공범이다.

세계를 기계로 환원한 유물론적 기계주의자인 들뢰즈는 별도로 추상 기계라는 개념을 만들지 않으면 안 되었을 것이다. 추상 기계를 만들지 않으면 기계인 세계를(세계를 기계로) 담을 그릇(해석할 틀)이 없었기 때문이다. 그러나 실은 추상이야말로 기계고 틀이다.

프랑스와 독일을 중심으로 전개된 서양 근대 철학의 현상학적인 흐름은 근대 자연과학 시대를 맞아서 철학이 뒤따라가면서 철학적(인문학적)으로 추인하거나 지원하는 것에 불과하다는 생각이 든다. 이는 칸트에서 비롯된 근대 서양 철학의 운명이다.

칸트가 철학에서 신과 물자체를 논의하는 것을 궁극적으로 포기한(이성의 내에서의 신을 논의하긴 했지만) 것은 참으로 근대 철학의 아버지다운 선택이다. 철학은 본래 신과 존재 그 자체를 논의할 수 없는 학문이다. 철학은 신학도 아니고, 물자체는 철학적 논의를 불가능하게 하는 영역이기 때문이다. 신과 물자체는 서양 철학의 근본, 즉 알파요, 오메가다. 철학은 그 사이에 있을 뿐이다. 그래서 현상학이다.

서양 철학은 '절대의 철학'이고, '시작과 끝'의 철학이다. '알파(시작)요, 오메가(끝)'라는 말 자체가 이미 근본을 이미 현상학적으로 표현한 것이다. 그러나 진정한 근본, 진정한 본래, 즉 본래적 존재(본래 존재, 여래존재)는 시작과 끝이 없는 것이다. 역설적으로 시작과 끝이 없는 것은 인간이 설명할 수 없는 것이고, 철학이 다룰 수 없는 본래 존재를 말하는 것이다. 본래 존재는 신이고, 물자체다. 신과 물을 본래 존재를 지칭하는 다른 용어다.

한민족의 『천부경』에서는 시작도 끝도 없는 것을 '무시무종無始無終이라고 말한다. 서양 철학과 기독교는 이데아와 기독교 절대유일신을 가정함으로서 무시무종을 유시유종으로 설명한 일종의 현상학에 지나지 않는다.

가상 실재를 다루는 서양 철학은 본래부터 현상학이고, 현상학은 초월학이다. 철학에 있어서 초월은 초월을 낳는다. 신의 초월은 너무 높고, 물자체는 너무 깊다. 그런데 형이하학인 과학에게 형이상학의 영역마저 완전히 빼앗긴 철학은 갈 곳이 없어서 다시 실체가 아닌 실재(존재)의 영역을 넘겨다보지 않을 수 없는 상황에 처하게 되었다.

하이데거의 '존재론'은 바로 실재의 존재(존재자가 아닌)를 향하는 첫 걸음이었다. 하이데거의 존재론은 보편성을 향하던 철학이 일반성으로 향하기 위한 철학적 반전의 굴림판(스프링보드)과 같은 것이며, '시의 철학'이다. 서양 철학은 시를 통과하지 않고는 본래 존재(여래 존재)에 귀환할 수가 없다. 말하자면 본래 존재마저도 초월적인 시각(거울의 반영)에서 틈틈이 바라보기 때문이다.

하이데거의 존재론은 현상학에서 출발한 관계로 여전히 현상학적 냄새를 완전히 지울 수는 없지만, 그래도 본래 존재의 영역인 '신과 물자체'와 '현존'이 같은 영역이라는 것을 시적으로 암시해준다. 초월의 신과 물자체가 만나는 존재 혹은 현존의 영역을 그의 존재론은 엿볼 수 있게 해준다.

하이데거의 존재론이 생김으로써 지금까지(그 이전까지) 존재라고 말한 것들이 현상학적 존재(존재자)라는 것을 알 수 있었다. 인간의 앎(지식)은 삶(생성)이라는 미지의 것으로부터 온다. 존재론이 생긴 이후 '현상학적(존재자적)인 존재'와 '존재론적(생성적)인 존재'가 생겼다.

하이데거는 '언어는 존재의 집'이라고 말한다. 그러나 이 말보다 더 정확한 말은 '시는 존재의 집'이라는 말이다. 여기서 하이데거의 '언어는 존재의 집'의 '존재'는 '존재(생성)와 존재자'를 동시에 표현한다. 그러나 '시는 존재의 집'이라는 말에는 '존재(생선)'만이 있다. 여기서 시인 철학자 시철詩哲로서의 하이데거의 면모가 있다.

시가 없으면 인간이 존재를 엿볼 수 있는 길은 없다. 일상(세속)에서 경험하는 존재자의 세계를 시는 존재의 세계로 탈바꿈한다. 우주(세계)는 원환의 세계이기 때문에 높이는 결국 깊이가 되지 않을 수 없다. 현상은 그것이 아무리 높고 깊다고 해도 어떤 지평의 세계에 불과한 것이다.

그런 점에서 역설적으로 인간이 자유롭기 위해서는 철학(생각)을 하지 말아야 한다. 실존 철학자인 샤르트르는 '자유의 길'을 일생 찾았지만, 철학으로는 자유를 찾지 못했을 것이다. 철학의 자유와 철학의 평등은 초월적 이상일 뿐이다. 철학의 사랑도 마찬가지다. 철학(앎의 철학)으로 삶을 누릴 수는 없다.

철학은 누리는(향유하는) 것이 아니라 생각하는 것이기 때문이다. 결국 향유하기 위해서는 철학을 하지 말아야 한다. 철학의 생각은 이미 가상이고, 철학의 실체는 이미 가상 실재이다. 철학은 의식과 언어의 영역이고, 비유컨대 아버지(남자)의 영역이다. 그런데 존재론과 일반성의 철학은 무의식의 영역이고 어머니(여자)의 영역이다.

　하이데거는 양자의 사이에 있다. 하이데거의 철학은 동일성을 완전히 벗어난 것은 아니다. 니체가 초인과 어린아이의 사이에 있었다면, 하이데거는 철학자와 시인 사이에 있었다. 그런데 어린아이와 시인은 매우 존재론적으로 닮아 있다. 하이데거의 '존재론철학'은 필자의 '일반성의 철학'을 향한 니체의 '초인철학'의 진전이다.

보편성 철학 (현상학)	아버지/남성	의식/언어/과학	'신-물자체'의 사이	동종주술
일반성 철학 존재론 (자연론)	어머니/여성	무의식/비언어/시	'신-물자체'의 만남	접촉주술

〈보편성 철학과 일반성 철학〉

　서양 철학은 시공간에 갇힌 철학이며, 현상학은 그것을 입증하는 철학적 '자기 고백'에 불과하다. 이를 두고 자연과학에 갇힌 철학의 운명이라고 말할 수도 있겠지만, 궁극적으로는 자연과학의 '실체(가상 실재)라는 환상'에 인류의 문화가 종속된(노예적 위치가 된) 것을 의미한다.

　근대 서양 철학은 마치 정신병자들이 자신의 병증을 말(일상어에서 다소 추상화된 개념)을 통해서 폭로하는 것과 같다. 그런 점에서 과학 정신에 구속된 정신은 결과적으로 현대의 '미치지 않으면 살 수 없는', '살기 위해서 미치는' 문화적 상황을 초래했다고 말할 수 있다.

과학이 주도하는 문명 문화란 한마디로 세계를 조각조각 내어서 원상태로 복구하기 위해 힘겨운 퍼즐게임을 하는 것이라고 하지 않을 수 없다. 그러한 게임을 아무리 해도 세계를 복원(환원)하는 것은 아니고(본래 존재 세계는 과학에 의해 조각나지도 않았기 때문에), 그 부산물로 기계라는 선물을 얻은 것뿐이다.

현대 철학을 보면 인간의 정신은 정신병이라는 생각이 든다. 지구의 인간을 외계에서 본다면 "인간이라는 정신병자가 지구에 다녀갔다."고 말할지도 모른다. 인간이면 누구나 자신의 마음을 열어놓지 않으면 자신의 정신에 갇힌 존재가 되기 쉽고, 그러한 폐쇄성이 심하면 정신병적 증상인 강박관념이나 여러 신경증적 징후를 보이게 된다.

그러한 점에서 동양 정신의 깨달음이라는 것은 여러 차원에서 논의할 수 있지만, 가장 단순화하면 고등수학을 푸는 것이 아니라 그것이 높든 낮든 간에 자신의 마음(의식)상태에서 마음을 열어두는 기술이자 그러한 것에 이른 경지^{境地} 혹은 마음의 밭을 간 경지^{耕地}라고 말할 수 있다.

다시 논의를 원점으로 돌리면 서양 철학의 주류는 파르메니데스는 '동일성의 철학'의 출발이었다. 보편성의 철학은 동일성의 철학이며, 동일성의 철학은 절대 철학이고, 순수 철학이고, 추상 철학이었다. 결국 서양 철학은 '문자=추상

=기계'가 세계를 지배하는 철학이다. 서양 철학은 동일성을 남에게 강요하는 철학이다. 동일성을 남에게 강요하게 되면 결국에는 전쟁을 유발하게 되고, 세계는 전쟁 기계의 세계가 된다.

동일성의 철학은 소유의 철학이고, 정복의 철학이고, 결국 제국의 철학인 것이다. 동일성의 철학은 자연을 정복하는 철학으로서 근대에서 자연과학으로 완성되었다고 말할 수 있다. 따라서 서양 철학은 과학으로서 종결되었다고 말할 수 있다.

서양의 후기 근대 철학이 바로 과학으로부터 독립하기 위해서 이성주의를 해체하고 반이성주의를 표방하는 여러 철학을 내놓았지만, 니체를 포함해서 이들의 철학은 모두 일종의 '자기 모순적 제스처'에 불과한 것이다. 니체의 '힘에의 철학'과 데리다의 '해체주의 철학', 그리고 심지어 하이데거의 '존재론'조차도 그러한 굴레(플라톤의 동굴, 시공간 튜브)를 완전히 벗어나지는 못했다.

서양의 후기 근대 철학자들조차도 이성주의의 족쇄에서 벗어나지 못하게 하는 것은 바로 서양 철학의 초월성(절대성)에 대한 관념 때문이다. 인간의 사유 자체가 인간의 삶에서 '초월적 사건'이기 때문이다. 인간이라는 초월적 주체가 바라보는 것은 결국 영원한 대상일 뿐이다. 결국 대상을 바라보지 말아야 초월에서 벗어나게 된다. 바로 서양적 초월에서 벗어나려는 노력의 전환점이 일반성의 철학이라는 것이다.

필자의 일반성의 철학은 고래『천부경』의 현대적 재해석을 기반으로 한다. 다시 말하면『천부경』의 사상으로 동서

고금의 철학의 높은 봉우리들을 모두 섭렵한 철학으로, "사람 속에 천지가 하나로 작용하고 있음"을 천명한 '일중천지일人中天地一의 철학'이다.[171]

서양 철학이 진정한 존재(존재자가 아닌)로 돌아가려면 철학의 초월성을 벗어나야 하고, 바로 그 초월성을 벗어나는 것이 일반성으로 돌아가는 것이다. 일반성은 다름 아닌 자연이다. 말하자면 자연적 존재다.

그런데 과학에 길들여진 현대인은 자연을 자연과학이라고 생각한다. 자연 자체를 이미 과학으로 대치하는 경향이 있다. 자연과학은 자연이 아니다. 현대인은 기독교의 영향으로 신령의 세계를 초자연적 현상이라고 말한다. '초자연적' 현상은 '자연과학'과 마찬가지로 초월적 사고의 산물이다. 말하자면 초월적 사고가 과학에서는 자연과학으로, 종교에서는 초자연적 신령이 된 셈이다.

천	supernatural	종교적 지평	초자연 현상	종교	천지인은
인	natural science	人間的 地平	과학적 환상	과학	순환관계
지	nature	존재론 지평	자연적 존재	예술	에 있다

〈자연-초자연-자연과학〉

서양이 주도하는 현대 과학 기술 문명에서는 기독교의 초월적 신령이 전혀 이상하지 않다. 그런 점에서 과학과 기독교는 한 배를 타고 있다. 현대인은 사물과 인간과 신을 '자

171 박정진, 『철학의 선물 선물의 철학』, 소나무, 2012, 327~348쪽.

연과학', '초자연'—이상 현상학적 층위—과 '자연'—존재론적 층위—로 파악하고 있는 것이다.

현상학적 타성이 있는 서양 철학은 이상하게도 존재(자연적 존재)조차도 초월적인 대상으로 보는 경향을 갖고 있다. 자연의 일반성은 대상화되기 전의 일반 존재를 말한다. 이는 직관에 의해서 파악되는 현존과 구별되지 않는다. 역으로 현존을 대상화하지 않고 있는 그대로 보면 저절로 자연적 존재(일반 존재)가 된다.

존재는 결코 대상화될 수도 없다. 대상화된 존재는 주체거나 대상이거나 간에 이미 존재(본래 존재)가 아니고, 존재자로 전락하게 된다. 요컨대 우리가 자연을 바라볼 때에도 대상화하지 않고 자연을 둘러보게 되는 것이라면 혹은 여행자 혹은 시인의 눈으로 보게 되면 자연은 존재가 되는 셈이다. 그러나 만약 목적을 가지고 이용의 눈(과학자, 사업가)으로 보게 되면 같은 사물이라도 이미 존재가 아닌 존재자가 되어버리는 것이다.

서양 철학이 계속해서 인류 철학의 주류가 된다면 이는 철학의 과학에의 종속, '철학의 시녀화'를 말하는 것이다. 초월이라는 것은 세계의 '현존적 사건(사태)'을 '현상적 사건(사물)'로 바라보기 때문에 일어나는 인간의 '지각sense-perception의 구속'이다. 이러한 서양 철학의 지각 구속을 벗어나는 것이 철학의 다른 방향이고, 새로운 철학의 출발이다.

인간의 지각에는 원천적으로 한계가 있음은 물론이지만, 더 정확하게는 한계가 있음으로 지각이 가능한 것이기 때문에 한계야말로 지각이다. 그렇다면 인간이 지각할 수 없는 근원적 본래 세계가 있다는 말인데 동일성(고정 불변의 실체)이라는 것은 실재하는 본래 세계의 왜곡이 될 수밖에 없다.

인간은 자신을 신에게 투사해놓고 결국 신이 인간을 통해 드러난다고 한다(이는 인간이 신에게 최면 당하는 것이다). 인간과 신은 결국 어느 쪽이든 주체와 대상의 관계에 있게 된다. 결국 인간이든 신이든 결국 현상되는 것일 뿐이라는 점에서 현상학이다. 남에게 이름을 붙이는 자가 지배자고 승리자다. 신이라는 이름도 인간이 미지의 세계에 붙인 이름이다. 따라서 주인으로 말하면 인간이 진정한 주인인 것이다.

존재론이라는 것은 현상되지 않는 것, 즉 보이지 않는 세계를 가정하는 것이고, 그 세계는 현상되는 것도 있지만, 결코 현상되지 않는 것을 전제하고 있다. 인간은 결국 어떤 형태로든 현상으로 지각되는 것만 알 뿐이다. 존재는 알 수 없다. 존재는 미지의 세계다. 존재는 기다. 기란 결코 대상이 되지 않는 신비이며 신이며, 사물 그 자체이다.

그렇다면 동일성은 구체적으로 어디서 출발한 것일까. 그것은 철학의 개념(관념)에서다. 개념은 인간의 생각(사유)에서 비롯됨을 데카르트는 코기토에서 잘 명제화했다. 동일성의 출발은 개념이고, 개념은 출발부터 주입하는 것이고, 강요하는 것이다. 개념은 자연의 실재(생성)에 덮어씌우는 가상이고, 추상이다. 동일성은 무엇보다도 인간에게 자연이 아닌 다른 '가상'(가상도 여러 종류가 있다) 혹은 추상을 강요한다.

가상과 추상을 요구하면 결국 구체적·실재적인 환경과 문화가 다른 집단이나 국가, 문화권 사이에서는 갈등과 논쟁이 불가피하고, 싸움과 전쟁이 일어나기 마련이다. 서양 철학과 문명으로서는 전쟁을 피할 수 없다. 서로 다른 차이를 인정하지 않기 때문이다.

인도의 대시인 라빈드라나드 타골은 '선을 만들려는 폭력적인 체제'를 비판한 것으로 유명하다. 선이나 정의라는 것도 실은 동일성의 가면이다. 악과 부정의도 마찬가지이다. 스스로 자신을 선하고 정의롭다고 규정하거나 상대방을 악하고 부정의하다고 규정하는 것이기 때문이다. 모든 이분법 속에는 동일성의 의식이 들어 있다.

인간이 경쟁 상대를 두고 악 혹은 적이라고 몰아붙이는 것은 어쩌면 인간보다 신체적으로 강한 동물과의 생존 경쟁 때에 입력된 기억 때문인지도 모른다. 생존 경쟁을 위해 동물을 적이라고 보던 습관이 인간 집단 내부로 투사되어 권력 경쟁으로 변형하면서 악惡의 개념으로 발전하였을 가능성이 높다. 동물은 생존 경쟁을 하더라도 적 혹은 악의 개념을 만들지 않는다.

인간은 자신의 진선미를 결코 위악추僞惡醜로 보지 않는다. 또 자신의 정의를 결코 불의로 보지 않는다. 인간은 자신의 의식에 갇힌 동물이다. 그런 점에서 의식화가 가능한(불가피한) 동물이다. 언어와 철학과 문화도, 사회화 과정과 문화화 과정도 광의의 의식화라고 볼 수 있다. 그래서 한 문화나 사회의 정체성은 다른 문화와의 소통에 장애를 일으키고, 심하면 적대적이 되는 것을 피할 수 없게 만든다.

나를 선과 정의, 남을 악과 불의라고 생각하는 가상에 인간은 속고 있는지도 모른다. 만약 악과 불의라는 것이 인간 자신이 가상의 적인 남(상대, 대상)을 향해 투사한 것이라면 인간은 근본적으로 선악의 도착적 동물이 되게 된다.

본래 선과 악은 그리스적 의미로 좋은 상태goodness, aretē, 아레테와 나쁜 상태badness, kakia, 카키아 등 기능적으로 출발한 것인데 기독교의 영향을 받아서 어느 덧 실체로 변해서 선good, virtue과 악bad, evil로 대립적인 실체로 자리 잡게 된 것이다. 선과 악은 인간이 넘어야 할 인식론적 장벽인지도 모른다. 이것은 또한 종교의 벽이기도 하다. 내 종교는 선한 것이고, 남의 종교는 악한 것이라고 생각하기 쉬운 것이 하나의 도그마에 갇힌 종교인의 태도다. 종교의 벽은 인종이나 민족, 국가의 벽보다 넘기 어려운 것인지도 모른다.

인간은 악과 힘을 미워하면서도(적으로 대하면서도) 정작 속으로는 그것을 사모했는지도 모른다. 악은 힘의 상징이다. 인간은 힘을 부러워하였으며, 어쩌면 신도 힘과 권능이 있기 때문에 섬겼는지도 모른다. 말하자면 힘 있는 악과 신을 섬기면서 그것을 극복하고자 시도한 것이 인류의 삶의 역정이었을 것이다.

창조신화는 악과 관련이 있을 가능성이 높다. 그런 점에서 인간은 창조적 악마다. 창조적 악마인 인간이 힘(권력)과 기계의 창조자가 되고, 기계는 인간의 피조물이 된 상황이 오늘날 과학 기술 문명이다. 인간은 기계의 창조자며 조상이다. 악마는 소유와 힘과 기계의 원형일지 모른다. 오늘날 소유와 힘은 악마의 본질이며 동시에 인간의 본질이다. 그렇다면 인간이 악마가 아닌가?

자연에 던져진, 신체적으로 나약한 영장류였던 인간은 생존하기 위해 힘이 필요했다. 그래서 힘 있는 자연의 맹수나 동물들을 악마(혹은 적)라고 규정했다. 그런데 그 힘은 무엇보다도 변하지 않는 믿을 수 있는 것이어야 했다. 급기야 영원불변의 존재로서 신을 떠올렸다. 인간은 신을 떠올린 후에도 계속해서 자연에서 힘을 불러왔다. 힘, 힘… 그렇다면 그 힘은 어디서 오는 것일까. 아마도 어떤 동일성의 종류일 것이다.

돌이켜 보면 신이라는 말은 신이라는 동일성이다. 말이 아니면 동일성은 없기 때문에 신은 말이다. 그렇다면 인간이 말하는 신은 어떤 것일까. 요컨대 인간이 신을 말한다면 인간이 생각하거나 상상하는 신일 수밖에 없다. 그래서 결국 신이 스스로 말하는 것이 아니기 때문에 신은 인간이다. 인간은 자신의 가상 실재(실체)로서의 신을 만들어 신과 대화(실은 인간의 독백이다)하면서 자신의 힘을 키워왔다.

다시 말하면 인간은 지금까지 자신의 힘을 키우기 위해서 신을 부르면서 신의 도움을 요청해왔다. '신의 사랑(사랑의 신)'과 '신의 힘(힘의 신)'을 동시에 요청해왔다. 그런데 근대에 이르러 과학 문명과 산업혁명의 등장과 함께 갑자기 그 신은 종교(사랑)의 신이 아니라 과학(힘)의 신이 되어버렸다. 과학의 신은 기계의 신이다. 기계로서의 신은 사랑은 없어지고 힘만 남은 신이다.

가상 실재로서의 신은 처음부터 추상인 점에서는 공통이지만, 종교의 신은 추상의 안에 사랑이 들어 있는 반면, 과학의 신은 추상 안에 힘(폭력)만 들어 있다. 사랑의 신과 힘의 신을 동시에 흠모한 예수-초인이 니체의 초인이다. 니체의 신은 종교의 신과 과학의 신이 융합된 신인 셈이다. 니체는 현대 문명의 상황을 잘 고백한 인물이다. 니체의 신은 예술의 신이기도 하지만, 그 예술은 힘의 상승을 위한 신이었기 때문에 평화에 도달할 수 없는 신이다.

신은 더는 힘 있는 자가 아니다. 신은 아무런 힘이 없다. 신이 힘이 없다는 것은 레비나스^{Emmanuel Lévinas, 1906~1995}의 타자의 여성성, 즉 메시아의 여성성에서 제기되고 있지만, 평화는 한 사람의 메시아에 의해 실현되는 것이 아니라 인간 각자가 소유적 존재가 아니라 본래적 존재, 즉 자연적 존재로 돌아갈 때 실현되는 것이다.

서양 철학의 동일성은 니체에 이르러 힘의 상승으로 변형되었다. 뉴턴의 물리학을 수학적 언어가 아닌 일상 언어로 뒷받침한 철학이 칸트의 이성 철학이었다면, 에너지이론이나 상대성 원리를 뒷받침한 철학이 니체의 '힘에의 의지' 철학이다. 니체는 이성 대신에 욕망을 발견하고 욕망을 반이성적인 것처럼 생각했지만, 결국 욕망은 신체적 이성이라는 사실이 후에 라캉에 의해서 증명되었다. 결국 서양 철학은 이데아와 이성의 굴레를 벗어나지는 못했지만, 그것이 바로 인간의 힘이었다.

전지전능한 신은 옛말이다. 신은 주위에 흩어진 만물이며, 힘 없는 노동자이며, 병든 자, 과부, 노인, 가난한 자이며, 사회적 약자들이다. 이제 인간이 신을, 불쌍한 신을 구하지 않으면 안 된다. 신은 보편적인 것이 아니라 그냥 일반적인 것들이다. 신은 보편적이고 일반적인 것이 아니라 그냥 일반적인 것이다.

역설적으로 이제 힘 있는 자는 인간인 것이다. 그래서 인간이 그 힘을 남용하면 결국 스스로 자멸하게 되어 있다. 이제 평화는 어디서 오는지가 분명해진다. 신이나 메시아에 의해 오는 것이 아니라 인간 각자의 깨달음이 아니면 평화에 도달하는 것이 불가능할 것으로 보인다.

서양 철학은 추상(이데아, 기하학)이라는 동일성에서 시작하여 기독교(헤브라이즘)와 그리스 철학(헬레니즘)과 과학(근대 자연과학)이라는 보편성을 거쳐 기계 인간(인조 인간: 인간은 스스로 인간 괴물이라는 것을 모르고 있다)에서 끝을 맺고 있다.

이 과정에서 기독교는 예수(예수-부처: 예수는 유대인으로서 불교를 배운 인물이다. 그는 불법을 유대 중동 문화의 문법으로 설명한 실천자다. 복음화된 기독교가 아닌 예수를 잘 해독하는 사람은 한 사람의 부처를 발견할 수 있다)를 희생양으로 삼아서 욕망과 권력을 강화하고 과학과 더불어 서양의 패권주의를 달성하는 데 결정적 역할을 했다.

기독교는 특히 세속화와 자본주의의 강화를 통해 오늘날의 서양 문명 문화가 세계적 지배를 달성하는 정신적·물질적 힘을 제공했다. 기독교의 세속화는 천국을 욕망의 대상으로 설점함으로써 인간 세계를 욕망의 대결장으로 변질시켰을 뿐 아니라 기독교를 우상화함으로써 다른 종교를 배제하고, 그 이면에서는 항상 십자군전쟁과 같은 종교전쟁을 할 준비를 하고 있다.

유대기독교의 세례를 받은 서구 기독교(서구 문명: 서구 자유자본주의 문명)와 정교(동구 문명: 동구 비잔틴·공산사회주의 문명)과 중동 이슬람 문명은 자신을 선하고 정의롭다고 생각함으로써(자신을 최면함으로써) 결국 성전聖戰의 이름으로 악을 실천하고 있는지도 모른다.

서양 철학과 문명은 기독교와 과학으로 연결된 동일성의 철학으로서 결국 힘(권력)의 경쟁을 통해 힘의 증대를 뒷받침한 철학이기 때문에 결국 패권주의라는 악순환을 벗어날 수 없다. 따라서 힘 있는 서양 문명이 자신의 힘을 포기하는 인식의 획기적인 전환점을 마련하지 않으면 항구적인 평화를 달성하기 어렵다.

"힘 있는 자가 변해야 평화가 온다." 평화는 힘 있는 자가 평화의 필요성(역사 운명적 필요성)을 자각할 때에야 평화가 오는 것이다. 이는 "서양이 변해야 평화가 온다."는 말에 다름 아니다. 힘 없는 자가 아무리 평화를 부르짖어 보았자 평화는 오지 않는다. 평화의 신으로 말하자면, 추상과 상상의 신, 동일성의 신에서 벗어나야 진정한 평화의 신이 된다.

신이라는 말은 더는 말이어서는 안 된다. 신은 기운생동(자연)이다. 신은 더는 인간을 위한 신이어서도 안 되며, 만물의 신이어야 한다. 단지 인간에게 힘을 쥐어주는 신은 평화의 신이 아니라 전쟁의 신이다. 힘이 없어야 평화가 이루어진다.

그런 점에서 "평화의 신은 힘이 없는 신이다.", "평화의 신은 불쌍한 신이다." 전지전능한 신은 인간이 약했을 때 필요한 신이었지만, 인간이 전지전능하게 된 지금에서는 가장 힘

없는 자가 신이다. 힘 없는 신만이 평화를 보장할 수 있다. 평화의 신은 '로고스의 신'이 아니라 '심정心情의 신'이다.

인간의 힘은 이제 무소불위無所不爲의 위치에 있다. 인간 스스로 그 힘을 자제하지 않으면 공멸할지도 모른다. 인류 평화를 이루기 위해서는 니체의 '힘에의 의지' 철학은 스스로 포기해야 한다. '힘에의 의지' 철학은 현상학적 지향(대상)의 철학에서 '힘의 의지'라는 주체(소유)의 철학이 되고, 힘이 세계의 주인이 되는 것을 기도企圖하는 철학이다.

보편성을 추구하는 것은 동일성을 추구하는 것이고, 동일성을 추구하면 전쟁에 이르게 된다. 동일성의 철학은 전쟁의 철학이다. 보편성은 지배의 요구에 다름 아니기 때문에 그것을 버리지 않으면 평화를 달성하기 어렵다. 보편성의 평화는 하나의 패권을 지향하면서 평화를 도모하는 것이기에 진정한 평화에 도달하기 어렵다. 그래서 서로의 특수성과 차이를 인정하는 일반성의 평화를 지향해야 한다. 보편성의 평화는 제한적이고, 제한 경제와 같고, 일반성의 평화는 자연의 은혜처럼 일반 경제와 같다.

서양 철학의 이면에는 항상 동일성이 도사린다. 흔히 서양의 후기 근대 철학을 '차이의 철학'이라고 말한다. 하이데거나 데리다가 그 좋은 예인데 이들의 차연이라는 개념에는 시공간적 연장이라는 개념이 들어 있어서 실체를 전제한다. 말하자면 어디까지나 결과적으로 혹은 미래에 다가올 동일성을 숨긴 차이다.

이들 '차이의 철학'은 심하게는 결과적 동일성을 얻기 위한 과정으로서의 차이다. 이들의 차이는 현상학적 차이라고 말할 수 있는데 현상학이라는 것은 어떤 목적(결과)을 설정해 놓고 시공간적 변화와 추이를 끝없이 따라가는 것이기 때문에 동일성(실체)이 없는 진정한 차이라고 할 수 없다. 이들의 차이에는 동일성에 대한 욕구가 계속 남아 있다. 그래서 이들의 차이를 '차이의 변증법'이라고 말할 수도 있다.

현상학은 칸트 철학의 인식론의 물리적 인과법칙과 도덕적 정언명령을 의식의 차원에서, 즉 정신적·심리적 하위의 주제별로 다양하게 접근해서 주제별로—주제는 언어, 음성, 악, 사랑, 도덕 등 여러 가지가 될 수 있다—현상되는 것을 따라가면서 어떤 환원에 이르는 의식 과정의 형이상학을 말한다. 그 방법 중 대표적인 것이 헤겔의 변증법의 정반합의 연속 혹은 후기 근대 철학의 차이의 연속 등이 있다.

변증법은 한시적으로는 정반합의 통합(통일)을 이루지만 항상 새로운 모순에 직면하게 되고, 다시 그 모순을 극복하는 역사적(시간적) 과정으로 들어가지 않으면 안 된다. 그러한 과정에서 변증법은 '실체 A'가 '실체 B'로 바뀌는 것이다. 항상 실체가 전제되어 있다. 서양의 후기 근대 '차이의 철학'도 변증법과 마찬가지로 실체가 있는 것의 연장이기 때문에 결국 변증법으로 돌아가고 만다.

변증법, 즉 현상학적 차이는 시점(단계)마다 실체(대상)를 전제하기 때문에 실체적^{substantial} 차이라고 말할 수 있고, 실체론은 어디까지나 갈등과 모순을 끝없이 극복해야 하는 변증법적 과정을 내포하기 때문에 근본적인 평화의 철학이 될 수 없다. 바로 변증법적 과정이라는 것이 모순 갈등의 철학이고 최악의 경우, 전쟁을 피할 수 없는 '전쟁의 철학'이 된다.

서양 철학은 처음부터 초월의 철학이다. 사물을 현상(대상)으로 보는 초월적 위치에서 시작하기 때문이다. 사물에 대한 초월적 위치는 사물을 실체화하게 되고, 실체화된 사물을 소유하게 되어 있다. 이는 여성(사물)을 대상화하고 소유하고자 하는 남성적 시각의 산물인 것이다.

남성은 여성을 소유하고자 할 뿐 아니라 남녀의 성관계라는 지극히 자연스런(본능적인) 과정을 통해 탄생한 자식도 자신의 성으로 명명하고 등록하려고 한다. 자연적 행위의 산물을 결국 문화적 이름, 즉 동일성으로 왜곡하는 것이다.

동일성의 원죄는 남성과 언어와 문자다. 세계는 언행일치가 아니라 행언일치며, 온고지신이 아니라 지신온고다. 이것을 거꾸로 전도한 것이 바로 문화 문명이라는 것이다. 자연을 동일성으로 표시하고 축적하고 저장하고 왜곡하는 과정이 바로 권력화 과정이다. 따라서 남성 중심 사회로서는 결코 평화를 이룰 수가 없다.

서양 철학의 핵심은 실체고, 실체는 서양 철학의 특징이자 장점이자 동시에 단점이다. 서양 철학의 역사적 전개 방법은 변증법이다. 변증법의 정반합은 결국 존재(자연)를 그대로 편안하게 둘 수 없는 방법이고, 무엇인가를 구성하고, 다시 구성된 것을 허물고 하는 모순과 반복의 연속이다. 변증법의 합(통합, 통일)의 과정은 잠시 동안의 잠정적인 평화는 될 수 있어도 결국 그 속에 들어가면 영구적인 평화는 보장받을 수 없게 된다.

서양 문명이 주도한 인류의 근대 문명은 프랑스 혁명의 모토였던 '자유, 평등, 박애'를 중심으로 전개되었다고 요약해 볼 수 있을 것이다. 자유는 역사·사회적(시·공간적)으로 자유-자본주의로, 평등은 공산-사회주의로 외연을 넓혀볼 수 있을 것이다. 그리고 박애는 기독교의 사랑의 정신이라고 말할 수 있다.

그러나 서양의 자유, 평등, 박애는 오늘날 인류의 평화를 달성하는 데 있어서 실패했다고 볼 수 있다. 이들은 서로 갈등 모순 관계에 있으며, 역사적으로 1, 2차 세계대전을 일으켰으며, 지금도 정치적 패권주의와 수많은 삶(생활 세계)의 차원에서 권력 경쟁으로 현대인에게 스트레스를 피할 수 없게 하고 있다. 한마디로 인간은 정신병 상태에 있다. 인간만이 정신병에 걸린다.

더욱이 세속화된 기독교는 더는 사랑의 실천이라고 할 수 없을 정도로 타락하고 말았다. 기독교는 자본주의 기독교 혹은 마르크스 기독교로 변질되었으며, 기독교 본래의 '착한 사마리아인'이라는 이방인에게 사랑을 베푸는 종교적 기능을 상실한지 오래다.

서구가 이끈 과학 문명의 근대는 인간의 삶의 환경을 기계적 환경으로 바꾸었으며, 때문에 인간은 이제 기계로부터 소외되어야 하는 마지막 단계에 도달했으며, 그 속에서 사랑을 잃어버린 인간은 서로 집단이기 속에 인간성을 매몰해 버리게 충분했다.

인간은 이제 종교에도, 과학에도 삶을 궁극적으로 의지할 수 없게 되었으며, 오직 예술이나 축제를 통해 자신을 위로를 구걸하는 왜소한 처지가 되었다. 예술이 인간이 믿을 수 있는 마지막 힘과 의지처가 될 가능성을 모색하는 것은 다행스런 일이지만, 그것 역시 철학이 뒷받침하여야 한다.

철학은 단순한 말놀이나 말의 성찬이 아니라 시대를 읽고 새로운 시대정신을 창출해야 하는 의무를 가진 것이기 때문이다. 자유와 평등이 인류의 구원에서 실패한 지금, 우리는 무엇을 모색해야 할 것인가. 이제 평화를 달성하지 못하는 자유, 평화를 달성하지 못하는 평등은 더는 큰소리를 칠 수 없게 되었다. 어떤 방식이든 인류가 평화로운 삶을 영위할 수 있는 것이 철학의 의무가 되고 있다. 악마를 이용해서라도 평화를 달성해야 하는 것이 시대적 과제다.

그렇다면 변증법의 서양 철학이 달성하지 못한 '평화의 철학'을 누가 담당할 것인가. 여기에 근대에서는 자신의 위력을 발휘하지 못하고, 서세동점으로 식민지가 되거나 속수무책으로 지배 당해야 했던 동양 철학의 근본정신을 다시 재검토해볼 필요가 생겼다. 과학 기술 문명을 앞세우고 근대를 지배한 서양 문명의 한계가 드러난 지금, 인류의 구원의 철학으로서 동양 철학을 부활할 필요를 느끼게 된다.

니체에서 비롯되었다고 말할 수 있는 서양의 후기 근대 철학들은 말로는 반이성주의를 표방하였지만, 결국 이성주의로 돌아가고 말았다. 이는 이들의 반이성주의가 이성주의 내의 반이성주의였음을 폭로하기에 충분하다. 니체, 데리다, 들뢰즈, 그리고 하이데거마저도 서양 철학과 문명의 모순을 폭로하면서(이들의 주장 자체가 정신 병리학적 고백이다) 서양 문명의 위기를 호소한 것에 불과한 것이었다고 해석할 수밖에 없다.

들뢰즈의 '차이와 반복'도 실은 '동일성의 반복'을 말장난한 것에 불과하다. 왜냐하면 반복이라는 것은 동일성이 없으면 이미 반복이 성립하지 않는 것이다. 그것을 들뢰즈는 '동일한 존재'가 아니라 '동일한 상태'의 반복이라고 변명하고 있지만 이것은 니체의 '생기존재론'과 다를 바가 없는 것이다. 결국 들뢰즈의 '차이의 반복'은 니체의 '힘(권력)에의 의지'와 '영원 회귀'의 변형이다.

들뢰즈를 비롯한 모든 서양 철학자의 차이는 '고정 불변의 실체가 있는 것'의 차이기 때문에 내용적으로는 '동일성의 차이'에 불과하지만 이를 '차이'라고 말한다. 무엇이 없다, 무엇이 부재하다, 무엇이 반복한다, 무엇이 연속한다는 것도 '실체적 사고'의 반영이고 흔적들이다. 현상학적으로 무엇을 대상화(주체화)하는 자체가 이미 동일성(실체)이다.

서양 철학과 문명은 항상 다른 실체를 찾아 나선다. 예컨대 유목민족이 새로운 목초지를 찾아서 이동하는 것과 같은 삶의 양식이다. 서양 철학은 따라서 현상학을 벗어날 수 없다. 현상학을 벗어날 수 없는 철학이라면 그 차이는 동일성의 차이다. 다시 말하면 동일성을 끝없이 추구하는 과정이고, 이것을 영원 회귀 혹은 차이의 반복 혹은 차이의 연속이라고 말하는 것이고, 그 영원은 과정의 순간순간의 집적이다. 그 순간순간에서도 실체가 존재한다.

데리다의 '부재의 철학'도 바로 텍스트 중심 사고의 반영이고, 텍스트는 또한 실체적 사고의 반영이다. 서양 철학의 차이는 실체가 있는 차이고, 따라서 이것은 결국 '차이의 변증법'과 같다. 서양의 후기 근대 철학자들도 실은 칸트와 헤겔의 훌륭한 후예들인 것이다.

니체의 '힘(권력)에의 의지'는 서양 철학사의 근대와 후기 근대의 분수령이기는 하지만 니체의 힘(권력)도 실체가 있는 것이다. 실체가 없으면 힘이 될 수 없다. 니체는 서양 철학의 이단아라고 말하지만, 그것도 서양 철학 내에서 이단아이고, 서양 철학의 밖에서 보면 여전히 서양 철학의 굳건한 전통의 연장선상에 있는 것이다.

서양 철학사는 후기 근대에 이르러 차이를 논하고 있지만, 여전히 그 속에는 동일성을 추구하는 정신이 남아 있으며, 따라서 동일성을 추구하는 강박관념에서 헤어나지 못하고 있다. 이러한 강박관념은 결국 자신의 동일성을 다른 사람과 다른 문화에 강요하기 마련이어서 갈등과 전쟁에서 자유로울 수 없다. 결국 자신의 동일성, 즉 자신의 선과 정의를 남에게 강요한다는 뜻이다.

동양 문명, '화이부동'에서 '화평부동'으로

동양 철학을 서양 철학과 대비하는, 가장 학문경제적 용어는 무엇일까? 다소 비약하는 감은 있지만, 결국 직관적으로 설명하면 서양 철학을 '개념 철학'이라고 한다면, 동양 철학은 '시 철학'이라고 말할 수 있다. 서양 철학이 엄정한 언어의 철학, 환유의 철학이라면, 시 철학은 상징의 철학, 은유의 철학이라고 말할 수 있다.

동양의 천지인이나 음양론, 불교나 노장 철학을 서양 철학으로 해석한 일종의 서양의 후기 근대 철학, 즉 서양의 '동양 번역 철학들'은 결국 하나같이 동양 철학을 서양 철학으로 환원하고 말았다. 예컨대 동양 철학을 헤겔 철학으로 번역하면 기는 보편자인 일자一者가 되고, 기는 현상학적인 상호 작용과 왕래를 거쳐 결국 이가 되고 만다. 만약 '기=이'라면 따로 동양의 기 철학이 현대 철학에서 무슨 필요가 있겠는가.

여기서 새롭게 장황하게 거론하지는 않겠지만, 니체를 비롯해서 하이데거와 데리다, 들뢰즈 등의 동양 철학에서 힌트를 얻은 사유는 동양 철학을 서양 철학으로 철저하게 번역하였을 뿐이다. 뒤늦게 생성 변화의 세계에 뛰어든 서양 철학은 결국 아무리 발버둥 쳐도 실체가 없는 변화를 추구할 수 없었다.

말하자면 서양의 후기 근대 철학은 동양 철학에 대한 서양 철학적 해석이라고 해야 정확한 평가일 것이다. 일종의 철학계의 오리엔탈리즘이라고 말할 수 있을 것이다. 서양 철학과 동양 철학을 융합(통섭)하거나 융합했다고 주장하는 철학 대부분은 말이 융합이지 실은 서양 철학에 동양 철학을 환원하는 작업에 불과하였다. 아직 서양 철학은 동양 철학 그 자체를 배우지 못했다.

서양 철학 물리학	언어- 사물	Thing/ 가상 실재 (실체)	Time Space	Text 文法	Technology 물리학 (에너지)
동양 철학 주역, 한의학	상징symbol- 기(실재)	기운생동 (실재)	Change	易易法	漢(韓)醫學 周易(變化)

〈언어-사물-상징-기〉

예컨대 동양의 『주역周易』을 수입해간 서양의 라이프니츠는 주역의 이진법을 이용해서 수학의 미적분을 만들었고, 미적분은 서양 물리학을 이끈 수학적 주역이다. 그러나 동양의 주역은 여전히 실체가 있는 변화가 아니라 실체가 없는 실재인 기운생동의 변화를 의미한다.

이러한 번역 과정과 서양 철학의 자기 나름의 해석과 이용을 몰랐던 서양 철학 1세대 유학자, 일본과 한국과 중국의 서양 철학자들은 결국 서양 철학을 공부한 일종의 세뇌된 자들이고, 그들이 하는 일이라고는 고작 서양의 후기 근대 철학을 동양 철학과 비교하고 공통점을 발견하는 일이었다. 이들의 노력은 그래도 동양 철학을 서양 철학적으로 해석하는 데에 일조하게 된다.

서양 철학의 핵심은 동일성(실체)에 있다. 그러나 동양 철학의 핵심은 동일성이 없는 것이다. 실체^{substance, reality, identity}가 있으면서 역동하는 역학力學과, 실체가 없이 기운생동氣運生動으로 역동易動하는 것은 비슷한 것 같지만, 근본적으로 다르다. 예컨대 현상학적 차원에서 전개되는 헤겔의 변증법과 존재론(생성론, 자연적 존재론)의 차원에서 전개되는 동양의 음양론은 다른 것이다.

헤겔의 변증법은 정반합의 3단계인데 동양의 음양론은 왜 음양의 2단계인가. 이는 바로 변증법이 실체를 전제하기 때문이다. 겉으로 3단계인 것 같은 동양의 천지인 삼재는 왜 실체의 철학이 아니고 상징의 철학인가. 그것은 인간을 천지의 '사이-존재'인 인간, 즉 천지중인간天地中人間의 존재가 아니라 기운생동의 인중천지일人中天地一의 존재로 보기 때문이다.

헤겔주의자의 설명에 따르면 서양의 이성 철학과 동양의 기운생동의 철학이 변증법적 통합을 거쳐 새로운 의식의 차원으로 나아가는 것처럼 해석한다. 그러나 이 속에는 동양 정신의 정수를 서양식으로 해석한 결과를 초래하고 있고, 결국 자신은 동서 철학의 융합(통섭)을 달성하고 있다고 하지만 실은 서양 철학을 대변하는 것이다.

"우주의 실재는 의식이므로 우주의 본질인 생명은 일심一心, 즉 근원 의식·전체 의식·보편 의식이다. 이 우주를 우리의 의식이 지어낸 이미지 구조물로 보는 홀로그램 우주론이나 일체가 오직 마음이 자아낸 것이라는 일체유심조一切唯心造에서도 이러한 사상은 잘 드러나고 있다. 생명은 영원한 '하나ONE, 天地人', 즉 참본성一心, 一氣이며 진리다. 참본성은 만유가 비롯되는 현묘한 문門이요, 천변만화가 작용하는 생멸生滅의 문이며, 만물만상이 하나가 되는 진여眞如, tathata의 문이다."[172]

우주는 의식이 아니다. 의식은 결국 대상 의식(대상을 향한 의식)이기 때문에 우주를 '주체-대상'으로 바라보는 것을 뜻하고, 의식은 이미 초월이고 초월 의식이다. 우주가 이분법적으로 있는 것이 아니라 인간의 의식이 우주를 그렇게 바라보고 있음을 의미한다. 그런데 의식은 일심이 될 수 없다. 의식은 이미 이분되어 있기 때문이다.

나아가서 의식은 일심이고 일심을 '근원 의식, 전체 의식, 보편 의식'과 같은 것처럼 말한 것은 '의식'과 '일심'을 혼동한 것이다. 이와 같이 하면 동양 철학은 서양 철학에 통섭된다. 만약 현대의 물리학적 성과가 동양 철학이나 불교 철학

172　최민자, 『생명에 관한 81개조 테제』, 도서출판 모시는 사람들, 2008, 33쪽.

의 세계를 과학적으로 입증하는 사례가 된다면 이들 철학을 물리학적 환원주의에 빠지게 하는 것이 된다. 이는 모두 '이理, 一理'로서 '기氣, 一氣'를 포섭하는 것이다(이를 화자는 통섭이라고 말하고 있다).

서양의 과학은 어디까지나 물리학적 현상을 실체로써 이용하는 방법을 확보하는 기술이다. 말하자면 하나의 실체로서 잡지 못하면 과학 기술이 아닌 것이다. 그런 점에서 과학은 철학적 사유와 그 뿌리는 같지만 철학이 아니다. 과학은 사유하지 않는다는 하이데거의 주장은 이러한 것을 뒷받침한다. 과학이론과 성과에 기대어 철학 행위를 하는 것은 철학의 과학에 대한 종속이다.

오늘날 철학자 가운데는 마치 서양 과학이 동양 철학이나 불교 철학의 증명인 것처럼 생각하는 경우도 적지 않다. 이러한 학문적 현상, 오리엔탈리즘은 특히 동양 문명에 대한 이해가 스스로 높다고 생각하거나 동서 문명의 통섭에 도달하였다고 생각하는 학자들에게서 발견된다. 특히 한중일韓中日을 비롯한 동양의 서양 유학파들은 이 같은 함정에 잘 걸려든다.

서양 철학의 오리엔탈리즘은 실은 헤겔로 소급된다. 헤겔은 '미네르바의 올빼미'라는 우화를 통해 황혼의 의미와 함께 서양 문명의 인류 문명적 완성의 의미를 주장했다. 그는 법철학 서문을 통해 "미네르바의 올빼미는 황혼에 난다."는 말을 했다. 황혼은 하루가 끝나가는 시점을 뜻하는 것으로 올빼미는 세상을 날아다니며 낮 동안 사람들이 남긴 발자취를 더듬고 세심하게 살펴보는 역할을 하는 새다.

헤겔의 미네르바의 올빼미는 서양 문명의 완성적 의미가 있는 것과 함께 동시에 필자에게는 인류 문명의 새로운 시작을 동양에서 시작되지 않을 수 없음을 읽게 한다. 이는 동서 문명의 경계선상에서 일어나는 작금의 일이다. 헤겔에서 비롯된 오리엔탈리즘은 서양에서 오리엔탈리즘으로 오만한 자세를 취할 것이 아니라 동양 문명으로 넘어와야 한다.

인류의 모든 종교가, 기독교조차도 동양에서 출발한 것임을 명심할 필요가 있다. 과학 문명의 폐단을 치유하기 위해서는 동양의 고전과 종교에서 기운생동의 신을 다시 되찾지 않으면 안 된다.

서양 문명은 오늘날 인문적·과학적 환원주의에 빠졌다. 서양 철학과 과학을 먼저 전공하고, 뒤늦게 동양 철학을 공부한 학자들의 상당수가 동양 철학을 서양 철학에 환원하는 예를 볼 수 있다. 이것도 광의의 오리엔탈리즘이다.

심지어 일부 대표적 인문학자조차도 자신의 철학을 서양 철학이나 과학을 통해서 인정 받으려는 듯 예컨대 동양의 『천부경』을 서양의 헤겔 철학이나 기독교와 비교하여 결국 같은 것으로 보거나 물리학적 성과를 불교에 빗대어 같은 것으로 보기도 한다. 특히 현대 물리학과 불교의 세계를 비교하는 철학자 가운데는 불교가 이미 현대 물리학의 세계를 미리 내다본 것처럼 설명하기도 한다. 이는 물리학이 현상을 수식화(등식화)할 수 있는 반면, 불교는 그렇지 못하다는 결정적 차이를 망각한 이해다. 물리학이 설사 불교적 세계관과 일치하더라도 물리학은 어디까지나 사물을 이용하기 위한 입장에 있고, 불교는 그 반대 입장에 있다는 것을 명심할 필요가 있다. 쉽게 말하면 불교는 원자폭탄을 만들지 못하고, 우주 여행을 실현하지 못한다.

과학은 수식으로 증명하지 못하면 과학의 반열에 오르지 못한다. 동양 철학의 기라는 개념은 흔히 서양의 에너지와 동의어처럼 사용되는데 이는 옳지 않다. 에너지는 어디까지나 물질로 호환되는 것이기 때문에 결국 '에너지=물질$^{E=mc^2}$'인 반면, 기는 그렇지 않다. 기는 결코 대상화하거나 잡을 수 없는 우주적 힘(작용)이라고 정의하는 편이 옳다.

우주에 보편자라는 것이 있는 것일까? 보편자라는 것은 인간이 만들어낸 일종의 가상이다. 인간이 자신의 초월 의식, 나아가 이성을 투사하여 만들어낸 가상의 결과가 보편성이다. 관념이나 추상은 결국 보편성으로 통한다.

또 하나의 헤겔주의자의 예를 보자. 의식은 대상 의식이든, 자기 의식이든 모두 정신 현상에 불과한 것인데도 의식을 본체계라고 하면서 현상계와 분리한다. 의식이야말로 현상계의 것(존재자)이다.

"'하나'는 본체계(의식계)와 현상계(물질계)를 관통하는 근원적인 일자一者로서 우주 만물에 편재해 있는 보편자, 즉 천지포태의 이치와 기운을 일컫는 것이다. '하나'의 진성眞性과 음양오행의 정精과의 묘합妙合으로 우주 자연의 사시사철과 24절기의 운행과 더불어 감感·식息·촉觸이 형성되면서 만물이 화생化生하게 되는 것이다."[173]

위의 문장에서 '의식계와 물질계를 관통하는 일자'는 '근원적인 일자'라고 하지만, 실은 '현상학적 일자'에 지나지 않는다. 그런데 마치 근원적인 일자와 현상학적인 일자(보편

---

173 최민자, 같은 책, 34쪽.

자)가 같은 것인 양 쉽게 처리하고 있다. 이는 마치 일기^{一氣}가 일리^{一理}라고 하는 것과 같다. 이렇게 되면 결국 기와 이가 되는 기즉리^{氣卽理}의 순환론에 빠지게 되고, 결국 초월의식만 남는다.

의식이 있기 때문에 정신이 있고, 정신이 있기 때문에 물질이 있다. 의식이 없으면 현상학적 물질은 존재할 수 없다. 정신과 물질을 대립적으로 보든, 통합적으로 보든 같은 것으로 보든 이들은 모두 현상학적인 것이다. '정신-물질'의 현상학적인 세트는 '마음-몸'의 존재론적 세트와는 다르다. 우리말의 '몸'이라는 옛글자는 마음과 몸의 존재론적 특성을 잘 드러내고 있다.

그런 점에서 '정신(의식)=마음', '물질=몸'의 등식은 성립하지 않는다. 그래서 절대 정신을 유심론, 절대물질을 유물론이라는 번역하는 것은 잘못된 것이다. 물^{物}과 심^{心}은 처음부터 의식이 없는 물심일체의 현존적 하나다. 정신과 물질은 같은 차원에서 왕래하는 현상학적인 하나다. 정신(의식)과 물질은 둘 다 본래적 존재가 아니다.

'천지포태의 이치와 기운'을 일컫는다는 것은 이치와 기운을 하나로 보는 입장인데 이 둘은 본래 하나가 될 수 없는 존재다. 이치는 가상 실재고, 기운은 실재기 때문이다. 가상이 어떻게 실재와 하나가 될 수 있는가. 서양 철학과 과학을 공부한 자가 동양 철학을 서양에 통합하는 것은 서양에 동양을 환원하는, 서양의 전형적인 오리엔탈리즘에 말려들어간 사태다.

오리엔탈리즘은 동양의 철학적 자산을 저들의 철학적 아

이디어^{idea}를 제공하는 영양분으로 사용하면서 동양 철학 자체를 저들의 문명의 발전을 위해서 존재하는 것처럼 대하는 '이해하는 척하면서(훔쳐갔으면서) 주인 노릇을 하는 오만한 태도'를 말한다. 그러나 정작 서양 철학은 결코 동양 철학을 융합할 수 없다. 동양 철학의 상징론을 결국 서양 철학의 실체론으로 환원해 해석하기 때문이다.

동양 철학과 서양 철학의 근본적인 차이는 전자는 '생성적 우주관'이고 후자는 '존재적 우주관'이라는 점이다. 동양은 처음부터 스스로 생멸적인 우주에 참여하는 반면, 서양은 우주를 관찰자로서 바라보며 객관성을 유지하려 한다. 동서양 철학자가 겉으로는 같은 말을 하였다고 하더라도 동양은 인간을 포함하여 사물을 기운생멸 그 자체로, 즉자적으로 보는 반면, 서양은 사물을 대상으로, 타자적으로 이용하고 소유함을 의미한다.

한마디로 수식$^{數式, 等式}$이 있는 자연과학과 수식이 없는 동양 철학이 똑같이 우주의 생멸을 말한다고 하더라도 둘은 다른 것이다. 서양 철학은 우주의 생성 과정, 다시 말해 과정에서 대상화할 수 있는 실체$^{reality, 存在者}$를 포착하고 이용하게 된다.

동양 철학에도 '근원적인 일자^{一者}'로 통하는 이$^{理, 一理}$가 있긴 하지만, 그것은 도덕(윤리)에 한해서다. 성리학은 그 대표적인 예다. 그러나 동양 철학은 변화 그 자체인 기$^{氣, 一氣}$를 더 본질적인 것으로 중시한다. 동양 철학에는 서양 철학과 같은 보편자가 없다. 동양 철학에는 생성 변화하는 혼원일기^{混元一氣}만 있고, 보편자가 없기 때문에 서양 철학처럼 동일성을 강요하지 않는다.

　물론 동양 철학에도 불교의 이사理事라는 것이 있고, 주자학에도 이라는 것이 있어서, 보편자가 있는 것처럼 이해되고 있기도 하다. 요컨대 주자학은 불교의 이를 받아들여 유교식으로 해석하였기 때문에 이를 보편자로 해석했다. 그래서 주자학을 받아들인 조선의 선비들은 이기논쟁理氣論爭을 벌이면서 공리공론의 당쟁을 일삼았다.

　이는 인간에 의해 일어난 현상이다. 이기일원론理氣一元論이든, 이기이원론理氣二元論이든 매우 인간적인 사건에 불과하고 결과적으로 공리공론에 빠지지 않을 수 없는 주제다. 인간은 이기지합理氣之合을 말하지만, 이것은 결국 주리론主理論이나 이성주의가 된다. 기는 본래 실체적인 것이 아니기 때문에 통합할 수도 없다.

　이와 기는 현상학적으로는 통합될 수 없는 존재다. 이는 눈에 보이지 않지만, 실체적substantial 차원에 있고, 기는 느껴지지만, 비실체적 차원에 있기 때문이다. 이와 기는 '존재론적인 차이'의 관계에 있다. 우주(자연)는 일기一氣다. 일기란 기운생동 하는 본래 자연을 말한다.

　불교의 이는 사事든 어떤 고정 불변의 보편자, 이른바 서양철학의 '실체'를 의미하는 것이 아니다. 실은 이도 공이고, 사事도 공空한 것이기는 마찬가지다. 물론 화엄학이나 유식학에서 이를 많이 사용하기는 하지만, 그것은 오늘날 서양철학적 의미에서 우리가 흔히 사용하는(서양의 철학을 번역하는 과정에서 서양 철학의 이성에 대응되는 동양의 단어를 찾다가 그래도 적당한 것을 고른 것이었지만) 뜻의 이는 아닌 것이다.

　주자학은 불교의 이를 주자학식으로, 즉 성즉리性卽理로 왜곡한 것이다. 이를 두고 유학이나 주자학에도 어떤 실체가 있는 이학理學적 측면이 있었다고 해석할 수도 있다. 이는 어떤 대상이 전제된 경우에 일어나는 현상이다. 이를 본질이라고 착각하는 것은 인간 중심적 사유 과정의 산물이다. 동양의 유학이나 주자학은 그것의 인간중심주의 혹은 인본주의로 서양의 이성 철학과 통하는 면이 많다.

　퇴계 선생의 이 철학과 칸트의 이성 철학은 비교되고 심지어 같은 것으로 유비되기도 한다. 심지어 칸트의 도덕(『순수이성비판』) 철학은 퇴계의 도덕敎 철학에 동서가 상응한 것으로 해석되기도 한다. 그러나 이와 이성은 다르다. 이는 기와 대칭되는 반면, 이성은 감정과 대칭된다. 또한 도덕적 이理, 倫理는 과학적 이성으로 반드시 나아가는 것은 아니다.

　칸트는 과학적 이성에서 도덕적 이성으로 넘어온 반면, 동양의 이는 '기의 조리條理'로서 상정하였다. 인간의 의식이나 이치가 존재의 본질인 양 생각하는 사상이나 철학이 인간의 다른 철학 속에 왜 없겠는가? 인간이면 누구나 정도의 차이가 있겠지만, 이성주의자가 될 수밖에 없다. 다른 생물 종에 비해 인간의 특이점은 바로 대뇌이고 이성이다.

　이성이나 이를 가지고 존재의 궁극에 도달하지는 못한다. 존재의 궁극은 기氣, 一氣이다. 한마디로 기는 실체가 없다. 기는 공空과 심心과 같은 개념으로서 이것을 서양의 물질이나 에너지, 의식 혹은 정신에 대응하여 현상학적으로 해석하는 것은 크나큰 잘못이다.

만약 동양 철학을 현상학적으로 해석하는 데 그친다면 '힘(권력)의 의지'를 과시하는 현대 문명의 문제에 대해 동양은 어떠한 대안이나 충고도 해줄 것이 없다. 그냥 열심히 서양 철학을 배우고 그것을 금과옥조로 삼으면서 '힘의 경쟁' 대열에서 선두가 되면 그만인 것이다. 그런데 문제는 그렇지 않기에 '인류의 평화 철학'을 동양 철학으로서 새롭게 제시하는 것이다. 단도직입적으로 말하면 '실체의 증대' 철학을 인류가 고집한다면 결코 세계 평화는 이루어질 수 없다. 동양 철학이 세계에의 평화에 기여할 수 있는 것은 바로 '비실체=실체 없음'의 철학을 수행한 측면이 있기 때문이다.

동양 철학이 인류에게 평화를 선물할 가능성이 높은 것은 서양의 역사 철학처럼 모순을 극복하기 위해 끝없이 역사적 변증법적 운동을 하지 않기 때문이다. 만약 변증법적으로 나아간다면 전쟁은 불가피한 것이다. 변증법은 반운동과 부정을 통해 새로운 통합으로 진전하기 때문이다.

동양 철학에는 왜 평화가 있는가? 동양 철학이 지배한 동양이라고 해서 항상 평화만 유지되었던 것은 물론 아니다. 서양의 변증법과 달리 동양의 천지인天地人 삼재三才와 음양이야말로 '차이'를 근거로 한 진정한 '차이의 철학 체계'로서, 자연에 맞는 순환(순응)의 철학을 기조로 살아왔기 때문에 상대적으로 더 평화로웠다고 말할 수 있을 것이다. 따라서 동양 철학의 재조명의 필요성이 대두된다.

좀 더 이야기를 단도직입적으로 말하면 서양의 변증법과 동양의 천지인·음양론은 다른 것이다. 한때 동양의 음양론을 서양의 변증법에 맞추어서 음양변증법 혹은 이원적 변증법이라고 말을 하기도 했지만, 이는 동양인 스스로 음양론의 정체도 잘 모르고, 변증법의 정체도 잘 모르는 소치다. 예컨대 변증법의 실체적 성격과 음양론의 비실체적·상징적 성격을 변별하지 못한 때문이다.

특히 동양의 음양 철학을 '이원적 변증법' 운운한 것은 참으로 자신의 정체성을 잃어버린 동양의 수치이면서(물론 서양주도의 '실체' 철학과 과학 기술 문명에 적응하기 위한 조치였지만) 서양 철학의 덮어씌우기에 당한 꼴이다.

동양의 음양론은 '동일한 것이 없는' 부동의 철학이며, 동시同時: 시간의 간격을 두지 않고에 '부동'의 것이 서로 어울리기 위해서 달성해야 하는 '화和'의 철학이다. 말하자면 '부동'과 '화'는 서로 대립되는 개념(변증법적 개념)이 아니라 서로 끌고 가지 않으면 안 되는 개념(상보적 개념)이다.

동양의 '화이부동和而不同, 부동화이不同而和'의 세계는 동양 철학의 정수를 집약적으로 잘 말해준다. 이는 서양의 '동이불화同而不和, 불화이동不和而同'의 세계와는 다른 것이라는 점에 주목할 필요가 있다. 이를 통해서 우리는 음양상보론과 변증대립론의 차이를 알 수 있다.

화이부동이라는 말은 『논어論語』「子路第十三」편에 나오는 구절이다.

공자께서 말씀하셨다. "군자는 화합하지만, 같지 않고 소인은 같지만, 화합하지 못한다子曰, "君子和而不同, 小人同而不和."."

위 구절의 화이부동을 "친화하되 무리를 짓지 않는다."라고 해석하기도 한다.

"『논어』에서는 이것은 군자만이 행할 수 있는 태도라고 규정하여 '무리는 짓되 친화하지 않는^{同而不和}' 소인의 태도와 대비하고 있다. 대개 군자는 의^義를 숭상하며, 의는 도리에 올바른 것인가 아닌가를 판별하여 도리에 합당하는 것만을 실천하는 도덕적 태도이기 때문에 의를 숭상하는 한 편당을 짓는 것은 불가능하다. 소인은 이^利를 숭상하는 것으로 규정하고, 이익을 추구하는 한 반드시 이익을 둘러싼 쟁탈이 야기된다. '화이부동'이 군자의 실천적 태도에 합당하다는 것은 군자가 대인관계에 있어 그러한 태도를 실현할 수 있는 도덕적 세계관과 실천력을 보유하기 때문이며, '동이불화'가 소인의 태도로 인식되는 것 역시 그 기저에 깔린 도덕적 세계관과 실천력에서 연유하는 것이다. 또한 '화이부동'한 군자의 태도는 타인과 무분별한 관계를 형성함으로써 자신의 이익을 확보하려는 의존적 자세와, 타인을 무조건적으로 배척함으로써 자신의 이익을 폐쇄적으로 보존하려고 하는 배타적 자세와의 균형을 이루는 중용의 태도라고 할 수 있다."[174]

참고로 『중용』「제 10장」에는 화이부동과 비슷한 뜻으로 '화이불류^{和而不流}'라는 말이 나온다.

"그러므로 군자는 조화롭되 흐르지 않으니 강하고 굳세도다! 중간에 서서 치우치지 않으니 강하고 굳세도다! 나라에 도가 있으면 궁할 때의 의지를 변치 않으니 강하고 굳세도다! 나라에 도가 없으면 죽음에 이르러도 지조를 변치 않으니 강하고 굳세도다!^{中, 10章, 05. 故君子和而不流 强哉矯 中立而不倚 强哉矯 國有道 不變塞焉 强哉矯 國無道 至死不變 强哉矯}"

『논어』「위정」편에 공자는 자공^{子貢}과 제자들이 묻는 말

174   유교사전편찬위원회 편, 『儒敎大事典』, 박영사, 1990, 1746쪽.

에 다음과 같이 답했다.

"군자는 그릇 같은(정해진) 것이 아니다^{子曰, "君子不器".}"

'군자불기'라는 말을 화이부동과 연관 지어 생각하면 아마도 다음과 같이 될 것이다.

성인군자가 유가의 이상적 인간상이라면 부처보살은 불가의 이상적 인간상이다.

군자	화이부동	부동이화	옛 성인 자연적 존재, 불교적 존재,	인간: 器而不器, 不器而器
소인	동이불화	불화이동	현대인 인간적 존재자, 기계적 존재자,	

〈화이부동, 동이불화〉

물론 필자는 '화이부동,' '부동이화'를 유교적 입장에서, 예컨대 군자의 의^義와 소인의 이^利를 구분하는 도덕적 입장에서 사용하는 것만은 아니다. 화이부동을 철학 일반의 '동일성-차이성' 논쟁으로 확장하면서 서양 철학과 동양 철학을 구분하는 잣대로 사용하고자 한다.

동양의 유교에는 '화이부동'으로 차이성을 나타내지만, 불교에서는 불일이불이^{不一而不二}, 즉 불이^{不二}로 애매모호함을 드러낸다. 흔히 불교적 사유를 불일이불이^{不一而不二}, 불이이불일^{不二而不一}이라고 한다.

그러나 인간은 사물을 그렇게 보면 필요할 때 이용을 못하기 때문에 역설적으로 불일이일^{不一而一: 하나가 아니기 때문에 하나이어야 한}

다, 일이불일一而不一: 하나이기 때문에 하나가 아니어야 한다이라는 변증법적 모순에 빠진다. 즉 억지주장을 하게 된다. 그런데 과학은 그러한 오류 때문에 세계를 실체(동일성)로 볼 수 있게 되었다. 인간은 따라서 동일성의 존재, 소유적 존재다.

자연적 존재 (불교적 존재)	불일이불이	불이이불일	애매모호 (존재 방식)
인간적 존재자 (제도적 존재자)	불일이일	일이불일	동일성(실체)
기계적 존재자 (수학적 존재자)	0/1	1/0	기계언어(2진법)

〈자연적 존재, 인간적 존재자, 기계적 존재자〉

일원론이든, 이원론이든 그것이 '논論, ism'인 것은 모두 동일성의 실체론이다. 어떤 기준이나 개념이 있다는 것은 실체가 있다는 것이 된다. 예컨대 하나의 기준이나 개념으로서 시간이 있다면, 시간의 현재는 기준이 되고, 그 기준의 양쪽에는 과거와 미래가 있게 된다. 따라서 어떤 실체로서의 하나가 있다는 것은 둘이 있다는 것이 되고, 둘이 있다는 것은 셋의 통합(통일)이 가능하게 됨을 의미한다.

하나의 기준이나 개념이 성립한다는 것은 이미 반대의 개념이 전제되어 있음을 의미한다. 하나의 개념은 둘의 개념이 되고, 둘은 다시 그것을 통합(합일)하는 제3의 개념을 성립하는데 이것이 이른바 변증법이다. 변증법은 현상학적인 차원의 논의다.

 지금까지 반야심경의 '색즉시공色即是空, 공즉시색空即是色'이나 『화엄경』의 '일즉일체一即一切, 일체즉일一切即一'은 당연히 불교의 제법무아諸法無我나 제행무상諸行無常과 같이 불교의 진리를 대변하는 것처럼 이해되어 왔다. 그러나 만약 이 글귀가 현상학적인 차원의 것이라면 불교적 진리를 왜곡하는 것이 될 가능성이 높다.

 예컨대 색色과 공空이 같은 현상학적인 차원(수평적 차원)에서 왕래하면 현상학적인 논의로 격하된다. 왜냐하면 색은 분명히 현상학적인 차원의 실체를 의미하기 때문이다. 이렇게 되면 공은 색의 없음이 된다. 그러나 진정한 공은 현상학적인 것이 아닌 존재론적인 차원(수직적 차원)의 공이다. 승조僧肇, 374~414의 「조론肇論」 가운데 공을 부정하는 '부진공론不眞空論'은 진공묘유眞空妙有의 존재론적인 차원의 공이다.

 화엄의 세계인 '일즉일체一即一切 일체즉일一切即一'도 마찬가지다. 이것도 현상학적인 차원의 왕래라면 불교적 진리를 왜곡하는 것이 된다. 일체는 모든 것을 의미하고, 같은 차원의 일一은 절대적 일一이 되기 때문이다. 분명히 절대적인 일一은 불교적 존재의 일一이 아니다.

 이상에서 볼 때 '공즉시색, 색즉시공' 혹은 '일즉일체, 일체즉일'은 불교적 '불일이불이不一而不二'의 세계를 설명하는 것이 될 수 없다. 이들을 현상학적인 차원에서 잘못 해석하면, 진정한 의미에서 불교적 존재론을 왜곡하게 될 우려가 있다. 다시 말하면 공이나 일一은 존재론적인 차원의 개념이 되어야 한다. 그러한 점에서 불교적 존재론이 동일성의 세계를 완전히 벗어나려면 '불일이불이'의 애매모호한 세계가 되지 않으면 안 된다.

개념의 동일성을 벗어나기 위해서 제안된 것이 바로 승조의 '조론肇論'이다. 물불천론物不遷論, 부진공론不眞空論, 반야무지론般若無知論, 열반무명론涅槃無名論이 그것이다. 승조는 불不자나 무無자를 써서 이 세계가 개념의 세계가 아님을 애써 알리려 했던 것이다.

철학에서 '영원'이나 수학에서 '무한대'의 개념은 같은 것이다. 이들은 모두 무의 세계, 즉 존재의 세계를 현상학적으로 변형한 것에 불과하다. 끝없는 대상(영원, 무한대)이야말로 동일성의 세계고, 초월의 세계다. 동일성과 초월의 세계야말로 실은 전쟁으로 나아가는 세계다.

평화라는 말도 화和보다는 평平을 앞세웠기 때문에 경우에 따라서는 동일성에 걸릴 위험이 많다. 필자가 이 책에서 때로는 평화를 굳이 '화평和平'을 위한 쓰는 이유가 여기에 있다. 평화에서의 평平은 어쩐지 마르크스의 평등에서처럼 동일성을 연상한다. 평화의 '평'에는 어딘가 서양의 등식의 의미가 내포되는 듯하다. 등식은 과학을 은유하는 것이지만, 과학은 마지막에 기계를 의미하기 때문에 '평'은 위험한 것이다. 과학적 사회학이 위험한 것은 바로 그 속에 기계적 세계관이 들어 있기 때문이다.

예컨대 오늘날 '평'은 평등과 평화와 평형을 의미하지만, 이것이 글자의 순서를 바꾼 '등평等平'과 화평和平과 형평衡平으로 바뀌는 것이 동일성은 벗어나는 길인 것 같다. 평등과 평화와 평형 가운데서 '평등'만큼 동일성을 요구하면서 사회적 갈등을 야기하는 개념은 없을 것이다. 말하자면 자유라는 동일성보다는 평등이라는 동일성이 훨씬 위험한 것이다.

평등은 공산사회주의의 이념으로서 어떤 개념보다도 지구의 평화를 위협했다고 말해도 크게 틀리지 않는다. 평등을 먼저 요구하면 화합을 얻기는 어렵다. 반면 화和를 달성한다면 평平을 얻지 못한 경우는 드물 것이다. 평平: 평등은 오늘날 동同: 동일성과 같은 개념이 되어버렸다. 그래서 진정 평화를 얻는 것은 화평에서다. 화평和平은 오늘날의 화쟁和諍과 같은 개념으로 해석할 필요가 있다. 평화는 같은 뜻의 양의 개념이라면 화평은 음의 개념이다.

역사는 그He, Man의 스토리의 합성어인 것에서도 상징적으로 드러나지만 역사는 '남자의 역사'이다. 말하자면 역사는 양陽, 남성의 개념으로 달성되는 것이지만, 그 이면에서 음陰, 여성의 힘이 뒷받침하지 않으면 불가능하다. 막말로 여성이 아이를 낳지 않으면 역사는 저절로 없어지게 된다.

역사는 음이 바탕이 되지 않으면 그 힘을 잃게 된다. 음은 보이지 않는 본래적 힘, 기운생동의 힘이기 때문이다. 따라서 종래의 화이부동和而不同은 오늘의 역사적·사회적 의미 맥락으로 볼 때 화합 다음에 평등이 중요하다는 점에서 '화평부동'으로 자리 잡는 것이 바람직할 것 같다.

3. 서양 철학의 '초월-추상-기계'를 넘어서야

근대 문명은 서양이 세계 문명을 주도하면서 결국 과학 기술 문명 중심으로 그 전체적인 모습을 띠고 있다. 과학 기술 문명은 인간의 삶의 시공간을 확장하는 데는 성공하였지만, 존재의 진면목에 도달하는 것에서는 더 멀어졌다.

서양 철학은 생성(존재)에서 존재(존재자)를 훔치는 철학이었다. 서양 철학은 자연(구체)에서 추상(개념)을 훔치는 철학이었다. 서양 철학은 자연에서 언어(대상)를 훔치는 철학이었다.

서양 철학은 유물론과 과학에서 끝났다. 과학적 사회학이라는 유물론과 자연과학이 종래의 인문학에 가장 심각한 폐해를 끼친 것은 바로 물리학적 결정론과 환원주의를 인문학에 적용한 것이다. '과학적 역사나 과학적 사회학'은 듣기에는 좋지만 결정론으로 인간을 재단한 것은 물론이고, 역사학과 사회학은 물론이고, 철학까지 이데올로기로 변질시켰으며, 현대인으로 하여금 폐쇄된 '이데올로기(도그마)의 종교'를 믿게 하는 과오를 범하게 했다.

그러한 점에서 변증법의 헤겔과 유물변증법의 마르크스를 넘지 못하는 한 인류는 결코 만족할 만한 평화와 화목을 달성할 수 없음이 확실하다. 니체의 '힘에의 의지' 철학과 니체를 따르는 후기 근대 철학자들에게서도 '평화 철학'의 답을 찾을 수 없다.

형이하학인 자연과학이 물리학을 낳았다면 형이상학인 철학(현상학)은 유물론을 낳았다. 그런데 역설적으로 형이상학은 어떤 형이하학보다도 완벽한 형이하학이 되었다. 이는 이데아(이성)라는 본질이 결국 현상이 된, 철학의 종언적終言
的 유착인 것이다.

이제 종래의 형이상학으로서의 철학은 사라졌다. 이제 인류는 새로운 철학을 찾아야 한다. 소유의 철학이 아닌 존재와 생성의 철학을 찾아야 한다. 서양의 후기 근대 철학은 그러한 생성의 복음을 동양의 불교와 노장 철학에서 듣고 저마다 다른 목소리로 자신의 철학을 전개한 셈이다. 니체, 화이트헤드, 하이데거, 데리다, 들뢰즈 등 다수의 철학자가 대열에 참가했다.

유물론과 과학 이후 서양의 후기 근대 철학자들은 저마다 노력하였지만, 아직도 역부족으로 모두 동양의 불교와 음양을 그들의 말로 번안하기는 하였지만 그들의 철학적 전통, 즉 이성과 절대, 실체를 찾는 타성과 한계 때문에 아직 진정한 동양과 불교의 생성과 변화에 도달하지는 못했다. 그들의 차이에는 여전히 실체가 도사리고 있다.

서양의 후기 근대 철학을 동양의 불교나 노장 사상과 비교하는 것은 실은 원본과 번역본을 가지고 서로 비슷하다고 평가하는 것이나 마찬가지의 서양사대주의에 지나지 않는다. 그래도 한 가지 다행인 것은 서양 철학과 동양 철학의 가교를 놓았다는 점이다. 서양 철학의 입장에서 동양을 이해하는 방법을 아는 것은 미래에 동서양이 하나 될 수 있는 길을 열었다는 의미와 그러한 시대를 준비하였다고 평가할 수 있다.

서양 철학의 입장에서 보면 동양 철학은 철학이라기보다는 시詩 철학이라고 볼 수 있다. 서양 철학은 '개념-동일성-정신(물질)-과학 문명-변증법(진화론)-현상학'의 연쇄이고, 동양 철학은 '시詩-차이성-음양(상징)-신화 체계-역동성-존재론(생성론)'의 연쇄라고 볼 수 있다.

서양 철학	개념槪念 철학 (실체 있음)	동일성	정신= 물질	과학 문명	변증법 (진화론)	현상학
동양 철학	시詩 철학 (실체 없음)	차이성	음양= 상징	신화 체계	역동성	존재론 (생성론)

〈서양 철학과 동양 철학의 특징〉

돌이켜 생각하면 서양 철학과 과학적 추상은 자연에서 이용할 '대상'을 인간에게 제공하였지만, 인간 정신을 추상과 계산과 기계로 황폐화시켰다. 만약 인류 문명이 오늘의 과학 기술 문명에 도달하기 위해 지금껏 진화하였다고 생각하면 인간 정신의 허망함으로 허무주의에 빠질 수밖에 다른 도리가 없어 보인다.

인간은 '종교적 인간Homo religiosus'에 이어 무엇보다도 '도구적 인간Homo faber'이다. 인간의 생존을 보장한 결정적인 역할을 한 도구가 이제 반대로 인간을 향하여 총칼을 겨누고 있는 것이다. 과학 기술이 목적이라면 인간은 도구를 위해 삶의 긴 행렬을 이룬 셈이 된다. 이는 주객이 전도된 것이다. 과학에서는 필요와 편리를 찾을 수 있지만, 인간의 궁극적 평화와 행복은 찾을 수 없다.

과학 기술은 분명히 인류가 삶을 개척하고 늘어난 인구를 부양하는 데에 훌륭한 도구가 되었지만, 그것 자체가 삶의 목적이 될 수는 없다. 거꾸로 말하면 인간은 로봇(기계 인간, 사이보그)이 되기 위해 진화한 꼴이고, 더욱 성능 좋은 기계가 되는 것이 삶의 목적이었다고 생각하면 극심한 허무주의에 빠질 수밖에 없었을 것이다.

니체는 이러한 허무주의에서 탈출하기 위해 '힘에의 의지' 철학을 주장하였지만, 힘의 상승과 증대는 도리어 파시즘을 생산하고 말았다. 실제로 힘의 증대를 추종하는 현대 문명은 파시즘을 비난하면서도 인간을 생산하는 '인간 공장(인큐베이터)'이나 '로봇 공장'을 떠올리고 있다. 여성의 '자궁 생산'이라는 자연을 대체하는 남성의 '공장 생산'을 기계 문명이 실현하는 셈이다.

남성은 기계 인간인 로봇, 특히 '불*을 품는 전사 로봇'을 만들어냄으로써 혹은 '에너지 사용 능력'을 과시함으로써 자신의 권력을 강화하는 패권 경쟁을 멈추지 않는 반면, 여성은 여전이 '항아리에 물*을 긷는 여성', '생명 잉태자로서 여신의 역할'을 담당한다.

자궁에서 생명을 잉태하지 못하는 남성은 여성에 대한 콤플렉스 때문에 궁극적으로 자신의 대뇌에서 인조 인간(추상 기계)을 만들어낼 것을 처음부터 꿈꾸었는지도 모른다. 인간^{Man}의 특성은 남성^{man}에 그대로 있다. 자연적 특성은 여성$^{womb, woman}$에게 있다. 여성은 자궁적 존재고, 남성은 대뇌적 존재다.

"남자의 대뇌는 기계를 낳고, 여자의 자궁은 아이를 낳는다."

철학이 중세에는 종교의 시녀였다가 근대에는 과학의 시녀가 되었다. 철학은 고대에는 모든 학문의 아버지였지만, 오늘날 기계의 시녀가 되는 것으로 변모를 거듭하였다. 철학이 시녀의 신세를 변하려면 이제 종교와 과학으로부터 결별하는 수순을 밟아야 한다. 이는 철학의 예술화 혹은 예술적 철학화를 말하는 것이고, 이것이 시대정신이며, 시대적 필요임을 역설하는 것이다.

인류 문명의 문제는 도구가 목적을 배반한 데에 있다. 인류 문명은 마치 문명 충돌과 전쟁을 위해서 있는 듯하고 평화와 행복에서 멀어진 듯하다. 인류는 무엇보다도 인간의 생명 존중에서 멀어진 듯하다. 인간의 생명 자체를 기계의 부품처럼 생각한다면 인간은 결국 기계로부터 소외되고 말 것이다.

서양이 주도하는 현대 과학 기술 문명에는 도저히 해결할 수 없을 것 같은 허무가 도사린다. 정말 지독한 허무다. 인류가 공멸하지 않으려면 어떤 수단을 써서라고 그러한 문명적 정신 병리 현상을 극복하고 평화를 달성해야 한다. 평화가 없는 곳에 행복이 깃들 수는 없는 법이다.

서양 철학과 문명에는 근본적으로 자연 그 자체를 인정하지 못하는 정신 병리 현상의 요소가 깃들어 있다고 해도 과언이 아니다. 철학의 인간중심주의 혹은 앤트로포모르피즘 anthropomorphism: 자연의 인간동형론에 대한 자기 부정 속에 숨어 있는 지독한 자기 긍정이 그것이다. 이는 철학의 개념 조작, 용어 선정에서도 엿볼 수 있다.

서양 철학의 정신 병리 현상

하이데거가 자신의 철학을 '존재론'이라고 명명한 것과 데리다가 자신의 철학을 '그라마톨로지'라고 한 것은 모두 유럽 철학의 전통에 대한 자부심과 오만의 결과라고 말할 수 있다. 또 서양 철학적 타성을 벗어나지 못했다고 말할 수도 있다. 왜냐하면 하이데거는 종래 서양 철학의 전통이 '존재자'를 모두 '존재'라고 명명했다고 비판하면서도 '존재'라는 용어만은 고집하기 때문이다.

하이데거 철학은 아리스토텔레스로부터 내려온 '존재^{Sein}'라는 개념을 결코 버릴 수 없었기 때문에 '존재^{Sein}'를 중심으로 '현존재^{Dasein, Da-sein}', '존재자들^{Seiendes}', '현존재의 존재^{Sein des Dasein}', '현존재의 거기 있음^{da des Dasein}' 등의 개념을 만들어 냈으며, 심지어 '존재'에 가위표를 치거나 일부 철자를 바꾸어서 '존재^{Seyn}'로 사용하기도 했다. 이는 모두 'Sein'을 고집한 때문이다.

사유의 사태(사건)가 달라지면 철학이라는 것은 새로운 용어의 개발과 정립이 필요하다. 그런데 결정적인 키워드인 '존재'라는 종래의 말을 버리지 않고 존재론이라는 새로운 철학의 세계를 정립한 하이데거는 '존재'라는 말의 종래 개념을 정반대로 바꾸고, 즉 '생성'의 개념으로 쓰는 한편 '존재자'라는 개념을 종래 존재의 개념으로 사용했다.

이는 필연적으로 혼란을 초래하기 마련이다. 무엇보다도 생성 변화하는 사태의 의미로 사용되는 존재라는 말은 항상 존재자와의 관련성 속에서 설명되어야 하는 한계를 지닐 수밖에 없다. 말하자면 존재자의 입장에서 존재를 설명하는 의존성을 가지게 된다. 그래서 종래 칸트적 의미의 존재가 '현상학'의 차원이라면 하이데거의 존재는 '현상학적 존재론'(혹은 '존재론적 현상학')의 차원이 되게 된다.

그런데 하이데거의 현상학적 존재론은 엄밀하게는 생성의 의미로서의 존재론이 아니다. 그 까닭은 여전히 존재자의 입장에서 존재를 바라보기 때문이다. 우선 존재가 숨어 있다고 생각하는 자체가 현상학적 태도다. 존재는 은폐되어 있는 것이 아니라 항상 현존한다. 존재는 절대적으로 존재하는 것이 아니라 상대적으로 현상된다.

하이데거는 『존재와 시간』에서 '인간'이라는 개념 대신에 '현존재Da-sein, Being-there'의 개념을 제시한다. "'현존재'는 마음을 가리키고, 또 세상을 뜻할 때는 마음이 세상에 존재한다는 뜻에서 '세상에 존재함'das In-der Welt-sein, the Being-in-the world이다."[175], "'세상은 현존재에 속하는 것daseinsgehörig, belonging to Dasein'이고, 또 '세상은 매번 현존재 때문에 생기는 것의 전체성die jeweilige Ganzheit des Umwillen eines Dasein=the everytime totality of the on-account of Dasein이다.'"[176]

여기서 우리는 하이데거가 자신이 말하는 존재에 완전히 진입하지 못했음을 느끼게 된다. 세상이 현존재에 속한다고

---

175 김형효, 『사유 나그네(김형효의 철학 편력 3부작)』, 소나무, 2010, 100~101쪽.
176 김형효, 같은 책, 102~103쪽,

하였는데 이는 세상이 현존재의 소유적 대상이 된 것이다. 이는 현존재를 중심한 (세상에 대한) 현상학적인 사유를 드러낸다. 세상의 존재는 결코 현존재에 속할 수가 없다. 이것은 인간적인 착각(환상)에 불과하다. 존재(필자는 존재라는 용어에 혼란을 줄이기 위해 존재를 '자연적 존재'라고 말한 바 있다)는 세상에 그렇게 있을 뿐이다.

하이데거는 현존재(존재자)의 입장에서 존재를 발견하였지만, 그래서 존재가 은적되거나 현현된다고 말하지만, 이것은 인간의 입장에서 그렇게 보일 뿐 존재는 스스로 은적된 적도 없고 현현된 적도 없다. 존재는 자연처럼 그렇게 현존으로 있을 뿐이다. 하이데거가 간혹 존재를 초월적으로 보는 까닭은 현존재가 지닌 초월적 시각의 반영 때문이다.

하이데거는 현존재(현재＋존재)의 입장에서 출발하기 때문에 존재론을 주장했지만, 현존의 존재성을 완전히 파악한 것 같지는 않다. 이는 현재를 기점으로 판단 정지와 함께 그것을 통해서 의식의 초월적(절대적)의미, 즉 현재적 의미를 찾아내고자 하는 현상학에서 완전히 벗어난 것은 아니기 때문이다.

하이데거는 현존재(존재자)의 입장에서 존재를 바라보고 있지만, 존재가 현존presence으로서 항상 드러나 있다는 것을 모르고 있다. 의식의 지향intentionality에서 벗어나서 그것을 관심觀心, 念慮, Sorge으로 전환하였지만, 사물을 대상적 사유에서 바라보는 관성을 완전히 벗어난 심물일체心物一體의 경지에 이르지는 못한 셈이다.

하이데거의 존재론의 존재라는 개념이 종래 칸트적 의미

의 존재나 초월적인 의미의 존재로 비쳐지거나 오해되고 심지어 인간 중심주의라는 비난을 받게 되는 것은 이 때문이다. 서양 철학의 초월 의식은 무의식이나 본능조차도 그것을 대상으로 하여 초월적 언어로 설명하고야마는 끈질김이 있다. 그래서 존재를 말하면서도 현존이 존재인 줄 모른다. 하이데거는 이데아가 아닌 것을 존재라고 명명하였다. 이는 독일 관념론의 전통에서 거꾸로 간 것이다.

한편 데리다는 서양의 이성주의의 원인은 현존에서 찾고, 현존의 반대 개념인 부재의 개념 설정을 통해 자신의 철학인 그라마톨로지를 전개한다. 소리의 '현존' 대신에 '글쓰기écriture'에 탐구를 통해 철학적 합리화를 꾀한다. 이는 프랑스 합리주의 전통에 따라 현존을 현상으로 본 탓이다.

하이데거의 경우든, 데리다의 경우든 결국 자신의 철학적 전통이라고 할 수 있는 이성주의 전통을 놓지 않는 것이다. 말하자면 종래 서양 철학적 '존재' 혹은 '문자'의 개념이나 특성을 놓지 않으면서 '생성'의 사태를 설명하고자 하는 자가당착이자 자기 모순이다. 이는 종합적으로 서양 철학의 정신 병리 현상이라고 진단할 수 있다.

반면 영국의 경험론적 전통은 현상을 숫자로 환산한, 말하자면 경험할 수 있는 것으로 바꾼 과학 철학이다. 이 서양 철학을 관통하는 지점에는 모두 초월적 가상假想, 假象, 假相이 전제되어 있다. 서양 철학자는 모두 현존이 생성(생멸)이라는 것을 모르고 있다. 생멸이야말로 초월적이지 않은 현존이다.

서양 철학에서는 결국 항상 '초월'과 '절대'가 문제다. 이것은 항상 현재의 문제고 결국 시간의 문제고 공간의 문제다.

'초월=절대=현재=시간'은 같은 문제인 것이다. 현재나 시간이 없으면 초월과 절대를 가정할 수도 없는데도 초월과 절대는 시간을 초월한 것처럼 받아들여진다. 시간과 초월의 문제는 전자는 수평적(선형적)이고 후자는 수직적(입체적)인 것이지만, 둘은 시공간의 문제로서 같은 문제인 것이다. 선험성과 초월성이 같은 의미라는 점과 같다.

서양의 후기 근대 철학자들도 본인들은 이성주의를 강력하게 부인하고 있지만, 그들의 반이성주의는 여전히 초월적 사고를 펼치고 있다. 초월적 사고는 이성주의의 다른 이름인 것이다. 결국 서양 철학으로서는 이성주의의 궤도를 벗어날 수 없다는 결론이 나온다.

하이데거 철학에서 인간 중심주의와 서구(독일)중심주의를 찾아내는 것은 결코 어렵지 않다. 그가 『슈피겔』지와 인터뷰한 내용을 보자.

『슈피겔』지의 기자는 하이데거가 "유럽의 정신 문화와 기술 문명에 문제가 있다."고 말하자 다음과 같이 질문을 던진다.

"그 새로운 시작을 어디서 찾아야 하는가? 우리가 모르고 있는 무언가를 동양 사상에서 얻을 수 있겠는가? 동양 사람들이, 유럽 사람들이 피폐시킨 인류 문화를 구제해줄 가능성을 제시할 수 있는가."

이에 대해 하이데거는 이렇게 답한다.

"그럴 수 있다. 동양 사상이 유럽인이 몰랐던 많은 부분을 논의해왔으니 그것을 가지고 유럽과 인류가 처한 문제를 해결할 방향을 제시할 수도 있다. 그렇지만 그것은 가능성일 뿐 결코 그렇게 되지는 않을 것이다. 왜냐하면 동양 사람들이 설사 해결의 열쇠를 가지고 있다고 하더라도 문제가 무엇인지 모른다면 그 열쇠를 어디에 어떻게 사용해야 하는지 모를 것이기 때문이다. 문제를 문제로 알지 못하는 한 동양 사상에 가능성이 있다고 해도 그 가능성이 실현될 수 없다는 말이다. 그러기에 결국에는 문제를 일으킨 서양 사람들이 해답을 찾을 수밖에 없을 것이다."[177]

하이데거의 이 말은 현대 기술 문명의 문제는 서구만의 문제만이 아니라 인류 공통의 문제라고 말하면서도 '문제의 제기와 해결에서의 서양 독점'을 주장하는, 일종의 독선과 망발에 속하는 것이다. 기술 문명의 문제는 인간 이성에서 비롯되는 문제고, 이 문제는 동서양 철학을 떠나서 인간이면 누구나 문제시할 수 있고, 또 문제를 풀 자격이 있다는 점에서 그의 주장은 매우 서구중심적인 사고의 단면을 드러내고 있다고 보인다. 여기에도 서구우월주의가 숨어 있다.

더욱이 동양 사람은 서구 문명의 밖에 있기 때문에 문제를 더욱 명확하게 볼 수 있고, 또한 대안을 제시하기에 유리한 입장에 있다. 왜냐하면 동양은 서양보다는 덜 이성적이기 때문이고, 또한 불교 철학을 비롯하여 노장 철학 등을 보유하기 때문이다.

현상에서 존재(본질)를 바라보는 것과 존재에서 현상을 바라보는 것은 다르다. 전자는 질서에서 질서 이전의 혼돈을 바라보는 것이 되고, 후자는 혼돈에서 질서를 바라보는 것이 된다. 현상(질서)에서 존재를 바라보는 것에 익숙했던

---

177 한국하이데거학회 엮음,『이기상 교수 회갑 기념 논문집─이 땅의 존재사건을 찾아서』,『하이데거 연구』제15집, 2007년, 봄호, 27쪽, 재인용.

하이데거는 '죽음(죽을 사람)'에서 염려^{Sorge}와 함께 삶을 바라보았으며 그의 회상적 사유는 '시원-죽을 사람'을 왕래하는 것이었다.

하이데거는 현상학에서 출발하여 존재(생성)에 이르렀지만, 현존재(인간)를 기준(기점)으로 출발하였던 관계로 존재를 아는 데 그쳤고, 현존이 현상이 아닌, 바로 존재인 줄 알지 못했다. 아마도 하이데거는 존재를 차마 기운생동의 혼돈이라고 말할 수 없었을 것이다.

현존은 '현상과 존재'로 갈라진다(현존=현상/존재=표층/심층=색/공=유/무=秩序/混沌). 이것을 존재론적 차이라고 말할 수 있다. 서양 문명의 이상이라고 할 수 있는 자유, 평등, 사랑을 여기에 대입하면 현존=사랑, 현상=자유, 존재=평등이라고 할 수도 있을 것이다.

서양 철학과 문명	동양 철학과 문명	예술(철학)인류학적 융합
시각-언어-페니스	소리-상징-버자이너	감각과 철학의 관계
양음陽陰- 남성 중심의 철학	음양陰陽- 여성 중심의 철학	부계사회와 모계사회
페니스 있음- 페니스 없음	페니스를 생산하는 자궁	양성 세계의 출발
유대기독교이슬람	유불선(풍류도, 샤머니즘)	힌두교는 종합이다
실체(개체, 원자, 절대동일성)	실재(비실체, 공, 무, 차이성)	알 수 없는 세계가 있다
실체론(이원대립의 세계)	관계론 (이원대립도 관계다)	사방으로 확장되는 대립

앎(지식)의 철학	삶(지혜)의 철학	삶의 철학으로서 앎
자연과학	자연 그 자체	자연은 대상이 아니다
역사 철학	자연 생태	인간은 자연의 일부이다
이理 철학/이성理性 철학	기 철학/소리 철학	性音은 音聲만이 아니다
이원 대립(절대-상대) 철학	천지인-음양(순환) 철학	절대는 자연을 끊은 것
현존을 이성으로 봄 그라마톨로지	현존을 생멸로 봄 포노로지	데리다의 역설은 서양 철학의 역설이다
현상학: 서양 철학은 현상학 (이데아는 현상학의 출발이다)	현존학: 동양 철학은 생멸학 (현존이야말로 생멸이다)	하이데거 존재론은 현상 학과 현존학의 사이
보편성의 철학	일반성의 철학	일반적이고 보편적인
다원다층의 음양학으로서의 동서 문명 (퍼포먼스의 문명)		코드code=코드cord

〈예술인류학적으로 본 동서양 문명〉

서양 철학의 개체 중심(원자주의)은 사물을 바라볼 때 '실체·절대·동일성'으로 바라보게 되는 것을 피할 수 없다. 동일성의 철학은 동일성을 둘러싸고 있는 세계와 대립하기 마련이다. 만약 동일성이 그것을 둘러싸고 있는 세계가 없다면 동일성 자체가 고정 불변의 실체기 때문에 세계는 역동적이거나 움직이지 못하고, 고정되고 정태적이 되어버리는 것을 피할 수 없다. 그래서 선이 선이기 위해서는 악이 있어야 하고, 선과 악의 경우도 각각 동일성이다.

　그런데 이원 대립항을 동일성이 아니라 동시성으로 보면 대립항은 하나이면서 둘이고￢而二, 둘이면서 하나가 된다￢而一. 세계를 동시성으로 바라보는 것은 실은 시간이 없다는 말로 통한다. 시간이 없으면 공간도 없는 것이고, 시공간이 없으면 이것이 바로 질서가 없는 것이고, 혼돈을 말하는 것이 된다. 혼돈이라는 단순히 무질서가 아니라 일종의 기운생동을 말하는 것으로서 우주적 양陽: 남성성의 기운과 음陰: 여성성의 기운이 태극운동을 하는 것을 말한다.

　동양 철학의 생성 변화는 바로 태극음양 변화를 말한다. 서양 철학처럼 시공간적 운동 차원을 존재라고 하는 것과는 다르다. 동양의 생성은 존재가 아니다. 동양의 생성은 실체(개체, 원자)가 없는 것이고, 기운생동이나 파동 혹은 소리로 상징되거나 은유될 뿐이다. 생성(존재)은 개체 이전의 것이고, 개체가 모인 집단도 아니다.

　진정한 존재는 결코 대상이 되지 않는다. 진정한 존재는 현존이기 때문이다. 그런데 현존재인 인간이 존재자로서 존재를 바라보면 이미 존재가 대상화하는 것을 피할 수가 없다.

이것이 '시각-언어'의 연쇄인 서양 철학의 타성이며 착각이다. 그렇기 때문에 존재를 두고 초월적인 생각에 빠지게 되는 것이다. 서양 철학사에서 가장 칸트적 존재에서 탈출한 철학자인 존재론 철학자인 하이데거나 구체 철학의 가브리엘 마르셀조차도 초월적 사고에서는 벗어나지 못하게 되는 것은 이 때문이다.

하이데거의 은적(은폐)과 현현(현성)은 바로 시각적인 사고가 남아 있기 때문에 붙여진 이름이다. 만약 시각적인 사고가 없었으면 은적이니 현현이니 하는 용어를 생산할 필요가 없는 것이다. 현존적 존재는 은적하지도 않고 그렇기 때문에 현현하지도 않는다. 현존은 대상화된 현상이 아니라 '살아 있는(기운생동하는, 현사실적인, 탈신화화하는) 존재'다. 그래서 현존은 직관으로 이해할 뿐이다.

현존에 대한 서양 철학자들의 잘못된 이해, 즉 '눈앞에 있음'의 '있음'은 이미 현존을 대상화하여 존재자로 본 것, 즉 현상에 지나지 않는다. 그런 점에서 서양 철학은 출발부터가 현상학이며, 플라톤조차도 결국 '이데아(본질)의 현상학'인 셈이다. 따라서 생성의 의미로서의 존재를 회복하기 위해서는 종래 칸트적 의미의 존재와 다른, 하이데거적 의미의 존재의 설정이 불가피하였다.

현존에 대한 잘못된 이해가 '현존'과 하이데거적 의미의 '존재', 그리고 현재적 의미의 '현상'을 갈라놓게 하였다. 하이데거적 의미의 존재는 '눈에 보이는 않는 존재', '은적(은폐)된 존재'다. 하이데거는 이 은적된 존재를 '본래적 존재'라고 하였다. 그러나 '은적된 존재'는 애당초 없다. "내(자신, 인간) 눈에 보이지 않는다."고 은적되었다고 하는 것은 너무 주관적이고 인간 중심적인 지각에 대한 설명이다. 존재는 결코 자신을 숨기지 않는다. 자신의 존재 방식으로 존재(현존)할 뿐이다.

하이데거의 존재는 문맥에 따라 생성적인 존재가 되기도 하고, 초월적인 존재가 되기도 한다. 더 정확하게는 하이데거의 존재는 초월의 초월(초월의 순환)일 수도 있다. 바로 그 초월성이 그로 하여금 완전한 동양적 의미의 생성적 존재로 들어오는 것을 방해하였을 가능성이 높다.

하이데거는 현존이야말로 진정한 생성적 존재임을 몰랐을 수도 있다. 현존은 본래대로 존재하는 '본래적 현존'인 것이다. 그러나 그 기운생멸하는 현존은 결코 잡을 수 없다는 점에서 서양 철학의 실체적 전통 하에 있는 하이데거가 '은적'을 말한 것은 이해할 만하다. 인간이 잡은 것은 이미 현재적 현상이기 때문이다.

그렇더라도 하이데거는 서양 철학과 동양 철학의 경계에 있었던 인물이다. 그가 흔히 말하는 존재 진리의 풍요로움을 인식적 진리(명제적 진리)에 의해 축소되었다고 보는 견해는 참으로 서양 철학자로서는 획기적인 전환이라고 하지 않을 수 없다.

하이데거는 서양 철학의 '존재'를 놓을 수 없었고, 데리다는 '문자'를 놓을 수 없었다. 이에 앞서 니체는 '힘(권력)'을 놓을 수 없었다. 여기에 들뢰즈는 '기계'를 놓을 수 없었다. 결국 서양 철학은 세계를 기계로 환원하는 과학 문명의 시대에 걸맞는 철학을 한 셈이다. 이것이 데카르트에 의해 시작되는 근대 서양 철학의 종착역이다. '하이데거, 데리다, 들뢰즈'는 '시간, 공간, 기계'의 철학자다.

"나는 생각한다. 고로 존재한다."라는 말은 "나는 존재한다. 그리고 생각한다."('생각보다 앞선 존재')를 뒤집은 것으로 데카르트의 명제 속에는 이미 기계(예컨대 시계)가 들어 있다. 앞서 예를 든 철학자들은 모두 데카르트의 후예들이다. 들뢰즈는 그후예들의 종착역과 같은 존재다. 서양 철학이 과학 철학에서 꼼짝 못하는 이유는 바로 여기에 있다.

하이데거는 그래도 '시詩의 철학'에 진입하는 것으로서 가까스로 서양 철학의 굴레에서 간신히 벗어날 수 있었다. 하이데거의 공적은 서양 철학에서 동양적 생성론에 도달한 것이라기보다는 시詩 철학을 회복한 것으로 볼 수 있다.

말하자면 하이데거의 '은적隱迹'이라는 용어는 시인의 눈으로 보면 일상적으로 타성화된 사물을 본래 사물의 모습으로 돌려놓는 '은유隱喩'에 견줄 수 있다. 은적은 존재가 숨는다고 하는 매우 현상학적인 시각을 유지하고 있지만, 그래도 시인들이 노래하는 은유의 세계를 넘어보는 맛이 있다. 은적과 은유는 존재를 노래하는(존재와 하나가 되는) 물심일체의 경지를 공유한다.

하이데거의 철학을 시인의 철학이라고 하는 것은 마치 중국 불교의 선종사禪宗史에서 신수神秀, 605~706와 혜능惠能, 638~713의 차이에 비교할 수 있다. 신수와 혜능은 오대조五代祖 홍인弘忍의 뛰어난 제자였다.

잘 알려진 시이지만, 신수가 스승에게 바친 「오도송悟道頌」, 선시禪詩는 다음과 같다.

신시보리수身是菩提樹 몸은 보리의 나무요
심여명경대心如明鏡臺 마음은 밝은 거울의 대와 같나니
시시근불식時時勤拂拭 때때로 부지런히 털고 닦아서
물사야진애勿使惹塵埃 티끌과 먼지 앉지 않도록 하라.

혜능이 스승에게 바친 시는 다음과 같다.

보리본무수菩提本無樹 보리는 본래 나무가 없고
명경역비대明鏡亦非臺 밝은 거울 또한 틀이 아니네.
본래무일물本來無一物 본래 한 물건도 없는데
하처야진애何處惹塵埃 어느 곳에 티끌과 먼지가 묻으리오.

혜능의 시에 흡족했던 홍인은 선종의 법통을 혜능에게 주기로 작정하고, 대중의 시기를 염려하여 "이것도 견성구見性句냐."라고 물리치고 밤중에 혜능을 다시 부른다. 다시 마지막 관문으로 금강경을 읽고 있는 스승에게 혜능은 다음의 시를 지어 바친다.

하기자성본자청정何期自性本自淸淨
하기자성본불생멸何期自性本不生滅
하기자성본자구족何期自性本自具足
하기자성본무동요何期自性本無動搖
하기자성능생만법何期自性能生萬法

자성이 본래 청정한 줄 어찌 알았으며

자성이 본래 생멸이 없는 줄을 어찌 알았으며

자성이 본래 만법이 구족함을 어찌 알았으며

자성이 본래 동요도 없는 줄 어찌 알았으며

자성을 좇아 만법이 나는 것을 어찌 알았으리요.

존재에 대한 시詩의 단계는 신수의 단계, 즉 '거울鏡의 단계'라고 말할 수 있다. 거울의 단계는 '언어(문자)의 단계'라고 말할 수 있다. 거울의 단계는 표면의 반사에 불과하다. 말하자면 사물 그 자체에 도달하지 못한 단계다.

혜능 단계는 '거울의 단계'가 아니라 자성自性이 만법萬法인 단계, 즉 본래 존재의 세계다. 필자는 이러한 세계를 심물일체心物一體, 만물만신萬物萬神, 만물생명萬物生命의 세계라고 한다.

현상학적 단계 (신수의 단계)	거울의 단계 (서로 비추는 단계)	주체-대상의 왕래 단계 (인식, 의식의 단계)	하이데거는 '신수'와 '혜능'의 사이에 있었다.
존재론적 단계 (혜능의 단계)	거울이 없는 단계 (심물일체의 단계)	자성이 만법의 단계 본래 존재의 세계	

〈신수와 혜능〉

이상의 의문을 현상학적인 물음으로서 "보는 대로 있느냐, 있는 대로 보느냐?"라고 물으면 그 답은 "보는 대로 있는 것과 있는 대로 보는 것은 같다(둘은 가역·왕래한다)."라고 말할 수 있다. 현상학적인 단계는 서로 왕래한다.

이를 존재론적으로 물으면 그 답은 "보는 대로 있는 것도 아니고, 있는 대로 보는 것도 아니다."라고 말할 수 있다. "있는 것을 볼 수도 없고, 보이는 것은 있는 것이 아니다." "현존이 존재다." 그러나 현존과 존재는 설명할 수는 없다. 설명할 수 있는 것은 이미 존재가 아니라 현상이다.

현상학적 단계	보는 대로 있느냐 있는 대로 보느냐	보는 대로 있는 것과 있는 대로 보는 것은 같다(둘은 서로 왕래한다)
존재론적 단계	보는 대로 있느냐 있는 대로 보느냐	보는 대로 있는 것도 아니고 있는 대로 보는 것도 아니다 (현존이 존재다)

〈현상학과 존재론〉

철학적 존재론은 존재를 대상화하는 것이 아니라 존재를 그 자체로 인정하며 노래하는 감동의 경지를 말한다. 하이데거가 시인 횔더린을 칭송하고 고향의 의미를 새롭게 부각한 것은 바로 그가 시인 철학자였음을 말해준다.

니체는 이에 앞선 시인 철학자였지만, 시(예술)를 힘(권력)의 상승 증대에 활용함으로써 중도에 그쳤다. 이것이 '시인 철학'에 도달한 하이데거와 '디오니소스의 긍정의 철학'의 차이다.

하이데거는 칸트가 철학의 과학화를 위해 버려둔(포기했던) 신^{God}과 물자체$^{Thing itself}$를 다시 철학의 대상으로 잡아서 칸트의 이른바 실체적 존재론을 새로운 존재론(하이데거 존재론)으로 전환한 인물이다. 그래서 그는 신과 인간과 천지의 사물들을 서로 비추는 존재로 설명했다.

하이데거는 우주적 존재를 사중물四重物: das Geviert: 하늘, 땅, 죽을 사람, 제신로 상징적으로 표현하고, 이들이 서로 비추고 침투하는 관계에 있음을 말했다.[178] 여기서 비추는 것은 시각과 거울효과 혹은 그림자를 말하는 것이다. 거울 효과는 표면의 반사에 지나지 않는다. 반사도 일종의 울림이긴 하지만, 물리학에 비유하면 일종의 입자물리학의 단계라고 말할 수 있다. 진정한 반사는 반향反響으로서 소리의 울림인 공명共鳴이다.

소리와 울림에 대해서 서양의 어떤 철학자보다 높은 이해를 하였다 할지라도 하이데거의 존재는 여전히 서양 철학의 시각적 차원을 완전히 극복하지는 못하고 있음을 뜻한다. 비추는 것은 사물 그 자체는 아니기 때문이다. 우주는 시각적 사건이 아닌 청각적 사건이고, 파동이고, 소리다.

178　박정진, 『일반성의 철학과 포노로지』, 소나무, 2014, 689~691쪽.

4. 하이데거의 사방 세계와 『천부경』

하이데거의 사중물은 동양의 최고 경전인 『천부경天符經』의 세계와 통하는 점이 많다. 그런 점에서 하이데거가 『천부경』을 접했을 가능성이 높다. 『천부경』은 하늘, 땅, 사람을 중심으로 세계를 설명하였지만, 하이데거는 여기서 신神을 보태 '사중물'로 본 것이다. '신'을 보탠 것은 물론 기독교 절대유일신의 영향일 것이다. 기독교의 '신'은 천지인의 순환 체계를 끊고 설정한 일종의 절대 신앙 체계다.

그렇지만 서양 문명을 근원적으로 비판한 하이데거는 절대유일신의 기독교 체계의 유산을 가지고 동양의 『천부경』의 순환 체계에 적응하려고 노력한 철학자다. 그래서 그 신은 유일신이 아닌 제신諸神이다.

『천부경』은 모두 81자로 상경上經, 중경中經, 하경下經으로 나뉜다. 상경은 천天, 一을 중심으로 천지인을 설명하고, 중경은 지地, 二를 중심으로 천지인을 설명하고, 하경은 인人, 三을 중심으로 천지인을 설명하고 있다.[179]

---

179 박정진, 『철학의 선물 선물의 철학』, 소나무, 2012, 327~348쪽.

『천부경』상경	천天을 중심으로『천부경』을 설명함	하이데거의 하늘	
『천부경』중경	지地를 중심으로『천부경』을 설명함	하이데거의 땅	'사중물'이 서로 비춤
『천부경』하경	인人을 중심으로『천부경』을 설명함	하이데거의 죽을 인간	

〈현상학과 존재론〉

하이데거가 인간을 '죽을 인간'이라고 규정한 자체가 그가 존재론을 주장했지만 현상학적 출발, 즉 현상학의 그늘을 완전히 벗어나지는 못했다는 것을 말한다. '죽을 인간'이란 천지창조와 종말구원의 사상을 벗어난 것 같지만, 실은 그것의 현상학적 변형에 불과하다. 말하자면 '죽을 인간'이라는 현상학적 지향점(대상-목적)을 설정해놓고, 불안의 사유를 시작하는 인간이기 때문이다.

서양 철학이 이성의 근거로 제시한 소리도 빛도 결코 이성이 아니다. 단지 인간이 소리와 빛을 이성이라고 보았을(자신을 투사하였을) 뿐이다. 소리와 빛이 이성이라면 인간이 태어나기 전에도 빛과 소리가 있었고, 이성이 발달하였어야 하는데 그렇지 못하다. 이성은 인간의 탄생과 더불어 탄생한, 니체의 말대로 매우 '인간적인 인간적인' 것이다. 말하자면 대뇌적 욕망이 이성이고, 신체적 이성이 욕망이었던 것이다.[180] 이것은 근본적으로는 인간이 동물에 있었던 발정기가 없어지는 성적 메커니즘과 관련이 있는 것이다.[181]

서양 철학에 있어서 시각적 한계와 특성에 관한 문제는 데

180   박정진,『일반성의 철학과 포노로지』, 소나무, 2014, 541~569쪽.
181   박정진, 같은 책, 571~589쪽.

리다에게도 그대로 적용된다. 데리다의 쓰기^{writing, écriture}야말로 시각적인 것이 아닌가. 데리다가 서양의 이성 철학을 벗어났다고 주장하면서도 결국 이성 철학의 실질적인 원인인 문자를 바탕으로 문자학을 구축하고, '쓰기'를 자기 철학의 키워드로 사용한 것은 서양 철학의 타성 때문이다. 그의 '쓰기^{écriture}'는 라캉의 '에크리^{Écrits}'와 다를 바가 없는 개념이다.

데리다는 또 문자를 초월적인 의미로 사용하는 것을 나타내기 위해서 '원^{原, arche}', '원초적 글쓰기^{archi-writing}', '원초적 흔적^{archi-trace}' 등의 말을 사용한다. 이는 라캉의 언어 환원주의를 문자로 대체한 것에 불과하다. 이러한 태도들은 반이성주의를 부르짖으면서도 전혀 서양 철학의 '언어-이성주의'를 벗어나지 못한 행동이다. 데리다의 그라마톨로지도 반이성주의를 표방하면서도 정작 이성주의 철학에서 실행한 텍스트 생산의 역동적 과정을 설명하고 있을 뿐이다. 이를 하이데거의 존재론에서 말한다면 '존재자'의 의미가 될 수밖에 없고, 그렇게 말하기로 한다면 서양 철학의 모든 글쓰기는 '그라마톨로지'였다고 말할 수 있다.

이를 서양 철학사의 관점에서 보면 철학적 용어 생산 과정에서 발생한 자기 순환, 자기 도착, 정신적 강박관념(정신 병리 현상)의 일종이라고 말할 수 있다. 여기에는 이성 중심-남성 중심의 문명적 허위 의식이 숨어 있다. 이성과 남성을 부정하면서도 이성 중심-남성 중심일 수밖에 없는 서양 철학의 한계자 특징이다.

서양 철학은 궁극적으로 '여성 콤플렉스'를 가진다. 그래서 여성을 가학^{加虐}하고 심지어 포르노그래피^{pornography}한다.

서양 철학은 여성을 상대로 포르노그래피 하지만, 결코 소리 철학^{phonology}을 만들어낼 수 없다. 그러한 점에서 필자의 소리 철학은 철학적 여성주의, 여성성의 철학이라고 말할 수 있다. 여성이야말로 진정한 자연이다.

데리다의 산종$^{散種,\ dissemination}$이 산종인 이유는 '텍스트$^{text=기록}$'에 파종하기 때문이다. 우주의 진정한 생산(생성)에 이르려면 '남자의 파종^{播種}'이 텍스트가 아닌 여자의 자궁^{matrix}에 이르러서 '여자의 재생산^{reproduction}'의 콘텍스트$^{context=기운생동}$에 참여해야 한다. 결국 여자만이 자연의 최종적인 생성의 주인공이며 상속자이다. '진정한 생성^{becoming}'은 여자에 의해서 이루어질 뿐이다. 그런 점에서 들뢰즈의 '여자-되기$^{woman-becoming}$'마저도 생성을 흉내 내는 남자의 가짜행위인 것이다. '남자의 여자-되기$^{woman-becoming}$'는 오로지 남자의 입장에서 짐짓 '-되기$^{-becoming}$'를 추구하는 것일 뿐이다. 남자의 '정충'은 여자에 의해 '씨뿌리기'의 성공 여부가 결정되고, 텍스트의 '의미'는 끊임없이 불변의 결정성을 기도하지만, 결국 무의미하게 되고 해체^{deconstruction}된다. 이것이 남자가 주도하는 텍스트의 역사적 운명이다.

데리다의 그라마톨로지는 서양 철학과 문명의 도착적 현실을 철학적으로 드러낸 사건이라고 볼 수 있다. 그가 파종을 산종이라고 하는 것은 마치 '문자의 포르노적 사건'을 은유하는 것이라고 말할 수 있다. 그런 점에서 철학은 고상한 체하지만, 실은 그 시대의 문화 현상을 자신도 모르게 형이상학적으로 표현하는 셈이다.

데리다의 관점은 포르노적 쾌락주의에 의해서 여성의 자

궁에 들어가지 못하고, 여성의 피부(표면)에 흩뿌려진 정충을 마치 문자의 초월적인 현상으로 바라보는 형이상학적 도착(폭력)에 비할 수 있다. 데리다의 그라마톨로지는 서양 철학의 내홍을 드러내는 '철학적 정신병'이라고 말할 수 있다. 니체의 정신병이 '힘(권력)의 정신병'이라면 데리다의 정신병은 '언어(의미)의 정신병'이라고 말할 수 있다.

데리다의 철학적 정신병·성적 도착의 결과인 그라마톨로지를 치유하고자 하는 것이 필자의 소리 철학인 포노로지다. 소리야말로 무의미를 포용하고 개념의 초월성을 극복할 수 있는 현존이며, 보이는 것이든 보이지 않는 것이든 모든 사물을 일반적인 존재(존재 일반)로 포용하는 일반성의 철학의 다른 이름이다.

프랑스의 후기 근대 철학을 대변하는 데리다와 들뢰즈는 서양 철학사의 마지막을 장식하는 인물의 성격이 강하다. 데리다는 관념주의 전통에서 그라마톨로지를 주장했고, 들뢰즈는 유물론적 전통에서 머시니즘을 주장했다.

관념주의 전통에서의 데리다의 분절articulation은 유물론적 전통의 들뢰즈의 접속connection과 같은 것이다. 유심과 유물의 이분법은 서양 철학의 종착역으로서 결국 같은 것인데도 이들은 평행선을 긋고 있다. 결국 문법grammar이 기계machine가 된 것을 모르는 까닭이다. 텍스트text가 결국 테크놀로지technology다.

텍스트와 테크놀로지는 모두 시간time의 산물이다. 말하자면 텍스트와 테크놀로지는 모두 시간으로 환원된다. 시간은 만든 인간은 텍스트를 만들 수밖에 없었고, 텍스트를 만든 인간은 테크놀로지를 만들 수밖에 없었다. 이들은 모두 다른 것이 아니다.

이와 이성은 언어적 표상에 불과하다. 이것이 학문과 도덕과 과학의 세계다. 세계의 실재는 기 혹은 기운생동, 기운생멸이다. 시와 예술은 기운생멸을 운율화韻律化한 기운생멸이다. 이와 이성은 바로 인간의 특성일 뿐이다. 인간의 언어적 표상이 발전하면 기운적機運的·기계적機械的 표상이 된다. 즉 언어와 기계가 된다.

인간은 자신도 모르게 스스로 건설한 기계적 환경에 둘러싸이면서 기계가 되어가고 있다. 기계적 환경에 둘러싸인 정황이 바로 들뢰즈의 전쟁 기계라는 개념에서 여실하게 드러나고 있다. 이제 기계의 전쟁, 전쟁의 게임 같은 것이 설정되고 있다.

게임의 전쟁, 전쟁의 게임은 인간이 자연에서 추출한 것이다. 자연의 기운생동과 게임은 전혀 다른 세계다. 인간은 자연의 기운생동을 게임 혹은 기계처럼 생각하고 자신을 기계로 변신시킨 가운데 기계의 감옥 속에 살아가고 있다. 기계와 과학이야말로 추상이다. 인간의 문명은 그동안 추상을 이용하여 살아왔지만, 결국 추상의 보복에 직면해 있다.

인류사를 보면 '신화와 종교'의 시대에서 '과학과 기술'의 시대로 변해왔다. 이것은 신화와 종교의 시대는 언어의 시대로, 과학과 기술의 시대는 기계의 시대로 특징 지어진다. 언어와 기계는 인류 문명의 충돌을 이끌어가는 주된 동인이다. 바로 여기서 대오각성大悟覺醒하여 자연친화력을 회복하지 않으면 인류는 공멸할 수도 있다.

언어와 기계 시대의 해독은 물론이고, 자연친화력을 회복하기 위해서는 '시와 예술'의 시대로 넘어가지 않으면 안 된다. 이때 시와 예술의 시대라는 것은 인간의 힘(권력)을 강화(상승·증대하는)하는 것에 기여하는 것이 아니라 자연으로 돌아가는 것에 봉사하는, 본래 인간성으로 귀속歸屬하는, '재귀再歸로서의 예술'이다.

인간은 절대(동일성, 소유)의 동물이다. 자아의 동물이니 절대적이 될 수밖에 없다. 절대는 '나는'이라는 말에서 출발한다. 절대는 말이고, 생각이다. 그래서 역설적으로 본래의 인간으로 돌아가는 의미에서의 '인간의 완성'은 그것을 버리는 '생각하지 않기'와 '말 버리기'다.

신라의 고승 정중무상선사淨衆無相禪師, 684~762는 삼구三句인 "무억無憶, 무념無念, 막망莫妄"을 정법안장正法眼藏으로 외쳤다.

이 세계의 모든 말과 개념은 인간이 만든 것이다. 이 세계라고 하는 말조차 인간이 만든 것이다. 따라서 인간이 다시 자연으로 돌아가는 비결은 자신이 만든 개념을 버리고 자연 그 자체를 바라보는 일이다. 자연의 소리를 듣고 자연의 기운생동을 느낄 일이다. 소리를 타고 마음의 파동을 느낄 일이다.

하이데거는 존재가 숨어 있다가 때때로 드러난다고 말한다. 그러나 정확하게 말하면 존재는 숨어 있지 않다. 존재를 숨어 있다고 하는 자체가 실은 현상학의 언덕에서 존재를 바라보는 태도를 의미한다. 하이데거가 존재에 대한 말을 하면서도 초월적으로 접근하는 데는 그만한 이유가 있다. 이는 바로 서양 철학적 전통을 중시하는 때문인데 이데아의 전통이든, 기독교의 전통이든 모두 자연에 대한 초월적인 태도를 견지하는 공통성에 기반하고 있다. 말하자면 하이데거는 서양 철학으로 서양 철학을 넘으려는 철학적 대모험을 한 셈이다.

하이데거의 이러한 태도는 기독교를 가지고 불교를 이해하려는 것과 같다. 부연하면 서양 철학과 기독교를 가지고 동양의 도학과 불교, 그리고 동양 사상을 이해하고 흡수하려는 것과 같다. 서양 철학의 현상학적 전통(고정 불변의 존재가 있다고 하는 전통)에서 존재(생성변화하는 생성적 존재)를 바라보는 사유 행위는 참으로 어려운 것이다. 그러한 점에서 하이데거는 동서양 철학의 경계에 서 있었던 창조적 주변인이었다.

현상학은 자연의 인간화를 의미하고, 존재론은 인간의 자연화를 말한다. 현상학은 인위를 지향하고, 존재론은 무위를 지향한다. 현상학의 절정은 역시 자연과학이다. 극도로 기술화된 기술 문명의 현대에서 존재의 회복은 신체적 존재론이다. 현대에 이르러 과학과 철학은 가장 첨예하게 대척점에 서 있다. 과학에 철학의 자리를 내준 과학철학자가 되지 않았다면 말이다.

자연의 인간화=현상학=인위=자연과학
인간의 자연화=존재론=무위=신체적 존재론

그렇다면 존재는 무엇인가. 자연의 인간화 혹은 인간의 자연화가 아닌 자연 그 자체다. 눈앞에 펼쳐져 있는, 인간에 의해 대상화되기 전의 자연이 바로 존재다. 그런 점에서 형용사가 붙어도 의미가 왜곡되지 않는 존재는 '자연적 존재'이다. 눈앞에 있는 자연은 대상화하지 않는다면 바로 존재이다. 신체는 지금도 태초처럼 시시각각 생멸하고 있다. 신체야말로 신이다. 무시무종無始無終의 신이다.

하이데거는 존재를 현상화한 철학자라는 점에서 존재현상학자라고 부르는 것이 마땅하다. 그랬기 때문에 그는 종래 서양 철학의 존재를 존재자라고 규정하고 새로운 존재론을 전개하였던 것이다. 그의 철학적 용어들은 모두 존재와 현상의 경계에서 탄생한 언어고, 애매모호한 언어다. 그렇지만 그는 진정한 존재론자, 즉 생멸을 당연한 것이면서 필연적인 것으로 받아들이는 열반涅槃한 모습은 아니었다. 단지 그는 죽을 존재인 인간의 불안과 공포가 죽음과 함께 본래 존재 혹은 근본 존재를 느끼는 데서 비롯되는 것임을 간파한 철학자였다. 다시 말하면 하이데거는 부처와 같은 불교적 존재론에 이르지는 못한, 그 언저리에 있었던 인물이다.

그는 말년에 횔덜린의 시에 묻혀 살았다. 시인의 은유에서 존재를 발견하였기 때문이다. 다시 말하면 과학적 글쓰기가 아니라 시적 글쓰기에서 존재의 피안을 발견한 셈이다. 시인의 은유는 사물과 현상을, 한 사물을 다른 사물의 관점에서 바라봄으로써 존재의 언어로 바꾸는 언어의 주술사라는 점에 감탄하였던 것 같다. 그는 횔덜린의 시에서 존재의 안식을 찾았던 것인지 모른다.

우리는 이렇게 말할 수 있다. 자연은 자연적 존재(본래 존재)이고, 문명적인 것은 모두 제도적 존재자(비본래적 존재)라고. 인간이 아는 것은 모두 '것(존재자)'이다, 라고.

5. 불교 화엄학과 하이데거 존재론 비교

서양 철학자 중에서 현상학을 벗어난 철학자는 단연코 마틴 하이데거^{Martin Heidegger, 1889~1976}뿐이다. 해체 철학자의 범주에 드는 니체, 들뢰즈, 데리다 등은 현상학의 차원에서 철학을 논의한다. 해체라는 말은 구성된 세계에서나 통하는 것이고, 따라서 현상학에서나 통하는 것이다. 존재론에서는 해체라는 것이 운위될 수가 없다. 요컨대 자연은 해체할 수 없는 근본 존재다. 자연과학은 진리에서 다른 진리로 나아가기 위해 해체할 수 있을지라도 말이다.

서양 철학사에서 불교적 존재론 혹은 동양의 도학에 가장 가깝게 접근한 인물은 바로 하이데거다. 하이데거는 생성을 존재로 각인^{刻印}하는 서양 철학사에서 존재의 껍질인 존재자를 발견했다. 그로부터 그는 존재로 생성을 설명하기 위해 무진 애를 썼다. 그는 '현상학의 근본 문제들'에 대해서 숙고함으로써 현상학과 경계를 이루는 존재론에 대해 천착하기 시작하였다. 존재와 현상의 문제는 서양 철학에서는 19세기 후반 하이데거에 의해 본격적으로 거론되었지만, 동양에서는 이미 5~8세기경 『화엄경』〔60권본(418~420), 80권본(695~699), 40권본(795~798)〕에서 다루었다.

솔직히 말하면 하이데거는 불교 화엄종의 화엄학이나 선┐디어를 얻은 뒤 이를 밝히지 않고, 자신의 전통에서 존재의 은폐와 현상의 현현을 찾으려고 한 것이라고 말할 수 있다. 그 기점이 그리스어 알레테이아 aletheia에 대한 회고다. 서양 철학에서는 진리를 논할 때 다분히 기억/망각의 이분법을 떠올린다. 그것을 현대화한 것이 바로 존재의 은폐/현현이라는 것이다.

하이데거가 제시한 존재의 은폐(은적)와 현상의 현현은 인간 현존재가 사물(사건)을 대할 때 피할 수 없는 입장 혹은 처지(인간조건) 혹은 존재 방식이라고 말할 수 있을 것이다. 그렇지만 동양의 도학에서는 존재가 은폐되어 있다고 생각하지 않는다. 존재를 현상(사물)이라고 생각하니까 존재는 은폐되었을 따름이다. 그런 점에서 존재는 진리가 아니다. 존재 진리라는 말과 존재사유seinsdenken라는 말은 화엄학이나 선종이라는 불교적 사유에 접근하기 위해 하이데거가 창안한 용어들이다.

『화엄경』의 사법계四法界는 철학에서 흔히 말하는 보편성의 문제를 다루고 있으며, 그것의 대상이 되는 사물과 사건에 대한 인식이나 사유의 종류를 말하고 있다. 요컨대『화엄경』의 사법계에서 말하는 이사무애법계理事無礙法界는 철학의 '보편적이고 일반적인'을 말하고 있고, 사사무애법계事事無礙法界는 철학의 '일반적이고 보편적인'을 말하고 있다.

『화엄경』	존재론-현상학	존재-존재자론	자연/사물
사법계 (사물과 사건)	존재론(생성론)	사물=존재	일반성
이법계(보편법칙)	보편론(이데아, 이성)	사물-존재자론	보편성
이사무애법계	보편적이고 일반적인	존재-존재자론	보편자의 존재론

사사무애법계	일반적이고 보편적인	존재자-존재론	존재자의 존재론
* 박정진의 신체적 존재론은 사물 그 자체를 존재로 보고 존재를 물활物活과 생명으로 볼 때 가능하다. 결국 자연과 우주를 유기체로 보는 것이다. 빛=생명=파동			

〈『화엄경』 사법계와 존재론의 상관 관계〉

『화엄경』은 이理와 사事를 말하고 있지만, 동양의 성리학은 이理와 사事를 이理와 기氣로 바꾸어 말하고 있다. 흔히 사事와 기氣는 운동을 포함한다는 점에서 서로 통하기도 하지만, 사事라는 개념은 고정 불변의 존재를 가정하기도 한다는 점에서 변화무쌍한 기운생동을 의미하는 기氣와는 다른 것이다. 화엄의 이사理事 개념을 성리학에서 이기理氣 개념으로 바꾼 것은 동양의 도학道學 전통에 기운생동의 개념이 있었기 때문이다. 고정 불변의 존재 혹은 존재자의 유무는 동양 혹은 서양에서 공통적으로 안고 있는 철학과 사상의 근본 문제이면서 동시에 인간 현존재의 근본 문제다. 이는 인간이 시공간적 존재이기 때문이다.

『화엄경』의 사사무애법계의 십현문十玄門에는 '은밀현료구성문隱密顯了俱成門'이 있다. 하이데거는 이것을 알고 있었던 것 같다. 하이데거가 존재의 은폐와 현현을 말하는 것은 이것이 아니고 무엇인가. 그러나 은폐와 현현이라는 것조차도 세계를 이원적으로 보는 흔적이 남아 있기 때문에 발생하는 개념이다. 불교의 불이不二라는 개념에도 이원성의 흔적이 남아 있기는 마찬가지다. 전반적으로 불교의 진리 혹은 법계

연기는 이원론을 지우는 것이긴 하지만, 여기에도 그 흔적은 남아 있다. 완전하게 이원론으로부터 벗어하는 것은 자연뿐이다. 자연은 '본래하나(본래 존재)'다.

우리는 여기서 문화인류학적으로 볼 때 불교라는 종교가 인도유럽어 문명권과 한자 문명권의 중간 지대에 있으며, 양대 문명을 소통하는 매개적 입장에 있음에 주목할 필요가 있다. 말하자면 서양 문명권이 동양 문명권을 이해하려면 불교를 소통 매개로 사용하는 것이 매우 효과적임을 알 수 있다.

인간은 잡을 수 없는 생성(존재)을 잡기 위해 자아와 영원과 무를 만들었다. 기독교와 서양 과학이 인도유럽어 문명권의 실체론의 한 극단에 있다면 불교는 그것을 부정하는 다른 극단에 있다. 서양의 실체론을 벗어나기 위해서는 불교보다 훌륭한 사유 체계가 없다. 불교를 거쳐야만 서양 문명권의 사람들은 동양의 도학에 이를 수 있다. 동양의 도학은 자연의 생성(생멸)을 삶의 근본으로 삼는 문명권이다. 한자 문명권의 도법자연道法自然과 그것의 근원이 되는 『천부경天符經』의 인중천지일人中天地一 사상을 이해하지 않고서는 인류는 평화에 도달할 수 없다.

하이데거는 니체의 영향을 받은 서양 철학자 가운데서 가장 니체를 극복한 철학자다. 그래서 그는 니체를 두고 서양의 '형이상학의 완성자'라고 높이 평가하면서도, 다른 한편 그는 존재의 소리를 듣기 위해 무진 애를 썼다. 하이데거는 자연 그 자체에 가장 가까이 다가간 철학자다. 그는 적어도 선불교禪佛教의 무설지설無說之說, 무법지법無法之法의 경지에 도달한 인물처럼 보인다. 하이데거의 존재의 존재자, 존재자의 존재는 이를 두고 한 말이다.

하이데거가 동양의 『천부경』에서 그의 철학의 마지막 힌트를 얻은 것은 잘 알려진 사실이다. 그렇지만 정작 한국의 철학자들은 『천부경』의 귀함을 모르고 있었으니 참으로 아이러니라고 하지 않을 수 없다. 하이데거는 서양의 철학에서 동양의 도학으로 건너온 철학자다. 서양 철학자 가운데서 드물게도 자연과학이 자연이 아니라는 사실을 알아챈 인물이다. 그는 "과학은 사유하지 않는다."라는 말을 할 정도였다.

인도유럽어 문명권		
	한자 문명권	
기독교	불교	도교(선도)
이二	불이不二	일一
이분법二分法, 주체-대상	空卽是色, 一卽一切	도법자연, 인중천지인
이원대립-변증법合一	이중성二重性-무無	음양상보陰陽相補
현상학(존재자)	존재론(존재-존재자)	생성론(존재), 자연
사유-존재(사물)	존재(사건)-사유	존재(생멸적 존재)
자연과학自然科)	공空=진여眞如	무위자연
실체론(동일성)	비실체론(차이성)	자연성=근본성
가상 실재, 가유 (假有=空)	생멸生滅, 가공假空=色	생성=실재
욕망慾望=이성理性	무욕無慾=무無	춘하추동-생장염장
자연≠인간=도道=신神=불佛/자연自然 이외의 것은 모두 가상이다		

〈기독교-불교-도교의 상관 관계〉

그렇지만 하이데거는 존재가 숨어 있다고 말하고 있는데 실은 존재는 숨은 적이 없다. 존재가 숨어 있다고 하는 것은 현상학의 언덕에서 존재를 바라보았음을 극명하게 드러내는 증거다. 이는 그가 현상학의 입장에서 완전히 탈피하지는 못했음을 드러낸다. 그런 점에서 하이데거조차도 존재(자연적 존재)에 완전히 도달하지는 못했다. 이는 플라톤의 이데아에서 완전히 벗어나지 못했음을 드러낸다. 플라톤은 현상의 이면에 이데아가 숨어 있다고 하지 않았던가. '숨어 있는 이데아'와 '숨어 있는 존재'는 자칫하면 '고정 불변의 것'으로 인식될 위험성이 다분하다.

하이데거의 존재라는 말은 매우 애매하다. 그것은 생성(존재)도 아니고 존재(존재자)도 아니다. 그래서 이해하기 어렵다. 하이데거의 '존재'를 '자연'이라고 하면 가장 이해하기 쉽다. 따라서 존재는 '자연적 존재'다. 자연적 존재가 아닌 것은 모두 '존재자', 즉 '제도적 존재자'다. 인간은 자연에서 제도를 만들어내는 존재, 즉 현존재다. 그런 점에서는 자연과학도 제도의 산물(제도적 존재자)이다. 자연과학을 가능하게 하는 시간과 공간은 따라서 과학적 제도이다.

존재를 더욱더 대중적으로 이해시키기 위해서는 "여자는 자연(존재)의 상속자다."라는 경구를 이해할 필요가 있다. 신체를 재생산하는 여자야말로 자연이 아닌가? 그렇게 되면 여자는 존재고, 남자는 존재자다. 여자는 신체고, 남자는 언어다. 자연이야말로 무위자연無爲自然이고, 도법자연道法自然의 도道다. 자연=도道=신神=불佛.

자연의 생성을 존재라는 단어로 설명하는 것은 매우 어렵다. 하이데거는 그래서 시를 통해서 존재에 도달하고자 했다. 시의 은유는 숨어 있는 존재를 드러내는 언어적 효과를 누리게 된다. 시의 은유는 또한 한 사물을 다른 사물의 관점에서 보기 때문에 저절로 고정 불변의 존재를 부정하는 효과를 거두게 된다. 다시 말하면 은유는 현상의 이면에 있는 존재를 느끼게 할 뿐 아니라 존재를 실체가 없는 하나의 전체성, 즉 일여一如로 파악하게 하는 힘을 갖는다. 그렇지만 존재는 언어에 의해서 완전히 드러나는 것이 아닌, 알 수 없는 전체다.

어쩌면 존재는 이미 드러나 있는 자연 그 자체(본래 존재)이다. 존재는 이미 드러나 있지만 인간이 죄다 인식할 수 없는 것이다. 인식된 것은 이미 존재가 아니다. 인식은 존재를 대상으로 명확하게 파악하게 하는 대신 존재를 부분으로 전락하게 하는 작용을 동시에 한다. 인간은 자연을 인식함으로써 존재를 현상으로 만드는 현존재다. 인식은 존재를 이분화하고, 실체화한다. 이것이 현상학의 세계다. 현상학을 넘어서고자 하는 존재론이 알 수 없는 세계를 상정하는 것은 마치 서양 철학이 플라톤에서 소크라테스로 다시 돌아가는 것과 같다. 이데아에서 존재로 말이다. 이때의 존재는 물론 생성적 의미의 존재다.

서양 철학사에서 존재와 생성을 어떻게 설명하고, 존재(생성)와 존재인식(사유), 즉 양자(주체-대상)를 어떻게 조화하느냐의 문제는 철학의 근본 문제이면서 영원한 문제다. 이 문제는 언어의 문제로 비약하면서 언어의 환유와 은유의 문제로 직결된다. 은유는 인간으로 하여금 존재로 안내하는 언어의 기능이기 때문이다.

인간은 의미를 먹고사는 동물이다. 의미는 어디서 발생하는가? 현상학은 주체-대상의 프레임에 따라 사물을 의미 대상^{noema}으로, 의식을 의미 작용^{noesis} 상정하지만, 언어학자들은 의미의 발생을 은유^{metaphor}에 둔다. 개념적 메타포$^{conceptual\ metaphor}$에서 개념이 발생한다.

은유야말로 철학의 압축이고, 철학의 전부고, 철학의 고향이다. 이는 인류의 문화가 신화와 전설에 그 뿌리를 두고 있는 것과 같다. 은유야말로 자연의 소리이고 자연이다. 하이데거의 존재 진리는 이를 두고 한 말이다. 하이데거가 횔덜린의 시를 읽고 해석하면서 말년을 보낸 것은 바로 은유의 철학에 빠진 때문이다.

하이데거는 가장 폭넓게 존재(생성적 존재)를 탐색한 서양 철학자임이 분명하지만, 더 정확하게는 생성을 존재라는 말로 설명하기 위해 동양의 선불교와 도학과 『천부경』의 정신과 삶의 태도를 이해하려고 노력한 인물이다. 그는 특히 동양의 생성론(생멸론)을 서양 철학의 언어로 번역하기 위해 그리스 철학에서부터 그 작업을 시도했지만, 결국 '있음(존재)'에서 완전히 벗어나지는 못했다.

그는 전기에 존재를 시간(시간 현상)에서부터 이해하려고 노력했고, 후기에는 시간에서 존재를 이해하려고 노력했지만, 결국 그는 시간과 존재, 존재와 시간을 왕래한 철학자였다. 그는 전기에는 유에서 무를 이해하려고 노력하였고, 후기에는 무에서 유를 이해하려고 노력했지만, 결국 동양 철학과 불교의 무에 도달하지는 못했다. 그는 결국 '시간에 매달린 철학자'였기 때문에 '존재현상학'에 머물렀다고 할 수 있다.

필자는 이렇게 말할 수 있다. "존재는 시간이 아니다." 또한 "존재는 진리가 아니다." 존재는 시간의 너머에 있는 것이 아니라 시간의 깊은 심연, 시간 그 자체(바탕)라고 할 수 있다. 존재는 모든 것의 그 자체다.

하이데거의 존재현상학은 불교적으로 말하면 유상삼매有相三昧에 속한다고 할 수 있다. 반면 필자의 존재존재론은 무상삼매無相三昧에 속한다. 하이데거의 사방 세계는 하늘, 땅, 죽을 인간, 신적인 것이 서로 비추는 '거울 놀이'를 한다는 점에서 여전히 상相을 완전히 벗어난 것은 아니라는 점을 말한다.

불교는 상구보리上求菩提, 즉 위로 스스로 깨달음에 도달하는 것과 함께 아래로 하화중생下化衆生을 해야만 한다. 상구보리는 부처가 되는 길을 말하고, 하화중생은 깨달은 자가 중생을 위해 실천을 하는 것을 말한다. 말하자면 실천이 없으면 불도佛道가 완성되는 것이 아니다. 도리어 실천함으로써 불도가 완성되는 것이다.

서양 철학은 체계적인 언어 구성만으로도 훌륭한 철학으로 대접 받지만, 동양은 실천이 없으면 철학으로 대접 받지 못한다. 그러한 점에서 불교도 도학의 일종이다. 실천은 신체적 활동이 따라가는 것이라는 점에서 결국 신체적 존재론이라고 말할 수 있다. 결코 머리만의 이해로서는 철학이 성립되지 않는다. 물론 철학의 언어적 구성에도 이미 실천의 행위적 특성이 관계하는 것이긴 하지만 도학에서는 미진하다. 하이데거의 존재론은 이러한 기준으로 볼 때 상구보리는 어느 정도 달성되었다고 하더라도 그것의 실천인 하화중생에서는 의문점이 적지 않다.

필자의 존재존재론, 일반성의 철학과 포노로지(소리 철학)의 입장에서는, 우리 눈에 비친 모든 상은 상이 아니다. 인간이 사물(존재)을 대상으로 보기 때문에 존재에서 성스러움을 잃어버리고 전락한 것이 사물이며 존재자다. 우리를 둘러싸고 있는 자연은 모두 동등한 존재며, 존재 그 자체다. 인간은 지각적으로 있음有에서 없음無을 발견하였지만, 철이 들면서 '없음'에서 '있음'을 다시 깨닫기 시작했다. 이것이 존재론이다. 유무有無에서 무유無有로 역전된 것이다.

2. 서양 철학과 문명에 대한 반성과 전망

1. 물신 숭배에서 신물 숭배로
— 동일성과 차이성, 자연주의와 평화

1) 물신-기계 시대의 인간 소외

서양 철학과 문명을 진단하려면 서양 철학의 밖에 있어야 한다. 서양의 주류 철학은 우선 고정 불변의 어떤 본질(가상 실재)이 있음을 가정한다. 이것은 이미 '초월적 사유'의 시작이다. 이것은 결국 플라톤의 이데아를 거쳐서 칸트에서 이성이 되었다. 세계의 본질(신과 물자체)에 대한 탐구의 포기와 함께 칸트는 그야말로 현상학을 출발했다.

칸트의 이성 철학은 물론 데카르트의 코기토(근대 철학의 시작)에서 출발한다. 데카르트에 의해 생각이 존재가 되고 (존재가 생각이 되고), 생각하는 주체는 항상 대상을 설정하고 왕래하지 않으면 안 된다. 바로 그 때문에 현상학의 주체는 항상 초월적 주체(공간적으로)고, 대상은 항상 영원한 대상(시간적으로)이 되지 않으면 안 된다.

칸트의 순수이성은 헤겔에 의해 절대 정신의 정신현상학으로 발전한다. 순수이성은 정언명령과 같은 수직적·공간적 체계인 반면, 정신현상학은 역사 철학으로서 수평적·시간적 체계였다. 순수이성은 과학의 법칙과 같은 양심의 도덕 체계였다면, 정신현상학은 시대정신을 개념화·절대화하는 절대의식 체계였다.

정신현상학은 인간이 자신의 정신(자기 의식)을 대상으로 한 현상학의 집대성이다. 헤겔 이후 철학은 현상학에 본격적으로 들어가게 된다. 헤겔 이후는 철학은 모두 현상학에 소속되게 된다. 니체의 '힘에의 의지 철학'도 일종의 현상학의 변형이다. 니체의 주권적 개인은 초월적 주체의 변형이고, 영원 회귀는 영원한 대상의 변형이다.

　　서양 철학은 결국 '힘(권력)을 의지한 철학'이었고, 이를 바탕으로 한 서양 문명은 힘의 증대를 목표로 하는 문명이었음이 폭로된다. 고정 불변의 어떤 존재를 가정한 서양 철학은 결국 눈에 보이고 손에 잡히는 실체를 추구하는 철학이었고, 그 실체가 바로 힘(권력)이었던 것이다. 서양 철학과 문명은 오늘날 결국 과학 문명을 이루었고, 과학은 신의 자리를 대신해서 무소불위의 힘(권력, 폭력)을 행사한다.

　　서양 문명이 힘(권력)을 경쟁하고 과시하는 문명, 패권주의를 지향하는 문명이 될 수밖에 없는 이유가 여기에 있다. 서양 문명이 계몽주의를 거쳤고, 합리주의를 완성했다고 하지만 결국 1, 2차 세계대전을 치렀고, 파시즘에 빠졌고, 심하게는 대량학살genocide, 인종학살을 범했던 것이다.

　　파시즘과 대량학살이라는 것은 서양 문명이 어쩌다 실수를 한 것이 아니라 서양 문명 자체의 힘(권력)의 추구, 동일성(실체)추구의 결과였다는 것이 드러나고 있다. 이것은 한마디로 '신(기독교)＝초인(신-인간)＝인간신(과학)'으로 설명될 수 있다. 합리주의의 결과는 허무주의였고, 허무주의를 극복한다고 한 것이 다시 파시즘이 되어버렸던 것이다.

　　서양 철학은 개념의 벽돌장을 쌓아올려 기계에 이른 구성물에 지나지 않는다. 결국 개념이 기계가 됨으로써 세계를 자연에서 기계로 환원하고, 자연을 황폐화한 나머지 인간을 소외하는 괴물이 된 것이다. 그 기계의 놀이라는 것이 끝내 전쟁 기계를 통해 그 힘을 과시하게 된 현상이 오늘날의 패권 경쟁이다.

잡을 수 없는 원자의 힘을 이용하여 원자력이라는 불(에너지)을 만들었으나 이를 끝내 원자폭탄으로 만들어 무기화함으로써 세계를 일시에 망가트릴 수 있는 힘을 가지게 된 것이 현대인이다. 그런데 문제의 그 힘은 악마에 더 가까운 것이 사실이다. 욕망, 소유, 집단이기의 인간의 모습은 악마의 모습에 더 가깝다.

이제 인간의 의식과 생각을 바꾸지 않으면 언젠가는 인류가 공멸할 위기에 처하지 않는다고 장담할 수 없다. 욕망 대신에 만족, 소유 대신에 공영, 집단이기 대신에 평화를 택하지 않으면 안 되는 절체절명의 위기에 서게 된 것이다.

인류는 이제 패권국가의 등장 없이 평화를 유지하는 방법과 합의를 개발하여야 한다. 왜냐하면 패권국가를 결정하는 가공할 전쟁으로 평화를 얻기도 전에 공멸할 수 있기 때문이다. 고도로 발달한 첨단 원자 무기는 시시각각 공멸의 위기와 불안을 상상케 하고 있다.

근대적 허무주의는 힘(권력)과 과학으로 극복할 일이 아니라 불교적 원융과 깨달음으로, 어떠한 소유도 내려놓은 방식으로 극복되어야 한다. 즉 개인의 부처됨으로 세계를 바꾸는 데에 이르지 않으면 인류는 사상 초유의 인류 공멸이라는 위기에 직면하게 될지도 모른다. 지혜롭다고 하는 자칭한 호모사피엔스의 힘이 자신의 힘에 의해 자멸하는 모순에 직면하게 된 것이다.

세계는 니체가 제시한 '힘(권력)에의 의지'를 포기함으로써만이 평화에 이를 수 있다. 힘이란 세계를 위계적으로 보는 것이다. 힘이란 세계를 지배-피지배의 패러다임으로 보는 것이다. 인간은 이를 포기하여야 한다. 자연의 생태계는 인간이 본 것과 같은 생존 경쟁과 위계의 장이 아니라 공생의 장이었다.

깨달음은 모든 존재의 평등, 즉 존재의 일반성에서 도달하는 것이다. 다시 말하면 물심일체物心一體, 물신일체物神一體의 경지에 도달하는 것이다. 깨달음은 어떤 것에도 열려 있는 마음 상태를 말한다. 그런데 서양은 힘(이데아, 이성, 실체, 동일성)에서 긍정을 찾고, 마음의 문을 닫아버렸다.

힘에서 마음의 문을 닫아버리면 그것이 바로 파시즘이다. 힘(권력)은 과학 문명에서 극적으로 드러난다. 과학에서는 목적과 수단이 서로 왕래한다. 수단이 목적이 되고, 목적이 또한 수단이 되면서 증대를 꾀하게 된다. 힘은 결국 파멸에 이르고서야 자신을 중단하게 되는 것이다.

서양 주도의 인류 문명은 지금도 그러한 힘(권력)의 증대의 길을 가고 있다. 서양 문명에 제동을 걸지 않으면 안 되고, 서양 문명 자신이 그들의 문제점을 발견하고 시인하는 과정을 거치지 않고서는 평화를 달성할 수 없다. 그러한 점에서 동양 문명은 '만물만신(샤머니즘)=깨달은 인간(부처-인간)=신인간神人, 新人, 自神'의 대안을 제시하는 것이다. 인간은 결국 '자신을 통해 신을 보는 존재'다.

서양 문명은 현재 심각한 물신 숭배에 빠져 있다. 서양의 인류학자들이 원시 미개사회를 현지 조사할 때는 현지인(선주민)들이 자연을 신성시하면서 자연에 제사를 지내고 함께 살아가는 모습을 보고, 물신 숭배^{fetishism, 物神崇拜}라고 규정했지만, 실은 서양인이야말로 물신 숭배에 빠져 있다. 서양인은 자기 자신을 그들에게 투사했던 것이다.

원시 미개인은 사물을 물질로 보지 않고 영혼을 가진 신으로 보았기 때문에 사물은 신^神이고 신물^{神物}이지, 물신^{物神}이 아니었다. 서양이 이끈 현대 문명은 바로 물신 숭배의 문명이며, 나아가서 물신일 뿐 아니라 '기계신^{機械神} 문명'이라고까지 말할 수 있다.

하이데거는 현대의 기술 문명을 허무주의로 보고 있다.

"니힐리즘의 감추어진 본질 영역은 존재 자체가 그 자신의 고유한 진리 속에 전혀 경험되지 못하여 망각되기 시작하는 바로 그곳에 자리 잡고 있다."[182]

신상희는 이 점에 대해 "지구촌 전체를 장악하려는 현대 기술의 고삐 풀린 지배 의지가 맹위를 떨치는 오늘날에 이르기까지 망각의 어둠 속에 남겨진 존재 자체의 역사적 운명^{Geschick}에 대해서는 단 한번도 사유한 적이 없다고 하이데거는 지적한다."[183]고 부연 설명한다.

서양 철학이 동일성의 철학임은 잘 알려진 사실이다. 동일성의 철학을 가진 국가나 문명은 항상 남에게도 그 동일성을 요구하기 때문에 전쟁을 일으키거나 전쟁에 휘말리기 쉽다. 동일성은 때때로 자신의 지배 욕망을 절대나 정의나 선

---

182   신상희,『하이데거와 신』, 철학과 현실사, 2007, 114쪽, 재인용.
183   신상희, 같은 책, 115쪽.

으로 둔갑함으로서 합리화하거나 명분을 쌓는 데에 이용한다.

동일성을 주장하는 서구 문명이 세계를 이끌어가는 한 인류사에서 전쟁이 사라지지 않을 것이다. 동일성의 궁극적인 정체는 바로 소유기 때문이다. 물신 숭배와 동일성, 소유는 등식 관계에 있다. '물신'과 '신물'의 글자 순서가 하나 바뀜에 따라 세계는 전쟁으로 나아갈 수도 있고, 평화로 나아갈 수도 있다.

세계는 그 자체가 신神이고 물物이고, 신물神物이다. 세계를 대상화하는 것이 바로 물신物神이며, 물신이야말로 전쟁의 원인이다. 신물 사상이 세계를 평화로 이끄는 사상이다. 신물 사상은 원시 미개인의 신관이며 동시에 자연관이다. 자연과 더불어 살던 옛 조상 인간의 평화 사상을 오늘에 되살리는 것이야말로 인류 평화의 지름길이다.

그동안 인간 종이 철학한 것을 반성해보면 진정한 평화에 이르는 길은, 진정한 평화 철학에 이르는 길은 결국 철학을 (철학하는 행위 자체를) 포기하는 것이라는 것을 알게 된다. 철학이라는 것은 자기의 동일성을 남에게 강요하는 것이라는 사실에 도달하게 된다. 진리와 진여라는 것은 인간이라는 가상이 가상을 잡은 것에 불과한 것이 된다.

진리나 진여라고 하는 것은 실재를 살아가는 인간이 자신의 사유를 통해 시대적 필요need와 요구demand에 따라 가상(실체)을 잡은 것으로 어떤 진리나 진여도 한시성과 제한성을 피할 수 없다. 그런 점에서 반야무지론般若無知論은 맞다. 진리나 진여라는 것도 가상이라는 동일성을 주장한 것에 불과한 것이 된다. 가상이기 때문에 동일성이 가능한 것이다. 가상이 아닌 자연에는 동일성이 없다.

진리와 진여는 없다. 오로지 있는 것은 기운생멸, 기운생동 뿐이다. 진리와 진여는 가상이다. 진리와 진여는 기운생멸을 가리키는 것일 뿐이다. 인간이 진리를 잡은 것은 가상이 가상을 잡은 것은 꼴이다. 가상이니까 가상을 잡았다고 생각하는 것이다. 결국 생각이 가상이다. 생각하는 과정은 가상이 가상을 잡는 과정이다. 따라서 모든 분류학은 가상이고 인간의 거짓이다. 분류학은 반드시 실재(무엇)를 지칭(가상, 언어)하는 것이고, 잡는 것이다.

지칭하는 것은 이미 무엇(존재, 실재)을 둘로 가르는 것이고 대상화하는 것이다. 지칭하는 것은 대상화하는 것이고, 대상화하는 것은 잡는 것이다. 그렇지만 진리와 진여는 매우 인간적인 행위다. 인간은 진리와 진여를 잡는 존재기 때문이다. 누가, 언제, 어디서, 무엇을, 어떻게, 왜라고 하는 육하원칙은 모두 존재(실재)가 아니다. 모두 가상이다. 이를 역설적으로 말하면 가상이니까 진리고, 가상이니까 선하고, 가상이니까 아름답다. 가상이니까 참되고[眞], 참답고[善], 참하다[美].

생물학의 진화론과 심리학의 욕망(본능-충동)과 수학(물리학)의 미적분학, 그리고 철학의 현상학은 모두 같은 계열의 사고다. 말하자면 '결과적 동일성'의 사고다. 이는 기독교의 신의 천지창조라는 '원인적 동일성'에서 메시아의 종말구원이라는 '결과적 동일성'으로 사유의 중심 이동을 한 것이다. 진화론은 창조론과 반대라기보다는 '창조-진화'의 한

쌍일 뿐 모두 서양의 현상학적·실체론적 사고의 산물이다.

원인이 실체라고 하든 결과가 실체라고 하든 결국 실체론이다. 따라서 진화론과 창조론이 싸우는 것은 마치 서양 철학에서 주체와 대상이 싸우는 것, 원인과 결과가 싸우는 것과 같다. 결국 주체가 대상이고, 대상이 주체다. 원인이 결과고, 결과가 원인인 것이다. 대상이 없다면 주체가 어떻게 있겠는가. 결과가 없다면 원인이 어떻게 있겠는가. 둘러치나 메치나 같은 것이다.

철학하는 것 자체가 인간이기 때문에 철학하는 것이다. 철학하는 일이 발생하는 것은 매우 인간적인 행위다. 따라서 철학하는 것은 인간의 존재 방식이다. 육하원칙 중에서 결국 누가who가 가장 사태의 발단이다. 누가가 있기 때문에 언제when가 발생하고, 언제가 있기 때문에 어디서where가 발생하고, 어디서가 있기 때문에 무엇을what이 발생하고, 무엇을이 있기 때문에 어떻게how가 발생하고, 어떻게가 있기 때문에 왜why가 발생한다.

'누가'라는 주체의 가정(선험적 전제)이 없다면 육하원칙은 발생하지 않았다. 개체(개인)가 주체의 원인이다. 그렇다면 개체를 해체하는 것이야말로 존재(실재)에 이르는 길이다. 그것이 일반성의 철학이다. 개체의 해체에 이르면 만물만신이고, 만물생명이다.

여기서 만물만신이라는 것은 서양 철학(칸트 철학)의 '물자체'와 '신'이 같다는 뜻이다. '물자체'가 '존재 일반'이고, '신'이 '초월적 존재'이므로 결국 존재와 초월이 같다는 뜻이다. 결국 인간(현존재)이라는 존재가 신과 물자체를 갈라놓은 셈이다. 이는 인간이야말로 신과 물자체를 통하게 할 수 있다는 뜻도 된다.

조상 인류의 샤머니즘, 샤머니즘 철학으로 돌아가는 것이야말로 인류 평화에 이르는 길이다. 샤머니즘은 인간(산 사람)과 귀신(죽은 사람)의 화해를 비롯하여 하늘과 땅, 만물의 화해와 평화를 기원한 종교다.

그런 점에서 인간과 환경과의 화해를 청하고 하나가 되게 하는 에코페미니즘eco-feminism과 인간과 귀신, 인간과 신의 화해를 청하면서 샤머니즘의 부활을 꾀하는 네오샤머니즘neo-shamanism은 동전의 양면과 같다.

여기서 네오neo-라는 접두어와 에코eco-를 접두어를 붙이는 이유는 샤머니즘과 페미니즘이 근대 자연과학 시대를 넘어갔기 때문이다. 자연과학 시대를 넘어갔다고 하는 것은 오늘의 시대성을 말한다. 모든 텍스트는 시대성context을 반영하지 않으면 그 의미를 상실하기 때문이다. 인간의 문화는 항상 새로워지지 않으면 안 되고, 자연과 공존에 실패하면 위험에 빠지기 때문이다.

서양 문명과 서양 철학은 과학과 보편성을 만들어낸 정점에서 계속해서 '기계의 정도'를 높이고 있다. 지금은 제4차 산업 시대를 맞고 있지만 계속해서 그 정도를 높일 것이 예상된다. 기계화와 산업화가 심화될수록 자연과 환경의 중요성이 부각될 전망이다. 그동안 철학은 보편성을 추구했지만, 개체와 실존의 부각에 따라 일반성을 주목하게 되었다.

지금까지 일반성은 보편성에 따라다니는 성격으로 간주되어 '보편적이고 일반적인'으로 불렸으나 이제 일반적인 것이 본래 존재라는 것을 알게 되었다. 일반적인 것이 자연을 의미하고, 자연이야말로 존재의 근본으로서 근본존재, 본래존재임을 알게 되었다.[184]

이제 문명과 철학은 존재의 일반성, 존재의 본래성, 본래존재로 돌아가야 한다. 존재의 일반성, 즉 만물만신, 만물생명으로 돌아가지 않으면 인류는 공멸하게 된다. 인간의 인위人爲나 유위有爲는 생명을 가진 자연에 비해 가치가 떨어지게 될 것이다.

생명과 기계의 결정적인 차이는 무엇일까. 생명은 빅뱅 이후 자연스럽게 진화된 것이고, 따라서 우주론적인 전체 과정에 어떤 부분을 따로 떼어내어 분리할 수 없는 것이다. 반면 기계는 인간에 의해서 만들어진 것이고, 따라서 도중에 조작된 것이기 때문에 결국 어느 지점에선가 부분들의 조립으로 이루어진 점이다.

만약 기계가 아무리 생명 현상을 대신한다고 하더라도 그것은 생물학적 재생산이 불가능하며, 결국 어떤 동일성과 조작을 내재한다. 이것을 두고 문화적(문명적)인 신화조작이라고 해도 틀리지 않을 것이다. 그렇지만 자연에서는 동일성은 없고, 신화 조작도 없다.

인간은 신을 자연에게 돌려주어야 한다. 그렇게 되면 신과 인간과 자연이 하나가 되고, 본래 하나였던 세계를 회복하게 된다. 그 길만이 권력과 소유로부터 벗어나는 길이고, 인간 소외로부터 벗어나는 길이고, 자연적 존재로서 자연으로 돌아가는 길이다. 거기에 인간의 본향本鄕이 있다. 그 본향은 마음과 몸이 하나인 곳이다. 다시 말하면 정신-물질, 주체-

184 박정진,『일반성의 철학과 포노로지』, 소나무, 2012, 23~52쪽.

대상으로 분리(분열)된 곳이 아니다.

2) 인간은 지혜로운 존재인가?

후기 서양 철학의 대표적 인물인 니체의 문제점은 기독교의 세속화를 비판하면서 대안으로 '초인'을 내놓았지만, 권력의 의지가 바로 세속화와 만난다는 점을 간과했다는 점이다. 권력의 의지는 세속화로 가장 잘 나타난다. 우리는 여기서 니체의 모순을 발견할 수 있다. 권력은 결국 지배욕을 의미하고, 규모가 커지면 패권 경쟁으로 나타나기 마련이다. 패권 경쟁을 하지 않고는 못 배기는 인간은 과연 지혜로운 존재인가? 권력을 바꾸어 말하면 힘을 의미한다. 힘은 평화보다는 갈등과 불화와 전쟁을 잠재한다.

인간은 지식과 힘을 좋아하지만, 지혜롭다고는 말할 수 없을 것 같다. 물론 지식도 지혜에 포함될 수 있지만, 지혜는 힘을 잘 조절하여 공동체의 평화를 유지할 때 부여 받을 수 있는 이름이다. 니체는 기존의 철학을 해체하는 기상천외의 면모를 보였지만, 마지막에는 힘에의 의지로 귀향함으로써 역시 서양 철학자다웠다.

니체는 철학에서나, 삶에서나 평화와는 거리가 멀었다는 점에서 결코 '서양의 부처'라는 칭호를 줄 수 없다. 불교의 깨달음이나 열반이라는 승리의 월계관을 그에게 씌울 수는 없다. 니체는 결국 불교적 존재론(비실체론)에 도달하지 못한 채 현상학으로 회귀하고 말았다. 그의 초인과 영원 회귀도 실은 현상학의 다른 측면에 불과하다.

니체의 후예라고 할 수 있는 서양 철학자들도 대부분 '부처의 달관의 경지'에는 도달하지 못한 것 같다. 그 이유는 그들이 실체를 추구하는 현상학자들의 범주에서 벗어날 수 없었기 때문이다. 그런 점에서 이들에게 '지혜'라는 말을 붙일 수는 없을 것 같다. 불교적 지혜에 가장 가까이 다가선 철학자는 하이데거다. 그렇지만 하이데거조차도 현상학의 언덕에서 존재론을 바라보았을 뿐이다.

하이데거의 존재론의 '존재Being'에는 현상학적 존재의 개념이 남아 있고, 어디까지나 현상학의 언덕에서 존재를 바라보고 있다는 점이다. 그는 존재사유Seinsdenken를 주장했지만, 존재에 이르지 못한 점이 많다. 그는 존재 자체에 대한 탐색을 했지만 '존재'를 포기하고 '생성becoming'에 들어오지 않았고, 현대 과학 기술 문명의 폐해에 대한 서양 문명의 자체 해결론(변형된 오리엔탈리즘)은 서구중심주의를 벗어나지 못했다.

데리다는 이른바 공정과 인권을 중심으로 하는 PCpolitical correctness 좌파의 사회 운동의 이데올로그로서 마르크스의 계급 투쟁론을 기초로 하는 사회 해체에 못지않게 문자적 해체론과 인권을 가장한 페미니즘 운동의 동성애 옹호는 인류 문명을 근본적으로 해체(파괴)하고 있다. 자가당착(도착)에 빠진 서구 문명은 문명의 해체를 통해 미래를 구성하려는 자기 기만의 절정에 있다.

들뢰즈는 세계를 차이-복제로 보면서 전쟁기계, 기계주의 세계관을 토대로 자신의 '리좀Rhizome 철학'을 전개하지만, 그의 '추상 기계'의 개념이나 분열분석을 통한 인류 문명에

대한 해석은 현대 문명의 문제점과 질병을 구원하지 못하고
있다. 도리어 그 자신이 자살(알튀세르, 들뢰즈)하는 운명
을 맞는다.

　인간의 권력의지와 기계주의는 '자유주의'를 견지할 것이
냐, 아니면 전체주의로 전락할 것이냐의 기로에 서 있다. 만
약 인간이 전체주의를 택한다면 더는 '지혜로운 존재'가 아
니다. 자신의 제도와 지식(기계)에 갇혀 소외 당하는 존재로
종말을 고할 것이다. 인류는 이제 실체를 추구하는 유시유
종有始有終의 문명관이 아닌, 실체를 추구하지 않는 무시무종無
始無終의 문명관, 무시무공無時無空의 깨달음이 필요하다.

서양 기독교 문명: 유시유종有始有終		
포지티브	네거티브	문화장르
천지창조	종말구원	기독교 성경
사랑 충동(에로스)	죽음 충동(타나토스)	프로이트 심층심리학
권력(주인)에의 의지 (개인, 자유)	마르크시즘(계급, 평등)- 리좀Rhizome(복제)	서양 철학과 문명 (자연→ 기계)
문화-정체성	진화-주체 없음	문명과 진화
빅뱅生	블랙홀滅	거시(미시)물리학
자연과학(실체)	자연(비실체)	신체적 존재론(박정진)
『천부경』의 무시무종無始無終-무시무공無時無空의 깨달음이 필요		

3) 서구 보편성의 한계와 종말

서구 문명을 철학 사상적으로 살펴보면 대체로 헤브라이즘과 헬레니즘의 결합(융합)으로 보는 것이 보편화된 통설이다. 이것을 좀 더 설명하면 기독교 사상과 그리스 철학이라고 말할 수 있다. 이것을 좀 더 구체적으로 말하면 기독교 『성경』과 소크라테스의 '악법도 법'이라는 법의 정신과 플라톤의 이데아, 그리고 이데아를 계승한 이성과 합리성이라고 말할 수 있다.

물론 그렇다고 몽테스키외의 『법의 정신』(1748)을 비롯한 법철학과 삼권분립 등이 이룩한 인류의 삶에의 기여를 무시하거나 백안시하는 것은 아니다. 법 철학의 발전은 별도의 문제다. 많은 인간의 자유와 복지와 행복을 누리기 위해서는 법에만 의존해서는 안 된다는 경고하는 셈이다.

인류의 문명 자체를 회고해보면 결국 인간이 만든 어떤 텍스트가 인간을 다스리고 지배하는 것이라는 점을 알 수 있다. 이는 곧 텍스트가 인간의 삶을 지배하는 것을 말한다. 인간의 삶은 텍스트에 의해 탄생한 것은 아닌데 그 삶은 텍스트에 의해 강요되고, 억압되고, 끝내 구속되는 모순에 빠지게 됨을 알 수 있다.

인간의 삶은 인간이 인위적으로 만들어낸 어떤 텍스트에 의해 전개되지 않을 수 없는, 역사 운명적 모순 속에서 출발한 것임을 강조하지 않을 수 없다. 이런 인간의 역사적 운명의 성격에 대해 헤겔의 변증법과 법 철학은 소상히 밝혔고, 하이데거는 역사적 운명 자체에 대한 반성을 통해 인간의 역사와 문명에 대한 신랄한 비판과 함께 텍스트에 이은 기술 문명에 대해서도 경고를 했다.

필자는 이에 더하여 텍스트, 기술 문명조차도 모두 인간이 만든 시간에 의해 운명된 것임을 강조하고, 인간이 시공간이라는 개념(개념적 동일성)을 벗어나야 진정한 자유와 행복을 누릴 수 있음을 여러 곳에서 강조한 바 있다.[185] 시간과 역사라는 것은 인간이 인위적으로 만든 가상 실재(실체)에 불과한 것이다.

철학인류학의 긴 안목, 즉 장기지속의 시간으로 보면 인류 문명 자체가 인구의 증가를 이룩하였지만 그 대신 인간의 본성과 자유를 구속하지 않을 수 없는 역사였음을 알 수 있다. 이러한 텍스트와 법(경전과 법전)의 절대권력은 항상 현실적 삶을 다스리기에는 부족한 것인데도 불구하고 권력을 행사함으로써 결국 일종의 폭력의 가능성에서 제외될 수 없음을 알 수 있다.

인간의 정의와 법이 항상 시대에 따라 바꾸어지지 않을 수 없음은 역설적으로 그 한계와 모순을 스스로 잘 말해주고 있다고 볼 수 있다. 바로 그 한계와 모순은 학자들에 따라 여러 가지 개념으로 설명되기도 하지만, 필자는 이것을 문명의 파시즘적 속성으로 규정한 바 있다.[186] 이는 물론 인류 가 가부장-국가사회를 유지하기 시작하면서 벌어진 일이다.

인류의 문명 자체가 처음부터 파시즘의 속성을 가지고 있

<hr />

185 박정진, 『빛의 철학, 소리 철학』, 소나무, 2013, 183~185쪽; 『일반성의 철학과 포노로지』, 소나무, 2014, 599~614쪽; 『니체, 동양에서 완성되다』, 소나무, 2015, 565쪽; 『메시아는 더 이상 오지 않는다』, 행복한 에너지, 2016, 417~433쪽.

186 박정진, 『니체, 동양에서 완성되다』, 소나무, 2015, 444~456쪽.

다. 앞에서도 말했지만 그 좋은 예는 소크라테스가 "악법도 법이다."라고 한 말에서부터 찾을 수 있다. 법에는 항상 악의 요소가 숨어 있을 개연성이 있다. 소크라테스는 결국 독배를 마시고 죽었다. 법이라는 것은 처음부터 정의와 형평을 중시하지만, 그만큼 부정의와 편견에서 제외될 수 없음을 역설적으로 말해준다.

서양 철학사에서 법의 절대적 권력은 헤겔의 '법 철학', 데리다의 '법의 힘' 등에서 철학적으로 뒷받침되고 재강조되지만, 법은 결국 폭력적 성격을 감추고 있으며(벗어날 수 없으며), 힘(권력) 있는 자의 편인 것도 전적으로 부인할 수는 없다. 법 자체가 이미 모순의 산물이며, 시대 상황의 변화에 따라 바뀌지 않으면 안 되는 숙명(역사적 운명)을 지니고 있다.

법의 운명은 인간의 운명과 같다. 인간의 문명은 결국 법의 폭력(권력) 대 법으로 확정되지 않은 어떤 삶의 기운생동 사이의 힘(폭력)의 대결장場의 악순환을 벗어날 수 없다. 데리다는 이를 두고 해체주의적 입장에서 '결정할 수 없는 것'과 '해체할 수 없는 것' 사이의 긴장과 대결이라고 말했다.

결국 법의 폭력이 있음으로써 문명이 '폭력 대 폭력의 장'으로 만들어진 운명을 벗어날 수 없는 것이다. 이는 법의 없음도 마찬가지일 것이다. 여기서 우리는 한 가지 교훈을 끌어낼 수 있다. 법으로 정의와 형평이 달성되지 않기 때문에 법 이외의 다른 것, 예컨대 사랑이나 형제애를 강조하지 않을 수 없게 된다. 형제애는 최초의 부모는 정확하게 누구인지 알 수는 없지만, 그것을 가정하고 인간이 한 뿌리(조상)

의 자손임을 상기하는 덕목이다.

서구 문명이 주도한 인류의 근대 문명은 물론 과학 기술의 발달과 법 체계의 발달이라는 문명의 큰 진전을 이루었지만, 그 부산물은 환경 파괴와 인간성의 상실과 소외라는 또 다른 문제를 야기했다.

인간은 자연을 지배하는 초월적 존재로서의 신과 조물주를 상정한 동물 종으로서 세계를 원인과 결과로서 설명하기 시작했고, 그 인과적 설명의 힘에 의지해서 오늘의 과학 문명을 이루고, 스스로 말하는 만물의 영장이 되었지만, 인간을 둘러싼 자연 환경의 존재적(본질적) 특성을 망각했다.

인간은 모성으로서의 자연 환경을 무시하고 자신의 남성적 힘만 자랑하며 패권 경쟁을 하다가 자연으로부터 보복당하기 시작했다. 이것이 오늘날 당면하는 크고 작은 수많은 환경 문제다.

인간은 밖으로부터는 환경 재해에 직면해 있고, 안으로는 자신이 건설한 기계 문명의 노예가 되어 있다. 또한 기계로부터 소외되는 것을 물론이고, 스스로 적대적인 인간 관계를 형성해서 다른 인간으로부터 소외되는 처지를 면할 수 없게 되었다.

서구 주도 인류 문명의 종말적 사건은 다음과 같이 요약할 수 있다. 호모사피엔스의 멸종과 기계 인간의 등장은 인간으로서는 가장 극적이면서도 한계 상황, 임계치일 수도 있다.

인도유럽어 문명권		유물론과 물신 숭배
신-정신-유심론 (헤겔) "신은 죽었다." (니체)	육체(물질)- 유물론(마르크스) 과학만능주의科學神	마르크시즘/ 니체: 힘(권력)에의 의지
자유-화폐-자본-소통 수단 공산-사회-노동-평등 실현	화폐-삶의 목적 (돈의 노예) 계급 투쟁(유물사관)	자유-평등의 종말적 전도 사랑이 변태적 섹스로 환 원됨
인간(호모사피엔스) 인구 팽창(100억 명: 2030년)	인공지능, 전쟁로봇, 핵전쟁 기계 인간(사이보그)	사피엔스의 멸종 기계 인간의 세계

〈인류 문명의 종말 가능성〉

그래서 그 대안으로 떠오른 것이 평화 철학이다. 그런데 오늘날 요구되는 평화 철학은 인간의 생존과 공멸을 좌우하는 키를 쥐고 있다는 점에 주목할 필요가 있다. 인간은 어쩌면 자연이라는 생태계를 파괴하는 위협적인 존재로서 생태계로서는 멸종시켜야 하는 존재가 될지도 모른다는 우려의 목소리가 높다.

"오늘날 지구상에는 70억 명이 넘는 사피엔스가 살고 있다. 이 모든 사람을 한데 모아 거대한 저울 위에 세운다면 그 무게는 약 3억 톤이 될 것이다. 그리고 우리가 가축화한 모든 농장 동물— 암소, 돼지, 양, 닭—을 더욱 거대한 저울 위에 세운다면 그 무게는 약 7억 톤에 달할 것이다. 이와 대조적으로 현재 살아 있는 대형 야생동물— 호저에서 펭귄, 코끼리에서 고래에 이르는 —의 무게를 모두 합쳐도 1억 톤에 못 미친다. (…) 세상에 남아 있는 기린은 약 8만 마리에 지나지 않지만, 소는 15억 마리에 이른다. 늑대는 20만 마리밖에 남지 않았지만, 가축화된 개는 4억 마리다. 침팬지는 25만 마리에 불과하지만, 사람은 70억 명이다. 인류는 정말로 지구를 접수했다."[187]

자신의 힘(권력)의 증대를 위해 노력한 인간은 이제 정말 지구의 패자가 되었다. 이러한 인간을 두고 '문화 바이러스', '인간 바이러스'라는 말도 생겨날 정도다. 인간의 숫자가 지구가 부양할 수준을 넘었다는 경고 신호가 되기도 한다.

"생태계 파괴는 자연 희소성과 같은 문제가 아니다. 앞 장에서 보았듯 인류가 사용할 수 있는 자원은 계속해서 늘고 있으며 앞으로도 이 추세는 계속될 가능성이 크다. 자원의 희소성을 말하는 종말론적 예언가들이 아마도 헛짚은 것으로 보이는 이유다. 이와 반대로 생태계 파괴에 대한 두려움은 근거가 너무 확실하다. 미래의 사피엔스는 온갖 새로운 원자재와 에너지원의 보고를 손에 넣되 이와 함께 겨우 남아 있는 자연 서식지를 파괴하고 대부분의 종을 멸종시킬지 모른다. 사실 생태적 혼란은 호모사피엔스 자신의 생존을 위태롭게 할 수도 있다. 지구 온난화, 해수면 상승, 광범위한 오염은 지구를 우리 종이 살기에 부적합한 공간으로 만들 수 있고, 그 결과 미래에 인류의 힘과 인류가 유발한 자연 재해는 쫓고 쫓기는 경쟁의 나선을 그리며 커질지도 모른

187   유발 하라리,『사피엔스』, 조현욱 옮김, 김영사, 2015, 496쪽.

다. 인류가 자신의 힘으로 자연의 힘에 대항하고 생태계를 자신의 필요와 변덕에 종속시킨다면, 미처 예상하지 못한 위험한 부작용을 더 많이 초래할지 모른다. 이를 통제하는 유일한 방법은 생태계를 더더욱 극적으로 조작하는 것이다. 이것은 더더욱 큰 혼란을 초래할 것이다."[188]

오늘날 지구를 덮고 있는 인간을 두고 마치 '지표의 세균' 처럼 비유하는 설명을 자주 접하게 된다. 서구 문명의 세계 전파와 비서구 지역의 수용에 대해 헌팅턴은 자신도 모르게 일종의 바이러스의 침투에 비유한다.

동양의 기호학자인 이어령은 이렇게 문화 문명의 바이러스적 성격을 말한다.

"아무런 혈청제도 없이 그렇게 100년, 200년 동안 에볼라 같은 문명 바이러스에 할아버지, 아버지 그리고 우리 형님이 쓰러졌지. 미구에는 내 아들이, 내 손자가 그렇게 쓰러질 거야. 이건 국수주의니 민족주의니 하는 편협한 생각에서 나온 말이 아니라고. 적어도 나와 타자를 구별하고 그것이 침입할 때 그와 싸워 박멸해야 해. 그렇지 않으면 그 타자를 나의 관용tolerance이라고 하는 특별한 세포로 포섭하여 그와 공생하는 면역체를 만들어내던가. 이것이 지금 우리가 당연한 사활의 문화 문명의 문제인 것이다."[189]

문화 바이러스는 단순히 물리쳐야만 하는 대상이 아니다.

"결국 바이러스와 인간의 관계지. 심각하잖아. 옛날에는 균이나 바이러스가 사람 몸으로 들어오면 인간의 면역 체계로 막아냈어. 공격과 방어야. 그런데 이게 말이야. 변하게 된

188   유발 하라리, 같은 책, 496쪽.

189   이어령·정형모, 『이어령의 지^知의 최전선』, 아르테, 2016, 189쪽.

거야. 바깥의 침입자와 싸운다는 것은 나와 남(타자)이 다르기 때문이잖아. 그런데 나 혼자 살 수 있어? 타자를 밀어내면서도 타자와 함께 살아가려면 나와 나 아닌 것 사이에 새로운 사상과 행동이 태어나야만 하는 것이다. (…) 전부 밖에 있는 것들을 자기 내부로 끌어들인다. 그게 남이라고 해서 전부 폐쇄하고 성벽을 쳐버리면, 인간은 한순간도 살아갈 수 없다. 그렇다고 밖의 것을 다 받아들이면, 나 아닌 것이 내 체계 안으로 들어와 내 생명 시스템이 파괴되고 만다. (…) 생물학과 물리학, 고분자 물리학에서는 이미 물질과 생명의 경계가 무너졌다. 이제는 세미오시스^{semiosis}인 의미 작용으로서의 너와 나를 구별하는(언어라는 것은 전부 차이성에서 온다) 그 의미 체계, 유전자 정보와 생물 정보, 언어 문화 정보의 벽도 무너지기 시작한다."[190]

인류 문화의 모든 벽이 무너지기 시작하고, 그러한 벽 자체가 무의미해지는 이때에 아직도 문화의 고유성을 주장하고, 자기 문화를 고집하거나 아니면 특정 문화, 특히 서구 문화의 우수성을 신봉함으로써 문화적 긴장과 갈등을 초래하고 있다.

"호주의 지도자들은 아시아를 지향한 반면, 다른 분열국 ─터키, 멕시코, 러시아─의 지도자들은 자기 사회를 서구에 통합하려고 시도하였다. 하지만 그들의 경험은 고유 문화가 얼마나 완강하고 회복력이 강하고 끈끈하며 자신을 쇄신하고 서구로부터의 유입물에 저항하거나 그것을 억누르고 수정하는 능력이 뛰어난가를 똑똑히 보여주었다. 서구를 무조건 배격하는 입장도 불가능하지만, 서구를 무조

---

190 이어령·정형모, 같은 책, 191쪽.

건 긍정하는 케말주의 역시 성공을 거두지 못하였다. 비서구 사회가 근대화에 성공하려면 서구의 방식이 아닌 자기 고유의 방식을 추구해야 하며 일본처럼 자신의 전통, 제도, 가치관의 바탕 위에서 차곡차곡 쌓아 나가야 한다. 자기 나라의 문화를 근본적으로 뜯어고칠 수 있다고 생각하는 오만에 젖어 있는 정치 지도자는 반드시 실패한다. 서구 문화의 요소들을 도입할 수는 있겠지만, 자기 고유의 알맹이를 영원히 억제하거나 제거할 수는 없는 노릇이다. 한편 일단 어떤 사회에 이식된 서구 바이러스는 좀처럼 말살하기가 어렵다. 그 바이러스는 고질적으로 남아 있지만 치명적이지는 않다. 환자는 살아남지만, 다시는 정상을 되찾지 못한다. 정치 지도자들은 역사를 만들 수는 있지만, 역사로부터 벗어날 수는 없다. 그들은 분열국을 만들 수는 있어도, 서구 사회를 만들지는 못한다. 그들은 자기 나라를 문화적 정신분열증에 감염시켜 그 수렁에서 좀처럼 빠져나오지 못하게 만들 뿐이다."[191]

헌팅턴은 문화를 일종의 생리학이나 심리학으로 바라본다. 서구의 기독교 문명과 보편성, 산업화와 민주화, 그리고 근대화는 일본처럼 자기 고유의 전통의 바탕 위에서 쌓아져야 함을 역설하고 있다. 비서구 지역의 서구 문화 문명으로의 전환은 불가능하다.

마찬가지로 서구 문화 문명도 동양이나 아시아적으로 변하기 어렵다. 동양의 음양 문명, 즉 차이를 기조로 하는 문명을 서양이 접하고 부분적으로 수용하고 도입하면서 자기 식으로 해석하기는 하지만, 동양의 그것과는 근본적으로 다

191 새뮤얼 헌팅턴, 같은 책, 206쪽.

르다.

그러한 점에서 유대기독교-정교-이슬람 문명의 동일성(절대성) 문명은 패권 경쟁에 따른 갈등과 전쟁을 영원히 피할 수는 없다. 항구적 평화는 이룩할 수 없다는 뜻이다. 이들의 평화는 기껏해야 한두 나라의 패권을 인정하는 '팍스PAX=peace'의 성격을 벗어날 수 없다.

"평화를 이룩하기 위해서 전쟁을 한다."는 말은 역사적으로 옳은 말이기도 하고 틀린 말이기도 한다. 전쟁을 막기 위해서는 힘의 균형을 이루어야 하고, 힘의 균형은 평화를 유지하기도 한다. 그러나 힘의 균형 원리는 언젠가는 균형이 깨트려지기 때문에 평화를 항구적으로 유지할 수 없다. 그래서 평화는 전쟁과 전쟁 사이에 있기 마련이다.

기독교의 천지창조에서 출발한 서양 문명은 종말구원을 증명하기라도 하듯 전쟁의 종말을 택할 것인가? 종말구원을 기다리고 노래하는 유대 그리스도인들은 자신도 모르게 의식화(세뇌 혹은 최면)된 대로 미래를 선구하는지도 모른다. 절대유일신의 천지창조와 메시아의 종말구원은 서구 문명의 동일성의 아프리오a-priori다. 절대유일신의 현상학이 메시아인 것이다.

새뮤얼 헌팅턴은 서구의 보편성이 서구의 특수성의 보편성에 불과한 것이고, 인류 전체의 보편성이 되기에는 부족하다고 말한다. 따라서 그는 서구가 자신의 특수성으로 돌아와서, 근대 과학 문명을 이끌어간 입장으로 다시 돌아와서 자신의 패권을 유지하는 데에 골몰할 것을 주장하고 있다.

"문명의 보편 국가가 등장하면 그 문명에서 살아가는 사람들은 토인비가 말한 대로 '영속성의 망상'에 눈이 멀어 자기네 문명이 인류 사회의 최종 형태라는 명제를 신봉하게 된다. 로마제국이 그러했고, 아바스 왕조가 그러했으며, 무굴제국과 오스만제국도 다를 바 없었다. 보편 국가에 거주하는 국민들은 그 보편 국가를 황야의 하룻밤 거처로 보는 것이 아니라 약속의 땅, 인간의 궁극적 목표점으로 이해하려는 경향이 있다. 대영제국에서도 같은 일이 벌어졌다."[192]

헌팅턴의 주장으로 말하면 미국은 문명의 보편적인 현상인 이 같은 사태를 막기 위해서 서구 문명의 수호자로서 다시 돌아와야 한다는 것이다. 최근 아시아가 경제적으로 부활하고 이슬람이 인구적으로 늘어나는 것은 서구 문명의 한계와 쇠락을 점치게 하고 있다.

"서구 문명은 370년부터 750년까지 그리스-로마, 셈, 사라센, 야만 문화의 요소가 혼합되면서 서서히 틀을 갖추어 나갔다. 8세기 중반부터 10세기 말까지 지속된 형성기에 이어 서구 문명은 문명으로서는 보기 드물게 팽창의 단계와 분쟁의 단계를 꾸준히 오고갔다. (…) 한 문명의 내부에서 벌어지는 일은 그 문명이 외부 세력의 파괴력 앞에서 저항하거나 내부로부터의 붕괴에 저항하는 데 모두 긴용한 역할을 한다. 1961년 퀴글리는 문명이 성장하는 것은 '팽창의 도구', 다시 말해서 잉여를 축적하여 생산적 혁신에 투자하는 군사적, 종교적, 정치적, 경제적 기구를 가지고 있기 때문이라고 주장하였다. 문명이 쇠퇴하는 것은 잉여를 새로운 혁신에 투입하는 노력을 중지할 때다."[193]

192 새뮤얼 헌팅턴, 같은 책, 413쪽.
193 새뮤얼 헌팅턴, 같은 책, 421쪽.

헌팅턴은 따라서 서구 문명의 계승자를 자처하는 미국이 다시 서구의 일원임을 분명히 하고 대서양 공동체를 건설해야 한다고 주장한다.

"미국인은 우리가 서구인인가 아니면 다른 무엇인가라는 중요한 물음과 맞닥트려야 한다. 미국과 서구의 미래는 서구 문명의 일원이라는 자각을 미국 국민이 다시금 하느냐의 여부에 달려 있다. (…) 아무리 경제적 결속이 강화된다 하더라도 아시아와 미국은 근본적인 문화적 차이로 한 살림을 차릴 수가 없다. 미국인은 문화적으로 서구 가족의 일원이다. 다원문화주의자들은 이 관계를 훼손하고 심지어는 파괴하려고까지 하지만 그것은 부인 못할 엄연한 사실이다. 자신의 문화적 뿌리를 찾아 나선 미국인은 유럽에서 그것을 발견한다."[194]

헌팅턴은 지구적 평화의 실현이라는 관점보다는 서구-미국 패권주의를 유지하는 것에 주안점을 두고 문명의 충돌에 대비해야 한다는 논리를 전개한다. 이는 무엇보다도 소련의 해체와 함께 공산주의가 사라진 상황에서 서구의 통일성을 어떻게 유지할 것인가를 두고 논의된다.

"1990년대 중반 서구의 본질과 미래를 놓고 새로운 논의가 벌어지면서, 서구라는 실체가 존재한다는 새로운 각성과 함께 그것을 앞으로 어떻게 존속할 것인지에 대해 심각한 고민이 활성화되었다. 이것은 부분적으로는 기존의 서구 기구, 곧 NATO를 확대하여 동유럽 국가들을 회원국으로 받아들여야 할 필요성으로부터, 유고슬라비아의 붕괴에 서구가 어떻게 대응할 것인가를 두고 서구 진영 내부에서 발생

194 새뮤얼 헌팅턴, 같은 책, 422쪽.

한 심각한 대립으로부터 싹텄다. (…) 북미와 유럽의 지도자 사이에는 대서양 공동체를 재건해야 한다는 데 폭넓은 공감대가 형성되었다. (…) 1995년 유럽위원회는 범대서양 관계를 부활하는 계획에 착수하였으며, 이것은 유럽연합과 미국의 포괄적 협약서명으로 이어졌다."[195]

헌팅턴은 심지어 '제3의 유러아메리카'의 건설과 'EU-NAFTA'의 연합을 촉구한다. 헌팅턴은 또 이렇게 말한다.

"일반적으로 유럽인은 한편으로는 서구 그리스트교와 다른 한편으로는 정교, 이슬람교를 가르는 구분선의 근본적인 중요성을 깨닫고 있지만, 미국은 국무장관의 표현대로 가톨릭, 정교, 이슬람 구역으로 유럽을 근본적으로 나누지 않을 방침이다. 근본적 차이를 깨닫지 못하는 사람은 그러나 뒤통수를 얻어맞을 날이 온다."

헌팅턴은 서구-미국의 기독교 동일성(정체성) 확인을 토대로 서구 문명의 패권주의를 유지해야 함을 역설한다.

헌팅턴의 약점은 그리스도교와 정교, 이슬람교가 모두 과거를 거슬러 올라가면 유대(중동) 유목 문명권이라는 공통 뿌리를 가졌음을 간과한다. 기독교와 이슬람은 성지를 공유하고 있으며, 절대유일신은 두 문명의 공통의 첫 주제다.

근대에 형성된 서구의 자유자본주의와 공산사회주의도 실은 한 뿌리에서 발생한 것이며, 공산사회주의는 기독교 비잔틴 문명, 즉 정교의 영역에서 발전한 닮은 꼴이다. 자유와 평등이라는 것은 서구 문명의 대표 주제들이다.

헌팅턴은 유일신이라는 한 뿌리를 가진 이들 문명의 서로 다름을 주장하고 있지만, 그리스도교·정교·이슬람교는 유

195   새뮤얼 헌팅턴, 같은 책, 422쪽.

대(중동) 유목 문명 내에서의 믿음의 대상과 방식에서 다름(차이)을 보일 뿐이며, 신앙에서 절대적인 동일성을 찾는 것에서는 쌍둥이들이다. 문제는 어디서 동일성을 찾는가에 달려 있다. 결국 헌팅턴의 주장은 서로 다름을 주장하여 갈등과 분쟁과 전쟁을 예단하거나 혹은 조장하는 분류에 지나지 않는다는 것을 알 수 있다.

헌팅턴의 주장에 따르면 문명의 다른 분류학을 적용한다면 유대 유목 민족과 다른 동양의 농업 정착 민족과는 마찬가지 논리로 마땅히 싸워야 하는 관계를 구축할 수밖에 없다. 결국 그는 나중에 중국 중심의 동양 문화권과도 서구 문명이 대결할 수밖에 없음을 초래하고 있는데 이는 그의 사고방식에 따른 불을 보듯이 뻔한 귀결이다.

헌팅턴의 주장은 지구촌화되는 시대를 맞아서 도리어 과거로 퇴행하는, 말하자면 문명 충돌 지향적 문명충돌론일 수밖에 없다. 그의 사고방식에서 발견할 수 있는 것은 서구 패권주의의 연장이다.

이러한 사고는 어디서 오는가? 바로 그가 가장 '두려워하고 혐오하는' 이슬람과 같은 유목민족적 사고와 피가 그에게 내재했음을 확인하게 된다. 그는 자신을 잘 앎으로서 자신의 내면 깊숙이에 도사리는 전쟁 본능을 가장 두려워하는 셈이다. "너 자신을 알라."라는 소크라테스의 말을 그에게 충고하고 싶다.

동일성을 추구하는 서구 문명의 패권주의를 그대로 방관한다면 인류는 언젠가는 전쟁 때문에, '전쟁의 신', '신들의 전쟁' 때문에 공멸할 수밖에 없다. 동일성을 찾고, 동일성을 추구하고, 동일성에 목을 맨다면 인류는 공멸하게 될 것이다.

헌팅턴이 경고하는 세계 전쟁의 시나리오는 다음과 같다.

"미국, 유럽, 러시아, 인도가 중국, 일본, 이슬람권과 지구 규모의 전쟁을 벌인다. 이 전쟁은 어떻게 종식될 수 있을까? 양 진영은 모두 막대한 양의 핵무기를 보유하므로 만약 핵무기가 본격적으로 동원되면 주요 교전국들은 모두 초토화된다. 상호 억제력이 작용한다면 지루한 소모전 끝에 양측은 협상을 통해 휴전 상태로 돌입할 수 있겠지만, 중국의 동아시아 지배라는 근본 문제가 해결되는 것은 아니다. 혹은 서구가 재래식 군사력을 총동원하여 중국을 격파하려고 시도할 가능성도 있다. 그러나 일본이 중국에 붙는다고 가정할 때 중국은 든든한 방패막이를 확보하게 되고, 미국은 해군력으로 중국의 인구 밀집 지대와 해안선의 산업 심장부를 공격하는 데 한계를 느낀다. 대안은 서쪽 방면에서 중국을 치는 것이다. 러시아와 중국이 충돌할 때 NATO는 러시아를 회원국으로 받아들인 뒤 중국의 시베리아 침공을 러시아와 함께 저지함으로써 중앙아시아 이슬람 국가들의 원유와 천연가스 자원을 러시아를 통하여 안정적으로 수급 받는다. 서구와 러시아는 중국의 지배를 받던 티베트와 몽골에서 반란 세력을 후원하고 시베리아를 통해 동진을 계속하다가 만리장성을 넘어 마침내 베이징, 만주에까지 파상 공세를 퍼붓는다. 이 지구 규모의 문명 전쟁이 어떻게 판가름 날는지 — 핵무기 공격으로 쌍방이 모두 초토화되든가, 양측이 모두 탈진하여 휴전협정을 맺든가, 러시아와 서구의 연합군

이 천안문 광장에 진입하든가 — 아무도 장담 못하지만, 장기적으로 보았을 때 주요 교전국들의 경제력, 인구, 군사력이 급격이 악화되리라는 것은 불을 보듯 뻔한 일이다. 그리하여 수세기에 걸쳐 동쪽에서 서쪽으로 옮겨졌다가 다시 서쪽에서 동쪽으로 방향 전환이 이루어졌던 세계의 힘은 어제 북쪽에서 남쪽으로 이동한다. 문명 전쟁에서 가장 큰 이득을 보는 것은 전쟁에 개입하지 않았던 남쪽 세계의 문명들이다."[196]

미국은 서구-대서양의 일원으로 돌아갈 것인가, 아니면 동양의 아시아-태평양의 일원으로 새롭게 자리매김할 것인가? 미국의 향배는 인류가 전쟁으로 공멸할 것인가, 아니면 새로운 지구촌 평화의 시대를 열 것인가, 관건이 되고 있다. 개인과 자유를 중심한 근대 서구 문명의 세례를 받은 지역, 즉 자유주의연대는 이것에 대립하는 집단과 평등의 연대, 즉 중국사회주의와 이슬람전체주의의 전쟁 위협에 슬기롭게 대처해야 한다. 인류는 아시아 태평양 시대의 문명을 열어야 한다. 그것만이 살 길이다.

196   새뮤얼 헌팅턴, 같은 책, 433~434쪽.

2. 평화에 대한 현상학과 존재론의 역동성
— 서양 철학과 기독교는 불교에서 구원을 찾는다

1) 역사현상학의 불안전한 평화

인간의 삶은 시대마다 다르고 장소마다 다르고 시공에 따라 차이가 나지만, 공통적인 것은 신과 더불어 살아왔다는 점이다. 인간의 신은 때로는 인간의 정신과 하나가 되기도 하고, 때로는 신체와 더불어 하나가 되어 즐거운 놀이를 구가하게 함으로써 고된 삶을 위로해주기도 했다.

종교는 물론이지만 우리가 향유하는 과학이나 예술도 실은 신의 다른 표상(표현형)이라고 말할 수 있다. 그런 점에서 '하나님주의$^{God \leftrightarrow Godism}$'는 인간 존재에 대한 탁월하고 새로운 존재 규정이자 인간의 존재 방식을 대변한 것이라고 말할 수 있다. 이것은 신과 영혼과 존재를 하나로 통합하는 혹은 본래 존재로서 하나임을 깨닫게 하는 대전환이다.

인간의 문명을 존재론의 관점에서 재해석하면 고금동서가 모두 하나님(존재의 존재자)을 향하였다고 볼 수 있다. 종교는 물론이고 철학과 과학(물리), 윤리와 미학 등도 실은 모두 고정 불변의 존재로서의 동일성 혹은 보편성을 추구한 것으로 밝혀졌다.

인간은 신을 모시고 살았지만, 신을 완전히 규정할 수 있었던 것은 아니다. 신은 인간의 인식으로 완전히 규정할 수도 없고, 규정해서도 안 된다. 신을 규정하면 당장 모순에 빠지기 때문이다. 신은 존재이면서 존재의 가능성이고, 모든 가능성의 바탕에 존재해야 하는 존재 자체다. 우리는 이러한 신의 특성을 초월적이고 내재적이라고 말한다. 초월과 내재를 동시에 가졌다는 사실은 신에게 천지인^{天地人}의 특성이 함께, 동시에 있음을 의미하는 것에 다름 아니다. 그 초월과 내재의 사이에서 인간의 영성이 활동하고 있고, 그러한 인간의 특성을 '영적 인간'이라고 말한다.

문화 장르	종교 (문화 원형)	철학 (현상학)	과학 (물리)	윤리 (도덕)	미학	존재론
고정 불변의 존재 (동일성/ 보편성)	신화- 신(God ↔ Godism, 절대신 ↔ 汎神)	이데아/ 이성/ 절대 정신	자연과학/ 진리/법	도덕/ 양심/ 의식	숭고함/ 아름다움 (맛, 멋, 미)	존재의 존재자/ 존재자의 존재

〈서양 철학과 기독교의 현상학〉

　서양 철학과 기독교는 한마디로 고정 불변의 존재(실체)가 있음을 전제함으로써 현상학이라고 말할 수 있다. 말하자면 존재를 사물로 혹은 대상으로 혹은 현상으로 바라보면서 인간을 둘러싸고 있는 자연을 설명하는 경향성을 보인다. 이때의 설명은 물론 해석의 일종으로 포함된다.

현상학 입장에서 서양 철학을 해석하면 플라톤의 이데아는 이데아현상학이 되고, 칸트의 이성 철학은 이성현상학, 그리고 하이데거의 존재론은 존재현상학이 되는 셈이다. 기독교의 천지창조와 종말구원도 기독교현상학이다. 기독교는 창조-종말 패러다임은 그렇게 세계를 해석하는 것이다. 서양 철학과 기독교를 관통하는 핵심은 이분법이다.

　자연을 이분법으로 해석하는 것은 필연적으로 해석의 모순을 초래하고 이에 대한 변증법적인 반운동을 지속하게 하는 요인이 된다. 시간을 따라 사물과 사건의 운동과 변화를 설명하는 현상학은 오늘날 전반적으로 역사현상학으로 불린다. 인간은 역사적 존재임을 천명한 셈이다.

　뉴턴의 물리학 세계를 염두에 둔 칸트의 이성(도덕) 철학은 헤겔에 이르러 절대 정신으로 변하여 이성적인 것이 현실적인 것이고, 현실적인 것이 이성적인 것으로 되어 독일관념론이 완성되기에 이른다.

　현상학적 입장에서 인류의 평화는 항상 전쟁과의 교체 속에서 자리할 수밖에 없다. 전쟁 없는 평화는 없었기 때문이다. 인류는 전쟁과 전쟁 사이에 평화가 있었는지, 평화와 평화 사이에 전쟁이 있었는지 정확하게 알 수 없다. 인간 존재가 평화와 전쟁 사이에서 어느 것을 더 추구하였는지도 정확히 알 수 없기는 마찬가지다. 일상생활에서도 갈등과 화해는 필수적이다.

　헤겔에 따르면 적어도 인간은 자신의 존재에 대해서도 "나는 네가 아닌 나다."라고 대자적인 입장에서 말한다. 말하자면 인간은 대상 혹은 타자를 의식하면서 자신의 존재를 의식하는 자기 의식적 존재임을 말하는 것이다. 전쟁이나 갈등도 집단 생활을 하는 인간 종의 운명적인 조건이라고 말할 수 있다. 인간의 의식(자기 의식-타자 의식) 속에 이미 전쟁이 배태되어 있다고 말할 수 있다. 인간의 의식 속에서는 상대(대상)는 흔히 적敵이 되기 일쑤다. 즉자-타자에서 즉자와 타자를 동시에 생각하는 것에 이르면서 인간은 한 단계 식 의식의 지양을 경험하는 셈이다.

갈등과 전쟁은 역사적 인간에게는 필수적이고 운명적이다. 그렇지만 그런 속에서 평화와 행복을 동시에 추구하여야 하는 것도 인간의 운명이고, 삶이다. 그런 점에서 전쟁과 평화의 교체는 피할 수 없는 것일 가능성이 높다. 적어도 역사현상학적 입장에서는 그렇다. 그렇다고 전쟁을 영원히 종식할 수도 없고, 일상의 평화를 포기할 수도 없다.

서양 철학과 문명을 진단하려면 서양 철학과 문명의 밖에 있어야 한다. 서양 철학과 문명을 현상학적이라고 말한 것도 실은 그러한 "밖에 있어야 함"을 실천한 결과 터득한 것이다. 현상학은 순간순간의 실체(현재적 실체)를 가정한 것이고, 그 가정은 영원히 다른 대상(목적)을 찾아나서는 연장(변증법, 지속, 차연)을 피할 수 없다. 부정의 철학과 부정의 신학은 그러한 현상학의 산물이다.

현상학적으로 설명하면 신은 나로부터 분리된(초월된) 내 가정(가상 존재)이고, 나는 사물로부터 분리된 대상(대상의식)의 가정(자기 의식)이다. 인간으로서의 나는 신을 대할 때와 사물(대상)을 대할 때에 이중적 자세를 취하게 되는데 신을 대할 때는 내가 사물이 되고, 사물을 대할 때는 내가 신이 되는 것이다. 기독교『성경』창세기에 여호와가 인간에게 다른 피조물을 다스릴 권능을 주는 것은 바로 이러한 의식의 반영이다. 기독교『성경』은 그런 점에서 세계에 대해 매우 현상학적인 태도를 가지고 있다고 말할 수 있다.

세계를 주체-대상의 이분법으로, 즉 현상학적으로 바라보면 인간의 의식 자체가 전쟁과 갈등을 피할 수 없는 것으로 만드는 것 같다. 그러한 대자 의식은 공동체 의식으로 때로는 약하기도 하지만, 간헐적으로 그 강도가 강력해져서 전쟁과 갈등을 초래하고 대결로 치닫게 한다. 전쟁은 일상의 살인과 폭력의 연장선상에 있다고 말하지 않을 수 없다. 여기에 대항할 수 있는 인간성은 사랑(자비, 인, 선)밖에 없는 것 같다. 자유와 평등의 개념은 그것의 지나친 대립 때문에 결코 평화를 가져다주지 못했다.

그런데 기독교의 사랑은 가장 폭넓게 지구상에 퍼져 있고 보편적으로 인식됐는데도 정작 역사 속에서 사랑을 정착하는 데 실패한 것으로 보인다. 그 까닭은 기독교가 바로 현상학적인 차원에서 논리 전개를 하고 있고, 기독교 신화 자체가 하나님(창조주 혹은 강력한 권력자)의 저주와 폭력을 수반하고 있기 때문이다. 그것은 누구나 자신을 신의 편에 있는 자로 혹은 자신을 정의의 편에 있는 자로 가정한다면 저주와 폭력을 행사하는 데에 저주하지 않게 할 수 있기 때문이다. 그런 점에서 절대를 신봉하는 기독교는 원천적으로 전쟁의 종교라고 말할 수 있다.

2) 불교적 존재론의 평화

불교는 기독교에 비해 처음부터 존재론적 입장에서 출발한다. 여기서 존재론이라고 말하는 것은 세계를 하나의 전체一切, 一如로 바라보는 것을 말한다. 세계를 하나의 전체로 바라보기 위해서는 인간을 포함한 만물의 개체성(실체), 즉 자아(자성)를 인정할 수 없다. 그렇기 때문에 불교는 고정불변의 존재(실체)를 인정하지 않는다. 불교적 세계는 연기緣起의 세계고, 절대(주체)-상대(대상)를 떠나서 모든 존재가 관계(관계망) 속에 놓여 있음을 강조한다.

현상학의 주체-대상, 그리고 신을 실체로 인정하는 패러다임은 결국 실체의 분열 혹은 연대를 전제하지 않을 수 없다. 그래서 종국에는 신God, 절대 정신Geist, 유령Ghost을 가정하게 하지만, 그렇다고 해서 하나의 실체인 일자一者를 어느 하나에 귀속할 수는 없다. 그래서 결국 현상학은 정신의 분열을 가져올 수밖에 없다. 정신의 분열은 결국 갈등을 초래하고 계속된 다른 실체를 찾지 않을 수 없게 한다. 현상학은 그래서 물리학의 무한대를 실정하지 않게 된다.

화이트헤드의 초월적 주체-영원한 대상의 패러다임도 결국은 영국의 경험론을 바탕으로 하는 현상학에 지나지 않는다. 서양의 모든 철학과 지식 체계는 현상학이다. 정신은 정신현상학이고, 심리는 심리(의식)현상학이고, 물질은 물리현상학이다. 이들은 존재론이 아니다. 현상학의 선험과 초월과 지향(헤겔의 지양을 포함한)은 모두 현상학적 차원에서 벌어지는 그야말로 현상(현현)일 뿐이다. 그런 점에서 존재는 현상되지 않은, 알 수 없는, 규명할 수 없는 그 무엇이다. 그렇다고 해서 존재가 숨어 있는 것은 아니다. 우리가 눈앞에 보이는 사물(존재)을 현상(대상)으로 보지 않고 존재로 보면 존재다. 『금강경金剛經』에서 "누가 만약 제상을 상으로 보지 않으면 바로 부처를 볼 수 있다若見 諸相非相 卽見如來."라는 말은 이것을 말한다.

인류의 진정한 평화는 현상에 있지 않다. 현상계는 항상 대립된 세계가 변증법적 운동하기 때문에 평화는 전쟁을 번갈아할 뿐이다. 그래서 진정한 평화는 존재론의 세계에서 찾을 수밖에 없다. 존재론의 세계는 무의 세계며, 무에 도달한 개인이나 집단만이 영원한 평화, 즉 열반에 도달할 수 있다. 인간 종은 이제 생존 경쟁을 넘어 권력 경쟁을 일삼아왔지만, 이제 그것과도 결별하여야 할 때가 되었다. 만약 권력 경쟁과 패권 경쟁과 결별하지 않으면 결국 함께 공멸하는 일만 남았을 정도로 인간의 힘은 막강해졌다.

인간은 이제 자신의 욕망을 최대한 제어하는 도덕을 완성하여야 하는 한편, 다른 동식물과 함께 살아야 하는 홍익자연弘益自然의 정신을 강화하지 않으면 안 되게 되었다. 홍익인간은 물론이고, 홍익자연에 이르는 생태 철학을 수립하지 않으면 자연의 보복을 받아 스스로 멸종하지 않을 수 없는 처지로 몰리고 있다. 이는 인간이 자연을 너무 소유와 이용의 대상으로 전락했기 때문이다. 사물(존재)에서 신적인 것, 부처적인 것, 성스러움의 의미가 사라진 지 오래다.

이제 자연의 한 종으로 태어난 인류가 경쟁이 아닌 '공생의 시대'를 맞이하기 위해서는 새로운 마음가짐을 가져야 한다. 욕망과 소유는 허망한 것이며 그러한 진리를 깨달을 때에 스스로 열반에 들 수 있다. 열반은 남에 의해 달성되는 경지가 아니라 소유와 우상을 멀리하고 스스로 세계의 주인이라는 책임감과 자부심을 가질 때에 맛볼 수 있는 인간 의식의 최고 경지다. 신과 부처, 군자와 신선은 바로 최고의 경지로 승화된 인간을 지칭하는 유불선기독교의 용어들이다.

진정한 주인이 된 자는 소유를 통해 세계의 부분으로 전락하는 것이 아니라 세계의 전체를 온몸으로 받아들여 세계와 일체가 되는 마음을 가진 자들이다. 세속의 종교는 모두 전락했으며 교회와 사제, 사찰과 승려들은 신과 부처를 팔면서 자신의 사리사욕과 부정부패에 빠진 속물이 되어버리고 말았다. 그래서 고등종교의 해체는 피할 수 없는 대세며, 이에 새로운 연대로서 초종교 초국가 사상은 물론이고, 도리어 삶의 기초 단위인 가정의 연대가 필요한 시점이 되었다.

가부장-국가사회로는 인류의 영구 평화를 달성할 수 없다는 것이 증명되었으며, 이에 자연의 상속자인 여성(모성)의 평화를 되찾는 방식으로 인류 문명을 재건하지 않으면 안 된다. 이를 실천하기 위한 가장 현실적 방안은 지금의 유엔을 강대국(안정보장이사회 상임이사국) 중심의 유엔이 아니라 종교 대표로 구성된 평화유엔(아벨유엔)을 유엔기구로 상설하지 않으면 안 된다.

불교보다도 더 인류에게 평화의 메시지를 던질 수 있는 종교는 샤머니즘이다. 인간의 삶에서 자연에 가장 가까이 있는 종교가 샤머니즘이고, 이것은 인간 종교의 원형이다. 물론 과학 시대 혹은 4차 산업 시대를 맞은 현대에는 고대의 샤머니즘이 아닌 새로운 샤머니즘, 다시 말하면 과학이 달성한 지식 체계를 교양으로 섭취 소화한 상태의 네오샤머니즘neo-shamanism이 필요하다.

샤머니즘은 어떤 종교나 이데올로기보다도 자연과 더불어 사는 지혜를 가진 종교였다. 샤머니즘에는 자연이 신이며, 존재다. 인간이 죽으면 저 세상이 아닌, 자연으로 돌아가는 것이 너무나 당연한 것으로 받아들이는 마음가짐이 들어 있다. 세계는 인간 중심이 아니라 만물만신萬物萬神인 것이다. 소유-무소유의 극단적인 이데올로기보다는 자연의 생멸을 그대로 받아들이는 존재론이 오늘날 가장 샤머니즘에 가까운 철학 사상이다.

3) 철학의 미래와 네오샤머니즘
— 신인간神人間과 신물神物의 회복을 위한 철학적 기도

보편성을 주장하는 이성과 진리가 실은 '닫힌 체계'라면, 일반성을 향하는 감성은 도리어 자연과 존재의 세계로 '열린 체계'라고 말할 수 있을 것이다. 자연과 인간과의 끊임없는 교감을 지속하는 것만이 인간으로 하여금 기계 인간을 넘어서서 자연과 더불어 살 수 있는 힘을 인간에게 돌려주는 (선물하는) 것이 되지 않을까. 현대인이야말로 각종 유령에 매여 살고 있는 존재인지도 모른다. 현대인은 귀신을 숭배하면서 자연 친화적으로 살던 샤머니즘의 원시 고대인보다 실은 더 신과 자연으로부터 멀어지고 소외되어 있는지도 모른다.

중세의 신과 부처가 국가로 대체된 것이 근대라고 한다면 근대는 국가 종교의 시대라고 말할 수 있을 것이다. 그렇다면 중세는 종교 국가의 시대라고 명명해도 좋을 것이다. 자본주의와 사회주의, 그리고 과학 기술 시대를 맞아 신은 다시 '돈'과 '물질'과 '기계'로 대신하기에 이르렀다. 결국 이 세 가지의 가상 실재는 물신物神이라고 해도 좋을 것이다. 자연을 기준으로 보면 자연과학이라는 것도 인간이 새롭게 쓰는 신화의 일종이라고 말할 수 있다.

현대 과학 기술 문명의 입장에서 인간의 역사와 문명을 회고해보면 과학과 종교에 대한 종래의 구분이 설득력을 잃게 된다. 과학이 객관적인 것이라는 것에도 동의할 수 없고, 종교가 주관적이라는 데에도 동의할 수 없다. 과학이든 종교이든 결국 상호 주관의 산물이다. 주관이든 객관이든 존재(사물) 그 자체는 아니다. 존재에 어떤 관점을 가한 것이 주관과 객관이다. 사회구성원 간에 서로 동의하고 이해되지 않으면 결코 과학도 종교도 존립할 수 없다. 결국 둘 다 문화일 뿐이다. 이때 '문화일 뿐'이라고 말하는 것은 문화는 결국 본래 존재(자연)가 아니라 문文, 紋으로 이루어진 가상 실재라는 의미가 깔려 있다.

문화文化=언어는 결국 자연의 변화와는 다른 가상의 실재고, 문화는 결국 자연의 물화物化=수학를 추구하는 것을 통해 오늘날 과학科學=사물=thing에 이르렀으며, 자연自然=사건=event을 재구성하고 왜곡·변형하는 것을 통해 호모사피엔스의 인구를 부양해왔다는 데에 이른다. 늘어나는 인구를 부양하기 위해 산업은 수렵과 채집에서 농업으로, 농업에서 산업으로,

산업에서 정보화로 치달은 것은 물론이다. 정치 체제는 제정일치에서 제정분리로, 제정분리는 정치경제로, 그리고 국가와 제국으로 팽창하였다고 말할 수 있다. 그 사이에 수많은 전쟁과 정복과 합병이 있었다.

문화의 원형은 제사였다. 그 제사는 종교 의례를 통해 제도화되었다. 고대에서 현대에 이르기까지 인류 문화는 제사(신화·종교)→ 정치→ 경제→ 문화→ 예술로 중심 이동을 하였다. 이들 장르는 서로 중첩되거나 순환 관계에 있었다고 말할 수 있다. 예컨대 현대의 예술은 고대의 제사 기능과 만난다고 할 수 있다. 또한 제사는 정치, 정치는 경제, 경제는 문화, 문화는 예술과 겹치면서 원형과 변형의 관계에 있다.

인간은 상상력을 통해 신화(신화적 우주론)를 구성했으며, 신화의 이야기^{narrative}를 통해 자신이 살고 있는 세계를 이해했으며 이야기는 실재를 압도했다. 인간은 우선 이야기꾼이었으며, 신화의 이야기는 근대의 과학 시대를 맞아 천문학(물리적 우주론)이라는 새로운 신화를 구성하기에 이르렀다. 결국 과학의 로고스^{logos}도 미토스^{mythos}의 산물인 셈이다. 오늘의 천문학은 정교하고 복잡한 신화 체계라는 점이 다를 뿐이다.

상상력은 다양성을 추구하지만, 일단 상상된 것은 동일성을 고집하게 된다. 그래서 상상력은 동일성의 원인이다. 동일성에 잡히지 않으려면 계속 새로운 상상을 해야 한다. 인간은 상상력과 피드백하면서 살아가는 존재다. 자연에 비하면 신화(문화)와 과학은 모두 상상력의 산물로서 환상에 지나지 않는다.

크게 보면 인간은 신화와 과학을 통해 시간과 공간을 제도로 만든 최초의 동물이다. 그 결과 과학적 세계를 구성해냈다. 더 정확하게는 시간성^時을 시간^{時間}으로, 공간성^場을 공간^{空間=場所}으로 만들고 시공간 안에 있는 사물의 운동과 변화를 수학적으로 계량화함으로써 과학 문명을 이루었다. 여기에는 인간의 감각 중에 시각(눈)이 매우 중추적인 역할을 하였음을 부인할 수 없다. 인간의 '앎'이라고 하는 것은 시각적으로 '봄'의 결과다. 눈으로 확인하지 못하면 앎이 아니다. 결국 인간은 자연을 시공간의 우주로 해석한 동물이다(자연=우주).

자연이라는 말 대신에 '우주'라는 말 자체가 이미 기계의 의미를 내포하고 있고, 기계적 우주를 의미한다. 현대 과학 문명의 시대는 과학뿐 아니라 정치도, 전쟁도, 제도도 기계일 뿐이다(우주=기계=제도). 이제 최종적으로 자연도 기계가 되고 말았다. 결국 문화의 문자는 기호를 넘어서 과학의 기계를 의미하는 것으로 되었다(문자=기호=기계).

고대 신화 시대, 중세 종교 시대, 근대 국가 시대, 현대 과학 시대는 겉모양은 다르지만, 즉 문화적 기표(표상)는 다르지만, 그 내용(기의)은 모두 가상 실재라는 공통점이 있다. 신화의 내용은 신의 체계고, 신화의 변형인 종교의 내용은 성인의 체계였다. 신화와 종교 체계는 헤겔과 마르크스에 이르러 결국 이데올로기(도그마)의 속성을 드러냈다. 신화와 종교라는 이데올로기 체계는 결국 제도며, 제도는 또한 기계며, 이 기계는 우주로 확장된 셈이다.

니체가 주장하는 초인은 종래의 성인과 영웅에 대한 현대적 재해석이면서 동시에 우주의 비밀을 깨달은 사람이라고 할 수 있는 '신인神人'에 대한 새로운 지칭이라고 말할 수 있다. '신인'은 기계 인간(인조 인간, 사이보그)을 만들어냄으로써 인간신人間神을 꿈꾸는 과대망상증의 현대인과 달리, 자신의 마음을 성찰하는 내관內觀을 통해 자연의 본래 존재에 도달함으로써 감사와 겸손으로 모든 존재를 대하는 깨달은 사람을 말한다.

현상학적으로 말하면 인간은 결국 '시공간의 동물'이며 인간의 '간間' 자는 시공간의 '간間' 자를 의미한다. 시공간의 거리가 없으면 인간이 아니라고 역으로 말할 수 있다. 그런 점에서 인간은 '사이-존재'라고 말할 수 있다.

인간은 현상학적으로 지향intentionality의 동물이다. 지향은 안in에서 밖ex으로 향하는 것이다. 밖으로 향한다는 것은 '대상' 혹은 '목표'를 정하는 것이고, 이것은 결국 의미 대상에서 사물 대상으로 연장된다. 사물 대상으로 연장된 것이 과학이다. 과학이라는 것은 결국 인간의 현상학적인 최종 산물이다. 과학이라는 것은 수數의 비율ratio을 실체로 전환한 것이고, 세계를 무한대로 해석한 현상학에 불과하다. 데이비드 흄David Hume, 1711~1776은 일찍이 과학의 인과론이 확률에 불과한 것이라는 점을 깨닫고 깊은 회의주의에 빠졌는데 그 확률론은 하이젠베르크에 의해 활용되었다.

과학은 시공간에서 단지 비율과 확률인 것을 실체substance로 사용한 착각의 산물이다. 그런데 그 시공간이라는 것도 실은 감성이 허용한 직관, 즉 감성적 직관의 형식이고 보면 과학은 결국 과학적 환상에 불과한 것이 된다. 인간은 과학이라는 세계의 환상 속에 사는 셈이다. 칸트의 현상학이 이루어지는 데는 당시 자연과학의 패러다임의 영향이 컸던 것이고, 그는 자연의 법칙을 인간의 도덕에 그대로 반영하고자 했다. 자연과학이 'science'이고, 도덕의 양심이 'conscience'이고 보면 도덕은 자연과학을 함께 한 것이 된다. 현상학이 이루어지는 데는 인간이 '세계-내-존재'라는 전제가 필요하다.

반면 관심Sorge은 밖에서 안으로 향하는 것이기도 하고, 안에서 밖으로 향하기도 하는 경계선상에 있다. 말하자면 경계선상에서 안과 밖을 동시에 보면서 결국 사물 대상보다는 '마음'과 '자기'에 도달하는 것을 목표로 한다. 관심은 저절로 '자기-내-존재'에 이르는 것이다. 인간은 사물 대상을 찾는 존재가 아니라 결국 자기를 찾고자 하는 '자기-내-존재'다. 종교가 인간의 삶과 행동의 목표를 주는 것이라면 종교야말로 지극히 존재론적 성취다. 인간을 포함하여 만물은 모두 '자기-내-존재'일 가능성이 높다. 그렇게 보면 인간은 그 '자기'의 자리에 '세계'를 대입한 존재다.

주술의 입장에서 오늘날의 종교와 과학을 설명하면 종교와 과학이 혼합되었던 것이 원시 고대의 주술呪術이라는 것이다. 과학은 '동종 주술과 메타포'를 거친 '접촉 주술과 메토니미'인 반면, 종교는 '접촉 주술과 메토니미'를 거친 '동종 주술과 메타포'다. 과학은 시각과 언어와 페니스의 연합의 산물이고, 종교는 청각과 상징과 버자이너의 연합의 산물이다. 과학은 눈으로 사물을 보는 '실체(반사)의 세계'고, 종교는 귀로 사물의 소리를 듣는 '파동(공명)의 세계'다.

　종교와 과학은 오류의 연속이기는 해도 그동안 인간에게는 여간 쓸모가 있었던 게 아니다. 예컨대 『성경』의 오류는 인간의 협력을 끌어내었고, 과학의 오류는 과학을 발전시켰다. 그런 점에서 인간은 '진리의 동물'이기 전에 '오류의 동물'이었다고 말할 수 있다. 더 정확하게는 오류를 저지를 수 있었기 때문에 과학을 발전시켰다고 말할 수 있다. 인류학적 결과들을 역사적으로 정리하는 데에 탁월한 능력을 발휘하는 우리 시대의 역사인류학자라고 부를 수 있는 유발 하라리는 종교와 과학과의 관계에 대해 보기 드문 정의를 내렸다.

　"종교는 다른 무엇보다 질서에 관심이 있다. 종교의 목표는 사회 구조를 만들고 유지하는 것이다. 한편 과학은 다른 무엇보다 힘에 관심이 있다. 과학의 목표는 연구를 통해 질병을 치료하고 전쟁하고 식량을 생산하는 힘을 획득하는 것이다. 과학자와 성직자 개인이 다른 무엇보다 진리를 우선시할 수 있지는 있겠지만, 집단적인 제도로서의 과학과 종교는 진리보다 질서와 힘을 우선시한다. 그러므로 이 둘은 의외로 잘 어울리는 짝이다. 타협 없는 진리 추구는 영적 여행이라서 종교와 과학의 제도권 내에 머물기 어렵다."[197]

　하라리는 서양의 기독교(종교)와 철학과 과학이 실체(동일성)를 추구하는 문명이라는 관점에서 과학과 종교의 협력의 위험성을 기술하지 않고 진리보다는 '질서와 힘을 우선시하는 집단적 제도'로서 어울리는 짝이라고 설명했다. 그런 점에서 철학인류학자인 필자가 철학적 관점에서 서양의

197　유발 하라리, 『호모 데우스』, 김명주 옮김, 김영사, 2017, 275쪽.

과학 기술 문명과 패권주의를 인류의 종말과 연결하거나 염려하는 것과는 차이를 보인다. 하지만 그는 나름대로 매우 유익한 결론을 내리고 있다. 그렇다. 종말은 아직 멀었다고 생각할 수도 있고, 실제로 종말이 온다면 종말을 염려할 순간도 없을 것이기 때문에 무의미하다거나 무익하다고 생각할 수도 있다.

서양은 우주를 코스모스^{cosmos}, 즉 '질서'라고 하고 있고, 서양의 가장 탁월한 후기 근대 철학자 니체는 '힘에의 의지'를 표명했다. '질서와 힘'은 서양 문명을 이끌어가는 욕망의 쌍두마차라고 할 수 있다. 니체는 칸트가 과학으로부터 끌어와서 이룩한 도덕 철학을 '힘에의 의지'를 통해 다시 과학 쪽으로 밀어낸 인물이다. '힘'이라는 것은 과학이 추구하는 절대 명제다. 불을 숭배한 차라투스트라를 현대적으로 부활한 시인-철학자 니체는 아이러니컬하게도 '힘에의 의지'를 통해 서양 문명의 요체를 드러냈다.

서양 문명은 한마디로 '실체론(동일성)의 문명'이라고 할 수 있다. 기독교는 실체론적 종교고, 서양 철학은 실체론적 철학이고, 자연과학은 실체론적 과학이다. 과학도 실체를 추구하고, 역사도 실체를 추구한다. 이를 종합적으로 현상학적이라고 할 수 있다. 이러한 서양 문명의 대척점에 설 수 있는 사상이 바로 동양의 천지인 사상이고, 음양 사상이다. 천지인 사상과 음양 사상은 실체를 가정한 사상이 아니라 자연의 변화와 더불어 살아가는 사상이다. 천지인 사상과 음양 사상은 자연을 대상으로 보지 않고, 그런 까닭에 자신을 주체로 보지도 않는다. 주체-대상의 이분법에서 자유롭다. 이를 종합적으로 존재론적이라고 말할 수 있다.

자연이라는 본래 존재는 마음(몸)이고, 전체고, 은유고. 공空이다. 자연은 결코 고정 불변의 실체가 아니다. 그런데 인간의 자연과학은 본래 존재를 실체로 해석하여 정신(의식 주체), 물질(의식 대상), 환유, 색色으로 변형시킨다. 본래 존재는 '기운생동'이라면, 인간이 인식하는 세계는 '기계 작동'이다. 인간은 처음부터 기계적 알고리즘을 가진 존재였다. 그러한 알고리즘을 구현한 것이 현대의 과학 기술 문명이다. 현대에 이르러 인간의 알고리즘이 기계였다는 것을 알게 된 셈이다.

자연의 계절은 동일성(실체)이 없이 변화무쌍하다. 봄이라도 같은 봄이 아니고, 진달래꽃도 같은 것은 하나도 없다. 오늘의 나는 내일의 나가 아니다. 그런데 그것을 굳이 동일성이 있는 것처럼 설명하고, 해석하는 서양 문명은 결국 오늘날 우리가 삶에서 매일 접하는 눈부신 과학 기술 문명이라는 만들어냈다. 이제 인조 인간, 인조 우주도 만들어낼지도 모른다. 이는 마치 기독교의 여호와(절대유일신)가 사람과 만물을 만들어내는 것과 흡사하다.

기독교의 신이 원인적 현상학이면, 인간신은 결과적 현상학이다. 그렇다면 본래 인간은 신인간이라는 말인가? 만물만신에 따르면 존재는 모두 신이고, 기운생동의 신이다. 기운생동의 신만이 진정한 신이다.

인간이 인간신이 되고 있는 즈음에 고래의 천지인 사상을 들먹이는 이유는 무엇인가. 왜 그것을 끄집어낼 필요에 직면했는가? 이 책은 바로 그것에 대한 해답을 주기 위해서 여러 각도에서 현대 문명의 원천에 대해 조명한 글들로 채워져 있다. 지구촌은 지금 제4차 산업혁명에만 빠져 있다. 그것을 부정하고자 하는 것도 아니다. 그것의 실효성은 무시하는 것도 아니다. 4차 산업혁명도 중요하지만, 기후 환경의 문제도 그에 못하지 않는 주제다. 우리가 그동안 살아온 자연, 본래 자연에 대한 관심도 기울여야 인간 문명의 균형을 이룰 수 있을 것이다. 근대를 주도한 서양 문명이 '자유와 균형(형평)'을 추구한 문명이라면 말이다.

천지인 사상의 역동성을 오늘에 새롭게 부각하고 해석함으로써 많은 철학적 이점을 우리는 얻을 수 있다. 인류를 위한 활생活生의 철학은 천지인을 역동적으로 보는 데서 비롯된다. 바로 세계에 대한 역동성을 되찾는 것이 활생 철학의 기본 전제가 된다.

근현대에 이르러 우리 민족에게 활생을 조금이라도 실현한 사상이 있다면 어떤 철학이 있을까. 민주주의, 사회주의도 그 가운데 하나일 것이다. 그러나 그것은 외래 사상에 대한 사대주의의 냄새가 짙다. 근본주의적 민주주의와 사회주의는 한국에 분단과 전쟁을 가져온 장본인이다. 두 이데올로기는 종교처럼 한국인을 억압하고, 강요하는 도그마가 되어버렸다.

지금도 한국인은 두 이데올로기의 피해자가 되고 있다. 좌파는 이상적 평등을 위해 투쟁하고, 기독교는 사랑하라고 주장하고, 우파는 국가만 내세운다. 그러면서도 이들의 주장은 말로만 이루어지는 '말의 성찬'에 그치고 있다. 정작 어느 파에 속하든 삶의 전략으로서 이데올로기를 이용하고 있다. 그렇기 때문에 정치만이 난무한다. 정치는 많을수록 정치는 없다. 과거 혈연 사회에서 벗어났다는 것이 여전히 지연과 학연의 굴레에서 꼼짝도 못하고 있다. 한국 사회는 파벌 사회, 당파 사회다. 그러니 근대 국가가 제대로 성립될 수가 없다.

두 이데올로기는 한국인의 활생은 고사하고 한국을 혼란과 질곡 속으로 집어넣은 것이다. 그럼에도 한국인은 아직도 그것을 신주단지처럼 모시고 있다. 특히 좌파나 우파에 경도된 지식인은 그렇다. 그러한 점에서 한국에는 자생적 철학이 없다. 남의 철학에 의해 살면서 마치 철학이 없는 것이 마치 가장 철학이 풍부한 채 혹은 가장 철학적인 채하는 셈이다. 바로 풍부함의 빈곤이 한국을 이데올로기적으로 얽매게 한다.

한국인은 철학적으로 서양 철학의 씨받이 역할밖에 못하는 '무지성無知性의 난자卵子'의 신세가 되어 있다. 대뇌大腦마저 서양 철학을 받아들이는 자궁子宮이 되어버린 이 '무無 철학의 여성성'을 뒤집어서 우리의 자생 철학을 만들어야 한다. 그것이 바로 필자가 말하는 여성성의 철학, 평화의 철학, 에코페미니즘eco-feminism의 철학이다.[198]

서양 철학은 오늘날 종교적 도그마로 변형된 채 신앙을 강요한다. 철학이 신앙이 되면 수많은 부작용을 낳게 된다. 철학이 신앙이 되면 다른 생각 자체를 근본적으로 부정하거나 철학적 맹신이나 독선에 빠지기 쉽기 때문이다. 지금 활생의

---

198   박정진, 『평화의 여정으로 본 한국 문화』, 행복한에너지, 2016; 『평화는 동방으로부터』, 행복한에너지, 2016; 『여성과 평화』, 행복한에너지, 2017 참조.

철학을 주장하는 것도 실은 그러한 상황 인식에서 비롯된 것이다. 서양 철학은 배우고 그것을 가르치는 일에 급급한 나머지 진정으로 스스로 철학하기에 실패한, 그러면서도 스스로 철학하고 있다고 착각하는 철학의 풍토는 한국 문화의 특징인지, 병폐인지 알 수가 없다.

한국인의 존재 양식은 하이데거식으로 말하면 '존재론적인 삶'을 살아왔다고 해도 과언이 아니다. 태극기의 상황과 같다. 태극기는 한국인의 심성이고, 문화적 디자인이다. 태극과 음양은 바로 그 역동성을 상징한다. 태극은 바로 '2↔1', '3↔1' 체계의 혼융이다. 한국인의 '한' 사상은 다원다층의 의미[199]가 있다.

서양 문명은 크게 이분법(비대칭성)의 굴레 속에 있다. 그러한 한계는 바로 동일성과 정체성에서 출발한다. 서양은 근대에 이르러 존재자 위주의 인과적 사고, 도구적 사고, 이성주의로 일관해왔는데 비록 그러한 사고는 역사적 전개에서 세계를 지배국으로의 위상을 누리긴 했지만, 부수적으로 많은 문제를 남겼다. 이것을 치유하기 위해서는 바로 이중성과 애매모호성으로 요약되는 원시 부족의 대칭적(대립이 아닌) 사고, 존재적 사고의 도입이 필요하다.

199 박정진, 『한국 문화와 예술인류학』, 미래문화사, 1992, 274~275쪽. '한'은 우리 문화의 정체성을 논할 때 쓰는 말이다. 예컨대 '한'은 한국, 한겨레, 한글, 한식, 하느(나)님, 한얼 등 국가, 민족, 사상, 그리고 생활 전반에 걸쳐 우리 문화의 원형(원리)으로 작용해왔다. '한'은 한문漢文으로 韓, 漢, 汗, 干, 早, 寒, 成, 桓, 丸 등 여러 가지 글자로 표기된다. '한'의 사전적 의미는 一one, 多many, 同same, 中middle, 不定about 등 다섯 가지로 요약된다. '한'은 따라서 확정성과 불확정성을 동시에 포함한다. 좀 더 정확히 말해서 종래 문학(철학)이 확정성을 치중한 것을 감안할 때(확정성을 내포한) 불확정성을 그 특성으로 한다.

다행히 우리는 음양오행 사상이나 천지인 삼재 사상에서 그러한 존재적 사고의 전통을 이어받을 수 있다는 점에서 크게 다행이다. 음양 사상은 처음부터 대칭적(대립적이 아닌) 사상이었고, 천지인 삼재 사상은 대칭적 사상에서 인간이라는 변수가 들어감으로써 인간에게 역동성을 부여한 측면이 있다. 그 대칭-역동성을 살리느냐, 죽이느냐, 고정하느냐, 그리고 그것을 존재적으로 혹은 존재자적으로 사용하느냐는 각 개인이나 국가의 몫이었다. 인간은 존재와 존재자의 사이에 있는 경계선상의 존재다. 그러한 점에서 인간은 가역적 존재다.

지금까지 주로 동서양 철학의 비교를 통해 인류학적인 철학, 철학인류학을 시도해보았다. 동서양 철학의 차이는 실은 이미 그들의 일상의 삶속에 들어 있다고 해도 과언이 아니다. 철학은 일상의 삶속에, 삶의 언어와 구문 속에 이미 들어 있다. 단지 그것은 자신들의 삶에 너무 가깝기(거리를 둘 수 없기) 때문에, 즉자적이기 때문에 대자적으로 깨닫기 어려울 따름이다. 이렇게 보면 앎의 철학과 삶의 철학의 구분마저도 어렵게 된다. 그러면서도 철학자의 사명은 삶과의 거리두기를 통해 그것을 개념으로 파악하는 일인 것 같다.

동양과 서양이 하나가 된, 지구촌이 하나가 된 시점에서 인류는 서로의 삶과 삶 속에 내재된 철학의 차이를 이해하고 소통을 시도함으로써 새로운 미래를 열어가지 않을 수 없다. 상대방을 이해할 때 인류의 평화도 가능하다는 점에서 동서양은 물론이고, 인류 문화를 하나로 묶고 다시 그것의 밖에서 바라보는 코스모폴리탄cosmopolitan의 태도를 통해 인류가 '하나가 됨'을 깨닫게 하는 데에 철학자의 소명이 있을 것이다.

인간이 두발$^{bi\text{-}pedal}$로 수직 보행하면서, 이 발에서 저 발로 발걸음을 옮기면서 균형(중심, 심중)을 잡고 걸어가는 것 자체가 철학의 출발인지도 모른다. 그러한 점에서 '머리의 철학'이 아니라 '발의 철학'이 필요할지도 모른다. 삶 자체가 철학이다. 어떻게 보면 일상의 쉬운 삶을 어려운 말(개념)로써 체계화하는 것이 철학인지도 모른다. 또한 철학이라는 것은 '여기'에 살면서 '저기'를 생각하는 것인지도 모른다. '저기'라는 것이 바로 '이상'이고, '저 세상'이고, 동시에 '미래'다.

철학은 '동일성'을 추구하는 대뇌의 작업인 것 같다. 서양의 '차이 철학'이라고 하는 것도 '동일성의 차이' 혹은 '동일성의 반복'에 불과한 것이다. 이때 동일성은 궁극적으로 기계다. 반면 자연은 동일성이 없는 '진정한 차이의 존재(세계)'다. 자연의 신체는 동일성이 없고 차이만 있을 뿐이다. 그러한 점에서 진정한 존재는 '신체적 존재'다. 어떤 철학자의 철학(철학 체계)은 그대로 내 것으로 만들 수 있어도 신체는 내 것으로 만들 수 없다. 신체는 자연이기 때문이다.

'하나님'과 '하나 됨'의 차이는 무엇일까? 이것이 '존재^{Being}-하나님'와 '생성^{Becoming}-하나 됨'의 차이가 아닐까? 인간은 이 둘의 사이에 있는 것 같다. 존재이면서도 생성(존재-생성)이고, 생성이면서도 존재인(생성-존재), 자연이면서도 인간(자연-인간)이고, 인간이면서도 자연인(인간-자연) 특이한 존재가 인간이다. 인류는 이제 절대유일신의 하나님이 아니라 '하나 됨과 하나님'이 융합한 '하나 됨-하나님(하나 됨의 하나님)'이 필요하다. '하나 됨-하나님'은 『천부경天符經』의 하느님'이다.

'생성의 세계'는 『천부경』의 '무시무종無始無終의 세계'가 될 수밖에 없다. 무시무종의 세계는 '생성의 세계'면서 '여성성의 세계'다. 남성성의 세계는 '존재의 세계'면서 '유시유종有始有終의 세계'다. 유시유종의 세계의 대표적인 것이 기독교의 세계고, 기독교는 하나님을 '하나님 아버지'라고 부른다. 기독교의 '아브라함'은 한국어의 '아버지'와 어근을 함께 한다.

한국인들은 천지인의 삼신三神을 '삼신 할머니(할매)'라고 부른다. 왜 삼신하고 할머니인가. 왜 할아버지가 아닌가. 우리는 '단군'을 말할 때는 '단군 할아버지'라고 부른다. 아마도 단군 할아버지 이전의 모계사회에서 부른 이름이 '할머니'였을 것이다. '하나 됨의 하나님'을 여성 대명사인 '할머니'라는 이름을 통해 명명한 것이 아닐까 생각된다. 여성이야말로 인간을 낳는 존재의 뿌리가 아닌가. 삼신 할머니는 아이를 점지해주는 '산신産神 할머니'로 변용되기도 했다. 결국 오늘날 철학으로 보면 '생성의 하나님'을 삼신 할머니로 불렀을 것으로 추측된다.

삼신 할머니는 인류 최초의 여신인 '마고麻姑 신The God Mago'을 떠올리게 한다. 고대 인류 사회는 모계사회였으며, 모계사회의 인류는 공통 모어母語를 사용했을 가능성이 높다. 그 공통 모어가 오늘날 한글(훈민정음)에서 유추할 수 있는 고대의 '소리 글자'였을 것이다. 공통 모어는 가부장-국가사회의 발생과 함께 각 지역으로 분파되면서 각 지역의 조어祖語가 되었을 것이다. '조어'의 바탕이 되는 것이 '모어'였을 것으로 추측된다. 언어의 공통 모어와 종교의 샤머니즘은 같은 시대에 서로 통하는 관계였을 것이다. 한글과 샤머니즘은 인류의 시원 문화였을 것으로 추측된다.

네오샤머니즘의 입장에서 보면 모든 종교는 서로 통하게 되어 있다. 그 까닭은 모든 고등종교들이 샤머니즘에서 출발하여 각자의 지역과 역사와 환경(풍토)에 맞게 형성된 것이기 때문이다. 인류의 원시 반본 시대를 맞아서 제 종교의 공통성과 일반성인 평화를 되찾고, 그것을 바탕으로 초종교 초국가적인 이상과 인간의 근본적이고 소박한 도덕을 회복하는 목표를 달성하기 위해 온고지신溫故知新, 지신온고知新溫故하지 않으면 안 된다.

네오샤머니즘의 입장에서 유불선기독교를 재해석하면 다음과 같은 모습이 될 수도 있다. 유교의 수신제가치국평천하修身齊家治國平天下는 자신자신자신자신自身自信自新自神으로 될 수 있다. 불교의 일체중생一切衆生 실유불성悉有佛性은 만물만신萬物萬神, 심물일체心物一體, 물심일체物心一體가 될 수 있다. 선도仙道의 우화등선羽化登仙, 장생불사長生不死는 만물생명萬物生命, 기운생동氣運生動이 될 수 있다. 이는 심물존재心物存在, 심물자연心物自然의 상태다. 마음과 몸은 본래 분리되지 않았다.

기독교의 "네(내) 이웃을 네(내) 몸과 같이 사랑하다."는 한글의 본래 뜻대로 '마음=몸'이 될 수 있다. 기독교는 서양의 선도仙道, 즉 기독선基督仙이라고 말할 수 있다. 예수가 "나는 길道이요, 진리眞理요, 생명生命이다."라고 말한 것은 참으로 유불선기독교가 하나인 것을 단적으로 드러내는 말이다. 여기에 동양의 도道 사상과 서양 철학의 진리眞理와 불교의 중생심衆生心, 즉 만물생명萬物生命 사상까지 동시에 갖추었음을 볼 수 있다.[200]

유불선기독교는 이제 기독교선仙, 기독교불佛, 기독교유儒가 되어야 한다. 동양에서는 유교불교선도를 유도불도선도儒道佛道仙道라고 말한다. 이는 동양이 도학道學의 지역임을 증명한다. 도학을 통한 인류 고등 종교의 통일은 초종교초교파를 달성하는 지름길이며, 종교가 본래의 자리로 돌아가는 원시반본을 의미한다. 예수야말로 유대교 전통의 이스라엘에서 불교의 자비를 기독교의 사랑으로 설파하였을 것이다. 사랑의 진정한 의미를 몰랐던 바리새파인들 제사장과 율법학자들은 예수를 십자가에 못 박았다. 오늘날 기독교가 당시 바리새파의 역할을 하는지도 모른다. 특히 기독교조차도 기독교선을 지향하는 것이야말로 종교 통일의 시대가 도래했음을 알려주고 있다.

성인 중에서는 가장 최근에(늦게) 태어난 예수는 인간 정신의 정수를 깨닫고 이스라엘 땅에서 인간을 구원할 설교를 시작했던 것이다. 오늘날 다시 인간 구원의 정신이 계승되어 인류의 고등 종교가 하나가 되어야 하는 것은 지구촌 시대의 사필귀정이다. 이러한 초종교 초국가의 정신을 한 몸에 지니고 태어난, 그러한 정신을 스스로 깨달은 사람이 인류를 구원할 자격을 갖추게 되는 것은 물론이다. 유불선기독교 등 모든 종교의 뿌리가 하나인 것을 깨닫게 될 때에 세계의 진정한 평화가 도래할 것이다.

200 박정진, 『평화는 동방으로부터』, 행복한에너지, 2016, 433~434쪽.

인간이 신이 되고자 하면, 결국 신이 인간의 정신 현상학적인 대상으로서 바깥에 있는 존재, 외재적인 신, 현상학적인 신이 되어서 결국 패권으로 군림하고자 할 것이다. 그렇기 때문에 반대로 신이 인간이 되고자 하는, 신이 인간의 '마음과 몸' 안에 심물일체로 있는, 초월적이고 내재적인 신이 함께 있는, 존재론적인 신이 되면 평화를 이룰 가능성이 높아질 것이다. 존재를 가장 쉽게 설명하면 바로 자연이다. 자연적 존재가 바로 존재다.

	유불선기독교의 철학 사상	일반성의 철학
유교	수신제가치국평천하	자신자신자신자신
불교	일체중생, 실유불성 /여래장	만물만신/심물일체 물심일체
선도	우화등선 장생불사	만물생명/기운생동 심물존재/심물자연
기독교	"내 이웃을 내 몸과 같이 사랑하라." "나는 길이요, 진리요, 생명이다."	마음=몸: 기독교는 서양의 선도, '기독선'이라 할 수 있다.

〈유불선기독교의 통일과 새로운 변형〉

동양 철학의 천지인·정기신精氣神 사상은 본래 혼원일기混元一氣인 하나의 세계를 말한다. 인간은 이러한 기운생동의 생성 변화에 신의 이름을 붙임으로써 생성을 존재로, 사건을 사물로 바꾸는 것을 통해 절대적인 신을 발명한 존재이다. 인간은 천지인의 과정적인 결과로서 최초의 원인인 신을 발명했던 것이다.

우주의 원기元氣를 의식으로 지각한 인간은 각자가 신이 되는 자신自神의 경지에 도달하여야 한다. 자신自神에 도달하는 것이 만물만신萬物萬神이고, 심물일체心物一體고, 물심일체物心一體며 만물생명萬物生命이다. 기독교의 사랑은 나와 이웃과 세계가 본래 하나의 몸(신체)이라는 것을 깨닫는 경지에 도달하는 것을 최종 목표로 하여야 한다. 세계는 정신-물질(육체)의 현상학적인 이분법적 존재가 아니라 그것의 바탕이 되는 본래 존재로서의 신체적 존재다. 결국 인간과 만물의 신체 속에 우주의 비밀이 다 숨어 있다. 그 비밀은 무시무종無始無終이라는 실재다.

끝으로 유불선기독교 사상을 『천부경』의 천지인 사상에 대응하면 다음과 같다. 천天은 기독교(유대교·이슬람교)-종교宗教·과학科學에 대응되고, 지地는 불교禪불교-자각自覺·무아無我에 대응되고, 인人은 유교(성리학)-윤리倫理·도덕道德에 대응된다. 천지인이 순환하면 결국 선仙이 된다. 선은 도법자연道法自然이고, 샤머니즘이고, 신선도神仙道이다.

천	기독교(유대교)	종교, 과학	
			천지인의 순환: 선/
지	유교(성리학)	윤리, 도덕	도법자연/
			샤머니즘/신선도
인	불교(선불교)	자각, 무아	

〈천지인 사상을 통해 본 유불선기독교 사상과 인류 문화〉

　인류 종교들의 공통성을 찾아가 보면, 결국 우리는 몸身과 신神 혹은 부처佛의 중요성을 발견할 수 있다. 선도 계열의 종교가 몸 수련操身-操心을 중시한다는 것은 더는 설명이 필요 없을 것이다. 유교의 '수신修身-平天下'도 몸을 수련의 출발점으로 삼고 있음을 볼 수 있다. 기독교의 "네 이웃을 '내 몸'과 같이 사랑하라愛身-愛人"도 '몸'의 존재성에 대한 깊은 이해가 숨어 있다. 불교가 마음心을 중시하는 까닭은 도리어 몸 수련心身一體을 위한 것이다. 말하자면 몸을 출발점으로 해서 신이나 부처에 도달하는 것을 목표로 하고 있음을 볼 수 있다.

　이상의 조신, 수신, 애신, 심신을 관통하면 인간 수련의 최고의 경지에 도달할 수 있다. 최고의 경지에 이르면 신의 유무에 대한 논쟁은 의미를 잃게 된다. 세계는 신체적 존재며, 신체야말로 '지금, 여기'의 존재라는 것을 알 수 있다. 결국 인간은 자기 자신을 다스리기 위해 먼 길을 달려온 종자種子인 셈이다. 자연은 그 종자를 키운 자궁이라고 말할 수 있을 것이다. 길 중의 길, 진리 중의 진리는 결국 '생명'인 것은 말할 것도 없다.

유불선기독교이슬람 등 모든 종교의 핵심을 관통하여 보면 결국 깨달음의 네 가지 덕, 사주덕四主德을 볼 수 있다. 자신自身, 자신自信, 자신自新, 자신自神이 그것이다. 인간(만물)의 삶은 자신의 몸身을 바탕으로, 자신의 믿음信으로 살면서, 날마다(시대에 따라) 자신을 새롭게新 하면서, 결국 자신의 신神을 깨닫는 과정임을 의미한다. 결국 만물만신이 존재의 최종적 길이다. 자신自神은 결국 '스스로 신'임을 깨닫는 것을 말하는데 자신의 몸속에 태초의 생성이 숨어 있음(기억되고 있음)을 자각하는 경지를 의미한다.

아울러 생활 실천의 '사주덕'으로 검소, 겸손, 자유, 창의를 들 수 있을 것이다. 검소는 환경과의 약속이고, 겸손은 인간과의 약속이고, 자유는 철학의 정신이고, 창의는 역사의 정신이다. 이상을 천지인 사상에 맞추면 다음과 같다. 이것을 종합하면 '신선神仙이 되는 길Way to Taoist hermit with miraculous power'이다. 신선神仙은 신인간神人間의 옛말이다.

신神인간은 '신新인간'이고, '신信인간'이고, '신身인간'이다. 또한 만물萬物은 만신萬神이다. 모든 물物은 신물神物[201]이다. 신神인간, 신물神物이 과학 기술 문명 시대를 살아갈 때, 과학을 수용하면서도 인간 본래의 정체성을 잃어버리지 않는 삶의 자세다. 신神인간이야말로 오늘날 인류가 다시 정립해야 하

---

201 '신물神物'이라는 말을 할 때면 항상 한국말로 '굿gud'이라는 단어와 발음이 같은 영어단어인 'god', 'good'을 떠올리면서 혹시 어원이 같은 것은 아닐까 생각을 갖게 된다. '굿'이라는 단어에 영어로 '신', '행운(축복)'을 의미하는 뜻이 내포되어 있는 것이 예사롭지 않아 보인다. 더욱이 'good'에는 '재화(물건)'라는 뜻도 포함되어 있다. 혹시 옛 사람들은 우리가 흔히 대수롭지 않게 생각하는 '물건'이라고 하는 것에 신성성을 부여하여 '신물'로 보지 않았을까 하는 상상도 해본다.

는, 신물神物숭배의 인간상이다.

	깨달음의 사주덕	생활의 사주덕: 신선이 되는 길	
천	자신自神(자신의 신을 깨달음)	創意(역사)	자신(날마다 자신을 새롭게 함)/ 자유(철학)
인	자신自信(자신의 믿음으로 삶)	謙遜(인간)	
지	자신自身(자신의 몸을 바탕으로 함)	儉素(환경)	

〈천지인 사상과 깨달음과 생활〉

　인간은 이제 단순한 피조물이 아니다. 스스로 신이 될 수 있는 존재이면서 행복과 불행, 전쟁과 평화를 스스로 선택하고 결정할 수 있는 존재다. 이것이야말로 '현대판 신선神'이 아니고 무엇인가. 인간의 집단 유전자는 호모사피엔스의 '공멸의 길'을 선택할지, '복락의 길'로 들어설지 아무도 모른다. 인간도 자연이다. 그런데 자연인 인간의 힘은 이제 인간 자신은 물론이고, 공생하고 있는 모든 동식물을 멸종시킬 수 있을 정도의 인간신에 이르렀다. 그런 점에서 인간의 미래 선택은 참으로 중요한 것이다.

　인간은 자기 창조적이면서도 자기 종말적 존재다. 그것이 기독교의 『성경』으로 표출된 것이 천지창조와 종말구원 사상이다. 인간이 자신을 구원할지는 미지수지만, 종말은 역사현상학적으로 다가올 미래다. 그런 점에서 인간은 현상학적인 동물이다. 현상학적인 동물이기 때문에 그 경계선상에서 본래 존재를 떠올릴 수 있었을 것이다.

인간은 왜 존재를 현상했을까. 아마도 자연의 생존 경쟁에서 살아남기 위해서였을 것이다. 현상은 자연으로부터 도구를 추출할 수 있게 하였고, 끝내 자연을 도구와 기계의 세계로 만들었다. 아마도 그러한 도구의 최초의 발명품은 신이었을 것이다. 그런데 도구(도구적 인간)를 만들고, 신(축복적 인간)을 만들고, 그러한 것을 할 수 있는 힘의 원천은 놀이할 수 있는 인간 '놀이적 인간'이었을 것이다. 놀이적 인간으로서 최고의 놀이는 '시간의 놀이'라고 할 수 있다.

자연의 일원으로 태어나서 문화를 창조한 존재인 인간에게 놀이야말로 인간의 손길을 미쳐서 자연을 재구성하는 '문화적 존재'인 인간의 자기 기만적 성격이 가장 잘 드러난 것이다. 자기 기만보다 재미있는 놀이가 있을까. 남을 기만하면서 생존하는 다른 동식물과 달리 인간은 자기를 기만함으로써 만물의 영장이 되었다. 그러나 그 자기 기만 속에 자기 종말성이 내재했음을 어쩔 수 없다. 자기 기만의 자기 종말성을 극복하는 길은 심정 평화를 이루는 길이다. 심정 평화야말로 존재현상학이 아닌, 존재존재론적 평화의 길이다.

세계는 주체(절대)로 보면 주체고, 상대(대상)로 보면 상대다. 그러나 주체-대상(절대-상대)은 이미 자연을 이분법으로 재단한 결과다. 진정한 평화의 길은 바로 모든 종류의 이분법을 넘어서는 길이다. 이분법을 넘어선다는 것은 모든 체계를 부정하는 것이다. 모든 체계 너머에 존재가 있다. 그러나 그 존재는 인간이 생각하는 한 닿을 길이 없다. 그 존재는 자기 자신이기 때문이다. 인간을 포함한 모든 존재는 결국 자기-내-존재일 따름이다. 자기가 지금^{now}, 바로^{here} 평화에 도달하면 평화가 이루어지고, 그렇지 못하면^{nowhere} 평화가 이루어지지 않는 것이다.

평화란 무엇인가. 평화를 쾌락해야 한다. 평화를 즐겨야 한다는 말이다. 평화를 목적으로, 대상으로만 하면 결코 평화를 이룰 수가 없다. 인간은 결국 몸과 마음으로 쾌락하여야 한다. 마음과 몸으로 공감해야 신체적 공감이 되는 것이고, 신체적 존재에 참여하는 길이 된다. 평화란 마음과 몸이 하나가 되어 세계의 밑바닥에서부터 전체적으로 공명해야 다가오는 선물이다. 평화는 자기-내-존재의 자기 운동이며, 궁극적으로는 스스로 자유롭고 행복해지는 것이다. 이것은 결국 우주적 생멸(생성, 생기)에 기꺼이 참여하는(들어가는) 존재로서의 자족^{自足}의 길이다. 스스로 자족하지 않으면 죽음에 대한 불안이나 공포가 없이 생멸 그 자체에로 들어갈 수 없다.

선악의 문제는 인간의 문제일 뿐이다. 다른 동물이나 존재에게 선악의 책임을 물을 수 없다. 인간을 잡아먹거나 인간에게 해악을 끼치는 적이 되는 동물을 인간은 악하다고 했을 뿐이다. 또 나를 잡아먹거나 내게 해를 끼치는 적을 악이라고 했을 가능성이 높다. 과학 기술이라고 하더라도 인간을 죽이거나 해악을 끼치면 악이 될 수밖에 없다. 과학 기술이 악이 아니라 그것을 잘못 쓰면 악이 되는 것이다. 결국 인간(나)에게 좋으면 선, 나쁘면 악이 되는 것은 과학에서도 예외가 있을 수 없다.

존재론적인 자연을 현상학적(역사학적)인 형태로 말하면

좋음-나쁨, 선-악, 유-무, 기쁨-고통, 신-인간으로 이분화할 수밖에 없다. 그런데 좋음-선-유-기쁨-신이 본래적인 것이라면, 나쁨-악-무-고통-인간은 비본래적인 것이 된다. 그런데 현상학적인 인식이나 의식의 순으로 보면 후자가 먼저 인식되면서 전자에 그것에 반대되는 이름이 붙여진 것을 가능성이 높다. 전자는 '본래 있는 것'(본래 존재)이기 때문에 특별히 존재로서 인식할 계기나 이유가 없기 때문이다. 말하자면 우리 몸은 아파야(고통이나 충격이나 쾌락이 가해져야) 그것이 존재하고 있음을 느끼게 된다. 본래대로 편안하면 존재를 느낄 수 없다. 인간은 고통을 통해서라야 자신의 존재를 느낀다.

샤머니즘에서 말하는 백주술白呪術, white magic과 흑주술黑呪術, black magic은 인간의 선악의 양면성이 주술에 반영되었을 가능성이 높다. 남을 이롭게 할 수도 있고, 남을 해롭게 할 수도 있는 것이 인간이다. 그러한 성향과 분위기는 교육 수준과 관계없이 인간 사회에 골고루 퍼져 있다. 좋음good과 나쁨evil은 선과 악이 됨으로써 사물에게 있을 수 있는 여러 측면 중의 하나 혹은 하나의 기능 혹은 고정된 성격으로 굳어져버렸다.

샤머니즘의 입장에서 오늘날 과학 기술 문명을 보면 자연에 대해 흑주술을 감행하는 샤먼-과학자의 푸닥거리(퍼포먼스)라고 생각할지도 모른다. 만약 문명이 자연에 대해 적대적인 인간의 악이라고 할지라도 악은 자신의 생명을 포기한 적이 없다. 생명을 포기하지 않는 악을 두고 생명의 입장에서 보면 굳이 악이라고 단죄할 필요도 없다(그렇다고 선이라고 할 수도 없지만 말이다). 자연에서는 생명이 가장 중요하기 때문이다. 실제로 현대인은 자신의 삶과 생명을 위해서는 다른 어떤 것도 희생할 준비가 되어 있는, 철저히 생의 욕망에 가득 찬 생물 종이다.

　네오샤머니즘은 창녀나 천민처럼 되어버린 무당을 여신의 지위로 복권하는 철학적 원시 반본이면서 사당패의 화랭이가 되어버린 화랑도를 다시 문무겸전의 무사 계급으로 복권하는 철학적 운동이라고 말할 수 있다. 네오샤머니즘은 더욱이 신체적 존재론, 축제의 존재론을 통해 새롭게 철학적으로 정리되는 기회를 맞은 것 같다.

　필자가 지금껏 주장한 일반성의 철학, 소리 철학, 여성 철학, 생태 철학, 평화 철학을 종합하여 그 엑기스를 뽑아내면 결국 '생명'과 '평화'가 남는다. 생명이 없는 평화는 무슨 의미가 있을까? 그러기 때문에 생명이 있는 연후에 평화를 갈망하게 되는 것이다. 생명이야말로 생존 경쟁을 하지 않을 수 없지만, 동시에 동일성의 모순처럼 평화를 갈망하지 않을 수 없는 것이다. 그 생명과 평화를 장악하는 방법으로서의 철학은 결국 옛 샤머니즘의 천지인 사상을 오늘에 맞게 온고지신한 '네오샤머니즘'이다. 공자의 유교를 성리학^{Neo-confucianism}으로 새롭게 탄생시킨 주자朱子의 작업에 비할 수 있을 것이다.

　이제 존재냐, 생명이냐의 문제만 남는다. 세익스피어가 『햄릿』에서 독백한 'to be or not to be'는 과연 지금껏 국내에 소개된 대로 '사느냐, 죽느냐'의 문제로 번역되어야 하는가? '존재하느냐, 존재하지 않느냐'로 번역되어야 하지 않을까. '사느냐, 죽느냐'는 일상의 삶속에 더 다가간 번역인 것 같은 반면, '존재하느냐, 존재하지 않느냐'는 철학적인 번역인 것 같다. '있음(유무)'의 문제는 항상 '살아 있음(생사)'의 문제와 겹쳐 있고, 결국 '살아 있어야', '있는 것'이기 때문에 둘은 중첩될 수밖에 없다. 삶과 앎은 서로 독립되어 있다기보다는 서로 물고 물리는 '삶의 문제로서 앎', '앎의 문제로서 삶'으로서 추구될 수밖에 없다.

여성성에 대한 진정한 이해는 인간의 자연성을 회복하는 것이 유일한 길인지도 모른다. 문명은 인간의 남성성의 발로였기 때문이다. 여성성에 대한 진정한 이해는 인간을 평화로 인도하는 것이 유일한 길인지도 모른다. 여성성에 대한 진정한 이해는 인간을 구원의 길로 인도하는 유일한 길인지도 모른다. 신체적 존재, 심정적 존재로서의 여성은 인류의 생명의 길이며, 앎보다는 삶을, 지식보다는 사랑을 우선한 길이다. 삶의 문제는 앎의 문제와 항상 겹쳐 있다. 그렇기 때문에 앎의 문제에 치중하는 현상학과 삶의 문제에 치중하는 존재론의 화해가 절실한 것이다.

지금 우리 앞에 벌어지는 존재 사건의 의미를 죄다 알 수는 없다. 또 생멸과 흥망의 정도와 진폭조차 가늠할 수가 없다. 아마도 어느 날 갑자기(순식간에) 인류는 공멸될지도 모른다. 그렇기 때문에 최선을 다해서 사피엔스의 공멸을 지연할 방도를 찾을 수밖에 없다. 누가 하늘을 편안하게 할 것인가. 하늘을 편안하게 하는 자야말로 인류에게 평화를 선물할 메시아가 아닌가. 평화와 평화의 메시아는 여성성과 평화의 어머니에서 찾는 도리밖에 없다. 우리, 사피엔스는.

3. 여성 철학과 존재론

1) 현상학으로서의 남성 철학과 존재론으로서의 여성 철학

남성 철학은 현상학적 관점인 반면, 여성 철학은 존재론적 관점이다. 이는 남성이 '시각 중심과 언어'의 연대를 통해서 여성을 대상하는 보는 경향이 있는 반면, 여성은 '청각 중심과 상징'의 연대를 통해 자연과의 연속성을 잃지 않고 있다. 남성은 자연과학자의 입장에 서는 반면, 여성은 자연을 자신의 신체 속에는 느끼는 것을 통해 자연의 상속자임을 과시한다.

지금껏 여성은 아이를 생산하고 가정의 살림살이를 맡는 것 때문에 감히 철학에 참여할 기회를 갖지 못했다. 가부장-국가사회는 여성을 철학과 정치에서 소외하는 데에 공모를 했다고 할 수 있다. 여성은 그동안 철학을 하지 않았다. 그런데 남성 철학의 대명사인 현상학이 한계에 직면 나머지 새로운 철학이라고 내세운 이른바 존재론 철학이나 실존 철학은 실은 다분히 여성적 관점을 가진다.

남성 철학이 현상학-환유(환원)의 철학이고, 여성 철학이 존재-은유詩의 철학임을 필자는 여러 곳에서 말해왔다. 철학에서의 남성성과 여성성에 대해서 마찬가지로 다각도로 설명해왔다.[202] 여기서는 간략하게 설명하고자 한다.

---

202 박정진, 『일반성의 철학과 포노로지』, 소나무, 2014, 675~700쪽;
『신체적 존재론』, 살림출판사, 2020, 105~205쪽.

남성 철학이 앎의 철학이었다면, 삶의 철학은 당연히 여성 철학의 대명사가 되지 않으면 안 된다. 남성성과 여성성은 실은 자연-감각-기계-철학-신에 이르기까지 인류 문화 전체에서 어떤 일관성을 보인다. 그런 점에서 철학은 풍토(문화 풍토)에서 출발한 것이라고 보아도 무방한 것 같다.

서양에 철학이 있다면, 동양에는 도학이 있다. 서양 철학이 현상학이라면, 서양의 존재론은 동양의 도학과 통한다. 서양의 존재론은 실은 동양의 도학과 불교와 선불교의 영향이 컸다. 서양 철학자들이 자신의 후기 철학을 전개하면서 동양에서 배웠다고 고백하지는 않지만, 동양 철학에 조금만 조예가 있는 철학자라면 그러한 사정을 대번에 알 수 있다.

서양 철학자들, 특히 후기 근대 철학자의 장점은 동양에서 도학과 불교를 배웠지만, 그 개념들을 직접적으로 인용하거나 사용하지 않고 자신들의 전통, 요컨대 그리스-로마 철학, 혹은 중세 철학에서 비슷한 개념이 있는가 여부를 살펴보고 자신들의 전통적 맥락에서 철학을 전개한다는 점이다. 그렇기 때문에 온전히 전통을 단절하지 않는 채 철학할 수 있다.

그렇지만 동서고금의 철학을 관통한 입장에서 보면 서양의 근대 철학자들 혹은 후기 근대 철학자들이 동양에서 배웠음을 알 수 있다. 근대 철학자들은 앎, 즉 본질을 찾아내는 것이 우선이었고, 후기 근대 철학자들은 삶, 즉 실존을 중시하는 것이 우선이었음을 알 수 있다. 본질과 실존의 중대한 차이점은 전자는 '고정 불변의 존재=본질'의 입장이라면, 후자는 '변화 생성하는 존재=실존'의 입장이다.

동양의 도학은 실은 서양의 존재론, 혹은 실존주의와 맥이 통한다. 동양의 도학이 수신이나 수도, 수양을 중시하는 까닭은 인간의 신체를 '주체의 대상으로서의 육체'로 바라보지 않고, 인간 완성을 실천하는 실재로서 신체를 존재(실존)로 바라보기 때문이다. 도학의 이면에는 항상 인간의 신체가 도덕을 중시하거나 무위자연 혹은 도법자연을 실천함으로써 '전인적인 삶'을 완성할 것을 요구하게 된다.

동양의 도학적 전통에서는 인류의 삶을 선천 시대와 후천 시대로 나누는데 지금은 후천 시대에 속한다고 한다. 후천 시대는 흔히 후천 개벽 시대로 불리는데 '여성 상위의 시대'라고 한다. 이를 주역으로 말하면 선천 시대가 '천지天/地=否괘 시대'라면, 후천 시대는 '지천地/天=泰괘 시대'라고 한다. 지천 시대는 여성과 어머니가 삶에서 우위를 차지하게 된다.

결론적으로 철학의 현상학의 시대를 지나서 존재론의 시대가 본격화되면 동양의 도학의 시대가 다가온다. 이를 정치학이나 문화인류학에서는 '아시아 태평양 시대'라는 이름으로 부른다. 아시아 태평양 시대는 동양의 시대, 여성 시대, 평화의 시대가 다가온다고 기대한다. 미래 문명의 화두를 생각하면 '여성과 평화'를 떠올리게 된다. 여성=신체=존재=평화기 때문이다.

	자연	감각	기계 (카메라)	철학	신화-신神
남성성 (앎의 철학) 철학 (문명)	빛(빅뱅, 凸) /드러나 있다/ 利用之學	눈-언어 (대뇌- 표상) 도구	렌즈 렌즈(크기/ 각도) 自然科學 (경쟁)	현상학 (대상) 기계	남신(아폴론) 낮(조형)의 신 환유의 철학
여성성 (삶의 철학) 도학 (자연)	어둠 (블랙홀, 凹) /숨어 있다/ 風流道	사물 (존재) (신체- 존재) 귀-상징	필름(현상/ 인화)	존재론 (전체) 소리	여신(모이라) 밤(뮤즈)의 신 은유의 철학

* 자연의 여성적-신체적 측면을 철학은 남성의 입장에서 해석하고 이용하였다.

〈자연-감각-기계-철학-신〉

2) 자유는 사유-합리-기계가 아니라 생명-신체-존재의 문제다

자유는 생명의 문제고, 생물 다양성의 문제다.[203] 평등은 합리의 문제다. 만약 인간이 합리성으로 세계를 재단한다면 인류는 사회주의가 될 수밖에 없다. 합리는 결국 인간의 자연성을 말살하는 것과 함께 자연을 황폐화하고 말 것이다. 신은 신을 위해서 존재하는 것이 아니다.

전통적인 음양론陰陽論은 오늘날 음양론音量論이 되었다. 음音은 파동론을 말하고, 양量은 입자론을 말한다. 그래서 불교는 무량無量의 세계를 말한다.

모든 종교의 근본은 애니미즘이다. 애니미즘은 바로 우주

203 박정진, 〈박정진의 인류학토크 119〉, 마로니에 방송, YouTube.

생명론에 근거한 것이다. 오늘날 물리학의 파동론은 현대판 애니미즘animism이라 할 수 있다. 그런 점에서 기독교절대유일신은 이제 물활론物活論으로 돌아가야 한다. 기계주의는 물활론의 유물론적 표현이다.

자연은 균형을 이루지만, 인간의 문화는 항상 불균형을 이루면서 말로서 신神과 불佛과 도道를 주장한다. 말로 주장되는 도와 신과 불은 그것道佛神이 아니다. 인간은 자연의 균형을 깨트리고 뒤늦게 수습하느라 분주한 생물 종이다. 자연은 본래 중용과 중도와 균형을 이루는 완전체다.

인간은 자연의 자리에 신을 갖다놓고, 신의 자리에 이성을 갖다놓더니 드디어 이성의 자리에 기계를 갖다놓았다. 기계는 과학적 유령이고, 현대의 유령이다. 기독교의 제조신은 기계신이 되었다. 신의 노예였던 인간은 기계의 주인이 되는 줄 알았는데 그만 기계의 노예가 되고 말 것인가.

자유는 합리의 문제가 아니라 생명의 문제며 동시에 생물다양성의 문제다. 신은 인간에게 자유를 주면서 자신이 창조한 인간의 과오에 대한 면책특권을 가졌다. 인간의 자유는 기계를 새로운 신으로 숭배할 것인가.

이러한 구차한 알리바이보다는 결국 자연의 자리를 빼앗은 것은 자신이며, 스스로 자신의 권력과 짐을 내려놓는 것만이 피조물에 대한 책임에서 영원히 방면되는 길이다.

지금껏 신의 것이라고 명명한 것은 인간의 것이었으며, 신은 이제 인간신의 모습을 드러냈다. 이제 인간은 자신의 힘으로 모든 문제를 해결하지 않으면 안 된다.

그래서 인간은 각자 메시아가 되어야 한다. 또한 자연을 살려내야 한다. 이제 인간은 홍익인간에 머물러서는 안 되며, 홍익자연을 실천하지 않으면 안 된다. 신은 기운생동에게 자리를 내주어야 한다. 신은 모든 실체(고정 불변적 존재)의 원인이기 때문이다.

자연은 여성이고, 여성은 남성(문명)의 구원이다. 자연 자체가 허이고, 공이다. 서양은 남성이고, 동양은 여성이다. 동양은 자연이고 서양은 자연과학이다. 자연은 진화하고, 인간은 문화한다. 그 사이를 연결하는 것이 신체다.

신체는 남성성보다 여성성에 가깝다. 철학을 남성성과 여성성으로 나누면 아래의 표와 같다. 눈의 철학은 소유所有-소감所感-자생自生의 철학이라면, 귀의 철학은 공유公有-공감共感-공생共生의 철학이다. 귀의 철학은 학문 일반에서 소리-일반-열반의 철학에서 완성된다. 여기서 소리는 소리 철학에서 종합적으로 완성되고, 일반은 과학 일반으로 넓혀져 파동 과학으로 완성된다. 끝으로 열반은 생사의 이분법을 넘어서 생사열반으로 완성된다. 이것은 삶아서도 열반, 죽어서도 열반을 의미한다. 이것은 물론 불생불멸不生不滅의 진리를 뜻한다.

남성성 penis	낮明	진리 초월	과학 학문	삶 영생	머리 추상	하다 주체	눈의 철학 所有·自生
여성성 vagina	밤ㅎ	우상 내재	예술 종교	죽음 생멸	신체 자연	나다 (되다)	귀의 철학 共有·共生

〈남성성과 여성성〉

라캉은 프로이드로 돌아갈 것을 선언하면서 욕망의 입장에서 근대 철학의 아버지인 데카르트의 명제를 해체하는 과감함을 보여주었다.

데카르트 명제: 사유(머리)- 존재
"나는 신을 생각한다. 고로 신은 존재한다."(신존재증명)
"나는 생각한다. 고로 존재한다."(코기토)

라캉 명제: 욕망(신체)- 존재
"나는 내가 존재하지 않는 곳에서 생각한다. 고로 나는 내가 생각하지 않는 곳에서 존재한다."(라캉)

박정진 명제 1: 나는 세계-내-존재에서 생각한다. 고로 나는 존재-내-세계에서 생각하지 않는다.
박정진 명제 2: 나는 생각(기억)하는 곳에서 불안하다^{無憶,} ^{無念}. 고로 나는 생각하지 않는 곳에서 편안(평안)하다^{莫忘}.
박정진의 명제 1과 2는 같은 말이다. 명제 1은 존재의 관점에서 한 말이고, 명제 2는 불안의 관점에서 한 말이다.

데카르트와 라캉은 서로 다른 관점에 있기는 하지만, 자연의 생성을 존재라는 용어로 설명하고자 한 철학자라는 점에서 같다. 이들은 모두 '생성(자연의)'을 '존재'로 설명하는 데서 오는 오류와 모순에 빠진 자들이다. 서양 철학자들의 '존재'라는 용어에는 존재이면서 존재가 아닌 '존재의 이중성'이 개입한다. 이것은 시간이 시간이면서 시간이 아닌 '시간의 이중성'과 같다. 이것은 유有가 유이면서 무無인 '유의 이중성'과 같다. 이게 서양 철학, 즉 현상학의 알파요, 오메가다. 자연의 생성을 인간의 존재로 설명하는 것 자체가 바로 이중성의 덫에 걸리는 것이다.

서양 철학의 존재와 존재자는 서로 이중적인 관계에 있다. 그래서 존재자의 존재, 존재의 존재자라고 말할 수밖에 없다. 생성은 처음부터 존재로 설명할 수 없는 것이다. 생성은 역동적-동태적인 것이고, 존재는 불변적-정태적인 것이다. 후자로 전자를 죄다 설명할 수 없다. 모든 설명은 단지 부분일 뿐이다. 자연의 전체성을 설명하는 것조차도 설명하는 순간, 부분으로 전락하고 만다. 음악(소리)이 위대한 것은 음표(기호)를 사용하지만, 결국 어떤 흐름(음파의 진동)의 성격을 배반하지 않는다는 데에 있다. 자연의 생멸은 그냥 흘러감으로 족하다. 자연은 정지(고정 불변)하거나 세우지(표상) 않는다.

생성의 전체성은 존재의 부분성으로 죄다 설명할 수는 없다. 그런데도 서양의 철학적 전통은 생성을 존재로 설명할 것을 고집해왔는데 이는 생성을 '존재의 틀'(설명 틀, 해석 틀)에 가두는 것을 의미한다. 아니면 존재를 긍정하면서도 동시에 부정하는 이중성에 처할 수밖에 없다. 서양 철학의 존재는 항상 존재이면서 동시에 존재가 아닌 이중성의 지점(교차점)에 있다. 데카르트와 라캉은 이성(사유)과 욕망(신체)의 서양 철학사를 압축한다.

박정진의 명제 1은 존재와 세계와 생각(기억)의 관계를 존재의 관점에서 말한 것이다. 박정진의 명제 2는 생각과 불안과 편안(평안)의 관점에서 말한 것이다. 이것은 불교의 깨달음과 같다.

라캉의 상상계, 상징계, 실재계를 동양의 천지인 사상(순환 사상)과 비교해보자. 전통『천부경』의 천지인 사상과 불교의 욕계-색계-무색계를 서양 철학과 비교하는 것은 동서 문명의 소통은 물론이고, 통합이나 융합을 위해서 필요할 것이다. 우리는 라캉에서 동서양의 문명, 기독교와 불교가 절묘하게 교차했음을 볼 수 있다.

다음 표는 동서고금의 문명을 자크 라캉의 상징계-상상계-실재계의 관점과 동양의 음양 사상과 천지인 사상, 그리고 불교의 욕계-색계-무색계를 융합하는 차원에서 하나의 표로 압축한 것이다.

동서양의 철학과 문명, 종교와 심층심리학이 한 자리에서 일목요연하게 집대성되면서 서로 소통하고 비교된 예는 드물 것이다.

| 天(父/男):無色界 | 초의식=이성=진리(眞理-腦)/眞善 상징계=언어(他者)/聖潔/초자아(超自我)=一理 | 아버지-동일성(추상)-환유(언어)/언어는 존재의 집/언어-내-세계/senseperception | 天-陽-男-남자의 진리(目)-지식(앎)-대뇌적 존재-理性-科學 |

人人/찰: 色界	의식=정신=물질= 우상偶像/善美 상상계=거울ㅂ /出産/자아自我/ 주체-대상	자식(아들딸)- 동시성-문화(역사운명)/존재와 언어사이/세계-내-존재/ senseimage	天地中人間: 현상 학적 지평/人中天地 一:존재론적 존재- 美術
地母/女: 慾界	무의식=욕망(의지)= 존재=물자체/美惡 실재계=자연ㅍ/汚物/ 무아無我/무無=一氣	어머니-동질성 (자궁)-은유(상징)/ 존재(신체)는 언어 의 집/존재-내-세계 (자기존재)/sense	地-陰-女-여자의 진 리ㅍ-생성(삶)-신체 적 존재-慾望-音樂

* 천지인은 순환-교차cross하면서 결국 하나(본래 존재, 자연)가 된다.

〈『천부경』으로 본 서양 철학/상상-상징-실재의 음양 관계〉

3) 인간이라는 정신병: 철학이 정신이자 정신병인 이유

자연의 생존 경쟁에서 승리한, 개체 수를 늘리는 데 성공한 인간은 필연적으로 권력 경쟁으로 들어가지 않을 수 없었던 생물 종에 속한다. 생물의 본능인 성性, sex을 감추지 않을 수 없었고(쾌락으로 바꾸었고), 그 대신 성姓氏, surname을 등장시켜서 지배의 논리를 만들어내고 권력을 정당화했다. 권력 경쟁과 패권 경쟁의 폐해가 심해지자 성인聖人을 탄생시켜서 평화와 화해를 도모하는 지혜를 발휘한 것도 인간 종이다. 이것이 바로 성性-성姓-성聖으로 연결되는 인간의 문명이다.

고도로 발달한 현대 문명을 보면 문명 자체가 인간의 정신병인 것처럼 느껴진다. 여기에는 분명 도덕과 지배를 정당화하면서 거짓과 위선이 그 내부에 도사리기 때문이다. 욕망은 본능과 달리 해소될 수 없는, 끝없는 무한대의 특징을 가진다. 미적분의 수학마저도 욕망을 표현하는 기호 체계에 불과한지도 모른다. 욕망과 이성은 인간의 신체 속에서 교차되는 특징을 보인다. 말하자면 욕망은 신체적 이성이고, 이성은 대뇌의 욕망이다. 욕망은 환상[fantasy]을 불러일으키는 장본인이다. 과학마저도 과학적 환상이라고 하지 않을 수 없다.

현상학적 철학자는 존재론적 철학자의 존재를 환상으로 보는 반면, 존재론적 철학자들은 현상학적 철학자의 현상을 환상으로 본다. 서로 환상으로 보는 것이다. 철학한다는 것은 우선 자연을 자연 그대로 보는 것이 아니라 자신의 안경(관점)을 통해 자연을 본다. 이것을 우리는 사유-존재라고 한다. 이는 존재(자연)에 사유를 입힌(빙의한) 것이다.

사유 때문에 존재를 사유-존재로 파악하면서 과학을 비롯해서 모든 인간적인 창조가 이루어지는 것이기는 하지만, 인간의 사유에는 다분히 병적인 요소가 들어 있다. 같은(동질적인) 사유를 하는 다수의 사람은 다른(이질적인) 사유를 하는 소수자를 질병에 걸렸다고 볼 수 있는 것이다. 이것은 사유가 다분히 어떤 사람들을 소외할 수 있음을 의미한다.

한 사회에는 반드시 주류와 비주류가 있고, 지배(소유)와 소외가 있다. 인류의 문화권마다 정치(정의-부정의)와 도덕(선-악)의 법칙이 다른 것에서도 우리는 인간의 지배와 도덕률이 다분히 사회내적으로 보면 필연적이면서도 사회외적으로 보면 임의적인 것임을 알 수 있다.

철학이 인간의 정신병이 될 수 있는 특징을 열거해보자.

1. 철학은 초월과 절대를 추구하는 인간 정신의 질병이다. 철학자는 '시대의 병(정신병)'을 먼저 앓고, 문명을 이끌어 간 '앎(시대정신)의 예언자들'이다. 그래서 철학자는 정신분열증에 걸리기 쉽다. 철학자 중에는 그 병에 걸려 헤어나지 못하고 자살하는 사람도 있다. 철학은 형이상학이라는 위험한 질병이다.

2. 자연에 이름을 붙이면 자연을 왜곡한다. 신神이라는 이름도, 도道라는 이름도, 불佛이라는 이름도 마찬가지다. 자연을 잃어버리면 모든 이름은 악惡이 된다. 자연이 선이고, 문명이 악이다. 인간과 그의 창조는 악의 꽃이다. 인간은 신을 만든 장본인이며, 선악과 친구와 적을 만든 장본인이다.

3. 관념(유심)이 물질(유물)이다. 따라서 유심론과 유물론은 현상학적으로 같은 것이다. 이데아(관념)가 이성이 되고, 이성이 정신이 되고, 정신이 도구가 되고, 도구가 기계가 되었다. '이름이 붙여진 신'은 이제 '기계신'이 되어 인간에게 힘(권력)을 행사할 것이다.

인간-신, 신-인간은 이중성의 관계에 있다.
인간신人間神=기계신AI
신인간神人間=자연신汎神

4. 존재하는 '것', 즉 존재자는 대상(부분 대상)을 의미한다. 대상object은 이용할 수 있는 것(도구) 혹은 어떤 가능성(목적)을 뜻한다. 그러나 존재하는'것'은 불완전명사이듯이 처음부터 불완전한 것이고, 불안한 것이다. '대상(것)'은 전

체(기계)의 부품을 의미하며, 대상은 이미 죽은 것을 의미한다. 존재자의 출발은 이데아^{idea}였다. 이데아는 첫 존재자다.

5. 자연(자연적 존재)만이 본래 존재이고, 그 이외의 어떤 것도 존재자다. 존재하는 것, 즉 존재자는 세계의 전체성에서 부분으로 전락하는 것을 의미한다. 앎(지식)은 그것이 아무리 빅데이터$^{Big\ data}$라고 하더라도 부분으로의 전락을 면할수 없다. 지식은 정보가 됨으로써 개인의 손을 떠나갔다. 이제 정보는 기계에 의해 가공됨으로써 인류 문명은 관료적 기술주의에 의한 전체주의로 향하게 될 위험 앞에 있다.

6. 영원^{eternity}은 영원한 대상$^{eternal\ object}$으로서 기계를 의미하는 것인지 모른다. 영원에 대한 숭배는 죽음에 처한 인간의 마지막 처방(해결)이지만, 동시에 생각하는 존재인 인류(인간 현존재)의 마지막 질병이다.

7. 신, 영혼, 세계는 인간에게 무제약자로서 현상이 아니라 이념이지만 이것은 동시에 절대적 존재를 의미한다. 이것은 자연(자연적 존재)을 천=신, 지=세계, 인=영혼으로 나눈 것이다.

8. 자연의 전체성을 인위적(유위적)으로 달성하려고 하면 그것이 어떤 이름이든 인류로 하여금 전체주의에 빠지게 한다. 신이든, 정신이든, 물질이든, 자본이든, 노동이든 모두 인간을 전체주의에 빠트릴 위험이 있다('자유-자본-전체주의, 공산-사회-전체주의'). 현대인에게는 소박하고 건강한 가정이 필요하다.

9. 자연에 이름을 붙이면 그것은 어떤 고정 불변을 의미하고, 고정 불변은 자연의 생멸을 부정하는 환상에 빠지게 한

다. 유일신唯一神도 그것의 일종이다. 인류 문명은 현실이라는 환상이다.

10. 국가(권력)는 항상 전체주의로의 유혹을 받지만, 그렇다고 국가를 없애면 가정家庭이 없어지고, 가정이 없어지면, 인간의 가장 근본적(기초적)인 근거(삶의 자리, 존재의 집)이 없어지고 그야말로 전체주의 국가가 된다.

11. 동일성과 이원 대립의 서양 철학은 동양의 태극음양太極陰陽 철학으로 나아가는 것이 아니라 음양陰陽, 兩性을 무시한 중성中性, 사물의 세계로 나아가지 않을 수 없다. 사람에게 중성은 없다. 세계에 동일성도 없다. 그래서 동일성의 철학은 결국 자기 모순에 빠지지 않을 수 없다.

12. 전체주의 철학도 실은 동일성-중성中性-합일合一의 철학의 소산이다. 철학은 삶을 앎으로 바꾸는(번역하는) 현상학적인 행위에 지나지 않는다. 자연을 텍스트로 환원하는 자체가 바로 자연을 해석하는 행위에 지나지 않는다. 따라서 진리도 크게 보면 우상偶像의 진리에 지나지 않는다.

13. 서양 문명의 정신병자적-자기 모순적인 상황과 힘과 돈과 기계를 섬기는 인류를 구원하는 방법은 무엇인가. 결국 자연적 존재 혹은 생명에 대한 새로운 태도와 이해를 수립해야 한다. 종교도 과학도 우상-진리 혹은 진리-우상이며 살아 있는(생멸하는) 생명체야말로 종교와 과학을 뛰어넘는 우주 그 자체의 예술이다.

14. 이데아-이성-절대 정신-절대물질-유물기계론-동일성의 일관성 혹은 궤적으로 요약되는 서양 주도의 근대 과학 기술 문명은 이제 인간을 궁극적으로 구원할 수 없다. 서

양의 과학 기술 문명은 근대에서 그 빛을 발하였지만, 이제 그 빛이 수명을 다하여 서서히 어둠으로 변하고 있다.

15. 인간은 생명(욕망)과 이용(과학 기술) 사이에 존재한다. 인간은 살기 위해서 자연을 이용하는 자연과학을 필요로 하지만, 동시에 상상적 구원을 필요로 한다. 말하자면 이승에서는 과학을, 저승에서는 종교를 필요로 한다. 그리고 존재 사건으로서 인간의 일상daily life은 예술이다. 삶은 시간적 현재present가 아니라 시간을 뛰어넘는 미지의 세계로부터의 선물present이다.

인간은 생각하는 존재(머리)이면서 배설하는 존재(배설하는 동물)이면서 재생산(출산)하는 존재다. 이 말은 인간은 머리로 임신concept하는 존재이면서 다른 동물과 마찬가지로 배설하는 존재이면서 배설이 또한 재생산으로 순환하는 존재라는 말이다. 인간은 생각-배설-출산하는 존재다. 이것을 한마디로 줄여서 말하면 인간은 욕망하는 존재다. 생각은 이미 욕망이다. 인간의 생각은 욕망하는 생각이다. 인간의 욕망은 이미 동물의 본능과는 다르다. 인간의 배설은 이미 동물의 배설과 다르다. 인간의 배설은 욕망하는 배설이다. 인간의 출산도 이미 욕망하는 출산이다.

인간의 욕망은 인간의 정신으로 하여금 정신병이 되게 한다. 정신은 기억의 소산이고, 기억(과거)은 현존재인 인간이 미래로 나아가는 것을 막는 장애물(정신병)이 될 수도 있다. 미래는 과거의 재구성이기 때문이다. 자연은 본래 끝없이 생성(변화 생멸하는 존재)될 뿐 존재(고정 불변의 존재)란 없다. 그런데 인간(현존재)의 정신(사유)는 생성을 존재로 전환하면서 자연을 사유 존재로 바꾸었다. 현대인은 정신분열적 구조(주체-대상)를 가진다. 인간은 정신병의 대가로 자연을 지배하는지도 모른다.

인간이 정신병(사유존재, 과학)에서 치유(구원)되려면 자연으로 돌아가야 한다. 서양 철학은 언어로서 자연을 설명하려는 특징을 가지는데 이것 자체가 바로 종국적으로 정신병이다. 결국 인간은 모든 언어(사유, 기억)로부터 자유로워져야(스스로 해방되어야, 해탈해야) 정신병에서 자연으로 돌아갈 수 있다. 서양 철학과 문명은 그것(자연)을 성취할 수 없는 정신병적 구조를 가진다. 세계는 일자^{一者, 絕對}가 아니라 일여^{一如, 一旅}이고, 자연이다. 신^神-불^佛-도^道-자연^{自然}이 하나라는 것에 이르러야 정신병에서 완전히 벗어나서 열반(법열, 환희, 道法自然, 自神)에 도달할 수 있다. 인간은 '죽을 존재'(하이데거)가 아니라 '열반하는 존재'다.

3. 한글 철학의 탄생

1. 한글은 세계 언어의 모어^{母語}다

한글은 세계 언어의 원형, 원문자(원소리)일 가능성이 높다. 한글과 한자, 한글과 일본의 가나가 서로 영향을 주고받았다는 언어 친족도가 있지만, 최근 한글과 영어가 하나의 원류에서 출발하였다는 증거가 수많은 단어의 어근을 통해서 드러나고 있다. 아마도 인류가 역사적 어떤 시점에서 작은 집단, 공동체(모계 공동체)를 이루어 살았다가 흩어졌음을 강력하게 시사한다.

지질학과 고고학적으로 보면 인류는 네 차례의 빙하와 간빙기를 거치면서 살아왔음을 알 수 있다. 지금 우리가 살고 있는 지구는 어쩌면 제4기 뷔름빙하기를 지난 간빙기에 살면서 문명을 이루었다고 볼 수 있다. 구인류의 탄생과 현생인류의 탄생도 여기에 포함된다.

간빙기가 되면 거대한 빙하가 녹기 때문에 해수면이 상승하고 그러한 상승을 피해 주거지를 마련하기 위해서 인류는 지구의 높은 지역, 중앙아시아 고원 지대, 요컨대 파미르 고원 지역 쪽으로 이동하여 살다가 다시 빙하가 시작되면서 다시 낮은 지역으로 사방으로 흩어져 살았을 가능성이 높다. 이러한 삶의 모습을 전하는 것이 바로 '마고^{麻姑} 신화'다.

마고 신화는 인류가 여성신^神을 중심으로 모계사회를 이루면서 살았던 시대를 우리에게 전하는 중요한 신화고 경전이다. 인류의 언어를 보면 어머니(엄마, 맘마, 맘, 마더)와 아버지(아빠, 파파, 파더)는 세계적인 공통어다.

한글과 영어의 공통 어근으로 형성된 단어는 수천 개에 이를 정도로 풍부하다. 이러한 사실은 최근 몇 년간 오랜 외교관 생활을 통해 터득한 세계 언어에 대한 경험을 바탕으로 새로운 언어학·어원학을 집필 중에 있는 언어학자 김세택金世澤 대사에 의해서 밝혀졌다.[204] 그에 따르면 세계 언어의 공통 어근을 연구한 결과 한글과 영어는 물론이고, 인도유럽어와 한자, 한글은 공통 어근을 가지고 출발했다는 가설에 도달했다는 것이다.

필자는 단어의 종류보다는 소리의 원형을 중심으로 세계 언어의 원源소리를 찾는 한편, 그 원소리가 어떻게 인류철학의 형성에 영향을 미쳤는가를 규명하고자 한다.

1) 한글의 원소리, 아[A], 안[AN], 알[AL 205]

한글소리 아[a]는 목구멍 소리인 'ㅇ'+ 모음 'ㅏ'의 조합이다. 인류 문화에서 가장 중요한 소리는 목구멍 소리[vocal cords]인 'ㅇ'+ ㅏ, ㅓ, ㅗ, ㅜ, ㅡ, l = 아, 어, 오, 우, 으, 이 의 조합이라고 할 수 있다.

서양 문명에서는 아[a-]는 하나[one], 아니다[apathy: 무감동], 없다[atom: 이제 나눌 수 없다]의 의미로 사용된다. 안[an]도 아[a]와 마찬가지다. 아니다[anarchy: 무정부], 없다[individual: 이제 나눌 수 없다]는 좋은 예다. 안(아니)은 또한 한글로 안[in, 內]의 의미로 쓰인다.

204 김세택, 『일본어 한자훈독사전』, 기파랑, 2015; 『우리말 속의 영어, 영어 속의 우리말[Korean in English, English in Korean]』, 2021, 세원출판사 참조.
205 박정진, 〈박정진의 인류학토크 92〉, 마로니에방송, YouTube.

아, 안(아니)은 존재의 있음과 없음, 긍정과 부정을 동시에 달성하는 함의를 가진다. 영어 알파벳^{alphabet}의 A는 '아'로 발음된다. 여기에 시작$^{Adam, Abraham}$의 의미가 있다. 서양 철학의 시작인 변명^{apologize}도 a에서 시작한다.

동양 문명에서는 아$^{a-}$는 아침, 태양, 빛의 의미로 사용된다. 알^{al}은 생명/열림의 의미를 지닌다. 그리스어의 아레테이아^{aletheia}는 망각$^{忘却, 隱閉}$에서 깨어난 것이 진리$^{記憶, 顯現}$라는 의미가 있다. 진리에서 존재 진리로 나아가야 진정한 존재, 본래 존재(생성)에 도달할 수 있다. 이슬람교의 유일신은 알라^{Allah}이다. 이스라엘^{Israel}의 엘^{el}은 신을 의미한다.

'알'의 'ㄹ^{ㄱㄱ}, ㄹ: ㄱㄱㄹㄹㄹ'은 변화와 운동을 의미한다, 'ㄹ'은 인류 문명의 원시 고대에는 밤하늘의 천문^{天文}을 의미했다. 원시 고대인은 삶을 영위할 때에 '밤하늘의 북두칠성'의 움직임(모양)을 보고 그것에 따라 세계를 해석하고 생활했다. 북두칠성의 움직임이 계절과 시간과 방향을 나타내는 밤하늘의 시계였으며, 하늘의 좌표였다는 것은 잘 알려진 사실이다.

	아(a)	하나/否定, 無/에(부사구)	아니다 * apathy / 없다 * atom	아침(시작)
	안(an)	하나/안(아니,否, 不, 無)	아니다 * anarchy / 없다 * individual	안팎內外
	알(al)/알다/알맞다中	알(卵, 생명)/얼(넋)/앎/중심	태양(빛), 球體 * 아리랑/아리수	태양=金人 * (불)알/아기
아A/아래아(·)	엘(el)	신神	이스라(엘)	유일신
	알라(allah)	신神	(알라)신	유일신
	아레테이아(aletheia)	진리脫隱閉	아賊+레테(망각의 여신)	은폐(존재)-탈은폐(현상)
	A(아)	첫 알파벳	아담(Adam)	아브라함 Abraham
	아+하=하(喉音+牙音)	아설순치후(牙舌脣齒喉)	(ㅇ)알/얼/올/울/을/일(한글원형)	물질/정신/시간/공간/사물/사람
	할(하늘), 한	하늘,한(ㅎ/큰)	할(하늘)아버지	할(하늘)머니
옴/ㅁ	알나한(알-나-하나): 알에서 태어나 큰나가 되다			

〈동서양의 공통 음소: 아^a, 안^{an}, 알^{al}〉

인류 문명의 발전과 함께 가부장-국가사회가 되는 것과 함께 '낮의 태양 시대'가 됨에 따라 태극음양오행太極陰陽五行이 변화와 운동을 나타내는 중심에 서게 된다. 그후 불교의 만다라도 천제의 움직임과 우주의 기운생동을 나타내는 기호다. 기독교의 십자가도 우주의 변화와 운동을 나타내는 기호로 해석할 수도 있다.

북두칠성, 태양, 만다라, 십자가는 운동과 변화를 나타내는 기호로서 현대에 이르러서는 실체의 운동과 변화를 측정하는 변수(독립 변수, 종속 변수), 즉 좌표^十로 변모하였다. 과학은 운동과 변화를 시간과 공간으로 계산할 수 있는 좌표를 통해 달성된다는 점을 상기할 필요가 있다.[206]

무교	불교	기독교	과학
북두칠성	만다라	십자가	좌표
하늘시계	좌우만다라	상하좌우	XY축
尸	卍	十	+
칠성신(천지신명)	부처(보살)	하나님(유일신)	함수신(과학신)

〈북두칠성에서 좌표까지〉

'ㄹ'은 순우리말의 철자(ㄱ, ㄴ, ㄷ, ㄹ…)가 되었다. 북두칠성은 흔히 우물 정井 자를 나타낸다. 우물 정井 자는 상징 수 9수와 10수를 포함함으로써 복희팔괘, 문왕팔괘를 통해 상생과 상극의 운동과 변화를 표시했다. 이에 더하여 팔괘가

---

206 박정진, 〈박정진의 인류학토크 125〉, 마로니에방송, YouTube.

발전하여 64괘의 주역으로 발전하였다.[207]

生數	水	火	木	金	土	八卦周易
成數	1	2	3	4	5	복희·문왕
成數	6	7	8	9	10(0)	팔괘-주역

〈生數와 成數〉

인류 문명의 문자학으로 볼 때 '알'자가 가장 중요한 단어다. 알은 생명을 나타내는 단어기 때문이다. 생명보다 중요한 것은 없다. 알은 '아+ㄹ'의 조합이다. 앞에서 'ㄹ'이 운동과 변화를 표시하는 기호라고 말했다. '아'자의 다원다층의 의미에 대해서 알아보았다.

옴^욤-아래아(·)는 무의식(여성적-음적 속성)을 의미한다. 옴마니밤메훔(티베트)은 "온 우주에 충만한 지혜와 자비가 지상의 모든 존재에게 그대로 실현될지어다."라는 뜻이다. 티베트인은 옴마니반메훔 글자를 산등성이 곳곳에 새겨 놓았다.

'옴'은 무의식-여자를 의미한다. 반면 '아'는 의식-남자를 의미한다.

옴: 무의식-엄마-밤^暗의 속성

여자: 자연=귀의 존재(소리-파동-무의식-밤)=비권력

---

207   박정진, 『종교인류학-북두칠성卄에서 태양十까지』, 불교춘추사, 2007 참고.

아: 의식-아버지-낮ㅂ의 속성

남자: 문명=눈의 존재(빛-입자-의식-낮)=권력

옴	무의식-여자(엄마)-밤(암)의 속성	여자: 자연=귀의 존재(소리-파동-무의식-밤)=비권력
아	의식-남자(아버지)-낮(일)의 속성	남자: 문명=눈의 존재(빛-입자-의식-낮)=권력

〈옴과 아, 여자와 남자〉

아ㅏ는 한글과 영어에서 공통 어근으로 느낄 수 있다. 스스로 신神을 발신發信하고 그 발신한 신을 믿은 인간은 그 신을 거두어들여 안에 감출 때가 되었다. 이것이 신을 현상한 인간이 신을 본래의 자리, 본래 존재의 자리로 돌려놓는 문명적 의식이다.

과학 기술 문명이 고도로 발전한 현대 문명은 자연을 황폐화한 후 인간 스스로 자연으로부터 소외되는 '소외인'이 되었다. 자연을 잃어버린 인간은 신을 잃어버렸고, 신을 잃어버린 인간은 고향을 잃어버린 존재가 되었다.

이러한 문명적 상황은 절대유일신-인간신人間神이 아니라 만물만신萬物萬神-신인간神人間W으로 돌아가야 하는 '원시반본의 시대'를 갈망한다. 자연이 자연적 존재라면, 신은 인간을 위해서 존재하는 존재자다.

2) 한글의 원형적 세계관
 - 소리를 통해 본 인류 문화의 원源 소리

우리말 알, 얼, 올, 울, 을, 일은 한글로 이루어진 삶의 가장 기본적 단어들이다. 이 여섯 단어는 단음절이지만 물질, 정신, 시간, 공간, 대상목적, 인간을 상징하는 단어들이다. '일'이라는 단어에는 인간은 '일(놀일)하는 존재'라는 것을 말해준다.

물질 (존재)	정신 (주체)	시간 (변화)	공간 (우리, 집)	대상 목적 (남, 他者)	인간 (사건, 놀이)
알	얼	올	울	을 (소유/욕망)	일(놀일)

'알卵: 어류, 조류, 파충류'과 '엘神'의 발음의 유사성은 '생명(우주)의 탄생(창조)'과 '신神'의 중첩된 의미를 느낄 수 있다/'ㄹ乙乙'은 움직임(율동, 운동)을 드러낸다.

〈한글의 원형적 세계관〉

3) 한글의 육원음六原音과 육하원칙六何原則[208]

한글의 육원음은 서양의 육하원칙과 만나게 됨을 알 수 있다. 한글의 누가who, 주체, 언제when, 시간, 어디서where, 공간, 무엇을what, 대상, 어떻게how, 방법, 왜why, 이유를 의미한다.

그런데 누가는 알(생명, 태양), 언제는 올(미래, 다가올), 어디서는 울(우리, 울타리), 무엇을은 을(사물, 목적), 어떻게는 일(인간이 일하다), 왜는 얼(인간이 얼빠지다)과 의미가 대응된다.

한글의 육원음과 서양의 육하원칙이 이렇게 대응되는 것은 인간 사유의 일반적이고 보편적인 패턴, 즉 어떤 일반성

208 박정진, 〈박정진의 인류학토크 124〉, 마로니에방송, YouTube.

(보편성)이 있음을 의미한다. 동서양의 문화가 크게 다른 것 같지만 동일한 구조를 가졌음을 알 수 있다.

　육원음: 알, 얼, 올, 울, 을, 일
　(ㅇ+홀소리+ㄹ=후음+홀소리+설음)

　육하원칙: 누가, 언제, 어디서, 무엇을, 어떻게, 왜
　　　　　　(who, when, where, what, how^{way}, why)

who (주체)	when (시간)	where (공간)	what (대상)	how (방법)	why (이유)
누가	언제	어디서	무엇을	어떻게	왜
알(생명, 태양)	올(미래, 다가올)	울(우리, 울타리)	을(사물, 목적)	일 (일하다)	얼 (얼빠지다)

〈육원음과 육하원칙〉

한글의 음운 구조를 살펴보면 다음과 같다.

牙	ㄱ→ ㅋ		
舌	ㄴ→ ㄷ→ㅌ (반설음 ㄹ)	아야어여오요우유으이	
脣	ㅁ→ ㅂ→ㅍ	(아래 아) · // ㅏ/ㅑ/ㅓ/ㅕ/ㅗ/ㅛ/ㅜ/	닿소리 17+홀소리 11=28자(24자)
齒	ㅅ→ ㅈ→ㅊ (반치음 ㅿ)	ㅠ/ ─/ㅣ/( ) ·	
喉	ㅇ→ ㆆ→ㅎ (옛 이응 ㆁ)		
훈민정 음 오행	한글 닿소리 14+(3)=17	한글 홀소리 10+(1)=11	한글자모 28자(24 자)

〈육원음과 육하원칙〉

인류학적으로 보면 인간이 오늘과 같은 소리(음성, 음운 구조)를 내는 것은 호모사피엔스가 되는 데에 결정적인 역할을 한 것 같다.

1. 네안데르탈인은 목구멍 소리가 분화되지 못했다. 호모 사피엔스에 이르러 분화되었다.

2. 음성 언어에서 문자 언어로 발달했다.

한글 육원음(ㅇ+홀소리+ㄹ=운동을 의미)		
아	알(생명)	생명, 태양, 알맹이
	알다(알의 동사형)	생명(알)을 알다
	앎(알다의 명사형)	알+ㅁ(명사화)=앎

어	얼(알의 안=얼)	정신(혼)
오	올(다가올, 미래)	시간(관계)
우	울(우리, 울타리)	공간(장소)
으	을(으+ㄹ:으로)	대상(사물, 목적, 방향)
이	일(일어나다/일하다)	사건, 노동, 놀이(노래)

알→알다(생성→존재=존재→존재자)
을+울(사물+공간)=장소 언어:시각(이미지)=행동>관계
일+올(사건+시간)=문장 언어story:청각(운동)=관계>행동

3. 소리와 빛이 이성이라고 생각하는 것은 서양 문명과 서양 철학자들의 착각이다. 소리(청각: 파동)와 빛(시각: 입자 및 파동)이 인간으로 하여금 이성(대뇌적 이성)을 투사하게 하였다(촉발시켰다).

4. '어ə: mother['mʌðə(r)])'(어머니)/'으: strike[straɪk]'(스트라이크) 발음을 정확하게 하는 문자는 한글뿐이다. 그 이유는 무엇일까.

5. 다섯 감각의 성격은 입자이거나 파동이다.

파동: 청각, 촉각/입자: 시각, 미각, 후각

인간이 지각 과정에서 대뇌와 감각의 환상(가상)에서 벗어나서 본래 존재에 이르기 위해서는 우주의 원초적 소리, 자연의 소리에 귀를 기울이는 것이 상책이다. 자연의 소리를

들으면 인간은 편안해진다.

생명 소리: 바람(허파$^{vocal\,cord,\,呼吸,\,吹}$)=후음$^{喉音,\,vocal\,cords}$
* 야훼(야호, 공명^{resonance}, 공기^{air})
* 브라만(바람), 아브라함(아+브라함)
* 아버지^{father}, 어머니$^{mother\,脣音}$
* 할아버지=하늘(하나님)아버지/할머니=하늘(하나님)어머니
* 천지부모, 천지인참부모

인간은 자연(존재)에 '신^{神}'과 '진리^{眞理}'(이들은 존재자다)라는 옷을 입히는 존재다. 그런 점에서 인간은 빙의^{憑依}의 존재다. 인간이 시간에 매이는 것은 바로 인간이 현상학적 존재임을 말하는 것이고, 이를 서양 철학자 중에서 하이데거가 처음 깨달음으로써 인간을 '현존재-현사실적 존재'라고 규정하기에 이른다.

4) 한국어의 기원, 홍산^{紅山} 문화

한국어의 기원이 투르크어, 몽골어, 일본어와 함께 9,000년 전 신석기 시대에 중국 동북부에 살던 농경민에서 비롯된 것으로 독일 막스플랑크연구소에 의해 밝혀졌다. 지금까지는 그보다 훨씬 뒤에 중앙아시아 유목민들이 전 세계로 이주하면서 비슷한 체계를 가진 언어들이 퍼졌다고 알려졌지만, 막스플랑크인류사연구소의 마티너 로비츠 박사 연구진

은 "언어학과 고고학, 유전학 연구 결과를 종합 분석한 결과 유럽에서 동아시아에 이르는 트랜스유라시아 어족語族이 신석기 시대에 중국 랴오강遼河,요하 일대에서 기장 농사를 짓던 농민들의 이주 결과임을 확인했다."고 국제학술지『네이처』에 밝혔다.

이 연구에 따르면 1. 모음 조화, 2. 문장 구조(주어+목적어+서술어)가 유사한 트랜스유라시아어, 즉 알타이어 문법의 특징 등이 공통점으로 드러났다.

이번 연구에는 독일과 한국·미국·중국·일본·러시아 등 10국 언어학자, 고고학자, 유전생물학자 41명이 참여했으며, 한국외국어대의 이성하 교수와 안규동 박사, 동아대의 김재현 교수, 서울대의 매튜 콘테 연구원 등 국내 연구진도 논문에 공저자로 등재되는 성과를 올렸다.

트랜스유라시아 어족은 알타이어족이라고도 한다. 서쪽의 투르크어에서 중앙아시아의 몽골어와 시베리아의 퉁구스어, 동아시아의 한국어, 일본어로 구성된다. '보글보글, 부글부글'처럼 앞 음절의 모음과 뒷 음절의 모음이 같은 종류끼리 만나는 모음 조화가 나타나고, '나는 밥을 먹는다.'처럼 주어, 목적어, 서술어 순으로 말을 한다. '예쁜 꽃'처럼 수식어가 앞에 오는 것도 특징이다.

트랜스유라사이아 어족은 유라시아대륙을 가로지르는 방대한 언어 집단인데도 기원과 확산 과정이 불명확해 학계에서 논쟁의 대상이 됐다. 로비츠 교수 연구진은 고대의 농업과 축산 관련 어휘들을 분석하는 한편, 이 지역의 신석기, 청동기 시대 유적지 255곳의 고고학 연구 결과와 한국과 일본에 살았던 초기 농경민의 유전자 분석 결과까지 비교했다.

연구진은 모든 정보를 종합 분석한 결과 약 9,000년 전 중국 요하 지역에서 기장을 재배하던 트랜스유라시아 조상 언어 사용자들이 신석기 초기부터 동북아 지역을 가로질러 이동한 것을 확인했다고 밝혔다.

지금까지 홍산 문화가 한국 문화의 원류, 특히 고조선 문화의 원류라는 가설은 고고인류학계에서 꾸준하게 논의되어 왔다. 이 홍산 문화가 언어학과 유전학에 의해 밝혀지고, 국제적인 과학학술지인 『네이처』에 공개된 것은 학문적인 큰 진전이다. 유라시아대륙을 가로지르는 고대 문화가 밝혀졌다는 것은 앞으로 이 일대가 고대 인류 문화, 모계사회의 문화, 마고麻姑 문화의 원류 지역으로 밝혀질 가능성이 높을 것으로 전망된다. 홍산 문화의 발견은 한국 문화의 세계화에 크게 기여할 것으로 전망된다.

2. 순우리말 철학: 알-나-스스로-하나

1) '알-나-스스로-하나'의 순우리말 철학[209]

세계의 어느 나라 철학자든 철학자라면 자신의 말, 즉 자신이 발을 딛고 살아가는 땅에서 형성되는 철학('이 땅에서 철학하기')을 구성해낼 때 진정한 철학자가 될 수 있다. 이러한 점에서 한글(순우리말)로 된 주체 철학의 구성은 현재를 살아가는 한국 철학자들의 숭고한 책무임이 틀림없고, 그렇게 구성된 철학이 세계적인 지평에서 기존의 동서 철학과 소통되어야 함은 물론이다.

그러한 점에서 필자는 '알-나-자신'의 철학을 세계에 내놓는다. '알'은 우리말의 깊은 곳에 자리한 생명 사상은 물론이고, 그 생명이 어디서부터 비롯되었는지를 의미하는 말이기도 한다.

필자의 '자신' 철학은 한글 발음은 같지만, 한자의 뜻이 다름을 활용한 '한자한글문화권'의 철학이라고 할 수 있다. 물론 '자신' 철학은 '인도유럽어문화권'의 철학과도 통할 수 있다. 그런 점에서 동양은 물론이고 세계 철학과의 소통을 감안한 철학이다.

---

209 박정진, 『신체적 존재론』, 살림, 2020, 313~314쪽; 〈박정진의 인류학토크 84〉, 마로니에 방송, YouTube.

한자한글문화권 (알-나-스스로)			인도유럽어문화권相·象		세계 종교	미래 종교
나	알	스스로 (자신)	불교 사상四相	서양 철학 (주체-대상)	유불선 기독교	네오neo 샤머니즘
나	알(알) 올(몸)	자신自身 검소儉素	아상我相	주체(개체)-초월적 주관-절대	天陽-기독교 (창조주-피조물)	자기-자신ego-self
너 (남, 님)	얼(감)	자신自信 겸손謙遜	인상人相	대상 (對象,타자, thing)/상호 주관성/相對	地陰-불교 無上正等覺	토테미즘 totemism
우리 (we)	울(닭) 을	자신自新 자유自由	중생상 衆生相	主客一體 心物一體/초월 내재, 내재초월	人太極 유교君子	정령숭배 animism
생명	일(밝) 놀이	자신自神 창의創意	수자상 壽者相	心情交感/ 心物存在/ 공동존재/ telepathy	天地人 三太極, 三一 선도	샤머니즘 shamanism

* 사람人=삶生=사랑愛, 仁, 慈悲, 道=유불선기독교=천지인삼재=人中天地一風流道

* 세계는 기운생동氣運生動하는 하나One다

〈한글(순우리말) 철학과 세계 철학〉

'자신'의 철학은 발음은 한글로 같지만, 그 의미는 다르다. '자신自身-자신自信-자신自新-자신自神'이 그것이다. 여기서 자自라는 글자의 뜻은 '스스로', '저절로', '~부터' 그리고 '자연'의 뜻을 함의한다. 따라서 자연Sein의 의미와 인위sein-sollen의 의미가 동시에 들어 있다.

'알'이라는 단어는 신화적 단어기도 하다. 알은 생명이면서 동시에 태양을 의미한다. 말하자면 인간이 태양계의 가족이라는 것을 상기하는 말이다. 알은 난생설화卵生說話와 관계됨으로써 생명을 중시하는 사상을 드러내기도 하지만, 빛을 내는 둥그런 사물인 태양, 황금을 상징하는 우리말이다.

'나'라는 말은 '알'과 동시적으로 형성된 말이다. '나'는 '나다(태어나다)'라는 동사에서 생겨난 명사로 결국 '난(태어난) 존재'의 의미가 있다, 우리말 '나무'라는 말은 '나다'라는 동사의 명사형으로 '남(난 존재)'의 대명사다.

우리말 '나다'라는 말은 한자로 '날 생生'의 뜻이지만, 영어로 자연을 의미하는 단어인 'na-ture(네이처: 나의 틀/태어나는 틀/생겨나는 틀)'과 발음으로 같을 뿐 아니라 의미도 통한다. 'ture(투르, 틀)'는 우리말 '틀'의 발음과 통하면서 어떤 바탕이나 체계를 의미하는 단어다. 그런 점에서 문화를 의미하는 단어인 'culture(컬처, 나누는-틀 혹은 도구)'의 의미가 있다.

'알-나'는 다분히 생성적인(태어나는, 생겨나는) 우주관의 산물이다. 반면 문화文化는 다분히 생성적인 하나의 우주를 도구로 나누는(분류하는, 명명하는) 존재적 의미를 함의한다.

알(생명)-나(나다, 태어나다, 생겨나다, 生)/네이처(na-ture: 나의 틀, 태어나는 틀, 생겨나는 틀)=생성론

문화(文化, 文=언어), culture: 컬처(나누는 틀-도구)=존재론

그런 점에서 필자가 앞서 제안한 '자신'의 철학과 '알-나'의 철학을 통합하면 결국 '알-나-자신'의 철학이라는 체계가 구성된다. 이 철학은 〈한글(순우리말) 철학과 세계 철학〉에서 보듯이 세계의 철학과 비교되는 것은 물론이고 의미 소통과 번역이 될 수 있다.

한자한글문화권의 필자의 철학은 인도유럽어문화권과도 대응 혹은 대조되면서 서로 소통할 수 있는 자생 철학이라고 할 수 있다.

2) 위인성신爲人成神:자신自身-자신自信-자신自新-자신自神

최근 완성된 필자의 '자신' 철학은 '위인성신爲人成神'으로 축약된다.[210] 위인爲人은 '自身-自信-自新'에 해당하고, 성신成神은 '自神'에 해당한다.

위인성신爲人成神: 自身, 自信, 自新, 自神

'위인성신'은 필자가 어느 날 갑자기 돈오頓悟하면서 동서철학을 관통하는 깨달음에 도달하여 지은 '7언七言 대련對聯' 작품에서 비롯됐다.

210 박정진, 같은 책, 325~327쪽; 〈박정진의 인류학토크 82〉, 마로니에 방송, YouTube.

신진대사보충리新進代謝補充理
위인성신교심중爲人成神交心中

날마다 새롭게 진화하면 하늘의 이치와 만나고
사람과 신은 마음 깊은 곳에서 하나로 통한다.

위인성신 의미를 해석하면 여러 층위의 의미가 가능하다.

爲: 하다, 되다, 살다, 생각하다, 위하다
人: 사람: 나(인중천지일), 남(천지중인간)
成: 生成, 構成, 完成/性, 姓, 聖, 誠
神: 神, 鬼神/靈魂魄

① 사람을 위해(목적인) 신이 생성(구성)되다
② 사람 때문에(궁극인) 신이 생성(구성)되다
③ 사람으로 하여금(질료인) 신(형상인)이 되게 하다
④ 사람으로 하여금 신을 완성하게(작용인) 하다
⑤ 사람(나)이 되는(생성) 것이 신이 되는(생성) 것이다
⑥ 사람 짓(나)을 함으로써(구성) 신을 완성하다(구성)
⑦ 사람이 신(님)이 될 것을(이라고) 생각하다(상상)

자연=신=존재=심물존재=만물만신=나=하나
　결국 사람은 자연에서 태어난 존재로서 자연과 다름을 주
장하지만(위대한 문명을 건설하지만), 자연(본래 자연)으
로 돌아가서 '기운생동氣運生動하는 신神'과 하나가 됨을 의미

한다. 신과 하나가 되는 것은 본래 존재로 돌아감^復을 의미한다. 이것이 바로 '죽음을 넘어서는 안심입명의 길'이다.

3) 순우리말 철학과 천지인·원방각·아리랑[211]

'알^을-나-스스로-하나^ㅎ' 철학은 순우리말로 구성된 철학으로서 전통적 천지인^{天地人} 사상과도 어울리는 철학이다. 이 철학은 사람이 태어나서(알에서 태어난 존재로서) 독립적인 존재(인격)로 성장하는 것과 자연과 하나님을 깨닫는 과정을 한글로 체계화한 것이다. 이것은 또한 한글 창제의 자음과 모음의 철학적 원리인 원방각(○□△/·ㅡ│/子丑寅) 사상과도 일치한다는 점에서 특기할 만하다. 한국의 대표적 민요인 아리랑(알랑)도 이것으로 해석할 수 있다.

'알-나-스스로'는 '하나'에서 완성된다. 여기서 완성은 본래 존재(자연적 존재, 심물 존재)로 돌아감을 의미한다. '하나'는 '기운생동하는 세계로서의 하나'를 의미한다. 필자의 철학은 철저하게 생성론을 바탕으로 한다. 이것은 세계를 '살아 있는 생명체'로 이해하는 '살림살이'의 태도를 의미한다. 살림살이의 의미는 '사람이 살을 사는(사르는) 것이 삶'이라는 의미를 지닌다. 살을 사는 것은 우주적 소리와 하나가 됨을 뜻한다(촉각=청각). 아울러 '세계를 살린다(살림)'는 의미, '살이'로서의 삶이 신체적 존재론임을 뜻한다.

---

211 박정진, 같은 책, 314~317쪽; 〈박정진의 인류학토크 52〉, 마로니에 방송, YouTube.

한자한글문화권: '알-나-스스로-하나'			천지인 사상	아리랑	원방각
나	알	스스로 (자신)	천지인	아리랑	네오[neo] 샤머니즘
나	알(알) 올ㅁ	자신自身 검소儉素	天(태양) 환웅桓雄 니마/님/임	아(알, 올) 태양	○(·, 子)
너 (남, 님)	얼(감)	자신自信 겸손謙遜	地(지구) 곰熊 고마/물/땅	리 (태양 빛이 땅을 비춤)	□(一, 丑)
우리	울(닭) 을	자신自新 자유自由	人(사람) 단군檀君 왕검/임금	랑(사랑) 사람들이 함께 살아감	△(ㅣ, 寅)
생명 (살림살이)	일(밝) 놀이	자신自神 창의創意	천지인 '하나혼'	함께 살아가는 '하나 (공동)존재'	원방각 '하나'

〈'알나' 철학과 천지인·원방각·아리랑〉

이상의 철학을 단군신화와 결부하면 위 도표와 같다. '님'이라는 말에는 '태양신을 섬기는 마음'이 내재해 있다. 아래아자 'ㆍ'는 '하늘(○)=태양'의 의미와 같은 기능을 한다. 세계는 원과 점(중점)으로 표시될 수 있다. 모든 점은 중심이될 수 있고, 중심이 있으면 크고 작은 동심원을 그릴 수 있다. 십간십이지의 자子, 축丑, 인寅의 발음도 원방각과 어울린다. 우리는 천지인 사상과 단군 신화, 한글 체계, 아리랑 등에서 하나의 뿌리를 발견한다.

'하나the one'는 '알-나-스스로' 철학의 완성적 의미가 있다. '하나'는 우선 '큰 나'의 의미가 있다. '나'라는 존재가 삶을 통해서 깨달음에 도달함으로써 '하나'의 완성(나→하나)에 이름을 말한다. '나(작은 나)'가 '큰 나'가 되는 것이 인간 삶의 목적이다. '하나'는 명사로도 의미가 확대되면서 하나님(하느님, 하늘님, 한울님)으로 통한다.

'하나'를 동사로 말하면 '하나하다', '하나다', '한다'가 된다. 무엇을 하는 것은 자연의 일이고, 동시에 위대한 일이다. 천치창조도 무엇을 하는 것이다. 그런 점에서 '하는 것은', '하나님의 일'이기도 하다. 모든 존재는 나름대로 무엇을 하면서(노동, 놀이) 살아간다. '하나'는 '한다'로 의미를 변전하면서 존재being에서 함doing으로 움직이게 된다. 무엇을 하는 것은 존재론의 입장에서 존재이면서 동시에 존재의 현현이다.

하나님은 하나, 하나는 한이다. 한의 동사는 '한다'고, '한다'의 처음은 '하다'다. '하다'의 처음은 '창조하다'다. '하나님이 창조하다'는 '한'에서 유래했다. '한,' '한다'의 명사는 하나다. '하나'의 존칭은 하나님이다. 하나님은 창조한 세계와 더불어 하나이다. 만물은 항상 무엇을 하는 존재고, 존재는 항상 움직이는 존재 사건이다.

생명이 태어나면 개별적 차원에서는 '나'(자아, 주체)와 '너(남, 대상)'를 깨닫는 것이 의식의 성장 과정이다. '나' 이외의 모든 존재는 '남'이다. '남'에는 사람도 포함되지만, 다른 모든 동식물과 사물까지도 남이다. 남은 더불어 사는 존재(공동 존재)기도 하지만, 결국 내가 살기 위해서, 특히 이용하는 대상이고, 극단적으로는 죽일 수도 있는 대상이다. 특히 동물 사이는 그렇다. 이것은 생존 경쟁의 냉엄한 법칙이다.

집단적으로는 '남'은 더불어 사는 존재다. 그래서 '나'와 '남'은 '우리'가 된다. '우리'는 '나'와 '남'에 비해서는 실체가 없는 추상적 개념이다. 그렇지만 인간은 '우리'라는 개념을 통해 친구와 적을 구분하기도 하고, 신화와 역사를 공유함으로써 정체성을 확인하기도 한다. '우리'와 '하나'의 개념은 서로 만나서 상승 효과를 거두면서 "우리는 하나다"라는 공동 운명체를 형성하기도 한다. 그런 점에서 하나님(하느님)은 '하나 됨(하나 되다)'의 인격체 혹은 하나 됨이 인격신으로 승화^{昇化, 聖化}된 것인지도 모른다.

'알-나-스스로-하나'는 동사형으로 '알다-나다-살다-하나 되다'로 말할 수 있다. 이 동사에는 능동적 의미와 수동적 의미, 존재적 의미와 생성적 의미가 동시에 있지만, 전반적으로 인간이 어쩔 수 없는 수동적-생성적 의미의 기조 위에 있다. 말하자면 생성^{becoming}의 의미가 바탕에 깔려 있다. 생성의 의미 위에 존재의 의미가 첨가되는 것이다. 그런 점에서 인간은 사물에 의미를 부여하는 존재다. 존재^{Being}는 '인간이 이해한 존재' 혹은 '인간이 존재를 이해한 것'의 성격이 강하다. 생성은 자연적 과정이고, 존재는 인간적 이해 과정이다. '하나 되다'와 '하나―^{者}'는 다르다.

인류의 '문화권별 세계관'이라는 것도 실은 알-나-스스로-하나의 패러다임에 맞출 수 있다. '알'의 기둥에 『천부경』, '나'의 기둥에 '자신', '스스로' 기둥에 불교와 도교, '하나'의 기둥에 기독교를 배치할 수 있다.

『천부경』은 무시무종^{無始無終}과 인중천지일^{人中天地一}로 대변된다. 자신은 여러 의미 변형$^{自身, 自信, 自新, 自神}$이 있다. 불교에는 무^{無}, 공^{空}, 도교에는 무위자연^{無爲自然}으로 대변된다. 기독교에는 유시유종^{有始有終}과 인위^{人爲}, 유위^{有爲}가 들어간다.

'도법자연^{道法自然}'의 세계도 선도자연^{仙道自然}, 도법자연^{道法自然} 불법자연^{佛法自然}, 신법자연^{神法自然}을 대입할 수 있다. 여기서 우리는 결국 모든 종교는 자연의 사칭^{私稱}이라고 할 수 있다. 고등 종교일지라도 결국 자연으로 귀의하지 않으면 안 된다.

'위인성신^{爲人成神}'의 경우도 자신^{自身}, 자신^{自信}, 자신^{自新}, 자신^{自神}을 대입할 수 있다. '위인성신'의 의미는 가장 인간적인 것이 가장 신적인 것이고, 가장 신적인 것이 가장 인간적인 것이라는 의미를 담고 있다^{神人一體}. 신과 인간이 하나가 되는 것은 자연에 대해서 둘이 하나가 될 때에 가능한 것이다. 신과 인간이 하나가 될 때 신과 인간은 진정한 자연으로, 자연적 존재로 돌아갈 수 있다.

이렇게 보면 이제 세계를 자신$^{自身, 自神}$으로 볼 것이냐, 아니면 타자他者, 對象로 볼 것이냐가 문제로 남는다. 우리가 잊지 말아야 할 것은 자연은 진화進化하고, 문화는 문화文化한다는 사실이다. 진화는 나아가면서 변화하는 것이고, 문화는 문을 새롭게 구성하는 것을 의미한다. 여기서 문화文化한다는 말은 자연에 대처하는 인간의 삶이 항상 자연에 이름을 붙이고 그 이름을 연결하는 문장을 구성함에 있어 항상 새로움을 추구하면서 진리를 추구한다는 의미다. 따라서 변화생성하는 자연에 적응하기 위해서는 새로운 진리를 구성하지 않으면 안 되는 인간의 존재론적 조건을 말한다.

알-나-스스로-하나에 이르는 과정의 공통점은 모두 자연과 문화가 이중적으로 겹쳐 있다는 점이다. 이것은 또한 무의식과 의식, 무아와 자아가 겹쳐 있다는 말과 같다. 이를 철학적으로 말하면 생성과 존재가 겹쳐 있다는 뜻이다. 자연은 생성 과정인데 인간은 그것을 존재를 확인하고(잡고) 싶어 하고, 존재를 확인하는 것이 또한 생성 과정이기도 하다. 이것은 생성과 존재의 묘미妙味, 즉 진공묘유眞空妙有다. 사람에 따라, 문화권에 따라 생성을 상위에 두기도 하고, 존재를 상위에 두기도 한다. 이것은 또한 인간 현존재의 특성, 현상학과 존재론의 특성이기도 하다.

순우리말 철학의 완성(알-나-스스로-하나)

명사 세계	알(egg, sun) : 생명, 태양	나(ego, I) : 자아, 주체	스스로 自, self : 자연, 자신	하나 (한, the one) : '나'→ '하나'

동사 세계 명사+하다 (되다)	알다(알+하다) (know)	나다(나+하다) (born)	스스로하다 (ㅅ+·+ㄹ= 살/살다(살+ 하다)(live)	하나 되다, 하나하다(한다, 창조한다), 하나님, 하느님
생성-존재	알(우주)	태어나다	자연進化하다	하나 되다爲一
세계	생성되다	존재하다	문화文化하다	(become one)
영어 개념	Genesis	birth	becoming-being	doing-becoming doing-being
문화권별 세계관	『천부경』= 無始無終/ 人中天地一	자신自身· 信·新·神	불교=無, 空 도교=無爲 自然	기독교= 有始有終/ 有爲, 人爲
자연 회귀	선도자연 仙道自然	도법자연 道法自然	불법자연 佛法自然	신법자연 神法自然
철학 핵심	원시반본 原始反本	무위자연 無爲自然	불생불멸 不生不滅	창조종말 創造終末
위인성신	자신自身	자신自信	자신自新	자신自神

세계를 자신自身으로 볼 것이냐, 타자他者로 볼 것이냐, 이것이 문제다.

'스스로 하다'는 '살다(삶)'가 된다. 'ㅅ+·+ㄹ==살이고, 살을 사는(하다) 것이 삶이다.

자연에서 태어난 존재인 인간에게 가장 큰 하나(하나님)는 자연일 수밖에 없다.

자연은 진화進化하고 문화는 문화文化한다. 문화는 새로운 텍스트를 쓴다.

니체는 영원 회귀를 주장했지만, 필자는 자연 회귀를 주장한다.

〈순우리말 철학〉

3. 삶(생명, 존재)과 앎(이용, 지식)의 고고학[212]

니체는 『도덕의 계보학』을, 그의 추종자인 미셸 푸코는 『권력의 계보학』을 썼다. 이것은 가부장-국가사회, 즉 부계사회를 중심으로 인류 문명을 계보학·고고학적으로 보는 데에 그치고 있다. 여기에는 원시 고대의 모계사회의 특성인 생명과 공동체사회에 대한 배려가 빠져 있다. 필자는 이에 '삶-생명(자연-여성-비권력)과 앎-이용(문명-과학-권력)의 고고학'을 간략하게 정리한다. 이것은 인류의 삶과 앎의 발전 단계와 교차를 계보학적으로 보여준다.

1. 알(생명): 아(原소리)+ㄹ(舌音, 기운생동)=알(알맹이, 태양)

2. 씨(생명): 각시에서 씨氏가 생성됨〔씨(氏: 각시 씨, 갓, 가시=여자)는 모계사회의 '씨' 개념에서 유래했다(氏: gsjig에서 후에 어미 -g가 탈락함. 지(枝: 가지 지: ksjig)도 '가지'를 의미하면서 혈통과 분가를 의미한다. 즉 가지 치기는 원래 여자에 속한다. 즉 성姓과 씨氏는 모두 여자-모계사회에서 유래했다. 성姓=女+生은 글자그대로 여자女에게서 난生 것을 의미한다.〕

* 씨와 알, 씨알(생명)은 모두 생명=여성을 나타낸다.

---

212 박정진, 같은 책, 331~336쪽; 〈박정진의 인류학토크 113〉, 마로니에 방송, YouTube.

3. '씨'에서 '씀'의 발생:

① 씨(알=생명), 말씨/글씨/솜씨(재주)

② 쓰기(writing, 문자^{文字}-문화^{文化})/씀(using, 사용하다, 이용하다, 도구-기술 과학)/말씀(하나님의 말씀, 로고스).

③ 써 이(이^{以}, 용^{用}): 가지고, 이로써(함으로써)

이로써 '씨알'(생명, 자연, 자연적 존재)에서 '쓰기'와 '씀'이라는 기록과 이용과 소유(문화, 문명, 소유적 존재)의 의미가 발생한다.

4. 종교(신앙)의 발생(발명): 대뇌의 용량이 크게 늘어난 영장류인 호모사피엔스는 가상의 존재(세계)인 신$^{神, 鬼神}$을 설정하고, 그것과의 대화를 통해 자신의 세계에 대한 이해를 넓혀간다.

5. 문자^{文字}의 발명: 음성 언어에서 문자 언어로 발전했다. 문자 언어에서 특히 기표^{記標}의 강화가 이루어지고, 나아가 기표연쇄^{記標連鎖}가 이루어진다. 기표연쇄에는 환유의 연쇄와 은유의 연쇄가 이루어지고, 전자는 과학과 기술로, 후자는 시와 예술로 발전한다. 이로써 인류의 문화와 문명이 언어의 발명을 통해서 꽃을 피우게 된다. 이것은 가부장제를 가속화한다. 인류 문명사에서 문자와 이성의 발전은 피드백과 시너지 효과를 이룬다.

6. 성씨^{姓氏}-가부장제(권력)의 발생(반란): 인구의 증가와 더불어 더는 모계제(모계사회)로 삶을 이끌어갈 수 없었던 인류는 가부장제를 실시하게 된다. 가부장제(남성의 반란)와 더불어 이전에 여성적인 것에 속했던 알-씨-성씨가 남성

적인 것에 속하는 것으로 반전된다. 가부장제와 함께 전 지구적 범위에서 태양숭배 사상^{solarization}이 만연하게 된다. 이 시기는 육체에 비해 정신적 자아^{Mental Ego}가 고상한 것으로 등장하는 시기다. 태양의 시기가 바로 '토테미즘의 심리학'으로 보면 '높은 의식(밝)'의 단계며, 이는 육당 최남선^{崔南善}이 말하는 '밝 문화'의 단계다. 본래 태양은 여성이었지만(태양=여성), 이 시기에 남성으로 변전한다. 마누라: 태양 같은 여인: 마(진실로), 누(여자), 라(태양)

가부장제 이후 여성은 남성 혈통(자손)의 지속(번식)과 권력을 위한 이용의 대상으로 전락한다(박씨, 김씨, 이씨, 리처드, 사뮈엘 등).

7. 가부장제와 종교의 결탁(동맹): 가부장제-국가의 발생과 더불어 지구상에는 오늘날 고등 종교라고 지칭하는 유불선기독교가 문화권별로 형성된다. 종교(사제 권력)와 국가(정치 권력)는 서로 결탁하여 자신의 권력을 유지하게 된다. 처음에는 제정일치^{祭政一致} 사회였으나 제정분리^{祭政分離} 사회로 옮아간다. 종교적 인간의 원형화·보편화가 이뤄진다.

8. 언어(상징)의 사용으로 상상력의 급격한 증대: 언어의 분화와 사용량이 급격하게 늘어나는 것과 함께 사회가 복잡해지고, 문화와 문명이 크게 발전한다. 언어의 은유적^{隱喩}^的 사용(음성=음파=소리)과 환유적^{換喩的} 사용(표상=표기=기술)이 일상 생활에서 혼용됨으로써 인간은 활발한 상상력과 상징하는 힘을 갖게 된다.

9. 시와 예술, 과학의 발생: 시=은유^{metaphor, phor=phone}, 과학=환유^{metonymy, nymy=name}. 인류 문화의 많은 부분을 은유와 환

유라는 관점에서 서술할 수 있다. 요컨대 시는 은유의 기표연쇄고, 과학은 환유의 기표연쇄에 속한다.

10. 존재(사물)의 대상화: 주체-객체(나-너, 즉자-타자, 창조주-피조물, 세계의 이분화, 이분법)의 프레임은 인류의 보편적인 사유 체계(프레임)이며, 이것은 보편적인 문장구조(주어+동사+목적어+보어+부사구)에 잘 반영되어 있다. 인도유럽어문화권은 명사(개념: 실체: 주어와 목적어)를 중시한다. 한글문명권은 동사(기: 기운생동, 비실체)를 중시한다. 한자문명권은 양자의 사이에 있다.

11. 주체^{subject}의 혁명: 주체는 '대상에의 종속$^{subject\ to\ object}$'에서 '대상의 주인'$^{subject\ over\ object}$으로 입장을 전환한다. 대상이라는 말 속에 이미 주체의 선험, 초월, 지향적 입장과 목적의식이 있다. 이데아라는 말 속에는 이미 '초월'과 '대상'과 '목적'의 의미가 내재해 있다. 그래서 서양 철학은 모두 현상학이다.

현상학은 인간의 지평地平에서 현상학적 환원을 하거나 현상학적 회귀를 하는 사유 체계를 의미한다天地中人間. 이속에 '자연적 존재'(자연)에 대한 인간 현존재(존재자)의 지배가 내재해 있다. 인간이 만든 모든 문화와 문명은 '자연적 존재(자연)'에 비해서는 '제도적 존재자(문명)'다.

서양에 철학(현상학)이 있다면 동양에는 도학(존재론)이 있다. 철학은 앎은 위주로 하고, 도학은 삶을 위주로 한다. 앎은 대뇌 활동에 비중을 크게 두고, 삶은 신체 활동에 비중을 둔다.

앎은 '앎=힘', 지식과 과학에 그 초점을 두고, 삶은 '무위

자연^{無爲自然}', 수신^{修身}에 초점을 둔다.

12. 인간 개인으로 볼 때, 시적^{詩的}–예술적^{藝術的} 인간과 기술적-과학적 인간으로 일반적으로 구분된다. 양자가 종합된 인간이 종교적 인간이다. 종교의 집회가 말씀^{symbol, 經典}과 의례^{ritual, 祭祀}로 구성된 것은 좋은 예다.

13. 인간 사회에 국가와 도덕^{道德}과 법^法과 예악^{禮樂}의 등장: 주체(주인, 지배자)와 대상(노예, 피지배자)의 공동 생활을 위한 재화와 용역의 분배, 균형 잡기로서 도덕과 윤리가 등장하고 이에 따라 계급-계층의 분화가 이루어진다. 이를테면 왕-귀족-평민-노예의 사회적 역할 분담과 위계 체계가 완성된다.

14. 과학 기술 시대의 등장: 자연에 대한 인간의 지배로서의 기술과 과학이 더욱 고도화된 형태로 등장한다. 자연적 존재는 인간에 의해 사물화되고, 사물화된 존재는 기계로 존재변화를 하게 된다. 자연은 자연과학적인 형태로 존재하게 된다.

15. 자연은 자연 그대로서 선^善하다. 인간에 의해 친구^{友, friend}와 적^{敵, enemy}이 발생하고, 적대감이 심화되어 악^{惡, evil}이 발생한다.

16. 자연에 대한 과대한 이용으로 자연이 황폐화됨. 홍익인간^{弘益人間}에서 홍익자연^{弘益自然}으로 되돌아가야 할 때가 되었다.

17. 인간은 신체적 존재다. 이때 신체는 정신(주체)의 대상으로서 육체(물질)가 아니라 자연의 타고난 존재(본래 존재)로서의 신체다. 인간의 신체 속에 신^神과 존재^{存在}가 있다.

이것이 생명의 회복이다. 만물만신^{萬物萬神} 사상과 인중천지일
^{人中天地一} 사상과 풍류도^{風流道}의 부활이 필요하다.

앎과 삶의 고고학: 믿음(종교, 대중적 앎과 삶)	
앎(말씀, 이용, 지식, 과학, 이데아)	삶(알, 생명, 도덕, 수신, 道)
대뇌-이성^{理性}-남성	신체-욕망^{慾望}-여성
본질(essence, idea, 동일성)	존재(existence, life, 실존성)
지배-권력(가부장-국가)의 발생	피지배-백성(민중)의 발생
철학: 서양의 현상학^{現象學}	도학: 동양의 도학^{道學}
천지중인간^{天地中人間}	인중천지일^{人中天地一}
남자가 여자(존재)를 궁금해 함	여자가 남자(존재자)를 낳고 키움

앎과 삶은 교차되는 것이다. 이는 음양상보^{陰陽相補}와 같다.

〈생명과 이용의 고고학〉

4. '하나'와 '한'과 '하나님'의 상징성에 대하여[213]

  필자는 앞에서 〈알^올-나-스스로-하나^흔〉 사상을 말한 바 있다. 그런데 이 말은 『천부경』의 '천지인^{天地人} 하나' 사상에 대입할 수 있는 것은 물론이고, 『도덕경』의 '도법자연^{道法自然}', 『성경』의 '나는 길이요, 진리요, 생명이다'와 의미가 상통하는 것을 발견할 수 있다.

  인류의 동서양 문명은 우리가 생각하는 이상으로, 특히 실크로드를 통해 빈번하게 교류했으며, 그 결과가 기독교와 불교, 불교와 도교, 도교와 선도의 상호소통이다.

  "나는 길^道이요, 진리^法요, 생명^{自然}이다."(『성경』, 『불경』)

  "도법자연^{道法自然}"(『도덕경』)

  "알^올-나-스스로-하나^흔"(박정진)

213 박정진, 같은 책, 337~342쪽; 〈박정진의 인류학토크 63〉, 마로니에 방송, YouTube.

천지인 -하나	천聖	길道	진리眞理	생명生命	『불경』, 『성경』
	인性	도道	법法	자연自然	『도덕경』
	지性	알卵	나(알다, 앎)	스스로- 하나	박정진
나다/하다 /되다	삶生成	(태어)나 다 nature	(일, 놀)하다 oing^perform	(완성)되다 becoming	동사적 존재 Being

〈길-진리-생명, 도법자연, 알-나-스스로-하나〉

이 구절은 삶과 진리와 존재의 근원을 한마디로 축약한 인류 문명의 축약이라고 말할 수 있다. 이것을 인류의 언어 문화권과 고등 종교들에 대입하면 크게 다음의 표를 얻을 수 있다.

언어 문화권은 인도유럽어문화권과 한자한글문화권으로 나누고, 종교는 원시 종교(도교, 선교)와 고등 종교(유교, 불교, 기독교)로 나누었다. 여기서 원시 종교란 자연 종교를 의미한다. 천지인 사상이든, 도법자연의 사상이든 모두 순환론에 바탕한다. 말하자면 편의상 천지인을 갈라놓았지만, 이들은 서로 상통하고 교차될 수 있음을 의미한다.

天地人析三極 道法自然 三生萬物	人法天	기독교	고등 종교 (지배-피지배)	인도유럽어 문화권
	人法地物	불교		
	地法天心	유교		
	天法道	도교 (선교)	원시(자연) 종교 (공동체사회)	한자한글 문화권

〈『천부경』과 도법자연으로 보는 인류의 종교〉

이러한 천지인 구조는 하늘과 땅 사이에서 수직^{vertical}으로 서서^{stand} 두발로 걸어가는$^{bi-pedalism}$ 인간의 삶의 조건이라고 말할 수 있다. 말하자면 생물로서의 삶의 조건이 이러한 구조를 만들었다고 할 수 있다. 동시에 천지인 가운데 어느 것을 더 중심적으로 생각하느냐에 따라 문화가 다양하게 전개되었음을 알 수 있다. 그런데 성인들의 말은 결국 '하나'(보편적이고 일반적인 혹은 일반적이고 보편적인)에 도달했음을 알 수 있다.

한국인이 일상적으로 말하는 '하나'라는 말에는 다원다층의 의미가 있다. 한국인은 '하나'를 '흔'이라고 말하기도 한다. 이 '흔'에는 여러 의미가 있다.

"한 사상의 '흔'에는 한국, 한겨레, 한글, 한식, 하나님(흔님)', 한얼의 의미와 함께 한자로는 '韓, 漢, 汗, 旱, 寒, 咸, 桓, 丸' 등으로 쓰인다. 다시 말해 국가, 민족, 사상, 생활 전반에 관한 우리의 정체성^{identity}을 규정할 때 쓰는 말이다."[214] 물론 여기에 '한汗'과 '칸^{khan}'도 포함할 수 있을 것이다.

214 박정진, 『한국 문화와 예술인류학』(미래문화사, 1990), 274쪽.

'한'의 사전적 의미는 '一one', '多many', '同same', '中middle', '不定about' 등 다섯 가지 뜻으로 요약된다.[215] 여기에 '한'의 새로운 의미로서 무한대無限大, ∞, 무無, nothingness, nothingless, 0, 영원永遠, eternity' 등 무량無量의 의미도 포함할 수 있을 것이다.

"이러한 '한'의 개념은 종래 서구 중심의 철학 사상이 제1원 인the first cause이나 총족 이유sufficient cause를 설정, 거기서 다른 존재들을 유추하는 시원적 방법론에 의존하는 반면, 비시원적으로 사고하고 사물을 생각하는 특징을 가진다. 한 사상은 다양한 의미를 포용하기 때문에 그것 자체가 상징이다."[216]

'한'이라는 말에는『천부경』의 무시무종無始無終의 의미도 계승되고 있다고 볼 수 있다. 이것은 서양 문명이 추구하는 동일성同一性 혹은 실체성實體性, 유시유종有始有終과는 다른 의미이다. '한'은 한국 문화의 집단적 정체성이면서 집단적 무의식이라고 할 수 있다. '한'에는 불교적 의미의 체상용體相用에서 체體에 해당하는 어떤 존재성이 잠재되어 있다고 볼 수 있다.

필자는 30년 전에 '한'의 상징성에 대해 논의하면서 상징이 역동적力動的, 易動的인 삶에 있어서 역동적인 장場, 磁場에 해당하는 상징임을 밝힌 바 있다. 더욱이 상징을 기氣와 연결해서 '상징-기氣'를 서양 문명의 '언어-사물'에 대칭한 바 있다.

"그것(한)은 '축어적 해석一'이면서 '확장으로서의 해석多', 그리고 그 사이의 '불확실성不定'과 '중간中, middle', '같음同, same' 등을 함께 포함한다. 이것은 상징의 다차원성과 다름이 없

---

215 김상일,『한사상』, 온누리, 1986, 8~9쪽.
216 박정진, 같은 책, 274~275쪽.

다. '한'은 고정된 상징(이것은 언어이다)보다 상징 작용, 즉 역동적 상징이다. 서양 철학이 시원적 사고 특성을 가졌다고 하는 것은 어떤 관념이나 개념에 결정성을 부여하는 것을 의미하는데 이것은 다름 아닌 서양 문명의 '언어-사물' 중심의 사고 틀과 맥을 같이 한다. 반면 결정성을 부정하는 '한'은 동양 문화의 '상징氣' 중심의 사고 틀과 상통한다. 상징이야 말로 지시적 의미 전달 기능을 하면서도 개인詩人과 집단(민족)이 특별히 부여하는 의미를 싣고, 시각적으로 독립성을 보이는 사물과 언어가 하나가 되게 하는 주술적 기능을 한다. '한'은 우리 민족의 집단 상징의 원형이다."[217]

'나는 길이요, 진리요, 생명이다', '도법자연', '알-나-하나' 사상을 인도유럽어문명권과 한자한글문명권, 그리고 이 둘의 교차 지역으로서의 중앙아시아문명권을 설정하는 것과 함께 각 문명권의 특징을 비교해보면 참으로 유의미한 결과를 얻을 수 있다.

우선 중앙아시아 지역을 인류의 5대 고등 종교(유대교, 기독교, 이슬람교, 힌두교, 불교)가 발생한 지역으로 특징 지을 수 있다. 유교儒教는 동아시아, 특히 동이족이 살았던 동북아시아와 연결되는 중국 산동 지방에서 발생한 종교라고 할 수 있다. 그런 점에서 유교는 도교道教와 함께 선도仙道의 새로운 버전이라고 말할 수 있다.

우선 유럽은 진리眞理를 숭상하고, 중앙아시아는 생명生命을 숭상하고, 동양(동아시아)은 길道을 숭상하는 것으로 나타났다. 이것은 또한 앎(지식-이용-욕망), 알(난卵-생명-순환), 앎(지혜-도道-자연自然)으로, 그리고 앎(지식)-알다-존

217 박정진, 같은 책, 275쪽.

재^{Being}-과학(학문), 생성(생멸)-나다-생성^{becoming}-종교, 삶(살림)-되다-도^{Tao}-윤리(도덕)로 연결된다.

이것은 최종적으로 도구적^{道具的} 인간, 존재적$^{存在的,\ 生滅的}$ 인간, 도덕적^{道德的} 인간의 특징으로 나타난다.

'한'의 상징성은 인류 문명과 종교, 그리고 삶의 여러 유형과도 서로 상통하는 사상임을 알 수 있다. 인도유럽어(서양)-기독교불교 문명에 '악^{惡}-죄의식(죄책감, 原罪)의 상징'[218]이 있다면, 한자한글(동양)-선도교 문명에는 '한^{恨}-수치심$^{羞恥,\ 禮義}$의 상징'이 있다.

세계의 종교 분포를 언어 문화권으로 보면 기독교(이슬람교 포함)와 불교(힌두교 포함)는 인도유럽어문화권에 속한다. 유교와 도교와 선도는 한자문화권에 속한다. 이중 선도는 한자문화권과 한글문화권에 걸쳐 있다.

이상의 분포를 보면 우리는 종교와 문화의 통합이나 초종교초국가운동이 어떠한 경로를 거치는 것이 가장 효과적인 것인가를 생각하게 된다. 인도유럽어문화권에서 기독교와 불교가 소통(통합)을 이루고, 그 다음에 불교가 한자문화권의 도교와 유교와 소통을 이루고, 최종적으로 도교는 동북아시아의 선도 문화와 소통을 이루어야 한다.

이러한 통합 과정은 철학적으로도 매우 중요하다. 서양 문명권은 이데아-기독교-자연과학을 문명의 특징으로 하기 때문에 고정 불변의 실체가 있음을 전제한다. 반면 불교는 같은 인도유럽어문화권에 속하면서도 고정 불변의 실체가 없음을 주장한다. 실체의 유무^{有無}가 인도유럽어문화권에 공존하는 셈이다.

218 폴 리쾨르, 『악의 상징』, 양명수 옮김, 문학과 지성사, 1994, 참조.

이렇게 보면 유무는 서로 소통할 수 있고, 상생할 수 있음을 유추할 수 있다. 기독교와 불교가 상통하게 되면 불교는 다시 도교와 상통될 수 있는 문화적 기반을 이미 가지고 있다. 이른바 인도불교가 중국에 번역, 소개된 격의불교格義佛教는 인도유럽어문화권과 한자문화권의 문화적 소통을 이룬 바 있기 때문이다.

한자문화권의 도교와 유교는 고정 불변의 실체의 유무가 중요한 것이 아니라 인간과 자연과의 교감(소통)을 중시하고 있다는 점에서 인도유럽어문화권과는 매우 다른 세계관을 가진 셈이다. 도교와 유교는 '유무有無'보다는 '음양陰陽'의 세계관을 가진다. 서양의 '유무대립有無對立'과 동양의 '음양상보陰陽相補'는 세계를 바라보는 태도가 기본적으로 다름을 의미한다. 유무는 대립하는 경향이 강하고, 음양은 상생하는 경향이 강하다.

도교와 유교는 한자문화권에서 소통된 많은 경험을 가진다. 그리고 동북아시아의 선도는 특히 인간을 자연적 존재로 봄으로써 강도 높은 자연주의를 표방하고 있다고 볼 수 있다. 도교와 유교와 선도는 소통하는 데 별문제가 없다. 이상에서 볼 때 〈기독교→(↔) 불교→(↔) 도교→(↔) 유교→(↔) 선도〉의 소통을 이루는 것은 불가능한 것이 아니다.[219]

인간에게는 자연의 인간동형론Anthropomorphism과 인간의 자연동형론Physiomorphism이 동시에 작용한다. 또한 인간에게는 인간에 대한 신의 입장인 신인神人과 신에 대한 인간의 입장

---

[219] 박정진, 『신체적 존재론』, 살림출판사, 2020, 337~342쪽; 〈박정진의 인류학토크 85, 97〉, 마로니에 방송, YouTube.

인 인신^{人神}의 교차와 교감이 있다(〈신인^{神人}→(↔)인신^{人神}〉).

이상을 종합적으로 보면 〈신-(↔)인간-(↔)자연〉의 입장과 〈자연-(↔)신-(↔)인간〉의 입장은 서로 다르면서도 서로 가역하면서 공존해야 인류가 문화적으로 평화에 도달할 수 있음을 알게 한다.

인도유럽어문명권(유럽중앙아시아)		
	한자한글문명권(아시아대륙)	
유럽	중앙아시아 (수메르문명권)	동양(동아시아)
진리^{眞理}	생명^{生命}	길^道
앎(지식)- 알다	생성(생멸)-나다	삶(살림)-되다
Being	becoming	Tao
과학(학문) 기독교 '악^惡의 상징'	종교: 세계 5대 종교 유대교,기독교, 이슬람교, 힌두교, 불교	윤리(도덕) 선도, 도교, 유교 '한^恨의 상징'
Science	Belief	Conscience
유신유물무신론	유신유심범신론	심물일체자연
法 (법칙, 법률, 실체, 자 아, 用)	法 (불법, 제행무상, 비실체, 제법무아, 體)	道 (인법지, 지법천, 천법도, 道法自然)
앎(지식, 이용, 욕망)	알(卵, 생명, 순환)	앎(지혜, 道, 自然)
도구적^{道具的} 인간	존재적^{生滅的} 인간	도덕적^{道德的} 인간

"나는 길道이요, 진리法요, 생명生命이다."道法自然
="알ᇢ-나-하나(한, 훈)"="알나한"

〈인류 문명권으로 본 길-진리-생명, 도법자연, 알-나-하나〉

　이제 최종적으로 〈알-나-스스로-하나〉 우리말 철학이 어떻게 동서양 철학, 불교 철학, 유교 철학, 기독교 철학과 관련을 맺는지를 종합적으로 바라볼 차례다. 이 표를 자세히 설명하지는 않을 것이다. 지금까지 이 책을 성실하게 읽은 사람은 저절로 알게 될 것이기 때문이다. 이들은 사유의 사태가 같다.

자연의 순환	起生 (봄)	承長 (여름)	轉斂 (가을)	結藏 (겨울)
우리말 철학 (앎과 삶)	알 (알다)	나 (나다)	스스로 (살다)	하나 (하나 되다)
유교-동양 철학 (도학)	自身傊素 修身格物	自信謙遜 齊家致知	自新自由 治國誠意	自神創意 平天下正心
불교-인도 철학 (존재론)	苦生 (我相)	集(老) (人相)	滅(病) (衆生相)	道(死) (壽者相)
기독교-서양 철학 (현상학)	생명 (천지창조) (무의식)	자아 (의식)	자유 (평등)	평화 (종말구원) (사랑-영원)
서양과학-정신 (4T-4G)	Thing God	Time Geist	Text Ghost	Technology Godism
자연과학 (천체물리학)	빅뱅Big-bang	은하계 (우주)	태양계 (지구, 인간)	블랙홀 Black-hole

〈생멸하는 자연과 인간〉

5. 철학의 십계명

철학을 지망하는 사람들이 기본적으로 익혀두어야 할 수 칙 혹은 십계명과 같은 것을 생각해볼 수 있다. 이는 마치 과 거에 출가하여 승려나 사제가 되려는 사람들이 지켜야 하는 계율戒律과 같은 것이다.

1. 자연은 진리가 아니다. 자연은 존재다. 존재는 진리가 아니다(자연=존재). 모든 진리는 존재자(인간이 고안해낸 현존재의 존재자)다. 진리를 추구하는 인간의 대뇌는 인간 을 위하는 동시에 인간을 기만하는 세포다爲人欺人. 세포는 처 음부터 내부적으로 자기를 지켜야 하는 동시에 외부적으로 자기를 열어야(위험에 노출해야 하는) 하는 모순의 운명을 타고났다(인간은 세균에 약하다). 인간의 모든 체계(문화 체계)는 세포의 모순에서 벗어나지 못한다. 그래서 진리를 찾는 데서도 신진대사新進代謝가 중요하다.

2. 진리에는 존재 진리와 소유 진리가 있다. 존재 진리는 "존재는 진리가 아니다."를 설명하기 위한 '진리 아닌 진리' 를 말한다. 하이데거가 몰두한 진리다.

3. 소유 진리에는 추상 진리, 초월 진리, 지향 진리가 있다. 추상 진리는 수학과 같은 진리다. 비트겐슈타인이 몰두한 진리(그림 언어=논리 원자=기계 언어)다. 초월 진리는 철학 과 종교가 함께 있는 진리다. 칸트와 헤겔이 몰두한 진리(순

수이성, 절대국가)다. 지향 진리는 욕망과 같은 진리다. 쇼
펜하우어와 니체가 몰두한 진리(의지, 욕망)다.

4. 추상 진리의 목적은 기계(도구, 무기, 기계 인간)다. 초월
진리의 목적은 신(인간신)이다. 지향 진리의 목적은 욕망의
충족 혹은 욕망의 금욕이다. 추상-초월-지향 진리는 결국
같은 현상학적 진리다.

5. 추상 진리의 절정인 자연과학은 자연을 추상(기계)으로
환원하는 진리다. 초월 진리의 절정인 신은 인간신人間神이 되
든, 거꾸로 신인간神人間, 萬物萬神이 되든 해야 한다. 인간은 스
스로 신이 되든 혹은 신을 해체하고 부처가 되어야 한다. 지
향 진리의 욕망은 sex-free에서 출발하였기 때문에 욕망을
계속해서 충족하든가(free-sex: 무한대의 욕망), 욕망을
억제하든가(禁慾: 무한소의 욕망) 둘 중에서 하나를 택할
수밖에 없다. 도덕은 욕망과 금욕 사이에 있다.

6. 추상 진리와 초월 진리와 지향 진리의 관계는 수학적으
로 ∞(무한대, 무한소)와 1(존재, 존재자)과 0(존재, 존재
자)으로, 신^{God}과 정신^{Geist}과 유령^{Ghost}으로, 존재와 존재자와
욕망으로 설명할 수 있다. 이들은 서로 바꾸어질 수 있는 관
계에 있다.

① ∞=1/0 혹은 0=1/∞
② ghost=god/geist, geist=god/ghost,
③ 욕망=존재(존재자)/존재자(존재)

7. 자연과 본능이야말로 존재다. 자연 생태계는 중용을 실

천하는 본래 존재^{本來存在}이며, 심물존재^{心物存在}이다. 중용(중도, 중화, 균형 잡기)이야말로 최고의 진리다. 기독교의 타력 신앙과 불교의 자력 신앙의 균형 잡기야말로 중용의 실천의 대장관이다. 문명(존재자)과 자연(존재)은 화해하고 가역왕래하지 않으면 안 된다. 그래서 고도로 발달한 문명은 원시반본을 하면서 자신을 절제(겸소, 겸손, 자유, 창의)하여야 한다. 그래서 자연의 성^{性, 姓, 聖, 誠}과 문명의 명^{明, 命, 名, 銘}은 서로 왕래하여야 한다. 인간은 동물의 본능을 감추는 (멸시하는) 동시에 진리와 도덕을 만드는 현존재가 되지 않을 수 없었다. 현존재란 시간과 공간이라는 제도를 만든 인간의 다른 명칭이다.

8. 진리에도 남자의 진리와 여자의 진리가 있다. 남자의 진리는 대뇌의 진리고, 여자의 진리는 신체의 진리다. 남자의 진리는 양^{陽, 凸}의 진리고, 여자의 진리는 음^{陰, 凹}의 진리다. 남자의 진리는 전쟁과 패권(지배)의 진리고, 여자의 진리는 평화와 생존(번식)의 진리다. 남자의 진리는 가상(관념, 추상)의 진리고, 여자의 진리는 존재(실재, 구체)의 진리다. 남자의 진리는 이^理와 이성^{理性}과 유^有의 진리고, 여자의 진리는 기^氣와 감정^{感情}과 무^無의 진리다. 따라서 철학에도 남자의 철학과 여자의 철학이 있다. 남자의 철학은 현상학이고, 여자의 철학은 존재론이다. 남자의 철학은 과학의 철학이고, 여자의 철학은 시^詩의 철학이다. 남자의 철학은 눈의 철학이고, 여자의 철학은 귀의 철학이다. 남자의 철학은 메시지^{message}의 철학이고, 여자의 철학은 마사지^{massage}의 철학이다.

남자의 철학은 현상학-현상학적 존재론인 반면, 여자의

철학은 존재론-신체적 존재론이다. 존재에 있어서도 남자의 철학은 개념-존재^{存在}인 반면, 여자의 철학은 느낌-존재감(존재감)이다.

메시지의 철학은 '명령^{命令}-지배-소통의 철학'이고, 마사지의 철학은 '위무^{慰撫}-공명-공감의 철학'이다. 메시지의 철학은 '현재^{present}'와 통하고, 마사지의 철학은 선물^{present}과 통한다.

남자의 철학	여자의 철학	현상학→존재론
명령^{命令}-지배-소통의 철학	위무^{慰撫}-공명-공감의 철학	
메시지^{message}	마사지^{massage}	e → a
현재^{present}	선물^{present}	철자는 같다$^{時間/贈與}$
눈-표상^{represent}의 철학	귀-파동^{wave}의 철학	再現/共鳴
과학-환유^{換喩}의 철학	시^{詩}-은유^{隱喩}의 철학	과학/詩
현상학 (공장/기계적 세계관)	존재론 (출산/유기적 세계관)	현상학/존재론
현상학적 존재론 (언어-기계)	신체적 존재론 (생명-유기체)	현상(언어)/신체(생명)
개념(의미)-존재^{存在}	느낌(몸짓)-존재감^{存在感}	개념/느낌
서양의 철학(현상학)	동양의 도학^{道學}	철학/도학

9. 존재(자연)는 진리가 아니다. 존재는 신체적 존재(살=삶=사랑의 존재)다. 세계는 신체로서의 만물만신^{萬物萬神}이며, 심물일체^{心物一體}다. 여기에 이르면 죽음조차도 생명에서의 추락(퇴락)이라고 생각하지 않을 수 있게 된다. 최종 진리는 길도 아니고 진리도 아니고 생명이다.

10. 인간 문명은 최종적으로 위인성신^{爲人成神}으로 요약된다. 위인^{爲人}은 자신^{自身}, 자신^{自信}, 자신^{自新}이고, 성신^{成神}은 자신^{自神}이다. 내가 바로 신 혹은 부처임을 깨닫는 것이야말로 철학의 종착역이다.

죽음도 존재의 일이다. 그러기에 나는 '지금, 여기'의 삶에 만족한다. 고정불변의 존재인 자아, 영혼, 영원, 영생, 신(말하여진 신은 신이 아니다: 神可道 非常神)이라는 말은 위로와 영감을 얻기 위해서 혹은 대화를 위해서 혹은 불안과 공포를 잠재우기 위한 삶의 기법이다. 생멸은 분명히 동시적인 일이다. 그런데 여기에 어떤 사이^間-간격^{間隔}을 줌으로써 자연을 자기의 존재 방식으로 해석한 존재가 인간 현존재의 특성이다. 사이-간격은 바로 시공간을 의미한다.

시공간은 동일성(실체)을 끊임없이 요구한다. 생사^{生死}와 유무^{有無}를 만든 것이 인간이다. 그대여! 동일성에 현혹되지 마라. 그것에 현혹되면 끝없이 무거운 짐을 져야 하고, 시달려야 하고, 결코 지금에 만족할 수 없다. 서양 철학과 문명이 그토록 매달린 이성과 욕망은 같은 것이다. 신체의 이성이 욕망이고, 대뇌의 욕망이 이성이다. 그대는 그것을 다스리거나 넘어갈 것이 아니라 놓아버려야 한다. 나로부터 해방되는 것이 해탈이다.

유일신을 추구하는 서양 문화권의 범신론은 범신론이 아닌 유물론에 이르고, 동일성을 추구하는 서양 문화권의 차이성은 차이성이 아닌 기계론에 이르고, 유심론을 추구하는 서양 문화권의 유심론은 유심론이 아닌 유물론으로 사유의 마지막 반동을 이룬다. 유일-순수-절대를 추구하는 서양 문화권은 결국 자연에 대한 반동으로 인류를 멸종으로 빠트릴 것이다. 인류가 멸종을 맞지 않기 위해서는 서양 문화권이 주도하는 자연과학이 아니라 자연을 추구하는 동양 문화권의 철학으로 돌아가야 한다. 철학이 아닌 도학으로 돌아가야 한다. 인간은 자연의 역설적 존재다.

　동일성은 개념으로부터 출발하였고, 모순율과 배중율과 총족 이유율은 동일성의 다른 말이다. 동일성은 보편성과 개체성과 실체성을 추구한다. 고정 불변의 존재, 즉 실체(힘, 권력)를 추구하는 서양 문명은 욕망의 창조성(무한대), 창조의 악마성(소유적 존재), 유일신(절대주의)의 전체성, 자연의 도구성(이용 효율성)을 토대로 구축된, 인간이 해석하고 자연으로부터 반전시킨 문명의 바벨탑이다. 그런 점에서 기독교 『성경』은 자연과 문명의 역설을 그대로 내포한다. 사유와 존재(자연)를 뒤바꾼, 존재에 사유를 뒤집어씌운 서양의 근대 철학은 그대로 자연과학과 궤를 같이 하는 철학이었다. 그 결과가 유물론, 기계론, 인간신인 것이다.

　중세의 신을 반동함으로써 역설적으로 신이 된 인간신의 모습이다. 인간신-기계신의 정지는 죽음으로밖에 해결할 길이 없을 것인가?

존재(생멸-존재)를 현상화한 서양 철학의 현상학적 환원				
변화하는 현상	현상-표상-기호	기표(기의)	언어	기호학
고정 불변의 존재 (Idea/Reason/ Text/Being, Episteme)	표상-법칙 (동일성: 동일률/모순율/배중률/충족이유율)	기계 (기표-환유연쇄) 추상=기계 (추상기계) 예술 (기표-은유연쇄) 종교 (우상-영원)	과학 기술 시詩 예술 종교 주술 /고등 종교	현상학 (Idea에서 기계까지) /남성성/ 빛
생성-변화하는 존재becoming, Doxa	생멸-존재	자연 (신체적 존재)	자연 /원시종교	존재론 /여성성/ 어둠
신을 기계로 대체한 것이 서양 과학 기술 문명의 종착점이다(절대유일신→인간신→기계신)				

〈철학인류학으로 본 서양 철학과 문명의 현상학적 환원〉

6. God, Geist, Ghost에서 하나님주의Godism으로

서양 철학과 문명을 종합적으로 바라보면서 필자는 God, Geist, Ghost로 요약한 적이 있다.[220] 이것은 동일성을 추구하는 서양 문명의 특성을 단적으로 드러낸 말이다. 서양 문명이 기독교 창조신, 즉 제조신製造神을 믿는 종교라면 한민족의 하나님(하느님)은 조화신造化神을 믿는 종교다. 제조신과 조화신은 다르다. 단도직입적으로 말하면 제조신이 '존재Being의 신'이라면, 조화신은 '생성becoming의 신'이다.

서양의 기독교가 전래 되는 과정에서 한국 사람들이 '하나님'을 믿는 것을 보고 기독교의 여호와를 하나님으로 번역하도록 함으로써 우리의 하나님은 여호와의 의미로 변했다고 할 수 있다. 그래서 지금 한민족 고유의 하나님은 사라져 버렸다고 해도 과언이 아니다. 기독교가 주도하는 오늘날 하나님은 으레 기독교 하나님이다.

그러나 서양 문명이 여러 측면에서 한계를 드러내는 오늘날, 다시 말하면 유신론에 대해서 무신론, 유심론에 대해서 유물론이 득세하면서 서로 대립각을 세우고 있고, 이는 정치적 세력화와 패권 경쟁과 맞물리면서 극단적으로는 인류의 공멸을 초래할지도 모른다는 기우를 불러일으키고 있다. 적어도 기독교의 유일신(제조신)과 한민족의 조화신이 공존할 수 있도록 하는 수준에서 새로운 출구를 마련해야 하는 것이 지구촌 실정이다.

---

220 박정진, 『네오샤머니즘』, 살림출판사, 2019, 55~87쪽.

한민족의 전통적인 천지인 사상을 토대로 세계의 고등 종교를 재해석하고 배치한다고 하더라도 신관에 대한 새로운 해석, 다시 말하면 현상학적 기독교와 존재론적 천지인 사상의 소통과 화해가 절실한 실정이다. 기독교 『성경』과 『천부경』의 융합은 바로 제조신과 조화신의 융합을 의미한다. 이것은 동서의 융합이다.

다른 한편 중국의 도교와 한민족의 『천부경』의 융합은 도법자연 사상과 천지인 사상의 융합을 의미한다. 이것은 또한 유불선기독교의 융합을 의미한다. 인류의 모든 종교 사상은 신과 인간의 관계에서 비롯되는 것이기 때문에 신과 인간의 관계 설정으로 해석되어야 보편적인 것이 될 수 있다. 그런 점에서 신을 발명한 인간, 신을 요청한 인간, 신을 발견한 인간 등으로 요약될 수 있다.

천지인(정기신) 사상-도법자연	天	造化神(化)	製造神 (인격신)- 기독교	신을 발명한 인간 (초월적인 신)
	人	敎化神(化)	天地中人間 (토테미즘)- 유교	신을 요청한 인간 (인간적인 신)
	地	治化神(化)	萬物萬神 (애니미즘)- 불교	신을 발견한 인간 (자연적인 신)
*『천부경』-풍류도의 인간=신과 놀이하는 인간(예술적 인간)				

〈조화신과 제조신〉

인간은 종교적 인간, 과학적 인간, 인간적(사회적) 인간으로 요약할 수 있다. 종교적 인간은 주관적 인간, 과학적 인간은 객관적 인간, 인간적 인간은 사회적 인간으로 말할 수 있다. 인류 문명사를 보면 종교적 인간의 전형을 보여준 것이 기독교다. 과학적 인간의 전형을 보여준 것이 불교다. 사회적 인간의 전형을 보여준 것이 유교다.

천	기독교 (유대교)	종교적 인간 (절대적 하늘)	과학적 인간 (절대과학＝입자론)
인	유교 (무교)	인간적(사회적) 인간 天人交感說	도덕적 인간 (윤리적 인간＝양심론)
지	불교 (힌두교)	과학적 인간 (諸法無我＝파동론)	존재적 인간 (佛＝如來藏思想)

〈천지인 사상과 고등 종교와 과학〉

이데아(고정 불변의 존재)라는 기독교(절대유일신)를 만나서 그것을 강화하였고, 기독교는 칸트에 의해 '이성의 한계 안에서의 신'을 요청하게 된다. 칸트의 이성理性은 헤겔의 절대정신Geist에 의해 정신이 신의 경지라고 할 수 있는 절대지絕對智, 理性의 奸智에 이르게 된다. 니체에 의해 신은 죽음("신은 죽었다.")을 맞지만, 신의 죽음은 헤겔에 의해서 이미 예감되고 있다("신이 죽었다고 하는 감정").

서양 철학은 데리다에 의해 유령Ghost에 직면하게 되는데 이는 이미 마르크스에 의해 거론된 것이다("화폐의 유령"). 돌이켜 생각하면 '절대'라는 개념은 서양 문명을 관통하는 개념이다. 과학조차도 실은 절대의 산물이다. 물론 서양 철학과 문명 내에서도 '절대'에 대한 반대 의견과 흐름이 전혀 없었던 것은 아니지만, 이들은 모두 절대(주류)에 대한 반대 급부(비주류)에 불과하였다.

아인슈타인의 '상대성 원리'나 하이젠베르크의 '불확정성이론' 등은 절대의 분위기에 반기를 들었지만, '실체(고정 불변의 존재)'를 향한 서양 문명의 끈질긴 추구와 욕망은 줄어들지 않았다.

니체, 들뢰즈, 데리다, 하이데거 등도 서양 기독교-문명에 반기를 들었지만, 유심론이 유물론과 서로 가역 왕래하고 상통하듯(유물론이야말로 극단적인 관념론이다) 이분법(주체-대상)을 중심으로 하는 서양 문명은 스스로 자기 모순에 빠지지 않을 수 없다.

하이데거야말로 서양 철학과 문명에서 가장 멀리 떨어져 나와 동양의 불교와 도학에 다가온 철학자임이 틀림없다. 그는 "오직 신만이 우리를(인간을) 구원할 수 있다."라고 말하였다. 하이데거의 사방 세계의 '신적인 것들'과 문선명의 '가디즘Godism, 하나님주의'은 신神을 다시 앞세운다는 점에서 공통점을 갖고 있다. 이것은 또한 필자의 네오샤머니즘Neo-shamanism과도 통한다.

신을 가정한(투사한) 인간은 신의 말씀(말의 씨, 말의 쓰임)을 통해 신으로부터 세계를 지배할 힘을 얻었고, 그 힘은 오늘날 과학기술주의와 함께 물질 만능의 물신 숭배에 이르게 하였다. 이제 인간은 스스로 파괴할(멸종할) 정도의 힘을 얻었다. 인간의 오만을 제어하기 위해서는 자연에서 빼앗은 신을 다시 자연으로 돌려주어야 한다. 이것을 필자는 우리의 전통 속에서 '홍익弘益'이라는 말을 찾아내어 홍익자연弘益自然이라는 말로 설명하였다.

신이 인간에서 투사投射된 것이라면, 신의 말씀(언어)을 통해 신은 인간에게 다시 육화肉化되어야 한다. 자연은 신을 돌려받아야 한다. 인간-신-자연은 하나다. 인간은 이제 스스로 신(自神, 부처)이 되어도 오만하지 않을 정도로 성숙한 인간이 되어야 하며, 자연에 감사할 줄 알아야 한다.

또한 인간을 구원해줄 메시아가 더는 오지 않아도 괜찮은 인간이 되기 위해 스스로 작은 메시아(종족 메시아, 가족 메시아, 각자 메시아)가 되어야 한다.

신은 인간에게 자연에 이름을 붙이도록 허락한 자다. 인간은 자연에 이름을 붙인 자다. 부처는 스스로 신이 된 자다. 도사나 신선은 자연과 더불어 살 줄 아는 자다. 이러한 경지에 도달한 사람들은 '신불도선인神佛道仙人'이다. 신神=불佛=도道=선仙은 하나다.

인간이 죽음에 대한 불안(공포)에 시달리는 것(죽을 인간)은 존재(세계)를 대상으로 보는(대상화하는) 데 따른 것이다. 이것은 존재(자연적 존재, 자연)를 주체-대상으로 바라보기 때문에 "내가 죽는다."라고 생각하게 되고, 그렇게 되면 죽음은 인간(인간 현존재)의 미래가 되고, 목적이 된다. 여기서 시간(공간)이 발생하게 된다(시간은 감성적 직관). 인간의 사유 존재적 특성은 자연과학(도구와 언어의 발견과 발명)을 창조했지만, 동시에 자연으로부터 소외가 시작되는 기점이기도 하다. 자연으로부터 소외의 궁극적 의미는 호모사피엔스의 멸종滅種이다.

  필자가 최근에 완성한 한글 철학 '알-나-스스로-하나'[221]의 철학은 문선명 총재의 '하나님주의Godism'를 철학적으로 뒷받침하는 순우리말 철학으로서 근대에 이룩한 한국 철학계의 최고성과 혹은 금자탑이라고 할 수 있다. 순우리말 철학은 유사 이래 처음 탄생한 것이다. 그동안 한자말에 의한 철학은 원효元曉, 617~686의 화쟁和諍 사상, 지눌知訥, 1158~1210의 선교일치禪敎一致 사상, 퇴계退溪, 1501~1570의 경敬 철학 등 간헐적으로 생겨났지만, 순우리말에 의한 철학은 처음이다.

서양 철학 문명	God (절대유일신)	Geist (절대정신)	Ghost (유령)	Godism (하나님주의)
동서 문명의 연속과 불연속	기독교	헤겔	마르크스	문선명
서양의 후기 근대를 대표하는 철학자 4명	니체 "신은 죽었다." (힘에의 의지)	들뢰즈 "기관 없는 신체" (기계-생성론)	데리다 "텍스트 밖은 없다" (해체주의)	하이데거 "죽을 인간" "신적인 것들" (사방 세계)

* 하나님주의Godism는 모든 사물이나 인간 앞에 하나님神을 먼저 둠으로써 물신物神주의에 빠지지 않고 신물神物감성과 신(신)인간, 신神한국, 신神미국, 신神일본, 신神아시아태평양 등 모든 사물과 인간 심지어 국가까지도 그 본래적 모습을 회복하게 만드는 이념이다.

〈서양 철학과 새로운 기독교 사상의 완성〉

221 박정진, 『무예 자체, 신체 자체를 위한 신체적 존재론』, 살림출판사, 2020, 313~342쪽.

한글 철학의 탄생은 한민족도 스스로 철학할 수 있는 민족임을 드러내는 동시에 하나님을 돌려받는 철학이다. 하나님은 본래 한민족의 하나님이다. 하나님(하느님, 한울님)은 한글로 신을 부르는 이름이다. 한글은 하나님, 하나님주의의 그릇이다.

하나님주의^{Godism}는 필자의 한글 철학의 핵심인 '알(알다)-나(나다)-스스로(살다)-하나(하나 되다)'라는 패러다임의 '하나 되다'와 만나는 사상이다. 한은 하나를 의미하고, 하나는 하나님을 의미한다(한-하나-하나님). 하나님주의는 '하나 되다'의 완성형이다. '하나'에 '님(임금)'자를 붙여서 신성神性과 성스러움聖을 겸비한 신성神聖의 하나님을 이룬 것이 바로 하나님주의의 하나님이다.

하나님주의는 기독교의 하나님을 초종교의 하나님, 유불선기독교의 하나님, 신불도선神佛道仙의 하나님으로 확장한 것이다. 하나님주의는 신을 자연에게 돌려줌으로써 인간을 구원하는 사상이다. 그러한 점에서 기독교의 예수와 불교의 부처는 하나다. 하나님주의는 한민족의 전통 사상인 홍익인간弘益人間을 홍익자연弘益自然으로 확장한 사상이다.

인간은 이제 신을 투사投射함으로써 얻은 힘(권력)을 다시 신을 육화肉化함으로써 서로 사랑愛하고 함께 살아갈, 다시 말하면 공생-공영-공의를 실천할 시대적 사명에 직면해 있다. 그렇지 않으면 패권과 오만으로 인류는 멸종할지도 모른다.

필자는 서양 철학과 문명을 신^{God}, 정신^{Geist}, 유령^{Ghost} 등 3G[222]와 사물^{Thing}, 시간^{Time}, 텍스트^{Text}, 테크놀로지^{Technology}

---

222 박정진, 『네오샤머니즘』, 살림, 2018, 55~104쪽.

등 4T[223]로 새롭게 규정한 바 있다. 이제 3G는 가디즘[Godism]으로 완성됨으로써 4G가 되었다. 따라서 필자의 철학적 내용은 4G와 4T로 대변되는 셈이다.

존재론의 관점에서 보면 3G와 4T는 모두 언어[language]에 속한다. 문화와 문명은 모두 언어에 의해 구성된 것이고, 자연에 대한 2차적인 해석의 산물이다. 이들은 모두 자신의 문법(문장)을 가지고 있다. 그런데 자연은 개념도 아니고 문장도 아니다. 자연은 지금도 생성소멸하는 존재다. 자연은 무시무종無始無終의 존재다.

인류는 이제 기계-신에 도달하고 있다. 이것을 두고 문명의 발전이라고 말하는 이도 있고, 그 반대로 인간의 종말을 예감하는 이도 있다. 기계-신은 발전이면서 동시에 종말의 두 개념을 지니는 것일 수도 있다.

필자의 철학은 서양 철학과 문명의 이분법二分法을 벗어나서 세계가 본래 하나(하나님)라는 '존재(진리)'에 도달하는 길고 긴 철학적 여정'이었다. 필자는 이미 '보편성의 철학' 대신에 '일반성의 철학'을, '개념 철학'에 대해 '소리(파동) 철학'을 주장한 바 있다.[224] 그래서 '일반적이고 보편적인 철학'이 존재론의 진면목이라고 주장한 바 있다. 또 네오샤머니즘을 통해 철학의 원시반본을 개진하기도 했다.[225] 또 가장 최근에 신체적 존재론[226]을 주장함으로써 신체가 존재고, 존재는 신체임을 주장하기도 했다.

223 박정진,『평화는 동방으로부터』, 행복한에너지, 2016, 246~261쪽.

224 박정진,『철학의 선물, 선물의 철학』, 소나무, 2012;『일반성의 철학과 포노로지』, 소나무, 2014.

225 박정진,『네오샤머니즘』, 살림, 2018. 591~615쪽.

226 박정진,『무예 자체, 신체 자체를 위한 신체적 존재론』, 살림, 2020.

따라서 필자의 철학을 진정으로 이해하고자 하는 경우, 앞서 출판된 책들을 이해할 필요가 있다. 필자는 그동안 "존재는 신체다.", "존재는 진리가 아니다.", "존재는 관계다." "존재는 기운생동이다.", "존재는 기계가 아니다." 등 여러 경구로 필자의 철학을 표현해왔다.

인간적 표상과 기계의 감옥에 갇힌 서양 철학에 종언을 고해야 인간은 자연적 존재, 본래 존재를 회복할 수 있다. 역설적으로 그 길은 인간신人間神, 물신 숭배物神崇拜가 아닌, 신神이라는 글자가 접두어로 붙는 신인간神人間, 신물 숭배神物崇拜, 가디즘Godism의 길이다. 한민족, 고조선의 신인 하나님을 되찾는 문명적 운동, 원시반본적 운동이 가디즘이다. 가디즘은 인류가 구원될 수 있는 유일한 길이다.

예로부터 한민족에게는 천지인 사상이 있었다. 천지인 사상은 항상 세계의 모든 문제를 역동적인 하나의 문제로 이해되었다. 따라서 천지인 사상의 관점에서 보면 기독교가 지배하고 있는 오늘날 신神의 문제는 신과 인간과 자연의 문제가 하나로서 복합적이고 역동적인 문제다. 천지인 사상과 하나님주의의 하나님은 하늘하나님, 땅하나님, 사람하나님으로 구체화될 수 있다. 이러한 분화를 거쳐서 천지인참부모가 성립되는 것이다.

이제 신과 인간과 자연은 하나로 이해되어야 한다. 그렇게 되어야 인간과 자연이 함께 잘 살아갈 수 있다. 가디즘은 바로 이를 실천하기 위해 새로 이해된 신의 개념이고, 동시에 서양 기독교에 빼앗겨버린(잃어버린) '한국의 하나님'을 되찾는 운동을 의미하는 것이다. 이것은 진정한 한민족의 주체-주인 운동이다.

가디즘은 신^神통일한국과 홍익자연^{弘益自然} 사상, 그리고 '알(알다)-나(나다)-스스로(살다)-하나(하나 되다)'의 순우리말 철학과 같은 레벨에 있다. 이를 부연하면 가디즘이 현실적인 실천으로 확대된 것이 '신^神통일한국'이고, 이를 홍익인간^{弘益人間}의 전통 속에서 미래지향적으로 재해석한 것이 '홍익자연^{弘益自然}'이고, 홍익자연을 순우리말 철학으로 전개한 것이 '알-나-스스로-하나'의 '하나 되기', '하나님 되기', '하나님 되찾기' 운동이 되는 것이다.

하나님 되찾기 운동의 실천적인 목표는 바로 '공생^{共生}-공영^{共榮}-공의^{共義}'이다. 공생공영공의 사상은 자유평등박애 사상을 애천애인애국 사상으로 재해석하고, 다시 그것의 실천적인 아젠다로서 추출된 것이다. 함께 공^共자의 공생공영공의를 실천하려면 인간 각자가 빌 공^空자의 공생공생공의의 마음을 가져야 한다.

현상학적인 공생공영공의^{共生共榮共義}를 실천하려면 존재론적인 공생공영공의^{空生空榮空義}를 먼저 마음에서부터 닦아야 가능하다.

天地人	참父母	종교	서양근대문명	통일교 이념	公의 공생공영 공의	空의 공생공영 공의	평화
홍익인간- 홍익자연	천 부	기독교	자유 자유자본주의	애천共生	공생公生	공생空生	평화의 실현
	인 참眞사람	유교 (가정)	박애 =참사랑仁	애인共義	공의公義	공의空義	
	지 모	불교	평등 공산사회주의	애국共榮	공영公榮	공영空榮	

인류는 세계일가世界一家로서 '하나님 아래 한 가족One Family under God=Godism'을 실현해야 한다.

〈천지인참부모-자유평등박애-애천애인애국-공생공영공의〉

　다시 말하면 '신神통일한국'의 실천적 덕목인 '공생共生-공영共榮-공의共義는 바로 '하나 되기', '하나님 되기', '하나님 되찾기' 운동의 구체적인 사회적 성취 목표가 되는 것이다. 이제 인류는 각자가 자신의 본성, 본래 자신을 되찾고 하나님이 되어야 한다.

통일교- 가정연합	동양학	동서 철학 교섭	기독교유일신
하늘부모	無極太極	無神之神=無道 之道	"나는 나다." (여호와)
천지부모	天地太極(陰陽)	道(自然)生一/ 三一萬物	참주인/ 君師父母一體
천지인참부모	陰陽(人)五行	天地中人間	人中天地一風流道
自身	自信(土)	自新	自神 (하나님 되다)

추천사

'서양 철학의 종언'이라는 말을 처음 들어보았다. 더구나 '한글 철학의 탄생'이라는 말도 처음 들어보았다. 아무튼 이 책은 내가 처음 들어본 문장의 복합이라는 점에서 어떤 미증유의 선언을 듣는 것 같은 느낌을 주는 책이다. 서양 철학의 종언이라니! 근대에 들어 철학이라고 하면 서양 철학을 먼저 떠올리고, 철학을 지망하던 학생들은 모두 서양으로 유학을 간 게 대부분이다. 그런데 서양 철학의 종언이라니. 서양 철학이 어떤 점 때문에 종언되었다는 것인가. 서양 철학이 어떤 한계에 도달했다는 것인가. 대담한 선언이다. 필자가 알기로는 비트겐슈타인이 서양 철학의 종언을 선포한 적이 있었던 것 같다.

'한글 철학의 탄생'이라니! 그렇다면 그동안 한글로 구성된 철학이 없었다는 뜻인가. 한국 철학은 있었지만, 한자 문화권에서 한자(개념)로 된 철학이어서 그것은 진정한 한국 철학이 아니라는 의미마저 깔려 있다. 유영모柳永模의 '없이 계심'과 '주체 전체' 사상과 함석헌咸錫憲의 '씨알 사상'이 있었지만, 그것은 전통 사상으로서 개인의 이름을 건 철학이 되기 어렵고, 그것의 체계에 있어서도 서양 철학의 정치精緻함에 이르지 못한다는 저자 나름의 평가가 전제된 것 같다. 무엇보다도 두 사람은 기독교 사상가라는 점에서 철학의 시대정신에 미흡하다는 의견 때문일까.

박정진 박사의 철학 인류학 저술에 몇 차례 추천사를 썼던 기억이 난다. 언론계 후배인 그는 문화 인류학자이지만, 특히 철학과 예술에 남다른 식견을 가지고 있다. 나중에 안 일이지만, 내 서울대 철학과 동기인 김형효金炯孝 박사(전 정신문화연구원 부원장)와 그는 오랜 친분을 쌓으면서 철학적 대화를 나눈 사이였다. 아마도 김형효는 그를 자신의 후계자쯤으로 생각했던 것 같았다.

김 박사와 나는 그의 『일반성의 철학과 포노로지』(2014년), 『네오샤머니즘』(2018년)에 함께 추천사를 썼다. 『니체, 동양에서 완성되다』(2015년)에는 김 박사의 건강이 좋지 않아 혼자 추천사를 썼던 기억이 있다. 아무튼 우리 세 사람은 묘한 인연이다. 김 박사가 2018년 2월, 갑작스럽게 타계한 뒤 『신체적 존재론』(2020년)에는 나 혼자 추천사를 썼다. 이번에 박 박사는 『서양 철학의 종언과 한글 철학의 탄생』이라는 대작을 써서 내게 보여주었다.

학부에서 철학을 전공하지 않은 그가 철학서에 분류되어도 좋을 십여 권의 철학서를 쓰는 것을 보면 우선 대단하다는 생각이 든다. 한국 철학사를 보면 근대 철학은 1백여 년 정도다. 그동안 서양 철학을 배우느라 유럽과 미국에 유학한 학자는 많았지만, 아직 자신의 철학으로서 자생 철학을 내놓은 학자는 별로 없는 것 같다. 동서 철학을 섭렵한 차원에서 그것도 이 땅의 역사와 전통을 통섭한 가운데 자생 철학을 운위한 학자는 필자의 은사인 박종홍朴鍾鴻 선생 정도가 선구가 아닌가 한다.

박정진은 1백여 권의 저술을 가진 인문학의 기린아이면서

1천여 편의 시를 읊은 대시인이지만, 자생 철학의 불모지라고 할 수 있는 한국적 풍토에서 연이어 철학적 대작들을 써대는 그를 보면 놀라움을 금할 수 없었다. 그를 보면 철학에도 재능이 있는 것인가 새삼 느끼게 된다. 그동안 철학 공부를 한 학자는 많았지만, 정작 철학 하는philosophiren 학자는 보기 드물었다. 철학 하는 것은 그만큼 어렵다는 뜻이다. 철학하는 일은 자신이 태어난 땅과 언어, 역사와 풍토를 떠나서는 이루어지지 않는 일이기 때문이다.

아마도 이번에 그가 내놓으려는 『서양 철학의 종언과 한글 철학의 탄생』은 특히 철학 인류학자로서 회심의 역작인 것 같다. 서양 철학자 스스로 서양 철학의 종언을 말한 적은 있었지만, 서양 이외의 지역에서 서양 철학의 종언을 말한 것을 들은 적이 없다. 더구나 그는 서양 철학의 종언을 말하는 것과 동시에 한글 철학의 탄생을 말하고 있다. 이것은 철학적 경계에서 종언과 탄생, 즉 생사의 이중성을 표방하는 것이기에 내심 기대하는 바가 크다. 나에게 더욱 놀라운 것은 '한글 철학의 탄생'이라는 부분이다. 지금까지 순수 한글로 근대적 의미의 철학 체계를 달성한 예는 거의 없었기 때문이다.

이번 저작의 원고를 보니 후기 근대 철학의 종장宗匠이라 할 수 있는 니체를 기점으로 그의 추종자들인 들뢰즈, 데리다 등 해체 철학자들을 비판의 대상에 올려놓았으며, 하이데거마저도 예외가 아니었다. 그는 대담하게 서양 철학을 '현상학'이라고 규정하고, 동양 철학을 '도학'이라고 규정하는 입장을 이미 다른 책에서 내보인 바 있다. 그의 서양 철학과 동양 철학을 요약하는 힘이 대단한 것은 일찍이 알았지만, 서양의 대가들과 대결하는einandersetzung 자세는 일찍이 우리 철학계에서 볼 수 없었던 현상이었는데 따라서 그에게서 어떤 신기원이 일어나고 있음을 느끼게 하는 대목이다.

그는 철학 인류학적 저술만 해도 폭넓게 잡으면 거의 20여 권을 가지고 있다. 그밖에도 그가 쓴 백여 권을 넘는 저술들은 철학적 구성의 튼실함을 말하는 한편, 웬만한 비판에 대해서도 상당한 방어력으로 작용할 것이라고 여겨진다. 그만큼 그는 한국 철학의 새로운 지평을 열고 있다고 여겨진다. 인류학자인 그는 현대 철학의 인류학적 지식의 인용이나 패러다임의 도입이 유행하는 시대를 만난 행운아라고 할 수 있다.

그는 서양 철학을 이른바 4T인 '사물Thing-시간Time-텍스트Text-기술Technology'로 요약한다. 이것에 대응하는 서양 철학자로 '칸트-하이데거-데리다-들뢰즈'를 들고 있다. 칸트의 '물자체Ding an sich'를 철학적 토론의 장으로 다시 불러온 인물이 하이데거였다고 그는 말한다.

그가 내놓은 한글 철학 '알(알다)-나(나다)-스스로(살다)-하나(되다)'는 순우리말이라는 점에서 철학적으로는 낯설기도 하지만, 우리말이기에 동시에 낯익기도 하다. 그리고 한글의 원음原音이라고 할 수 있는 '알-얼-올-울-을-일'이라는 여섯 글자를 '몸-마음-시간-공간-대상(목적)-일'로 풀이하는 것은 빼어난 철학 하기에 속한다. 동시에 이것을 서양의 육하원칙六何原則인 'who-when-where-what-how-why'에 대입하는 철학적 재능은 실로 놀라움을 안겨

준다.

　우리가 일상적으로 매우 자주 쓰는 그 단어(명사와 동사)가 한글 철학의 골간을 이룬다니! 그리고 인간의 철학과 역사라는 것을 '생명과 이용의 계보학'으로 재단하는 그의 솜씨는 가히 일품이다. 아무튼 박정진 박사는 인문학적 저술이 120권에 이른 인문학의 기린아라고 할 수 있다. 그래서 그의 주장이나 철학이 단순하게 공표되지는 않았다는 것을 짐작할 수 있다. 말하자면 그는 어떤 반론에도 나름대로 반박할 내공을 가진 인물임이 틀림없다. 그는 전공인 인류학에서 시작하여 신화학, 역사학, 문학, 예술 철학, 사회학, 동양 철학, 서양 철학, 그리고 의학에 이르기까지 전방위적인 학자로서 단단한 내공의 소유자다.

　그를 보면 우리나라도 이제 산업화와 민주화를 거쳐 선진국으로 발돋움할 만하다는 생각이 든다. 영화, 대중 가요 등 문화 예술에서는 선진국과 어깨를 나란히 하고 있지만, 문화 총량과 문화 능력에 있어서는 아직 부족한 게 많다. 그 가운데서도 자생 철학의 부재는 선진국으로 가는 길목에 큰 결격 사유로 여겨지던 터다. 자생 철학이 없는 나라가 선진국이 된 예는 없기 때문이다. 이제 철학을 비롯해서 인문학 분야에서도 세계적 기린아의 출현을 기대해본다. 박정진 박사의 학문적 행운을 기대해본다.

2022년 1월 15일
崇峰 孔鍾源(전 조선일보 논설위원)

서양 철학의 종언과 한글 철학의 탄생

저자 박정진

▲한양대학교 의과대학 의예과 수료 ▲한양대 문리과대학 국문과 졸업 ▲영남대학교 대학원 문화인류학과 박사 학위 ▲경향신문 문화부 기자 ▲세계일보 문화부장, 논설위원, 평화연구소장 역임 ▲월간『현대시』신인상으로 시단에 등단 ▲「시를 파는 가게」, 「대모산」, 「독도」, 「타향에서」 등 12권의 시집을 펴냄 ▲현대시회 2대 회장(1997년) ▲서울문예상(2006년, 강남구) 수상 ▲울릉도 독도박물관에 「독도」, 서울 강남구 대모산에 「대모산」, 경기도 연천군 '종자와 시인' 박물관 시공원에 「타향에서」 시비 세움 ▲『한국문화와 예술인류학』을 비롯해서 시집을 포함 120여 권의 저서 ▲天正宮 'THINK TANK 2022 정책연구원' 소장.

서양 철학의 종언과 한글 철학의 탄생

초판 1쇄 발행 2022년 2월 28일

지은이　　박정진

편집　　김유정
디자인　　문유진

펴낸이　　김유정
펴낸곳　　yeondoo
등록　　2017년 5월 22일 제300-2017-69호
주소　　서울시 종로구 부암동 208-13
팩스　　02-6338-7580
메일　　11lily@daum.net

ISBN　　979-11-91840-25-4 03100